상해 개항 초기의 황포강(黃浦江)

1850년대의 외탄(外灘)

20세기 초의 외탄(外灘)

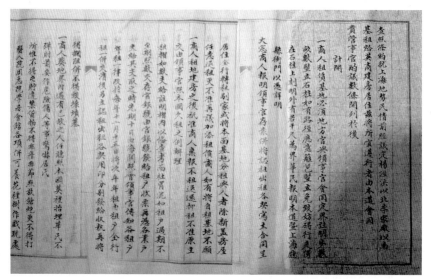

조계형성의 근거가 된 1845년 제정된 토지장정

홍구(虹口)와 외탄(外灘)을 연결시킨 1854년에 건립된 웨일즈 다리

20세기 초의 외탄공원(外灘公園)

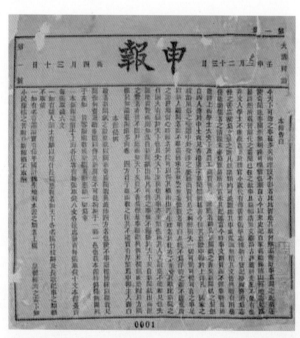

1872년 신보(申報) 창간호, 중국근대에서 가장 중요한 중문(中文) 신문이 됨

1880년 때의 노서문(老西門)

도로 정비 이전의 양경빈(洋涇浜)

19세기 말의 남경로(南京路)

19세기 말의 복주로(福州路)

청말 상해의 아편굴 모습

1902년 일본 자본에 의해 건립된 상해방직주식회사 공장 내부 모습

1908년 프랑스 조계를 통행하는 상해 최초의 전차(電車)

청말(淸末) 상해 지식인이 국가의 운명을 걱정하며 애국을 주장한 공공 장소인 장원(張園)

공공조계(公共租界) 중앙포방(中央捕房) 정문

만국상단(萬國商團) 포대(炮隊)

프랑스군의 훈련 모습, 후에 이곳은 프랑스 공원[法國公園]이 됨(현재의 復興公園)

회심공당(會審公堂) 개정(開庭)

회심공해(會審公廨) 개정(開庭)

상해 공공조계 공부국(工部局) 깃발

조계 거리에 출현한 공공전화 부스

초기 화풍은행(滙豊銀行, HSBC) 건물

외탄(外灘)의 화풍은행(滙豊銀行, HSBC) 건물

경마장

중국 인민을 모욕하는 내용을 담고 있는 외탄공원(外灘公園)의 원규(園規)

조계(組界)내 화장실 입구에 걸려 있던 팻말
한자는 "華人不得入內"로 "중국인은 안으로 들어올 수 없다"는 내용임

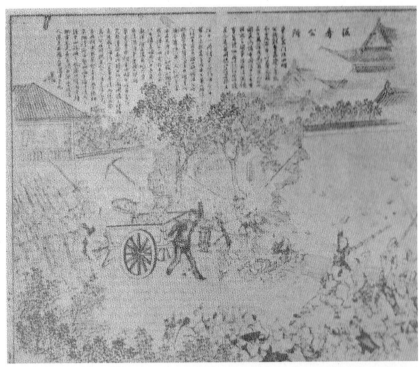

사명공소(四明公所) 사건[《点石齋畫報》에서 인용]

대료공당사건(大鬧公堂事件) 때 분노한 군중이 영국 영사 자동차를 불태우는 장면

상해광복─혁명군이 도서(道署) 점령

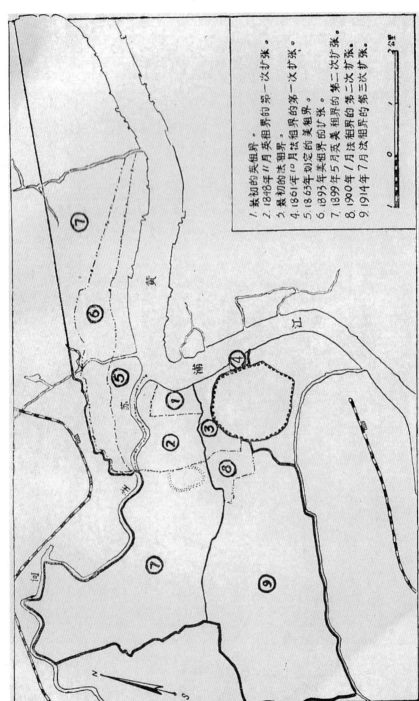

1. 最初的英租界。
2. 1848年11月英租界的第一次扩张。
3. 最初的法租界。
4. 1861年10月法租界的第一次扩张。
5. 1863年划定的美租界。
6. 1893年美租界的扩张。
7. 1899年5月英美租界的第二次扩张。
8. 1900年1月法租界的第二次扩张。
9. 1914年7月法租界的第三次扩张。

黄
浦
江
苏
州
河

2公里
N S

상해 조계 확장 설명도

xvi

上海近代史

리우후이우(劉惠吾) 편 ｜ 신의식 옮김

景仁文化社

일러두기

1. 원서(原書)는 上海近代史(상)(하)로 상책은 제1장부터 제8장까지, 하책은 제9장부터 제23장까지로 구성되어 있느나, 역자는 여러 가지 이유를 고려해 上海近代史(상)은 上海近代史로, 上海近代史(하)는 上海現代史로 구분하여 번역하였음을 밝혀둔다.
2. 번역을 함에 있어 내용이 방대하고, 지명, 인명 등의 고유명사의 빈도가 상당히 많으므로, 독자의 혼돈을 피하기 위해 인명은 중국어식으로 표기하고 괄호 안에 원명을 부기하였고, 인명을 제외한 나머지 고유명사는 한국식 한자음으로 읽고 괄호 안에 원어를 부기하였다.

사랑하는 부모님(신 베드로, 김 아네스) 영전에
이 작은 정성을 바칩니다.

韩文版《上海近代史》序言

 当代上海城市的高速发展, 已越来越引起世界的关注。

 上海尽管有6000年的历史(在上海西部的松江、青浦等地发现了许多6000年前的墓葬、村落), 但中心城市的历史并不算太长, 在唐代还只是一个小渔村, 到南宋设置华亭县的上海镇, 开始了初步发展, 在元代升格为县。明清之际, 随着棉纺织业的高速增长, 促进上海成为港口城市, 有了"江海之通津, 东南之都会"的美誉。

 1843年上海开埠, 使上海跟上世界城市发展的步伐[1], 租界的建立与扩张、工商业的繁荣、闸北的拓展和大上海计划的实施, 到20世纪30年代, 380万人的上海已成长为的"东方巴黎"、"亚洲纽约", 列世界六大都市之一。在上海兴起的过程中, 以港兴市是城市发展进程中的一大特点。上海地处长江三角洲东缘, 位于我国南北海岸的中心, 长江由此入海, 交通便利, 腹地广阔, 地理位置优越, 是天然良港。地理位置决定命运, 拥有优良地理条件的上海, 在开埠之后不到一百年的时间里, 迅速跃升为远东第一大港。

 20世纪30年代日本对上海的侵略, 导致了这座城市的动荡与衰弱。如闸北曾是一个自治模范的城区, 被日军全部摧毁。接踵而来的中国内战也影响了上海的复兴。1949年后, 上海成为中国计划经济的核心城市, 以衰败的城市基础支撑着中国的经济。直到1978年中国进入改革开放新时期才有所缓解。上海真正的腾飞是1990年浦东开放后, 才迈入高速增长时期, "对香港和东京的亚洲首要经济中心和外国投资场所的地位提出挑战"[2]; 以地铁为例,

---

1) 当时, 上海城市规模和人口, 排在第十二位。前十一名城市依次是：北京、苏州、广州、武汉、杭州、成都、福州、西安、南京、长沙、天津。
2) [美]乔尔·科特金著, 王旭等译, 《全球城市史》, 社會科学文献出版社 2006

上海在1995年才刚刚拥有第一条地铁，到2014年底，营运里程已达548公里。上海已成为中国的经济、金融、贸易、交通中心，2010年上海世博会的成功举办，更使上海已成为当今世界最为瞩目的大都市之一。如今，这座城市已经在规划2050年的未来。

在世界城市的网络中，有若干个城市处于顶尖层次，他们是城市网络中的金字塔，引领着各国城市的发展。未来上海的目标就是伦敦、纽约这样的世界城市。当然，对于2500万人口的上海这样一个超大城市而言，良好的水质和蓝天白云，是成为宜居城市最为重要的要素与标志。

那么，究竟是哪些因素促成了上海的腾飞？历史学家们不约而同地来探究上海的历史，于是就形成了日益兴旺的上海历史研究。

上海历史研究能成为世界城市历史研究中的一朵奇葩、一个显学，我以为有三个基本原因。第一是近代上海城市的复杂性是世界城市中少有的。我们常说上海是个"三界四方"的城市组合，有3套不同的行政、立法、司法系统，上海曾有过50多个国家的侨民生活，成为一个袖珍地球，全世界不同民族文化，英、美、德、法、俄、韩、日、犹太、印度……，还有中国不同地域的文化……，红与黑、善与恶、美与丑、进步与反动、世界性与地方性……，这种海纳百川的多元文化，并生长出中国最早的、最完善的现代性。

上海历史上的这种罕见的复杂性，引起了各国的历史学家的极大兴趣，去探究。

第二是当代上海城市的飞速进步，仅仅30年时间，上海再度惊艳世界，究竟是外来因素还是本土文化因素，促进了上海的成长？不同肤色的历史学家们希望找寻最佳的答案，并对自己国家城市的发展有所裨益。

第三是上海丰富的历史资料与信息。关于上海历史的史料在中国城市中保存最完善，数量最大，也比较方便阅览，如上海市档案馆。且这些资料不仅保存在上海，在中国其他地方，在世界各国也有大量的史料。如过去设在法租界的以金九先生为首的大韩民国临时政府的资料，在韩国、美国、日本都保

年版，第247页。

存着。丰富的资料使得研究上海历史中的细节与再现真实，有了可能。

最后，我想介绍一下《上海近代史》的写作经过。本书能够问世，与我的两位导师刘惠吾教授和陈旭麓教授有关。1970年代初，中国尚处在文化大革命的浩劫中时，华东师范大学陈旭麓教授已敏锐地看到了上海历史研究的美好前景，他建议他的同事、好友的刘惠吾教授可转入此中研究，刘惠吾先生遂开始了《上海近代史》的设计。刘先生带着几位研究生日以继夜地研究，不幸的是，1985年1月69岁的他被肺癌夺去了生命。此后陈旭麓教授指导我们完成了这部1949年以来第一部通史性的城市史专著。如今，陈旭麓教授也已去世20多年了，令人感慨万千。

感谢有写作韩文版《上海近代史》序言的机会，让我能把以上的话语书写出来。感谢本书韩文版的翻译者申义植教授和景仁文化社。

我还要指出的是，上海与韩国同样有着密切的关联。韩语中的"上海"一词，似特别像老上海方言的发音；上海有大韩民国临时政府旧址，有尹奉吉的纪念馆；还有在海外人数最多的当代韩国侨民社会。《申报》是近代中国出版时间最长的、最重要的报纸，在首尔1904年曾出版过《大韩每日申报》，同《申报》一样，也是英国人投资的，并成为启蒙思想的重要阵地，成为发行量最大的韩国报纸。

希望本书韩文版的出版，能加深韩国朋友对上海的了解。

苏智良

2015年1月1日

上海师范大学教授，人文学院院长
上海市初中历史教科书主编
上海市历史学会副会长
中国史学会理事
中国现代人物研究专业委员会主任
中国城市史研究会副会长
中国教育部社会科学继续教育专家组组长

한국어판 『상해근대사』 서언

당대 상해 도시의 고속발전은 점점 세계의 주목을 끌기 시작하였다. 상해는 상해 서부의 송강(松江), 청포(青浦) 등지에서 6000년 전의 고분과 촌락이 많이 발견되었으나, 중심도시의 역사는 그리 오래되지 않았다. 당대(唐代)에 이르러서야 작은 촌락이 형성되었고, 남송(南宋)에 이르러서는 화정현(華亭縣)에 상해진(上海鎮)이 설립됨으로서 초보적인 발전이 시작하였으며, 원대(元代)에 이르러서는 현(縣)으로 승격되었다. 명청(明淸) 시대에는 면방직업의 고속 성장에 따라 상해는 항구도시로의 발전으로, "강에서 바다로 통하는 항구, 동남의 도시"라는 아름다운 명예를 갖게 되었다.

1843년 상해에 무역항구가 개설되자, 상해는 세계 도시 발전의 발걸음1)으로 조계의 건립과 확장, 공상업의 번영, 갑북(閘北) 개척과 대상해 계획 등으로 1830년대 380만 인구의 상해가 "동방의 파리", "아시아의 뉴욕" 되었고, 세계 6대 도시의 하나로 성장하였다. 상해의 발전은 항구의 발전이 도시를 흥기시킨 것으로 상해 도시발전 과정의 큰 특징이라고 할 수 있다. 상해는 지리적으로 장강2) 삼각주 동쪽에 위치

---

1) 당시 상해도시의 규모와 인구는 전국에서 12번째였다. 그 앞의 11개 도시는 다음과 같다. 북경(北京), 소주(蘇州), 광주(廣州), 무한(武漢), 항주(杭州), 성도(成都), 복주(福州), 서안(西安), 남경(南京), 장사(長沙), 천진(天津)이다.
2) 이전에는 양자강[揚子江, (the Yangtze River)]라고 불렸는데, 이것은 장강(長江)의 남경 이하 유역을 지칭했던 옛 칭호였다. 중국에 도착한 선교사들이 가장 먼저 접촉한 곳이 양자강 일대의 장강이었으므로, 그들이 양자강이라는

해 있고, 중국 남북해안의 중심부에 위치하고 있으며, 장강은 이곳을 통해 바다로 흘러들어가며, 교통이 편리하고 내지가 광활하며 지리적인 위치가 우월하여 천연적인 양호한 항구의 입지를 갖추고 있다. 양호한 항구는 지리적 위치가 그 명운을 결정하는데, 양호한 지리적 조건을 갖춘 상해는 무역항구로 개설된 지 백년이 채 안된 상태에서 극동의 최대 항구로 신속하게 발전하였다.

1930년대 일본의 상해 침략으로 이 도시는 불안정하고 쇠약함을 초래하게 되었다. 모범적인 자치도시인 갑북(閘北)이 일본에 의해 모두 훼손되어진 것이 그 예이다. 계속해서 중국 내전 역시 상해의 부흥에 영향을 미쳤다. 1949년 이후, 상해는 중국 계획 경제의 중요한 도시가 되었는데, 이 쇠퇴한 도시로 중국경제를 지탱하였다. 1978년에 이르러서야 중국은 개혁개상의 새로운 시기에 들어서서야 경제가 비로소 완화되었다. 1990년 포동(浦東)이 개방된 이후부터 상해가 진정으로 비상하게 되었고, 고속 성장의 시기가 되었으며, "홍콩, 도쿄와 견주면서 아시아의 경제 중심지와 외국 투자 최적의 장소라는 지위에 도전장을 내밀기 시작하였으며,3) 지하철을 예로 들면 상해에는 1995년에 비로소 1호선이 개통되었는데, 2014년 말에 이르러서는 그 운용 노선이 이미 549km에 달하였다. 상해는 이미 중국의 경제, 금융, 무역, 교통의 중심이 되었고, 2010년 세계박람회의 성공적인 개최로 상해는 현재 세계에서 가장 주목받는 대도시중의 하나가 되었다. 오늘날 이 도시는 이미 2050년의 미래를 맞을 계획하고 있다.

세계 도시 네트워크 중에서 몇몇 도시가 최정상의 수준에 있는데, 그들은 도시 네트워크중의 금자탑이라고 할 수 있으며, 각국 도시의

명칭을 사용하게 됨으로써 "양자강"(揚子江, the Yangtze River)이라는 영어식 명칭도 생겨나게 되었다. 역자 주.

3) [美] 喬爾·科特金著, 王旭等譯.,『全球城市史』, 社會科學文獻出版社, 2006년판 p.247

발전을 이끌고 있다. 미래 상해의 목표는 바로 런던, 뉴욕과 같은 세계적인 도시가 되는 것이다. 상해는 양호한 수질과 푸른 하늘 그리고 하얀 구름 등으로 대변되는 가장 살기 좋은 여건을 갖춘 인구 2500만의 초대형 도시가 될 것이다.

도대체 상해를 비상(飛翔)하게 한 요소는 과연 무엇인가? 역사학자들은 약속이나 한 듯 심도 있게 상해역사를 연구할 것이며, 상해 역사의 연구는 나날이 흥성해 질 것이다.

상해 역사 연구는 세계 도시 역사 연구의 중요한 하나의 진기한 꽃[奇葩]이고, 하나의 저명한 학설[顯學]이 될 것이며, 필자는 다음과 같이 세 가지 기본 원인을 제시한다. 첫번째는 상해 도시의 복잡성은 세계 도시 중에서도 아주 보기 힘든 것이다. 우리들은 자주 상해는 "세계의 도시"로 조성된 도시이고, 소형 지구이고, 영국, 미국, 독일, 프랑스, 러시아, 한국, 일본, 유태인, 인도 등등 전 세계 여러 나라의 문화를 보유하고 있으며, 뿐만 아니라 중국의 서로 다른 지역의 민족문화도 존재하고 있으며, 홍과 백, 선과 악, 아름다움과 추함, 진보와 보수, 세계성과 지방성이 혼재되어 있다. 바다는 모든 강을 품에 안듯이 상해는 다양한 문화를 품고 있으며, 중국에서 가장 빠르고 가장 완벽하게 현대성을 갖춘 도시로 성장해나가고 있다. 상해 역사의 이러한 복잡성은 세계 각국 역사학자들의 커다란 흥미를 유발시켜 연구를 진행하게 하고 있다.

두 번째는 당대 상해도시의 급속한 발전은 불과 30여 년 간의 시간 속에 이루어진 것으로 도대체 어떤 요인(외부적인 요인 아니면 내부적인 요인)으로 인해 상해의 성장을 촉진시켰는지 새삼 세계를 놀라게 하고 있다. 서로 다른 피부색을 가진 역사학자들이 가장 희망적으로 찾고 있는 가장 아름다운 답안은 이러한 도시발전의 모델이 자신들의 국가 도시 발전에 이익이 된다는 것이다.

세 번째는 상해의 풍부한 역사자료와 정보이다. 상해의 역사적 사료
는 중국의 다른 여러 도시와 비교해 볼 때 가장 보존이 잘되어 있고,
그 수량이 또한 가장 많으며 비교적 편리하게 열람할 수 있는데, 예를
들면 상해시당안관(上海市檔案館)이 그러한 곳이다. 뿐만 아니라 이러
한 자료는 상해에만 보존되어 있지 않고 중국의 기타 지방에도 있으
며, 세계 각국에도 대량의 사료가 있다. 만약 프랑스 조계에 설립되어
있던 김구 선생을 수반으로 하는 대한민국 임시정부의 자료를 찾고자
한다면, 한국, 미국, 일본 등지에 자료가 잘 보존되어 있다. 풍부한 자
료는 상해 역사 연구에 있어 세부적이고 구체적인 사항을 살펴볼 수
있고, 진실의 재현이 가능하도록 해주고 있다는 매력이 있습니다.

끝으로 필자는 『상해근대사』가 출간되었던 경과를 간단히 소개하
려고 합니다. 이 책이 세상에 나올 수 있었던 것은 저의 두 분 은사인
리우후이우(劉惠吾) 교수와 천쉬루(陳旭麓) 교수와 관련이 있습니다.
1970년대 초, 중국이 아직 문화대혁명의 큰 재앙의 시기였을 때, 상해
화동사범대학의 천쉬루 교수께서 예리하게 상해 역사연구의 아름다운
전망을 보시고, 그의 동료이자 친한 친구인 리우후이우(劉惠吾) 교수
에게 이 분야에 대한 연구를 하실 것을 건의하였고, 리우후이우 선생
께서는 『상해근대사』의 서술의 설계를 시작하였습니다. 리우 선생께
서는 몇몇 대학원생과 함께 밤낮으로 연구하였으나, 불행하게도 1985
년 1월 폐암으로 69세의 나이를 일기로 생을 마감하셨습니다. 이후에
는 천쉬루 교수께서 우리들을 지도하여 1949년 이래로 최초의 통사성
(通史性)적인 도시사[城市史] 전문 저서가 완성되었습니다. 오늘날 천
쉬루 교수 역시 돌아가신지 20여 년이 흘렀습니다. 감개무량하기 그지
없습니다.

저로 하여금 한국어판 『상해근대사』의 서언을 쓸 수 있는 기회를
주신 이 책의 한국어판 번역자이신 신의식 교수님과 경인문화사에 감

사를 드립니다.

끝으로 하나 더 말씀드린다면, 상해는 한국과 아주 밀접한 관계를 지니고 있는 것이 있습니다. 한국어에서 "상해"라는 단어의 발음은 옛 상해 사투리의 발음과 아주 흡사합니다. 또 상해에는 대한민국 임시정부의 유적지가 있고, 매헌 윤봉길 의사의 기념관이 있습니다. 또 상해는 해외에 거주하는 인구수로 볼 때 가장 많은 한국인이 거주하는 한국교민사회입니다. 중국 상해의 『신보』(申報)는 근대 중국에서 출판 시기가 가장 오래 지속되었으며, 가장 중요한 신문이었습니다. 서울에서는 1904년 『대한매일신보』(大韓每日申報)가 출판되었는데, 이것 역시 『신보』와 마찬가지로 영국인이 투자하여 만든 신문사로 계몽사상의 중요한 진지가 되었으며, 발행량이 가장 많은 한국의 신문이 되었습니다.

이 한국어판본의 출판으로 한국 친구들이 상해에 대한 이해를 한층 더 높일 수 있기를 희망합니다.

쑤즈량

2015년 1월 1일

상해사범대학교수, 인문학원 원장
상해시초중역사교과서 주편
상해시역사학회 부회장
중국사학회 이사
중국현대인물연구전공위원회 주임
중국도시사연구회 부회장
중국교육부사회학과 평생교육전문가팀 팀장

들어가는 말

　근대 상해는 근대 중국의 축소판으로 반식민지, 반봉건 사회의 각종 모순의 집합체였다. 상해는 제국주의 침략과 제국주의의 중국 인민 착취의 주된 무대이었으며, 중국 인민의 반제, 반봉건 혁명투쟁의 주요한 거점이었다. 이곳은 무산계급세력의 역량이 강대하였을 뿐만 아니라, 자산계급의 세력 역시 집중도가 가장 높은 곳이었다. 사람들은 이러한 상해를 "외국모험가의 낙원"과 "팔려진 도시"라고 불렀고, 또 "중국 노동운동의 요람"과 "중국공산당 탄생"지라고도 하였다. 상해는 굴욕과 고난의 역사와 혁명 전통을 지니고 있었다. 한편으로는 방대한 재부를 만들어 내었으며, 또 한편으로는 심각한 기근이 들기도 하였다. 부자들에게는 천당이었고, 가난한 사람들에게는 지옥이었다. 상해는 번영과 빈곤이 공존하고 있었고, 보수와 진보도 갖추고 있었으며, 암흑을 상징하기도 하고 또 광명을 나타내기도 하였다.

　근대 상해의 역사는 여러 종류의 관계와 모순이 얽히고설킨 복잡한 역사를 지니고 있다. 상해의 역사에는 풍부한 애국주의적인 내용이 있고, 교재로 활용할만한 혁명 전통의 내용도 있다. 또 상해에는 교재로 활용할 수 있는 신구 사회를 비교해 볼 수 있는 좋은 자료들이 존재한다. 해방 이후 상해 인민의 사회지위와 생활수준은 상해시의 면모와 사회상을 반영하고 있었는데, 그 이전과 비교하여 상전벽해의 변화를 가져왔다. 제국주의자들은 이곳에서 식민통치 제도를 세웠는데, 해방과 동시에 이러한 것은 역사의 뒤안길로 사라졌다. 과거 상해 인민의 비참한 역사는 이미 역사의 뒷장으로 사라졌다. 조계(租界)의 경계선은 어디였는가? 이러한 사실에 대해서 나이가 많이 든 사람들도 정확하게 말하기는 쉽지 않다. 會審公堂에서는 무슨 일을 하였는가? 대다수의 사람들은 명백하게 알지 못한다. 남경로를 왕래하는 젊은이들에게 이전에 이곳은 이곳을 다니던 행인들이 순포의 채찍을 맞았고, 때로는 체포되어 혹사당하였던 곳이라고 말하면, 그들은 이해하지 못할 것이다. 이러한 것에 대한 자료들은 역사 기념관에나 전시되어 있다. 포신공[包身工, 옛날 노무공급제도였던 포공제(包工制) 아래에서 일하던 반노예 상태의 노동자를 지칭함], 양성공(養成工, 수습공, 견습공)의 일들도 영화나 옛 소설책에서나 볼 수 있다. 예전의 일들은 세월이 지남에 따라 사람들의 기억에서 사라져가고 있으나, 이러한 시대의 역사 인물들까지 잊을 수는 없는 일이다. 신구(新舊) 상해[1]의 역사는 선명하게 대비되고 있는데 이것은 해방이후 상해도시 건설, 생산 발전과 사회진보라는 척도로 명백한 차이를 볼 수 있다. 지난 시간 동안 인민들은 많은 치욕과 고난을 받았으나, 향후 젊은이들은 사회주의 제도에 대한 심도 있는 연구와 인식으로 신중국을 더욱 사랑해야 한다. 무수한 애국지사들이 이 땅위에서 어려운 투쟁을 벌였고, 또 그들의 찬란한 업적과 절개로 새로운 정신문명을 건설하여 장래의 거대한 추진 동력을 형성해야 한다.

근대 상해의 역사서는 반드시 필요하다. 그러나 역사서를 집필한다는 것은 쉽지 않은 일이다. 가장 큰 문제는 자료에 대한 문제이다. 상해 역사의 중문과 외국어문 자료는 상당히 방대하고 복잡하다. 그러한 자료는 외국 열강, 청 왕조, 북양군벌과 국민당 상해지방정부의 당안(檔案) 등이다. 어떤 자료는 이미 소실되기도 하였으나, 대부분은 아직 정리가 되지 않아, 각 부분에 산재되어 있기도 하고, 개인의 수중에 있

---

1) 신구(新舊) 상해라 함은 1949년 10월 1일 중화인민공화국이 성립된 신중국의 성립을 기점으로 신구를 구분하고 있다. 역자 주.

기도 하므로 그러한 자료를 이용하기가 쉽지 않다. 1930년대 리우얼즈 (柳兒子)를 중심으로 상해통지관(上海通志館)에서 자료를 수집, 정리하고 어떤 부분에서는 전문적인 연구 노력으로 어느 정도의 성과를 거두었다. 그러나 시간이 짧았던 관계로 그 폭과 내용이 넓지도 많지도 않았다. 해방이후, 이러한 방면의 업무는 비교적 늦게 시작되었고, 속도 역시 빠르지 않았다. 이러한 조건아래에서 상해 역사 집필의 필요성을 느끼게 되었는데, 그러한 분위기는 소수인원에 의해서 형성된 것은 아니었다. 그러나 객관적인 수요를 충당하기 위해 먼저 교재용 도서가 필요하게 되었으며, 일부 학자들의 격려와 도움으로 우리들은 모자라는 힘을 모아 이 책을 내게 되었다.

이 책을 내는데 우리들은 이전부터 생각해왔던 것을 『상해근대사』 (上海近代史)에서 전반적으로 언급하였다. 특히 외국 열강과 국내 각종 정치세력이 상해에서 보였던 정치, 군사, 경제, 문화 등 각 방면의 활동을 비교적 전면적으로 반영하였을 뿐 아니라, 조계사(租界史) 역시 소홀하게 취급할 수 없었으므로 조계가 상해의 역사에서 차지하는 특수한 지위에 대해서도 언급하였다. 상해인민들의 군중 투쟁 역시 특출한 것이나, 상해의 역사를 혁명의 역사로 집필하지는 않았다. 상해가 개항된 이후 오랜 기간 동안 상해 인민과 외국 열강간의 모순은 외국 식민세력에 대한 인민군중의 투쟁으로 나타나고 있었다. 이외에 상해의 역사는 상해 본연의 체계와 특색을 지니고 있으므로 산만하게 집필할 수 없고, 근현대사 혹은 혁명사중 상해와 관련된 사건에 대한 기술 역시 소홀히 할 수 없었다. 예를 들어보면 상해 광복, 6·3(六三)운동, 중국 공산당의 탄생, 5·30(五卅)운동, "4·12"(四一二), "1·28"(一二八) 그리고 "8·13"(八一三) 등의 사건은 상해의 역사가 근현대사, 혁명사 혹은 당사(黨史)와는 차이를 두고 있다는 특징이라고 볼 수 있다.

이 책을 펴내면서 우리들은 다음과 같은 문제를 생각해 보았다. 제국주의는 폭력과 강권으로 상해에 조계를 설립하였고, 조계 내에 근대 기업이 설립되었으며, 원양(遠洋)과 내해(內海) 항운(航運)의 개척, 문화교육기구의 건립, 시정건설이 진행되었으나, 이러한 모든 것은 침략의 필요에 의한 것이었다. 상해 도시에 대해 살펴보면 난잡하고, 불합리한 도시건설과 정신에 대한 오염 등은 제국주의 열강 침략의 부산물로 만들어진 것이다. 그러나 이러한 과정 중에서 또 다른 변화도 보이고 있다. 같은 땅위에서 서방 선진기술을 응용하여 중국민족공업을 일으켰고, 중국인 스스로 새로운 학교의 설립과 신문 출판 사업이 일어났으며, 중국의 민족자산계급, 무산계급과 새로운 지식분자들이 출현하게 되었다. 조계 이외의 지역 즉, 옛 상해 현성(縣城)과 황무지였던 갑북(閘北)은 조계의 상태에 따라 시장이 열리게 되었고, 공용사업이 발전하여 현대화의 시정건설이 진행되었다. 이러한 발전은 전국 기타 도시의 도시 발전 모범이 되었다. 상해 조계는 약 1세기동안 존속되었으며, 역사에는 치욕이라고 기재될 것이다. 이러한 특수한 상황아래에서 상해는 오히려 객관적으로 서방 선진 과학기술의 창구와 중서 문화의 교차점으로 자리 잡게 되었다. 그러나 우리는 반드시 아래의 두 가지를 중시해야 한다. 첫째는 이러한 변화와 외국침략자들의 목적은 서로 상반되었고, 그들의 의지대로 역사가 변화하지 않았다는 것이다. 마오저뚱(毛澤東) 동지는 그의 자서전에서 명백하게 설명하고 있다. 외국자본주의 침략은 그들에 대항하는 방법을 모색함으로 그들의 묘를 파게 되었고, 그러한 대항 방법은 중국혁명을 위한 물질조건과 정신조건을 제공하였다. 이러한 의의에서 볼 때, 서구 열강은 중국에서 "역사는 자각(自覺)할 수 없는 도구"라는 것을 알게 되었다. 두 번째는 이러한 변화 즉 중국사회 내부의 모순 즉 생산력과 생산관계의 모순, 상층 경제구조와 경제 기초의 모순적 발전의 결과는 중국 인민들의 투쟁으로 나타났다. 민족투쟁과 계급투쟁 역시 나타나게 되었던 것이다.

외국자본주의의 침입은 중국자본주의 발생을 촉진시켰으나, 중국민족
자본의 독립적 발전을 저해하였다. 또 조계라는 창구로 선진과학기술
과 새로운 생산력의 형성을 가져왔으나, 이러한 것은 중국인민에게는
아무런 이익이 없었고, 중국의 사회상황을 개선시키지 못했다. 본 단
행본인 상해근대사는 이러한 것을 증명하였다.

　이외에 청말(淸末) 상해의 지방자치와 국민당정부의 대상해(大上海)
계획 등에 대해서도 구체적인 분석을 하였다. 이 두 가지는 모두 제국
주의 식민제도에 반대하는 것이 아니며, 인민의 이익을 대표하지도 않
는 것이다. 전자는 인민의 민주요구에 대하여, 후자는 인민의 조계 회
수 운동에 대하여 일정 정도의 마비작용을 담당하였으나, 자치운동은
상해자산계급 세력의 증가와 참정의 요구를 나타내게 되었고, 대상해
계획은 조계에 대항하려는 의도도 포함하였다. 심지어 조계 내의 중국
인 참정활동은 제국주의의 식민제도를 충당하기 위한 하나의 방법으
로 나타난 것으로 외국 침략자들의 식민통치의 불건전성과 중국인민
의 조계 회수에 대한 강렬한 성원을 반영한 것이다. 역사현상은 많은
부분에서 아주 복잡하다. 이러한 사건에 대하여 간단하게 절대 긍정
혹은 절대 부정을 할 수 없고, 두 가지를 모두 채택할 수 없기 때문에
절충주의 태도를 채택하는 것이다. 이상 이러한 여러 문제로 이 책에
서는 관련된 문제를 비교적 가볍게 다루었고, 관련 사료 역시 불충분
하였다. 비록 많은 학자들의 연구 성과를 반영하였으나 아직도 충분하
지는 않다. 잘못된 부분에 대해서는 독자들의 비평과 교정을 바란다.

　이 책의 완성은 아래 학자들의 열렬한 지지와 협조에 의해 이루어
졌다. 초고는 주화(朱華), 쑤즈량(蘇智良), 리페이페이(李蓓蓓), 펑샤오
팅(馮紹霆), 츄이메이밍(崔美明), 쑨구오다(孫果達), 신핑(忻平)등 학자
가 제공하였는데, 쑤즈량과 주화 두 학자는 이 책 전체의 내용 보충과
교정 업무를 보았다. 그들의 협력에 대하여 감사를 표한다. 또 리페이

페이는 이 책 전체의 목차를 선정하는 데 많은 도움을 주어 다시 한
번 감사한다.

　이 책은 "돌에서 옥을 구한다"(抛磚引玉) 라는 고사 성어 같이 졸렬
하고 성숙되지 않은 의견으로 다른 사람의 고견을 끌어낸다고 집필진
들 스스로를 낮추고 있으므로 잘못된 부분이 많더라도 너그럽게 이해
해 주시기를 바란다. 우리들의 노력이 필요한 사람들에게 도움이 된다
는 것으로 어려웠던 모든 일에 대한 위안을 삼고자 한다.

1984년 6월

리우후이우(劉惠吾)

차 례

새롭게 그린 상해 성 안과 밖의 조계전도(新繪上海城廂租界全圖)

제1장

개항(開港) 이전의 상해

제1절 상해지역의 육지화 및 그 역사 연혁

상해지역은 동해에 접한 지역으로 양자강[陽子江, 현재는 장강(長江)이라고 불림]의 관문이며, 중국대륙해안선의 중심지역이다. 상해의 북쪽은 양자강과 연결되어 있고, 강 입구의 숭명도(崇明島), 장흥도(長興島)와 횡사도(橫沙島)를 포함한다. 남쪽으로는 항주만(杭州灣)에 인접해 있으며, 크고 작은 금산열도(金山列島)를 포괄하며, 서쪽으로는 강소성(江蘇省)의 소주(蘇州)지구와 접해 있으며, 서남쪽으로는 절강성(浙江省)의 가흥(嘉興)지구와 경계를 하고 있다. 남북으로는 약 120km, 동서로는 100km이다. 상해시 전체의 인구는 11,859,748명으로 그중 6,320,872명이 시내에 거주하고 있다.[1] 상해시 면적은 약 6,186km²로 상해(上海), 송강(松江), 가정(嘉定), 청포(靑浦), 금산(金山), 남회(南滙), 천사(川沙), 보산(寶山), 숭명(崇明), 봉현(奉賢) 10개 교외 현(縣)과 황포(黃浦), 노만(盧灣), 정안(靜安), 서회(徐滙), 남시(南市), 갑북(閘北), 홍구(虹口), 양포(楊浦), 보타(普陀), 장녕(長寧), 오송(吳淞), 민행(閔行)의 12개의 시 직할구로 나뉘어져 있다. 시구(市區) 면적은 약 340km²로 상해 전체 시 면적의 5.5%를 차지한다. 꿈틀꿈틀한 모양의 오송강(吳淞江 또는 蘇州河라고도 함)과 황포강(黃浦江)은 마치 "정(丁)"자 모양의 옥대가 종횡으로 교차하며 상해 지역을 관통하고 있다.

상해는 오랜 세월의 역경을 거쳐 바다가 육지로 변해 형성된 후 발

---

1) 1982년 7월 1일 상해인구보사(上海人口普査)통계수치.

16,000년 전 중국 동부 해안 위치도

전되어 온 도시이다.

아주 오래 전 현재의 상해 지구는 중국 동부대륙의 일부분으로 여러 차례의 지각변동으로 바다가 육지로 변한 것이다. 대략 7,000만 년 전인 중생대 후기 상해지구는 중국 동부의 다른 지구와 마찬가지로 강력한 지각운동의 발생으로 동북에서 서남방향으로 약간의 분열이 일어났고, 마그마(巖漿)가 분열된 곳을 통하여 분출되어 지면으로 나왔으며, 오랜 기간의 풍화와 침식을 거쳐 현재의 송강현(松江縣) 지구내의 봉황산(鳳凰山), 사산(佘山), 천마산(天馬山)등 평원 위에 작은 산과 구릉이 생겨나게 되어, 사람들은 이를 "운간구봉"(雲間九峰)이라고 부른다. 이것이 상해의 지질형태를 가장 잘 나타내 주고 있는 것이다.

신생대(新生代) 제4기 이래의 200만 년 중, 전 지구의 기후는 몇 차례 대규모 냉온 교체의 변화가 일어났다. 대륙 빙하는 기후의 변화에 따라 어떤 때에는 크게, 어떤 때에는 작게 조성되었고, 바닷물 역시 어떤 때는 더 들어오고, 어떤 때는 더 나가고 하였다. 이 기간 동안 상해 지구에서도 이에 상응하여 몇 차례 바다와 육지가 변하는 상황이 벌어졌다. 지각은 대부분이 아래로 꺼졌으며, 해수가 대폭 육지로 올라왔으며, 이렇게 해면의 수위가 하구(河口)마다 높이가 서로 달랐으므로 고삼각주(古三角洲)가 형성되었다. 약 16,000년 이전, 고대, 중세의 위도에서 기후가 한랭하였기 때문에 대륙 빙하는 광범위한 지역에서 발달되었고, 해수면이 현재 해수면의 수위보다 130m나 낮게 형성되었으

므로 전체 상해지구와 현재
상해 앞의 바다는 육지로 연
결되어 있었고, 당시의 양자
강은 현재의 유구도(琉球島)
부근에서 바다로 들어갔다.

이후, 지구 전체의 기후가
온난해지고, 빙하가 다시 녹
으면서 해면이 상승하여 해안
선 안쪽으로 이동되었다. 약
7,500년 전, 상해지구의 해안
선은 동에서 서쪽으로 이동하

500년 전 상해지구 해안과
양자강 입구 위치도

여 가정(嘉定)의 방태(方泰) − 송강(松江) − 금산(金山)선까지 이동되었
고, 양자강 입구는 진강(鎭江), 양주(揚州)일대로 후퇴하게 되었다. 이
해안선은 이전에 동쪽으로 확대되었던 고삼각주(古三角洲)가 다시 바
닷물에 잠기게 되었다.

대략 6,000~7,000년 전, 해수면의 상승 속도가 완만해지자 양자강에
대량으로 유입된 모래와 파도가 실어 온 진흙, 조개껍데기가 강의 입
구에 퇴적되어 쌓이게 되었는데, 이러한 부유물의 퇴적 속도가 해수면
의 상승 속도보다 빠르게 진행되었다. 바닷물의 간만(干滿)의 작용으
로 현재 상해 중부의 편서지대는 서북 − 동남방향의 바람막이(風身)지
대가 형성되었고, 기타 지면은 서쪽의 지면이 조금 높았다. 바람막이
(風身)의 서쪽(以西) 지역 범위에서 많은 신석기 문화유적이 발견되었
다. 예를 들면 1959년 상해 마교(馬橋) 유당하(兪塘河)와 죽항(竹港)
교차 지점 서쪽의 마교 문화유적에서 각종 마제석기(磨製石器), 골기
(骨器), 도기(陶器), 청동기(青銅器), 식물의 씨앗 및 동물 뼈 등이 출토되
었는데, 이 문화유적은 4,000년 전의 것으로 밝혀졌다. 또, 청포현(青浦

縣) 송택촌(松澤村)문화유적지에서는 대규모의 부장품과 기물(器物)이 발견되었는데, 방사성 탄소측정법의 측정으로 그 연대가 약 5,360년 전의 것으로 나타났으며 이것은 현재까지 상해에서 발견된 거주 문화유적지 중에서 가장 빠른 유적지이다. 바람막이의 바깥쪽은 북쪽인 누당(婁塘)에서 가정성(嘉定城), 남상(南翔), 제적(諸翟), 유당촌(兪塘村) 남쪽 끝의 자림(柘林) 일선으로 옛 상해의 해안유적지가 형성되어 있으며, 상해지구는 서쪽에서 동쪽으로 다시 충적토가 쌓여 새로운 육지를 형성하게 되었다. 이때 이미 상해 서부지구는 육지가 되었고, 그 시기는 지금으로부터 약 5, 6천년 전의 일이다.

시간이 흐름에 따라 바람막이 부분의 동쪽에 충적토가 계속 쌓이면서 새로운 육지가 형성되었다. 당(唐) 개원(開元) 원년인 713년에는 바닷물의 역조(逆潮)현상을 막기 위해 사람들이 150리(里) 길이의 방파제인 한해당(捍海塘)[1]을 건설하였다. 1949년 이후에 남쪽은 남회현(南滙縣) 항두(航頭)에서, 북쪽은 하사(下砂), 주포(周浦), 천사현(川沙縣) 북채(北蔡), 보산현(寶山縣) 강만(江灣), 월포(月浦)에서 성교(盛橋)까지 지하 모래지대(砂帶)가 형성되어있으며, 이 모래지대(砂帶)에서 바람막이 지역까지는 약 30여 km로 바람막이 지대와 평행을 이루고 있다. 모래지대(砂帶)의 서쪽과 그 내부에서는 적지 않은 고문화유적이 발견되었다. 예를 들면 천사현(川沙縣) 북채공사(北蔡公社)의 동쪽지역

---

1) 한해당(捍海塘) 또는 한해당(瀚海塘)이라고도 한다. 남송 초년 『운간지』(雲間志)에 게재되어 있는 내용을 근거로 살펴보면 다음과 같다. "옛 한해당은 서남으로는 해염계(海鹽界), 동북으로는 송강(松江; 현재의 吳淞江)의 지류로 약 150리의 길이다." 탄치샹(譚其驤)은 남쪽에서 항해를 하여 보산 성교(盛橋)의 해당(海塘)까지를 "하사 한해당"(下砂 捍海塘)이라고 불렀는데, 이는 10세기 전기의 오대(五代) 오월(吳越) 시기에 축성되었다. 당 개원시기에 축조된 한해당은 바람막이 지구와 하사한해당의 사이를 모두 포함한 것을 말한다.(譚其驤, 『상해시 대륙부분의 해륙변천과 개발과정』『상해 지방사자료』 제1집에 게재된 내용 참고).

에서는 당대(唐代) 목선(木船)이 출토되었고, 엄교공사(嚴橋公社) 포건로(浦建路) 일대에서는 당대(唐代) 유적이 발견되었다. 시구(市區) 광중로(廣中路) 야채시장 부근에서는 남조(南朝)의 자기(瓷器)가 나왔으며, 중산북로(中山北路), 공화신로(共和新路)와 용오로(龍吳路)에서도 역시 당대(唐代) 기물(器物)이 출토되었다. 이러한 것은 모두 이 모래지대(砂帶)가 당의 개원(開元) 한해당(捍海塘)의 유적지 임을 증명하는 것이었다. 이러한 것으로 미루어 생각하면 당대(唐代) 초기에 이미 현재의 시구(市區)는 오송(吳淞), 강만(江灣), 양수포(楊樹浦) 동쪽 끝단과 복흥도(復興島)의 일부 작은 부분을 제외하고는 대부분 이미 모두 육지가 되었다는 것을 알 수 있다.

이후 구 한해당 방파제 이동(以東) 지역은 점차 육지가 되었으며, 해안은 점차 이동하여 북쪽으로는 고교(高橋), 남으로는 혜남진(惠南鎭)까지에 이르렀다. 당(塘) 개원(開元)후, 상해지구는 남송 건도(乾道) 8년(1172년)에는 또 다른 방파제를 건립하였고, 명(明) 성화(成化) 8년(1472년)에 개축하였는데, 그 위치는 북으로는 현재의 고교(高橋) 이동(以東)과 남(南)으로는 천사(川沙), 남회(南滙), 봉성(奉城)을 거쳐 자림(柘林) 일대까지로 현재에는 이를 이호당(里護塘)이라고 부른다. 근래에 이호당 안쪽의 대단진(大團鎭) 서갑하(西閘河) 동쪽 해안지대에서 북송(北宋)때 부터 원대(元代)에 이르는 시기의 자기(瓷器) 조각이 발견되었고 또 삼조(三灶)에서는 북송(北宋) 시기의 자기 조각과 남송(南宋) 초기의 도기(陶器) 조각이 발견되었으므로, 현재 상해시 전체는 송초(宋初)에 이미 기본적인 육지의 골격이 형성되었고, 해안은 현재의 해안선과 큰 차이가 없음을 추정할 수 있다.

명의 성화(成化) 8년(1472년)에는 이호당(里護塘)을 수리하는 동시에 이호당 이동(以東)에 또 방파제 건설을 준비하였다. 청(淸) 옹정(雍正) 11년(1733년)에 이르러서는 다시 수리를 하였는데, 이것이 바로

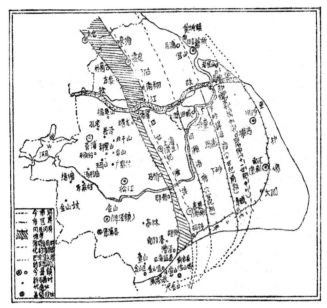

상해시 대륙부분 해륙(海陸) 변천도

흠공당(欽公塘)이다. 흠공당의 북쪽은 고교(高橋) 부근에서 시작하여 황포강(黃浦江)의 강과 저수지[江塘]가 서로 만나고, 동남으로는 강진(江鎭), 남회(南滙)를 거쳐 점차 서쪽으로 향하고, 봉성(奉城)에서 조경(漕涇), 금산위(金山衛)는 절강성 항주만 북안해당(北岸海塘)과 연접하고 있다.2)

이것이 500년 전의 해안선으로 현재 존재하는 완전한 방파제의 모습이다. 이 방파제의 동쪽 부분에는 이후 계속해서 노우당(老圩塘), 진공당(陳公塘)과 신우당(新圩塘)이 축조되었는데, 이러한 곳 모두는 약 500년 이내에 새로 증가된 곳이었다.

---

2) 흠공당(欽公塘)은 원래 남회(南滙) 경내의 한쪽 방파제를 말하는 것이었다. 후에는 북쪽은 천사(川沙), 남쪽은 금산위(金山衛)의 방파제를 모두 통칭하여 흠공당이라고 하였다.

현재 상해지구가 "창해상전"(滄海桑田; 바다가 뽕나무 밭이 되었다
라는 뜻)이라는 거대한 변화를 보일 때, 황포강(黃浦江)은 점차 상해를
나타내는 상징으로 변해갔다. 황포강의 변화와 상해지구의 발전은 밀
접한 관계를 보이고 있다.

황포강의 발원지는 태호(太湖) 동남의 전산호(澱山湖)이며, 그 물은
흘러서 오송(吳淞)을 지나 양자강(현재는 長江이라고 부름) 입구에서
바다로 흘러 들어가는데, 그 길이는 113.5km이고, 유역면적은 약
23,800km^{2}이다. 황포강의 강 표면은 상당히 넓으며, 양안(兩岸)간의
거리는 상류의 갑항(閘港)부근은 300여m이나 하류에서는 800여m나
된다. 강 표면이 넓고 수심이 깊으며, 조차(潮差)가 심하지 않고, 수량
이 풍부하며, 겨울에도 얼지 않으므로, 4계절의 통행이 가능하다. 하천
바닥은 진흙과 모래로 되어있어 부드러우므로 선박은 쉽게 정박할 수
있다. 양안(兩岸)의 지세는 평탄하여 부두와 창고(倉庫) 건립이 용이하
며, 하류는 해구(海口)에서 멀리 떨어져 있기 때문에 태풍의 위험이 닥
친다 해도 선박은 안전하다는 장점이 있다.

황포강은 입지조건이 아주 좋은 항구로서 오랜기간 역사의 변천과
정을 겪었다. 고문서에 의하면 옛 태호(太湖)에서는 세 개의 물줄기가
바다로 흘러들어갔다고 한다. 북(北)쪽의 강줄기는 누강(婁江) 즉 오늘
날의 유하(瀏河)로, 이 강은 태호로 부터 소주(蘇州), 곤산(昆山), 태창
(太倉)에서 유하구(瀏河口)를 거쳐 바다로 들어간다. 남쪽의 강줄기는
동강(東江)이라 부르는데 오늘날 황포강(黃浦江)의 전신으로 태호에서
동쪽으로 흘러 절강성 서부의 여러 강과 합하여져서 가흥(嘉興), 송강
(松江)을 거쳐 상해에 이르러 바다로 들어간다. 이 두 강의 가운데 강
인 송강(松江)은 후에 오송강(吳淞江) 또는 소주하(蕭州河)[3]라 불리는

---

3) 원나라 때에는 화정현(華亭縣)이 송강부(松江府)로 승격되었고, 송강하(松江
河)를 오송강(吳淞江)으로 이름을 고쳐 불렀다. 상해에 항구가 열린 후, 오송
강은 소주와 직통으로 연결되었기 때문에 이름을 다시 소주하(蘇州河)라고

데, 이 강은 태호로 부터 소주(蘇州), 곤산(昆山)을 경유하여 상해를 거쳐 바다로 들어갔다. 이러한 세 강은 고대에는 모두 거대한 대하(大河)였으며, 그 중에서도 오송강이 가장 컸으며, 모두 태호 유역 배수(太湖流域排水)의 주요한 관개수로(灌漑水路)였다. 그러나 오송강의 하도(河道)가 꼬불꼬불했기 때문에 상류로부터 흘러온 침적토와 조수가 밀어온 모래로 인하여 점차 침적토가 쌓이게 됨에 따라 강의 수심이 얕아지고 수로가 좁아졌다. 이로 인해 태호 유역에는 수재 발생이 끊이지 않았다. 명초(明初)에 이르면 상황이 악화되어 비만 오면 물이 넘쳐 홍수가 났다. 이 재해는 농민들에게 커다란 손실을 주었을 뿐만 아니라 봉건통치자들은 부세(賦稅) 이외에 지조(地租)를 받을 수 없게 되었고, 이로써 정부의 부세(賦稅)가 감소되었다. 이러한 일련의 이유로 인해 명 조정에서는 태호 정비를 명령하였다.

　명 영락(永樂) 원년(1403년) 치수 사업이 개시되기 전에 황포강은 이미 그 수로가 변경되었다. 황포강의 옛 명칭은 동강(東江) 또는 대황포(大黃浦)로 불려졌다. 전국시기 초국(楚國)의 귀족인 황시에(黃歇)가 춘신군(春申君)으로 봉해졌고, 상해 서부지구는 그의 영지(領地)가 되었다. 그래서 황포를 또 헐포(歇浦), 황헐포(黃歇浦) 또는 신포(申浦), 춘신포(春申浦)라고도 불리게 되었던 것이다. 상해의 약칭이 "신"(申)인 것은 이것에서 유래된 것이다.[4] 황포강은 초기에 해염(海鹽)부근에서 항주만(杭州灣)을 통해서 바다로 들어갔으나, 후에는 사람들이 방파제를 만들어 그 출구를 막게 되자, 수차례 수로가 바뀌게 되었다. 첫 번째로는 금산(金山)에서 금산위(金山衛)를 통과하여 바다로 들어갔다. 두 번째로는 민행갑항(閔行閘港) 즉 현재의 남회(南滙)과 봉현(奉賢)

불렀다.

4) 황포강 수로의 명칭이 처음 나타난 것은 남송(南宋) 건도(乾道) 7년(1171년) 치우미(丘密)의 수리조주(水利條奏)중에서 나타난다.(『송회요』(宋會要), 『식화』(食貨) 8의 29).

교차지를 통과해서 바다로 들어갔다. 세 번째로는 동북쪽으로 흘러 남
창포구(南蹌浦口) 즉 현재의 오송(吳淞) 동쪽을 통해 바다로 들어갔다.
이것과 오송강을 서로 비교해 보면 오송강 다음의 중요한 위치를 차지
하고 있었다. 그러나 오송강은 자연적이면서 인위적인 장애가 종종 있
어, 고질적인 문제로 작용하게 되었다. 이로써 더 좋은 수로를 찾고 있
었고, 일부분은 태호로 흘러들어가게 하여 수재를 예방하였는데, 이는
명초 치수의 직접적인 목적이 되었다. 강바닥을 준설한 후, 한편으로
는 오송강의 물을 백묘(白茆)와 유하(瀏河)로 들어가게 하여 직접 양자
강으로 나가게 하여, 오송강 하류의 옛 수로를 폐기하였다.5) 이에 원
래의 송가빈(宋家浜) 하도(河道)와 동쪽의 범가빈(範家浜)이 서로 만나
는 곳6)을 이용하고, 동시에 범가빈(範家浜)을 준설하여(현재는 외백도
교 이동에서 오송구의 황포강 하류 지역) 대황포(大黃浦) ―범가빈―
남창포(南蹌浦)에 이르는 새로운 하도(河道)를 형성하게 되었다. 범가
빈의 명칭은 자연스럽게 없어지고 황포강의 한 부분으로 전락하게 되
었다. 수량이 풍부해진 오송강의 하류는 나날이 부토물이 쌓이게 되
어, 후에는 하도(河道)가 남쪽으로 이동되었고, 다시는 직접 바다로 물
이 흘러들어갈 수 없게 되었으며, 현재는 육가취(陸家嘴)와 황포강이
합류하여 황포강의 한 지류를 이루고 있다. 원래 오송강에서 바다로
들어가는 입구인 오송구가 황포강의 출구가 되었다. 황포강은 이때부
터 주요한 수로가 되었고, 이후 계속적인 하도(河道)의 준설과 제방 축
조로 점차 현재의 황포강이 형성되었으며, 우월하고 중요한 지리적 위
치를 차지하게 되었다. 상해는 근대로 들어서는 이때부터 좋은 항구가
되었고, 사람들의 중시를 받게 되는 지역이 될 수 있었다.

---

5) 구 수로는 후에 나날이 수량이 적어져 현재는 규강(虬江)이라 불리는데, 이것
   은 구강(舊江)의 음이 바뀌어 이렇게 불리게 된 것이다.
6) 송가빈(宋家浜) 하도(河道)는 현재 북신경(北新涇)에서 외백도교(外白渡橋)
   의 하도(河道)를 말한다.

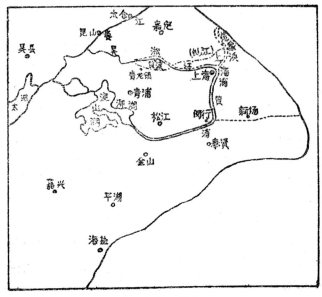

황포강 수로 형성도

　상해 육지의 형성과 황포강 수로의 형성으로 인민에게 광활한 활동
무대를 제공해 주었고, 도시의 흥기와 발전에 양호한 지리적인 기초를
마련해 주었다. 사회 경제의 발전에 따라 서남(西南)에서 점차 동북(東
北)으로 도시 발전이 이동되었고, 상해는 바다를 옆에 둔 어촌에서 점
차 동남지역을 이끌어 가는 도회지로 그 모습이 변하게 되었다.

　상해는 춘추시대에는 오(吳)에 속했고, 전국시기에는 초(楚)의 춘신
군(春申君)의 영지(領地)이었다. 진대(秦代)에는 오늘날 금산현(金山縣)
경내에 해염현(海鹽縣)7)이 설치되었고, 오늘날 강소(江蘇) 곤산현(昆

---

　7) 기원전 221년, 진나라는 해염현(海鹽縣)을 설치하였는데, 현재의 금산현(金山
　　縣) 장언(張堰)동남에 위치하였고, 후에는 자호(柘湖)에 함몰되었다. 기원전
　　212년 현(縣)이 무원향(武原鄉; 현재의 평호(平湖) 동북지역으로 이전하였다.
　　127년 다시 이 호수에 함몰되었으며, 현은 고읍성(故邑城) 즉 현재의 작포
　　(乍浦) 동남쪽 바다 가운데로 옮겼으며, 341년에는 해염현(海鹽縣)은 마고성

山縣) 경내에 류현(婁縣, 漢代에는 婁縣으로 개칭됨)이 설치되었다. 상해 서부지구는 해염현(海鹽縣)과 류현(婁縣)으로 나뉘어졌다. 이 두 현은 송강(松江)을 경계로 하여 송강 이북을 류현(婁縣)으로, 이남을 해염현(海鹽縣)으로 구분하였다. 현의 동쪽 경계는 오늘날 바람막이 지대(風身地帶) 이동(以東)으로 황포강의 서쪽 일선(一線)이다. 이후 바람막이의 동쪽에는 점차 새로운 토지가 생겨났다. 진대(晉代)까지 이곳에 주민들은 농업에 종사하면서 어업을 발전시켰다. 그리고 이들은 항구에서 고기를 낚는 도구인 호(扈) 즉 오늘날의 통발(籪)을 만들어냈다. 어민들은 강을 가로질러 대나무로 울타리를 만들어 수중 흙에 꽂아 펼쳐놓아 조류가 들어 올 때는 이 대나무 울타리가 해안을 향해 쓰러지고, 바닷물이 밀려 나갈 때에는 대나무가 똑바로 서게 되어 조류를 따라 들어 온 물고기가 썰물 때에는 대나무 울타리에 걸리게 되었고, 사람들은 대나무 울타리에 걸린 물고기를 잡았다. 이로 인하여 송강하류 일대를 호독(扈瀆)이라 칭하고 후에는 호(扈)가 호(滬)로 바뀌었으며,[8] 이것이 상해를 간칭(簡稱)으로 호(滬)라 부르게 된 유래인 것이다. 남조(南朝) 양(梁)의 대동(大同) 원년(535년)에 석원(析原) 누현(婁縣)에 곤산현(昆山縣)을 설치했고, 석원(析原) 해염현(海鹽縣)에는 서포현(胥浦縣)과 전경현(前京縣)을 설치하였다. 서포(胥浦)와 전경(前京)은 진(陳)나라와 수(隋)나라 때에 폐지되어 다시 해염현(海鹽縣)으로 회복되었다.

(馬韉城) 즉 현재의 절강성 해염현성 동남쪽으로 옮겼다. 당나라 때에는 현재와 같은 통치를 이루었다.

8) "호독"(滬瀆)의 명칭이 가장 일찍 나타난 것은 『진서』(晋書)에서 볼 수 있는데, 이것이 계속 쓰여 송말(宋末)까지 나타난다. 이 "독(瀆)자는 송강의 물과 유관하다. 고대 상해에는 삼강구(三江口)라는 명칭이 기록되어 있다. 송강은 원래 3곳으로 나뉘어 바다로 들어간다. 동한(東漢) 리우시(劉熙)는 독(瀆)은 독(獨)자이다. 각 독(獨)은 홀로 바다로 들어간다는 뜻"이라고 해석하였다. [『석명』(釋名) 권4, 『석수』(釋水)]

8세기 당대(唐代) 중엽에 이르러, 한해당(捍海塘) 방파제가 개축 완성되어 이 지역일대가 해조(海潮)의 역조 피해를 막게 되었다. 이에 경지(耕地)가 매년 확대되었고 호구(戶口) 역시 증가하였다. 당의 천보(天寶) 10년(751년) 오군(吳郡) 태수(太守) 짜오쥐쩐(趙居貞)은 곤산현(昆山縣)을 마안산(馬鞍山)에 귀속시키고, 그 남쪽과 가흥(嘉興)동쪽 및 해염 북쪽 지역에 화정현(華亭縣)을 설치해줄 것을 상주하여 허락을 받았다. 해염 북쪽 경계에 설치된 화정현은 오늘날의 송강현성(松江縣城)이다. 당시 화정현의 범위는 북으로는 오송강(吳淞江) 하류로 대략 오늘날 홍구(虹口)일대이고, 동쪽으로는 하사(下沙)에 이르고, 남으로는 바다에 이르는 대단히 넓은 면적이었다. 그 동북쪽이 화정해(華亭海)였으므로, 이로 인하여 화정현 이라는 이름을 얻은 것이다.9) 당시 송강(淞江) 하류의 넓이는 20리(里)에 달하여 배들이 항행할 수 있었고 연해(沿海)의 상선(商船)들이 송강(松江)으로 드나들었다. 당(唐) 천보(天寶) 연간에 오늘날 청포(靑浦) 동북의 송강(松江) 남쪽 해안에 청룡진(靑龍鎭)을 설치하였다.10) 이곳은 화정현에서 관할하였다. 송 초(宋初)에 이르러 화정현은 다시 절로(浙路)와 수주(秀州) 즉 오늘날 가흥현(嘉興縣)에 속하게 되었다. 이 당시 동남 해상무역이 날로 발전하여 화정(華亭) 이동(以東)의 바닷가는 이미 중요한 소금 시장(鹽

---

9) 화정(華亭)의 이름은 주(周)나라 간왕(簡王)때(B.C.598~585) 오(吳)의 국군(國君)인 쇼우멍(壽夢)이 "화정은 나라의 동쪽 즉 송강(松江 또는 吳淞江이라고도 함)의 남쪽에 건립한 숙박할 수 있는 곳이라는 의미의 지역이다"라고 하였다.(嘉慶,『松江府志·名迹志』) 또 화정이 현재의 금산현 동북부였다는 말도 전해지고 있다. 어느 곳에 있었는지는 아직까지 고증되지 않고 있다.
10) 삼국시대 때, 오국(吳國) 수군이 강성하여 송강(松江)에서 조련을 하였다는 근거가 있으며, 쑨츄앤(孫權)은 이곳에 용 형태의 배(龍舟)를 만들고, 푸른색으로 색을 입혀 청룡군함을 만들어서 "청룡"(靑龍)이라는 이름이 유래하게 되었다. 청룡진(靑龍鎭)의 위치는 현재 백학(白鶴)의 이동(以東)과 중고(重固)의 이북(以北)이다.

場)이 형성되었고, "사람들의 밥 짓는 연기가 끊이지 않았고, 선박들이 폭주하였다"고 전하고 있다.11) 송(宋)의 선화(宣和) 원년(1119년)에는 송강의 항도(航道)를 다시 정비한 이후 청룡진(青龍鎭)은 날로 발전하여, "학교가 있고, 창고가 있고, 일꾼이 있고, 수륙 순사(巡司)가 있다"고 청룡진을 설명하였다. 송(宋)의 메이야오천(梅堯臣)이 쓴『청룡잡지』(青龍雜誌)에 "청룡진에는 36개의 방(坊), 22개의 다리(橋), 3개 정(亭), 7개의 탑(塔), 13개의 절(寺)과 만가(萬家)가 생활하였다"12)고 기재하고 있다. 항운무역이 상당히 번성하여 작은 항주[小杭州]라 칭했고, 수륙교통 운수의 중심지가 되었다. 이때의 상해는 화정현에 있던 한 개의 해구(海口)에 불과한 작은 어촌이었으며 인구도 상당히 적었다.

이후 송강 상류에 날로 침적지가 쌓이게 되고 강바닥이 낮아졌고, 하류의 강폭은 날로 협소해져 선박들은 호독(滬瀆)을 거슬러 올라가 청룡진에 다다를 수 없었다. 그리하여 강포(江浦)로부터 합류되는 지점의 남쪽으로 향해서 상해포(上海浦) 오른쪽에 정박할 수밖에 없었다.13) 이것이 오늘날 남시구(南市區) 소동문(小東門) 십육포(十六鋪)의 유래이다. 이리하여 양자강 입구의 중요한 항구였던 청룡진의 역할은 역사에만 남게 되었고, 송대 후기에 이르면 무역중심이 점차 화정(華亭)의 동북 일대로 옮겨가면서 초기 상해에 거주민들이 생겨나 도시가

---

11) 嘉慶朝,『上海縣志·序』.
12) 光緖朝,『靑浦縣志』에서 인용.
13) 북송(北宋) 중기, 송강 하류의 하구(河口)는 현재의 교교(高橋) 부근으로 이동되어졌다. 겹단(郟亶)『수리서』(水利書)에 의하면 송강 남쪽 강안(江岸)의 가장 가까운 해구의 몇 개의 포(浦)는 상해포(上海浦), 강녕포(江寧浦), 난니포(爛泥浦)등이다. 상해포 남쪽으로는 대황포(大黃浦)가, 북쪽으로는 송강(松江)이 인접해 있다. 홍치조(弘治朝)의『上海縣志』에는 현성(縣城)의 동쪽에 있고, 현재에는 황포(黃浦) 내에 포함되어 있었다. 그 하류는 현재의 홍구항(虹口港)과 비슷한 상태이다. 원래 상해묘(上海廟)는 대남문(大南門) 밖의 해조사(海潮寺)에 있었으며, 8·13사변 때 소실되었다.

형성되기 시작하였다. 이 시기는 대략 북송(北宋) 희강(熙寧) 연간(1068~
1077년)이었다. 대략 200년 후인 남송(南宋) 함순(咸淳) 3년(1267년)
에 이르면 이곳이 군사요지인 진(鎭)으로 구획되어 진장(鎭將)이 파견
되고 군대가 주둔하여 수비하였다. 이곳은 상해포(上海浦) 서쪽으로
상해진(上海鎭)이라 불렸다.14) 원(元)나라 지원(至元) 14년(1277년)에
이르면 상해에 시박사(市舶司)가 설치되었다.15) 당시 시박사는 광주
(廣州), 천주(泉州), 온주(溫州), 항주(杭州), 경원(慶元)과 감포(澉浦),
상해 등 전국 7곳에 설치되었다. 시박사 관서(官署)는 후에 상해 현서
(縣署)가 있던 곳에 세워졌다[오늘날 소동문(小東門) 방빈남로(方濱南
路)의 광계로상(光啓路上)에 있다]. 이때 상해진은 이미 번상(藩商)들
이 운집하는 곳이었으며, 상선들이 정박하여 상품들이 모이게 되었으
며, 술집들이 즐비하게 들어섰고, 군함, 관서(官署), 유학사숙(儒學私
塾), 불궁(佛宮), 선관(仙館), 민가와 상가들이 즐비하여 화정의 동북지
역 일대가 거대한 진(鎭)을 이루었다.16) 이때에 이르러서 상해는 하나

---

14) 상해는 상해포(上海浦)라는 것에서 그 이름을 얻었다는 것 이외에도 아래의
    몇 가지 주장이 있다. 첫째로는 상해(上海)라는 말은 "바다위에 거주한다."는
    명칭에서 상해라는 말이 나왔다는 것이다. 둘째로는 동한(東漢) 위앤캉(袁康)
    의 『월절서』(越絶書)중에 "루(婁)의 동쪽 10리의 갱(坑)을 예로부터 장인갱
    (長人坑)이라고 하였으며, 바다에서부터 나왔다(從海上來)"고 하였다. 이 토
    지라하여, 이로 인해 상해라는 명칭이 붙었다. 셋째로는 당(唐)나라 때, 상해
    동부지구를 화정해(華亭海)라 불렀고, 서면(西面) 화정현 사람이 자주 이곳으
    로 가는 것을 바다 위로 간다고 하여 상해라는 명칭이 붙었다고 하고 있다.
    상해에 진(鎭)이 설립된 구체적인 시간에 대한 주장도 같지 않다. 가경(嘉慶)
    『상해현지』(上海縣志)에서는 상해진(上海鎭)은 북송(北宋) 희녕(熙寧) 7년
    (1074년)에 설립되었다고 하고 있다.
15) 시박사(市舶司)는 중국과 외국 상선을 관리하거나 화물에 세금을 징수하였던
    정부기구로 주요 담당 업무는 등기와 선박관리, 화물검사, 관세징수, 유관증
    명서 발급, 정부의 전매품 수매 및 외국상인 접대와 보호 임무를 담당하던 기
    관이었다. 이것은 후의 세관과 항구관리기관과 유사하며, 동시에 대외무역부
    분의 기능도 갖추고 있었다.

의 독립된 행정구의 단위로서 객관적 조건이 성숙되었다.

원나라 지원(至元) 27년(1290년) 송강부(松江府) 지부(知府) 푸쌴원(仆散文)은 "화정 지역이 너무 넓어 사람들을 통치하기 어렵다."라며 상해현을 별도로 설치할 것을 건의하였는데, 그것이 받아들여졌다. 1292년 드디어 화정(華亭)의 동북지역과 황포강 동서 양안(兩岸)의 고창(高昌), 장인(長人), 북정(北亭), 해우(海隅), 신강(新江)의 다섯 곳을 상해현(上海縣)으로 구획하였다. 현서(縣署)는 송대의 각화장(榷貨場; 화물에 대한 세금을 걷던 곳) 건물을 사용하였으며, 원(元) 대덕(大德) 연간에는 원래의 시박사(市舶司) 관서가 있던 곳으로 이주시켰다.17) 당시 상해현은 동으로는 강만(江灣)까지 18리(里)였고, 서쪽으로는 오니경[吳泥涇; 오늘날 상해현의 화경진(華涇鎭)]까지 30리(里)였고, 남쪽으로는 하사장(下砂場)에 이르는 50리의 길이었고, 북으로는 청룡진까지 50리이며, 동서 넓이는 48리이고 남북은 100리로 이전의 상해진은 당시 현 행정구역(縣行政區域)의 중심지였다. 상해현이 구획된 이후 화정(華亭)의 통괄(統括)로부터 벗어났고, 화정현과 같이 절강행성(江浙行省) 송강부(松江府)에 속하게 되었다. 원(元) 태정(泰定) 3년(1326년)에는 가흥로(嘉興路)에 속했다가 원 천력(天歷) 원년(1328년) 이후 다시 송강부에 속했다. 상해는 현(縣)으로 행정구획이 된 이후 정치경제발전이 촉진되었다. 명조(明朝)가 시작되면서 상해지구 경제발전은 더욱 가속화되었으며 무역은 날로 흥성하여 자본주의 맹아가 출현하였다. 현내(縣內)의 인구는 증가하여 이전보다 더욱 조밀하게 되었다. 원의 지정(至正)년간 현(縣)의 호수(戶數)는 72,502호였고 선원, 상인, 잡역부가 5,675명으로 모두 이 현 사람이었다."18) 명(明) 홍무

16) 탕쓰추오(唐時措)의 『건현치기』(建縣治記)는 홍치조(弘治朝), 『上海縣志』, 권5에서 인용.
17) 현재의 광계로(光啓路) 부근에 현좌가(縣左街)와 현후가(縣后街)가 있는데, 이곳이 옛 상해 현서(縣署)의 자리였다고 보여진다.

(洪武) 24년(1391년)에 현(縣) 전체의 인구는 114,326호, 532,803인으로 원(元)의 지정(至正) 연간의 배가 되었다.[19] 상해는 이미 동남지역의 유명한 읍(邑)으로 성장하였다.

상해는 1292년 현(縣)으로 승격한 직후에는 현의 성벽이 없었다. 명 중엽 이후 동남일대에 왜구들이 출몰하면서 왜구들이 상해를 자주 침략하였다. 예를 들면 가정 23년(1553년) 4월부터 6월까지 두 달 중 상해는 연속 다섯 차례나 왜구에게 약탈당하여 현민(縣民)의 재산 손실이 상당하였다. 사람들은 성벽이 없어서 왜구를 막아낼 수 없다고 생각하여 성벽을 축조하기로 결정하였다. 같은 해 상해현 관신(官紳)이며 광록시경(光祿寺卿) 구총리(顧從禮)는 조정에 상주하여 설명하기를 "오늘날 상해는 호구(戶口)들이 육백여리를 차지하고 있으며 부유한 자들이 많이 있으며 전량(錢糧) 40만 량 이상이 사방으로 운송되고 화물 또한 풍부하다. 그러나 현문(縣門)밖 1리(一里)도 안 되어 황포(黃浦)가 있어 도적들이 바다로부터 조수(潮水)를 타고 들어와 약탈을 할 수 있는 것은 성벽이 없기 때문이다. 사람들은 전량(錢糧)을 모으고 백성들의 고통을 덜어주기 위해서는 조정에서 성벽을 신속히 쌓아 줄 것을 요구하였다."[20] 조정이 이를 허락하여 송강지부(松江知府) 팡리앤(方廉)이 왜구가 물러간 기회를 이용하여 의연금과 세금을 징수해서 성벽의 기초를 세우고 통판(通判) 리구오지(李國紀)가 감독하여 성벽을 쌓았다. 9월에 공사가 시작되어 11월에 공사를 끝냈다. 신축한 현성(縣城)의 주위는 9리(里), 높이가 24척(尺)이었다. 성문은 6곳에 설치되었는데, 동쪽으로는 조종문(朝宗門 즉 大東門), 남쪽에는 과용문(跨龍門 즉 大南門), 서쪽에는 의봉문(儀鳳門 즉 老西門), 북쪽에는 안해문(晏海門 즉 老北門), 동남으로는 조양문(朝陽門 즉 小南門), 동북

---

18) 가경조(嘉慶朝), 『上海縣志』, 권4.
19) 홍치조(弘治朝), 『上海縣志』, 권6.
20) 嘉慶朝, 『上海縣志』, 권6 인용.

으로는 보대문(寶帶門 즉 小東門)이었다. 수문은 3개가 있었는데 동서 관문은 조가빈(肇嘉浜)에 있었고, 소동문 관문은 과방빈(跨方浜)과 연결되어 모두 성호(城壕)로 연결되었다. 성벽 위에 성가퀴(몸을 숨기고 활을 쏘거나 적을 치는 곳)가 3,600개였고, 적을 살피는 망루가 2개였다. 성 밖의 호(濠)의 길이가 1,500여 장(丈), 넓이가 6장(丈), 깊이가 1.7장(丈)이었다. 이 성을 둘러싸고 있는 이 호(濠)는 바다로 통했다.21) 성벽의 건립은 상해의 정치경제발전의 산물이며, 상해사람들이 공동으로 노력한 결과로 상해를 보호하는 역할을 하였다. 이후 왜구가 여러 차례 침범했지만 성안으로는 침범하지 못하였다. 성이 건립된 후 300여 년 동안 성벽은 보수되어 견고하게 되었다. 명 가정 36년(1557년) 해방(海防) 동지(同知)인 루오꽁천(羅拱辰)이 활 시위대(箭臺) 20개를 증축하고 호(濠)를 따라 흙담을 쌓고 각 문의 망루와 동북의 중요한 곳인 북문과 소동문(小東門) 사이에 만군(萬軍), 제승(制勝), 진무(振武) 등 세 개의 고층 누대(樓臺)를 세웠다. 명 만력 26년(1598년) 지현(知縣) 쉬루쿠이(許汝魁)는 또 성 담 벽을 5척으로 높이고, 소남문에 수관(水關)을 열었다. 10년 후인 1608년, 지현(知縣) 쉬커치우(徐可求), 리우이쾅(劉一爌)이 계속해서 수리와 개축을 진행 하였고, 대남문의 동쪽으로부터 북문에 이르기까지 거석(巨石)을 들여 십 여 년간에 걸쳐서 성벽을 쌓았다. 청(淸)의 강희, 옹정, 건륭 연간에는 성벽이 풍우와 벼락으로 여러 곳이 파괴되었으나 다시 복구하였다.

명대(明代) 상해현은 서쪽과 서남쪽이 화정현과 인접하였고, 북쪽은 오송강(吳淞江)과 가정현(嘉定縣)과 경계를 함께하고 있으며 동쪽은 바다에 이르렀는데, 동서로 160리(里), 남북으로는 90리(里)로 그 면적이 2,000km²나 되었다.

명말 청초 연해 일대의 고수부지(灘地)가 신속히 증가하였고, 호구

---

21) 판언(潘恩), 『축성기』(築城記), 乾隆15년 『上海縣志』, 권2에서 인용.

(戶口)도 날로 번성하였으며 경제는 끊임없이 발전하였다. 이에 상응하여 상해 행정구에 변화가 생기게 되었으며, 점차적으로 10개의 교현(郊縣)이 설치되었다. 명 가정 21년(1542년)에는 상해현을 나누어 서북의 북정(北亭), 신강(新江), 해우(海隅) 세 곳을 합쳐 청포현(靑浦縣)으로 구획하고, 현치(縣治)는 청룡진(靑龍鎭)에 두었다. 청룡진은 건립된 지 11년 후에 폐지되었다가, 명 만력 원년(1573년)에 다시 복구되었다. 그리고 당행진(唐行鎭; 오늘날 靑浦城廂)으로 현치를 옮겼다.[22] 다음해부터 현성(縣城)을 쌓기 시작하였는데, 3년 후인 1575년에 준공되었다. 청 순치 2년(1645년) 9월 상해현이 청정부에 귀속되면서 행정상 송강부(松江府)에 귀속되어 그곳에서 관할하였다. 송강부는 초기에 강남성(江南省)에 속하였다가 강희 6년(1677년)에 강소성(江蘇省)에 귀속되었다. 청 순치 12년(1655년) 지부(知府) 리쩡화(李正華)가 건의하여 화정(華亭)에서는 전부(田賦) 100만(万)을 관장할 수 없다는 건의로 다음해인 1656년 화정현(華亭縣)의 풍경(楓涇), 서포(胥浦) 두 마을과 집현(集賢), 화정(華亭), 수죽(修竹), 신강(新江)의 네 마을의 반을 누현(婁縣)으로 구획하였다. 옹정 2년(1724년) 총독 차삐나(査弼納)가 소송(蘇松) 일대의 큰 현(縣)들을 통치하기 어려움을 정부에 건의하자 두 지역으로 양분되었다. 이리하여 오송(吳淞) 이북의 가정현(嘉定縣)은 따로 분리하여 그 동쪽 경계에 따로 보산현(寶山縣)을 구획하였다. 다음해인 1725년 화정현(華亭縣)을 운간(云間), 백사(白沙), 두 곳의 반을 떼어내어 봉현현(奉賢縣)을 세우고, 누현(婁縣), 서포(胥浦) 두 곳과 풍경(楓涇), 집현(集賢), 선산(仙山), 수죽(修竹) 4곳의 마을을 반으로 나누어 금산현(金山縣)을 설치하였다. 상해현의 장인향(長人鄕)을

---

22) 弘治朝,『上海縣志』권 2에서 이 진(鎭)에 대해, "공전호(控澱湖)는 오문(吳門)의 요충지이다. 이곳은 탕(唐)씨가 세력을 잡고 있는데, 대나무와 나무를 판매하였는데, 상술이 좋아 큰 성시를 이루었다."고 전하고 있다.

나누어 남회현(南匯縣)을 설치하였다. 옹정 8년(1730년) 순무(巡撫) 인
지샨(尹繼善)의 상주에 의해 분순소송도(分巡蘇松道)를 상해로 이주하
고, 군대를 주둔시켜 이후 "상해도대"(上海道臺)라는 이름으로 불리게
되었다.23) 이후부터 상해현은 행정체제상 비록 송강부(松江府)에 속했
으나 지현(知縣)이 중요한 사건에 직면했을 때에는 가까이에 있는 도
대(道臺)에게 지시를 요청하게 되어 사실상 도대가 상해현의 사무를
직접 관리하게 되었다. 청 가경 10년(1805년)에 이르러 총독 천따원
(陳大文)이 또 상주하기를 상해현 고창향(高昌鄕)과 남회현(南匯縣) 장

---

23) 상해 도대(上海道臺)는 청대 상해에 주둔하고 있던 분순소송태병비도(分
巡蘇松太兵備道)의 일반적인 명칭이다. 그러나 관방문서나 역사서에서
언급하고 있는 것은 모두 일치하고 있지는 않다. 예를 들어보면 호도(滬
道), 순도(巡道), 병비도(兵備道), 소송도(蘇松道), 소송상도(蘇松常道),
소송태도(蘇松太道), 강해관도(江海關道), 해관도(海關道), 관도(關道),
상해도(上海道)등으로 부르고 있다. 상해 도대의 역할은 상해의 개항전후
상당히 중요한 역할을 담당하였는데, 그 간략한 연혁은 아래와 같다. 순치
연간 분순소송태병비도(分巡蘇松太兵備道)를 설립되어 태창주(太倉州)에 주
둔시켜, 소송(蘇松) 각지를 순찰시켰다. 강희 2년(1663년) 상진도(常鎭道)를
병합시키고, 진강(鎭江)을 강녕도(江寧道)에 병합시켰고, 분수소송상도(分守
蘇松常道)라고 개칭하였고, 주둔지를 소주(蘇州)로 이주시켰다가 강희 6년
(1667년)에 폐쇄시켰고, 강희9년(1670년)에 다시 회복시켰다. 강희 22년
(1683년)에 독량도(督粮道)가 겸직하게 하여 분수소송상도(分守蘇松常道)의
직을 다시 폐지시켰다. 옹정 2년(1724년) 소송순무(蘇松巡撫) 허티앤페이(何
天培)의 건의로 분순소송도(分巡蘇松道)가 회복되었다. 옹정 3년(1725년) 순
무(巡撫) 장카이(張楷)의 주청을 받아들여 소송도(蘇松道)가 해관(海關)의 업
무를 겸직하게 하였다. 옹정 8년(1730년) 순무 인지샨(尹繼善)이 상소하여,
상해로 이주하여, 병력을 충당하게 하였으므로 분순소송병비도(分巡蘇松兵備
道)라 불리게 되었다. 건륭 원년(1736년) 태창주(太倉州)를 함께 관리하게 하
였으므로 분순소송태병비도(分巡蘇松太兵備道)라 불렀다. 건륭 31년(1766년)
소주의 한 부(府)를 양도(糧道)라고 고쳤으며, 분순송태병비도(分巡松太兵備
道)라 하였다. 가경 13년(1808년) 양도(粮道)에 문제가 발생하자 소주부(蘇州
府)에 병합되었으며, 다시 분순소송태병비도(分巡蘇松太兵備道)라고 불리게
되었다.

인향(長人鄕)의 일부를 구획하여 천사무민청(川沙撫民廳; 1912년에 川沙가 廳에서 縣으로 개칭됨) 건립을 상주하였다. 천사청이 구획되었으므로 상해현의 행정구역은 원대(元代)에 설치하였던 현보다 1/3로 적어져 면적은 원래 2,000km²에서 600km²로 감소하게 되었다. 이와 같이 상해지구는 명 만력 11년(1583년) 태창주(太倉州)로부터 분리된 숭명현(崇明縣)과 후에는 화정현(華亭縣), 루현(婁縣)이 합쳐져 송강현(松江縣; 민국 원년에 설치)이 되었다가 오늘날 상해 경내의 교구 10현(郊區十縣)의 원형이 이루어졌다.

상해 육지는 당조(唐朝) 천보(天寶) 이전에는 현치(縣治)가 설치되어 있지 않았는데, 이곳은 염분이 많아 경작할 수 없는 토지였기 때문이었다. 그러나 이 지역은 천 여 년이 경과하면서 발전하여 아홉 개의 현(縣)과 하나의 청(廳)을 소유한 물고기와 쌀의 고향(魚米之鄕)이 되었다. 1840년대 초 아편전쟁 전야의 상해현은 동쪽으로 천사(川沙), 남쪽으로는 남회(南匯), 서쪽으로는 청포(靑浦), 북쪽으로는 보산(寶山)에 이르며, 동서의 넓이가 66리(33km), 남북의 길이가 84리(42km), 면적이 600km²이었다. 청 가경(嘉慶) 21년(1816년)의 통계에 의하면 현 전체의 인구는 529,294명이었고,[24] 현성내(縣城內)에 황가농(黃家弄), 유가농(兪家弄), 사패루가(四牌樓街), 매화농(梅花弄) 등의 거리가 모두 63개나 되었고, 상점들이 즐비했고 전장(錢庄)이 수 십 곳이나 되었다. "복건, 광동, 요령, 심양의 재물이 이곳에 모였고, 멀리는 태국에서부터 상인이 들어왔으며, 모든 화물이 모이게 되었다. 전국으로부터 물건들이 모여들어 이곳을 동남의 도회(都會)라고 불렀다."[25]

---

24) 同治朝, 『上海縣志』, 권5.
25) 嘉慶朝, 『上海縣志・序』.

제2절 나날이 발전하는 경제생활

상해지구의 경제는 강남지역의 경제 발전에 따라 발전하였다. 수당(隋唐)이전 상해지구가 육지화 된 지 얼마 안 되어 어업과 염업(鹽業)은 이 지역의 경제생활에 중요한 위치를 차지하게 되었다. 사람들은 주로 '호'(扈)라고 불리는 어구의 일종을 사용하여 고기를 잡았다. 시인 피르시우(皮日休)는 이러한 상황을 아래와 같이 묘사하고 있다. "작은 파도 사이에서 식물 즉 대나무를 견고하게 밝아 놓는데, 마치 새우 수염처럼 대나무를 쭉쭉 갈라 밝아 놓는다. 파도가 밀려들어 올 때면 돌고래들도 함께 왔다 간다. 이러한 그물은 촘촘하지는 않으나, 스스로 물살에 따라 자동적으로 촘촘해 지곤 하여 그물이 되었다."[1] 게재된 것을 근거로, 당시 "오중(吳中)에서는 물고기를 경쟁적으로 팔았다"라고 하였으며, "해변가의 사람들 즉 그물로 물고기를 잡아 생활하는 사람들인 어부들이 농경 생활을 하는 사람들보다도 경제사정이 좋았다"는 것을 알 수 있다.[2] 염업(鹽業) 생산은 한대(漢代)에서 시작되었다. 『사기·오왕비열전』(史記·吳王濞列傳)에 기재되어 있기를 "비(濞)는 천하의 망명자들을 불러 모아 돈 만드는 일을 돕게 시켰는데, 그것은 바닷물을 끓여 소금을 만드는 것이었다."라고 하고 있으며, 그 지점(地点)은 현재 가정현(嘉定縣) 강신(崗身) 안쪽과 강신과 평행적으로 있는 염철당(鹽鐵塘)이었다. 당나라 때의 화정(華亭)은 서포(徐浦) 소금밭[鹽場]으로 유명하였고, 가흥(嘉興)에 염감(鹽監)이 설치되었다.

---

1) 『全唐書』, 권611.
2) 『吳郡圖經續記·物産』.

송대에 이르러서는 소금 생산은 더욱 발전하였다. 건염(建炎)년간(1127~
1130년), 화정(華亭)에도 염감(鹽監)이 설립되었다. 건도(建道), 순희
(淳熙) 연간(1165~1189년) 화정(華亭)의 하사(下沙), 청촌(靑村), 원부
(袁部), 포동(浦東), 횡포(橫浦) 5개 소금밭(鹽場)에서의 연간 소금 생
산량이 3,840만 근(斤)에 달하였다. 원대(元代)에 이르러서는 2,900만
근의 수준을 계속 유지하였다.

송대 이후 강남의 경제는 정치의 중심이 남쪽으로 이전하면서 더욱
발전하였다. 더욱이 수리사업을 중시하였는데, 1년에 두 번 농사를 짓
는 복건(福建)의 점성수도작(占城水稻作)법이 들어오면서 벼농사가 활
발히 진행되었으며, 상해지구 내에는 개간지의 면적이 확대되어 식량
생산이 현저하게 증가되었다. 원풍(元豊)년간(1078~1085)에 화정현(華
亭縣)에는 이미 54,900여 호(戶)가 살고 있었다. "부호와 상인 재벌,
선박 재벌 등이 수륙(水陸)이 교체되는 곳인 동남쪽에 큰 현을 형성하
며 모여 살았다."[3]

송말에는 목화재배기술이 상해에 전파되면서부터 면화를 재배하기
시작하였다. 원(元)의 타오쫑이(陶宗儀)는『남촌철경록』(南村輟耕錄)에
서 말하기를, "복건, 광동에는 여러 품종의 목면(木棉)이 있고, 방직은
주로 포(布)를 만들었는데, 이것의 이름을 길패(吉貝)라고 불렀다. 송
강부(松江府) 동쪽의 50리 거리에 있는 곳을 오니경(烏泥涇)이라고 불
렀는데, 그곳의 토지가 아주 거칠어, 민간인의 양식을 공급하기 적절
하지 않아, 수예(樹藝)를 가꾸어, 이것으로 생업을 삼게 하였는데, 아
주 놀랄만한 발전을 거두었다."고 하고 있다. 이때부터 이 일대의 농민
은 면화를 심게 되었으나, 농업생산은 여전히 벼농사 위주였고, 간혹
마(麻)를 심기도 하였다. 명초(明初) 정부는 세법(稅法)의 강행적인 실
시로 면마(棉麻)의 재배를 강력히 추진하자, 상해지구의 면전(棉田) 면

---

3) 孫覿,『鴻慶居士集』.

적이 신속히 확대되었다. 만력(萬曆) 연간(1576년~1619년)간에 이르면
면화는 이 지역의 주요 농작물이 되었다. "관군민이 개간한 면적이
200만 무(畝)였으며, 그 반은 면화를 재배하였다."[4] 농민들의 의식(衣
食) 부세(賦稅) 및 각종 공사(公私) 비용을 모두 면화 재배수입에서 얻
었다고 할 정도였다. 아편전쟁 전야까지 이러한 상황에는 변화가 없었
다. 도광(道光) 연간, 태창주(太倉州)에 속해있던 진양(鎭洋), 가정(嘉
定), 보산(寶山) 등 현(縣)에서 벼농사를 짓는 곳은 10분의 2내지 3정
도였으며, 목면을 재배하는 곳이 70~80%를 차지하였다. 생계는 전부
면(棉)에 의해 이루어졌다."[5] 상해현 역시 이와 같았다. 면전(棉田) 면
적의 확대에 따라 상해지구에서는 일부 좋은 우량의 면과 유명한 면을
재배하는 사람이 늘어났는데, 남상(南翔) 동장경(東張涇)의 면화 한 근
은 화의(花衣) 6, 7량을 받았다.

  이렇게 농민들이 면화재배를 선호한 주된 이유는 재배 비용과 노력
이 벼농사를 짓는 것 보다 그 이득이 높기 때문이었다. 벼농사는 그
노력에 비하여 이익이 적었다. 예를 들면 숭정(崇禎)년간(1628~1644)
에 외강(外岡)일대의 면농(棉農)이 풍년이 들면 매 무(每畝)의 면화를
5, 6천문(千文)에 팔 수 있었고, 적을 때는 1, 2천문에 팔았다. 그러나
당시 쌀의 경우에는 가장 많이 받은 경우가 매 무(每畝)당 2,400문(文)
정도였다. 절대 다수의 농민들은 면화를 심었던 것은 판매를 목적으로
하는 것으로, 자주 "목면(木棉)이 시장에 나오지 않았을 때에도 여유
돈이 있었다. 매년 먹을 것이 넉넉하였고, 빌리지 않고도 의복이나 음
식물을 구입할 수 있었고, 수확을 하게 되면, 쓸 것이 많아서 넉넉하지
는 않았다."[6]라고 하였다. 일찍이 원대(元代)에는 외지상인들이 면화
를 상해로 운반해 와서 판매하였다. 명대에 이르러서는 면화는 이미

---

4) 徐光啓, 『農政全書』 卷35, 『木棉』.
5) 光緖朝, 『寶山縣志』 卷三, 『蠲賑』
6) 張春華, 『滬城歲事衢歌』.

국내시장에서 유통되던 중요상품이 되었다. 아편전쟁 전야에 이르면, 상해지구 면화상품의 생산은 이미 상당한 발전을 보였다. 기록에 의하면 가을이 되면 복건, 광동 상인들이 상해에 와서 "화의(花衣)를 사서 돌아가려는 배가 천 백 여 척이었는데, 모두 포(布)를 가득 싣고 돌아갔다."고 하고, "매일 새벽에서 정오까지 소동문(小東門) 밖의 시장에 서는 시골 농민들이 판매를 담당하였는데, 어깨가 서로 닿을 정도로 많았다."[7]고 하였다. 상해성 동남쪽에는 거의 모든 집이 면화를 판매하였으므로 이곳이 화시(花市)라 불렸다. 양행가(洋行街)에는 많은 점포들이 있었고, 전문적으로 복건, 광동 등지에서 온 객상(客商)들에게 면화를 싼 값에 판매하기 위한 곳이었다. 가정(嘉定), 봉현(奉縣), 보산(寶山), 남회(南滙) 등 현 역시 면화무역의 중심 거주지 혹은 시진(市鎭)이었고, 수확기에는 "한 밤중에도 문을 열어 놓고 장사를 하였으며, 걸려 있는 등이 휘황찬란하였으며, 발길이 끊이지 않았고, 어깨가 마주 닿을 정도였으며, 사람들로 도로가 붐볐으며, 새벽이 되어서야 모두 흩어졌다."[8]고 언급하고 있다. 이 시장은 아주 흥성하였다. 상품경제의 발전은 같은 유형의 농호(農戶)간의 격렬한 경쟁을 야기시켰으며, 농민의 양극 분화를 조성하였다. 일부분의 농민들은 토지를 잃게 되어 다른 사람의 밭을 경작하였으며, 이로써 고용노동자가 되었다.

　면화 생산의 발전에 따라서 상해지구의 면방직업 역시 나날이 흥성하게 되었다. 남경(南京), 소주(蘇州)는 전국 최대의 사직업(絲織業) 중심이 된 동시에 상해지구 역시 전국 최대의 면방직업 중심이 되어, "옷이 천하를 덮었다"(衣被天下)라는 말을 하였다. 이곳에서 생산되는 삼릉포(三棱布)의 넓이는 3척(尺) 정도였으며, 아주 세밀하게 짜였으며, 명조(明朝)때는 황제도 이것으로 내의(內衣)를 만들어 입었다. 상

---

7) 褚華, 『木棉譜』.
8) 『外岡志』卷二, 『游賞』.

해현에서 생산되는 표포(標布)는 섬서, 산서, 북경 등의 거리로 팔려나
갔다. 표포(標布)보다 좁고 긴 중기(中機)는 호광, 강서, 양광 등지로
팔려나갔다.9) 생산량이 많았기 때문에, 당시에 "송강포(松江布)는 다
팔리지 않는다."라는 말까지 있었다. 청대까지 면포(棉布) 생산은 계속
발전하였다. 현성 동문 밖에는 띵 씨(丁氏) 부녀가 비화포(飛花布)라는
종류를 만들었는데, 품질이 아주 정교하고 부드러워서 사람들이 "띵
씨 아주머니 포"(丁娘子布)라고 불렀으며, 시인 주이준(朱彝尊)은 이러
한 종류의 포(布)를 찬미하며 말하기를, "말리면 마치 물이 폭포에서
떨어지는 것 같고, 눈으로 볼라치면 마치 신선이 구름에서 움직이는
것 같다."고 표현하였다. 가장 좋은 포(布)는 "첨"(尖)이라 하였는데,
용화첨(龍華尖), 칠보첨(七寶尖) 등이 있었다. 북방의 여러 성에서는
모두 상해에 국(局)을 설치해놓고 면포(棉布)를 구매하였는데, 이러한
것을 "좌장"(坐庄)이라 불렀다. 면포 생산 품종은 시장의 수요에 따라
확정되었으며, 명대에는 표포(標布)가 성행하였으며, 청대에는 중기(中
機)가 잘 팔렸다. 18세기 이후, 상해 면포(棉布)가 대량으로 유럽과 미
주로 팔려 나갔으며, 이러한 면포를 외국인은 "남경포"(南京布)라고
불렀다. 19세기 초, 영국에서는 남경포(南京布)를 매년 많게는 80만
필, 적게는 20만 필을 수입하여 갔다. 미국으로 팔려간 것은 매년 300
만 필을 초과하였다.

명청 시기, 상해지구에서 면방직업에 종사하는 직호(織戶)들은 성,
진, 향, 촌(城鎭鄕村) 등지에 일반적으로 거주하였으며, 크게는 3부류
로 나눌 수 있다. 첫 번째 부류는 농사일이 바쁘지 않을 때에는 방직
을 위한 농사를 지었으며, 농업을 완전히 벗어나지는 못하였다. 그러
나 그들의 농업 수입은 지출을 감당하지 못하였으므로, 반드시 방직품
(紡織品)의 판매에 의존하여 생계를 유지할 수 있었기 때문에 이는 생

---

9) 葉夢珠, 『閱世編』卷7, 『食貨5』.

계를 유지하는 주요 수단이 되었다. 이러한 직호(織戶)의 숫자가 가장 많았으며, 이들에 의해 만들어지는 포필(布匹)이 하루에 만 필 정도였다. 이러한 부류는 농업과 결합한 가정 수공업으로 방직 수입은 농호(農戶) 총 수입 중에서 차지하는 비중이 점차 증가하게 되자, 방직은 점점 부업(副業)에서 주업으로 바뀌었으며, 생산 역시 자급자족 형태로 바뀌었다. 두 번째 부류는 방직을 생계로 생활하는 직호(織戶)로서 대부분 성진(城鎭)에 거주하였으며, 토지를 적게 소유하고 있거나, 아주 토지가 없는 사람들이었다. 생산에 필요한 원료는 오로지 상인의 공급에 의존하고 있었으며, 그들은 그들이 생산한 생산품을 직접 판매함으로써 생계와 재생산을 유지하고 있었다. 이러한 부류의 직호(織戶) 대부분은 부녀자들이 이 일을 담당했는데, 12·3세의 소녀들도 기계를 다루었으며, 일반적으로 매일 1필을 짲는데, 1필의 판매가는 한 사람이 생활하기에는 넉넉한 정도였다. 일부 사람들은 하루 반 만에 두 필을 짜기도 하였다. 세 번째 부류는 전문적으로 기계를 갖춘 기호(機戶)였다. 명대 소송(蘇松)지구에는 원래 기술자들인 공장(工匠)들이 많이 있었으며, 수 세대에 걸쳐 수공업을 위주로 생활해 왔으며, 주로 관포(官布)를 생산하였다. 화정(華亭) 지현(知縣) 정요우위앤(鄭友元)은 화정포(華亭布)와 해사포(解梭布) 16,185필, 면포(棉布) 48,935필을 성 내의 기호(機戶)에게 1, 2달 내에 짜게 시켰으므로, 그들의 수가 많다는 것을 쉽게 알 수 있다. 위에서 언급한 세 부류의 직호(織戶)들은 일부는 농업과 가내수공업의 결합으로, 일부는 기본적으로는 이미 농업과는 분리된 상태로, 일부는 독립적인 수공업 작업장을 갖고 있었던 것이다. 그들의 관리 형태는 똑같지는 않았으나, 기본적으로는 모두 시장에서 판매를 위해 생산하였으므로 상업과도 밀접한 관계를 지니고 있었고, 뿐만 아니라 일부 상업 자본은 이미 면포 생산 영역에 침투하였다. 상해 사람인 추화(褚華)의 기술에 의하면, "명말 그의 선조가 정교하고 아름답게 면포를 만드는 기술이 있어, 섬서, 산서의 포(布) 상인들이 그의 집으로 몰려들었고, 문밖에는 객상(客商)이 수 십명이 있었으며, 그곳에서 직접 면포를 구매하였다. 물건을 살 때에는 은(銀)으로 포(布) 값을 지불하고는 둘둘 말아서 가지고 갔다. 면포 판매 이익은 아주 많았으므로, 이로써 그는 그 지역에서 갑부가 되었다. 청초(淸初)까지도 성행하였다."10)고 하였다. 이것은 면포를 팔아서 그 지역의 갑부가 된 추(楮) 씨는 이미 "그 지역의 생산품을 모두 독점하는 독과점"(獨寡占, 중국어로는 包買主)의 색채를 띄고 있었다.

면포 상품생산의 발전은 사회의 분업(分業) 확대를 촉진시켰다. 먼저 방(紡)과 직(織)이 분리되었다. 원말 (元末) 명초(明初)에 면사(棉紗)가 이미 시장에 출현하였다. 명 중엽 이후에는 또 전문적인 방사호(紡紗戶)가 출현하였으며, 방직이 시골에서만 행해진 것이 아니라, 도시에서도 볼 수 있었으며, 리아오천 포사(里媼晨抱紗)가 시장에 나왔으므로 목면(木棉)이 사라졌으며, 명대에는 다시 포사(抱紗)가 출현하였다.11) 현지에서 사용된 것은 황따오포(黃道婆)가 고안한 "일수방삼사"(一手紡三紗)라는 발로 밟는 방차(紡車)가 발명되었으며, 생산 효율이 아주 높았으며, 이로써 그는 방사(紡紗) 노동자들을 고용하여 부자가 되었다. 예로 반용진(盤龍鎭)의 천구오(陳國)는 처와 함께 방선(紡線)에서 일하였으며, 돈을 모아서 스스로 서정교(徐亭橋)를 세웠는데, 이곳의 다른 이름은 방선교(紡線橋)라고도 불렀다.12) 그 다음으로는 솜을 타는 업[씨아질하는 업, 軋花業]이 독립적인 수공업부문으로 형성되었다. 명대 태창(太倉) 등지에서는 이미 솜을 타는 전문업이 생겨났으며, 한 사람이 하루에 화의(花衣) 30여 근(斤)을 탔다. 청대에는 숭명(崇明), 해문(海門) 상인들이 상해에 와서 면화를 구입하였는데,

---

10) 楮華, 『木棉譜』.
11) 康熙朝 『松江府誌』 卷5, 『風俗』.
12) 『盤龍鎭誌·人物下』.

"원 주민들은 방추차를 구입하기 위해 도처에서 자식도 팔았다."[13]라고 하였다. 이와 동시에 방직품 가공업 역시 발전하기 시작하였다. 먼저, 상해지구에는 신발가게와 여름에 신는 양말 가게[暑袜店]가 없었다. 명 만력(萬曆)년 이후, 일부 사람들이 신발을 만들기 시작하면서, 신발을 팔기도 하였다. 또 어떤 사람은 송강(松江)의 서쪽 외곽에서 용돈포(龍墩布)로 여름 양말을 만들기 시작하였으며, 사람들로부터 큰 환영을 받았고, 사방으로 이름이 나, 그 양말은 "용돈서말"(龍墩暑袜) 즉 용돈 여름양말이라 불리기도 하였다. 어쨌든 "서쪽 외곽에는 여름 양말 가게가 백 여 집이 있었고, 남녀 모두가 양말을 생산하고 있었으며, 상점에서는 그들의 급여를 지급하였다."[14]라고 하였다. 이 때 여름 양말의 생산은 이미 상업자본의 통제를 받고 있었으며, 상인들은 점포를 통해서 수공업자들에게 원료를 공급하였고, 규정된 조건에 따라 급여를 받았으며, 이후에는 완제품을 모두 인수 받아 사방으로 판매하였다. 이러한 현상은 아편전쟁 이후에는 아주 희귀한 현상으로 보기가 쉽지 않고, 왕타오(王韜)의 『영연잡지』(瀛壖雜誌)중에서는 이렇게 묘사하고 있다. "상해에는 양말 공장이 아주 많고 독립된 공장이었으며, 가난한 여자들이 양말 바느질을 하여 생활을 한다. 손놀림이 빠른 자는 하루에 100전(錢)을 받을 수 있었으며, 매일 저녁에 급여를 지급하였다."고 하였다. 이외에 상해, 주포(周浦) 등지에는 방수건(紡手巾) 수공업이 출현하였고, 상해에서 생산된 "고려수건"(高麗手巾)은 멀리 요동(遼東)까지 팔려 나갔다. 전문적인 염색 공장도 계속해서 출현하였다. 이외에 또 외지판매를 전문으로 하는 단포방(端布坊)에서는 가공한 면포(棉布)를 판매하였는데, 면포의 질이 조밀하면서 얇은 것이 각광을 받았다.

---

13) 楮華, 『木棉譜』.
14) 範濂, 『雲間据目鈔』卷2, 『風俗』.

방직업의 발전에 따라서 방직공구 역시 상품으로 등장하였다. 『주경지』(朱涇志)에서는 "철 못은 주경(朱涇)의 것이 가장 좋다고 하였으며, 가장 좋은 곳은 가깝게는 용어정(龍御亭) 및 낙성가(駱性家)에서 판매하였는데, 서로 물건을 사려고 다투었다."고 하였다. 칠보(七寶)에서는 방차(紡車)를 생산하였는데, 이 진(鎭)의 동가(東街)거리 약 300여 걸음의 거리에서 주민들이 방차(紡車)를 판매하였으므로 옛 이름이 방차거리(紡車街)였다. 이와 동시에 구리, 주석업(銅錫業)과 대장간업 역시 상당한 규모를 갖추게 되었다. 명대 상해의 황운헌(黃蕓軒)에서 만든 고색 찬연한 화로(爐瓶) 제품이 가장 유명하였다. 청의 건륭 말년, 상해에는 주석으로 많은 물건을 만드는 공장이 생겨났는데, 소주(蘇州), 소흥(紹興), 남경(南京), 은(鄞) 지역 등의 도움을 받아가면서 초보적인 형태의 주석 산업이 형성되었다. 가경(嘉慶) 5년(1800년), 상해 주석 산업은 계화회(桂花會)라는 협회를 성립하였다. 도광 11년(1831년)까지는 10여 집에서 비교적 큰 주석 제품을 만드는 공장이 있었으며, 생산된 제품은 계화회 회관(會款)에 보관하였다. 가경 초년, 전문적인 구리 제조 공장인 팽전태로방(彭全泰爐坊)이 이성교(泥城橋)에 설립되었다. 사교(斜橋)에는 서성재 작업장[胥盛齋作坊]이라는 또다른 작업장이 있었으며, 납을 두드리는 방법으로 시계나 솥, 인물, 동물 등의 형상을 모방해 만들었고, 이것은 상해에서 가장 먼저 생겨난 납을 두드리는 방법의 작업장[作坊]이었다. 대장간 방면에서는 전문적으로 칼 등의 공구를 만들던 푸위앤량(濮元良)이 작업장[作坊]을 만들어 주방용 칼을 만드는데 가장 이름이 나 있었고, 사람들은 이 칼을 "복도"(濮刀)라고 불렀다. 조선업의 출현은 비교적 늦었는데, 아편전쟁 전야에 상해 사람인 구밍하이(顧明海)가 포동(浦東) 육가도(陸家渡)에 설립한 선박 공장이 가장 빠른 것으로 고용 인원은 10여 명의 목수가 전부였고, 나무배의 수리부터 시작하여 점차 소형의 바지선[駁船]과 범선(帆船)도 만들었다.

송원(宋元) 이후 상해지구 경제에는 두 개의 큰 기둥이 있었다. 그 하나는 위에서 언급한 면방직업이었고, 다른 하나는 항운업(航運業)이었다. 상해에는 원래 해상무역과 항운업이 발전되어 형성된 시진(市鎭)이었으므로, 처음 현(縣)이 설립 될 때에는 "지방 인사의 반은 해양무역에 종사하는 사람들이었다."[15)고 하였다. 후에는 오송강(吳松江) 하류가 진흙으로 막히는 것이 심각하였기 때문에 선박의 출입이 곤란하게 되었으므로 상해항의 항운업도 나날이 쇠퇴해졌으며, 장강(長江) 남안의 류하항(瀏河港)이 점차 상해 지구의 주요 해항(海港)이 되었다. 원(元) 조정에서는 대운하를 준설하지 않아, 상해 관군(管軍) 총관(總管)인 루오삐(羅璧)에게 바닥이 평평한 선박을 만들어, 류하(瀏河)에서 출발시켜 해운으로 조량(漕糧)을 진상하도록 명령을 내렸다. 바닥이 평평한 선박은 모래가 많거나 진흙이 있는 곳도 통과할 수 있었으므로 예전에는 "사선"(沙船)이라고 불렀고, 항행이 순조로울 때에는 10일이면 류하구(瀏河口)에서 천진 부근의 양촌(楊村)까지 도달하였다. 명 영락(永樂) 10년(1412년) 항운의 필요에 의해, 현재의 천사(川沙) 고교진(高橋鎭)의 북쪽에 바다와 접한 지점에 방원(方圓) 100장(丈), 높이 30여 장(丈)의 토산(土山)을 축조하고, 산상에 봉화대를 설치하여 낮에는 연기로, 밤에는 불을 피워 선박들의 장강(長江) 출입을 도왔다. 이 산은 상해경제에 상당한 의의를 지니고 있었으므로, 사람들은 "보산"(寶山)[16)이라 불렀다. 쩡허(鄭和)의 서양으로의 원정에서 최소 두 차례는 이곳 류하구(瀏河口)에서 출발하였다. 명초에는 황포강(黃浦江)의 치수로 인해 점차 좋은 항구가 되었다. 그러나 명대에는 장기적인 해금(海禁)으로 해상무역은 상당한 제약을 받았다. 강희 23년(1684년), 청 정

---

15) 範濂, 『雲間据目鈔』 卷2, 『紀風俗』.

16) "寶山" 뒤의 경사진 흙다리(後傾圯)라고 하여 현재의 보산현의 이름이 여기에서 비롯되었다.

부가 해금(海禁)을 풀기 시작하자, 상해는 면(棉), 포(布) 무역을 기초로 하는 항운업이 시작되어 이전에 볼 수 없는 발전을 가져왔다.

강희 24년(1685년), 청 정부는 강남해관(江南海關 또는 江海關이라고도 부름)을 충궐(滧闕)에 설치하였고, 2년 후에는 상해현성의 소동문(小東門) 안의 구찰원(舊察院)으로 이전하였다.[17] 강해관(江海關)의 전문 관리인인 전사(專司)가 해양상선에 세금[稅鈔]를 부과하였고, 만주족과 한족 감독 각1명과 필첩식(筆帖式)이 각1명이었다. 초기에는 내무부에서 파견된 사원(司貟)이 감독하고 세금을 거두었다. 강희 61년(1722년)에는 상해 지현(知縣)의 감독, 관리로 돌아갔다. 지현은 그 집안 식구를 파견하여 관세를 거두었다. 옹정 3년(1725년) 소송 태도(蘇松太道)가 관리하게 되었다. 대관(大關)은 소동문밖의 황포에 인접한 곳에 있었으며, 6백 리 내의 오송(吳松), 유화(瀏河), 칠아(七丫), 여사(呂四), 충궐(滧闕) 등 22개소의 해구(海口)를 총괄하였다.[18] 강해관의 설립은 상해항운업의 발전을 촉진시켰다. 이때부터 "바다를 왕복하는 배들은 모두 황포 편호(編戶)를 가입하여 받아야 했고, 해외의 많은 물건들이 모이게 되었다."[19] 동문 밖의 강 위에는 "배가 꼬리를 물고 장사진을 형성하였으며, 배들의 돛대가 마치 빗과 같았으며, 한구(漢口)에 뒤지지 않았다."[20]라고 하였다. 상해는 면포 수출량이 가장 많은 항구인 동시에 남·북양 해상무역의 중계지점이 되었다.[21] 해금이 해제 된 이후, 상해 항구는 점차로 5개의 항선(航線)을 형성하였다.

---

17) 嘉慶朝『上海縣誌』; 葉夢珠, 『閱世編』. 또 다른 근거로는 夏燮, 『中西紀事』卷3『互市檔案』에서는 강해관은 운대산(雲臺山)에 설치되었다고 말하고 있다; 『淸史稿』에서는 운산(雲山)에 설치되어 있다고 한다.(松江縣城 西北쪽에 운산이 있다.)

18) 嘉慶朝『上海縣誌』; 乾隆朝『上海縣誌』.

19) 葉夢珠, 『閱世編』卷3, 『建設』.

20) 乾隆朝『上海縣誌』卷1, 『風俗』.

21) 오송구(吳松口) 이남은 남양(南洋), 이북은 북양(北洋)이라고 불렀다.

제1 항선은 북양항선(北洋航線)이다. 북양항선은 가장 먼저 열린 뱃길이었으며, 운수 화물량이 가장 많았는데, 상해에서 우장(牛庄), 천진(天津), 지부(芝罘)까지를 연결하는 세 항선을 포괄하고 있으며, 화물선은 주로 사선(沙船)이 이용되었다. 가경 연간(1796~1820년) 상해의 사선(沙船)은 모두 3천 5,6백 척이었고, 대형 사선에는 3,000석(石)을 선적할 수 있었는데, 현재의 기준으로 볼 때 대략 20만 톤 이상의 선박이었다. 작은 사선은 1천 5,6백 석(石), 약 80톤을 적재할 수 있었고, 총 운수 능력은 20만 톤 이상이었다. 각 사선은 매년 3, 4, 5차례 항해를 하는 등 항해 회수가 같지 않았으며, 왕복 할 때에는 빠르게는 6·7일, 늦게는 한 달여 정도의 시간이 걸렸다. 상해에서 수출하는 주요 화물은 면화(棉花), 면포(棉布), 사직품(絲織品), 찻잎(茶葉)이었고, 설탕, 후추, 해삼, 제비집 등은 남양(南洋)으로 중계무역 되었다. 수입품으로는 콩깻묵, 대두(大豆), 기름이 주종을 이루었으며, 육류, 유지(油脂), 목재, 소맥(小麥), 약재, 과일 등이었다. 도광 5년(1825년), 청 정부는 조량(漕糧)을 해운으로 운반하였으며, 당시 이용된 선박은 1,562척이며, 운반된 곡식은 163만 석(石)이였으며, 이후 수량은 시간에 따라 다소 증감하였다. 이러한 것이 바로 상해 항구의 일반적인 화물운송 업무가 되었다. 북양 항선을 통해 매년 상해로 들어오고 나가는 선박의 숫자가 1만 4천~2만 척 사이였고, 운송 화물량은 대략 50~60만 톤에 달하였다.

두 번째 항선은 남양항선(南洋航線)으로 절강, 복건, 대만과 광동으로 통하였다. 이 항선을 운항하는 배의 종류는 여러 종이 있었다. 복건선(福建船)은 오선(烏船)이라고 불렸으며, 속칭 "경당"(硬檔)이라고도 불렸는데, 화물 적재량은 사선보다는 적었다. 영파선(寧波船)은 단선[蛋船; 연선(蜒船) 또는 삼불상선(三不象船)이라고도 불렸다.]이라고 하였는데 사선보다 컸다. 광동에서 오는 선박은 고선(估船)이라고 불렸

다. 통계에 따르면 당시 매년 남양에서 운반된 설탕은 약 50만 단(단
: 1단=100근)이었고, 염료와 약품이 12만 단이었으며, 이외의 화물로
는 소주(蘇州)의 목재, 잣 그리고 해삼 등이 있었다. 남양으로 가는 주
요 상품은 면(棉), 질그릇, 사기그릇(陶瓷), 찻잎, 생사(生絲)가 있었고,
북양(北洋)에서 상해로 들어왔다가 다시 나가는 화물들로 매년 총 화
물 운수량이 20~30만 톤에 이르렀다.

세 번째 항선은 장강항선(長江航線)이었다. 상해항으로 들어오는 화
물은 쌀(大米), 잡곡, 찻잎, 도자(陶瓷), 목재, 토산물과 특산품이었고,
운반되어 나가는 것은 면포(棉布) 및 북경에서 들어왔다가 나가는 것
으로는 설탕과 콩 등이 있었다. 매년 왕래하는 선박은 5천 3, 4백 척
이었고, 화물 운수량은 약 30만 톤이었다.

네 번째 항선은 상해항과 연접해 있는 강소, 절강, 안휘, 산동, 하북
을 잇는 내하항선(內河航線)이다. 항선에 사용되는 배들은 주로 어선,
객화선(客貨船), 바지선[駁船] 그리고 작은 선박이었다. 이들 배들의
화물 적재량은 비록 적었지만, 그 수가 아주 많았으므로, 매년 상해로
왕래하는 배가 만 여 척 이상이고, 운반하는 화물량은 20만 톤에 달하
였다.

다섯 번째는 국외항선(國外航線)이다. 해금 초기 상해에는 일본으로
가는 상선들이 있었다. 그때 일본은 쇄국 정책을 실시했기 때문에, "기
묘한 물건과 장신구의 유통을 금지시켰고, 필수품만을 사들였다.", 또
저질 문은(紋銀)을 사용하였으므로, "객상(客商)은 여행 경비를 지불하
거나, 관세(官稅)를 제외하면, 남는 것이 거의 없었다."22)고 하였다.
건륭 24년(1759년)이후, 청 정부는 광주(廣州)이외의 각 항구의 대외
무역을 중지시켰으나, 화교(華僑)가 경영하는 선박으로 상해와 일본,
조선 및 동남아 지구의 왕래하는 것은 윤허하였다. 외국을 항행하는

---

22) 葉夢珠, 『閱世編』 卷3, 『建設』.

것은 모두 큰 선박이었으며, 가장 작은 것도 150톤이나 되었으며, 큰 것은 900~1,000톤이나 되었다. 수입되는 화물 중 일본에서는 구리를 매년 백만 근 이상을 수입하였으며, 동남아에서는 설탕, 해삼, 바다 제비집, 상어지느러미, 상아와 칡을 수입하였고, 수출되는 것은 토포(土布), 도자기, 찻잎과 비단이 주 상품이었으며, 매년 운반되던 화물량은 대략 5~6만 톤이었다.[23]

강희 29년(1690년) 강해관의 세액은 매년 2만 3천량이 상례적이었으나, 매년 잉여 금액이 많았다. 가경(嘉慶) 4년(1790년)에는 세액을 4만 2천량으로 증가시켜, 수출입세금을 많이 납부하도록 규정하였다. 만약 해관 관리들의 탐오나 밀수로 새어나가는 세액을 고려한다면[24] 대체로 가경(嘉慶) 연간 각 항행선의 항운량(航運糧)은 해관 설치 초기의 항운량보다 한 배 이상 증가하였다고 단정할 수 있다. 봉건사회에서 이러한 발전 속도는 비교적 빠른 것이라고 말할 수 있다.

운항하는 각종 선박의 소유자를 선상(船商)이라고 부른다. 사선(沙船) 선상은 모두 숭명(崇明), 통주(通州), 해문(海門), 남회(南滙), 보산(寶山), 상해(上海) 등지의 토박이 부자들이었고, 대형 선상은 4~50척의 배를 소유하고 있었다. 상해의 거상 장위안룽(張元隆)은 "도적의 무리들을 모아 양선(洋船)에 배치하였고, 백 여 척의 배를 만들었으므로 백가성(百家姓)이라고도 불렸다."[25] 당시 배 한 척을 만드는 데는 은 7, 8천 냥이 필요하였으므로, 수 십 척의 배를 소유하고 있는 선상(船商)의 자본은 수만 냥에서 수 십만 냥 사이인 것 을 알 수 있다. 강

---

23) 이와 관련된 항행선의 자료는 모두 『上海港史話』, 上海人民出版社 1979年 版, pp.17~20.
24) 해관 세리는 당시 공인(公認)된 세금 착취자라고, 왕타오(王韜)는 다음과 같이 지적하고 있다. 강해관 창고의 가장 큰 결점은 "관리들의 사리사욕으로 수만금이 사용되고 있다."고 언급하고 있다. 『瀛壖雜誌』, 卷2.
25) 張伯行, 『正誼堂集』, 卷1.

희(康熙) 54년(1715년), 사선(沙船) 선상이 상해현성(上海縣城) 동마가
창(東馬家廠)에서 협회 조직[行會組織]을 성립하였는데, 그 이름이 상
선회관(商船會館)이었다. 이후 이어서 천장회관(泉漳會館), 조주회관
(潮州會館)과 절녕회관(浙寧會館) 등이 설립되었다. 이러한 협회들은
모두 항해의 수호신인 "천후"(天后)를 받들어 모셨다. 동문 밖의 천후
궁(天后宮)26)에서는 신을 받아들이는 연극을 하였는데 쉬는 날도 없었
다. 큰 사선(沙船)에는 수부들이 26·7명이 있었고, 작은 선박에는 10
인이 있었다. 단선(蛋船)과 오선(烏船) 역시 20여 명의 수부들이 있었
다. 선상(船商)과 수부간의 관계는 고용관계였다. 선상은 통과세를 객
상(客商)에게 지불하고 화물을 적재하며, 운송비를 받는다. 이를 수각
(水脚)이라고 하였는데, 1년 왕복에는 천여 금이 들고 적게는 수백 금
이 들었으나, 수부 한 사람의 소득은 겨우 2, 30금이었고,27) 나머지는
모두 선상의 소유가 되었다. 조량(漕糧)을 운반하던 사선(沙船) 수부 중
에서는 종교적인 색체를 띤 행방(行幇)조직인 청방(靑幇)이 있었다.

항운업의 발전에 따라, 상해는 점차 하역업이 발전하게 되었다. 당
시 선박은 주로 현재의 남부두(南碼頭)에서 십육포(十六鋪) 일대의 강
면(江面)에 정박하고 있었으며, 강안(江岸) 10여 곳에는 돌을 깔아 밟
고 다니는 답보식(踏步式) 부두가 있었으며, 큰 선박은 정박할 수 없어
하역을 통하여 바지선에 물건을 운반하여야 하는데, 창고는 일반적으
로 부두에서 멀리 떨어져 있었기 때문에 전마선 운전공[駁船工]과 하
역꾼들이 나타나기 시작하였다. 이러한 신체노동자들이 관공서의 요역
도 담당하였다. 그들은 경계를 명확히 구분하여 독점하며 서로 도왔는
데, 이것은 "유랑민"들이 들어와 오염시키는 것을 허락하지 않았다.
그들은 운반하는 객상들의 소량화물을 운반하여 주었고, 가격은 건당

26) 이 천후궁은 남송 때 건립되었으며, 1853년 소도회(小刀會) 기의 때에 전화로
훼손되었다.
27) 『福建通知』, 卷14.

으로 받는데, 예를 들면, 대당(臺糖)의 선적 비용는 4문(文), 하역비
는 7문(文)이었고, 담배상자는 매 담(擔)의 선적 비용은 6문(文)이고,
하역비는 7문(文)이었다. 부두에서 화물 선적을 조종하는 "각두"(脚頭)
가 나타났다.

　상해지구의 경제는 면방직업(棉紡織業)과 항운업의 발전에 따라 나
날이 번창하였다. 면방직 생산과 무역이 중심이 된 시진(市鎭) 거주민
들의 주거지가 부단히 형성되었다. 불완전한 통계에 따르면, 송원(宋
元) 이전 상해지구의 시진(市鎭)은 10여 개에 불과하였는데, 명 정덕
(定德) 연간에는 37개로 증가되었으며, 아편전쟁 이전에는 새로 증가
된 대소 시진(市鎭)이 150여 개에 달하였다. 시진(市鎭) 주민들 대부분
은 공업과 상업에 종사하는 인구였는데 많은 곳은 수 천 호(戶)이었으
며, 적은 곳은 수 백 호(戶)였는데 반해 농업인구는 명백하게 감소하였
다.28) 여러 강들이 만나는 곳인 상해 현성 일대는 더욱 사람들이 조밀
하였고, 상업은 크게 융성하였다. 항안(港岸)의 주변에는 복건, 광동
상인들이 경영하는 전문 양화(洋貨) 상점들이 나타나기 시작하였고,
이들 상점들이 집중해 있는 거리를 양행가(洋行街; 오늘날 陽朔路라고
한다.)라고 불렀다. 상품경제의 발전에 따라서 화폐의 환전이나 저축
업무를 담당하는 금융기구인 전장업(錢庄業) 역시 흥행하게 되었으며,
아울러 같은 업(同業)의 협동조합[公會]가 성립되었는데, 상해전업공해
(上海錢業公會)가 생겨났다. 건륭 42년(1776년) 이 협동조합에서 모은
금액은 은 1천량이었으며, 청설당(晴雪堂) 건물(오늘날의 豫園 內園)을
구매해서 회의 장소로 삼았다. 이때부터 가경2년(1797년)까지 이 협동
조합에 참가한 전장(錢庄;사설금융점포)은 149가(家)나 되었다.29)

---

28)　杜黎,『鴉片戰爭前蘇松地區棉紡織業生産中商品經濟的發展』, 見『明淸資本
　　主義萌芽硏究論文集』, 上海人民出版社, 1981年版.
29)　『錢業承辦諸業各庄名單碑』,『上海縣爲錢業晴雪堂房産喩示碑』, 見『上海碑
　　刻資料選輯』, pp.254~257.

종합해 보면 명 중엽부터 아편전쟁 이전까지 상업성 농업, 면방직업, 항운업을 기초로 한 상해지구의 경제는 이미 비교적 높은 수준에 이르렀다. 아직 봉건적인 울타리를 뛰어 넘을 수는 없었지만, 자연경제의 기초는 이미 와해되기 시작하였다. 상품경제가 부단히 확대되는 추세였으며, 상업자본이 날로 생산 영역에 투자되었으며, 면방직업과 항운업에는 이미 자본주의 맹아가 나타났고, 아울러 자본주의가 어느 정도 발전되었다. 믿을 만한 말은 "만약 외국 자본주의의 영향이 없었다면, 중국 역시 완만하게 자본주의 사회로 옮겨갔을 것이다."[30]라고 하였다. 그러나 이러한 여러 요소로 인해 상해는 기타지구보다 앞서 나갈 수 있었다.

---

30) 『毛澤東選集』合訂本, p.589.

제3절 유구한 문화정책

고대 상해 사람들은 경제가 발전하는 동시에 찬란한 문화를 창조하였으며, 이러한 것을 "물자가 풍부하고, 인재가 많다"(物華天寶, 人杰地靈)라고 일컬었다. 이것은 중국의 유구한 문화전통을 형성하는 하나의 부분이며, 또 중국 문화유산중 하나의 빛나는 진주이었다.

고대 상해지구는 역사적으로 볼 때, 많은 사람들이 학술, 과학기술, 문예방면에 탁월한 업적을 남겼고, 당시 사회와 정신문명의 진보 및 발전에 지대한 공헌을 하였다. 이러한 역사 인물 중에 가장 유명한 사람이 쉬꽝치(徐光啓)이다. 쉬꽝치의 자(字)는 자선(子先)이고, 호는 현호(玄扈)이며, 상해현 사람이었다. 명 가정(嘉靖) 41년 3월 21일(1562년 4월 24일) 농민 가정에서 태어났다. 20세에 금산위(金山衛)의 수재(秀才)에 합격하였다. 명 만력(萬歷) 32년(1604년) 진사(進士)에 합격하였고, 도찰원(都察院) 관정(觀政)에 부임하였다. 같은 해 6월에는 한림원(翰林院) 서길사(庶吉士)에 임명되었다. 쉬꽝치는 정치에 입문한 이후 상해에 거주한 시간은 많지 않았는데, 오직 만력 35년(1607년) 부친상을 당했을 때와 천계(天啓) 2년(1622년) 탄핵으로 인해 남쪽으로 귀양갈 때 상해를 지나쳐갔으므로 상해에 거주한 기간은 며칠에 불과하였다. 명 숭정 6년(1633년) 72세의 쉬꽝치는 북경에서 서거하였다.

쉬꽝치는 명대의 뛰어난 과학자이었다. 그는 어려서부터 농업에 대해 관심을 가지고 연구하였으며, 기존의 농학(農學)에 관련된 저작을 두루 섭렵하였으며, 자신이 직접 재배한 경험도 있었고, 농업생산에 대해 박학한 지식과 경험을 지녔다. 『농정전서』(農政全書)[1) 60권을 출판하였는데, 이것이 바로 그가 기존의 농학에 대한 정수만을 모아 집필한 것으로, 이 책은 고금의 농업생산 기술과 그 자신이 직접 체험한 경험 등의 내용을 기록한 농학 백과전서이다. 청대 문연각(文淵閣)의 기록을 보면『농정전서』는 "그 본말이 잘 갖추어져 있으며, 변화에 대처하고 있으며, 아울러 서양의 수리법도 참고하였으며, 합시령(合時令), 농포(農圃), 수리(水利), 황정(荒政) 등 큰 제목으로 나누어져 있기도 하고, 또 모두 하나로 합치게 하고도 있다. 비록 여러 책에서 인용하였으나, 각각의 책보다 더욱 뛰어난 책으로 완비되었다."[2]고 언급하고 있다. 또 이 책은 중국 농학 유산의 보고(寶庫)중에서도 중요한 위치를 차지하고 있다. 쉬꽝치는 중국에서 가장 먼저 서양과학을 전파한 학자이었다. 그와 마테오 리치는 함께 유클리드의『기하원본』(幾何原本) 전 6권을 번역하였는데 이것은 중국에서 가장 먼저 번역된 서방 자연과학의 저작물이었다. 이후 그는 또 서양선교사 우르시스(Sabbathin de Ursis, 熊三拔)의『태서수법』(泰西水法)(『농정전서』에 삽입되어 있다)을 번역하였다. 국가의 부강을 위해서 그는 한편으로는 서양 기술을 배우고, 수리(水利)기계를 제조하였으며, 동시에 서방 과학을 군사에 운용하여 사용할 수 있도록 개혁하였다. 쉬꽝치는 만년(晩年)에 일백 여 권의『숭정역서』(崇禎曆書)[3]를 저술하였다. 이 책은 중국 천문

---

1) 『農政全書』는 명 천계(天啓) 5년에서 명 숭정 원년(1625~1628년)사이에 만들어졌다. 이 책은 쉬꽝치 생전에는 간행되지 않았고, 원고로 집안에 보관되어 있었다. 후에 천쯔룽(陳子龍)이 보충을 하여 명 숭정 12년(1639년)에 비로소 도찰원 우첨도어사(右僉都御史) 장구오웨이(張國維), 송강지부(松江知府) 팡위에시앤(方岳賢)과 상해지현(上海知縣) 왕따시앤(王大憲)이 공동으로 간인(刊印)하여 평로당(平露堂)에서 책으로 나왔다.

2) 『四庫全書·學典』의 4, p.169.

3) 『숭정역서』(崇禎曆書)는 순치 2년(1645년)에 비로소 청 정부에서 공포하였으며, 아울러 『숭정역서』를 『서양신법역서』(西洋新法曆書), 『신법역서』(新法曆書), 『서법역서』(西法曆書)라고도 불렸다.

산법(天文算法)에 있어 가장 체계적이고 완벽한 유산이 되었다. 쉬꽝치는 평생 많은 저술을 하였는데, 자연과학은 물론 경(經), 사(史), 문예(文藝), 종교(宗敎) 등 많은 방면을 섭렵하였으며, 위에서 언급한 저술 이외에도 『구고의』(勾股義), 『측량이동』(測量異同), 『서시포언』(徐氏庖言)등 60여 종을 저술하였다.

상해 사람들은 이 위대한 과학자를 기념하기 위하여, 그의 역사 유물을 잘 보존하고 있다. 이러한 유적은 남시(南市)에 대부분이 남아 있다. 상원가(桑園街)는 오래 전에는 강구리(康衢里) 쌍원(双園)이라고 불렸는데, 예전에 쉬꽝치가 청년시대에 버드나무를 잘라다가 불을 땠던 지역이라 이러한 이름이 붙었다. 만력 36년(1608년) 이탈리아 선교사인 카타네오(L. Cattaneo, 郭居靜)가 상해에 와서 전교를 할 때, 이집에서 거주하였다. 쉬꽝치는 만년에 이곳에서 거처한 적이 있었다. 9칸의 건물이 쉬꽝치가 이전에 살던 곳이었으며, 현재로 보면 광계남로(光啓南路) 234~244호로서 전해오는 근거로 보면 13동으로 구성되었으나, 현재의 9칸 건물은 그 중의 한 동이었다. 쉬꽝치가 부친상을 당해 상을 치를 때에도 이곳에서 거처하였다. 서광계사(徐光啓祠)는 현재 광계남로 244호 뒤쪽이며, 9칸의 건물과는 그리 멀지 떨어져있지 않다. 사당(祠)은 숭정 연간에 건립되었으며, 사당 안에는 원래 쉬꽝치의 조각상과 아랫사람들에게 훈계하는 편액이 있었으며, 대들보 위에는 "고명"(誥命) 닫집(龕匣)이 걸려 있었다. "각로방"(閣老坊)은 남시(南市)의 옛 성상현(城廂縣) 터 입구에 있었는데, 숭정 14년(1641년)에 쉬꽝치가 세운 것이었고, 청 동치 2년(1863년)에는 중수(重修)하였으며, 후에는 이 건축물이 파손되어졌으나 사람들은 쉬꽝치를 기념하기 위하여 이곳을 광계로(光啓路)라고 불렀다. 9칸의 건물과 광계로(光啓路) 이외에 쉬꽝치가 남시(南市)에 있었던 기타 유적들은 현재는 존재하지 않고 있다. 이외에 서가회(徐家滙)의 일부 지역에 쉬꽝치의 유적

이 남아 있다. 서가회는 그가 이곳에 "농장별업"(農庄別業)을 일으킨
곳이기도 하고 조가빈(肇嘉浜)과 법화경(法華涇)의 두 물줄기가 이곳
에서 교차되어 모이는 곳이어서 이러한 이름을 얻게 되었다. "농장별
업"은 아주 예전부터 존재하지 않았으며, 그 옛 터는 현재의 서가회
천주당의 좌측 앞부분이었다. 쉬꽝치 서거 후 2년째 되던 해, 그의 영
구(靈柩)가 상해로 돌아왔고, 숭정 14년(1641년) 서가회에서 장사를
치렀다. 그의 묘지는 현재는 광계공원(光啓公園)이라는 이름으로 바뀌
었다.

황따오포(黃道婆)는 중국 고대의 유명한 면방직 기술 혁신가로서 상
해 오니경(烏泥涇; 오늘날의 상해현 華涇鎭)의 빈민 가정에서 태어났
다. 어려서 애주(崖州; 현재의 海南島 崖縣)로 흘러 들어가서 떠돌다
가, 여족(黎族)에게서 면(棉)을 만드는 도구 만드는 법과 내지에서 이
름난 애주(崖州)의 면직품을 만드는 도구의 조작방법을 배우게 되었
다. 원 원정(元貞) 연간(1295~1296년), 황따오포가 고향으로 돌아와
가장 먼저 "애주피"(崖州被)를 짜서 생계를 유지하였고, 후에는 또 사
람들에게 면(棉)을 만드는 방법과 베일을 만드는 방법을 가르쳤다. 그
녀의 시범과 가르침에 따라서 오니경 일대에는 면방직업이 신속히 발
전하였다. 이것으로 생계를 이어가는 사람이 천 여 호(戶)가 있었으며,
오니경피(烏泥涇被)는 전국에서 유명해지게 되었다. 이 기간 동안, 그
녀는 부단히 방직 도구를 고쳐나갔으며, 한(捍), 탄(彈), 방(紡), 직(織)
등의 공구를 만들었으며, 전자(轉子), 탄화(彈花), 방사(紡紗)에서 직포
(織布)하는 작업 순서대로 기계를 만들어내었으며, 착방(錯紡), 배색
(配色), 종선(綜線), 설화(挈花)등 방면에서는 독특한 풍격을 자아내도
록 만들었다. 그녀는 방직기술방면에 있어서 혁신과 창조로 생산 효율
적인 면에서 대혁신을 이루었으며, 중국의 면방직사에서 중요한 지위
를 차지하였다. 황따오포가 죽은 후에 사람들은 그의 은덕을 기리기

위하여 원지(元至) 3년(1733년)에 그녀를 위한 사당을 지어 매년 제사
를 지냈다. 후에 전란으로 인해 그의 사당은 불타버렸다. 지정(至正)
22년(1362년), 장쇼우쭝(張守中)이 사당을 자신의 선조들을 모신 곳
남쪽으로 이전하였으며, 아울러 왕펑(王逢)에게 기념하는 시를 짓도록
요청하였다. 시 중의 한 단락이다.

> "前聞黃四娘, 後稱宋五嫂,
> 道婆異流輩, 不肯崖州老.
> 崖州布被五色纆, 組霧絅雲燦花草,
> 片帆鯨海得風歸, 千軸柚烏涇奪天造."[4]

　명 천계(天啓) 6년(1626년), 장쇼우쭝의 후예가 황따오포 상(像)을
세우고, 그곳의 이름을 영원사(寧園寺)라 하였다. 청 가경(嘉慶) 연간
에는 또 어떤 사람이 상해 성내 도학루(渡鶴樓) 서북 소항(小巷)안에
그녀를 기리기 위해 제사지내는 묘(廟)를 건립하였는데, 그곳에서 방
직업에 종사하는 부녀자들은 매년 해가 바뀔 때마다 무리를 이루어 이
곳으로 가서 제사를 지냈다. 또 화물을 다른 곳으로 운반하여 이익을
취하는 상인들도 역시 황따오포에게 감격하여 그녀를 위한 기념 사당
을 세우기도 하였다. 그러나 이러한 사묘(祠廟)는 선후로 모두 파괴되
었는데, 현재는 상해 식물원 내의 황모사(黃母祠)가 상해 경내에서 유
일하게 황따오포의 유적을 볼 수 있는 곳이다.

　상해는 일찍이 송강부(松江府)에 속하였으며, 역사상 송강지구는 문
화가 발전하였기로 이름이 있던 곳이었다. 일찍이 송대 상해에는 이미
진학(鎭學)이 있었다. 원대(元代)에 상해가 현(縣)이 된 이후, 현학(縣
學)이 건립되었다. 이후에 또 경업(敬業), 청충(淸忠), 청원(淸原)과 앙
고(仰高) 등의 서원(書院) 및 여러 종류의 의학(義學)이 있었으며, 교육

---

4) 康熙朝 『松江府志』, 卷5에서 인용.

사업은 부단히 발전하였다. 원의 지치(至治) 원년(1321년)부터 아편전쟁 전까지 이곳에서 진사에 합격한 자가 193명이나 되었다.5) 그중 유명한 학자들이 있었는데, 예를 들어 명대(明代) 역사학자 왕치(王圻)가 가장 유명하였다. 왕치의 자는 원한(元翰)으로 가정(嘉靖) 44년(1565년)에 진사가 되었다. 관직에서 물러나 이곳으로 온 후, 오송(吳淞) 강변에 거처하였으며, 매화나무 수 천 그루를 식목하였으므로 그 곳을 매화원(梅花源)이라 불렀다. 그는 저술하는 것을 즐겁게 여겼고 나이를 먹었어도 일을 게을리 하지 않았으며, 40년의 정력을 쏟아 『속문헌통고』(續文獻通考) 254권을 완성하였는데, 마뚜안린(馬端臨)의 『문헌통고』(文獻通考)의 내용을 보충하고 확대시킨 것이었다. 이 저술에는 사료가 풍부하였으며, 요(遼), 금(金), 원(元), 명(明)의 전고(典故)와 가정(嘉靖) 이후의 내용을 완전히 사실에 근거하여 새로 썼으며, 또 "절의"(節義), "민족"(民族), "육서"(六書), "익법"(謚法), "도덕"(道德), "방외"(方外) 등을 모두 고려하여 만들어 놓았으며, 현재까지 이 서적은 학술가치가 아주 높은 저작이라는 평을 받고 있다. 이외에 청초 예멍쭈(葉夢珠)의 저서인 『열세편』(閱世編)은 옛 서적 중에서도 아주 우수한 작품으로 손꼽힌다. 추화(褚華)가 편찬한 『목면보』(木棉譜)와 『수밀도보』(水蜜桃譜)에는 상해에서 나는 산물(産物)을 수록하고 있으며, 후에는 또 『호성비고』(滬城備考)라는 책으로 쓰여 졌다.

송강부에는 "시(詩)와 바둑을 짓고 둔다는 뜻의 창장(倉場)"이라고 부르는 곳이 있었다. 이 지역의 서화(書畵) 예술의 시작은 송대에 이어 명, 청 시기에도 왕성하였다. 송대의 원르관(溫日觀), 리지아(李甲), 차오쯔바이(曹知白), 원대의 런런파(任仁發), 루쥐런(陸居仁), 장쭝(張中), 선두오(沈度), 팡팡후(方方壺), 명대의 리리우팡(李流芳), 로우지앤(婁堅), 루션(陸深), 명말 청초의 똥치창(董其昌)과 청초의 우리(吳歷) 등

---

5) 『民國上海縣志』, 卷1.

은 모두 서화(書畵)의 대가이었다. 이곳에서 중요하게 소개할 사람은 루선과 똥치창 그리고 우리(吳歷)의 발자취이다.

루선(陸深)은 상해인으로 명사(明史)의 문원전(文苑傳)중에 게재되어 있다. 홍치(弘治) 18년(1505년) 진사가 되어 편수(編修)에 제수되었으며, 국자(國子) 제주(祭酒)와 첨사부(詹事府) 첨사(詹事)를 역임하였다. 그는 어렸을 때에도 이름을 날리고 있었는데, "아름다운 단어를 활용하는 사신관(詞臣冠)"이라 불렸으며, 저서로는 『엄산집』(儼山集), 『남순일록』(南巡日錄), 『유봉일기』(維封日記)와 『촉도잡초』(蜀都雜抄) 등의 저작이 있으며, 이외에도 집서론(集書論)의 정화(精華)인 『서집』(書輯)과 예술을 감상하는 『고기기록』(古奇器錄)이 있으며, 그의 서예는 일종의 독특한 풍운(風韻)을 지니고 있었다.

똥치창(董其昌)은 화정(華亭; 上海 松江) 사람이다. 명 만력(万曆) 17년(1589년) 진사가 되었고, 편수(編修), 예부우시랑(禮部右侍郎), 남경예부상서(南京禮部尙書) 등의 직을 역임하였다. 똥치창은 "화정화파"(華亭畵派)의 거장으로, 중국화를 남북종(南北宗)으로 분리한 최초의 사람이었으며, 문인화(文人畵)를 창도(創導)한 사람이었다. 그의 그림은 신비스러운 여운이 있었으며, 이전의 사람들의 경험을 기초로 한 위에 부단히 자신의 독특한 풍격을 만들어내었다. 그의 수묵화는 발묵(潑墨; 먹물을 뿌리는 것)과 석묵(惜墨; 먹물을 아끼는 것)의 뛰어난 특기를 지니고 있었으며, 상해 박물관에서 소장하고 있는 『요봉발취도』(遙峰潑翠圖)와 『산천출운도』(山川出雲圖)는 그의 수묵과 채색의 대표작이다. 그의 서예 역시 새로운 국면을 열어 독보적인 존재가 되었다. 명 말과 청대에 적지 않은 학자들이 여러 추이를 따랐으나, 점차 화정화파(華亭畵派)가 으뜸을 이루게 되었다. 똥치창은 중국 예술사상의 지위와 영향은 아주 긍정적으로 평가되고 있으나, 그는 고향에서 자제들을 종용하여 그 세력을 믿고 잔악무도한 짓을 벌였고, 결국에는 "민초동환"(民抄董宦)을 일으켰으므로 이로써 송강인사들은 그와 같은 지역 사람이라는 것을 수치스러워 하였다. 그러한 일로 인해 그의 고향에서는 그의 향적(鄕籍)을 없애버림을 선포하였는데, 이것 역시 역사적 사실이었다. 그러나 이것과 그의 예술 방면의 성취는 구별되어져야 한다.

우리(吳歷)는 청초의 유명한 화가였다. 원래는 상숙(常熟)사람이었으나, 상해에 거주한 시간이 30년이 넘었으며, 사후 장례는 남문 밖 예수회 묘지에 안장되었다. 저서로는 『묵림집』(墨林集) 5권(李問漁編)이 있다. 우리(吳歷)는 산수에 특기가 있었으며, "구학층질, 필묵창윤"(丘壑層迭, 筆墨蒼潤; 언덕과 골짜기가 연달아 이어지고, 그의 필묵에는 촉촉함이 서려있다)라는 영예를 들었다. 서예에 있어서 그는 왕지앤(王鑒), 왕위앤치(王原祁), 왕후이(王翬), 왕쓰민(王時敏), 윈꺼(惲格)와 더불어 "청초 6대가"(淸初六大家)라는 칭호를 듣고 있다.

서화(書畵)방면에서 배출한 인재와 상응하여, 청대 상해지구에는 몇몇의 유명한 희곡가(戲曲家)가 배출되었다. 그들은 황쯔쥔(黃之雋), 장짜오(張照)와 시아삥헝(夏秉衡)이었다.

황쯔쥔은 화정(華亭)사람으로 한림원 편수에 임명되었으며, 『명사』(明史)를 새로 편찬하는 업무에 참가하였으며, 후에는 『강남통지』(江南通志)의 총재(總裁)를 맡았다. 그는 희곡을 아주 사랑하였으며, 유명한 잡극인 『사재자』(四才子)와 전기(傳奇) 『충효복』(忠孝福)이 있고, 후에는 이를 합하여 『암당락부』(庵堂樂府)라 하였다. 『사재자』(四才子)는 『욱륜포』(郁輪袍), 『몽양주』(夢揚州), 『흠중선』(欽中仙)과 『람교역』(藍橋驛) 등을 포괄하고 있으며, 각 4단계로 꺽여 있으며, 각자는 독립적이며, 소재는 『태평광기』(太平廣記)에서 뽑은 왕웨이(王維), 두무(杜牧), 장쉬(張旭)과 페이항(裴航) 4사람의 이야기로 과거제도의 허위(虛僞)와 암흑을 폭로한 것으로 사회적인 의의를 갖고 있었으며, 당시 비교적 넓게 퍼져갔다.

장짜오(張照)는 강희 연간에 화정현(華亭縣)에서 태어났다. 시강(侍講), 시독(侍讀)과 형부상서(刑部尙書)를 역임하였다. 그는 『권선금과』(勸善金科)와 『승평보벌』(升平寶筏)의 대본극(臺本劇)를 썼으며, 청 조정에서 연출하였다. 『권선금과』는 『목련구금권선희문』(目連救母勸善戲文; 목련이 어머니를 구하는 내용으로서 선을 권고하는 희곡)에서 발전하여 만들어졌다. 『승평보벌』은 당의 삼장 법사가 서역에서 불경을 가져오는 이야기를 배경으로 쓴 것이었다. 이 두 편의 희곡은 조잡한 부분도 적지 않으나, 희문(戲文)은 아름답게 쓰여졌으며, 곡패(曲牌: 전통적인 가사 표지 방법을 통칭한 다른 말로는 牌子라고도 함)의 정자6)와 친자(襯字)7)가 아주 명료하였으며, 아울러 모든 배치 및 배경 사용 등은 중국 희극발전 사상 어느 정도의 중요한 지위를 차지하고 있다. 이외에 그는 또 『월령승응』(月令承應), 『법궁아주』(法宮雅奏)와 『구구대경』(九九大慶) 등의 희곡 작품이 있다. 그는 중국 고대 악리(樂理)의 논술을 주편한 『율여정의』(律呂正義)를 저작하였다. 그의 서예 역시 상당한 수준이었다.

시아삥헝(夏秉衡)은 옹정 4년(1726년)에 할아버지가 거주하였던 화정현(華亭縣)에서 태어났으며, 3종류의 전기로 아주 유명하였다. 한 종류는 『팔보상』(八寶箱)으로 두십낭(杜十娘)의 이야기를 소재로 한 작품이었다. 두 번째 종류는 『시중성』(詩中聖)으로 두푸(杜甫)의 편년체에 접근한 전기(傳記)극을 묘사한 것이었다. 세 번째 종류는 『쌍취원』(双翠圓)의 영향이 가장 컸는데, 명 가정 연간 임치(臨淄)의 이름난 기

---

6) 곡패(曲牌)란 곡조의 각종 명칭이다. 중국 전통극은 가극형식으로 되어 있는데 그 곡의 하나 하나의 명칭을 '曲牌'라고 한다. 예를 들면 '一枝花', '滾繡球' 등의 명칭이 있다. - 역자 주.

7) 운율(韻律)상 규정된 자수(字數)이외에 가사(歌詞) 또는 가창(歌唱)의 필요에 의해서 덧붙이는 글자를 말한다. - 역자 주.

생인 위추이챠오(玉翠翹)에서 소재를 얻어 만든 것이었다. 선더치앤(沈德潛)은 시아삥헝을 "直欲與玉茗爭衡, 非只奪昉思, 東塘之座"[8]이라고 칭송하였으며, 그를 탕시앤주(湯顯祖), 홍셩(洪昇), 콩샹런(孔尚任) 등 저명한 회곡가들과 같은 위치에 올려놓았다.

이외에 상해 역사상에서 가치 있는 것을 들라고 한다면, 문학천재 소년이자 소수 민족의 영웅인 시아완춘(夏完淳)의 사적을 살펴보고자 한다. 그는 명 숭정 4년(1631년)에 송강(松江)의 지식인 집안에서 태어났다. 그는 부친 시아윈이(夏允彝)와 스승인 천즈롱(陳子龍)의 훈도(薰陶)를 받았고, 시아완춘은 어린 시절에 재질을 드러냈으며, 9세 때에는 시집인 『대유집』(大乳集)을 썼으며, 이로 인해 사람들에게 "신동"이라고 불렀다. 그의 정치 행적을 살펴보면 그는 눈이 아주 예리하였으며 "서남득붕회"(西南得朋會)를 조직하였고, 같은 지역의 소년 영웅과 연락을 하며, 시문(詩文)을 연구하고 토론하였으며, 국가의 대사에 대해 논의하였다. 청병(淸兵)의 입관(入關)후, 15세의 시아완춘은 부모를 따라 항청투쟁(抗淸鬪爭)에 가담하였다. 오래지 않아 시아완춘의 부친인 샤윈이가 순직하자, 시아완춘은 부친의 뜻을 따라 재산을 모두 군대의 군향으로 충당케 하고, 항청 투쟁을 고수하였다. 장강 하류 각지에서 일어난 봉기가 실패로 돌아간 후, 그는 동정호(洞庭湖)와 상수(湘水) 일대에서 청군에 대항할 힘을 찾았으나 그 좋은 결과를 얻지는 못하였다. 이 기간에 그는 유명한 『대애부』(大哀賦)썼으며, 명 말의 부패정치에 대하여 강하게 폭로와 비판을 하였다. 순치 4년(1647년) 시아완춘은 고향으로 돌아왔으며, 남명(南明) 노왕(魯王)에게 청군에 저항하는 결심을 담은 주소(奏疏)를 기초하였다. 오래지 않아, 이 사건이 폭로되어 남경(南京)에서 체포, 구금되었다. 그의 대의(大義)는 늠름하였으며, 옥중에서도 "영웅생사로, 각사장유시"(英雄生死路, 却似

---

8) 沈德潛, 『淸綺軒初集·序文』.

壯游時)라는 장엄한 글귀를 남겼다. 또『옥중상모서』(獄中上母書)에서 말하기를, "인생에서 죽지 않는 사람이 누가 있는가? 가장 요긴한 것은 죽음의 가치인데, 나라를 위해 죽는다면 나의 본분을 다하는 것이다."라고 하였다. 이 피눈물을 흘리면서 쓴 글귀는 후에『남관초』(南冠草)라는 서명으로 편찬되었다. 순치 4년 9월19일(1647년) 시아완춘은 남경 서시(西市) 형장에서 사라졌는데 그때 나이 겨우 17세였다. 그의 친구들은 그의 시신을 거두어, 조계(曹溪) 부근의 탕만촌(蕩灣村, 현재의 松江縣 昆网公社 蕩灣村)의 그의 부친 묘 옆에 안장하였다. 그들의 분묘는 현재까지 잘 보존되어 있다.

위에서 서술한 걸출한 인물 이외에도 상해지구에는 또 송말(宋末)의 기부금으로 학교를 세운 탕쓰차오(唐時措), 원초(元初)에 8만권의 서적을 보유하고 있던 쫭쑤(庄肅), 명대 기이한 중세의 병명만을 치료하였던 명의 리쭝즈(李中梓), 명청대의 장서가(藏書家)인 타오쫑이(陶宗儀), 황퍄오(黃標), 리쥔지아(李筠嘉), 메이이쩡(梅益征), 리쭝칭(李鐘慶) 등이 당시에 이름을 날리던 사람이었다.

상해지구는 역사상 적지 않은 인재들이 나왔으며, 또 원림(園林), 사묘(寺廟)와 보탑(寶塔) 등 명승고적지가 많았다. 예를 들면, 예원(豫園), 노향원(露香園), 고의원(古漪園), 추하포(秋霞圃), 곡수원(曲水園), 진여사(眞如寺), 송강방탑(松江方塔), 가정공묘(嘉靖孔廟)와 용화사탑(龍華寺塔) 등이 있으며, 모두 고대의 진귀한 문화유산이었다. 그중 가장 사람들에게 회자된 것은 상해 현성 안에 있던 예원(豫園)이었다. 예원은 원래는 명대 사천(四川) 포정사(布政司)인 상해인 판윈루이(潘允瑞)가 그의 아버지인 판언(潘恩, 嘉靖朝때의 尙書)에게 바친 건축물로, "예열노친"(豫悅老親, 부친을 즐겁게 하다)라는 뜻을 빌어 옛 이름이 예원이 된 것이다. 예원의 건립은 명 가정 38년(1559년) 시작해서 만력 5년(1577년)에 완공되었다. 전해 내려오는 근거에 의하면 상해에서

정원의 명장으로 이름난 장난양(張南陽)이 심혈을 기울여 설계한 작품
으로 "동남의 이름 있는 정원중의 으뜸"이라고 칭하였다. 예원의 점유
면적은 70여 무(畝)[9]이며, 정원 내에는 작은 연못, 산석(山石), 루(樓),
당(堂), 정(亭), 각(閣) 등 건축물이 아주 많다. 낙수당(樂壽堂) 앙산당
(仰山堂) 뒤에는 절강(浙江) 무강(武康)의 황석(黃石)을 쌓아서 완성한
대가산(大假山)이 있고, 뫼를 쌓아서 가파른 산을 만들었고, 산을 돌아
나오는 길을 만들어 그 기세가 아주 웅장하였다. 옥화당(玉華堂) 앞에
는 송대 화석망(花石網) 유물인 "옥령롱(玉玲瓏)"[10]이 있었는데, 돌에

---

9) 옛날에는 5평방 척(尺)을 1평방보(步)로 하고 240평방보를 1무(畝)로 하고 있
   다. 1무(畝)는 6.667아르(a)이다. 역자 주.
10) "옥령롱"(玉玲瓏)은 크기가 큰 태호석(太湖石)으로 수당시대의 유물이라고
   한다. 송 휘종(徽宗)때 "화석망"(花石網)이라고 하였으며, 운송도중 유실되었
   다고 하고, 명대에는 오니경 주(烏泥涇 朱)씨가 획득했다고 하며, 후에는 또
   포동(浦東) 삼림당(三林塘) 추위(儲昱)의 남원(南園) 별장으로 옮겨졌다.
   추(儲) 사후, 사위인 판원량(潘允亮; 예원 주인 潘恩의 아들)이 옥령롱을 예원
   으로 옮겼다고 한다. 근거에 따르면 옥령롱을 운반하여 황포강을 건널 때, 풍
   랑이 치고 물이 일었으며, 배가 뒤집어져 돌이 강 밑으로 가라앉았다고 한다.
   판가(潘家)의 고용인들이 물을 헤엄쳐서 그 돌을 건져 올렸으며, 동시에 또
   다른 돌(현재의 옥령롱의 석좌)도 건져내었다. 돌을 건져낸 후, 판 씨 집안에
   서는 성곽의 돌을 훼손하여 그 돌로 이 돌을 운반하였다. 그래서 당시 훼손된
   성곽은 아직도 복원되지 못하였다. 이 일이 있은 후, 이곳은 성문이 되었는데,
   이곳이 후에 소남문(小南門)인 것이다. 고증을 통해보면, 이것은 일종의 민간
   전설이다. 상식적으로 본다면 강을 건너 소동문(小東門)으로 오는 것이 가장
   가까운 거리였으며, 소동문은 건축될 당시 6개의 성문(城門)중의 하나였으므
   로 돌을 운반하기 위해 성을 훼손할 필요가 없었으며, 하물며 성을 훼손하는
   비용이 돌아서 성으로 들어오는 것보다 좋지 못하였기 때문이다. 소남문을 허
   물었다는 것은 근거 없는 말이다. 왜냐하면, 소남문은 건축 때 이미 허물어져
   있었기 때문이고, 상해 현성(縣城)은 후에 세 곳의 문(三門)이 생겼는데, 신동
   문(新東門), 소북문(小北門)과 소서문(小西門)이었다. 민간에서 말하는 이러
   한 전설은 옥령롱의 진귀함과 판가의 세력이 대단하다는 것을 나타내기 위함
   인 것이었다. 상해지구는 역대로 "상해의 반은 판 씨 가문의 것이고, 상해의
   일부는 쉬꽝치의 것이다."[潘半城, 徐(光啓)一角]라는 말이 있다.

는 구멍이 많이 나 있었고, 들리는 말에 의하면 돌 아래에서 연기가 피어난다고 하며, 또 연기는 각 구멍에서 나왔으며, 푸른 색 옥색 비단을 둘러싼 것 같았으며, 마치 풀이 무성한 것처럼 기괴한 현상을 나타냈다고 한다. 강희 48년(1709년)에는 또 내원(內園)을 건립하였는데, 겨우 2무(畝)가 넘는 토지였으나, 작은 영롱(玲瓏)으로 또 다른 운치를 만들어 내었다. 명말 청초, 판 씨 후에는 쇠락하여 정원(亭園)의 주인이 몇 차례 바뀌었다. 건륭 25년(1760년), 현지 사신(士紳)들이 자금을 모아 새롭게 중수하였으며, 성황묘(城隍廟)를 포함시켜 서원(西園)으로 불렀다. 도광 연간, 예원 및 그 주변의 내원(東園)은 각 동업 협동조합의 관리를 받았고, 차루(茶樓), 주관(酒館) 및 민간 거주 공간으로 되었고, 일부분은 상장(商場)으로도 사용되었다.

또 다른 역사적으로 이름 있는 정원은 노향원(露香園)으로, 이는 대관료인 구밍쓰(顧名世)가 명 가정 연간에 세운 것이다. 전해 내려오는 말에 의하면, 못과 저수지를 파낼 때 석각 하나를 발견하였는데, 위에는 "노향지"(露香池)라는 세 글자가 있었는데, 이는 짜오멍푸(趙孟頫)가 쓴 것으로, 이것에서 노향원이라는 이름을 얻게 되었다. 정원 중심에는 노향지가 있으며, 그 주위에는 사방으로 언덕이 있는 춘산관(春山館), 벽의당(碧漪堂), 독원헌(獨苑軒), 노향각(露香閣), 분구정(分鷗亭), 청련좌(靑蓮座) 등이 건축되었다. 사시사철 변하지 않는 소나무와 측백나무 그리고 대나무가 삼림의 조화를 이루고, 시냇물과 무성한 삼림이 조화를 이루는 사이에 초가집, 나무다리, 대나무 조리 등이 또 다른 풍취를 자아낸다. 명말, 숭명(崇明) 수사(水師)의 부대가 이 정원에 주둔하였는데, 그들은 산을 깎고, 못을 흙으로 덮었으며 모든 곳을 유린하였다. 이후, 노향원은 비록 사라졌으나,[11] 그로 인해 상해에는 몇

---

11) 아편전쟁 때, 원내(園內)에 있던 화약고가 폭발하여 불이 붙어 이 정원은 잿더미가 되었으며, 현재는 오직 노향원(露香園)이라는 이름의 길만이 남아 있다.

가지 상해 특산품이 생겨나게 되었으며, 그 파급력은 아주 넓었다. 하나는 상해의 복숭아였다. 복숭아는 원래 산서(山西)의 대동(大同)에서 노향원에 이식(移植)된 것으로, 이곳에서 생산된 것은 모양, 색깔, 향기, 맛 등에서 아주 뛰어났다. 상해지구에서는 이 복숭아의 명성이 자자하였다. 노향원이 전쟁으로 인하여 화를 입게 되자, 복숭아는 다른 곳으로 옮겨 심게 되었다. 성내의 황니장(黃泥墻, 대략 현재의 南市 蓬萊市場 근처)에서 복숭아를 재배하였는데, 색깔이 아주 진한 붉은 색이었고, 모양도 크고 맛도 있어 유명하였다. 매년 청명절 때는 복숭아꽃이 만개하여 상춘객들이 줄지어 찾아왔다. 사람들은 꽃을 감상하고, 옛 서문(西門)의 유명한 주루(酒樓)인 동타(東駝)와 서타(西駝)에서 술잔을 기울이곤 하였다. 당시 상황을 "登城日日步晴和, 到眼明霞卷縫羅, 萬樹桃花千斛酒, 靑帘挑處認西駝."[12]이라고 묘사하고 있다. 이후 황니장(黃泥墻) 복숭아 숲은 점차 시들어졌고, 남문 복숭아가 그 뒤를 이었다. 도광(道光) 이후, 용화도(龍華桃)가 흥성한 한 때가 있었다.[13] 상해에는 "3월 3일"을 복숭아꽃 보는 날"이라는 풍속이 있었으며, 매년 이때가 되면 용화도(龍華道) 거리에는 사람들이 셀 수 없이 많았으며, 유람객들이 마치 파도처럼 밀려왔다 갔다 하면서 용화(龍華)의 매년 피는 꽃을 감상하였다. 노향원의 또 다른 유명한 것으로는 고수(顧繡)가 있었는데, 이것은 예로부터 상해의 유명한 공예품중의 하나였다. 그것은 당송(唐宋) 이래로 수놓는 법을 계승, 발전시켰으며, 불상, 인물 및 산수화조(山水花鳥) 등을 수놓았는데 생동감이 있고 오색이 찬란하였으므로, "하늘의 천손(天孫)이 수를 놓는 기술을 인간 세상에 내려 보낸 것"이라는 영예를 받았다. 고수(顧繡)는 가장 먼저 까오밍쓰(顧名世)의 며느리 모우(繆) 씨 때부터 시작되었으며, 불상, 인물에 수놓은

---

12) 張春華, 『滬城歲事衢歌』.
13) 호항용철로(滬杭甬鐵路)가 설치된 후, 용화도원(龍華桃園)은 작게 축소되고 황폐해졌으며, 이전과 같이 회복되지는 않았다.

것이 마치 진품과 같았다. 까오밍쓰(顧名世)의 손자며느리인 한시멍(韓希孟) 때에 이르러서, 고수(顧繡) 예술은 또 발전을 거듭하게 되었다. 그녀는 고수(顧繡)를 놓는 사람중에서도 가장 걸출한 대표로서, 화예(畵藝)와 자수(刺繡)의 기법을 하나로 만들어냈으며, 과거 자수 전통을 계승하면서도 자신의 예술 풍격을 창조해 내었다. 뿐만 아니라 다양한 침법(針法)과 배색의 정교함이 자연스럽게 혼연 일체가 되어, 고수(顧繡)의 전통 특징을 형성하였다.[14]

상해지구의 고대 사묘(寺廟)중 가장 유명한 것은 정안사(靜安寺)와 용화사(龍華寺)이다. 정안사는 삼국 동오(東吳) 적오(赤烏) 10년(247년), 처음 이름은 건초사(建初寺)였으며, 진(晋)나라 때에는 중현사(重玄寺, 일설에는 重元寺라고도 함)라고 하였고, 당나라 때에는 영태선원(永泰禪院)이라고 이름을 바꾸었으며, 송대에 와서야 비로소 정안사(靜安寺)로 이름을 고쳤다. 절터는 최초는 호독(滬瀆, 虹口부근)이었는데 남송 가정(嘉定) 9년(1216년)에는 오송 강변에서 불정빈(佛井浜)으로 옮겼다. 절 내에는 원래 적오비(赤烏碑), 진조회(陳朝檜), 강경대(講經臺), 하자담(鰕子潭), 용천(涌泉), 녹운동(綠雲洞), 호독루(滬瀆壘) 및 호자도(芦子渡) 등 8경이 있었는데, 그중에서 용천이 가장 이름이 나 있었으며, 샘은 절 앞에 있었으며, 이곳의 물은 사계절 마르지 않았으므로, "천하 제6천"(天下第六泉)이라고 하였다.[15] 당말의 시인 피르시우(皮日休), 루꾸이멍(陸龜蒙) 등이 이 절을 방문하였을 때, 시를 읊었던 것으로 보아, 이 절은 이미 세상에 명성이 나 있었던 것을 알 수

---

14) 韓希孟의 대표 작품으로는 『仿宋元名迹冊』과 『刺繡花鳥冊』이 있는데, 그 중에서 『洗馬圖』와 『藻蝦』는 현재 북경 고궁박물관과 상해박물관내에 나뉘어 소장되어 있다.
15) 절 연못(寺潭)의 특산물은 수염없는 새우로 그 맛이 아주 달았다. 1919년 조계 공부국에서 이곳의 연못을 메워 길을 내자 새우는 사라졌다. 용천(涌泉) 유적역시 후에 자취도 없이 사라졌다.

있다.

용화사(龍華寺)는 상해에서 규모가 가장 큰 사찰중의 하나였다. 전해져 내려오는 말에 의하면 삼국의 오나라 적오(赤烏) 10년(247년)에 건립되었다고 한다. 황차오(黃巢)가 반란을 일으켰을 때 전화(戰禍)로 소실되었으나, 이후 청 광서 연간에 중건되었다. 피르시우(皮日休) 역시 『용화야박』(龍華夜泊)이라는 시에서, "오늘의 절에는 오래된 사찰 이름이 남아 있고, 풀이 돋아나고 서리가 내려 미끄러운 다리를 사람들이 다니고, 빛이 점차 그 밝음을 잃으니, 파심탑(波心塔)의 그림자를 찾을 수 없네."(今寺憂存古刹名, 草橋霜滑有人行, 尙嫌殘日淸光少, 不見波心塔影橫.)라고 절을 묘사하고 있다. 사찰 내에는 대웅보전(大雄寶殿), 삼성전(三聖殿), 미륵전(彌勒殿)과 방장루(方丈樓), 종고루(鐘鼓樓) 등이 있으며, 많은 진귀한 물건들을 소장하고 있는데, 예를 들어 명 홍무(洪武) 15년(1382년)의 대종(大鐘), 만력 29년(1601년)에 황제가 하사한 금으로 도금되고 천개의 연꽃잎으로 장식된 비로자나불(毗盧遮那佛)과 5근 3량 무게의 금도장(金印)이 있었다. 현존하는 고산문(古山門)은 정덕(正德) 연간에 건축된 것이다.

상해지구에는 현존하는 고탑(古塔)은 11개가 있는데, 송강(松江)과 청포(靑浦) 두 현에 가장 많다. 송강에 있는 것으로는 송대의 흥성교사탑(興聖敎寺塔), 사산 수도자탑(佘山秀道者塔), 천마산 호주탑(天馬山護珠塔)과 서림탑(西林塔)이 있다. 청포현에는 당대의 청룡탑(靑龍塔), 묘탑(泖塔)과 청대의 만수탑(萬壽塔)이 있다. 이외에 상해현(上海縣)에는 송대의 용화탑(龍華塔), 가정현(嘉靖縣)에는 오대(五代)에서 북송(北宋)때의 남상사 전탑(南翔寺磚塔)과 남송의 법화탑(法華塔)이 있으며, 금산현(金山縣)에는 명대의 송은탑(松隱塔)이 있다. 이러한 고탑(古塔)의 구조형식은 모두 서로 다른 시대의 풍격과 당시 사람들의 뜻을 반영하고 있었으므로 고대 건축을 연구하고 고대 예술을 감상하는데 아주 훌륭한 가치가 있다. 특히 송강 평지의 옥토위에 빽빽이 서 있는 흥성교사탑(興聖敎寺塔)은 고대 상해지역 문화유산의 정수라고 할 수 있다. 이 탑은 또 송강방탑(松江方塔)라고도 불리는데, 현성(縣城) 동남쪽의 삼공가(三公街)에 위치하고 있다. 흥성교사(興聖敎寺)는 오대(五代) 후한(後漢) 건우(乾祐) 2년(949년)에 건립되었으며, 초기의 이름은 흥국장수사(興國長壽寺)였으나, 원대에 파괴되었다. 탑은 북송 희녕(熙寧) 원우(元祐)년간(1068~1094년)에 벽돌과 목재로 만들어 졌으며, 평면은 정방형이고, 9층으로 높이는 48.5미터였으며, 탑신 안팎에는 두공(枓栱; 머리를 받치기 위해 만들어진 구조)이 177개로 만들어져 있었으며, 외관으로는 부드러운 곡선 형태를 띠며 단아하고 수려하였으며, 구조는 아주 간결하고 명쾌하여, 당대(唐代) 전탑(磚塔)의 대표적인 풍격을 보여주고 있으며, 또 송대 누각(樓閣) 구조의 새로운 모습을 열게 된 것으로 비교적 높은 문화유산의 가치를 지니고 있다.

현재의 용화탑(龍華塔)은 송의 태평흥국(太平興國) 2년(977년) 오월왕(吳越王) 치앤홍추(錢弘俶)가 중건한 것이다. 벽돌로 탑신을 만들고, 처마는 나무로 만든 누각식의 탑으로 평면은 8각형이고, 7층이었으며, 높이는 40.4미터였고, 내부 전실(磚室)은 방형(方形)으로 되었고, 삼면의 문과 창은 층에 엇갈리게 만들어졌다. 이러한 종류의 구조는 미관과 지진에 대비한 것이었으며, 상해 고대 건축물 중에서 가장 아름다운 것 중의 하나로 손꼽히고 있다. 이외에 송강(松江) 천마산(天馬山) 호구탑(虎口塔) 역시 8백 여 년의 역사를 지니고 있으며, 탑의 중앙부는 건륭(乾隆) 연간에 훼손되었고, 계속되는 풍파로 인해 현재는 기울어졌으나 쓰러지진 않고 있으며, 그 기울기가 6.525도로 상해의 기이한 경관으로 자리매김하고 있다.

상해 경내에는 현재까지 보존된 진귀한 문물이 적지 않다. 예로 송강현 성내의 당 대중(大中) 13년(851년)의 다라니경당(經幢)[16]이다.

이 석각 당(幢)은 그 높이가 9.3미터였으며, 8각의 당신(幢身)에는 다라니경문 및 건당인(建幢人)의 이름이 새겨져 있었고, 당(幢)의 대좌(臺座), 탁좌(托座), 속요(束腰)와 첨개(檐盖) 각 층에는 각기 구름, 바닷물, 연꽃 문양과 사자, 용, 보살, 천왕 등이 조각되어 장엄한 구조를 갖추고 있으며, 성당(盛唐)시대의 예술 풍격을 잘 나태내고 있다. 또 명대 조벽(照壁)[17]을 예로 들어본다면 송강 방탑(方塔) 북면에 있는 것으로 아주 진귀한 예술품이다. 30평방미터의 벽면위에 "獂"를 새겼는데, 그것의 발굽 아래에는 흔들면 돈이 떨어지는 신화속의 나무인 요전수(搖錢樹)와 원보(元寶), 여의(如意), 산호(珊瑚) 그리고 영지초(靈芝草) 등 진귀한 물품이 새겨져 있었고, 그림이 아주 생동적이면서도 풍자적인 내용의 뜻도 지니고 있었다.[18]

상해는 강과 바다로 둘러싸여 있어 가장 아름답고 수려한 강남 수향(水鄉)에 위치하여 남국의 풍광을 갖추고 있다. 명대 상해에는 "호성팔경"(滬城八景)이 있다고 전하였는데, 이는 황포강의 가을 물결[黃浦秋濤], 용화사의 만종[龍華晩鐘], 바다에서 솟아오르는 태양[海天旭日], 오송의 안개비[吳淞煙雨], 석량의 저녁 달[石梁夜月], 들판에 넘실거리는 갈대[野渡蒹葭], 풍루에서 바라보는 조망[風樓遠眺], 강고의 설경[江皋霽雪] 등이다. 그중 "풍루원조"[19] 일경의 단봉루[丹鳳樓]는 남송 함순(咸淳) 연간에 건립되었으며, 옛 순제묘(順濟廟; 또는 天后宮이

---

16) 經幢은 불교의 경문(經文)을 새긴 돌 기둥. 역자 주.

17) 밖에서 대문 안이 들여다보이지 않도록 대문을 가린 벽. 역자 주.

18) 전설에서 "獂"은 어떤 것도 모두 먹어 삼키는 괴물로, 산림중의 금수와 초목을 먹어치운 후, 인간 세계에서는 금은진보를 먹어치우고, 여전히 만족하지 않고, 후에는 해변에서 또 떠오르는 태양을 먹어치우려고 하였으며, 결국에는 몸을 바다 밑으로 장사지내게 되었다.

19) 원서에도 풍루원조(風樓遠眺)라고 되어 있는데, 글의 문맥으로 보아 단봉루에서 멀리 보이는 아름다운 경치(丹鳳樓遠眺)인 봉루원조(鳳樓遠眺)의 오기(誤記)로 볼 수 있다. 역자 주.

라고 불렀다)내에 있었다. 상해에 성곽을 축조한 후에는 성루에 있는 만군대(萬軍臺)를 지칭하는 것이 되었다. 이 누각은 3층으로 되어 있는데, 단오(端午)때 지역사람들 대부분이 이 누각에 올라 용주(龍舟) 경기를 보곤 하였다. 현재 상해 8경중에서 "해천욱일"과 "야도겸가" 두 경치를 찾아 볼 수 없는 것을 제외하고 상해 6경(六景)과 역사상의 유적들이 또 다른 유명한 경치로 자리를 차지하고 있다.

　아름다운 자연환경에 더해 정교한 기술자들의 설계와 많은 군중들의 노동력 제공으로 황포강 모래밭과 오송 강변은 더욱 아름다운 자태를 뽐내게 되었다. 고대 상해지구에 물려내려 온 문물과 명승고적에는 아주 생생하게 시대적 내용을 각인해 놓았으며, 아울러 농후한 지역적 특색을 나타내고 있는데, 이러한 것은 역대 상해 사람들의 지혜와 창조 정신으로 실현될 수 있었던 것이다.

제4절 서방 침략자의 탐욕과 정탐

　중국의 자본주의 맹아가 봉건사회에서 서서히 성장할 때, 세계자본
주의는 상승단계에 있었다. 1830년대 이후 영국은 "세계의 공장"으로
유명하였다. 레닌이 지적하였듯이, "자본주의가 만약에 그 통치 범위
를 확대하지 않았다면, 새로운 지방을 개척하지 않고, 자본주의가 오
래된 국가를 세계경제의 소용돌이 속으로 끌어들이지 않았다면, 그것
은 존재할 수도 발전할 수도 없었다."[1]고 말하였다. 초과적인 이윤 추
구의 내재적 충동과 격렬한 경쟁의 외부적 압력으로 서방자본주의 국
가는 세계 각지로 그 세력의 확장을 꾀하였다. 광활한 영토, 많은 인
구, 풍부한 자원, 낙후된 경제에 있던 봉건주의의 중국은 서양 열강들
이 탐내는 대상이 되었다.

　봉건적이며 낙후한 청 정부는 엄격한 폐관 쇄국정책을 실행하였고,
장기적으로 자신들과 세계를 격리시키는 방법을 기도하였으며, 이로써
자신들의 통치에 대한 위협이 되는 것을 없애고자 하였다. 건륭 22년
(1757년) 이후, 청 정부는 연해(沿海)에서 오직 광주 한 곳만 외국 상
선과의 무역을 허락한다는 규정을 반포하였으며, 아울러 공행(公行)에
서 독단적으로 업무를 처리하도록 하였다. 중국 시장을 개방시키려는
서방 침략자들은 이러한 상황에 불만이 나날이 커져갔고, 영국은 통상
항구를 더욱 증가시키려는 노력을 기울였는데, 이는 통상항구를 확대
하여 대중국 무역과 아편 시장을 확대하고자 하였던 것이다. 이러한

---

1) 『列寧全集』, 제3권, p.545.

목적을 달성하기 위해 이 시기에 영국정부는 활동이 아주 빈번하였는데, 수차례 중국에 사신을 파견하여 청정부에 압력과 영향을 주어 정책에 대한 변화를 기도를 하였다.

일찍이 건륭 21년(1756년), 영국의 동인도 회사는 영국 정부에 중국 상해로의 진출을 권하였고, 상해에 진출하여 화북에 대한 통상의 전초기지로 삼으려 하였다. 몇 년 후 이 회사는 또 사람을 파견하여 상해 일대를 조사하고 중국 관리들의 의견을 타진해 보았다. 그러나 현재의 자료에 의거해서 보면, 당시 영국정부는 전혀 상해를 중시하지 않았다. 건륭 52년(1787년) 영국정부는 캐스케이드(Cascade, 卡斯卡特)를 중국에 파견하여 중국과의 무역 확대를 요구하였다. 영국정부는 그에게 명령을 내리기를 "만약에 중국 황제가 영국에게 어느 한 지역을 할양하는 것을 윤허한다면 지정하는 장소에 특별히 주의하도록……상등품의 중국차 생산지와 인접해야 하며 이것은 대략 북위 27도에서 30 사이이다."라고 언급하였다. 상해는 북위 30도 이북에 위치하고 있으므로 그 안에 들어있지 않았다. 캐스케이드는 중국에 오는 도중에 사망하여, 위에서 언급한 내용을 실현하지는 못하였다. 건륭 58년(1793년), 영국 정부는 매카트니(MaCartney, 馬嘎爾尼) 특사를 중국에 파견하여 영파(寧波), 주산(舟山)과 천진(天津)을 통상항구로 개항할 것을 요구하였으며, "주산(珠山 즉 舟山)지방과 인접한 작은 섬 한 곳을 얻기를 희망한다."는 의도를 밝히기도 하였다. 청 정부는 영국의 무리한 요구를 거절하며 말하기를, 청정은 영국의 무리한 요구에 대해 "천조(天朝)의 땅 한 평도 모두 국가에 귀속되어 있다. 어찌 외이(外夷)와 천조(天朝)와의 무역을 어찌 허락하겠는가, 또 영국 한 나라 뿐이 아니니, 다른 나라들도 뿔뿔이 와서 소란을 부리고, 각기 한 지역을 내어주면 다른 나라 판매자들이 그 지방에 거주하게 되니, 이러한 것을 어찌 받아들일 수 있겠는가?"[2]라고 하였다. 가경21년(1816년), 영국정부는 다시 암허스트(W. P. Amherst, 阿美士德)를 중국에 사신으로 파견하였으며, 그는 양국 정부 간의 직접적인 관계 건립을 요구하였다. 그러나 암허스트는 황제를 배알하지 못하고 북경에서 축출당하였으며, 이로써 중국의 대문을 열려는 영국의 노력은 다시 실패를 거듭하게 되었다. 위의 사실에서도 볼 수 있듯이, 당시 영국은 상해에 대한 이해가 결핍되어 있었으며, 몇 차례 상업 항구를 열려고 요구하였으나, 상해에 대해서는 개항장으로 언급하지도 않았었다.

영국은 청정의 거듭된 거절에도 불구하고, 중국 시장을 쟁취하려는 시도를 포기하지 않았다. 1830년에 신형 쾌속 비전선(飛剪船)이 인도의 캘커타에서 광주 사이의 시범 운행에 성공하였다. 이러한 쾌속 비전선의 등장으로 아편과 기타 상품을 운반, 판매하는데 아주 편리하게 되었다. 영국 자산계급은 더욱 조급해 하면서 중국의 문호를 개방하기 위해서는 영국정부에게 무력을 사용하여 그 목적을 달성할 것을 요구하였다. 이를 위해 영국은 먼저 중국 연해일대의 군사, 정치, 경제 등 각 방면의 상황에 대한 정찰 활동을 강화시켰다. 이 시기부터 상해가 영국인들의 관심을 끌게 되었다.

1831년 6월초, 중국어를 구사할 줄 아는 독일 선교사 구츨라프(C. Gutzalaff, 郭士立 또는 郭實臘)가 중국 상선을 타고 라오스에서 출발하여 중국 연해를 정찰하러 왔으며, 중도의 복건, 절강, 산동을 거쳐 천진에 이르렀다. 같은 해 12월에는 광동으로 돌아가 마카오에 도착하였다. 마카오 동인도 회사의 지배인은 구츨라프가 정찰한 보고를 듣고 나서 크게 격려하며, 다시 한 번 상세한 정찰을 시도할 것을 결정하였다.

1832년 2월 26일 동인도 회사 소속 "암허스트"(阿美士德)호인 아편선이 마카오를 출발하여 중국 연해의 중요 항구에 대한 정보 수집을 위해 항행하였다.

---

2) 『大淸高宗純皇帝實錄』, 권1435.

암허스트호는 사람들의 이목을 피하기 위해 아편을 싣지 않고, 다만 모피, 우사(羽紗), 면화, 양포 등의 화물을 싣고 인도를 출발하여 일본으로 가는 무역 상선으로 가장하였다. 배 전체에는 70여 명이 승선하고 있었는데, 그중 3사람이 중요 인물이었다. 한사람은 동인도회사의 고위급 직원 린쎄이(H. H. Lindsay, 林賽)로서 중국이름은 후시아미(胡夏米)라고도 불렸는데, 대외적으로는 선주 역을 맡았다. 이 사람은 아편 판매자로써 재산을 모은 후에는 그 재산을 항운업에 투자하고 경영하던 사람으로 "중국통"이었다. 두 번째 사람은 구츨라프(郭士立 또는 甲利라고도 함)로 통역 겸 의사라고 하여, 선교와 의술행위로 신분을 위장하였다. 세 번째는 선장 리쓰(禮士)로 수문 관찰, 하도(河道), 해만(海灣) 등을 측량하고 항해도를 그리는 책임을 맡았다. 항해 도중 린쎄이와 구츨라프는 여러 차례 육지에 올라 군사들의 정황을 살폈으며, 현지 관리의 외국인에 대한 태도를 관찰하였고, 아울러『영국인품국사략설』(英吉利國人品國事略說),[3] 『계도박』(戒賭博), 『계황언』(戒謊言) 등의 사기성적인 소책자들을 배포하였다. "암허스트"호는 마카오 남쪽, 하문(厦門), 복주(福州), 영파(寧波)를 거쳐 같은 해 6월 19일에 장강(長江) 입구에 다다랐다.

일찍이 "암허스트"호가 장강 입구에 도착하기 전, 청 정부는 이미 각지에 연락하여 그들의 입경을 금지하고 그들과의 무역을 허락하지 않았다. 6월 18일, 상해방면[4]에서 암허스트호가 절강(浙江) 일대에서 소란을 피운다는 소문을 듣고 병선(兵船)을 파견하여 포위하고, 고시문을 붙여 연해 주민들에게, "만약 서양 배를 만나면 즉시 관에 보고

---

3) 『英吉利國人品國事略說』즉 『人事略說』, 또는 『通商事略說』은 영국이 중국 침략을 위해 진행시킨 여론 준비 자료이다. 과거 사람들은 이것을 "영국인의 대중국선언"[英人對華宣言]이라고 하였는데, 일리 있는 말이었다.
4) 당시의 강소순무는 린쩌쉬(林則徐)였고, 소송진(蘇松鎭) 총병(總兵)은 관티앤페이(關天培)였으며, 소송 태병비도(太兵備道)는 우치타이(吳其泰)였다.

하여 몰아내게 하고, 그들 배와 화물을 교역하지 말 것"[5]이라고 알렸다. 그러나 밀무역에 익숙한 린쎄이와 구츨라프는 암허스트호가 중국 범선 항행을 뒤 쫓아서 운행하면서 몰래 항도를 측량하여 6월 21일에는 오송구(吳淞口)에 도달하였다. 그들은 오송 포대와 중국병선의 발포 경고를 무시한 채, 작은 배로 바뀌어 타고 황포강으로 들어 왔으며, 소동문(小東門) 밖의 천후궁(天后宮) 인근의 해안까지 이르렀다. 다음 날, 린쎄이와 구츨라프는 도대(道臺) 아문(衙門)으로 들어가 무역을 요구하였다. 상해 도대는 중국법률에 근거하여 그들이 요구하는 무리한 요구를 거절하였고, 그들에게 광주로 돌아가 무역을 하도록 명령하였다. 그들은 오히려 도대의 답신 중에 관인이 찍히지 않은 것과 아울러 "이국"(夷國)이라는 용어가 영국의 체면을 깎았다고 무리하게 주장하면서 돌아가지 않았다. 당황한 도대는 어떠한 조처도 취할 수 없었고, 오히려 경전을 이용하여 "이"(夷)자는 나쁜 말이 아니라고 설명하였다. 린쎄이와 구츨라프는 한편으로는 도대와 "이"(夷)자가 모욕적인 뜻이 있느냐 없느냐를 따지며 시간을 지연하였고, 다른 한편으로는 이러한 기회를 틈타 정보를 캐내고 항도(航道)를 측량하였다. 그들은 특히 상해 경제에 대한 정보에 주의를 기울였고, 작은 배로 오송 항구에 몰래 숨어들어가서 선박의 숫자를 조사하게 되었다. 그 결과 1주일 이내의 시간에 모두 4백 여 척의 크고 작은 배들이 100에서 4백 톤의 범선이 오송을 거쳐 상해로 왕래하는 것을 조사하였다. 이러한 배들은 천진, 요동, 복건, 대만, 광주 일대에서 왔으며, 일부는 월남, 라오스, 유구(琉球)에서 온 배들이었다. 그들은 비록 후에 알게 되었지만, 만약 이 계산으로 일 년 화물 운반량을 계산한다면, 상해항은 세계 주요 항구중의 하나라는 의미를 알게 되었다. 구츨라프는 구체적으로 지적하기를 "상해의 지리적 위치는 광주 다음으로 중요한 위치를 차지한다.

---

5) 許地山, 『達衷集』, 商務印書館, 1933年版, p.55.

그곳의 상업은 대단히 활발하다. 만약 유럽 상인들이 상해에 와서 교역하는 것이 허락된다면, 상해가 위치적으로 중요하다는 것을 더욱 느낄 것이다. 외국 상품이 상해에서 소모되는 소비량은 아주 많다. 이렇게 큰 상업 활동 구역이 사람들에게 홀시되었다는 것은 실제로 이해할 수 없는 일이다."6)고 지적하였다. 린쎄이는 동인도 회사에 보고한 보고서에서 말하기를, "이 지역이 외국인에게 자유무역이 허락된다면, 영국인에게 유리한 것은 계산을 할 수 없을 정도이다."7)라고 그 중요성을 언급하였다.

　이러한 정탐을 거쳐 린쎄이와 구츨라프는 상해가 대중국 무역을 확대할 수 있는 가장 좋은 항구일 뿐만 아니라, 이 항구를 개방하는 것은 완전히 가능하다고 확신하였다. 6월 30일, 그들 두 사람은 기독교의 작은 책자를 가지고, 오송 포대로 들어가 포대의 구조와 무기 장비, 병력 및 사기, 관병(官兵) 관계등 상세한 군사정보를 수집하였다. 군인들의 저지를 받았을 때에는 소책자를 주면서 선교를 사칭하면서 사람들의 이목을 피했다. 정찰을 한 후, 그곳에 대해 다음과 같이 말하고 있다. 포대 일좌(一座)가 있는데, 대단한 큰 구조를 갖추고 있다. 청병은 최대의 노력으로 병력배치가 되어 있다. 그러나 가장 정예부대도 공격하면 격파할 수 있다. 왜냐하면 그들은 포대 건축에 대한 기술을 알지 못하였으므로, 전부 포대와 성벽의 두께에 의존했기 때문이다. 화약의 질량이 저급하였으며, 포의 보존 상태나 사용은 극히 불량하였고, 점화구는 너무 넓었으며 제조한 것은 비율이 맞지 않았다. 이러한 포로 포수들이 적을 조준하는 데에는 그 자신들의 생명이 위협당하는 위험을 무릅쓰게 되었다. 병영 안에는 벽에 활이 걸려 있었고, 화살은 건너편 해안에 있어, 무기들이 정교하게 놓여 있지 않았다. 일부 사병

---

6)　南木,『鴉片戰爭以前英船阿美士德號在中國沿海的偵察活動』은 列島의『鴉片戰爭史論文專集』, 三聯書店 1958年版, p.110.에서 인용.

7)　『中國人民保衛海疆鬪爭史』, 北京出版社, 1979年版, p.64에서 인용.

은 큰 칼을 가지고 있었고, 그 나머지는 화승창(火繩槍)을 가지고 있었으며, 일부는 방패를 지니고 있었다. 이외에 대부분의 군관들은 군사교육을 제대로 받지 않은 사람들로 단지 부대에서 진급한 사람들이었다. 그들의 월급은 아주 적었고, 수입이 아주 적었으므로 사람들은 그들의 지위를 조금도 부러워하지 않았다. 많은 고관들은 모두 만주족이었고, 아주 많은 월급을 받았고, 일부는 문인과도 같은 대우를 받았다. 중국에 이러한 평화국면이 계속된다면, 그들의 관직은 단지 한가한 직분[閑差使]에 불과하였다.8) 일부 중국 군관은 그들에게 5백 여 명의 청군 검열에 참관을 허락하여, 그들의 무기 및 장비 모두를 조사하며 볼 수 있었다. 그들은 검열 참관 후, "대부분의 사람들은 칼 한 자루와 등나무 방패를 하나씩 가지고 있었는데, 칼은 아주 불량하여 쇳조각에 불과하였다. 창은 일반적으로는 아주 더러웠고 창끝이 아주 낡아 부식되어 있었다."고 말하면서 그들은 결론적으로 청정부의 "실제 군사력과 책에서 말하고 있는 군사력은 아주 크게 달랐다.", "오직 50여 명의 의지가 있고 훈련이 잘 된 사병 혹은 이러한 숫자보다도 적은 숫자로도 이 5백 명의 군대를 철저하게 소멸시킬 수 있다."9)고 언급하였다. 그들은 암허스트호가 쉽고 순조롭게 상해로 들어간다면 청정부가 대단히 무능하다는 것을 알 수 있다고 하였다. 구츨라프도 후에 말하기를, "이곳의 전체 해군 함대가 영국 선박 한 척을 막을 수 없었다는 것은 정말 놀라운 일이다."10)라고 회상하였다.

　암허스트호가 상해에 19일째 머무르던 날, 그 허와 실을 알게 되었고, 7월 8일에는 산동으로 항행하여 갔다. 그 다음에는 조선, 유구를 거쳐 9월 5일에는 마카오로 돌아갔다. 오래되지 않아 구츨라프는 미국

---

8)　郭士立, 『中國沿海三次航行記』는 顧長聲, 『傳敎士與近代中國』, 上海人民出版社, 1981年版, pp.30~31에서 인용.
9)　南木, 『鴉片戰爭以前英船阿美士德號在中國沿海的偵察活動』.
10)　C. Gutzlaff, A Sketch of Chinese History, London, 1834, vol.2, p.406

비전선(飛剪船)인 "기정"(氣精)호를 타고 다시 중국연해에 도착하여 간첩행위를 지속하게 되었다. 1832년 상해에 도착하여 10일간 머물면서 계속 정찰활동을 하였고, 1835년에는 영국 선교사인 메드허스트(W. H. Medhurst, 麥都思) 역시 상해에 도착하여 정탐을 하였다.

린쎄이와 구즐라프가 영국으로 돌아가서 상해가 대외무역 방면에 있어서 중요한 이유를 선전하고, 중국에 대해서 무력 침략할 것을 권고하였다. 1835년 7월 24일, 린쎄이는 영국 외교대신 팔머슨(Henry John Temple Lord Palmerston, 巴麥尊, 1784~1865)에게 편지를 보내, "영국은 마땅히 과거에 손해를 당한 것에 대해서 무력을 사용하여 보상을 받고, 장래에 대해서도 보장을 받아야 된다."고 하며 무력사용의 필요성을 언급하였다. 그가 보기에 "합당한 책략을 써서 힘 있게 행동을 취한다면, 적은 해군 군함만으로도 만사가 족할 것이다."라고 생각하였다. 린쎄이는 구체적인 작전계획을 제출하였는데, 그 내용은 청정부를 압박하여 무력으로 굴복시키기 위해 "한 척의 주력 함대를 포함해서 두 척의 대형 순양함, 여섯 척의 3등 군함, 3,4척의 무장 윤선(輪船)이 필요하고, 군함에는 육상부대 약 6백 여 명으로 포병부대를 위주로 파견한다."고 하면서, 구체적인 작전을 다음과 같이 말하고 있다. "중국측의 항거가 시작되면, 단순하게 연해를 봉쇄하고, 광주, 하문, 상해, 천진 4곳의 주요 항구 부근에 각기 소형 함대를 배치시킨다.", "가장 유리한 행동 시간은 2월에 말래카 해협에 함대를 집중시키고, 계절풍이 불면 북상하여 중국해로 이동시키며, 4월 중이 가장 행동에 옮기기 좋은 때이다."[11]라고 언급하였다. 구즐라프는 또 "쇠락하고 두려운 중국 정부에 두려움을 갖지 않고 협상의 방법을 채택한다면, 하나도 얻지 못한 것이 없을 것이다. 크고 작은 1천 여 척의 배로 이루어진 중국의 함대는 영국 전함 하나도 막아낼 수가 없다."[12]고 강

---

11) 英國外交部檔案은 『鴉片戰爭史論文專集』, pp.39~41에서 인용.

경하게 말하였다.

역사가 증명하기를 "암허스트"호의 간첩활동과 린쎄이, 구츨라프의 헌책(獻策)은 영국이 이후 행동을 취하는 데 상당히 중요한 영향을 미쳤다. 그들의 정보에 근거하여, 영국의 자산계급 특히 아편판매자들은 영국정부에 상해 등지를 공격할 것을 요구하였으며, 무력을 사용해서라도 그들은 아편과 그들의 상품의 판로를 개척하고자 하였다. 1839년 "런던 동인도와 중국협회"는 외교대신 팔머슨에게 제의한 내용에는 중국이 개방하는 항구는 차, 비단, 면포 생산지와 가까운 곳의 항구를 개방하도록 할 것을 요구하였고, 아울러 영국의 나일론, 포필(布匹), 우사(羽紗)를 팔 수 있는 북위 29~32도 사이의 지역을 채택하도록 원하였는데,[13] 이러한 조건에는 상해(上海), 영파(寧波)를 포함한 장강(長江)입구 지역과 항주만(抗州灣) 지구도 포함되어 있었다. 대규모 아편상 쟈뎅(W. Jardine, 査頓)은 더욱 구체적으로 건의하기를, 하문, 복주, 영파, 상해의 항구를 개항시킬 것을 요구하였다. 뿐만 아니라 4년 전 린쎄이가 언급한 작전계획의 기초위에, 진일보하여 백하구(白河口)를 봉쇄하여 북경을 위협하는 작전 계획을 세웠다. 이러한 건의의 기본적인 구조는 1840년 영국이 아편전쟁을 일으킬 때의 제정한 작전계획의 청사진이 되었다.

12) C. Gutzlaff, A Sketch of Chinese History, London, 1834, vol.2, p.410.
13) 中國史學會, 『鴉片戰爭』, 第2冊, 上海人民出版社, 1957年版, p.654.

제2장
외국 조계의 서막

제1절 상해의 영국과의 전쟁

1840년 6월 영국정부는 아편무역을 보호하기 위하여 청을 침입하는 제1차 아편전쟁을 시작하였다. 청 정부는 투항파의 동요와 부패 무능으로 인하여 전쟁개시 후 아주 불리한 입장에 놓이게 되었다. 1841년 영국 침략군은 먼저 하문(夏門), 정해(定海), 영파(寧波) 등지를 점령하였다. 1842년 상반기에 영국군은 자계(慈溪)를 공격하여 함락시키고, 사포(乍浦)를 공격하였으나 곧 포기하고 북상하여 장강(長江)의 대문인 상해로 진출하였다.

영국침략자는 전쟁 시작 때, 중국의 천진과 북경을 직접 공격하여 청 정부가 항복하도록 압력을 넣을 계획을 세웠다. 그러나 그들은 아주 빠르게 인식하기를 제한된 숫자의 육군으로 내지를 침략하여 대국의 도성을 탈취하기란 곤란하다는 것을 인식하였고, 전략상 불리하다고 생각하여 원래의 계획을 변경하고, 해군력을 장강에 투입시켰다. "우리들은 장강 연해를 따라 청의 심장 지역인 강소, 안휘 심지어는 하남 그리고 남경을 점령하고 오송강과 가장 중요한 대운하를 공격하고 다시 소주부의 재부(財富)를 차지하여 그곳에 철과 석탄을 채취하고, 사포(乍浦)와 상해를 점령하여 전국 주요를 항도를 장악한다면 우리들은 청나라 공업의 주요부분을 장악하는 것이 된다."고 인식하게 되었다. 예를 들면 항주부(抗州府)의 비단, 경덕진(景德鎭)의 도자기 등등…이렇게 되면, "북경은 자연히 우리 주머니 안에 있는 물건이나 다름없다."[1]고 생각하였다. 또 한편으로는 영국군은 이전에 선교사들이 제공한 정보를 통하여 얻은 내용으로, 청 정부가 영국 측에 영파

(寧波)와 사포(乍浦)에서 발표한 "천진으로 가서 강화조약을 체결하면, 국왕의 지시를 받들어 처리할 것이다."고 포고한 내용을 믿고 그대로 방어할 것이라고 파악하였다. 청 정부는 이러한 포고 내용을 근거로 북경성을 적군의 진격목표로 삼았을 것이라고 파악하였으므로 대고(大沽) 입구를 집중적으로 방어하였으며, 이러한 것을 미리 파악하고 있던 영국군은 청의 허를 찌를 수 있었다. 이것은 영국군이 장강을 침범할 기회를 주었으며, 영국군은 상해 상황에 대해 아주 잘 알고 있던 구츨라프의 인도와 협조 하에 1842년 6월 13일 영국 해군과 육군 7천 여 명이 해군사령 파커(W. Parker, 巴加)와 육군사령 고우프(H. Gough, 郭富)의 지휘 하에 30여 척의 군함에 분승하여 오송강 입구(吳淞口) 쪽으로 진입하였다.

영국군은 장강에 진입하기 위해서는 반드시 오송구(吳淞口)를 격파하여야만 하였다. 이 오송구는 장강을 보호하는 중요한 관문이자 진지였다.

1840년 7월 정해(定海)가 제일 먼저 영국군에 함락되자, 복건에서 대영항쟁에 참가하였던 천화청(陳化成)은 청조정의 명령을 받들어 하문(厦門)에서 송강(松江)으로 이동해 와서 강남제독에 임명되었고, 상해와 오송구의 해방(海防)업무를 담당하게 되었다. 그는 임명된 지 7일째 되던 날, 오송구에 도착하여 폭풍과 추위, 더위를 가리지 않고 천막에서 거주하면서 사병들과 어려움을 함께하였다.2) 양강 총독 위치앤(裕謙)의 지지 아래 교전준비를 착실히 진행시켰다.

천화청(陳化成)은 친히 경험을 통해 "해상 방어는 포력(砲力)에 의존한다."고 인식하였으며, 그렇기 때문에 그는 전체 방어 중에서 대포

---

1) 利洛, 『英軍在華作戰末期記事－揚子江戰役及南京條約』, 『鴉片戰爭時期英軍在長江中下游的侵略罪行』(이하 『英軍侵略罪行』이라고 하겠다.) 上海人民出版社, 1958年版.

2) 夏燮, 『中西紀事』, 卷8.

의 주조와 기술상의 개선을 중시하였다. 그는 상해성(上海城) 내에 주
포국(鑄砲局)과 화약국을 세웠으며,3) 호북(湖北) 등지로 사람을 파견
하여 대포와 포탄을 주조할 수 있는 "정제된 철"(精鐵)을 구매하도록
시켰다. 전후 영국군 중위 무루이(穆瑞)가 말하기를, "대포는 모두 아
주 좋았다.", "대부분의 포는 모두 포차 위에 장착되어 있었으며, 특별
한 목재의 재질로 만들어져서 조준하기에 아주 좋았다. 포신 위에 조
준장치가 붙어 있었는데, 이것은 청나라 사람이 이러한 물건의 장치를
연구 개발한 것으로 아주 교묘한 설계였다.4) 포탄으로 말할 것 같으면
무게는 6파운드 정도였고, 드물게 무게가 더 나가는 24파운드짜리도
있었다. 천화청은 또 오송구에 16척의 병선을 집결시켜 함대를 구축하
였으며, 그중 몇 척은 명륜선(明輪船)이었는데, 매 시 3해리 반을 항해
할 수 있었으며, 이러한 배들은 큰 화승총을 탑재한 것 이외에 두 문
에서 세 문의 막 제조된 구리로 만든 대포(銅質大炮)를 장착하기도 하
였으며, 이외에 일부 화승창(火繩槍), 긴 방패와 큰 칼도 있었다."고 언
급하였다.5)

침략자들의 침입에 항거하기 위해서 천화청은 세 방면의 방어선을
구축하였다. 첫 번째 방어선은 오송구 양안(兩岸)이었고, 두 번째 방어
선은 강만(江灣)의 동구(東溝) 양안이었으며, 세 번째 방어선은 상해성
북쪽의 오송강 입구와 육가취(六家嘴)이었다. 세 곳의 방어선 모두에
각종 대포 5백문을 배치하였으며, 견고한 포대를 구축하였다. 오송구
는 지세가 험난하여 특별히 양쪽의 귀퉁이에 동서로 두 포대를 구축하
여 대포 250여 문을 안치하였으며, 바깥 둘레에는 흙으로 보를 쌓았

---

3) 화약국(火藥局)은 적곡창(積穀倉)에 설립하였는데, 바로 노향원(露香園)의 옛
   터(舊址)였다. 1842년 4월, 45,000근의 화약을 보관하였는데, 화약국이 돌연
   폭발하였으므로 이것은 당시의 교전준비에 있어 아주 큰 손실이었다.
4) 穆瑞, 『在華戰役記』, 『英軍侵略罪行』 참조.
5) 柏納德, 『"復仇神"號輪船航行作戰記』, 『英軍侵略罪行』 참조.

고, 포대 앞에는 나무 말뚝을 세워 적의 갑작스러운 상륙을 저지하게
하였다. 이러한 방어체계의 건립은 천화청이 상해를 보위하려는 결심
이 아주 대단하였다는 것을 설명하고 있다. 양강총독 니우지앤(牛鑑)
은 보산해구(寶山海口)의 교전 준비상황을 보고하기를, "천화청의 마
음이 금석(金石)과도 같아서 목숨을 바칠 준비가 되어 있다.", "편재
포진이 아주 정밀하여 반드시 필승을 기대할 수 있다."[6]고 하였다.

　1842년 5월, 상해가 아주 위급해졌다. 니우지앤(牛鑑)은 명령을 받
들어 외성과 본성의 병력을 이동하여 상해 방어에 배치하였고, 7,000
명의 병사로 6개의 작전 단위가 조직되었다. 제독(提督) 천화청은 병
력을 이끌고 송강(松江) 본표(本標) 5영 군사 500명 및 태호영(太湖營)
병사 300명으로 서쪽의 포대를 방어하였다. 소송총병(蘇松總兵) 쪼우
쓰롱(周世榮)은 유격대인 왕펑시앙(王鳳翔)으로 하여금 동쪽 포대를
고수하게 하였다. 총독 니우지앤(牛鑑)은 율양(溧陽), 안휘, 하남 지역
의 병사들을 보산(寶山) 성내로 이동시켰으며, 서주참장(徐州參將) 왕
쯔위앤(王志元)과 천사영참장(川沙營參將) 추이지뤼(崔吉瑞)를 보산(寶
山) 성 밖의 소사배(少沙背)에 주둔하게 하여, 이로써 적군의 측면 습
격을 방어하게 시켰다. 양주참장(揚州參將) 지룬(繼倫)과 우영(右營)
유격담당 펑야오주(封耀祖)로 하여금 동구(東溝)입구와 상해성을 방어
하도록 하였다. 수사(水師) 함선 16척은 황포강에서 방어를 맡았다. 만
약 이러한 방어 부서 간에 서로 긴밀하게 협조하고 전력으로 합심한다
면, 형세는 비교적 유리할 것이라 판단하였다. 그러나 청정부의 투항
파 일원인 양강총독 니우지앤(牛鑑)은 일찍이 양위장군(揚威將軍) 이
징(奕經)을 파견하여 영국에 대해 "일시적으로 순종하게 하라."는 밀
령을 내렸고, 이 방침은 기회를 보아 타협하라는 것이었으므로 교전
준비는 쓸모가 없게 되었다. 군사 배치로 볼 때, 형세가 아주 험난한

---

　6) 『淸史列傳』 卷38, 『陳化成傳』.

소사배(小沙背)쪽은 숭명(崇明)에서 오송구(吳淞口)로 향하는 관문이었
으나, 영파(寧波)에서 패퇴하여 온 패장 왕쯔위앤(王志元)이 주둔하고
있었다. 이러한 모든 것들은 상해의 항영(영국에 대항하는) 항쟁에 대
한 실패의 씨앗이 되었다.

영국함대는 함대가 오송구 밖 강에 도착하면서, 오송구, 보산(寶山),
상해 현성 진격에 대한 계획에 착수하였다. "왓슨(Watson, 華生) 함장
은 '모디스트'(Mo-deste, 摩底士底)호에 승선하였고, 튜터(都德) 해군
소위의 '보루오뚜오'(伯魯多)호가 그 주위에서 협조를 하였으며, 며칠
간의 시간을 보낸 후, 항행 노선을 찾아내었다."7) 이때, 니우지앤(牛
鑒)은 청군에게 영국군의 동향만을 감시하라는 명령을 내리고 발포와
공격 명령은 내리지 않았으므로 영국군은 청군의 코앞에서 항로를 측
량하는 업무를 순리적으로 완성하게 되었다. 15일, 니우지앤(牛鑒)은
예물을 영국 장군에게 보냈으나 거절당하였고, 이러한 것의 응답으로
다음날 영국군의 진공 포성이 울리게 되었다.

6월 16일 새벽, 영국군은 윤선으로 전함을 끌어 공격진지로 들어오
게 하였으며, "콘월리스"(Cornwallis, 康華麗)호8) 등이 정박한 곳은 포
대 앞면이었다. "모디스트"(Mo-deste, 摩底士底)호 등은 오송(吳淞)을
진공하였으며, "시쏠트리스"(Sesortris, 西苹斯梯斯)호는 동쪽 포대를
공격하려고 향하였으며, "복수신"(復讐神)은 오송(吳淞) 이남의 중국
함대를 향하여 진격하였다. 오송(吳淞)을 접령하고 사수하려는 전투가

---

7) 柏納德, 『"復讐神"號輪船航行作戰記』, 『英軍侵略罪行』 참조.
8) "콘월리스"(Cornwallis, 康華麗)호는 영국해군 "복수"급 순양함으로 당시 영
   국해군의 제3등 군함이었다. 1809년 3월 인도에서 건조되었고, 1812년 1월
   16일에 진수되었다. 이 배의 표준 배수량은 1751톤으로 이중 갑판으로 길이
   는 176피트, 넓이는 47.6피트, 72문의 포를 적재하고 시속 8노트로 600여 명
   을 승선할 수 있다. 이 군함은 건조후, 인도주둔 영국 해군에 편입되었으며,
   당시 영국해군의 유명한 장군인 윌리암 콘월리스의 이름을 따 "윌리스"라 명
   명하게 되었다. 예전에는 중국어로 "皐華麗"号라고도 불렸다. 역자 주.

전면적으로 전개되었다. 천화청(陳化成)은 응전하였으며, 서쪽 포대에서는 포수를 지휘하여 맹렬하게 "콘월리스"호를 포격하자, 이 군함은 비록 군함 주위를 다른 전함이 모두 호위하고 있었으나, 여러 차례 배에 포탄을 맞았고, 선박의 끝 부분에 3발의 포탄을 맞았다. 영국 군함 "브라운"(Brown, 布朗底)호, "시쏠트리스"호 등도 계속 피격되었다. 격전 2시간 후, 영국군들은 좌절하여 감히 서쪽 포대를 공격하지 못하고, 위기를 피할 계략을 세우기 위해, 남색 깃발을 내걸었는데, 이것은 병사를 거둔다는 뜻으로 정전을 표시하는 것이었다. 당시 쌍방이 격전할 때, 니우지앤(牛鑒) 총독은 군대를 철수할 것을 명령하였으나, 군문(軍門은 천화청을 지칭함)에서는 듣지 않고, 엎드려 간곡히 청원하면서, 결국은 움직이지 않았다.[9]고 하였다. 후에 들리는 말은 천화청은 싸우다 상처를 입었고, 적지 않은 적함을 격침시켰고, 니우지앤(牛鑒)은 공을 세우기 위하여 의장대를 앞세우고 가마를 타고 오송으로 들어갔다고 하였다. 보산(寶山) 성 밖의 대교장(大校場)에 도착하자마자, 적의 함대가 아주 멀리 있었으나, 발포 소리에 니우지앤(牛鑒)은 아주 놀라 가마도 버려둔 채 사병들 속으로 숨어 들어가 가정(嘉定) 방향으로 도주하였다. 니우지앤(牛鑒)의 도주는 전체 형국에 상당한 영향을 미쳤는데, 쪼우쓰롱(周世榮), 추이지뤼(崔吉瑞)와 왕쯔위앤(王志元) 등의 부대도 모두 달아났다. 영국군은 이러한 기회를 틈타 오송 포대를 향해 재차 공격하였다. 포격의 엄호아래, 고우프(H. Gough, 郭富)가 육전대를 이끌고 서쪽 포대의 배후를 공격하며, 보산(寶山) 소사(小沙) 뒤로 상륙할 수 있었다. 중국 함대는 두 척의 병선을 철수시킨 것 이외에, 나머지는 모두 포로로 잡혔다. 이와 동시에 "보루오뚜오"(伯魯多)호 등이 조직한 영국의 신속한 함대는 온조빈(蘊藻浜)으로 상륙하여 돌아서 측면을 공격하였고, 이로써 서쪽 포대는 삼면에서 공격을

---

9) 袁陶愚, 『壬寅聞見紀略』.

받게 되었다. 천화청(陳化成)의 부대는 고립되어 작전을 수행하는데 어려움을 겪게 되었다.

67세의 노장 천화청(陳化成)은 죽기를 각오하고 고군분투하며 병사들을 격려하며 말하기를, "무신(武臣)이 국가를 보호하고 우리 영토를 지키다 죽는다면 그것은 행복이다."[10]라고 하였다. 장군과 사병이 분전하여 적 화약을 실은 큰 군함 1척을 격퇴시켰으며, 또 코끼리 코와 같이 앞쪽으로 나와 있는 돛대를 갖추고 있던 병선 3척을 격침시켰으며, 모두 300여 명의 영국군을 사살하였다.[11] 오송에서는 꽁쩡링(龔增齡)이 적을 사살하였으나, 포로가 된 후에도 영국에 굴복하지 않자, 나무판자에 몸이 못 박힌 채로 물속에 던져졌다. 방어를 담당했던 웨이인푸(衛印福), 치앤총(千總) 치앤찐위(錢金玉), 쉬판꾸이(許攀桂), 와이웨이(外委), 쉬따화(徐大華) 등은 모두 포대에서 전사하였다. 제독서(提督署)의 당관(堂官) 쉬린(許林)은 병사들을 이끌고 적들과의 육박전 중에 희생되었다. 당시 참전한 영국군 장령들 역시 부득불 승인한 것은 "중국의 사병들이 그렇게 완강한 투지와 결심으로 그들의 진지를 방어하는 것을 보면 어떠한 것도 중국 사병의 용맹함에 비할 수 없었으며, 그들을 존중하지 않을 수 없었다."[12]고 당시 상황을 설명하였다.

천화청(陳化成)은 친히 탄알을 장전하고 발포하였으며, 여러 곳을 부상당하여 피가 옷소매에 까지 묻어났으나, 여전히 붉은 깃발을 잡고 작전을 지휘하였다. 영국 군관 커닌션(Cunynshonme, 康寧加木)이 당시의 상황을 회상하며 말하기를, "그중 한 사람이 특별히 나의 주의를 끌었는데, 보기에도 높은 직위에 있던 사람이라는 것을 쉽게 알 수 있었다. 그는 수하의 병사들을 격려하였고, 그의 활약이 아주 돋보였다.

10) 袁翼, 『江南提督陳忠愍公殉節略』, 『鴉片戰爭』, 第6冊 참조.
11) 영국측의 기록에 의하면 영국군의 사상자는 20여 명에 이른다고 하였다. 『英軍侵掠罪行』, pp.55, 181.
12) 柏納德, 『"復讐神"號輪船航行作戰記』, 『英軍侵略罪行』 참조.

우리들은 그가 쓴 모자의 정자(頂子) 색깔이 무엇이었는지 몰랐다. 왜
냐하면 그는 치명적인 부상을 입자, 자신이 쓰고 있던 모자의 깃을 떼
어 내서 깊은 물속으로 버렸기 때문이었다."13)라고 하였다. 천화청(陳
化成)은 부상이 심해져 결국 장렬하게 숨을 거두었다.14)

　영국군은 적지 않은 대가를 지불하고서야 비로소 오송 포대를 점령
할 수 있었다. 영국군관에 의하면, "대규모의 대포를 빼앗은 것 이외에
방어벽 안쪽에서 발견된 중국 병사의 시신은 30구가 채 되지 않았다.
오송 후방은 황무지로서 오로지 부상 당한 병사만이 그들의 동료에 의
해 실려 갔으며, 우리들의 생각에 이것이 가장 많이 죽은 적군의 숫자
였다."15)라고 회상하였다.

　영국군은 오송(吳淞), 보산(寶山)을 점령한 후 병력을 두 길로 나누
었는데, 한 길은 몽고메리(Montgomery, 蒙哥馬利) 중위가 이끄는 2
천 명의 육전대로서 상해현성으로 진격하기 위해 강만(江灣)을 거쳐
북문(北門)을 압박하였다. 다른 한 길은 파커(W. Parker, 巴加), 고프
(H.Gough, 郭富)가 인솔한 10여 척의 군함으로 황포강을 거슬러 올라
가 제3차 방어선을 돌파할 때 청군의 포격을 맞았다. 그러나 오래지않
아 상해 강상에 도달하였으며, 십육포(十六鋪) 부근의 강안에 정박하
게 되었다.

　오송이 점령당했다는 소식이 전해지자, 성내의 관리들은 대 혼란을
가져왔다. 영토를 보호해야 할 책임을 지고 있던 소송태도(蘇松太道)
우이시(巫宜禩)와 상해 지현(知縣) 리우꽝또우(劉光鬪)는 일찍이 오송

---

13) lanning and Couling, The History of Shanghai, Kelly & walsh, 1921, p.266.
14) 천화청(陳化成)의 유체(遺體)는 무진사(武進士) 뤼우꿔퍄오(劉國標)가 포대
　　의 갈대(芦葦)에 숨겨놓았다. 후에 보산(寶山) 사민(士民)이 운반하여 가정(嘉
　　定)에서 장례를 치렀다. 상해 인민은 이 민족영웅을 기념하기 위해, 그의 동상
　　을 성황묘(城隍廟)내에 세워 후대 사람들의 칭송을 받게 하였다.
15) 奧特隆尼, 『對華作戰記』, 『英軍侵略罪行』 참조.

(吳淞)이 함락되던 날 밤에 선후로 송강(松江)으로 도주하였다. 제3방
어선인 오송강 일대를 지키던 우영(右營) 유격대 평야오주(封耀祖)는
부대를 이끌고 영국군을 포격하였으나 퇴격하여 성내로 들어왔고, 주
민 대부분을 엄호 하에 이주시킨 후 현성에서 철수하였다. 6월 19일
영국군은 북문(北門)을 통해 성으로 들어왔고, 3개 사단이 성황묘에
주둔하였고, 그 나머지는 민간들의 건물을 강점하여 주둔하였다. 파커,
고프는 구곡교(九曲橋) 호반의 호심정(湖心亭) 내에 영국군 사령부를
설치하였다.

　영국군은 상해를 점령한 후, 상해 사람들에 대해 잔혹한 학살과 약
탈은 진행시켰다. 그들은 도처에서 중국 사병을 찾아내 도살하였을 뿐
만 아니라, 도사(道士)와 승려까지도 이러한 학살을 면하지 못하였다.
그들은 또 현상금 5천원을 내걸고, 천화청(陳化成)의 시신을 찾으려하
였다. 많은 부녀자들은 영국군에게 유린당하는 것을 두려워하여 강으
로 투신자살하는 사람이 부지기수였다. 당시 사람의 기록에 의하면
"현서(縣署) 뒤쪽에는 영국인들이 참수한 사람들의 시체가 산더미처럼
쌓였는데, 시체가 마치 석탄을 쌓아 놓은 것처럼 보였으며, 시체 썩어
가는 냄새가 코를 찔렀다."[16]고 하였다. 영국군의 약탈행위 역시 사람
들에 의해 지적되었는데, "거리에서 만나는 사람들을 어떤 구실을 써
서라도 협박하여 약탈하였는데, 육문(六門)이 가장 심하였다. 약탈품으
로는 금은보석이 가장 많았으며, 그 다음이 금전과 의복이었다. 의복
은 새 것만을 빼앗았으며, 그 다음으로는 음식물이었다."[17]고 하였다.
"추장 구츨라프(郭某는 郭士立를 지칭함 - 편자 주)는 읍묘(邑廟)의 후
원에 거주하면서, 소, 양, 닭, 오리 등을 찾아내어 주식으로 하였는데,
이러한 음식을 바치려면 통행증(護照)이 있어야 하였는데 서양 병사들

---

16) 曹晟, 『夷患備嘗記』, 『事略附記』 참조.
17) 同上.

은 관여치 않았고, 이들은 성 안 밖의 빈 집은 모두 불살랐다."18)고
하였다. 영국 병사들은 점포에서 약탈한 비단으로 장포(長袍)를 만들
어 입었으며, 각종 진귀한 물건으로 장식을 하는 등 거리의 무법자가
되었다. 성황묘(城隍廟)의 영국군 사령부 군관들은 아주 귀한 가죽으
로 장포(長袍)를 만들어 둘렀으며, 손에는 각종 정교하게 수놓은 부채
로 불을 지폈다. 강위에 정박해 있던 수백 척의 상선 역시 영국군에
의해 약탈되었다. 그들은 또 교묘한 명목으로 사람들을 위협하여 각종
음식물을 내놓게 하였다. 상해 사람들은 말 못할 고통을 받았다. 당시
사람들의 기록에 의하면, "서양인들이 성내로 들어왔고, 상해사람들은
대규모로 다른 곳으로 이주하기 시작하였으며, 가업(家業)은 사라졌고,
많은 사람이 빈곤과 고통으로 사망하였으며, 대규모로 재부(財富)를
약탈당하였다. 지식이 있는 사람들은 모두 복수의 이를 갈았다."19)고
전하고 있다. 상해와 강에 인접해 살던 사람들은 용감하게 영국 침략
자들에게 대항하였는데, 근거에 의하면 "오랑캐가 보산, 상해를 함락
한 후, 배를 타고 다시 내지로 들어갈 때, 강 주변의 사민(士民)들에
의해 죽은 사람이 적지 않았다."20)고 하였다.

영국군이 상해를 점령한 목적은 장강(長江 즉 揚子江)의 문호를 열
어 내지를 침범하고자 하는 것이었다. 그러므로 그들은 상해를 점령한
후 더욱 많은 정보를 수집하였으며, 소주(蘇州) 지역으로 가는 도로를
정찰하기 시작하였다. 6월20일과 21일, 영국군은 오송강의 양측에 있
는 송강(松江)을 침범하였으나, 청군의 저항에 의해 물러나게 되었다.
이후 그들은 다시 배를 몰아 선박의 항로를 정탐하고 내하(內河)로 소
주, 남경을 점령하려고 기도하였으나, 소주, 무석 등지의 청군에 의해
축출 당하였다. 영국군은 전쟁을 오래 끄는 것을 피하기 위해, 장강을

18) 同治朝, 『上海縣誌』.
19) 曹晟, 『夷患備嘗記』, 『事略附記』 참조.
20) 夏燮, 『中西記事』, 卷24.

따라 진강(鎭江)과 남경으로 진공할 것을 결정하였다.

6월 23일, 영국군이 상해에서 퇴거하였고, 남아 있는 일부 군함은 오송구 밖을 봉쇄한 것 이외에 대부분의 군함은 강을 따라 거슬러 올라갔다. 8월 5일에는 남경 하관(下關)에 도착하였다. 이때에는 투항파가 완전히 청 조정을 장악하고 있었으므로 영국에 굴욕적인 화의할 것을 결정하였다. 8월 29일, 청의 흠차대신 치잉(耆英), 이리뿌(伊里布)와 영국대표 포틴져(H.Pottinger, 璞鼎査)는 "콘월리스"(Cornwallis, 康華麗)호 군함 함상에서 중국근대사상 최초의 불평등조약인 『중영강녕조약』(中英江寧條約, 즉 『南京條約』)을 체결하였다. 오송구의 영국군은 청 정부가 50만량의 배상금을 지불하는 것으로 봉쇄를 풀고 철수하였다.

『남경조약』(南京條約)에서 광주(廣州), 복주(福州), 하문(厦門), 영파(寧波)와 상해(上海) 다섯 곳을 통상항구로 개항하기로 하였다. 이때부터 상해는 정상발전의 궤도에서 벗어났으며, 외국 침략자들이 직접 식민 통치를 하는 약 1세기 동안의 굴욕과 고난의 상해 역사가 시작되었다.

제2절 『토지장정』(土地章程)과
최초의 외국 조계 출현

아편전쟁이후 중국사회는 두 종류의 모순 즉, 제국주의와 중화 민족
의 모순 그리고 봉건주위와 인민대중의 모순이 서로 교차되면서 발전
하였다. 이 두 종류의 모순과 투쟁은 정치, 경제, 사상, 문화, 군사 등
각 방면에 침투되었다. 상해는 서방 침략자들의 압박에 의해 통상항구
로 개항되던 1843년부터 1949년까지 새로운 100년간의 역사를 갖게
되었고, 이 시기 중국 사회발전의 특징을 고스란히 반영하고 있으며,
중국 근대사회의 하나의 축소판이 되었다.

상해의 대외 통상항구로서의 근거는 불평등한 『남경조약』을 근거로
하고 있다. 이 조약의 제2조 규정에 의하면 "이후부터 황제가 영국 인
민들에게 은혜를 베풀어 그 가족들을 데리고 대청(大淸) 연해의 광주,
복주, 하문, 영파, 상해 등 5개 항구에 기거할 수 있고, 아무런 장애 없
이 통상교역을 하도록 허락한다. 뿐만 아니라, 대영 군주는 영사(領
事), 관사(管事)등 관료들을 이 5개의 도시에 파견하여 거주케 하며,
전적으로 상인들의 업무를 전반적으로 관리하도록 한다…"1)고 되어
있다. 이것은 영국침략자들이 압력을 가하여 만들어진 소위 5개 통상
항구이었다. 1843년 10월 중영(中英)은 또 『오구통상 부첨 선후조관』
(五口通商附粘善後條約, 즉 虎門條約)을 체결하였는데, 그중 제7조의
규정에 따르면, 광주 등 5구 통상항구에서는 "청조의 지방관은 반드시
영국 서기관[管事官]과 함께 각지의 지방 민정을 살피고, 어떤 지방을

---

1) 王鐵崖, 『中外舊約章滙編』, 第1卷, 三聯書店 1957年版, p.31.

정할지를 결정하여 집이나 건물을 사용하게 하며, 영국인에게 임대하여준다. 임대가격은 5개 항구의 현재 가치를 기준으로 하여야 한다. 중국 인민은 이들을 착취하지 말아야하며, 영국 상인은 강제적으로 가옥을 빌리지 말아야 한다. 영국 서기관[管事官]은 영국인이 매년 약간의 건물 혹은 가옥을 임대하는 것은 지방관에게 통보해야 하며 등기해야 한다."[2]고 언급하고 있다. 이러한 조약은 후에 서방 침략자들이 중국에 조계를 설립하는 주요한 근거가 되었다. 그러나 실제적으로 이러한 불평등조약의 내용에 따라, 영국인들은 상해 등지의 통상항구에 거주하는 것이 허락되어졌으나, 토지와 건물을 임대하기 위해서는 중국 지방관의 동의를 얻어야 하였고, "강제로 임대하지 말아야 한다."하였고, 임대한 가옥이나 토지는 "등기를 해야 한다."고 제한적인 규정을 하고 있다. 이것은 중국의 지방에서 주권을 얻어내었다는 것을 확인하는 것이다. 후에 외국 침략자들은 나라 안에 나라인 조계(租界)를 설립할 때 이것을 이용하였으며, 심지어 그들은 이러한 불평등조약의 조항 자체도 공공연히 위반하였다.

1843년 11월 8일(도광 23년 9월 17일), 영국은 인도의 마드리드(Madrid, 馬德拉斯) 주재 야전대 대위인 볼포어(G. Balfour, 巴富爾 또는 巴爾福이라고도 함)를 영국 최초의 상해주재 영사로 임명하였고, 그는 상해 영사의 신분으로 상해에 도착하였다. 둘째 날, 그는 메드허스트(Sir. W. H. Medhurst, 麥華佗; 선교사인 麥都思의 아들)와 군의관, 서기관을 대동하여 상해 도대(道臺)인 꿍무지우(宮慕久)를 상견하였고, 영사관을 건립할 건물을 임대해 줄 것을 요구하였다. 도대 꿍무지우의 배려로 매년 4백 원의 임대료로 성내 서요가(西姚家) 거리의 구(顧)씨 성을 가진 사람의 집 한 채 52칸짜리의 큰 집을 빌렸으며,[3]

---

2) 王鐵崖, 『中外舊約章滙編』, 第1卷, pp.35-36.
3) 일설에는 상해의 저명한 사신(士紳)인 야오핑수(姚平書)의 집이라고도 함.

이 집을 주택과 영사관으로 사용하게 되었다. 11월 14일, 볼포어가 통고문을 발표하여 영사관의 설립 및 그 위치를 선포하였다. 11월 17일에는 상해 항구가 정식으로 개항을 선포하게 되었다. 이 구역의 범위는 상해 현성에서 시작하여 오송(吳淞)까지 약 13마일의 지구가 상해항의 지역이었다. 소주하(蘇州河) 입구에서 양경빈(洋涇浜; 현재의 연안동로 외탄)이 서양 선박이 정박하는 구역으로 정해졌다. 선박은 오로지 정박 규칙 등의 사항(後에 또 규정하기를 선박은 영국군 사령관의 허락을 받지 않으면 닻을 내릴 수 있는 지점을 이동시킬 수 없다.)을 정하였다. 당시 중국 정부는 이미 상해 개항에 대한 사무에 대하여 명확한 규정을 하고 있었다. 볼포어는 이러한 것에 대해 스스로 정한 것을 발표하였는데, 이러한 것은 완전히 영사의 직권 범위를 넘어선 월권행위로 중국 주권을 심각하게 침해한 것이었다. 그러나 청 정부는 이러한 것에 대하여 별 반응을 보이지 않고 전부 묵인하였다. 상해는 이렇게하여 11월 17일에 개항하게 된 것이었다.

상해가 개항된 후, 외국 모험가들이 연이어 상해에 도착하였으며, 상해에서 건물 구매를 희망하였다. 그러나 상해 주민들은 토지를 외국인에게 팔려고 하지 않았으므로, 가격이 앙등하게 되었다. 관리들 역시 "토지는 인민의 재산이므로 관가에서는 판매를 강요할 수 없다."고 말하였다. 그러나 일부 영국인들은 "토지를 구매하기 어려운 것이 오송(吳淞) 전투보다 백배는 어렵다."4)고 하였다. 상해에서 강제로 토지를 획득하고자 한 볼포어가 드디어 이것을 구실 삼아 『남경조약』은 영국인에게 통상항구에서 가옥을 빌리고 토지를 빌릴 수 있도록 허락한 조항이라고 곡해를 하여 상해 도대(道臺)인 꿍무지우(宮慕久)에게 강요하여 일부 토지를 전적으로 외국인들이 거류할 수 있는 거류지로 규정할 것을 강요하였으며, 이렇게 하여 "중국인과 외국인들의 거주를

---

4) 裘昔司, 『上海通商史』, p.10.

구분하는"것이라고 말하며, 이로써 피차 분규를 피할 수 있다고 설명
하였다. 볼포어가 얻으려고 하였던 것이 바로 외탄(外灘)이었다. 당시
의 이곳에는 인구가 적었고 갈대풀들이 무성한 황야였으나, 황포강과
소주하가 만나는 곳에 위치하고 있었다. 또 수로(水路)로는 "비단의
고향"이라고 불리는 소주(蘇州)와 연결되었고, 또 오송구(吳淞口)를 나
오면 장강(長江)을 거슬러 올라갈 수 있었으므로 이렇게 하면 중국내
지로 들어갈 수 있기 때문에 지리적으로 대외무역에 아주 편리한 곳이
었다. 이 지방을 점거하는 것은 상해의 목구멍을 장악하는 것과 마찬
가지이었다. 이외에 외탄 인근에는 상업이 발달한 현성이 있었으며,
이러한 현성은 아무런 성벽 등의 방비가 전혀 없었으므로 광활한 발전
의 여지가 있었다. 더욱 중요한 것은 외탄은 외국 군함이 수시로 들어
오고 나가는 황포강변에 있었으므로, 식민자들이 말하는 것과 같이 거
주지와 상선들이 자신들의 군함 대포의 보호아래에 있으면 "마음을 놓
을 수 있다"고 말하는 안전한 곳이었다.

　당시 양강총독 삐창(璧昌)과 강소순무 쑨샨빠오(孫善寶)는 도광 황
제가 친히 파견하여 상해의 통상 사무를 처리하도록 한 대신들이었다.
그러나 이 두 아둔한 봉건관료들은 영국 영사들의 직분이 자신보다 낮
다고 생각하여 그의 면회를 거절하였으며, 또 "오랑캐의 업무"에 대한
일은 위험천만한 일이라고 생각하고 책임을 지기를 원하지 않았으므
로, 상해 통상의 모든 업무에 대해서는 모두 상해 도대 꽁무지우(宮慕
久)에게 처리하도록 하였다. 꽁무지우(宮慕久)와 볼포어는 거류지 확
정에 대한 일을 진행시키게 되었다. 담판 중에 볼포어가 토지매각을
제시하였으나, "모든 토지는 황제의 것"이라는 원칙 아래 외국인에게
팔 수 없다고 꽁무지우가 반대하였다. 볼포어는 또 영국정부에서 이
토지를 매입할 것을 요청하였지만, 조약 중에 이러한 규정이 없었으므
로 토지매입을 실현시킬 수 없었다. 반복적인 교섭을 거친 후, 볼포어

의 위협과 기만아래, 1845년 11월 29일(도광 25년 11월 초하루)에 꽁무지우(宮慕久)는 도대의 명의로 볼포어와 "조약에 의거한 타협"이라는 『상해토지장정』(上海土地章程, Shanghai Land Regulation) 23조를 고시형태로 포고하였다.5)

외국 침략자들은 이 장정에 의하여 상해에서 그들의 특권을 진일보 확대시킬 수 있었다. 이러한 것은 아래의 세 방면에서 주로 드러났다.

첫째는 근대 중국에서 최초의 외국인 거류지를 강압에 의해 얻어내었다는 것이다. 장정 첫머리에 "본 도대는 조약에 의하여 민간의 정서와 지방 사정을 고려하여 양경빈(洋涇浜) 이북과 이가장(李家場 또는 李家庄이라고도 함) 이남의 토지를 영국 상인에게 임대를 허락하며, 이곳은 건물을 짓기 위한 곳으로도 거류의 용도로도 사용된다."라고 씌어 있었다. 이것은 영국 상인들에게 토지를 빌려주고, 그곳을 거류지로 제공하여 거주를 허용한다는 것이다. 그것의 북쪽 경계는 이가장(李家場, 현재의 北京東路), 남쪽 경계는 양경빈(洋涇浜, 현재의 延安東路), 동쪽으로는 황포강이 자연스러운 경계가 되었으며, 서쪽의 경계는 명확하게 확정하지 않았다. 다음해인 1846년 9월 24일(도광 26년 8월 초닷새), 꽁무지우(宮慕久)가 또 볼포어와 함께 경계를 구획하였는데, 현재의 하남중로(河南中路)를 서쪽의 경계로 확정하였다. 그 전체 면적이 830무(畝)이었다. 이 토지 내에서 "중국인과 서양인의 분거"(華洋分居)가 실행되었으며, 외국인은 토지에 대한 "영조권"(永租權)을 가지게 되었다.

"중국인과 서양인의 분거"(華洋分居)문제에 관해서는 장정에서 규정

---

5) 『上海土地章程』은 간단히 『土地章程』이라고도 하고, 또는 『地皮章程』, 『地産章程』 혹은 『租地章程』이라고 한다. 그것의 중문 원본은 찾아 볼 수 없다. 1852년 1월 7일의 『北華捷報』에 영어로 번역된 전문이 게재되었고, 徐公肅, 丘瑾璋은 이것을 근거로 중문으로 다시 번역하였다. 徐公肅, 丘瑾璋, 『上海公共租界制度』, 1933年版.

하고 있기를, "경계내의 토지는 중국인들에게 임대해 줄 수 없고, 방을 새로 고치거나 중국 상인에게 임대할 수 없다."(제15조), "양경빈 이북의 경내에서는 상인이 시장을 세워, 중국인들이 일용품을 이곳으로 운반하여 판매할 수 있다. 상인들은 사사로이 개인적인 이익을 위해 시장을 세울 수 없으며, 또 방 건축을 할 수 없고, 중국인에게 임대할 수 없다."(제16조) 외국 상인들은 오직 영국영사의 허가를 얻어야 이곳에서 토지를 임대하거나 방을 빌릴 수 있으며 거주할 수 있다. 이곳에서는 "화양분거"(華洋分居)라는 글자를 사용하지는 않았으나, "화양분거"(華洋分居)의 내용을 포함하고 있었다. 이러한 종류의 규정은 실질적으로 외국 침략자들 이 토지를 독점하는 특권을 확인시킨 것이었고, 중국인민은 자신의 국토에서 거주와 활동을 할 수 있는 권리를 제한한 것이었다. 이러한 주객이 전도된 방법은 외국 침략자들의 탐욕스런 욕망을 반영한 것이었으며, 아울러 청조 관리들이 중국인과 외국인과의 접촉하는 것을 두려워하는 심리가 드러난 것이었다.

소위 "영조제"(永租制)는 외국인에게 경계내의 토지를 마음대로 장기간 사용하도록 윤허한 것이었으나, 실제로는 그들로 하여금 이 일부 토지를 영원히 점유하도록 인정한 것이 되었다. 『토지장정』규정의 임대 방법은 임대자가 원주인에게 매년 임대료로 매 무(畝)당 1,500문(文)을 내었는데, 이는 당시 청정부에서 거둬들이는 토지세인 매 무 당 1,300문보다 높았다. 이렇게 임대금액이 지세(地稅)보다 높았던 것은 중국인 주인으로부터 임대를 유혹하기 위한 것이었다. 한 차례에 매년 임대 금액의 10배를 "보증금"으로 받았다. "상인이 토지 및 건물을 임대한 후 등기를 하면 원주인은 부득이 임의로운 임대를 할 수 없게 되고, 더욱이 임대금을 증가할 수가 없다. 그러나 해당상인이 그 임대한 토지에 더 이상 거주하기를 원치 않는다면, 전부를 다른 사람에게 양도할 수 있으며, 혹은 일부를 다른 사람에게 양도할 수 있다. 다만 이 당시 임대금은 원래의 금액에 준하여만 가능하며, 이익을 위해 금액을 증가할 수 없으며, 이로써 원주인의 분노를 사서는 안 된다(새로 건축된 가옥을 임대하거나 매매하는 경우에 해당 토지위에 건물을 진 사람은 이러한 예에 해당되지 않는다)"(제9조). 이곳에는 아직 "영조"(永租)의 글자가 보이지 않으나, 영조(永租)의 원칙은 이미 확립된 것이었다.6) 왜냐하면 토지는 한번 임대가 되면, 임대인이 어떻게 처리하던 간에 원 주인은 간섭할 권리가 없으며, 임대를 취소하여 회수할 수도 없었다. 이러한 영구 임대 방식은 실제로 매매와 다를 바 없었다. "보증금"은 지가(地價)와 다르지 않았으며, 임대료는 매년 정부에 납부하는 토지세에 상당하는 금액을 지불하였다. 서양 침략자들은 이러한 방법을 통하여 상해인들 수중으로부터 대량의 토지를 빼앗아 그들의 침략 목적을 달성하였다.

둘째는 초보적인 착취에서 거류지의 관리권 획득까지인 것이다. 『토지장정』규정에, "다른 나라 상인들은 양경빈 이북 경계 내에서 토지를 빌리고 건물을 짓는 것 혹은 건물을 임대하여 거류하는 것 혹은 화물을 쌓아두는 것을 하고자 한다면, 먼저 영국 영사에게 품의를 하여 그 허가를 받음으로써 오해를 없앤다."(제14조). "상인들이 경내에서 음식물품 등의 종류를 판매하는 점포를 개설하고자 한다면, 혹은 서양인들의 거처를 임대하고자 한다면, 반드시 영사의 허가증[執照]이 있어야 하며, 검사를 받은 연후에야 설립을 윤허한다. 예를 들어 허가증이 없다면, 혹은 규정에 저촉되는 일이 있다면 금지 시킬 수 있다."(제17조). "영국 영사는 본 장정을 위반하는 위반자가 발견되거나, 혹은 다른 사람을 거쳐 품의를 하거나, 혹은 지방관에 통지하는 것에 대해서는 귀 영사가 즉각 규정에 저촉이 되는지 심사를 해야 하고, 처벌을

---

6) 상해 도대가 발급한 토지 임대 계약을 근거로 보면 이미 "영원조임"(永遠租賃)이라는 글자가 있다.

할 것이지 아닌지를 결정해야 한다."(제23조). 이러한 것은 영국영사가 거류지 내의 외국인에 대해서는 전적인 관리하는 권리를 갖고 있다는 것을 말하는 것으로 중국 관리는 외국인에 대해 간섭할 수 없는 것이다. 이것은 중국 주권에 대한 심각한 침범이다. 장정 조문에 의할 것 같으면, 침략자는 시정(市政)을 관리할 권력을 가지고 있었다. 그 규정은 "양경빈 이북의 조계지와 서양인에게 임대한 토지 지역에서는 나무나 돌로 다리를 건축하는 것, 도로를 정리하는 것, 질서를 유지하는 것, 가로등을 점등하는 것, 소방기관을 설립하는 것, 가로수를 심는 것, 도랑을 파는 것, 무장경호원[更夫]을 고용하는 것 등을 함께 의논해서 결정해야 한다. 그 비용은 임대인이 영사에게 회의를 소집해서 청구하며, 분담하는 방법으로 결정하였다"(제12조). "모든 도로의 개보수, 통로, 부두 설립에 드는 각 비용 등은 처음에는 상인 및 인근 교민들이 공평하게 나누어 부담하였는데, 그러나 부담하지 않는 사람과 후에 이곳에 정착하는 사람들로 인해 공평하게 부담할 수 없었다. 경비를 공평하게 부담하고자 영사에게 정직한 상인 3명을 파견해 줄 것을 요청하였고, 그들로 하여금 경비를 부담해야 될 사람들을 신중하게 결정하였다. 그러나 이러한 경비가 부족하여 경비를 부담하는 사람들이 공동으로 결정하기를, 수입하는 화물에 대하여 약간의 세금을 거두어 이것으로 부족한 부분을 보충하기로 하였으며, 이러한 내용은 먼저 영사에게 보고한 후, 영사의 결정을 따르기로 하였다. 수지 보관 및 장부 기재 등의 일에 대하여서는 경비를 부담하는 사람들이 공동으로 감독하기로 하였다."(제20조). 경부(更夫)의 영어 뜻은 Watchman으로 무장경호의 의미를 갖고 있다. 위에서 언급한 규정에 따라서 경부는 도대와 영사가 상의하여 사람을 파견하여 설립하기로 하였으며 이들은 정식경찰이 아니었으나, 실제적으로는 후에 조계의 무장 경찰[巡捕]의 기틀이 되었다. "위원회에서 파견된 정직한 상인 3명"의 규정은 얼마 안가서 도로 부두 노동조합(道路碼頭工會, 工部局의 전신)가 설립되는 근거를 제시하게 되었다.

셋째 이후 한걸음 더 침략할 수 있는 복선(伏線)을 남겼다는 것이다. 장정 제22조에서 규정하기를 "이후 본 장정은 다음과 같이 개정하거나 혹은 해석 또는 형식을 바꿀 필요가 있을 때는 쌍방의 관원들이 수시로 상의를 하고, 많은 사람들이 의결할 사항이 있을 때에는 반드시 영사에게 보고한 후 도대에게 전하여 상의한 후 결정하여야만 비로소 그 효력을 발휘하게 된다."고 하였다. 이 말은 영국영사가 이후 수시로 도대를 압박하여 『토지장정』을 개정하고 침략 특권을 더 확대할 뿐만 아니라, 외국상인 역시 "의결사항"의 권한을 갖게 된 것을 의미한다. 이후 서방 침략자들은 여러 차례 『토지장정』을 수정하여 점차적으로 중국 주권을 능멸하는 식민지 통치제도로 변천시켰다. 이 밖에 청 정부관원은 『토지장정』을 의정할 때, 비록 거류지를 확정하는 방법을 시도하여 성내 시전(市廛 즉 상가)에서 외국인들이 거류하는 것을 막을 수 있었고, 그들을 성 밖의 황폐하고 한정된 일부 구역 내에 거주하도록 하였다. 그러나 장정 조약 내에는 외국인이 거류지 이외의 지역에서 토지를 임대하고 건물을 짓는 것에 대해 금지를 하는 명문화된 규정을 만들지 못하였는데, 이것은 침략자들이 어떠한 방법과 수단을 써서라도 거류지를 확대하려는 하나의 구실을 남겨놓았던 것이다.

종합해보면 서방 침략자들은 꽁무지우(宮慕久)를 통하여 이 『토지장정』을 공포해서, 근대중국에서 거류지 및 관련된 침략 권익을 획득할 수 있었다. 이후 침략자들은 이러한 예를 따라서 중국의 다른 도시에서도 이와 유사한 거류지를 건립하였고, 한 걸음 더 나아가 중국의 주권과 영토를 점점 잠식하였다. 이러한 원인은 꽁무지우의 원만한 성품 때문이라고 볼 수 있다. 외국침략자들이 꽁무지우(宮慕久)를 찬양하기를 "그의 성품은 온화하고 시야가 아주 넓은 사람으로 외국인에 적대적인 광동인의 성격과는 같지 않아 전쟁은 발생하지 않았다."7)고 말하였다. 그러나 『토지장정』은 외국침략자들이 볼 때는 상해조계의 "대헌장", "근본법"이었으며, 불평등조약과 함께 "중국 각지 및 상해 외국인 조계(租界)의 기초"라고 불리게 되었다.8)

당연히 이 『토지장정』의 전체 내용으로 볼 때, 중국정부는 이 거류지에 대하여 상당한 권력을 가지고 있었다.

우선 먼저 외국인이 거류하는 토지를 제공한 것은 거류지의 성격이지 조계가 아니었다. 국제법에 의할 것 같으면 조계(concession)와 거류지(settlement)는 엄격한 구별이 있었다. 조계는 일부 확정된 토지 전체를 외국정부에게 빌려주고, 다시 외국정부가 다시 그 토지를 그들 교민에게 빌려주는 것으로, 조계 내에는 항상 외국정부가 영사를 파견하여 관리하게 되었다. 이런 종류의 조차(租借)관계는 국가 간에 발생하며 국제공법의 범위에 속한다. 그러나 거류지는 일정한 구역을 확정하여 외국교민들이 각자 원주인과 토지 임대를 하는 것이 허락된 것이었지, 전체 토지를 외국정부에게 임대하는 것은 아니었고, 외국교민들은 직접 중국정부에 납세를 해야 한다. 『토지장정』규정에 따라서 토지소유권은 여전히 원 주인에게 속해있으며, 그러므로 원 주인이 납세하여야 하며, 외국 교민은 원주인에게 임대금을 납부해야 하는 것이다. 그러므로 이러한 것은 중국정부가 마땅히 관할하는 것이다. 이것은 국제 사법(私法)의 범위에 속한다.9) 상해의 거류지는 영문으로 Settlement라고 하는데, 이것은 명실상부한 거류지이다. 그러나 후에 이를 "조계"라고 마구 불렀던 것이다.10) 당시 영국 관방 역시 이점을

7) Lanning and Couling, The History of Shanghai, p.275.
8) 夏晋麟, 『上海租界問題』, p.27.
9) 『上海公共租界制度』의 제3편 제1장 『上海公共租界之法律性質』 참조.
10) "조계"(租界)라는 단어는 1876년 『中英烟臺條約』에서 최초로 사용되었다. 이것은 외국 침략자들이 침략 특권을 확대하기 위하여, settlement의 의미를

인정하였다. 1862년 9월 8일, 영국공사 부르스(Frederick William Adolphus. Bruce, 卜魯斯 또는 勃羅斯라고도 함; 1814~1867)가 상해주재 영국 영사에게 보낸 서신중에서 아주 분명히 말하기를, "상해의 영국 조계는 해당 지방을 양도(讓渡)한 것이 아니고, 영국정부에게 또한 조차(租借)한 것도 아니다. 단지 그 지방 내에서 의정(議定)한 것으로 영국인들이 스스로 편리하게 토지를 얻을 수 있고, 모여 살며 이익을 취할 수 있다."고 하며, 1864년 5월, 부르스는 상해영사에게 재차 말하기를 "그 지방은 여전히 중국 주권에 속해 있으며, 영국정부는 영국 인민과 재산 그리고 기타 각 항구의 조차하지 않은 곳과 같이 관리하여만 한다. 영국정부가 시행할 수 있는 모든 권력은 중국과 체결한 조약 내에서 이행되어야 하며, 토지를 임대한 것을 허용한 것과는 관계가 없다."[11]고 하였다.

둘째로 중국정부는 여전히 그 경계 내의 토지 관할권을 보유하고 있다. 『토지장정』에서 규정하기를, "임대인과 임차인의 조건은 일종의 계약형식으로서 반드시 도대(道臺)에게 문서를 보내 도대가 심사를 하고, 도장을 찍은 후 각자에게 보내주어 권한을 행사할 수 있게 하였다."(제1조) 즉 임대관계는 오직 도대(道臺)의 비준 후에만 비로소 법적 효력을 갖게 되는 것이다. 이 밖에 "모든 임대하는 토지와 임대하는 가옥은 토지, 가옥과 창고 임대 등은 모두 매년 12월 15일에 지난 1년의 무(畝) 수에 따라 임대한 것, 방(房) 수를 증축한 것, 임대인의 성명 등의 항목을 영사에게 보고하고, 반드시 안건(案件)화 시켜야 한다."(제19조) 즉 토지, 가옥의 전이(轉移) 역시 중국정부에 등기를 해야만 한다. 도대가 도장을 찍은 계약서를 소위 "도계"(道契)라고 하였

"조계"로 번역하였으며, 이후에는 혼용하여 사용하였다. 사람들이 장기적으로 이 거류지에 대하여 "조계"라고 하였으므로, 본 책에서도 이러한 습관적인 방법을 사용하겠다.

11) 『上海公共租界制度』, pp.16, 18 인용.

으며, 이것이 토지증(土地證)의 성질을 가지고 있었다. 백지 계약지는
도대가 발급하였는데, 후에는 각국 영사가 스스로 발행할 수 있도록
준비하였고, 빈칸을 모두 기입한 후 도대에게 발송하여 도장을 받게
된다. 이러한 방식은 비록 실제로 외국인이 점유하고 있던 토지에 대
해서는 어떠한 제약적 역할도 하지 못하였다. 이러한 것은 중국정부가
경계선내의 토지에 대하여 관할권을 행사한다는 표시에 지나지 않았
다. 영국공사 부르스도 인정하기를, "이와 같이 획득한 토지는 중국의
토지이므로 지세를 납부하여야만 한다."12)고 하였다.

  셋째로 중국 관리는 경계내의 행정에 관하여 간섭할 권리가 있다.『토
지장정』에서 규정하기를 조계 내에 고용한 무장경찰[更夫]은 "반드시
해당 지방에 보고하여 지방관이 조사할 수 있게 해야 한다. 그 관리의
책임은 경장(更長)이 담당하는데, 이는 반드시 도대(道臺)와 영사가 인
선하여 파견한다."(제12조)고 하였다. "임대지의 상인은 선부(船夫)와
쿠리(苦力) 두목을 고용하려고 하면 반듯이 영사에게 보고하고 지방관
과 회의를 하여 규정을 결정한 후에 두목 파견을 결정해야만 한다."
(제16조). "그 토지를 임대하고서 방 건물을 짓지 않고 거주하거나 화
물을 쌓아 놓는다면, 조약에 위배되므로 도대와 영사에게 이 일을 상
의하여 그 해당지역을 다른 상인에게 빌려주어야만 한다."(제15조).
"화약(火藥), 초석(硝石; 유리, 화약의 원료), 질산칼륨, 주정(酒精) 등
의 물품을 상해로 운반해 오면 반드시 쌍방 관원이 상의하여 보관 지
점을 선택하여야만 한다."(제18조). 상술한 규정에 의할 것 같으면 중
국관원은 조계에서 고용하는 사람에 대해서 관여할 권한이 있을 뿐만
아니라, 조계 밖의 상인에 대해서도 직접적으로 관리할 권한도 가지고
있었다.『토지장정』의 수정, 해석에 관해서는 반드시 "쌍방 관원이 수
시로 상의해야 한다."고 하였다. 외국 상인들은 어떠한 결정을 하더라

---

12)『上海公共租界制度』, p.16 인용.

도 반드시 영사에게 보고하고, 그 내용을 도대에게 보내 상의, 타협하고 결정한 후에야 효력을 발휘할 수 있다.(제22조) 다시 말하면 도대의 허가를 받지 않고서는 영사를 포함하여 어떠한 외국인도 조계의 사무에 대해서 어떠한 결정도 할 수 없다는 것이다. 장정에서는 또 규정하기를 "정당한 가격을 받기 위해서는 이익에 대한 세금을 징수해야하며, 세금을 징수하기 위해서는 반듯이 중국 관리와 영사가 회동하여 정직한 인사 4~5명을 파견해서 가옥의 가격, 토지 세금 및 화물 운송을 위한 점유 토지 비용을 정하여, 정당한 가격을 정하여 공포하기로 되어 있다."(제13조) 이는 중국인이 조계행정에 반듯이 참여해야만 하는 것을 나타내고 있다.

끝으로 외국인과 분쟁을 일으킨 중국인은 중국 관리에 의하여 처벌을 받았다. 장정 제12조 규정에는, "도박, 술주정 등으로 소란을 피우는 사람 혹은 상인에게 상해를 입힌 사람, 혹은 상인중에 있는 불량한 자들은 영사가 지방 관원에게 문서를 보내어 법에 의해서 심판하고 징계하도록 한다."고 되어 있다. 이는 영사와 조계당국은 중국인을 관할하고 징벌할 권한이 없으며, 중국인은 오직 중국 관리의 관할을 받는다는 것을 의미한다.

이렇게 볼 때, 중국 주권을 심각하게 침해하는 『토지장정』은 외국침략자로 하여금 이 토지를 중국정부와 법률의 관할을 받지 않는 "나라 안의 나라"로 만들 수는 없었다.

볼포어는 이러한 토지를 강제로 얻은 후, 1846년 4월간에는 이가장(李家庄) 소유의 1백 여 무(畝)를 매입하여 영사관을 건축하기로 결정하였는데, 가격은 17,000여 원(元)이었다. 당시 영국법률에 의하면, 영사는 국외에서 오직 업무를 처리할 수 있는 토지를 임대하여 운영할 수 있었지, 토지를 구입하여 건축할 수는 없었다. 영국공사는 이 대금을 지불하는 것을 거절하였다. 이에 볼포어 본인이 4천 원을 지불하였다. 같은 해 9월에는 볼포어가 사직하고 본국으로 귀국하자, 알콕(John Rutherford Alcock, 阿禮國)이 영사로 부임하여 왔다. 알콕은 일찍이 1844년 중국에 도착하여 이미 복주(福州) 영사를 역임하였기 때문에 청정부와의 협상 때에 영국정부의 신임을 얻은 것처럼 행동하였다. 이 흉악하고 탐욕스러운 침략자는 상해에 도착한 후, 즉각 갖은 수단을 다해서 조계범위를 확대하려는 야심을 실천하기 시작하였다.

1846년 12월 21일, 조계내의 서방 침략자들은 "집단행동의 필요"를 구실로 리챠드(Richards, 理查玆) 호텔에서 회의를 거행하고, 3인위원회 성립을 결정하였다. 3인위원회는 바로 도로부두동업조합[道路碼頭公會]으로 도로와 부두의 건설 등을 책임지며 아울러 이 회는 조계지의 외국인에 대한 토지 면적에 대한 세금을 거두었다. 회의에서 결정된 것은 이후 매년 1월에 한 차례 임대인 회의를 거행하며, 도로와 부두 동업조합의 수지(收支)와 건설 상황에 대한 보고를 들었으며, 새로운 위원회를 선임하고 토지 재산과 관련된 기타 업무를 처리하였다. 이 토지 임대회의와 도로와 부두동업조합은 이후 조계의 최고 권력기관이 되었다. 이것은 납세인회의(納稅人會議)와 공부국(工部局)의 원형이었다. 당시 조계내의 외국 교민들의 수는 대단히 적었다. 1845년에는 90명, 1848년에는 100여 명으로 증가되었고, 그중 7명이 부녀자였다. 1848년에는 양행(洋行)수가 24개 있었는데, 3개의 미국 것을 제외하고는 나머지 모두가 영국의 것이었다.

『토지장정』에 따르면, 조계는 영국영사가 전담하여 관리하며, 기타 국가의 교민들은 비록 조계 내에 거주할 수 있었지만, 반듯이 영국 영사의 동의를 얻어야만 하였다. 그러나 당시 영국영사 볼포어 혹은 알콕 모두는 대단히 나쁜 사람으로 그들은 조계와 상해항구가 영국 관할이라고 생각하여 자신들이 기타 외국인들도 관리할 권한이 있다[13]고

---

13) Lanning and Couling, The History of Shanghai, pp.290~291, 287.

주장하였다. 이것은 "이익균점"이라는 기타 열강들의 주의를 끌게 되
었다. 가장 먼저 미국의 불만이 있었다. 1843년 볼포어가 상해에 도착
했을 때만해도 상해에는 한 사람의 미국인도 없었다. 1844년 미국이
청 정부를 강압하여 『망하조약』(望厦條約)을 체결하고, 영국이 이미
확보한 침략적 특권을 보다 확대한 것을 취득하려고 노력하였다. 1844
년 8월 26일, 미국공사 쿠씽(Cushing, 顧盛)이 광주에 거주하고 있던
상인 페선던(H. Fessenden, 弗生頓)을 상해주재 영사로 임명하였으나,
이 사람은 취임하지는 않았다. 같은 해 말, 미국 기창양행(旗昌洋行)의
월콧(H. G. Wolcott, 吳利國)가 상해에 도착하였고, 도착한 지 얼마 안
되어 조계로 이주하였으며, 아울러 신임미국 공사인 비들(J. Biddle,
璧珥)에게 서신을 보내 자기 스스로를 추천하여 상해영사를 맡겠다고
청하였다. 그는 서신에서 이것은 "자신의 사업상 편리와 미국의 이익
을 보호하기 위해서"[14]라고 솔직하게 말하였다. 당시 상해에는 그 한
사람만이 미국사람이었다. 1846년 월콧이 대리영사에 취임했고, 조계
내의 구섬도(舊纖道; 오늘날의 九江路)에 영사관을 설립하고 미국 국
기를 게양하였다. 이러한 행동은 조계에 대한 영국독점을 인정하지 않
으려는 태도를 나타낸 것이었다. 영국영사 볼포어는 이 토지에 대한
자기의 전적인 권리를 확립하기 위해서 미국국기 게양을 반대하였다.
월콧은 이를 상대하지 않았다. 볼포어와 그 후임자 알콕은 『토지장정』
의 규정을 상해 도대와 교섭하였다. 1847년까지 이러한 논쟁이 계속되
었고, 상해 도대가 『토지장정』 24조를 반포하며 규정하기를 "특별히
영국 상인 조계지의 범위 내에서는 영국 국기를 게양하는 것 이외에는
어떠한 외국의 국기도 게양할 수 없다."고 선포하였다. 그러나 월콧은
다음해 이임하기 전날까지 미국 국기를 내리지 않았다. 당시 영국정부
는 "이익균점"이라는 중국에 대한 정책을 거행하였으므로 중국에서

---

14) Lanning and Couling, The History of Shanghai, p.286.

많은 각국이 담당하는 조계를 만들게 하려는 생각을 하지 하지 않았고, 이로써 상해 조계에 대해서도 자신들의 전적인 관리를 고집하지 않았으며, 영국영사가 앞에서 언급한 태도를 영국정부는 찬성하지 않았다. 영국의 홍콩총독은 일찍이 서신으로 알콕에게 말하기를, "영국 관리가 외국교민들을 관할 할 수 있는지 없는지? 이것이 문제이다. 다른 나라 국기를 게양하는 사실은 중요하지 않다."[15]고 하였다.

영, 미 영사가 "국기게양사건"으로 다투고 있을 때, 1848년 1월 25일, 프랑스의 첫번째 상해영사로 몬티니(de Montigny, 敏体尼)가 상해에 왔다. 일찍이 1844년 10월에 프랑스는 중프 『황포조약』(黃埔條約)을 체결하였다. 영국과 미국이 이미 얻어낸 각 항목의 권익 이외에, 프랑스는 통상항구에서 토지와 가옥을 임대하는 권한을 얻어내었으며, 여기에 그러한 임대에 대한 중국측 제한을 받을 필요 없다는 것과 천주교 교당과 묘지를 보호하는 새로운 특권을 얻어 내었다. 이후 프랑스 사신 라그네르(de Lagrene, 剌蕚尼)가 하문, 복주, 영파, 상해에 네 곳을 여행할 때, 상해의 위치가 중요한 것을 발견하고, 국왕 루이·필립에게 보고하길 "상해의 위치는 복주, 하문, 영파 보다 아주 뛰어납니다. 우리나라 화물이 광동에 적합하고 상해에는 적합하지 않습니다. 우리들이 구매하고자 하는 물건은 생사, 녹차 종류들로 상해에서는 낮은 가격으로 구매할 수 있습니다.", "화북(北華이라고 표현하고 있다-편자)에 거주하는 많은 프랑스 상인들에 의할 것 같으면, 중국의 정책은 외국인을 광주와 상해 두 곳에 집중시키고 그곳에서만의 상업적 활동을 제한하고자 합니다. 이 두 곳을 잘 알면서, 이곳에서 외국상업의 맹아를 저지할 수 있는 능력이 청정부에 없다면, 이 두 곳은 자연적인 힘으로 상무(商務)가 번영할 수 있을 것입니다."[16]라고 하였다. 이 보

---

15) Hawks Pott, A Short History of Shanghai, p.17.
16) 董樞, 『搖籃中的法租界』의 내용은 『上海市通志館期刊』, 第1年, 第1期에서 게재된 것을 인용함.

고에 근거해서, 프랑스 정부는 광동에 영사관 설치 결정을 취소하고, 상해에 부영사관을 설치하고, 몬티니(敏体尼)를 초대 영사로 임명하였다. 당시 상해에는 약간의 프랑스 천주교 선교사가 있었다. 몬티니는 상해에 도착한 후, 영국 사람들과 함께 거주하는 것을 달가와 하지 않았으므로, 조계와 상해현성 사이의 천주교당이었던 짜오(趙) 주교의 집 한 채를 빌려서 영사관을 설립하고 프랑스 국기를 게양하여 영국인과 상호 대립하게 되었다.

제3절 청포(靑浦)사건과 조계의 확대

상해 개항 초기 외국인은 내지 여행이 허락되지 않았다. 상해지방관원은 외국인들이 여행할 수 있는 거리를 일일 왕복 가능한 지역으로 제한하였으며, 외지에서 밤을 지 샐 수 없게 하였다. 당시 영국공사는 이 규정이 유효하다고 인정하였다.[1] 그러나 외국 침략자들은 종래 이 규정을 안중에 두지 않았다. 1848년 3월 8일, 영국선교사 메드허스트(麥都思), 록하트(W. Lockhart, 雒魏林), 뮈르헤드(W. Muirhead, 慕維廉) 세 사람은 이 규정을 어기고, 마음대로 배를 타고 상해에서 90리 떨어진 청포(靑浦)에서 활동하였다. 당시 그들은 청포내의 성황묘(城隍廟)에서 군중들에게 종교 소책자들을 나누어 주면서 배를 정박시켰고, 이런 와중에 식량운반선[漕船]을 지키던 수병들과 충돌이 발생하였고,[2] 록하트가 긴 막대기로 수부를 때리자 군중이 격분하게 되었다. 이 치고 받고 싸우는 중에 영국인 세 사람은 여러 사람에게 맞아서 부상을 당하였다. 청포현령 진룡(金鎔)은 메드허스트(麥都思) 등을 현서(縣署)로 후송한 후, 사람들을 시켜 다시 상해로 돌려보냈다. 이것이

---

1) 영국공사는 여러 차례 불법적인 "여행"을 하던 선교사인 메드허스트(麥都思)에게 말하기를, "만약에 사람들이 당신을 통제한다면 당신은 처벌을 받아야만 한다."고 하였다.(Lanning and Couling, The Histroy of Shanghai, p.294)
2) 소(蘇), 송(松), 태(太) 일대에는 원래 조운을 운반하던 수부들이 1만 2~3천명이 있었다. 1848년 청정부에서는 조량(漕糧)을 해운(海運)으로 바꾸었으며, 이로 급여를 주고 수부를 해산시켰다. 그러나 청포를 포함한 대부분의 주현(州縣)에서는 수부들의 생계를 고려하지 않고 해고시켰기 때문에 많은 수부들이 실업자가 되었다.

소위 말하는 "청포사건"(靑浦事件)이다.

이 이전에도 상해의 영국선교사는 "규정을 어기고 멀리 갔을 때 중국 사람들에 의해 구타당한 적이 한 번이 아니었다."[3]고 하였다. 이것은 상해 인민이 불법적인 침략에 대한 정당한 반항이고, 청포사건 역시 이러한 정당행위였다. 영국영사 알콕은 중국인민의 반항을 억제하고 더 많은 침략적 권익을 차지하기 위해서 이 기회를 이용하고자하였다. 그는 청포사건 발생 소식을 듣자, 즉시 도대(道臺) 아문(衙門)으로 달려가서 "흉악한 범죄자"를 차출해 낼 것을 요구하였다. 도대 시앤링(咸齡)는 대답하길 "구타와 같은 작은 일로 문제를 야기 시킬 수 없다"고 말했다. 알콕은 더 큰소리로 욕을 하며, 부채로 시앤링(咸齡)의 머리를 때렸고, 시앤링(咸齡)은 화가 나서 안으로 들어갔다.[4] 이틀이 안 된 3월 10일, 시앤링(咸齡)은 알콕에게 편지로 통지하기를 일을 저지른 수부들을 잡아들이라고 명령하였으며, 메드허스트 등에게 위로하는 말을 전달하였다. 그러나 알콕은 이 일을 확대시키기로 결심하고 무리하게 편지를 되돌려 보냈다. 이때 상해 주둔하는 각국 영사들은 모두 알콕을 지지하는 의사를 표시하고, 영국 군함 "칠더스" (Childers, 奇爾德)호가 마침 상해에 도착하자 알콕의 태도는 더욱 기세가 등등하였다. 3월 13일 그는 시앤링(咸齡)에게 통지하여 말하길, "이 일이 만족하게 해결되기 이전에는 모든 영국선박은 이후 모든 관세를 지불하지 않을 뿐 아니라 동시에 중국의 어떠한 선박도 바다로 나갈 수 없다"고 하면서, 위협적으로 말하기를, "만약 48시간 내에 10명의 '주범'을 체포하지 않는다면, 기타 행동을 취할 것"[5]이라고 엄포를 놓았다. 이어서 "칠더스"호가 오성구(吳淞口)를 봉쇄하였다. 시앤링(咸齡)은 식량운반선[漕船]을 둘, 셋으로 분산하여 항구를 출발하도록 비밀명령을 내

---

3) 道光朝, 『籌辦夷務始末』, 卷79.
4) 夏燮, 『中西紀事』, 卷11.
5) 馬士, 『中華帝國對外關係史』. 第1卷, 三聯書店 1957年版, p.443.

렸다. 그러나 "칠더스"호가 이들 뱃머리에 포탄 한 발을 발사하자, 식량운반선(漕船)은 앞으로 항행해 나갈 수 없었다. 이에 상해는 더욱 곤란하게 되었다.6)

청 정부 관리는 대단히 놀라게 되었다. 당시 황포강에 정박하고 있던 해운 식량운반선(海運漕船)은 851척이었고, 실린 식량[漕糧]은 백여 만석이었으나, 이들 배들이 모두 출항하지 못하고, 영국 상선은 또한 관세를 납부하지 않게 되었다. 이러한 압력 하에 시앤링(咸齡)은 긴급히 3월 16일 해방동지(海防同知)를 청포(靑浦)에 파견하여 "흉수" 체포에 협조하도록하였고, 이에 수부 두 사람을 체포하여 19일 상해에 도착하였다. 강소순무 루지앤잉(陸建瀛) 역시 해운을 촉진을 위해 매판(買辦) 출신인 후보도(候補道) 우지앤짱(吳健彰)을 파견하여 상해에서 이 안건을 조사하게 시켰다. 그러나 알콕은 여전히 만족하지 않고, 20일 부영사인 로버트슨(D. B. Robertson, 羅伯遜)과 통역 팍스(H. S. Parkes, 巴夏禮)를 군함에 태워 남경으로 파견하여, 직접 양강총독 리씽위앤(李星沅)을 위협하였다. 메드허스트 등도 역시 성명을 발표하고, 19일에는 잡혀온 두 명의 수부는 청포사건의 "주범"이 아니라고 말하였다.

양강총독 리씽위앤(李星沅)은 영국인이 남경에 온다는 소리를 듣고 대단히 긴장하였다. 그는 한편으로는 강소순무와 협의하여 강소 얼사(臬司) 니량야오(倪良耀)를 상해에 파견하여 이 일을 처리하게 시켰고, 한편으로는 사람을 파견하여 장강에서 선박을 저지하던 로버트슨(羅伯遜)이 남경으로 들어오는 것을 저지하라고 명령을 내렸다. 니량야오(倪良耀)가 청포에 도착하였을 때, 청포현령은 또 두 명의 수부를 체포하였고, 니량야오는 다시 6명을 체포하여, 3월 28일에 상해로 압송시켰다. 메드허스트 등은 니완니앤(倪萬年), 왕밍푸(王明付) 두 명을 "주

---

6) 霍塞, 『出賣的上海灘』, 商務印書館, 1962年版, p.24.

범"이라고 무고하였다. 니량야오는 서양인들의 환심을 사기위해 10명
의 수부에게 모두 칼(戴枷)을 씌워 군중에게 보이게 하였다. 알콕은 이
때서야 비로소 항구의 봉쇄를 풀도록 명령을 내렸다. 그러나 이미 남
경으로 들어온 로버트슨(羅伯遜)은 여전히 리씽위앤에게 대규모의 관
원을 상해로 파견하여 조사시킬것을 강요하였다. 리씽위앤은 다시 강
녕(康寧) 번사(藩司) 푸성쉰(傅繩勛)과 휴가를 받아 고향에서 쉬고 있
던 직예(直隷) 후보도(候補道)인 천쯔지(陳之驥)를 상해로 파견하였고,
아울러 시앤링에게 "결함이 있더라도 빨리 처리하라"고 지시하였고,
그후 그를 사직시키고 우지앤짱(吳健彰)을 대리상해도대로 임명하였
다. 알콕은 위협수단의 효과를 보고 즉시 10명의 수부가 "대낮에 약탈
한 것 등을 법률에 비추어, 현령이 도움을 준 것이니, 조사해야 한다."[7]
고 하였다. 겁에 질린 청 정부 관리는 완전히 굴복하였고, 10명의 수부
중 왕밍푸는 군역(充軍)에, 니완니앤은 도형(徒刑)에 처하고, 그 나머
지는 칼을 찬 후에 석방되었다. 이외에 메드허스트 등에게는 3백 원의
배상금이 지불되었다.

　청포사건의 결과에 대해 상해에 있던 각국 침략자들은 매우 고무되
었다. 3월 29일 프랑스, 미국, 벨기에 영사들은 알콕에게 서신을 보내,
그의 강경한 조치는 각국 교민의 안전에 좋은 점을 가져왔다고 찬양하
였다. 이틀 후, 빅토리아 여관에서 외국인들은 회의를 개최하여, 알콕
과 영국 함대사령에게 감사를 표시하고, 각국 영사들은 5개항의 결의
를 채택하였다. 그러나 사실상 알콕이 당시 취한 강경한 태도는 뒤에
그럴만한 강경한 실제 세력이 없었다. 다만 식민주의자들이 일반적으
로 취하는 일종의 모험적인 협박 공갈에 불과하였던 것이다. 영국군함
사령 피트먼(Pitman, 畢特門)이 나중에 승인한 것으로, 당시 상해 현성
에서 불과 몇 마일 떨어진 곳에 수 만 명의 수부(水夫)와 청군 군함

---

7) 福祿堪, 『青浦事件新稿』는 『近代史資料』 1957年, 第2期에 게재된 것 참조.

50척의 병선이 있었다고 하면서 "우리들이 오송(吳淞)에 정박한 것은 12척의 병선만이 이곳에 있었으므로 숫자상으로 그들은 우리를 압도할 수 있었다."라고 말하였다. 영국정부 역시 알콕의 이러한 횡포적인 수단이 상해부근의 만 여 명의 실직한 수부들을 격노시킨다면 사태가 확대될 것을 염려하였다. 뿐만 아니라 당시 광주에서는 반영투쟁이 한창이었으므로, 원동에 있어서 영국의 병력은 허점을 많이 보이고 있었고, 대규모의 전쟁을 일으킬 힘이 없었다. 그래서 홍콩총독 데이비스 (Sir John Francis Davis, 德庇時, 1795.7.16.~1890.11.13)와 그의 계승자인 본햄(Sir Samuel George Bonham, 文翰, 1803.9.7.~1863.10.8)은 모두 알콕의 행위가 그의 직권 범위를 초월한 것이라고 인정하였다. 본햄은 알콕에게 서신으로 알리기를, "우리는 과거의 비하여 더욱 이러한 입장을 인정해야 하였는데, 그것은 사건을 사전에 방지하고, 영국 국왕의 비준을 받기 전에는 양국 간의 어떠한 공세적인 행동을 취해서는 안 된다"고 주의를 주었다. 영국외무대신 팔머슨(Henry John Temple Lord Palmerston, 巴麥尊 또는 帕麥斯頓, 1784~1865)은 알콕의 행동을 비준했지만, 이것은 "원칙에 어긋나는 하나의 예외"[8]라고 언급하였다. 그러나 이러한 질책과 그들의 행동을 저지시키지 않은 것은 실제로 알콕의 침략행위에 대한 지지였을 뿐만 아니라 청포사건 처리의 전후 경과를 이해하였을 때에는 즉각 "젊은 알콕이 상해에서 영국의 위신을 세우는데 공헌한 것을 찬양하며, 승진시킬 것을 건의하였다."[9]라고 언급하고 있다. 알콕과 그가 대표하는 식민주의 세력은 이 도박에서 승리하였는데, 그 주된 이유는 청정부의 부패와 무능 때문이었다. 당시 청 정부의 두려운 심정은 지방관리들에게 있지 않았으므로 "일을 빨리 마무리하여 생가지를 자르는 것을 면해야 한다."[10]는 훈령

---

8) 馬士, 『中華帝國對外關係史』 第1卷, p.444.
9) 霍塞, 『出賣的上海灘』, p.25.
10) 道光朝, 『籌辦夷務始末』, 卷79.

을 계속해서 내렸다.

외국 침략자들은 청포사건의 접전을 통하여 청 정부의 허와 실을 더 정확하게 알 수 있었고, "지방 관리들이 권력이 없는 것이 아니라, 결심이 부족하다."[11]는 결론을 내렸고, 이후 거리낌 없이 죄악의 확장 활동을 전개시켰다.

청포사건 발생 후 얼마 안 되어, 알콕은 정식으로 조계를 확충해 줄 것을 청 정부에 요구하였다. 이 당시 상해에 거주한 외국인은 모두 100여 명에 불과하여 조계를 확충할 근본적인 이유가 없었다. 그러나 신임 상해 도대 린꾸이(麟桂)는 이미 침략자들의 위세에 놀라고 있었다. 1848년 12월 27일, 그와 알콕은 협정을 체결하기를 조계의 서쪽경계는 원래의 경계에서부터 니성빈(泥城浜; 오늘날의 西藏中路)까지 확장하고, 북면으로는 소주하(蘇州河)까지 확장시켜, 영국영사가 오래전부터 탐내고 있던 이가장(李家庄)일대의 토지도 마침내 조계지역내로 포함시켰다. 조계의 총면적은 원래의 면적보다 약 2천 무(畝)가 증가하여 2,820무(畝)가 되었다. 이것이 조계의 1차 확장이었다. 이때부터 이 토지는 "영국조계"(英租界)라고 불렸다. 1849년 7월 21일, 영국영사관은 이가장(李家庄)의 새로운 주소지로 이주하였다.[12]

알콕의 조계확장 음모의 성공으로 프랑스와 미국 두 침략자들도 눈이 빨개가지고 덤벼들었다. "기회균등, 이익균점"(機會均等, 利益均霑)의 원칙은 약 반세기 이후에야 명확하게 언급하였으나, 서방 침략자들이 중국을 침입할 때에는 강도와 같은 논리로 침략을 진행하였다.

1848년 7월, 프랑스 상인 레미(Remi, 雷米)가 광주로 부터 상해에

---

11) Lanning and Couling, The History of Shanghai, p.298.
12) 1852년 영국영사서(英國領事署)는 새롭게 건물이 신축되었다. 그러나 1870년 연말 이곳의 건물이 불에 탔으므로 영사관의 모든 당안(檔案)이 거의 소실되었다. 1872년 새로운 건물을 지었다. 성내의 옛 영사관서(署)는 후에 소도회(小刀會) 기의군(起義軍)이 지휘부로 사용하였다.

도착하여, 프랑스 영사에게 편지를 써서 토지를 빌릴 것을 요구하였다. 그는 서신에서 "나는 당신의 통치하에서 토지를 빌려 상업을 하기를 희망한다. 그러므로 특별히 당신이 은혜를 베풀어서 지주와의 만남을 통해 가격을 흥정하고, 아울러 중국관청과 당신이 교섭하여, 우리가 미리 상업전쟁에서 승리하기 위해서는 합당한 조건들을 애기해야만 한다. 내가 필요로 하는 토지는 북쪽으로는 양경빈(洋涇浜)까지이고, 서쪽으로는 삼림(森林) 공장까지이며, 동, 남 두 방향으로 나는 아직 구역을 확정짓지는 않았으나, 강변을 따라 멀면 멀수록 좋다고 희망한다."13)고 언급하고 있었다. 당시 프랑스 몬티니(Louis Charles Nicolas Maximilien Montigny, 敏体尼, 1805~1868) 영사는 기회를 보아 조계지를 얻어내려고 하였으며, 레미 서신을 받은 후, 이를 구실로 상해 도대인 우지앤짱(吳健彰)에게 프랑스 조계지를 요구하게 되었다. 프랑스인들 역시 임대한 토지에 건물을 짓고 생활할 가옥과 무역 등으로 사용할 수 있는 토지 공급을 요구하게 되었고, 아울러 "다른 나라 사람들과 동등한 대우"를 향유할 수 있도록 토지를 요구하였으며, 아울러 그 토지에 대한 전관권(專管權)도 갖고자 하였다. 몬티니가 선택한 조계지는 "양경빈의 우측인 성상향촌(城廂鄕村)에서 시작하여 장래에 그들이 필요로 할 수 있는 토지까지"를 요구하였는데, 현성과 영국 조계 사이의 토지를 언급하고 있는 것이다. 그것의 서남쪽은 성의 하빈(河浜)과 인접해 있고, 북쪽으로는 양경빈(洋涇浜), 동쪽으로는 황포강을 접하고 있으며, 3면이 선박의 통행이 가능한 곳이었다. 당시 영국조계는 초보적이 규모를 갖추고 있었으므로 상업중심은 여전히 현성(縣城) 일대였으므로 몬티니는 이 지역이 많은 장점을 갖고 있다는 것을 인식하고 이 지역을 얻고자 하였다.

미국 매판출신인 대리도대 우지앤짱(吳健彰)은 프랑스인의 요구에

---

13) 上海法國領事館檔案, 『搖籃中的法租界』에서 인용.

바로 답하지 않자, 몬티니는 강경한 항의 서신을 보냈다. 이때 우지앤 짱은 마침 다른 곳으로의 임지 이동 명령을 받았으며, 임지로 떠나기 전에 몬티니에게 서신으로 말하기를, 영국조계내의 일부 토지를 프랑스 인에게 줄 수 있다. 그러나 몬티니는 먼저 영국영사의 허가를 얻어야 한다고 하였다. 몬티니가 노발대발하면서 즉각 서신을 보내 말하기를, "이번 서신으로 볼 때, 귀 도대는 프랑스가 중국과의 조약에서 얻은 신성한 권리를 임의대로 사용하는 것이 분명하다. 이 사건의 결과는 당신 개인의 책임이며, 후임 도대와는 관계가 없는 것이다. 본 영사는 당신의 이름으로 이 사건을 진행할 것이다."고 압박하였다. 우지앤 짱을 협박함과 동시에 프랑스 공사에게 보고하여 북경에 우지앤짱을 고소하였다. 그는 또 영국영사와 타협하는 것을 거절하며 말하기를, 프랑스는 "조약상의 규정에 따라 중국 천자에게 토지를 요구할 권한이 있지, 영국에게 빌리는 것을 묻는 것이 아니다!… 종합해서 말하면 이 사건은 개인 간의 일이 아니라 한 강국이 하나의 권리를 요구하는 것이고, 당신은 이 강국에 대하여 책임을 져야만 한다."[14]고 으름장을 놓았다.

신임 도대 린꾸이(麟桂)는 몬티니의 음흉한 위협에 굴복하여, 같은 해 11월 획정된 토지를 프랑스 조계로 준다고 답하였다. 다만 레미가 먼저 요구한 그 토지의 면적은 약 2무(畝)로 12명의 주인에 속해 있는 것으로 46칸의 단독주택과 백 여 그루의 관을 짤 수 있는 나무가 있었다. 원 주인이 요구하는 가격은 매 무(畝)당 300량, 매 방칸 마다 100 량을 요구하였으며, 매 관재(棺材)에는 50량을 요구하였다. 프랑스 침략자들은 여러 가지로 가격을 낮추었으나, 담판은 12월에 가서 결국 결렬되었다. 몬티니는 부랑자와 같은 말투로 린꾸이에게 통지하기를, "중국황제는 이미 프랑스에게 조계지를 주기로 윤허하였고, 기타 국민

---

14) 上海法國領事館檔案, 『搖籃中的法租界』에서 인용.

들을 거주하도록 윤허하였다. 이같은 중국황제의 성지(聖旨)에 따라 관원들은 조계지를 할양하는 것을 수행해야 하는데 있어서 도대는 백성들에게 토지를 빌려주도록 압력을 가할 의무가 있으며 명령을 듣지 않는 사람들에게 처벌할 수 있는 권한이 있다."고 도대의 미온적인 태도를 힐책하였다. 그는 린꾸이에게 일주일내에 관련 조계지에 대한 고시를 붙이고, 아울러 원 주인들에게 "공정한 가격으로 빌려줄 것"을 명령하도록 재차 요구하였다.[15] 당시 청포사건과 영국조계가 확장한 지 얼마 되지 않았으므로 린꾸이는 마음속으로 두려워하여 즉시 명령을 내리게 되었다. 그는 한편 원 주인들을 협박하여 매 무(畝)당 160천 문(文) 즉 160량 보증금 이외에 1,500문(文) 즉 150량으로 매년 최저 임대 가격으로 토지를 "영원히 임대"라는 조건으로 레미에게 양도하게 하였으며, 한편으로는 이러한 초안을 몬티니가 보도록 고시하였다. 몬티니는 고시한 내용에 대하여 여전히 만족하지 않았고, 친히 그 문구를 수정하였다.

고시에 관한 교섭이 4개월간 계속되어, 1849년 4월 6일(도광 29년 3월 14일)까지 계속되었으며, 상해 도대가 비로소 이 고시를 공포함으로써 프랑스 조계 구역이 확정지어졌다. 그 지역은 상해 북문 밖으로, 남쪽으로는 성하(城河)에 이르고, 북쪽으로는 양경빈(洋涇濱)에 이르며, 서쪽으로는 관제묘(關帝廟) 저가교(褚家橋, 오늘날 西藏南路부근)에 이르고, 동쪽으로는 광동조주회관(廣東潮州會館)의 연하(沿河)를 따라 강변에서 양경빈 동쪽 모퉁이(오늘날 龍潭路)까지였다. 이것이 프랑스 조계의 모양이었으며, 면적은 980무(畝)였다. 고시는 『토지장정』이 그 기초가 되었으며, 규정하기를, "각국의 사람이 조계 내에서 거주하기를 희망한다면, 해당국 영사에게 수속을 밟아야 한다."고 언급하였으며, 프랑스 조계는 프랑스 영사의 관할 하에 놓이게 되었다. 고시

---

15) 梅朋, 弗萊臺, 『上海法租界史』는 『搖籃中的法租界』에서 인용.

문에서는 또 선포하기를, "만약 그 지역이 충분하지 않으면 이후 다른 토지에 대하여 상의하고, 수시로 협의한다. 경계지 내의 토지에 대해서는 영사부에서 수시로 감시하여, 민가에서 그 임대가격을 높여 본국인을 강압하여 임대세를 받는 것을 조사한다. 만약 내지 인민이 조약을 어기고 가격을 높여, 중국의 시세에 맞지 않는다면, 영사관에서는 지방관이 해당 인민에게 명령을 내려 조약의 조관대로 이행하도록 명령한다."16)고 하였다. 사실은 1849년 말까지, 상해 전체에 프랑스 사람은 모두 10명(선교사는 포함 안함)이 살았다. 그중 한 명은 여전히 영국 조계 내에 살았으므로, 프랑스 조계에 거주한 프랑스인은 9명이었다. 몬티니 일가의 식구가 5명이었으며, 영사관의 통역, 레미 및 두 명의 직원이 있었다. 몬티니는 강압적으로 도대에게 이와 같은 규정을 한 것은 이후 프랑스 조계를 확장할 법률적인 근거를 마련해 놓은 것이었다. 이렇게 프랑스는 상해 도대 린꾸이(麟桂)가 고시한 내용으로 상해에서 두 번째로 거류지를 확보하였다. 이것이 프랑스 조계였다.17)

이 일이 있은 후, 몬티니는 득의만만하게 프랑스 외교부에 보고하기를, 그의 성공의 주요 원인은 중국 관리의 약점을 잘 파악하고 있었다는 것이다. 그는 "중국 관원은 3년에 한 번씩 임기가 바뀌는데 관원들은 모두 금전으로 매수되었다. 그래서 그들은 그러한 법률을 잘 알지 못하였으며 번역본을 구하여 보고 있다. 그들은 한 사건이 일어나면, 아주 당황하고 두려워하였는데, 그것은 정부에 어려움을 준다는 것은 마침내 그가 파직당하는 원인이 되기 때문이었다. 이로써 다른 사람으로부터 공격을 받아, 그들이 책임져야 할 때가 되면 그들은 항상 굴복하게 되어 있다."18)고 중국 관리의 약점을 언급하고 있다. 프랑스 공

---

16) 『搖籃中的法租界』에서 인용.

17) 이 프랑스 조계와 영국조계는 모두 같은 형태로 일종의 거류지(settlement, 居留地)였으나, 프랑스 식민자들은 고의로 그것을 조계(concession, 租界)라고 불렀다.

사 루잉(陸英)에게 미국이 프랑스 조계에서 프랑스가 전관(專管)하는
것과 몬티니의 월권행위에 대하여 항의할 때, 몬티니는 즉각적으로 반
박하며 말하기를, "당시에 이미 많은 사람들이 미국과 벨기에 영사 모
두가 양경빈에서 조계를 만들려고 하고 있다. …나는 프랑스를 어떠한
눈으로 보아야 하는가? 프랑스 영사가 이곳에 있는데 다른 사람들보다
뒤쳐진다면, 어떤 이익을 얻을 수 있겠는가? 나는 이것이 충신이 해야 할
일이라고 믿고 있다. 이로써 나는 강경하게 대응하게 된 것이다."19)라
고 하였다. 프랑스 침략자들은 바로 이러한 심정으로 침략활동을 전개
시켰다.

영국과 프랑스가 계속해서 조계지를 취득 했을 때, 미국 또한 급히
영국과 프랑스를 좇아 시도하였으나, 그 방법은 영국과 프랑스와는 조
금 달랐다. 상해 개항초기에 미국은 단독으로 조계를 취할 조건을 갖
추지 못하였다. 그러나 그들이 조계지를 얻으려고 생각했을 때, 영국
과 프랑스는 이미 유리한 위치를 차지하고 있었다. 이로 인하여 미국
은 한편으로는 미국의 조계지를 적극적으로 도모하는 것이었고, 다른
한편으로는 어떠한 조계지도 어떤 한 나라 영사의 전관(專管) 아래 놓
이는 것을 반대하였다. 이로써 다른 나라도 어떤 한나라의 침략의 결
과를 함께 향유하고자 하는 것이었다. 그들의 관점으로 말할 것 같으
면, 워싱턴방면의 미국 역사학자들은 그들의 저작 중에 미국이 전관
(專管) 조계를 설립하는 원인에 대하여 이렇게 해석에 하였다. "각국
에서 나누어서 거류구(居留區)를 세운다면, 조약국간에 또 그들과 중
국 간의 최혜국 조관으로 충돌이 발생하는 것을 면할 수는 없다. 각각
의 통상 항구는 자연히 모두 하나의 상업상 편리한 지점이며, 이것은
그곳 지방의 지형선과 아주 좋은 부두를 옆에 두고 있는 것을 택하게

18) 上海法國領事館檔案, 『搖籃中的法租界』에서 인용.
19) 上海法國領事館檔案, 『搖籃中的法租界』에서 인용.

되어 있다. 만약 한 나라에서 이러한 유리한 지점을 차지하게 된다면, 기타 각국은 각국에 체결한 조약중의 최혜국조관을 이용하여 역시 똑같은 지점을 점거할 것을 요구할 것이다."[20]이러한 견지에서 볼 때, 미국의 조계에 대한 정책과 그들의 "이익균점"을 요구한다는 원칙은 완전히 일치되는 것이다.

국기 게양사건 이후, 1848년 11월, 제2대 상해주재 미국영사로 그리스월드(J. N. A. Griswold, 祁理薀)가 부임하였고, 그는 월코트(Henry G. Wolcott, 吳利國)가 미국 국기를 내린 곳에서 오래지 않아 다시 미국국기를 게양하게 되었다. 영국영사 역시 재차 항의를 제기하였으나, 국기는 계속 게양되었다. 미국은 영국이 반포한 항구장정(港口章程)의 약속을 받아들이지 않는다고 언급하였다. 이것은 영국조계에서 영국의 특권지위에 대한 공개적인 도전이었다.

1849년 프랑스 조계 성립 후, 그리스월드(J. N. A. Griswold, 祁理薀)는 같은 해 4월 11일 상해 도대에게 항의를 하며, 프랑스 조계지의 경계를 일찍이 1846년 7월 14일 전임 미국 영사인 월코트에게 허가해 주었던 것을 지적하였다. 중국의 토지를 한 부분 한 부분씩을 이 나라 저 나라의 국민에게 나누어 준다면, 또 그들에게 그곳을 관리할 수 있는 특권을 향유하게 한다면, 이러한 제도를 용인할 수가 있겠는가?[21] 이후 그리스월드는 중국주재 미국 전권위원인 데이비스(J. W. Davis, 德威士)에게 보낸 서신중에서 이러한 태도를 취한 이유를 밝혔다. "만약 우리들이 현재 이러한 조계지 구역의 원칙을 승인한다면, 우리도 이와 같은 지역을 요구해야 하며, 그러면 우리는 편리하지 않은 지역으로 장소가 정해질 것이며, 이후에 이 항구에 도착하는 미국 국민 대다수들은 그들 동포와 함께 거처할 수 있는 지역을 찾을 것이다. 이로

---

20) 泰勒·丹涅特, 『美國人在東亞』, 商務印書館 1959年版, pp.171~172.
21) 梅朋, 弗萊臺, 『上海法租界史』는 『搖籃中的法租界』에서 인용; 泰勒·丹涅特, 『美國人在東亞』, p.174.

써 그들은 영국, 프랑스의 조계로 들어갈 것이며, 이렇게 된다면 우리가 얻은 작은 구역은 아무 쓸모가 없게 되는 것이다. 아울러 우리들은 중국인과 각 외국 대표들의 수중으로 떨어지는 것이며, 우리들은 그곳에서 제한을 받게 될 것이다. 또 상업용으로는 어떻게 활용해야 할지에 대해서도 논의가 되어있지 않다."[22] 이러한 이유로 미국은 각국 교민들이 반드시 프랑스 영사에 동의를 얻어 프랑스 조계에서 토지를 임대해야 한다는 것에 대하여 반대를 하였고, 프랑스인의 전관(專管) 권력을 타파하려는 의도를 보였다. 미국과 영국 두 국가의 제재로 이후 프랑스 조계의 각국 교민들은 자국의 영사에게 등기를 하면 되었고, 프랑스 영사관에 가서 등기하지 않았다. 그러나 영국이 이 문제에서 보인 태도는 모순적인 것이었는데, 왜냐하면 프랑스 조계에서의 전관(專管)을 부정하는 것은 원칙상으로는 자신들의 영국조계에서의 전관(專管)을 역시 부인하는 것이었다. 미국은 이렇게 해서 영국의 영국조계에 대한 전관(專管) 권력도 파괴하려하였다.

1849년 12월, 미국 영사 그리스월드(J. N. A. Griswold, 祁理蘊)가 상해 도대를 강압하여 그와 직접적으로 영국조계 토지 임대건을 상의할 것을 결의하였으며, 영국 영사에게는 통보하지 않았다. 그러나 이때에도 그는 영국 영사가 "명의상의 표결권"이 있다는 것은 승인하였다.[23] 1852년 3월, 한 미국인이 임대지를 요구하자, 신임 대리부영사 커닝햄(E. Cunninghanm, 金能亨)이 즉각 세 장의 계약서[道契]를 상해 도대 우지앤짱(吳健彰)[24]에게 보내어 도장을 찍을 것을 요구하였다. 우지앤짱은 "해당지역은 영국 영사의 동의 없이는 거류할 수 없다."고 답변하였다. 커닝햄은 미국정부는 이러한 방법에 동의할 수 없다면서 극단적인 조치를 취할 수밖에 없다고 하며, 도대에게 24시간

---

22) 泰勒·丹涅特, 『美國人在東亞』, pp.174~175.
23) Lanning and Couling, The History of Shanghai, p.288.
24) 吳健彰은 咸豊 元年 7월(1851년 8월) 상해도대에 재임명되었다.

내 도계(道契)에 도장을 찍어서 회송시킬 것을 요구하였다. 그러나 24시간 후에도 커닝햄은 우지앤짱이 어떠한 움직임도 보이지 않자, 알콕의 청포사건을 모방하여 여러 수단을 사용하기로 하고, 다음과 같은 최후통첩을 보냈다. "내가 정식으로 당신에게 통고하는데, 나는 앞으로 당신과 왕래하지 않겠다. 나는 이곳에서 중미 양국 간의 조약에 의한 행동을 중지하겠다. 권리를 승인하기 전까지, 이곳을 드나드는 미국 선박은 어떠한 수출입세도 납부하지 않을 것이다. 나는 즉각 광주의 미국 위원에게 군함을 이리로 급히 파견하도록 요청할 것이다. 군함이 도착하기 전에 나는 미국교민들을 조직해서 우리 스스로를 보호할 것이다. 왜냐하면 그들은 중국당국의 보호를 희망하지 않을 것이기 때문이다."25) 커닝햄은 이 통첩에 대한 상해 도대 우지앤짱의 답변시간을 48시간 내로 제한하였다. 우지앤짱은 결국 이러한 협박에 굴복하게 되었다. 3월 16일, 커닝햄은 『북화첩보』(北華捷報)에 포고문을 고시하였는데, 내용은 다음과 같다. "우리 교포는 상해 및 그 부근에서 조약에 근거하여 토지를 구매할 수 있고, 이것은 본 영사와 상해 도대가 직접 상의하여 결정한 것이다. 그러므로 어떠한 국가의 간섭도 용인하지 않는다. 이러한 권리는 미국당국이 일관적으로 지지한 것이고, 일찍이 알콕이 행한 바를 따라서 한 것이며, 도대와 교섭을 통해 동의를 얻어낸 것이다."26) 이때 유럽의 상황이 아주 나빠져서 영국과 프랑스가 러시아와 크리미아 전쟁으로 촉각을 세우고 있었으므로, 영국은 미국과 적대관계로 상황을 악화시키지 않으려 하였다. 영국영사 알콕은 개인적으로 커닝햄에게 화해를 표시하였고, 1853년 5월 영국정부는 정식으로 선포하기를, "여왕폐하 정부는 점용한 토지에 전혀 전유권리(專有權利) 혹은 관할권(管轄權)을 주장하려는 의사가 없다."27)고

---

25) Lanning and Couling, The History of Shanghai, p.289.
26) 馬士, 『中華帝國對外關係史』第1卷, p.393에서 재인용.
27) 泰勒·丹涅特, 『美國人在東亞』, pp.177~178.

말하였다. 이로 인해 미국은 결국 토지 임대문제에서 영국과 프랑스와
동등한 권리를 획득하게 되었다.

　미국은 전관 조계가 필요하지 않은 것은 아니다. 사실상 미국선교사
들은 일찍이 미국조계를 건립할 계획을 세웠었다. 1848년 분(W. J.
Boone, 文惠廉) 주교를 우두머리로 하는 미국성공회 선교사들은 소주
하(蘇州河) 북쪽 강안의 홍구(虹口)지구가 지가(地價)가 저렴한 것을
기회로 교회당을 건립한다는 이름으로 그 일대의 광대한 토지를 구입
하여 건물을 지었다. 얼마 안 되어 분 주교는 상해 도대에게 미국 조
계건립을 요구하였다. 교섭은 10일간 지속되었고, 상해 도대는 마침내
소주하 북쪽 홍구(虹口) 일대를 미국조계로 허락한다는 답변을 보내왔
다. 그러나 당시 쌍방이 정식으로 협정을 하지 않았기 때문에 미국 조
계의 사방 경계구역을 확정짓지는 못하였다. 미국 조계의 지리적 위치
는 영국과 프랑스 조계만큼 우월하지는 않았기 때문에, 서방 침략자들
은 "조계중의 신데렐라"[28]라고 불렀다. 1854년 2월, 미국 영사관이 미
국 조계로 옮겨갔다.

　이때까지 영국, 프랑스, 미국 세 나라는 상해에서 초보적인 침략 기
지의 구획을 획득할 수 있다. 세 곳의 조계는 이미 외탄(外灘)과 소주
하(蘇州河) 입구 일대 지역을 분할하는 것을 완비하였다. 영국과 프랑
스 조계는 양경빈을 경계로 외탄을 점거하였고, 영국과 미국 조계는 소
주하 입구를 사이에 두었다. 상해에서 교통이 가장 편리하고, 지리적
위치가 중요한 지역이 완전히 서방 침략자들의 수중에 놓이게 되었다.

　그러나 서방 침략자들의 이러한 조계의 취득은 침략자들의 궁극적
인 목적이 아니었다. 그들의 주요목적은 중국을 개방시켜 보다 더 많
은 침략적인 특권을 확보하는 것으로 전 중국을 그들의 식민지로 변화

---

28) 신데렐라(Cinderella)를 중국어로는 "灰姑娘"이라고 하였는데, 이는 외국 동
　화 중에서 나오는 계모의 학대를 받던 아름다운 아가씨를 말한다.

시키는 것이었다. 영국영사 알콕은 아주 광적인 침략분자로 이러한 점을 망각하지 않았다. 제1차 아편전쟁 이후의 몇 년 동안, 중국의 완강한 저항과 아편무역으로 중국 시장의 파괴로 영국의 대중국 공업품 수출 수지는 영국 자산계급이 기대하는 것에 크게 미치지 못하였다. 영국 자산계급은 이러한 이유를 통상항구와 식민지에서의 특권이 아주 적은 것에 기인한다고 생각하여, 청 정부를 압박하여 더 많은 이권을 획득하게 되었다. 상해에서 영국 침략자들은 즉각 이러한 정책을 받아들였고, 이러한 목적을 이루는 가장 효과적인 수단으로 전쟁을 생각하게 되었다. 1849년 1월 사이, 알콕은 중국주재 영국전권대표이자 홍콩총독 본햄에게 수차례 건의하였는데, 그 방법은 아주 작은 함대를 대운하 하구에 파견하여 봉쇄하고, 조선(漕船)의 북상을 저지한다면, 이로써 자신들의 목적을 달성할 수 있다는 것이었다. 그는 "이런 종류의 압박 수단은 20여 개의 연해와 변경상의 도시를 파괴하는 것 보다 효과적이다. 반드시 궁정을 기아에 빠뜨리고, 인민을 기아에 허덕이게 한다면, 황제는 두 가지 길에서 하나를 선택할 것이다. 즉 도망가지 않으면 굴복할 것이다."29)라고 언급하고 있다. 그러나 영국정부는 이 건의를 고려할 시간이 없었는데, 그것은 세계를 놀라게 한 태평천국(太平天國)이 폭발하였기 때문이었다.

29) 1849년 1월 19일 알콕은 본햄에게 보낸 건의서. 嚴中平,『太平天國初期的英國侵華政策』는『新建設』, 1952年 第9期에 게재된 내용 인용.

제4절 개항 초기의 상해

영국침략자의 포화로 상해의 대문이 열렸다. 외국상인, 선교사와 모험가들은 식민지 무역의 거대 한 시장을 얻어서 기뻐하며 계속해서 상해에 도착하였고, 조계를 진지로 삼아 그들의 모험, 투기적인 생활이 시작되었다.

이러한 외국상인과 모험가들은 각종 양행(洋行)을 건립하였고, 이를 통해 약탈적인 상업 활동에 종사하게 되었다. 1844년 상해의 외국 양행은 오직 11가(家)였는데, 10년이 지난 후에는 120여 가(家)로 증가하였다. 그중 유명한 것으로는 이화양행(怡和洋行), 대영윤선공사(大英輪船公司), 사손양행(沙遜洋行), 전지양행(顚地洋行), 인기양행(仁記洋行) 등이었다. 이러한 양행은 모두 경쟁적으로 황포강 연안의 토지를 점거하여 이후에 들어오는 외국 상인들은 이곳에 끼어들 수 없었으므로, 오직 서쪽으로 확대시켜 나갈 수밖에 없었으며, 어느새 강에 인접해 있던 곳 일대는 전가(前街)가 되었고, 강에서 좀 떨어진 지구는 후가(後街)가 되었다.1)

1847년 상해에는 외국 교포가 108명이었으나, 1850년에는 143명으로 늘어났다. 그들은 모두 처음에는 남시(南市) 성 밖 황포강 일대에

---

1) 전후가(前後街)를 관통하는 도로를 내기 위해, 영국 영사 볼포어(G. Balfour, 巴富爾)와 상해 도대 꿍무지우(宮慕久)는 최초의 『土地章程』중에 조계 내에는 반드시 동에서 서로 직통하여 강변으로 통하는 사대로(四大路)를 확보해야만 한다고 규정하였고, 후의 漢口路, 九江路(일설에는 현재의 福州路라고도 함), 廣東路, 北京路가 그것이라고 할 수 있다.

인접해 있던 민간인 집에서 거주하였다. 그러나 40년대 말에 이르러서는 계속해서 조계로 이주해 들어갔다. 그들은 처음에는 외탄(外灘)에서 사업을 경영하였지만 점차 서쪽으로 확장하였다. 외탄 또는 황포탄이라고도 불리는 이곳은 남쪽으로는 금릉동로(金陵東路)에서 시작하여 북쪽은 외백도교(外白渡橋)의 황포강에 이르는 임강대도(臨江大道)까지 전 길이가 1.5km이었다. 이곳은 원래 갈대가 무성한 늪지대(沼澤地)였다. 강변에는 선부(船夫)들이 배를 끌어들이는 좁은 길이 있었다. 상해 개항 후 석탄가루, 난로의 찌꺼기, 조약돌 등을 깔아 임강대도(臨江大道)를 건축하였다. 작은 기둥과 철책을 세워 도로를 양분으로 하여 안쪽 길은 차를 다니게 하고, 바깥 쪽 길은 사람이 통행하였다. 그리고 몇 걸음씩 띄어 가로수를 심었다. 1850년대 외탄에는 이미 1, 2층짜리 양옥이 있었는데, 모두 양행(洋行)이나 은행이 영업하는 곳이었으며, 이외 그들이 운영하는 창고, 물건 적재 부두 등이었다. 대부분의 도로는 진흙과 모래로 덮여져 있어 비가 오면 진창이 되어 걷기 힘들었다. 물가의 고수부지에는 각종 쓰레기가 퇴적되어 쌓였다. 현재의 서장로(西藏路), 홍구(虹口) 일대는 그 당시에는 황무지로써 외국인들이 소나 말이 끄는 작은 우마차로 자주 황포탄의 거리를 왕복하였다. 양행 지배인들 역시 자주 외탄에서부터 이가장(李家庄) 남쪽의 5백 미터 길이의 밭 사이 작은 길(현재의 南京東路, 外灘에서 河南中路까지의 일대)을 산보하거나 혹은 말을 타기도 하였다.

1850년 광융양행(廣隆洋行) 지배인인 영국인 호그(W. Hogg, 霍格)와 기브(Gibb, 吉勃), 랭글리(Langley, 蘭格利), 파킨(Parkin, 派金), 웹(Webb, 韋勃) 등과 한 무리가 되어 경마총회를 조직하고, 오성묘(五聖廟; 현재의 하남로, 남경동로의 구부러진 곳으로 麗華百貨商店 자리 부근에 있었음) 부근의 80무 토지를 강점하고 화원(花園)을 조성하였다. 그들은 화원의 동남 방면에 다섯 기둥에 공을 집어 넣는 오주구

(五柱球)의 구방(球房)을 설치하였는데, 후에는 포구장(抛球場)이라고 불렀다. 또 화원 둘레를 말이 달릴 수 있는 경마의 마도(馬道)를 축성하였다. 이것이 바로 상해 경마장이었고, 또 옛 화원(老花園)경마장이라 부르기도 하였다. 외국인들은 이 경마장에서 외탄의 도로까지를 "파커 거리"(派克弄) 혹은 "화원 거리"(花園弄)2)라고 불렀다. 매 해 봄과 가을의 경마시기에는 외국인들이 모두 와서 참관하였고, 이곳이 영국조계의 초기 오락 중심 시가지였다. 생활과 향락의 필요의 따라서 그들은 1844년 상해도서관을 설립하였고, 1850년에는 영화서관(英華書館; 오늘날의 武進路 거리)을 창립하였다. 같은 해 8월 3일에는 『북화첩보』(北華捷報)를 창간하게 되었다. 그들이 조직한 "방탕아"(浪子; Ranger)와 "호걸"(好漢; Footpad)3)이라는 두 개의 극단이 있었고, 오늘날 광동로와 북경로의 물건창고가 있는 곳에서 연출 및 공연을 하게 되었다. 1852년, 외국상인은 상선의 수부들과 연합하여 황포강에서 노젓기 시합을 벌였다. 양행 지배인들은 그들이 아편을 판매한 돈과 식민무역에서 얻은 금전을 이용해서, 좋은 음식과 향락을 향유하였다. 외국인이 저술한 서적 내용의 기록에 의하면 외국인들의 일상을 다음과 같이 말하고 있다. 서양 신사(紳士)들은 매일 식민지의 관례적인 업무 처리시간은 오전 10시부터 오후 3시까지만 업무를 보았다. 날이 저문 후, 그들은 베란다에서 부드러운 저녁 바람을 맞으며, 여유 있게 위스키를 마시고, 황포강의 아름다운 풍경을 바라보면서 여유를 즐겼다. 아주 흥이 나면 말을 타거나 산보를 하였으며, 시간이 더 있으면 총을 지니고 사냥개를 데리고 야외로 나가서 야생 닭 한두 마리를 잡으며

---

2) 여기에서 농(弄)이라는 것은 특히 상해지역에서 거리나 골목 등을 나타내는 단어이다. 역자 주.

3) "방탕아"(浪子; Ranger)와 "호걸"(好漢; Footpad)이라는 두 개의 극단이라고 본문에는 나와 있는데, 방탕아와 괄호 안의 영어 ranger는 관리원, footpad는 노상강도라는 뜻이므로 여기에 쓰인 한자와는 의미가 완전히 다르다. 역자 주.

기분전환을 하였다. 그런 다음날 그들은 그들에게 거대한 이윤을 가져오는 투기사업을 진행시켰다. 종합해서 말하면 서방 침략자들은 상해의 면모와 사회생활을 점차로 변화시켰고, 이전의 흥융(興隆)했던 상해 성상(城廂)은 점차로 쇠락하여 갔으며, 대신 조계가 날로 번영하게 되었다. 침략자들은 상해를 더욱 그들의 입맛에 맞는 "모험가들의 낙원"으로 건설해 나갔다.

개항 이후, 영국을 선두로 한 서방 자본주의국가들의 상해에서의 무역량은 매년 증가하였다. 동인도회사와 공행의 독점적 영업이 취소된 이후, 많은 외국상선들이 상해로 들어 왔다. 상해개항 최초 6주 동안에는 겨우 7척의 외국상선이 항구로 들어왔다. 그러나 다음 해인 1844년에는 모두 44척의 외국선이 8,584톤 적재량의 화물을 싣고 들어왔다. 1849년에는 외국선박은 133척으로 늘어났고, 적재 화물량도 52,574톤으로 이러한 화물을 싣고 상해항구로 들어왔다. 그중 영국선박은 94척으로 38,875톤의 화물을 적재하였고, 미국선박은 25척으로 10,252톤의 화물을 적재하고 상해로 들어왔다. 기타 각국 선박은 모두 14척으로 3,447톤을 적재하고 상해로 입항하였다. 1852년의 최초 9개월 중에는 상해로 들어온 외국 선박은 182척에 달하였으며, 78,165톤의 화물을 적재하고 있었으며, 그중 영국 선박이 103척으로 38,420톤의 화물을 싣고 있었으며, 미국 선박은 66척으로 36,532톤의 화물을 싣고 있었다. 기타 각국 선박은 모두 13척으로 3,213톤의 화물을 적재하고 있었다.[4] 외국에서 상해로 수입된 주요 상품은 거친 능직의 모직물, 면과 모를 혼합한 방직모, 양탄자, 벨벳, 흰 베, 회색 베, 나염한 견직물, 철 조각, 납덩어리, 유리그릇 및 손수건, 양철(함석), 주류 등등이다. 이들 수입 상품 중 모직물과 면직물이 가장 많은 비중을 차지하였다. 1845년, 각양각색의 포필(布匹) 항목 수입이 1,440,062필(匹)로

---

4) 馬士, 『中華帝國對外關係史』 第1卷, pp.401~402에서 재인용.

서 그 가치는 1,121,190파운드였다. 다량의 면모직물의 수입으로 인해 상해 지구의 수공 면·방직업이 큰 타격을 입었다. 당시의 기록에 의할 것 같으면 "송(松), 태리(太利) 면화와 사포(梭布)는 벼농사에 비해서 비교적 수익이 높아 세금의 횡포에도 불구하고 사업을 유지할 수 있었지만, 최근에 양포(洋布)의 유행으로 그 가격이 사포(梭布)의 1/3에 해당하므로 우리 마을에서 방직업을 위주로 생활하던 사람들이 근래에는 사(紗)를 뽑지 않고, 방(紡)만 한다고 하며, 송(松), 태(太)의 포시(布市)에서는 판매량이 절반으로 크게 줄었다"5)고 말하였다. 또 다른 기록에서는 "우리 마을(上海縣을 지칭함-편자)은 바다를 끼고 있는 마을로 모래땅이 많아, 면화를 주로 심어 포(布)를 만들었는데 그 이유는 곡식재배의 이익보다 수익이 많았기 때문이다. 매년 각 통상 항구에서 양포(洋布)가 성행하여 목면(木棉)이 침체되는 현상이 나타났다."6)고 우려하고 있었다. 외국 상품의 맹렬한 수입 충격으로 흥성한 상해 도시의 수공업은 나날이 쇠락해져 갔다.

이와 같이 대종을 이루는 수입화물은 외국인들의 세액부담을 더욱 가볍게 하였다. 예를 들면 상해 개항 초기 7척의 외국 상선이 수입한 수입화물의 가치는 은(銀) 433,729량이었고, 수출화물의 가치는 은(銀)147,172량으로써 납부한 수입세가 16,564.80량이고, 수출세는 7,537.19량으로 톤 세는 겨우 985량이었다. 세수가 이와 같이 가벼웠는데, 그 주된 원인은 아편 전쟁 후 서방열강이 청 정부를 압박해서 체결한 불평등조약내의 "협정관세"(協定關稅) 제도 때문이었다. 협정관세는 "100의 가치에서 5"의 관세 세율과 "100의 가치에서 2.5"의 자구세율을 규정했기 때문이다.7) 이렇게 중국경제의 명맥을 움켜쥐는

---

5) 包世臣, 『安吳四種』.
6) 毛祥麟, 『墨余錄』 卷1, 『土産』.
7) 관세는 한 나라의 주권이다. 일반 주권국가에서는 관세율의 확정은 본국의 수요와 본국의 경제를 보호하는 것이 전제되어 있다. 소위 말하는 "協定關稅"

것으로 중국의 민족경제는 심각한 타격을 입게 되었다.

　세액이 너무 가벼웠던 또 하나의 원인은 중국 해관 관리의 부패와 무능 때문이다. 개항한지 오래지 않아 상해 도대는 양경빈 북면(오늘날 延安東路 外灘 이북)에 반험소(盤驗所)를 설립하여, 외국 선박이 수입하는 화물들을 검사하였다. 1846년에는 또 북문 밖의 두파 남면포(頭垻南面浦)에 강해북관(江海北關; 현재의 海關大樓處)를 건립하였고, 또 신관(小東門밖의 江海大關과 구별해서 부름.)이라고 불리는 곳에서 전사(專司)가 각국 상선의 세무(稅務)를 담당하였다. 당시 해관 관리들의 뇌물과 탐오의 상황은 모든 사람들이 알고 있었다. 특별히 규정에 따라서 해관에서는 받은 세금을 반드시 순도가 높은 원보(元寶)로 만들어 북경으로 보내야 하였으며, 이것에 드는 비용은 모두 해관관리 자신이 비용을 담당해야만 하였다. 만약 북경으로 보내는 은(銀)이 적을수록 지방관이 부담하는 비용이 줄어들게 되었다. 이로써, 관리들은 자신의 이익을 위해, 관세를 받지 않거나, 혹은 세수인 은(銀)을 적게 징수하였다. 그 결과 외국 상인은 대량의 상품을 면세로 수입하였고, 해관관리는 뇌물을 받았으므로 청정부의 수입은 크게 감소하였다.

제도는 중국이 독립적으로 본국의 관세 세율과 주동적으로 세율을 조정할 권한이 없었으므로, 조약국과 공동으로 협의 하여 결정하는 것이 필요하였다. 『南京條約』에는 중국에서 수출입하는 화물에 대하여 거두는 관세율은 중국과 영국이 공동으로 협정한다고 규정하고 있다. 이것이 "협정관세"의 시작이었다. 다른 나라는 같은 방법으로 이러한 종류의 최혜국대우를 향유하였다. "100의 가치에서 5를 받는" 관세세율은 상품이 수입되거나 수출되거나, 또는 상품의 성질에 관계없이 받았으며, 관세세율은 일률적으로 매 백량(百兩)의 가치에서 은 5량(兩)을 거두었다. "100의 가치에서 2.5를 거두는" 자구세율(子口稅率)은 자구세(子口稅) 즉 상품이 내지에 유통될 때, 이잡(異卡)을 통과할 때 거두어들이는 내지세(內地稅)이었다. 불평등조약에 근거하여 외국 상인이 상품을 내지에서 구매했던지, 혹은 판매했던지, 매 백량(百兩)의 가치에서 은 2량(兩) 5전(錢)의 자구세를 납부한다면 기타 지역에서 내지세(內地稅)를 납부할 필요가 없다.

외국에서 상해로 수입되는 화물 중에서 아편은 아주 큰 비중을 차지하였다. 많은 외국 상인, 모험가들이 아편판매자의 신분으로 상해에 들어왔다. 이화(怡和), 기창(旗昌), 전지(顚地), 사손(沙遜) 양행은 모두 아편무역의 중요 거점역할을 담당하였다. 초기 아편수입은 밀수 방식으로 진행되었다. 무장한 해적선을 이용하여 오송(吳淞)으로 운반시키고, 작은 거룻배에 화물을 옮겨 싣게 한 후 빈 배로 항구로 들어왔다. 상해의 아편판매자들과 판매 합의를 한 후에야 다시 거룻배로 가서 물건을 운반해 왔다. 이러한 무역방식은 1858년 아편이 양약(洋藥)으로 고쳐 불려 질 때까지 즉 "합법"(合法) 무역의 범위에 들 때까지 계속되었다. 이 기간 침략자들이 상해로 들여온 아편의 양은 사람들을 놀라게 할 정도였다. 1847년 상해에 들여온 아편은 16,500상자로 가치로는 8,349,440원(元)으로서 전국 소비량의 49.6%를 차지하였다. 1849년에는 수입한 양이 22,981상자로 가격으로는 13,404,230원(元)으로 전국 소비량의 53.3%를 점유하였다.8) 심각할 정도의 아편무역은 중국인들의 건강을 심각하게 해칠 뿐만 아니라, 백은(白銀)이 대량 국외로 흘러나가게 되었다. 많은 외국 아편판매자들은 모두 크게 횡재하게 되었다.

외국 공업품과 아편이 대량으로 수입됨과 동시에 중국의 농부산품(農副産品)과 공업원료 또한 끊이지 않고 수출되었다. 통계에 의하면, 상해개항 후 외국 상인들이 직접 조종한 수출무역은 매년 확대되어 나갔다. 상해에서 생산되는 목면(木棉)은 원래는 "복건, 광동의 상인들이 싼 값에 팔거나 외지로 운송해 갔다", 그러나 이때에는 '서양인들이 직접 와서 팔아' '꽃 시장은 더욱 번영'하였다.9) 1844년 수출품의 가치는 487,528파운드였고, 1845년에는 1,344,650파운드였는데, 1853년

---

8) 黃葦, 『上海開埠初期對外貿易硏究』, 上海人民出版社, 1979年版, p.173.
9) 王濤, 『瀛壖雜誌』.

에 이르면 수출화물의 가치가 5,381,000파운드였다. 수출 화물 중에서 가장 중요한 품목은 비단과 차였다. 1850년 상해항구에서 수출하는 화물의 가치에서 52%를 비단이 차지하고 있었고, 차는 46%차지하고 있었다. 모스(H. B. Morse, 馬士)가 기록하기를, "중국의 비단 생산량은 이 지역에서 가장 많았고 이 지역 거의 전부가 비단 생산지역이었다. 이 지역에서 생산되는 비단의 품질 역시 가장 좋았으며, 이러한 것은 모두 1마일이라는 작은 지구에서 생산되었는데, 이 지구의 동북단이 상해와 인접해 있다. 이로써 내지세 방면에서는 어떠한 저렴함도 없었으나, 생산품은 오히려 이 항구로 몰렸다. 상해는 바로 중국 비단시장의 가장 적합한 지위를 차지하는 지역이 되었고, 아울러 오래지 않아 거의 서방 각국이 필요한 비단의 전부를 공급하게 되었다."10)라고 언급하였다.

이러한 점에서 볼 때, 외국 자본주의의 침입은 중국의 사회경제를 분해하는 작용을 시작한 것이다. 그것은 한편으로는 자연경제에 기초를 둔 소농업과 결합이 되어 있던 가정 수공업과 도시 소수공업의 기초를 파괴되었고, 다른 한편으로는 일부 수공업과 농업 이외의 부업의 발전에 자극을 주었다. 상해지구는 면방직 수공업의 쇠락과 상품시장의 확대를 가져왔고, 상해는 전형적으로 이 시기 중국 사회경제의 변화를 잘 반영하고 있었다.

위에서 본 약탈성 무역을 제외하고, 아주 나쁜 수작을 벌인 것은 사람들을 사고파는 것이었다. 당시 상해에서는 외국인들이 중국인들을 감언이설로 유혹하여 쿠리(苦力)로 해외에 팔았는데, 한 사람의 가격이 겨우 수 십 원(元)에 불과하였다. 중국인은 일단 꼬임에 빠져 팔리게 되면 "움직이는 지옥"이라는 쿠리 선박에 처박히게 되고, 이곳은 감옥과도 같았으며, 이때부터 그들은 뼈와 살이 분리되는 고통을 당하

---

10) 馬士, 『中華帝國對外關係史』 第1卷, p.403.

더라도 아무런 소리를 낼 수 없었다. 비인간적인 학대를 받으면서 이동되는 도중에 많은 사람이 사망하였다. 나중에는 유괴로는 그 목적을 달성할 수 없었기 때문에, 인신 매매범들이 폭력을 사용하여 납치해 갔다. 당시 기록에 의하면, "영국오랑캐가 상해에서 사람을 잡아갔는데, 시골사람이 포(布)와 쌀을 팔기 위해 홀로 이장(夷場; 조계를 지칭한다 - 편자)으로 들어가면 가진 것을 빼앗고, 사람을 잡아 갔으며, 수개월 동안에 실종된 사람이 수 백 명이었다.", 또 "갑판에서 일하는 선원들이 보통 저녁때 뭍으로 올라와 사람들을 잡아갔고, 때로는 보자기를 머리에 씌워 어깨에 메고 가기도 하였다."[11]라고 하였다. 이외에 그들은 또 부랑배와 건달들과 결탁하여 남자와 여자를 마구잡이로 잡아갔고, 심지어는 어린아이까지도 데려갔다. 영국영사 알콕은 영국 관원에게 보내는 서신에서 이러한 사정을 부득불 인정하였다. 상해 항구가 개방된 이래, "1849년 약 2백여 명의 쿠리(苦力)가 아마존(amazon, 阿馬松)호에 의해 캘리포니아로 운송되었고, 작년(1851년을 가리킴 - 편자)에는 레지나(Regina, 里幾納)호가 2,30명을 오스트레일리아로 운송되었다."[12] 이러한 숫자는 크게 축소된 것이었으며, 이로써 당시 상해인 약탈로 인해 판매된 상황을 설명할 수 있다. 이러한 사실은 영국의 『Webster Dictionary』(韋氏大辭典)안의 "Shanghai"라는 단어에 대한 설명으로 "폭력을 사용하거나, 술 혹은 마취품의 힘을 이용하여 사람을 국외로 운반하는 것"이라고 설명하고 있다. 이 피비린내 나는 끔찍한 단어의 뜻은 서방 열강이 상해에서 얼마나 죄스러운 일들을 했는가를 잘 설명하고 있다.

겉으로 볼 때, 개항후의 상해는 여전히 발전하였다. 1852년 인구가 544,413명이었다. 성내 교통으로는 작은 차와 가마가 위주였다. 다만

---

11) 『趙惠甫先生能靜居筆記』는 『小說月報, 第8卷, 第6號에 게재됨.

12) 『上海港史話』, p.48에서 인용.

거리는 가경(嘉慶)연간에 63개의 도로가 백 여 개의 길로 발전하였다. 상업 또한 번영을 유지하고 있었다. 성황묘(城隍廟) 주위의 작은 길은 각종 수공업 가게들이 모여 있었고, 이 상점거리에는 물건들의 종류에 따라서 점포들이 집중된 곳에는 거리 이름에 그러한 물건 이름이 붙여졌다. 예를 들면 절인반찬을 파는 거리(咸瓜街), 대나무 가공품을 파는 거리(箴竹弄), 돗자리를 파는 거리(芦席街), 꽃·의복을 파는 거리(花衣街), 양식을 파는 거리(豆市街) 등이다. 남쪽 황포(黃浦) 일대의 동문(東門) 16포(鋪; 점포)로 부터 남쪽의 부두까지 모두 번화가로서 거상들이 운집하였고, 많은 물건들이 산적해 있으며 사람과 말들의 요란한 소리와 배와 차들이 이리저리 얽혀 있었다. 각지에 물건들이 운반되어 왔고, 조계는 도매시장 역할을 담당하였다. 매년 음력 2월 21일, 성황묘(城隍廟)내로 놀러오는 사람이 물결과 같이 많았고, 성황(城隍)의 탄생을 경축하러 왔다. 매년 8월 초 5일에는 현관(縣官)이 영연(領衍)에서부터 사민관신(士民官紳)들이 문묘(文廟) 내에서 1년에 1차례 가을제사를 거행한다. 성황묘 후원과 "양을 방생하는"(放生羊) 거리에는 사람들이 빈둥대고 있다.

그러나 이러한 표면적인 번영인 것을 감출 수 없었던 것은 외국의 사포(紗布)가 염가로 중국에 들어와 중국 시장에 충격을 주었으며, 전적으로 방직에 종사하였던 농민들은 더 이상 실이 없어 방직을 할 수 없게 되어, 생계가 나날이 어려워졌다. 또 외국항운업의 배제로 대형 정크 선박업[沙船業]은 곤경에 빠졌다. 설상가상으로 봉건정부의 가렴주구(苛斂誅求)는 날이 갈수록 더해졌으며, 나날이 은(銀)이 귀해지고 전(錢)의 가치가 떨어지게 되어 백성들의 생활은 더욱 곤경에 빠지게 되었다. 이리하여 실직한 수공업 노동자, 선원, 파산한 농민들이 줄을 이어 상해로 흘러들어와 활로를 찾았다. 당시 광동으로부터 상해에 들어온 사람은 8만 명이었고, 복건사람은 5만 명이나 되었다. 그들의 절

대다수는 고정적인 직업없이 성내에서 유랑을 하였다. 외국침략에 대한 반항과 국내 통치에 반항하는 정서가 나날이 강해졌다.

1851년 상해에서 반식민지 압박에 반대하는 투쟁이 발생하였다. 외국 침략자들은 조계 내에서 백성들의 토지를 침점하였으며 토지소유자에 대하여 만행적인 진압을 진행하여 상해 인민의 분노를 야기시켰다. 그들은 7월 29일의 벽보에서 서방 열강을 통렬히 배척하였다. 중국인은 "아편으로 우리의 영혼은 중독되었고, 서양 선박은 우리들의 재산을 약탈하며 마치 고래처럼 작은 것에서 큰 것까지 우리들의 모든 것을 먹어 삼켰다."고 한다. 심지어 "강제로 백성들의 토지를 점령하고, 분묘를 파헤치며, 서양건물들이 높이 섰고, 오늘에는 또 경마장을 열고자 한다.", "우리들은 그들의 앞을 막을 방법이 없고, 다만 서방 열강을 빨리 몰아내야 한다."13)고 주장하였다. 상해에 있는 광동상인과 복건선원들이 이 투쟁에 투입되었고, 사방의 농민들도 적극적으로 동참하게 되었다. 소도회(小刀會)의 회원이며 복건 홍안(興安) 천장회관(泉漳會館) 이사인 리시앤윈(李仙雲)은 이러한 투쟁에서 지도력을 발휘하였다. 영국영사 알콕은 놀라서 말하길 이 투쟁은 "모든 외국인을 향한 것이다", "외국인이 점유한 토지에 대한 항의이다."14)라고 말하였다. 그는 청 정부에게 빨리 이들을 진압할 것을 요구하였다. 상해 도대 우지앤짱(吳健彰)은 외국침략자들의 뜻을 받아들여 조계협정을 말하길, "멀리서 온 손님들을 보살피는 것과 우의를 표시하는 견지에서 조약을 체결한다."고 하였으며, 리시앤윈을 공개적으로 힐책하며 말하기를, "그는 동향의 모든 사람들이 본업에 종사하는 것을 해치고, 투쟁을 종용하므로 엄중하게 처벌하여야 한다."15)고 선포하였다. 이

---

13) 『北華捷報』, 1851년 8월 9일의 자료는 方詩銘, 劉修明, 『上海小刀會起義的社會基礎和歷史特點』이 『歷史學』季刊, 1979년 제3기에 게재된 것을 인용함.
14) 『北華捷報』, 1851년 8월 2일.
15) 『北華捷報』, 1851년 8월 9일.

투쟁은 비록 진압되었으나 상해인민들은 외국침략자들의 압박으로 인해 민족 의분이 끓어 오르게 되는 것은 이후 나날이 증가하였다.

제3장

태평천국(太平天國) 시대의 상해

제1절 태평군의 승리적인 진군 성원

　서방 열강들이 상해에서 조계와 식민권력을 분주히 확대시킬 때, 중
국사회는 외국자본주의의 충격아래 조금씩 심각한 변화가 발생하였다.
자급자족의 자연경제가 해체되기 시작하였고, 무소불위의 황제 권위가
파괴되기 시작하였으며, 많은 백성들의 생활이 더욱 곤경에 빠지게 되
었고 계급간의 모순은 나날이 격화되었다. 아편전쟁 이후 10년간, 이
러한 모든 것이 결합하여 세계를 놀라게 한 혁명운동으로 진화하였다.
1851년 1월, 상해로 부터 수 천리 밖의 광서성(廣西省) 벽촌(廣西省
桂平縣 金田村을 지칭함-역자 주)에서 태평천국혁명(太平天國革命)이
발생하게 되었다. 다음 해 4월, 태평군은 영안(永安)을 뚫고 북상하기
시작하였다. 1853년 1월에는 무한(武漢)을 공격하였고, 계속해서 수륙
두 방향으로 장강 하류의 지구까지 육박하게 되었다.

　태평군의 승리적인 진군 소식이 상해에 이르자, 상인들이 집결하였
고, 부상(富商)들은 항구가 혼란 중에 빠져있는 가운데에서도 그들 자
신의 안위와 자산을 보호하려 하였다. 상해지방관의 성명에 의하면,
현지의 상인들은 "때때로 헛소문을 듣고 상업을 중단하였는데, 주민들
은 불안하여 피난 가기 급급하였고, 일단 소문을 듣게 되면 수 백리
밖의 사람들 까지도 동요하여 피신함으로, 이곳의 토지를 돌보지 못했
다."[1]라고 말하였다. 또 영국의 어떤 차 상인의 기록에 의하면, "상해
의 공황은 최고조에 달하였다. 황금가격이 25%나 올랐으며 사람들이

---

　1) 『袁祖德告示』, 金毓黻 等編, 『太平天國史料』, 中華書局 1959年版, pp.295~
　　296 참조.

이에 긴장하여 저축하기 시작하였다. 백은(白銀)이 모자랐으며, 영국 선박이 중국에서 관세를 납부할 때 사용하는 은(銀)은 근본적으로 찾을 수 없었다."고 하였다. 또 상인들은 "다른 문제는 언급하지 않고, 오직 생명과 재산을 보호하려고 하였기 때문에 모든 업무는 중단되기에 이르렀다."[2]는 상황에 처해졌다. 지주와 관료들도 역시 혼란에 동요되었다. 성문 위에는 방비를 설치하고, 대포와 포탄을 성벽위로 운반하였다. 도대 우지앤짱(吳健彰)은 권속(眷屬)과 제물(諸物)을 조계부근의 해관사무실내로 운반했고, 한편으로는 또 사람들을 기만하는 광고를 하기를 "어떠한 태평군도 진압될 것이며, ……강소성으로 들어올 수 없다.", "솥 안에서 헤엄치는 물고기처럼, 오늘 저녁에 다 죽을 것이다."[3]라고 하면서 사람들의 민심을 안심시키려고 하였다. 그리고 관부에서는 모든 상인들에게 "이전과 같은 개업과 상업 활동"을 요구하였으며, "만약에 개업하지 않을 경우에는 영원히 다시 개업할 수 없다."[4]고 협박성 발언을 하였다. 또 그는 단련(團練)과 향용(鄕勇)들에게 엄격한 방위를 명령하면서, "비도(匪徒) 서넛 무리가 흉악한 짓을 하고 유언비어를 유포하고 혹은 사람들을 약탈하면, 죄상을 조사하여 처벌하며, 이때 체포를 거절하면 죽여도 관계없다."[5]라고 선포하였다.

태평천국 운동의 신속한 발전은 청 정부를 극도의 공포에 떨게 만들었다. 강소(江蘇) 지방관들은 이러한 곤경을 벗어나기 위해서, 상해 조계의 외국침략자에게 구원을 청하였다. 당시 상해에는 3곳의 조계지와 7명의 외국영사가 있었으며,[6] 이미 서방자본주의는 중국의 주요

2) 『馬克斯恩格斯選集』, 第卷, pp.4~5.
3) 『吳健彰告示』, 『太平天國史料』, pp.292~293 참조.
4) 『袁祖德告示』, 『太平天國史料』, p.296 참조.
5) 『吳健彰告示』, 『太平天國史料』, pp.292~293 참조.
6) 그들은 각기 영국, 프랑스, 미국, 네덜란드, 포르투갈로 한사동맹(漢撒同盟)으로 프러시아에 속해 있었다. 이러한 영사들의 대다수는 상인이 겸임하고 있었는데, 예를 들면, 영국 상인 보순양행(寶順洋行)의 지배인인 비얼(F. C.

기지를 침잠하고 있었다. 이로써, 외국인과 결탁하여 태평군을 진압하
려는 것은 주로 상해 도대 우지앤짱에 의해 진행되었다. 1853년 2월부
터 시작되었는데, 흠차대신 시앙롱(向榮)은 부단히 신속한 "패찰"을
우지앤짱에게 보내어, 광동, 복건 수부(水夫)들이 승선하고 있는 외국
선박을 남경부근에 집중시켜 "임대하거나, 빌리거나, 방법을 강구하여
도착하게 하라."고 명령하였다. 같은 해 3월 1일, 우지앤짱은 영국영사
알콕에게 구걸하여 상해에 정박하고 있는 2개의 돛대를 갖고 있는 병
선 "백합화"(白合花)호를 장강에 투입하여 청병을 도와 태평군을 막아
달라고 요청하였다. 3월 15일, 우지앤짱은 또 각국 영사를 조회하면서,
강소순무 양원띵(楊文定)의 긴급한 요구를 전달했고, 태평군 수사(水
師)가 이미 하관(下關)강면에 나타나서 남경이 위급하다고 설명하였다.
"만약 그들의 침입을 초기에 공격하지 못한다면, 나중에 그들이 각지
를 도발하는 것을 막을 수 없다."고 하면서, "각국영사에게 즉각 상해
에 정박하고 있는 병선을 이끌고 먼저 급한 대로 도움을 주고 이후에
상해에 도착하는 병선을 계속 그곳으로 보내야 한다."[7]고 요청하였다.

태평천국혁명이 일어난 이래로 상해의 외국침략자는 밀접하게 사태
발전을 주시하고 있었다. 영국영사관은 매일 『경보』(京報)의 요점만을
번역하여 영국 상인과 정보 요원들에게 보고했고, 시국에 대해 청 정
부 혹은 태평군보다 더 신속하게 이해를 하고 있었다. 가장 처음으로
영국영사 알콕은 영국정부에 "청 정부가 아주 곤란한 경우"에 빠질 것
이므로 경고를 하지 말고, 운하를 봉쇄해야 한다고 주장하였다. 이로
써 청 정부로부터 더욱 많은 권리를 빼앗을 수 있다고 하였다. 1852년

Beale, 比爾)이 포르투갈 영사와 네덜란드 부영사를 겸임하고 있었으며, 영국
　상인 광융양행(廣隆洋行)의 호그(W. Hogg, 霍格)는 한사동맹(漢撒同盟)의
　영사를 겸임하고 있었다. 미국 상인인 스미스양행(斯密斯洋行)의 킹(D. O.
　King, 金大衛)은 프러시아의 영사를 겸임하고 있었다.
7) 『有關中國內戰的文書』, 『太平天國初期英國的侵華政策』을 참조.

6월, 알콕은 중국주재 영국 공사겸 홍콩총독 본햄(S.G.Bonham, 文翰)에게 비밀리에 다음과 같이 보고 하였다. "강경한 조치를 취해 우리들의 이익을 보호할 때가 되었다. 더 이상 기다린다면 안전하지 않을 것이다."[8] 그러나 태평군은 군사적으로 대승리를 거두었으며 그 세력이 신속히 발전함에 따라, 영국침략자들은 태평군이 장차 승리한다면 그들의 이권에 해가될 것이라고 생각했기 때문에 공개적으로 청 정부를 원조하는 것을 선전하고, 태평군을 진압해야 하는 중요성을 공개적으로 선언하게 되었다. 1852년 10월 16일, 상해에서 영국 식민자의 대변인 역할을 담당하던 『북화첩보』의 사론에서는 태평군을 "살인적인 토비(土匪)"라고 저주하였다. 1853년 1월 15일, 이 신문은 또 외국인들이 청 정부를 지지하여 태평군을 진압할 것을 공개적으로 호소하며 지적하기를, "반란운동의 최종적 성공은 중국에서 외국인을 적대시한다는 것의 신호였다. 만약에 외국인이 간섭하지 않는다면 대청 왕조는 멸망할 것이고, 우리의 손실은 대단히 커서 우리들이 얻은바가 물거품이 될 것이다."라고 하였다. 같은 해(1853년) 2월, 태평군은 무한(武漢)으로부터 동쪽을 향해 파죽지세로 몰려왔다. 이러한 기세로 볼때 알콕은 만약 외부의 원조가 없다면, 청나라는 반듯이 멸망할 것이라고 인식하기 시작하게 되었다. 그러나 당시 영국은 침략 이권을 확대할 방법이 없을 뿐 아니라, 동시에 이미 수중에 들어 온 것도 잃을 위험에 처해 있었다. 그리하여 그는 이러한 폭동을 진압하기를 주장하고, 청 정부를 압박하여 영국, 프랑스, 미국 3국이 공동으로 청 정부를 도와 태평군을 진압해 줄 것을 요구하게 되었다. 그는 2월 26일 본햄에게 보고하는 중에 다음과 같이 썼다. "프랑스는 천주교를 전교하기 위함이고, 영국은 2천5백만 파운드 정도의 상업투자와 매년 약 9백만 파

---

8) 알콕은 1852년 1월 13일, 6월 17일 본햄(S. G. Bonham, 文翰)에게 기밀보고를 하였다. 『太平天國初期英國的侵華政策』에서 인용.

운드의 영국 인쇄 수입을 얻을 수 있는 기회를 놓쳐서는 안 된다. 제
재없이 가장 편벽한 금지구역까지를 출입할 수 있는 조건은 황제가 자
신의 눈앞에서 자신의 왕조가 와해되어가는 직전의 단계에서 구출해
주는 것으로 이렇게 하면 우리 자신의 활동역역을 크게 신장시킬 수
있다."9)고 하였다. 그는 영국은 오직 서너 척의 병선과 사병만으로도
이러한 위험한 국면을 타개할 수 있다고 생각하게 되었다.

　이로써 3월 1일, 우지앤짱(吳健彰)이 영국에 출병원조를 요구할 때,
알콕은 즉시 행동을 취할 것을 계산하고 있었다. 그러나 영국군함 "백
합화"호의 함장은 오히려 그의 명령을 듣지 않고, 본햄의 지시를 요청
하였다. 알콕은 본햄에게 지시 보고를 하면서 말하기를, "나는 기회가
왔다고 믿는다. 이 기회를 이용하지 않으면 앞으로 기회를 잃어버릴
것이다.… 나는 내지에 들어가고 해안일대의 항구에 제한 없이 왕래할
수 있게 될 것이라고 믿는다. 북경에서 직접 외교관계를 건립하고, 아
편을 합법화하는 것 모두는 아주 큰 이익을 얻는 것이다. 뿐만 아니라,
오늘로부터 2개월 이내에 정식 조약을 통해 이익을 얻을 수 있다."고
하였다.10) 이 보고는 이화양행(怡和洋行)이 파견한 아편 밀수선 아앙
나(阿昻那)호가 홍콩으로 항행 하는 편에 전달하였다. 이 양행의 지배
인 달라스(A. G. Dallas, 達拉斯)는 완전히 알콕의 의견을 지지했고,
영국 정부는 마땅히 알콕이 말한 것처럼 처리해야 하며, 몇 척의 병선
을 상해에 파견하기를 희망하였다.11)『북화첩보』역시 3월 19일 다시
사론을 발표하면서, "영국정부와 청조 황제가 함께 서있기를 희망하
며, 아울러 황제를 도와 그가 쉽게 신민(臣民)을 통제하기를 바랐으며,
최후의 목적은 새로운 통상조약을 체결하는 것이다."12)라고 기술하고

---

　9)『太平天國初期英國的侵華政策』에서 인용.
　10) 알콕이 1853년 3월 3일 본햄에게 보낸 보고.『太平天國初期英國的侵華政策』
　　　에서 인용.
　11)『怡和書簡選』,『太平天國史譯叢』, 第1輯, pp.134~135.

있다.

본햄은 알콕의 보고를 받은 후, 한동안 결정을 내리지 못하였다. "각 방면의 고려를 거쳐서 어떠한 간섭행동을 결정하는 것이 필요한지와 가치가 있는지"를 위하여, 아울러 "일단 사태가 악화되면, 영사가 결정한 행동보다 더욱 유효한 행동을 취하기 위하여" 쉽게 판단을 내리지 못하였다.13) 그는 즉각 세 척의 병선을 이끌고, 3월 21일 급히 상해로 들어왔다. 그러나 그들이 상해에 도착하기 이틀 전, 남경은 이미 태평군의 수중에 떨어졌다. 본햄은 당시 정확한 소식을 접하지 못하였으나, 남경(南京)을 지키기가 대단히 어렵다는 것을 이미 알고, 신중한 결정을 하며, 군사행동을 서둘지 않았다. 그는 우지앤짱(吳健彰)의 구원요청에는 답하지 않았고, 오히려 알콕에게 명령하여 우지앤짱에게 다음과 같이 통고하도록 말하였다. 영국전권대신이 이미 상해에 도착하였고 만약 양강 총독이 원조를 요구한다면 전권대신과 직접 상의를 하고, 양강 총독 아래의 관원에게는 이러한 사항을 전달하지 말라고 지시하였다. 그가 이렇게 한 목적은 그의 신중함을 나타낼 뿐 만 아니라, 지위가 높은 청정부의 관리를 협박한다면, 더 많은 "대가"를 요구할 수 있기 때문이었다. 3월 25일, 태평군이 남경을 점령했다는 소식이 상해에 전달되었다. 같은 날, 전선에서 수집된 정보를 영국영사관의 통역인 메도우스(T. T. Meadows, 密迪樂)가 알콕에게 번역하여 보고하였다. 그 내용은 "사실적으로 말할 것 같으면 청 제국은 중국 남반부에서 그 권력을 완전히 상실하였으며 회복될 가능성이 없다. 외국인이 만약에 만주인을 도와서 간섭을 한다면 전쟁이 연장될 뿐만 아니라 혼란이 무기한 연장될 뿐이다. 이와 반대로 만약에 자연의 순리에 따라 간섭하지 않는다면 양자강(揚子江) 유역 및 남방의 각 성들

---

12) 『太平天國反對外國資本主義的鬪爭』에서 인용.
13) 본햄은 1853년 3월 11일 馬斯伯雷에게 보낸 서신, 『太平天國初期英國的侵華政策』에서 인용.

은 완전한 중국인 정부의 통치를 받게 되어 내부적으로 강성한 하나의
국가가 성립될 것이고, 과거 민족정책의 시행으로 다시 새롭게 통치될 것
이다."14)는 내용이었다. 이러한 보고를 결국 본햄은 믿게 되었고, 본햄
은 청 정부를 도와 태평군을 진압하는 것이 효과적인지 아닌지를 명확
히 구분하지 못하였고, 또 청정부가 이러한 문제를 해결하기 이전에
그 존립의 능력이 있는지 없는지를 확신하지 못하였으므로, 조급한 행
동은 현명하지 못한 것이라고 판단하였다. 그는 결국 "어떠한 상황에
서도 중국정부를 돕거나 간섭하지 않는다."15)고 하면서, 소위 "중립정
책"(中立政策)을 채택하게 되었다.

　이와 동시에 미국과 프랑스 역시 같은 태도를 취했다. 1853년 4월
28일, 미국공사 마샬(H. Marshall, 馬沙利)이 국무경에게 다음과 같이
보고하였다. "내가 생각하건데 90%는 다음과 같이 예측할 수 있다.
중국의 통치권은 완전히 태평군 수중으로 넘어갔으며, 왕조가 완전히
전복될 것이고, 혁명이 승리하게 되기까지 며칠 안 남았다."16) 프랑스
영사 몬티니는 원래 출병하여 간섭하기를 주장하며 말하길, "우리 국
가의 존엄한 계획을 위한다면 우방 정부가 망하는 것을 앉아서 볼 수
없다. 기회를 이용하여 도와야만 한다."17)고 하였다. 그러나 프랑스 군
함 지아시이(賈西義)호의 선장은 "상부에서 명령이 없어, 독단으로 결
정할 수 없다."며 출동을 거절하며 받아들이지 않았다. 3월 31일, 프랑
스 공사는 마카오에서 몬티니에게 "영국 측이 간섭을 말한다면 실현할
수 있지만, 순전히 상업적 이익을 위한 동기에서 일 것이다. 우리는 중

---

14) 密迪樂이 1853년 3월 25일 알콕에게 보낸 보고서, 中國史學會, 『太平天國』,
　　第6冊, 神州國光社 1954年版, p.885.
15) 본햄(文翰)이 1853년 3월 28일 영국외상 러쎌((Lord John Russell, 羅塞爾)에
　　게 보낸 보고서, 『太平天國』, 第6冊, p.882.
16) 泰勒·丹涅特, 『美國人在東亞』, p.186.
17) 梅朋, 弗萊臺, 『上海法租界史』, 聶光坡譯稿, 上海圖書館藏, p.119.

국에서 이러한 성질의 이익은 다른 나라에게 다 맡기고, 중립을 지키는 것이 가장 온전한 정책이며, 형평을 유지하는 정책이 가장 합리적이다."[18]라고 지시하였다.

각국이 취한 "중립정책"은 처음에 적극적으로 무력간섭을 주장했던 아편판매자의 태도를 약화시켰다. 그들은 바쁘게 재물을 창고 안에 은닉하고, 만사에 신중하며 태평군을 화나지 않게 하려는 노력을 보였다. 우지앤짱(吳健彰)은 매월 5만원의 임대금을 내면서 미국 상인 소유의 기창양행(旗昌洋行)에 있던 "과학"(科學)호라 부르는 옛 배와 작은 소대로 구성된 보호선인 포르투갈 무장 쾌속정을 세를 내어 진강(鎭江) 일대를 항행하도록 하였다. 이 사건 역시 열강들의 불안을 야기시켰으며, 그들은 태평군의 정황을 확실히 알기 이전에는 미국은 그 일에 간섭하지 않는다고 생각하였다. 이때 아주 교묘하게 미국공사가 승선한 배인 "쓰쓰꾸이하나"(石斯規哈那)호가 장강을 거슬러 올라가고 있었으며, 상해의 외국상인들 역시 아주 긴장하게 되었다. 미국이 이것에 대해서 설명하기를, 총독에게 국서를 전달하기 위해서 라고 설명하고 중립을 엄수할 것을 선언하자, 그들은 한숨을 쉬게 되었다. 이화양행은 자신들의 아편선박에 명령을 내려 상해를 떠나 대만의 록항(鹿港)으로 가서 위험을 피하라고 하였다.

3월 31일, 태평군이 진강(鎭江)을 공격하였다. 4월 5일, 양원띵(楊文定)은 강소순무서리 양강 총독의 명의로 상해에 거주하는 각국 영사들에게 3통의 원조를 구하는 문서를 보내어 각국의 병선을 남경에 파견하여 태평군을 공격할 것을 정식으로 요청하였다. 이어서 우지앤짱은 또한 각국 영사들에게 무력을 사용하여 상해 현성을 보호해줄 것을 요구했다. 각국 영사는 대답하기를 그들은 상해현성을 보호해달라는 요구에 답할 수 없었고, 다만 조계가 습격을 당한다면 "스스로 보위"할

---

18) 앞의 책, pp.103~104.

것19)이라고 답했다. 영국과 미국 등은 "중립" 정책을 채택하여, 청 정부를 당황하게 만들었다. 이때에 흠차대신 시앙룽(向榮)은 화륜포선(火輪炮船)을 요청하는 급한 서찰을 보냈고, 함풍황제는 양원띵, 우지앤짱에게 명령을 내려 화륜포선을 찾아 고용하라고 독촉하는 상유를 두·세 번 상해로 보냈으나, 외국인은 여전히 행동을 취하려하지 않았다. 양원띵과 우지앤짱 두 사람은 비열한 수단을 사용하였는데, 먼저 4월 7일에 가짜 태평군 벽보를 성내에 붙였다. "고시"(告示)의 내용은 강렬한 배외주의 내용을 담고 있었는데, 그 내용은 상해의 외국 교민들은 모두 출신이 아주 미천한 사람들로 특이할만한 가치가 없는 무뢰배들이며, 머지않아 상해에서 전쟁이 일어날 것이라는 내용을 선전하였다.20) 계속해서 그들은 또 영국이 이미 자신들과 협력하여 무장 함선을 남경, 진강 일대로 파견하여 관군과 함께 전쟁을 치르고 있다고 유언비어를 퍼뜨렸다.21) 그들은 이런 수단을 통해서 외국인을 선동하여 태평군과 불화를 일으키고자 기도했지만 효과를 보지는 못하였다. 4월 14일, 양원띵은 우지앤짱에게 또 유언비어를 만들어 퍼뜨리라고 말하면서, 남경에는 태평군의 선박이 수 백 척이 있는데, 그 배에 "미녀가 수 천 명", "은량이 수 백 만"이 있다고 하였으며, 이미 관군에 의해 포위되었다고 하였다. 영국과 미국 병선들이 태평군에 약간의 도움을 주고는, "미녀와 은량을 모두 가져갔다."22)고 선전하였다. 그러나 중국 봉건관료들이 볼 때에는 가장 유혹적인 이러한 낚시 밥에도 외국 침략자들은 움직이지 않았다. 양원띵은 희망을 버리지 않고, 정

---

19) 特瑞修, 『上海史』, 『上海小刀會起義史料滙編』(이하 『滙編』이라고 한다), 上海人民出版社 1980年版, p.730.

20) 위의 책, p.731.

21) 본햄이 1853년 4월 22일 클레런던(Clarendon, 克拉蘭登)에게 보낸 보고서, 『太平天國』第6冊, p.893.

22) 『楊文定函』, 『太平天國史料』, p.306.

식으로 영국과 미국 두 나라를 조회하면서, 태평군은 "아편을 금지시키는 것이 대단히 엄격하여, 흡연하는 사람을 보면 무조건 죽이므로 화륜선들을 파견하여 소탕하기를 희망한다."[23]고 하며, 태평군의 금연정책이 침략자들의 분노를 일으키기를 기도하였으나, 이 역시 아무런 효과도 얻지 못하였다.

그러나 외국 침략자들이 표방한 "중립"은 수수방관하는 것이 아니었고, 자신을 보호하는 것 외에 주도권의 향방을 엿보며 행동할 기회를 찾고 있었다. 이 "중립"의 미명아래, 영국을 위주로 한 식민주의자들은 상해 조계에서 군사들을 무장시켜 침략활동을 강화시켰다.

먼저, 본햄은 하나의 돛대만을 지닌 화륜포함 "헬무쓰"(Helms, 海爾姆斯)호와 쌍 돛대의 정방형의 범선(帆船) 포선(炮船)인 "백합화"호를 장기적으로 상해에 정박시켜 위협적인 역할을 담당하게 하였다. 이와 동시에 미국, 프랑스 역시 각각 한 척의 군함을 상해에 주둔시켜 놓았다. 1853년 4월 8일, 영미 두 나라의 영사는 각기 교민회의를 개최하여 "무력 방어"에 대한 문제를 토론하였고, 상해지방의용대(上海地方義勇隊; Shanghai Local Volunteer Corps)를 성립할 것을 결정하였으며, 각국 해군과 함께 조계를 "방위"(防衛)하는 것을 협조케 하였다. 그 대원은 전체 영국 교민을 대상으로 하며, 대장으로는 방글라데시(Bangladesh, 孟加拉) 부대의 제2연대의 트론손(Tronson, 特郞遜) 대위가 맡았다.[24] 다음날, 알콕이 영국 상인대표를 소집하여 회의를 열었으며, 협방위원회(協防委員會)를 성립하여, 영국 해군을 도와 조계내의 군사시설을 강화하게 하였다. 4월 12일, 알콕은 또 각국 영사와 해군군관을 소집하여 전체 외국 교민대회를 개최하였다. 그는 회의에서

---

23) 『楊文定借英輪助功照會』, 『太平天國』第7册, p.99 참조.
24) "의용대"는 후에 더 큰 조직으로 확대되었는데, 그것이 "만국상단"(萬國商團; Shanghai Volunteer Corps)이다. 이것은 영국인이 결성한 것이 가장 빠른 것으로, 만국상단의 "갑대"(甲隊)가 되었다.

각국 협력의 중요성을 강조하였고, 조계를 방위하는 조치에서는 서로 간에 어떠한 분열적 행동도 없어야 한다고 강조하였으며, 아울러 청군 혹은 태평군은 조계로 들어갈 수 없다고 선포하였다. 프랑스 영사 몬티니는 찬성을 표시하였고, 프랑스 해군이 전력으로 협조하겠다는 보증을 섰다. 회의의 끝에 의용대 성립을 비준하였으며, 아울러 협방위원회(協防委員會)를 더욱 확대할 것을 결정하였고, 커닝햄(E. Cunningham, 金能亨), 호그(W.Hogg, 霍格), 스키너(J. Skinner, 斯金訥)와 빌(F.C. Beals; 比爾) 등 5명으로 조직되었고, 교민과 영사 및 해군 방면의 연락을 맡았다. 회의는 이화양행 지배인인 달라스(A. G. Dallas, 達拉斯)의 건의로 조계에 영구적인 방어 프로젝트 제안을 통과시켰다.

이 회의 이후, 외국 침략자들은 달라스의 건의로 조계의 네 방면을 경계하는 방어선을 축조하였는데, 양경빈(洋涇浜)과 소주하(蘇州河) 사이의 이성빈(泥城浜; 현재의 西藏中路)에는 해자(垓字) 형태의 호계하(滬界河)를 만들어 조계 서쪽 면을 막는 병풍역할을 담당하게 하였다. 의용대는 훈련을 강화하며 영국 선박 멍마이(孟買)호가 실어온 군수물품으로 무장하였다. 오래지 않아 영국 수병 역시 모두 상륙하였으며, 조계의 순라를 담당하였다.

외국 식민당국은 조계 내에 의용대를 성립하고 방어프로젝트를 축조하였는데, 이것은 완전한 불법이었다. 불평등조약에 따르면, 외국인역시 중국 내에서는 군대를 조직할 수 없고, 방어 지구를 구축할 수 없으며, 중국 군대의 진입을 금지하는 권한은 없었다. 외국 침략자의 이러한 행동은 "자위"(自衛)라는 구실아래 중국 주권을 제멋대로 침범한 것이다.

오래지 않아, 알콕은 또 영국, 프랑스, 미국 등 3국에 『토지장정』의 수정을 제의하였고, 공동으로 시정기관(市政機關)을 조직하여 3국 조계를 관리하고, 조계 행정 권력을 통일화할 것을 건의하였다. 이 제안은 미국 영사의 찬동을 얻었다. 신임 프랑스 영사는 프랑스 조계의 독립성을 포기하는 것을 원치 않았으나, 상해에서 프랑스의 세력이 강하지 않았으므로 연합하는 것을 거절하지 못하였다. 그러므로 그는 프랑스 조계를 공동 방위 범위에 포함시키는 것과 상부의 이름으로 진행되는 것에 대한 반대의 태도 또한 명확히 하지 않았다. 알콕의 『토지장정』수정과 3국 조계의 통일 행정권 수립 계획은 실현되지는 못하였다.

조계의 일이 어느 정도 처리되자, 본햄은 태평천국의 상황을 좀 더 구체적으로 파악하기 위해 4월 하순 메도우스(T. T. Meadows, 密迪樂)를 "헬무쓰"(Helms, 海爾姆斯)호 군함에 승선시켜 천경(天京)25)을 방문하도록 보냈다. 남경에 도착한 둘째 날인 4월 28일, 그는 개인 명의로 태평군을 조회하였을 때, 청정부가 서양 윤선을 빌려 태평군과 전쟁을 벌인 상황을 완강히 부정하며 그러한 것은 청군 관원의 거짓말이라고 하였다. 계속해서 "우리 인민들이 여전히 선박을 만주관리에게 사용하게 하라고 하고 있으나, 실제로는 그렇게 되지 않았으며, 본국에서는 결코 청조를 비호하지 않는다. 결론적으로 귀왕(貴王)과 만주 간의 대적에 우리 영국은 간섭하기를 원치 않고 있다."고 하였다. 끝으로 그는 이번 방문 목적을 언급하였는데, "영국은 상해에 많은 건물들을 건축하였고, 예배당 및 화물 적재 창고가 있으며, 황포강 내에는 영국 선박이 왕래하며 정박해 있다. 귀왕이 이미 금릉(金陵)에 도달하였고, 귀왕의 성품이 좋으므로 향후의 일에 대해 영국과 어떻게 처리하는 것이 좋다고 생각하는가? 이것을 묻고자 왔다."26)고 하였다. 그는 태평천국에 『남경조약』의 조약문 중문본을 가져다주었고, 다소 위협적인 어투로 말하기를, "영국인은 상해에서 위험중에도 상당한 이익을 거두고 있다. 태평군이 상해로 들어온다고 하여도 영국인의 생명과 재

---

25) 태평천국의 수도를 천경(天京)이라 불렀는데, 이곳은 현재의 남경(南京)이다. 역자 주.

26) 『英使文翰致太平天國照會』, 『太平天國史料』, p.184

산에 대해서는 일체 관여하지 말기를 희망한다. 만일 그들의 생명과 재산이 침탈당한다면 분노가 일어날 것이고, 이렇게 되면 1842년에 체결된『남경조약』이 체결된 것과 같은 똑같은 결과를 초래할 것이다."[27] 라고 하였다. 이것은 바로 영국은 이미 취득한 특권에 대한 변화를 원치 않는다는 뜻이며, 특권이 침해 받게 된다면 무력으로 간섭하겠다는 것이었다.

5월 1일, 태평천국의 동왕(東王) 양시우칭(楊秀淸)과 서왕(西王) 샤오짜오꾸이(蕭朝貴)의 명의로 답신이 왔는데, 상해 공격에 대해서는 아무런 대답이 없었고, 불평등조약을 승인 하는지, 안하는지에 대한 답변도 역시 없이 오직 본햄에게 알리기를, "너희 영국 사람들은 '천리를 마다않고 왔다', 우리나라에 귀순하는 것에 천조(天朝)의 선비와 사병은 모두 환영한다. 즉 하늘의 하느님과 천형(天兄)인 예수 역시 너희의 뜻을 받아들인다. 특별히 명령을 내리는 바, 너희 영국 수장들은 너희 인민을 자유롭게 출입시키고, 너희의 뜻에 따라 출입하되, 우리 천병(天兵)이 적들을 섬멸할 때 협조해야 하며, 정상적인 상업을 경영하여 그 편리를 도모하라."[28]고 하였다.

본햄은 어떠한 명령도 내리지 않고 상해로 돌아왔으며, 태평천국이 그에게 보내온 서적을 선교사인 메드허스트에게 주어 연구를 시켰다. 메드허스트는 여러 방면으로 생각한 후, 이러한 결론을 내렸다. "혁명군에는 실제적으로 기독교적인 지식을 갖추고 있는 사람이 있다. 만약 현명한 선교사가 그곳에 가 거처한다면 그것의 선함을 증진시키고, 악을 제거할 수 있다. 최소한 그것을 알기 위해서는 기독교 선교사를 완전히 용인하는지를 살펴보면 알 수 있다. 만약 이 혁명군이 성공한다면, 그것이 우리에게 주는 이익을 생각해 보아야 한다. 해금을 크게 풀

---

27) 본햄이 1853년 5월 6일 클레렌던(Clarendon, 克拉蘭登)에게 보낸 서한, 丁名楠 등,『帝國主義侵華史』, 第1卷, 人民出版社 1973年版, pp.105~106 참조.
28)『革命軍首領致文翰書』,『太平天國』第6冊, pp.909~920.

어 전교와 통상이 자유로워지고, 여러 과학이 수입되어 개선되면, 이 것은 쌍방의 이익이 될 수 있다. 혁명군은 진보적이고 개혁의 능력과 그러한 추이가 있다.(新曆을 사용하는 것으로 증명할 수 있다.) 그러나 청조에서는 이렇게 표현하는 사람이 없다. 그러므로 나는 현재 채택하 고 있는 정책이 쌍방 전쟁에 대한 것으로 이러한 소용돌이에 휘말리지 않도록 하고, 각 방면에서 발생하는 어떠한 정부 간의 관계도 피하려 는 것이다. 외국인은 혁명군을 제압하거나, 공격할 수 있는 충분한 무 력이 준비되어 있다."[29]고 하였다. 본햄은 이 의견에 완전 동의하였고, 이로써 영국의 "중립"정책은 더욱 구체화되었다. 5월 31일, 영국 외교 대신 클레런던(Clarendon, 克拉蘭登)은 본햄이 제출한 "중립"정책을 비준하였다.

상해의 영국인은 본햄의 천경(天京)행을 이해하기를, 태평군이 강력 한 병력을 갖추고 있고, 청병과 외국 윤선에 대해 모두 대수롭지 않게 생각하고 있으며, 외국인에 대해서도 청정부와 같이 비열하고 굴욕적 인 태도를 보이지 않았으며, 아편을 엄금하는 것 등으로 태평군에 대 한 두려움 때문에 본햄이 군함을 타고 상해를 떠날 때에 그들은 적극 적으로 그를 만류하였던 것이다. 이에 본햄은 그들에게 답변을 하며, 다른 배로 다시 상해로 돌아왔다. 이와 동시에 영국인은 "중립"의 미 명아래 청정부와 군수무역을 크게 진행시켰다. 우지앤짱은 상해에서 선후로 9,000원에 포함(炮艦) "커룽"(克隆)호를 매입하였으며, 18,000 원으로 포함 "캉푸덩"(抗甫登)호를 매입하였고, 이외에 또 두 척의 "빠 시"(巴希) 선을 구매하였다. 이러한 선박의 주인은 모두 우지앤짱에 의해 고용되었고, 직접 태평군 진압 활동에 투입되었다.

상해에 있던 프랑스 천주교 선교사는 계속해서 태평천국에 대해 적 대적인 태도를 견지하였다. 프랑스 공사 부르부롱(de Bourboulon, 布

---

29) 麥都思, 『中國革命軍槪觀』, 『太平天國』第6冊, pp.917~918.

爾布隆)은 "중립"을 동의하였으나, 프랑스 정부는 청 정부를 지지하는 쪽으로 기울어져 있었다. 태평군의 상황을 더 상세히 알아보기 위해, 1853년 12월, 부르부롱은 본햄에 이어 상해에서 군함을 타고 천경(天京)을 방문하였다. 그는 방문을 통해 태평군의 기율이 매우 엄격하고, 천경의 질서가 아주 안정적이었다는 인상을 받았으며, 상해로 돌아온 후 프랑스 정부에 계속 "중립"을 유지할 것을 건의하였다. 그러나 실제적으로 프랑스는 청정부가 중국 혁명을 진압하려는 의도에 대한 도움을 주는 것을 포기하지 않았다. 그들이 볼 때, "중국 정부는 많은 결점을 지니고 있다. 이것은 긍정적인 것이다. 1850년 이래 폭발한 모든 혁명은 비록 원래의 정부를 전복한다는 구실을 갖고 있었으나, 원래의 정부보다 더욱 열악한 수준이었다."30)라고 언급하고 있다.

미국의 초기 태도는 프랑스와 거의 비슷하였다. 한편으로는 영국을 좇아 "중립"을 표방하였으나, 영국 공사가 천경(天京)을 방문한 것과 짜르 러시아 황제가 청 정부를 원조하겠다고 한 것에 의심을 갖고 있었다. 1853년 5월, 미국 공사 마샬(H. Marshall, 馬沙利)은 국무경 멀씨(W. H. Marcy, 麻西)에게 보낸 보고서 말하기를, "내가 우려하는 것은 영국이 남경의 새 황제가 있는 곳에서 중국 서부의 한 항구(내지에 있는 항구)의 개방을 얻어내는 것으로, 현재 진출입 항구 이외에 대외무역을 개방하지 않고 있던 양자강 상의 항행권을 취득한 것이다."라며 또 언급하기를, "러시아가 이러한 때에 청조에 도움을 주어 어떤 댓가를 받는지는 논하지 않더라도, 중국은 그러한 요구를 거절할 수 없다."고 하였다. 또 "어쩌면 결국 러시아가 중국을 두둔하는 것이 아닌지? 그렇게 되면 러시아의 국경이 황하 혹은 양자강 입구까지 확대하는 것은 아닌지?"라며 우려를 나타내었다. 위의 상황을 비추어보면, 마샬(H. Marshall, 馬沙利)은 적극적으로 청정부가 태평천국 혁명

---

30) 高龍鞶, 『江南傳教史』, 『滙編』, p.921.

을 진압하는 것을 원조할 것을 주장하였다. 그는 기록하기를, "나는 미국이 가장 큰 이익을 얻을 수 있는 것은 중국을 지지할 때라고 본다. 이러한 사이에서 질서를 유지하나, 이러한 기둥이 쇠약해지고 부패한다면, 점차 건전한 원칙으로 옮겨갈 것이며, 청 정부에게 생명과 건강을 주는 것은 중국이 무정부 상태로 변해가는 것을 좌시하지 않겠다는 것이다. 그러나 결국에는 유럽의 야욕에 대한 희생품이 될 것이다."31) 라고 말하였다. 마샬이 언급한 내용은 아주 긴박한 것이었으나, 미국 정부는 그의 건의를 바로 받아들이지도 않고 어떠한 결정도 내리지 못하였다. 1854년 5월, 신임 미국공사 맥레인(R. M. Mclane, 麥蓮)은 영국과 프랑스가 한 것과 같은 방식으로 탐색을 위해 천경으로 들어갔다. 그는 결론적으로 말하기를, "태평군은 완전히 청 왕조를 격퇴시킬 수 있다."고 하였다. 맥레인은 이러한 상황에서, "객관적이고 정확한 정책은 양쪽에 치우치지 않고 엄격하게 중립을 고수하는 것이며, 이것은 전투로 쌍방 중 한 곳이 우세를 차지할 때까지이다."라고 제한을 두었다. 아울러 그는 "만약 태평왕이 세력을 얻으면 중국에서는 그의 제국이 건립되는 것이고, 우리들은 5개 조약 항구의 존재 및 우리들이 앞으로 건립할 내지(內地)와의 관계를 가지면 되고, 그의 신앙적인 측면에서의 잘못에 대해서는 바로잡도록 영향을 줄 수 있다. 아울러 그 운동이 진정한 기독교 방향으로 나아가게 하는 데에는 아주 큰 도움을 주어야 한다."고 자신의 견해를 피력하였다. 또 "만약 제국정부가 그의 권세를 유지한다면, 우리들은 현재 무역과 상업 부분에서 제한되어 있는 내지 통행의 허가를 받아야 한다."32)고 언급하였다. 미국은 결국 영국인이 제출한 원칙을 믿으며, "많은 것은 좀 기다려 본 후에, 만약 유일한 정책이 아니면, 가장 총민한 정책으로 해야 한다."33)고 언급하

31) 泰勒·丹涅特, 『美國人在東亞』, pp.188~189.
32) 茅家琦, 『十九世紀五十年代中外關係的一点看法』, 『歷史研究』, 1981年 第4期.
33) 文翰이 1853년 8월 14일 克拉蘭登에게 보낸 서신, 『太平天國初期英國的侵

면서, "태평군이 전국에서 승리한다는 이런 심각한 사실을 받아들일 준비를 해야 한다"고 지적하고 있다.

중외 반동파는 상해에서 엄밀한 방범 조치를 채택하였고, 태평천국 혁명의 영향을 약화시키려는 노력을 기울였다. 그러나 태평군은 진강(鎭江)과 양주(揚州)를 점령한 후에는 계속해서 동쪽으로 진격하지 않았는데, 이러한 것은 상해인민의 혁명에 대한 열의가 없었던 것을 전환시킬 수 없었기 때문이었다. 상해의 중외 반동파가 모두 시선을 천경(天京) 방면으로 집중시키고 있을 때, 오히려 예기치 못하게 그 자신들의 코 밑인 상해현성 및 그 주위 지구 인민의 반항 투쟁 불길이 열화와 같이 치솟았다. 1852년, 청보현령(青甫縣令) 위룽꽝(余龍光)은 이미 면제받은 전량(錢糧)을 받아내려고 인민을 압박하자, 천지회(天地會) 수령 쪼우리춘(周立春)은 자신의 지도로 진압 나온 관군을 수 차례 격파시켰다. 1853년 3월 12일에는 남회(南滙) 사람들이 항량(抗糧) 투쟁을 일으켰고, 주포진(周浦鎭)의 양식 창고내 관서가 불태워지자 지현 까오까오위(高篙漁)는 황망히 도주하였다. 당시 태평군이 남경을 점령하였다는 소식이 상해에 전해진 후 군중들의 정서는 더욱 격앙되었으며, "고소(姑蘇)에서 태평군이 동쪽으로 향하고 있고, 사람들은 새로운 왕조를 앙망한다."고 흥분하며 말하였다. 송사(訟事)로 인해 파산한 상해 상인 왕쩐양(王振揚, 또는 王大眼이라고도 함)은 "청조 관원을 통제할 수 없기 때문에, 새로운 왕조를 갈구한다."며, 비밀리에 수백 명과 연락하여 태평군을 위한 봉사를 준비하였다. 같은 해, 봄, 여름 사이에 왕쩐양은 수차례 태평군에게 보낸 서신에서, "군대를 일으키면, 청군을 단숨에 해치울 수 있다"고 하며 태평군의 상해 진입을 요청하였고, 상해로 진군하면, "곤란과 어려움은 없어지고 걱정할 것이 없다."고 기록하고 있다. 오래지 않아, 왕쩐양은 태평군의 밀령을

華政策』.

받고, 상해를 출발하여 소주(蘇州), 무석(無錫) 일대에 도착하여 상해
로 들어오는 지름길을 알아보았다.[34] 같은 해 7월, 상해, 화정(華亭)
두 현(縣)의 인민들이 항량 투쟁을 일으켰고, 상해 지현 위앤주더(袁祖
德)는 현아(縣衙)로 들이닥친 군중들에 의해 몰매를 맞았고, 양식 운반
선은 전소되었다. 8월, 나한당(羅漢黨)이 가정(嘉定)에서 봉기를 일으
켰다. 당시 남상진(南翔鎭)의 부량배와 대덕사(大德寺) 당가(當家) 승
려 꽌쯔(貫之)가 나한당(羅漢黨) 수령 쉬야오(徐耀) 등을 무고(誣告)하
여 강도라며 관부와 결탁하여 쉬야오를 체포하였다. 17일, 나한당은
군중 수천을 모아 가정(嘉定) 현성을 습격하여 쉬야오 등을 구출하고,
현서(縣署)를 파괴시켰다. 그들이 21일 현성을 점령하자, 지현 펑한(馮
瀚)은 도주하였다. 이러한 일련의 투쟁은 조계내에 있던 외국 모험가
들이 지녔던 아름다운 꿈을 깨게 만들었고, 청정부는 상해지구 통치에
대한 두려움을 갖게 되었으며, 같은 해 9월 소도회(小刀會) 기의가 폭
발하는 전주가 되었다.

---

34) 『上海人民請太平軍進軍蘇滬的文書資料』, 『近代史資料』, 1979年 第4期.

제2절 소도회(小刀會) 기의(起義)

소도회는 당시 민간에서 유행하던 비밀 단체로 1849년 하문(厦門)에서 성립되었다. 1851년 상해에 전파되었는데, 이는 천지회(天地會)의 한 분파였다. 소도회 이외에 상해의 비밀단체로는 광동의 천지회가 있었는데, 지역의 나한당(羅漢黨), 묘방(廟帮), 당교방(塘橋帮)과 백룡당(百龍黨) 및 영파방(寧波帮), 남경방(南京帮), 강북방(江北帮), 청수방(靑手帮), 저작방(底作帮), 남선당(藍線黨), 청건회(靑巾會), 편전회(編餞會) 등 비교적 작은 비밀결사들이 있었으며, 그 주요 구성원은 농민, 수공업자, 항운 수부, 도시의 노동자와 일부는 분업화된 상업의 주인들이었다. 상해지구에서 군중 투쟁이 일어나자, 그들은 반봉건적, 반침략적 혁명 연맹이 결성되었다. 이 연맹의 명칭은 여전히 소도회라고 불렸고, 대외용으로는 "의흥공사"(義興公司)라고 불렸다. 원래 소도회의 리우리촨(劉麗川), 천아린(陳阿林), 백룡당(百龍黨)의 판치량(潘起亮), 나한당(羅漢黨)의 쉬야오(徐耀), 천지회(天地會)의 쪼우리춘(周立春), 흥안회관(興安會館)의 이사 리시앤윈(李仙雲), 가응공소(嘉應公所)의 이사 리샤오칭(李少卿)과 상해 상동(商董) 쉬웨이런(徐渭仁) 등은 모두 그 회의 핵심 지도자들이다.

소도회는 무장봉기를 일으키기 위해 조직을 적극적으로 확대시켰고, 1853년 초에 이르러서는 회원이 이미 수 천 명으로 발전하였다. 그들은 모두 각자 작은 칼을 소지하고 있었는데, 이것이 이들 구성원의 비밀 표식이었다. 그들은 그들의 일부 구성원을 청군 내부로 잠입시킬 것을 계획하고 또, 도대 우지앤짱(吳健彰) 조직의 단련에 참가시키는 등 기의를 일으키기 위한 유리한 조건을 조성하였다. "가난한 사람들을 모아 무리를 만들고, 술잔을 부딪치며 씩씩한 장정들이 기의를 일으켰는데 누가 알았겠는가? 이들의 용맹함은 호랑이와 같았다. 용맹한 사람들이 단결해 일어난 것을 말하고 있다."[1]라는 이 시는 당시의 상황을 잘 설명하고 있다.

소도회 기의가 무르익었을 때, 우지앤짱은 이러한 활동 상황을 알고 있었다. 1853년 8월 10일, 그는 발표문을 게시하기를, "속히 회당(會黨)을 해산하고, 악에서 선으로 돌아와 선량한 백성이 되라."[2]고 하며, 공포적인 수단으로 소도회를 와해시키려 하였다. 이와 동시에 우지앤짱은 또 상해 지현(知縣) 위앤주더(袁祖德)에게 명령하여 리시앤쯔(李咸池) 등 176명의 소도회 간부를 체포케 하였다. 소도회는 직접 위앤주더에게 경고를 하였으며, 체포한 사람들을 석방시키라고 요구하였다. 이들의 강한 압력에 우지앤짱과 위앤주더는 이들을 석방시켰다.

소도회는 원래 이 해 겨울 관부에서 조량(漕糧)을 거둬들일 때, 조량을 탈취하여 북경의 양식 공급을 중단시키고, 아울러 소주(蘇州), 송강(松江), 태창(太倉) 등지에서 동시에 기의를 일으킨다는 계획을 먼저 세웠었다. 그러나 후에 그들은 아문(衙門)에서 종사하던 회원의 보고로 도대 관서 중에 저장된 40만 량의 은자(銀子)가 아주 빠른 시일에 운송된다는 것을 알게 되었다. 이에 소도회는 즉각 40만 량의 거금을 탈취할 결정을 하였다. 그들은 먼저 가정(嘉定)에서 행동을 개시하여 관부가 당황하고 있을 때, 상해에서 정식으로 무장기의를 일으키는 방법을 채택하였던 것이다.

1853년 9월 5일, 제1차 가정(嘉定) 기의로 소도회 기의의 서막이 올라가게 되었다. 기의군은 적을 미혹시키기 위하여 청포(青浦)를 위장

---

1) "結黨呼盧本赤貧, 濫觴隸作壯丁身, 誰知此日雄如虎, 卽是當時練勇人".
2) 姚際唐, 『避氛後集』, 『滙編』, p.1040.

습격한 후 다시 가정으로 돌아와, 당일 밤 서문(西門)을 공격하여 가정 현성을 점령하였다. 기의군은 "의흥공사(義興公司)"의 명의로 게시문을 붙였고, "뜻이 있는 사람은 탐관오리를 척결하라."며 기의를 선포하였다. 그들은 또 청조의 통치에 반항하고, 아울러 전체의 전량부세(錢糧賦稅)를 탕감하는 것을 선포하였으며, 체포된 농민을 석방하고, 악질 지주 등을 진압하며, 정당한 무역을 보호한다고 주장하였다. 또 엄격한 기율이 선포되었는데, 군사장비의 유출, 대오의 무질서, 부녀자 강간, 민중을 현혹시키는 유언비어, 양식 탈취, 군사기밀 정탐, 재물의 개인적 은닉, 불경한 사람 등은 일률적으로 사형이었다.3) 기의군이 모은 재산은 은자(銀子) 24만 량이었다.

가정 기의의 승리로 상해인민은 크게 고무되었다. 소도회가 정식으로 기의를 일으킬 것이라는 소식이 비밀리에 군중에게 전달되었고, 사람들은 흥분해서 홍포(紅布)를 가지고 기의군에게 줄 머리 수건을 준비하였다. 당시 사람들의 기록에 의하면, "포목점의 모든 홍포(紅布)는 동이 났다."4)고 하였다. 기의가 시작된 후, 성내의 적지 않은 사람들이 기의군을 동정하여 묶여진 홍포(紅布)가 거리 곳곳에 널렸으며, 기의군들은 그것을 머리 수건으로 사용하게 되었다.

9월 7일(음력 8월 초 닷새)은 공자(孔子)의 탄신일로 기의군은 이 날을 상해에서 기의를 일으키는 날로 결정하였다. 당일 새벽, 관리와 귀인들이 계속해서 문묘(文廟, 당시의 문묘는 현재의 南市 聚奎街에 있었다.)에 도착하였고, 공자에 대한 전례(典禮)를 준비할 때, 소동문(小東門)에 거주하고 있던 소도회의 월용(粵勇 즉 廣東籍 團勇)에 속해 있던 사람들이 성문을 열었고, 성 밖에서 매복하고 있던 6백 여 명의 소도회 회원이 북문(北門)과 소동문으로 들어가 상해현성을 공격하며

---

3) 『義興公司示一』, 『滙編』, pp.28~29.
4) 吳紹箕, 『四夢滙談』, 『滙編』, p.1017.

들어갔다. 성 안팎에서 모인 수 천 명의 소도회 회원은 두 길로 병력을 나누었다. 한 길로는 도대 관서(道臺衙署)를 공격하였고, 다른 한 길로는 문묘(文廟)로 진공하였다. 지현 위앤주더(袁祖德)는 완강한 저항 중에 피살되었고, 우지앤짱은 체포되어 개처럼 목숨을 구걸하며 그의 관인(官印)을 내놓았다.5) 기타 관원들은 모두 송강으로 도주하였으며, 반나절도 채 안 되어서 소도회는 현성 전체를 점령하였다.

　기의한 당일 소도회는 바로 혁명정권을 발족시켰다. 천지회의 "반청복명"(反淸復明)의 전통 취지에 따라 이 정권을 "대명국"(大明國)이라 칭하였다. 리우리촨(劉麗川)은 초대 수령에 추대되었고, 대명국 통리정교 초토대원수(大明國統理政敎招討大元帥)가 되었으며, 리시앤츠(李咸池)는 봉천승운 평호대도독(奉天承運平胡大都督)에, 천아린(陳阿林)과 린아푸(林阿福)를 좌·우 원수(元帥)로 삼았다. 그 아래로는 네 명의 대장군이 있었는데, 비호장군(飛虎將軍)에는 판치량(潘起亮), 초토장군(招討將軍)에는 쉬야오(徐耀), 소북장군(掃北將軍)에는 차이용량(蔡永良), 정동장군(征東將軍)에는 천한빈(陳漢賓)이었다. 그들은 성내에 몇 개의 지휘부를 설립하였다. 리우리촨(劉麗川)은 초기에는 총지휘부를 경업서원(敬業書院, 南市 梧桐路. 그 유적지는 현재 梧桐路 第二小學校 자리이다)으로 9월 20일까지 사용하였으나, 이후에는 이 지휘부를 비교적 넓은 곳인 문묘(文廟) 명륜당(明倫堂)으로 이전시켰다. 천아린(陳阿林)은 성황묘(城隍廟) 서쪽 뜰의 점춘당(点春堂)에 지휘부를 설립하였는데, 때때로 이곳을 "점춘당 공관"(点春堂公館)이라고도 불렀다. 린아푸(林阿福)은 뇌조전(雷祖殿, 그 터는 현재의 丹鳳路 거리이다)에, 판치량(潘起亮)은 찰원서원(察院書院)에 주둔하였다. 리시앤츠(李咸池)는 서요가농(西姚家弄)에서 전투를 지휘하였다.

　리우리촨(劉麗川)은 광동 향산(香山) 사람으로 농민출신이었다.

---

5) 高龍鞶, 『江南傳敎史』, 『滙編』, p.890.

1845년 홍콩에서 천지회에 가입하였다. 1849년 상해에 도착한 후, 이 곳에 천지회 조직을 건립하게 되었다. 그는 한편으로는 제당업(糖業)을 경영하면서, 한편으로는 빈민을 치료 해주어 군중들의 신임을 사고 있었다. 천아린(陳阿林)은 복건 사람으로 원래는 외국인 스키너(J. Skinner, 斯金訥)의 마부였는데, 복건방(福建幇) 소도회 회원 중에서 가장 명망이 높았다. 판치량(潘起亮)은 또 판커샹(潘可祥)이라고도 불렸으며, 강소 남경사람으로 원래는 용정(勇丁)이었으며, 묘방(廟幇)의 수령으로 전투에서는 아주 용감하였다.

소도회는 홍시우츄앤(洪秀全)을 충심으로 포용하였고, 아울러 태평천국의 지도를 받아들이겠다고 선포하였다. 기의 당일 밤, 리우리촨(劉麗川)은 미국 공사 마샬에게 혁명정권은 "태평왕과 관계가 있고, 태평왕의 법령을 따른다."고 언급하였다. 9월 15일, 리우리촨(劉麗川)은 또 정식으로 각국 영사에게 통보하기를 혁명정권은, "태평왕의 아래에 있고, 태평왕의 지휘아래에서 일치된 행동을 한다."[6]고 하며, 리우리촨(劉麗川)은 아직 "신하의 직분을 받지 않았으나" 스스로 신하를 칭하고 홍시우츄앤에게 사람을 파견해 소도회 기의의 경과를 보고하였으며, "백성들을 위로하며"[7] 통치해 주기를 청하였다. 오래지 않아, 소도회는 국호를 "대명국"에서 "태평천국"이라고 개칭하고, 리우리촨(劉麗川)의 직함을 태평천국통리정교초토대원수(太平天國統理政教招討大元帥)라고 하고, 성 머리에 "순천행도"(順天行道)라는 쓴 녹색 큰 기를 황색의 태평천국기로 바꿔 걸었다. 소도회는 비록 주동적으로 태평천국을 받아들였으나, 여러 원인으로 그들은 시종 태평천국의 승인과 지지를 얻지 못하였다.[8]

---

6) 『北華捷報』, 1853년 9월 16, 17일, 『滙編』, pp.57, 62.
7) 『未受職臣劉麗川上天王奏』, 『滙編』, pp.11~12.
8) 梅朋, 弗萊臺, 『上海法租界史』에 게재된 것을 근거로, "이 시기에 사람들은 점점 현성의 점령자와 남경의 승리자인 태평천국이 거의 아무런 관계가 없다

기의군은 정권을 건립한 후, 탐관오리들이 서민들을 박해하는 것을 질타하며, "돈이 있는 사람은 살고, 돈이 없는 사람은 죽는다. 아문(衙門)에서는 백성들의 고혈을 빨아먹고 있으며, 관부는 도적과 같다"는 게시문을 붙였다. 기의를 일으킨 목적은 "탐관오리를 숙청하여, 잔혹함을 없앤다."라고 하였다. 기의군은 도대 관서에 있던 은 40만 량을 몰수하여 군사용품 구입과 빈민을 구제하였고, 아울러 지방 부세전량(賦稅錢糧)을 3년 동안 면제한다고 선포하였다. 기의군은 정당한 상업무역을 격려하였고, 악덕상인과 고리대 상인에게 타격을 주었으며, 모든 쌀에 대한 영업은 중지하지 말고 정당한 가격으로 받아야 하며, 각 가정에서는 하루에 한 말 이상의 쌀을 구입할 수 없게 제한하였으며, 악덕상인의 기거를 엄격히 금지시켰다. 기의군은 "민간의 물건은 함부

고 생각하였다."(『滙編』, p.790). 塞爾維의 『江南傳敎史』에서 지적하기를, "불행한 9월 말이 도래하자, 분란이 시작되었다. 태평군 수령은 상해 폭동의 사람들과의 연합을 공개적으로 거절하였다. 왜냐하면 이러한 사람들이 그들의 교의(敎義)를 받아들이지 않았기 때문이다.", "반당 최초의 승리는 아주 단시간이었다. 먼저 그들은 태평군 방면에서 아무런 희망적인 지지를 얻지 못하였다.", "남경 태평군 방면에서 파견한 화북(華北)의 군대들은 계속해서 실패하였고, 남경은 청군의 포위 협박을 받았으며, 내부적으로는 또 분열이 일어났으므로, 군대를 파견하여 上海, 廈門 및 기타 각 항구의 반군을 맞아들일 수 없었다. 뿐만 아니라 태평군 역시 어떤 사람이 그들과 경쟁하는 것을 두려워하였다."(『滙編』, p.882). 프랑스 영사 에당(B. Edan, 愛棠)은 1853년 10월 4일 상급자에게 보낸 서신에서 진강(鎭江)을 통과할 때, 태평군에서 초대한 모 행상의 대화를 기록하고 있다. 태평군은 상해를 점령한 일에 대해 불만을 갖고 있었는데, 왜냐하면 점령자들은 그들이 깔보던 사람들이었다. 그들의 사업을 방해할 가능성이 있다고 생각하였다. "비록 이러한 논술은 모두 침략자의 입장에서는 소도회의 기의를 무시하려고 하였으나, 소도회에서는 태평군의 원조를 받지 못하였다."는 것은 믿을만하다. 洪秀全은 삼합회(三合會)의 견해를 가지고 있었으므로, 그는 그 휘하에게 알리기를, "삼합회 사람들은 옛 것을 버리지 않고 종교에 귀의한다는 것은 용납되지 않는다."고 하였다.(韓山文, 『太平天國起義記』, 『太平天國』第6冊, p.872). 이것은 태평천국이 소도회와의 연합을 거절한 주요 원인일 가능성이 있다.

로 취하지 않는다. 민간의 여자를 간음하지 않는다. 위반자는 중형에 처한다."9)며 아주 엄격하게 기율을 확립하였다. 당시 청정부와 영국인들이 기록해놓은 문건에서도 기의군의 "명령체계가 엄격"하였고, "기율이 명확하였다."10)고 전하고 있다. 사람들이 기록해 놓은 것을 근거로, 기의 승리후 상해는 "나날이 순조롭고, 사방이 조용하였으며, 포성이 없었고, 북소리도 들리지 않는다."11)고 하였으며, 질서가 빠르게 회복되었다. 이로써 기의군은 아주 빠르게 상해현성 안팎 군중의 옹호와 지지를 얻을 수 있었고, 며칠 사이에 의군은 만 명 이상으로 늘어났다.

대외관계에서는 혁명정권은 독립자주 정책을 채택하였다. 10월 16일, 리우리촨(劉麗川)은 미국, 영국, 프랑스 등 영사에게 보낸 서신에서, "본 군과 태평군은 이미 하나가 되었고, 금일의 중화는 실제로 외국과 함께 황제를 몰아내는 것이다."라고 성명을 발표하며, 그들에게 "청실(淸室)은 멸망하였고, "외국 교포들은 그들에게 어떠한 도움을 주는 행동도 하지 말아야 한다."고 통지하였다. 이와 동시에 기의군 영수들은 "부하 사병들은 성북(城北) 상민들을 약탈하지 말아야 하고, 돈독한 교린을 해야 한다."12)고 강조하며, 평등한 조건 아래에서 외국 상인들과 군수품 및 양식에 대한 무역을 해야 한다고 강조하였다.

군사상으로 기의군은 한편으로는 성내 주민들에게 더욱 견고한 방어를 구축하게 하였고, 성 밖으로는 못을 둘러쳤고, 성 가운데의 각 거리(巷)에는 목책을 둘러쳤으며, 땅을 파고 참호를 만들었으며, 토성(土城)을 축조하였다. 탄약을 천성당(天聖堂), 성황묘(城隍廟), 현서(縣署) 및 서원 등의 곳에 나누어 숨겼고, 성 위에는 대포를 걸어놓았으며, 이로써 관병의 습격을 막았다. 다른 한편으로는 주위의 각 현(縣)으로 진

---

9) 『大明國統理政敎天下招討大元帥劉示』, 『滙編』, p.4.
10) 『華亭稟』, 『上海怡和洋行致香港總行的信』은 『滙編』, pp.148, 503.
11) 毛祥麟, 『墨余錄』 卷14, 『記癸丑護陷時事』.
12) 『劉麗川致各國領事函』, 『滙編』, pp.17~18.

격할 것을 결정하여 혁명세력을 확대시키기로 하였다. 9월 9일에서 17일까지 8일 동안, 기의군은 가정(嘉定)에서 상해 두 곳으로 출격하여, 각지 군중과의 단합아래에서 신속하게 보산(寶山), 남회(南滙), 천사(川沙)와 청포(靑浦) 4곳의 현성을 공격하여 점령하였고, 아울러 승기를 타고 태창(太倉)으로 진격하여 9월 13일에 태창성을 점령하는 성과를 거두었다.

상해의 기의는 동남으로 진동하였고, 향원(餉源)이 단절되었으며, 해운이 격리되었다. 청 정부는 급히 형부주사(刑部主事) 리우춘호우(劉存厚), 강소순문 쉬나이짜오(許乃釗)와 강소안찰사 지얼항아(吉爾杭阿)에게 군사 수천을 이끌고 소도회를 공격하도록 명령을 내렸고, 단기간 내에 진압할 것을 명하였다. 청군은 먼저 태창(太倉)으로 향하였는데, 그들의 수적인 우세로 인하여 판치량(潘起亮) 등은 태창에서의 철수를 결정하고 가정(嘉定)으로 병력을 후퇴시켰다. 9월 15일, 기의군은 태창을 공격하였으나 소득이 없었다. 태창성의 서쪽 인근은 소주(蘇州)이고, 동쪽은 가정(嘉定)으로 병풍처럼 둘러쳐져 있어 군사적 요새였다. 태창을 빼앗긴 것은 소도회 기의군이 주동적인 진공단계에서 방어단계로 바뀌는 전환점이 되었다. 청군의 띵구오언(丁國恩)은 9월 21일에 가정을 향해 진공하였다. 가정 기의군이 용맹스럽게 저지하였으나, 중과부적으로 다음 날 가정을 잃게 되었으며, 쪼우리춘(周立春)은 포로가 되어 소주에서 사망하였다. 청군은 가정성 내에서 기의군들에 대한 대대적인 도살을 단행하여, 성 외곽의 회룡담(滙龍潭)은 핏물이 가득 고이게 되었다. 기의군의 나머지 각 부는 쉬야오(徐耀)와 쪼우시우잉(周秀英)이 이끄는 부대가 상해현성으로 후퇴하여 구원을 요청하였다. 9월 28일, 판치량과 쉬야오가 이끄는 부대 2,000명이 가정에 반격을 가하였으며, 야계돈(野鷄墩)에서 청군 친루후(秦如虎) 부대와 교전을 벌였는데, 결국에는 상해현성으로 후퇴하게 되었다. 가정(嘉定)

을 잃은 당일, 청포(靑浦)와 보산(寶山) 두 현의 기의군 역시 청군과 무장한 지주들의 연합작전에 밀려 현성에서 퇴각할 수밖에 없었다. 9월 25일과 27일 남회(南滙), 천사(川沙) 두 현 역시 청군에 함락되었다. 청군은 점차 상해현성을 포위하기 시작하였다.

상해 도대 우지앤짱은 사로잡힌 후, 염치없이 영국과 미국 영사에게 구원을 요청하여 죽음을 면하였다. 미국공사 마샬은 선교사 예츠(M. T. Yates, 晏瑪太)[13]가 보내온 정보를 받아보고 즉각 간섭하기를, 소도회측에 도대를 자신들이 관리하도록 넘길 것을 요구하였다. 『북화첩보』(北華捷報)의 보도에 의하면, "당시 미국방면에서 또 제의하기를, 만약 도대를 데리고 현성 밖으로 나오기만 하면, 미국 영사관에서 보호 의무를 책임지겠다."[14]고 하였다. 이렇게 무리한 요구는 결국 거절되었으나, 미국 침략자들은 오랜 기간 앞잡이 역할을 담당한 이 도대를 구출하려고 200여 명의 사병을 파견하여, 무력으로 우지앤짱을 구출하려는 시도를 벌였다. 후에 미국은 공개적인 일로 기의군의 분노를 사는 것을 두려워하여, 한편으로는 더욱 소도회와 교섭을 강화하였고,[15] 한편으로는 의사인 홀(Dr. Hall, 霍爾)과 스미드(M. A. Smith, 史密斯)를 성으로 들여보내, 우지앤짱을 찾아 그에게 평복으로 옷을

---

13) 예츠(M. T. Yates; 晏瑪太)는 미국 남침신회(南侵信會) 선교사이다. 1847년 상해에서 20여년 거주하였으며, 종교를 이용하여 침략활동을 진행하였다.
14) 『北華捷報』, 1853년 9월 10일, 『滙編』, p.57.
15) 吳健彰처리 문제에 있어서 劉麗川과 陳阿林의 의견은 달랐다. 외국인과의 연락을 위해, 미국 영사 커닝햄(E. Cunningham, 金能亨)의 요구를 받아들여, 劉麗川은 吳健彰을 묵시적으로 석방을 허락하였다. 『劉麗川致各國領事函』에서 말하기를, "전 달 우리 군대가 현성에 진군하였으며, 병정들은 모두 吳健彰을 죽이려고 하였으나, 본 원수는 동향(同鄕)의 정으로 특별히 주살은 면하게 하였으며, 吳健彰 및 그 가속들을 모두 체포하였다. 당시 미국 영사 커닝햄이 본 원수에게 관용을 요구하였고, 吳健彰을 보내줄 것을 요청하기에 본 원수는 병정에게 명하여 성 밖으로 내보내주었으며, 이는 본 원수와 미국 간의 우의(友誼)이다."라고 하였다.(『滙編』, p.18.)

갈아입힌 후, 선글라스를 끼고 우산을 들게 하여 상인처럼 위장하게
하여, 성 밖으로 나오게 하였으며, 성 밖으로 나온 후에는 기창양행(旗
昌洋行)에 몸을 숨기게 하였다. 같은 해 10월, 우지앤짱은 광동(廣東)
에서 30여 척의 예인선을 모아들여 상해로 돌아왔다. 11월 10일, 이
예인선으로 소도회의 포함을 격퇴시켰고, 우지앤짱은 병력을 이끌고
상륙하여, 소동문에서 소남문 일대까지의 모든 상점들을 불태웠으며,
사람들을 도살하여, 이로써 "백년의 부(富)가 하루아침에 재가 되었
다."[16]는 말이 나오게 되었다. 이때, 육로의 청군 역시 계속해서 상해
성 인근에 도착하였다. 쉬나이짜오(許乃釗), 지얼항아(吉爾杭阿), 리우
춘호우(劉存厚) 등이 군대를 신갑(新閘)일대에 주둔시켰으며, 이곳을
"북영"(北營)이라 불렀다. 송강지부 란웨이원(藍蔚雯), 방초국(防剿局)
리헝쑹(李恒嵩)과 절강후보동지(浙江候補同知) 쭝쑨판(仲孫樊)이 소마
교(小馬橋), 노가만(盧家灣) 등지에 주둔하였는데, 이곳을 남영(南營)이
라 불렀다. 관병은 성내의 기의군을 동, 남, 서 3방향으로 포위하였으
며, 오직 프랑스 조계와 인접한 북쪽만이 여지가 있었고, 그나마 제한
적인 교역을 할 수 있었는데 외국 상인들의 수중에서 일부 식량과 탄
약을 구입하였으나 아주 제한적이었다.

소도회 소멸을 위해 청정부와 영국, 미국, 프랑스 열강은 흥정을 벌
였으며, 이러한 연합이 점차 무르익게 되자 소도회 기의군은 점점 불
리한 상황에 놓이게 되었다.

---

16) 姚際唐, 『避氛後集』.

제3절 상해 해관 약탈과 이성(泥城)전투

소도회의 상해 현성 점령은 외국 열강의 식민 이익에 상당한 타격을 주었다. 서방 열강은 "상해는 강남의 영혼"으로 상해를 잃게 된다면 그 결과는 심각하다고 생각하고 있었다. 소도회 기의 이후, 상해에서 진강(鎭江) 이하 지역의 장강 유역 각지와 절강 대부분 지역의 운수 도로는 모두 통제가 되었고, 수입화물은 이미 그러한 지구의 소비시장을 잃게 되었다. 이렇게 비교적 작은 지역도 기의의 영향을 받자 사람들은 황망해하였고, 구매력이 크게 감소하기에 이르렀다. 그 결과 수입화물(주로 면방직품)은 대량으로 상해의 창고에 쌓이게 되었다. 통계에 의하면 1853년 상해에 수입된 화물의 총 가치는 15,374,286량이었고, 1854년 7월에서 1855년 6월까지의 수입화물은 오직 3,507,524량으로 77%가 감소하였다. 또 개항 후 중국이 상해에서 영국으로 수출한 화물의 가치는 1848년과 1852년을 제외하고는 계속 상승하였으며, 1853년에는 13,300,000원(元)이었으나, 다음 해 소도회 기의의 영향으로 11,700,000원으로 떨어져 12.1%가 하락하게 되었다. 또 생사(生絲)와 차 잎의 수출을 보면, 1853년에는 상해에서 수출된 생사(生絲)는 58,319포(包)였으나, 1854년에 이르러서는 54,233포(包)로 7%가 감소하였다. 상해를 통해 수출되는 차 잎은 1844년부터 1853년까지는 매년 증가되어 1853년에는 69,431,000파운드까지 이르렀는데, 1854년에는 50,340,000파운드로 하락하여, 27.5%가 감소되었다. 이러한 불경기 상황에 대해 외국 침략자들은 놀라면서, "상해 현성을 삼합회당(三合會黨)이 점령한 이래로 상업은 크게 정체상태에 빠졌다."[1]고 우려하였다.

소도회 기의 초기 영국, 프랑스, 미국 등은 비록 표면적으로는 "중립"정책을 표방하고, 상해조계를 "중립지구"로 선포하여, 청 조정에서 전쟁의 근거지로 활용하지 못하게 함과 동시에 반군들이 청 정부에 저항하는 거점으로도 활용하지 못하게 만들었다.[2] 그러나 그들은 최후에는 청 정부를 도와 소도회를 진압하였다. 이것은 위에서 언급한 경제상의 원인 이외에 조계 인근의 현성 내에 존재하였던 혁명정권을 열강들은 불안하게 생각하였기 때문이었다. 그들은 한편으로는 "중립"이라는 미명아래 청정부와 비밀리에 담합을 하였으며, 한편으로는 혼란한 정국을 이용하여 상해해관의 주권을 탈취하였다.

중국의 해관 행정권은 이미 오래전부터 서구 열강이 호시탐탐 노리고 있던 대상이었다. 상무적(尙務的) 이익관계로 볼 때, 영국이 이 방면에서는 다른 국가보다 아주 절박하였다. 영국 영사 알콕은 일찍이 "조약의 기본목적"의 실현을 보장받기 위하여, "정직하고 효율적인 해관" 건립은 반드시 필요한 것이라고 주장하였다. 그는 계속해서 기회를 찾고 있었다. 태평군이 장강 하류로 진군하였을 때 무역은 정체되었고, 현금 교역 역시 거의 중지되었다. 영국 상인은 스스로 세금납부를 지연시키는 방법으로 만들어낸 것이 이전에는 수입화물에 대한 관세를 해안에 있을 때 관세를 내었는데, 이와는 다른 방법으로 화물을 다 팔고 난 후에 수입세를 납부하는 방법을 고안해 낸 것이다. 알콕은 이러한 의견을 도대에게 보냈으며, 아울러 영사는 각 항목의 수입화물에서 낼 세금을 담보로 수출 보증서를 발급할 것을 건의하였다. 이것이 소위 말하는 "보세제도"(保稅制度)이다. 알콕의 압박으로 우지앤짱은 세금의 납부를 선박이 항구를 떠나는 날에서부터 1개월까지 연장

---

1) 『北華捷報』, 1854년 5월 6일, 『滙編』, p.424.
2) 馬士, 『中華帝國對外關係史』, 第2卷, p.13.

을 시켜주는 것에 동의하였다. 그러나 기타 각국 영사들은 우지앤짱의
이러한 제도를 거절하였고, 영국의 중국주재 공사 역시 반대하였다.
이로써 이 보세제도는 5주 정도 실시되었으나, 1853년 4월 중순에는
알콕이 "재차 부담을 주지 않는 중대한 의무"라는 미명 아래 폐지시켰
다. 이후 영국 상인들은 부단히 무역 방면의 각종 어려움을 열거하며
세금 납부의 연기를 요구하였다.

소도회 기의 후 둘째 날인 1853년 9월 8일, 외탄(外灘)에 설립한 청
정부의 해관이 파괴되었고 관원들은 도주하였다. 일찍이 중국 해관 행
정권을 탈취하려던 외국 침략자들은 "그들이 갈구하던 것이며 아주 긴
박하게 요구되었던 구제방법(세금 납부를 지연하는 것과 현금으로 납부
하지 않는 것을 가리킴-편자)이 이미 그들의 수중으로 떨어졌다."[3]고 하
였다. 당일 영국 침략자들은 병사를 파견하여 해관을 점거하게 되었다.

9월 9일, 알콕은 미국 공사 마샬(H. Marshall, 馬沙利)의 동의를 얻
어 낸 후, 상해 해관의 6개 조항의 임시 세법을 공포하였는데, 원래의
해관이 행정권을 사용할 수 없는 기간에 한해서, 영사가 중국 관청을
대신하여 영국과 미국 상인들에게 세금을 받는다고 선포하였다.[4] 영
국과 미국 상인들은 현금 혹은 장기 수표로 세금을 납부하였다. 알콕
의 성명 발표 후, 대리 징수하고 대리 관리한 세금을 최후에 중국에
납부하는지는 영국 정부의 결정에 따르게 되었다. 이것이 소위 말하는
"영사 대징제"(領事代徵制)이다. 알콕은 표면적인 이유로는 소도회 기
의가 중영간의 조약관계에 영향을 주지 않고, 쌍방의 의무를 계속 담

---

3) 馬士, 『中華帝國對外關係史』, 第2卷, p.15.
4) 『在海關行政政頓期間船舶結關臨時規則』第5條 규정에 의하면, "수입 상선을
   운송하는 상선이나 화물 운반 책임자들은 세관(稅款)을 납부하여야 한다. 혹
   해관의 각 은행에 세액에 상응하는 금액을 現銀으로 납부해야 한다. 혹자로
   영국정부의 비준을 받은 경우에는 유관방면에서 발행한 표를 보임으로써 40
   일 이상 세금을 납부하고 체류할 수 있고, 그 세액을 징수한 사람의 이금으로
   중국 해관감독의 선물(先物)수표를 발행한다.

당한다고 하였다. 이로써 영국 상인도 응당 세금을 납부해야 하나, 현재는 해관이 존재하지 않으므로 영국 상인은 반드시 지방에 세금을 납부해야 하고, 그래서 영사가 대표로 중국 세금을 받게 된 것이다. 관세는 국가의 주권을 대표하는 것인데, 외국인이 어떻게 대리 징수할 수 있단 말인가? 소위 말하는 "영사 대징제"는 실제적으로 영국 침략자들이 중국의 해관 주권을 약탈한 행위에 지나지 않았다. 그들은 이렇게 하여 다소간 청 정부를 안심시켰으며, 청 정부에게는 그들이 징수하는 세금이 있다는 희망을 버리지 않게 하려 하였던 것이다. 영국 정부가 이 금액을 중국에 넘겨주는 것에 동의하는지 안하는지에 대해서 알콕은 나름대로 속셈이 있었다. 왜냐하면 런던에서 이 문제를 결정할 때는 반드시 중국에 있는 영국 상인들의 의견을 청취할 것이었고, 이러한 상인들은 한 목소리로 관세 납부를 반대할 것이라는 것을 알콕은 잘 알고 있었다. 영국은 "영사 대징제"를 통해 중국의 관세를 약탈해 간 것이다.

9월 9일부터 영국과 미국 영사가 상해에서 이러한 대징제를 실행하였다. 두 국가의 상인은 현금 혹은 40일의 기한으로 된 약속어음으로 중국 해관에 납부하던 관세를 각기 자국의 영사관에 납부하였는데,5) 이 이후에는 중국정부에 납부해야하는 각종 세금을 청산해야 비로소 항구를 떠나는 것이 허락되었다.

같은 해 10월에 우지앤짱이 상해로 돌아왔다. 상해 해관의 관세는 청정부의 중요한 근본적인 재정의 하나였는데, 당시 태평천국을 진압하기 위해서는 군수물품 조달이 시급하였으나 외국 영사가 해관을 통제하자, 관세를 한 푼도 거둘 수 없게 되었으므로 청 정부는 아주

---

5) 당시 상해 시장은 전시의 영향으로 무역이 불황이었으며, 아편교역으로 백은(白銀)이 대량 외국으로 유출되어 은이 아주 부족한 현상이 나타났고, 그러므로 많은 상인들이 약속어음으로 납부하였는데, 오직 일부분의 미국상인들만이 현금으로 납부하였다.

당혹해 하였다. 그래서 우지앤짱은 상해로 돌아오자마자 즉각 두루 알리기를, 각국 영사들에게 자신의 상해 도대 겸 해관감독의 지위를 승인해 줄 것을 요구하였고, 아울러 이전에 미납된 부분의 세액을 보충 납부하게 하게 하는 것이 아주 시급하였다.[이 항목의 흠세(欠稅; 부족한 세액)는 10척의 영국 선박이 9월 7일 이전까지 미납되었던 세액은 모두 은(銀) 15,000兩이었다.] 우지앤짱은 "만약 영사들이 납부하지 않는다면, 본국 상인들에게서 그러한 금액을 모두 납부 받겠다."6)고 하였고, 중국 상인들에 대해서는 세금을 더 징수하여 외국 상인들의 부족한 세금을 보충기켰다. 이것은 이후 중국 상인들이 수입되는 화물의 가격을 낮춤으로 결국은 외국 상인들이 손실을 입었다. 이로써 실제적으로는 외국 상인들이 간접적으로 관세를 납부하는 것과 같은 형태가 되었다. 미국 공사 마샬은 영국 세력에 타격을 주기 위해, 우지앤짱의 방법에 지지를 표시하였고, 10월 24일부터 "영사대징제"를 폐지하는 데 동의하였다. 그러나 알콕은 여전히 원래의 방법을 고수하면서, 그는 당일 우지앤짱의 조회에 대답하기를, "본 영사는 대청 관군이 상해 현성을 수복하기 위해서는, 각하가 강해관(江海關)에 도착하여 업무를 보는 날, 본 영사는 각하와 관세 징수에 대한 진일보한 논의를 할 예정이다."7)라고 지적하였다. 알콕은 또 영국은 소도회를 도울 수 있다는 말로 우지앤짱을 두렵게 만들면서, "만약 각하가 위에 언급한 수단[중국 상인들에게서 영국 상인의 흠세(欠稅, 부족한 세액)를 징수하는 것을 지칭함－편자]을 시행한다면 우리 정부는 기타 방면에서 보복을 실행할 것이며, 현재와 같은 심각한 상황에서 볼 때, 장래에는 귀국에 막대한 손해가 될 것이다."8)라고 언급하였다. 프랑스 영사 에당(B. Edan, 愛棠) 역시 반대를 표시하며, 중국은 "이미 외국 상인을 보호할

---

6) 丁名楠, 『帝國主義侵華史』, 第1卷, p.114.
7) 『滙編』, p.320.
8) 『滙編』, p.326.

능력이 없으면서 왜 상인의 납세 의무만을 강조하는가?"라고 반박하며, "조약에 의거하여 프랑스 교민을 보호해야 할" 중국 관청이 상해에 성립되기 전에는 "프랑스 상인에게 어떠한 세액의 납부 명령을 강요하지 말아야 한다."[9]고 강조하였다.

10월 26일, 미국의 지지 아래, 우지앤짱은 각국 영사에게 통지하기를, 상해 해관은 소주하(蘇州河) 입구에 정박 중인 "영양"(羚羊)호와 "양신"(羊神)호 두 척의 선상에서 세금 징수를 시작한다고 알렸다.[10] 이 조치는 영국, 프랑스, 포르투갈, 프러시아, 네덜란드 등의 영사의 즉각적인 반대를 일으켰고, 그들은 이 "수상해관"(水上海關)의 승인을 거절하였다. 에당은 말하기를, "중국의 해관은 내가 이해하기로는 중국 유일의 것은 상해 해관으로 그것은 이미 현지 주민들에 의해 철거되었다. 상해에서 해관이 다시 건립되려면, 조례에 따라 세금을 받고, 각 방면의 승인을 거치기 전에는 본 영사는 우리나라의 상선은 면세(免稅)로 자유롭게 항구를 출입할 수 있다고 믿고 있다."[11]고 강조하였다. 10월 29일, 프랑스 함선은 "영양"호가 프랑스 천주당에 잘못 발포한 것을 빌미로, "영양"호를 황포강 상류로 몰아내었다. 영국 포함 역시 중국 병선이 조계 강면에 정박해 있는 것이 소도회가 쉽게 공격할 구실을 준다는 이유를 들어 그들을 먼 곳으로 쫓아내었다. 우지앤짱의 "수상 해관"에서의 관세 징수 계획은 수포로 돌아갔다.

이때 영국과 미국 간의 관계는 더욱 벌어지게 되었다. 1854년 1월 20일, 미국영사는 이후 미국의 상품 수입 선박은 다시는 관세를 납부하지 않는다고 선포하자, 이것은 영국이 극력 주장하던 "영사대징제"에 심각한 타격을 주었다. 영국 상인들은 오직 자신들에 대해서만 "영

---

9) 『上海公共租界史稿』, p.331에서 인용.
10) 이 두 선박은 吳健彰이 광동에서 외국인에게 구매한 것으로 원래는 외국 아편선박이었다.
11) 『滙編』, p.334.

사대징제"를 실행하자 반대가 일어났다. 미국과 영국 상인의 공동 반대로 알콕은 결국 이 주장을 고수하기가 어려웠다. 결국 각국 영사들은 2월 9일 우지앤짱이 소주하 북안에 상해 해관을 설립하는 것에 동의하였다. 1853년 9월부터 1854년 2월까지, 영국, 미국 영사들은 887,000여 량의 약속어음을 징수하였으나, 영국, 미국 상인은 납부 기일에 맞추어 은(銀)으로 바꾸어 납부하지는 않았다.

2월 초, 우지앤짱은 소주하 북안에 임시 해관을 설립하고, 2월 9일부터 관세 징수를 시작하였다. 오래지 않아, 영국 상인들은 또 임시해관 행정이 부패했다고 지적하며, 영국 선박이 먼저 세금을 납부하지 않고 자유롭게 출입하자, 다른 나라 상인들 역시 이러한 영국 상인들의 방법을 따라하게 되었다. 우지앤짱은 징세 액의 절반만이라도 납부할 것을 요구하였으나 거절당하였다. 보름 동안, 오직 1척의 프러시아 상선만이 해관에 와서 수속을 밟았다. 이렇게 상해항은 사실상 이미 자유항구가 되었다. 우지앤짱은 후에 또 황포강의 민행진(閔行鎭)과 소주하의 백학저(白鶴渚)에 두 개의 세관[稅卡]을 설립하여, 상해로 들여오는 비단, 차 잎에 대해서는 먼저 이러한 세관[稅卡]에서 세금을 납부하게 하였다. 이러한 조치 역시 영국, 미국, 프랑스 등의 반대에 부딪쳤다. 미국의 신임 중국 공사인 맥레인(R. M. Mclane, 麥蓮)은 조약 규정에 해안이나 또는 내지에서 세금을 징수한다는 것이 없으며, 이러한 것은 여전히 조약을 파괴하는 행위이며, 그러한 최후의 결과는 중국이 책임져야 한다고 압박하였다. 알콕은 또 우지앤짱을 유혹하며 말하기를, "만약 해관 행정이 3개 조약국의 유효한 통제 아래에 놓인다면, 세금을 징수하는 것이 희망적이다. 외국 침략자들이 방해한다면, 내지에 잡(卡)을 설립하여 세금을 징수하는 방법 역시 벽에 부딪칠 것이다."라고 말하였다.

알콕은 중국 해관 행정을 조약국가의 통제 하에 둘 것을 주장하였는데, 이것은 중국 해관의 주권을 영구히 탈취하려는 그의 의도가 드러난 것이었다. 우지앤짱은 대답하지 못하였으며, 그는 이러한 일을 비준할 권한도 없었다. 외국 침략자들은 이러한 기회를 틈타 중국 해관의 주권을 절취하였고, 조약의 수정을 포함하여 침략권익을 전면적으로 확대할 대 음모를 꾀하였다. 그들은 청정부가 당시 처해있던 곤경을 이용하여 이러한 목적을 이루고자 하였다. 1854년 미국 공사 맥레인이 상해에서 양강총독인 이량(怡良)을 접견하였다. 이때 이량이 영미가 소도회 기의에 대해 간섭해 줄 것을 언급하자, 맥레인은 공개적으로 말하기를, "중립적 의무"는 외국 정부가 준수해야 하는 것이나 조약이 수정된다면 간섭이 가능하다고 말하였다. 만약 청정부가 조약 개정에 응한다면, 그들은 "제국에 반란한 자들을 평정"하는 것을 돕겠다고 하였다.12) 청 정부를 압박하여 빠른 시일내에 조약을 갱신하고자 외국 침략자들은 무력을 통한 청정부의 압박을 한층 강화시켰다. 1854년 4월 4일, 영미 군이 청군과 이성(泥城)전투를 벌인 것이 이러한 동기(動機)의 부산물이었다.

이성(泥城)은 현재의 서장로교(西藏路橋) 일대[서장로교는 지금까지 여전히 이성교(泥城橋)라고 불린다]이다. 1854년, 외국인이 이성빈의 동쪽에서 토지를 구매하여 새 공원 및 경마장13)을 열었다. 당시 경마장은 경마 이외에 외국인들이 기마 연습과 산보하는 곳으로 사용되었

---

12) 卿汝楫,『美國侵華史』, 三聯書店 1956年版, 第1卷, p.146. 당시, 맥레인이 미국 정부를 대표하여 요구한 것은 다음과 같다. 첫째 장강 및 그 지류의 어떠한 항구에서도 미국인의 상업을 허락한다. 둘째, 이러한 특권이 실현된다면, 미국정부는 중국에 거주하는 미국인들 모두에게 중국 법률 혹은 조약의 행위를 위반하는 것을 저지한다. 셋째, 미국인이 중국 어떠한 지역에서도 전교, 건물 임대, 토지 임대를 할 수 있고, 상점, 병원, 예배당 및 장례식장 등을 건립하는 것을 윤허한다.

13) 이것이 상해 제2의 경마장으로 범위는 대략 西藏路 以東, 湖北路, 浙江路 以西, 芝罘路 以南, 北海路 以北의 지구이다.

다. 경마장의 서북 측의 새로 만든 수문 일대는 지얼항아(吉爾杭阿)가 통솔하는 청군 주둔지인 북영(北營)이 있었다. 이성빈(泥城浜)의 서쪽(대략 현재의 인민광장이 있는 곳)은 북에서 남으로 청군이 세 곳의 군사주둔지인 영방(營房)을 갖추었으며, 기타 군사 시설을 배치하였다. 외국 침략자들은 조계가 "안전한 느낌"이 없는 환경에 처해있다고 하였는데, 왜냐하면 조계의 남쪽 면은 소도회가 점령한 현성이었고, 서쪽과 북쪽은 청군의 병영(兵營)이 있었기 때문이었다. 한 외국 기자는 "상해 부근14)에 주둔하는 두 곳의 중국 군대는 조계의 번영을 보호할 수 없다"고 하였는데, 왜냐하면 일단 소도회가 "조계 점령을 기도한다면, 도박으로 번 이 많은 돈15)은 모두 그들에 의해 처분될 것이다"16)라고 지적하였다. 이러한 것에 더해서 청군 영방(營房)과 경마장은 아주 가깝게 있어, 청군과 외국인들 사이에서 자주 분쟁이 일어났다. 4월 3일, 이곳에서 우연한 사건이 일어났는데, 이것이 이성 전쟁의 도화선이 되었다.

이날 오후, 한 외국인이 한 여자와 함께 경마장 부근에서 산보를 하고 있었을 때, 청병과 충돌이 생겼다. 이때 일부 외국인들이 총을 휴대하고 동료를 도와 싸움을 벌였다. 청병 역시 그곳에 도착하였다. 그러자 일부 외국인들이 분주히 도주하였다. 현재의 영파로(寧波路)와 육합로(六合路)의 교차지와 묘지로 쓰는 산 뒤에 주둔하던 몇 명의 영국 수병들을 만나 함께 청군을 향해 총을 쏘았다. 청군 역시 반격하였다. 쌍방 전투가 약 반 시간동안 계속되었을 때, 영국 영사 알콕이 해군 1개 대대를 이끌고 현장에 도착하였고, 영국 의용대 역시 증원군을 보냈으며, 일부 미국인들이 기창양행의 작은 대포를 가져와 전투에 협조하였다. 청병은 전투를 벌여가면서 퇴각하였다. 미국인은 북영(北營)을

---

14) 조계 부분을 지칭하고 있음. 편자 주.
15) 조계 내의 외국인의 재산을 말하는 것임. 편자 주.
16) 霍塞, 『出賣的上海灘』, p.30.

향해 대포를 발포하였고, 포성은 끊이지 않게 들렸다.

사건 발생 후, 우지앤짱은 지얼항아(吉爾杭阿)의 지시를 받들어 알콕에게 서한으로 청병의 실수로 인해 분규가 일어난 것을 승인하였으며, 발단이 된 사병을 찾아내어 엄형에 처하고, 아울러 영국 영사의 협조로 깨끗하게 처리할 수 있기를 희망하였다. 그러나 알콕은 청정부의 사과를 받아들이지 않고 사태를 계속 확대시켰다.

다음 날 새벽, 영국 함선 "엔카운터"(Encounter, 恩康脫)호가 소주하구와 황포강에 정박해 있던 중국 병선 수척에 발포하였다. 이러한 중국 전함들은 1, 2척 만이 피신하였고, 나머지 군함은 모두 영군에 억류를 당하게 되었다. 알콕은 각국 교민 및 해군 대표를 소집하여 회의를 열었고, 이 회의에서 청군을 압박하여 병영(兵營)을 다른 곳으로 이주케 하자는 것을 결정하였다. 회의 후, 그는 거만하게 지얼항아에게 "충돌이 다시 재발되는 것을 방지하기 위하여 관병은 즉각 각 지점에서 동남방향으로 2, 3km씩 후퇴하여 주둔한다."[17]고 통지하면서 만약 당일 오후 3시 까지 천막과 군수장비를 옮기지 않는다면, 무력으로 이러한 군영을 짓밟겠다고 으름장을 놓았다. 그는 또 강위에 있던 중국 선박들을 구류하며 "이는 조계 안전을 위한 담보"[18]라고 말하였다. 이와 동시에 그는 영국과 미국 해군 및 영국 교민 의용대 380명을 인솔하여 화원농(花園弄)에서 경마장까지의 동쪽경계(현재의 南京路, 浙江路 입구)에서 진공을 준비시켰다.

오후 3시 반, 지얼항아가 답신을 보내와, "어제의 사태는 민간인간의 문제이므로 당신과 관병은 간섭하지 말아야 한다."고 하며, 또 말하기를, "현재 부대가 주둔한 곳은 이전에 본국 관병의 토지로 귀국 교민들의 주거지와는 상당히 떨어져 있다. 본 부대는 흠차대신 시앙롱

---

17) 알콕이 요구한 것은 청군이 서남방향으로 2, 3km 후퇴하는 것이며, 이곳에서 말한 동남방향은 잘못된 것이다.

18) 『英國領事致吉爾杭阿便函』, 『滙編』, p.399.

(向榮)의 명을 받아 본 성으로 이주하여왔다. 이곳에서 철수해야 한다면, 본인과 부영사 웨이드(T. F. Wade, 威妥瑪)가 상의를 한 후 다시 결정해야 한다."[19]고 언급하였다. 이에 외국 침략자들은 청군이 부대 이동을 거절한다고 판단하고 바로 청군에 대한 공격을 명령하였다.

침략군은 두 갈래로 진격하여 청군을 수세에 빠뜨렸다. 미군 1백 여 명은 "프리모쓰"(Plymouth, 普利茅斯)호 군함을 타고 함장 켈리(Kelly, 開利)의 지휘로 경마장의 좌측을 따라 청군을 정면으로 공격하였고, 영국군 270명을 태운 "엔카운터"호는 함장 오칼라한(O'Callaghan, 奧加拉漢)의 지휘로 청군의 측면을 공격하였다. 미군이 경마장을 빠져 나올 때, 양경빈과 이성빈 부근에서 무덤의 작은 둔턱을 엄폐물로 삼고 청군을 습격하였으며, 이성빈을 건널 수 없어 돌아오는 영국군과 연합하게 되었다. 영국군은 다시 이성빈을 건너 측면(현재의 國際飯店 쪽)의 청군을 습격하였다. 청군은 반격하였으나, 영군과 미군의 협공과 성안에서의 기의군 역시 남쪽에서 출격하자, 청군은 더 이상 버틸 수 없어 정안사(靜安寺) 일대로 후퇴하게 되었다. 전투는 두 시간도 채 안되어 끝났는데, 청군은 300여 명이 사망하였고, 미군 병사 중에 죽거나 다친 사람이 20명이었으며, 청군의 조계 부근의 영방(營房)은 불태워졌다.

이성전투는 침략 세력이 결탁하는 전환점이 되었다. 이때 이후 청 정부는 외국 침략자들의 순박한 도구로 전락하였으며, 주권을 넘겨주면서 외국 군대를 들여와 공동으로 중국의 혁명운동을 진압하였다. 『알콕傳』의 저자가 말하기를, "중국인[20]의 외국 관원에 대한 대우는 이성전투 이전보다 훨씬 더 친목이 쌓였다."[21]고 하였다. 이성전투는 외국 침략자들이 침략을 확대하려는 음모를 실현시켰다. 영국정부는 알콕에

---

19) 『吉爾杭阿復英國領事函』, 『滙編』, pp.403~404.
20) 청조 통치자를 지칭함. 편자 주.
21) 米其, 『阿禮國傳』, 『滙編』, p.603.

게 어려운 상황에서 "상당한 용기와 판단"을 내렸다고 표창하며 치하
하였다.

이성전투의 둘째 날, 우지앤짱은 친히 영국 영사 관서를 방문하여
알콕과 회동을 가졌다. 그는 이러한 적대행동이 다시 재발하지 않기를
희망한다고 표시하였고, 지얼항아(吉爾杭阿) 역시 유감의 뜻을 표시하
였고, 알콕에게 새로운 병영의 경계를 상의하면서 구류되어 있던 병선
의 방면(放免)을 요구하였다.

이성전투 후, 강소순문 쉬나이짜오(許乃釗)는 "군향을 많이 낭비하
고 공이 없다"고 하여 청정부에 의해 파직되었고, 이 직책을 계승한
사람은 강소 안찰사인 지얼항아(吉爾杭阿)였다. 청 정부는 외국 침략
자들에게 외국 침략자들이 오래전부터 호시탐탐 노리던 상해 해관의
주권을 넘겨주었다. 6월 21일, 청정에서는 양강총독 이량(怡良)을 파
견하여 곤산(昆山)에서 미국공사 맥레인(麥蓮)과 회견하며, 내지 관잡
(關卡)의 철폐에 동의하였다. 아울러 도대 우지앤짱에게 명령하여 해
관문제를 각국 영사와 즉각 상의하도록 지시하였다. 상의 과정에서 알
콕은 청정부의 달콤한 응답을 위해 우지앤짱에게 보장하기를, 만약 중
국 당국이 외국인을 초빙하여 해관의 직무를 맡기고자 한다면, 그는
다음과 같이 처리할 것이라고 언급하였다. 첫째, 밀수 활동을 제지하
는 것에 협조한다. 둘째, 중국 해관이 영국 조계 내에서 직권을 행사하
는 것에 반대하지 않는다. 셋째, 영국 무장 병력으로 해관을 보호한다.
넷째, 영국은 "영사 대징제"로 세금을 징수(바로 약속 어음 미납부 세
금)하여 전부 중국 정부에 반납한다. 영국의 의견은 미국과 프랑스의
동의를 얻었다. 1854년 6월 29일, 영국, 미국, 프랑스 3국 영사와 우지
앤짱은 『상해해관징세규칙』(上海海關徵稅規則) 9개조에 서명하였다.
이 규칙에 근거하여 외국 국적의 인원이 참가한 "세무관리위원회"(稅
務管理委員會)를 성립시켰다. 위원은 각국 영사들에 의해 물색되었고,

중국방면의 인물은 반드시 거명한 후에 임용하게 되었다. 이것은 중국
과 영국, 미국, 프랑스 3국이 조직한 위원회에서 외국인은 영원히 많
은 특권을 향유한다고 하였다.22) 이 새로운 해관제도는 중국 주권의
파괴를 분명하게 드러냈으며, 영국인 라이트(Wright, 萊特) 역시 인정
하기를, "영사들은 실제적으로 이 새로운 기구를 이미 각 영사관의 하
나의 부속기관으로 만들었다. 아울러 이미 외국이 직접적으로 중국 정
무 부문을 간섭하게 된 것이다."23)라고 언급하였다.

　7월 12일, 3개국 영사들이 지정 파견한 영국인 웨이드(Wade, 威妥
瑪), 미국인 루이스 카알(Lewis Carr; 卡爾, 또 다른 이름은 賈流意)과
프랑스 사람인 스미드(Smith, 斯密司)로 관세관리위원회(關稅管理委員
會)가 조직되었다. 외탄 해관의 문제가 해결되어 다시 해관업무를 시
작하기 전에 이 위원회는 잠시 소주하 북안(北岸)의 임시 해관에서 업
무(후에는 또 현재의 南京東路와 江西路 교차 지점으로 이전함)를 보
았다.24) 우지앤짱이 설립한 두 개의 내지 관잡(關卡) 역시 즉시 철거
되었다. 교환조건의 하나는 흠세(欠稅) 즉 미납세금의 반납이다. 영국
방면에서는 미납세금의 총액이 480,000兩에 달하였으나, 영국 정부가
훈령을 발표하여 선포하기를 모든 약속어음은 모두 무효하다고 하며,
이에 영국 영사는 이 약속어음을 모두 각 상인에게 돌려주었고, 1문
(文)의 돈도 중국에 반납하지 않았다. 미국의 미납 세금은 350,000량
이었는데, 2년을 지연시킨 후에 납부한 금액은 73,000량이었고, 그 나
머지인 거의 4분의 3정도의 미납금액은 말소시켰다. 세무관리위원회
의 카알은 장기 결석하였고, 스미드는 중국어를 알지 못했으므로 실제

---

22) 해관사의(海關事宜)는 중국 도대와 3개 조약국 영사들이 만나 처리하였는데,
　　투표방식으로 표결하였으며, 도대의 한 표는 두 표의 역할을 하였다.
23) 萊特, 『中國關稅制度史』, 三聯書店 1958年版, p.120.
24) 1857년 外灘의 해관이 수복되었다. 명의상 그것은 여전히 청정부의 업무 처
　　리 기구였으나, 실제상으로는 이미 명실상부한 "洋關"이 되었다.

권한은 영국인 웨이드 1인의 수중에 있었다. 1년 후, 웨이드가 부영사로 승진하자, 레이(H. N. Lay, 李泰國)가 그 직무를 이어받았다. 1859년, 양강총독 허꾸이칭(何桂淸)은 레이를 총세무사에 임명하였다. 1861년 4월, 레이가 병을 치료하기 위해 영국으로 떠나자, 하트(R. Hart, 赫德)25)와 피츠로이(G. H. Fitz-Roy, 費士來) 두 명을 지정하여 그의 직무를 대신하게 하였다. 이후 청정은 하트를 정식으로 대리 총세무사에 임명하였다. 이때 상해에서 먼저 출현한 반식민지의 해관제도는 이미 전국으로 확대되었다.

중국 해관을 접수한 외국 침략자의 다음 목표는 조계내의 각종 권력을 확대시키는 것이었다.

---

25) 로버트 하트(R. Hart, 赫德, 1853~1911), 영국인, 1859년 광동 해관 부세무사에 임명되었고, 1861년에는 대리 총세무사를, 1863년에는 총세무사가 되었고, 1908년에는 휴가를 내고 귀국하였다가 죽을 때까지 이 직책을 맡았다. 그는 중국에서 해관총세무사로 48년간 종사하였는데, 중국을 침략하는 주요 대표적인 인물 중 한명이었다.

제4절 『토지장정』(土地章程)의 제1차 개정과
공부국(工部局) 설립

이성전투에서 외국 침략자들은 청정부가 외국인을 두려워하는 근본적인 이유와 중국 지방관원의 무능함을 정확히 볼 수 있었으므로, 그들은 더욱 거칠 것 없이 이미 여러 조항에서 해결되지 않고 쌓여 있던 『토지장정』의 조약 수정으로 조계에서 자신들의 권력 확대를 계획하였다.

이때 조계에서는 큰 변화가 일어났는데, 그것은 조계내의 중국 주민들이 급격히 증가한 것이다. 소도회 기의 후, 최초로 조계에 들어온 사람들의 대부분은 성내의 부유한 사람들로 그들은 "성내에서 많은 재산을 잃었기 때문에" 그들은 조계지를 피난처로 생각하고 이주해왔다. 그들은 일단 조계에 들어오게 되면, 그들은 어떤 곳에서든 오직 조그만 땅이라도 얻고자 하였으며, 그들은 그러한 땅이 임대되어 수중에 들어오게 되거나 혹은 매입을 하게 되면 바로 건물을 지었다. 이로서 조계내의 지가는 상승하게 되어, "걸을 수 있는 길 조차 찾기 어려웠다."[1]고 하였다. 계속해서 대규모의 거처가 없는 사람들과 집이 없는 난민들이 모두 조계로 들어왔고, 이로 인해 조계의 인구는 단 시간 내에 몇 십 배로 증가되었다. 이러한 대규모의 난민이 출현하게 된 주된 원인은 청정부에 있었다. 일부 관원들이 성상(城廂) 부근에 거주하던 주민들이 소도회를 돕는 것을 두절시키기 위해 이곳의 상민(商民)들을 강제로 "잠시 피신하여 거처하게 한다."며 강제로 이주시켰던 것이

---

1) 阿禮國, 『大君之都』, 『滙編』, p.583.

다.[2] 1853년 12월 7일, 도대 우지앤짱은 소도회를 향해 진공하였고, 병사를 이끌고 동문 밖 16포(鋪) 일대의 민간인 거주지를 불살랐는데, 그곳은 일순간에 불타며 하늘에서 우뢰 소리와 땅에서의 화염과 폭약 소리가 마치 "바다의 파도가 치는 것과 같았다."고 말하였다.[3] 동문 일대 민간인 거주지와 점포 약 2,000여 칸이 불에 탔으며, "모든 사람이 밖으로 뛰어나와 애걸하며, 밤새 울부짖었다."[4]고 당시 상황을 말하고 있다. 이로 인해 대규모로 발생한 난민은 집으로 돌아갈 수 없었으므로 조계로 들어왔다. 일부는 외국인이 임시로 건조한 누추한 집에 거처하였고, 어떤 사람들은 천막을 쳤다. 또 일부 사람은 작은 선박에 몸을 의지하였으며, 소주하 입구에서 1km 정도의 강위에는 크고 작은 선박이 가득하였으며, 각 선박에는 한 가족 혹은 여러 가족이 거주하였다. 1854년 영국 조계내의 중국 주민은 1년 전의 500명에서 20,000명으로 증가되었다. 도로 부두 공회(道路碼頭公會)의 같은 해 7월 보고에 의하면, 외국인이 영국 조계 내에서의 토지 점유는 약 1,500무(畝)이고, 130개의 빌딩을 건립하였으며, 중국인은 200무의 토지를 점유하였고, 800여 주택을 보유하고 있었다. 중국인 및 중국인 재부가 대량으로 유입되어 상해의 상업중심이 점차 북쪽으로 옮겨갔고, 영국 조계는 번영하기 시작하였다.[5] 알콕의 말을 빌리면, "이전의 외국 조계는 이미 중국인의 시진(市鎭)이 되었다."[6]고 하였다. 외국상인들은 이러한 상황에서 큰 이익을 얻었고, 그들은 조계에서 방과 토지를 임대하는 것이 힘들게 되는 기회를 이용하여, 대량의 건물을 지었고, 높

---

2) 『藍蔚雯, 劉存厚告示』, 『滙編』, p.87.

3) 『北華捷報』, 1853년 12월 10일, 『滙編』, p.87.

4) 姚際唐, 『避氣後集』『滙編』, p.1037.

5) 프랑스 조계는 전쟁지구에 인접해 있었으므로 주민이 대부분 도주하였고, 많은 방들은 기의군의 거점이 되었다.(梅朋, 費萊臺, 『上海法租界史』, 『滙編』, p.830.)

6) 阿禮國, 『大君之都』, 『滙編』, p.584.

은 가격으로 집이 없이 들어오는 난민들에게 임대하여 막대한 이익을
챙겼다. 일부 사람들은 더 높은 가격으로 임대를 하여 토지의 투기가
진행되었으므로 크게 횡재하는 사람이 많게 되었다.

영국 영사 알콕은 처음에는 "화양잡거"(華洋雜居)가 외국인의 조계
내의 특권을 파괴할 것이라고 생각하였으므로, 중국인이 경계내로 들
어오는 것이 치안과 위생에 방해가 된다는 것을 구실로 상해 도대에게
이들의 진입금지를 요구하였다. 그러나 "화양잡거"속에서 횡재한 외국
상인들은 이를 반대하게 되었다. 한 모험가는 대담하게 알콕에게 말하
기를, "당신이 미래의 나쁜 결과를 예측한다면, 그것은 반드시 근거가
있어야 할 뿐 아니라, 아주 정확해야 한다. 그러나 이것이 나와 나의
부동산을 경영하는 동업자들과 투기상들과는 어떠한 관계가 있는가?
당신은 여왕폐하의 영사관으로 국가의 영원한 이익을 책임져야 한다.
이것이 당신의 본분이다. 나의 본분은 기회를 잃지 않고 재부를 쌓는
것으로 땅을 중국인에게 임대하거나, 혹은 그들에게 건물을 제공하여
30~40%의 이익을 남긴다면, 이것이 나의 자금을 가장 좋은 방법으로
운용하는 것이다. 나는 2, 3년 내에 큰 재산을 모을 것이며, 이후 나는
이곳을 떠날 것이다. 내가 이곳을 떠난 후, 이 상해가 궤멸되어 불구덩
이로 들어가거나, 물속으로 들어가는 것이 나와 무슨 관계가 있는가?
우리들은 이윤을 얻어 내는 것에 더욱 힘쓰는 사업가이다. 우리의 본
분은 바로 돈을 버는 것이고, 돈을 더 많이, 더 빨리 버는 것을 좋아하
며, 이러한 목적을 이루기 위해서는 법률이 인정한 범위 내에서 모든
방법과 수단을 활용하는 것은 아주 바람직한 것이다."[7]라고 강변하였
다. 영국 상인의 반대 아래, 알콕은 원래의 주장을 방치하게 되었다.
이성전투 후 오래지 않아, 양경빈 일대 중국 주민들이 옮겨가기위해
준비를 시작하자, 알콕은 다시 도대와 교섭을 통해 그들을 이곳에 더

7) 同上, 『滙編』, p.585.

머물게 할 것을 요구하였다. 결과에 의하면, "화이(華夷) 각 상인은 일 상적인 상태와 같이 생활한다."[8]고 하였다. 그러나 이러한 상황은 『토지장정』의 규정과는 모순된 것이었다. 이로써 『토지장정』중 이와 관련이 있는 "화양분거"(華洋分居)의 규정이 취소되었고, 외국 침략자의 이익을 보호하는 것이 가장 급한 업무가 되었다.

　계속해서 조계가 외국 모험가의 투기로 재산을 증가시킬 수 있는 낙원이 되었고, 외국 침략자는 조계를 중국 행정 체계와 법률제도 밖에 있는 "나라 안의 나라"로 독립시키려는 야심이 점점 강해졌다. 그들은 이미 불법적인 무장단체인 상해 지방의용대(上海地方義勇隊)를 성립시켰으며, 영국, 프랑스, 미국 3국의 해군이 이미 상륙하여 순라(巡邏)를 돌았다. 그들은 아직 중국 관원이 선포한 "무력을 사용하지 않는 조계의 적당한 보호"에 대해서[9] 큰소리로 "안전"하지 않다고 주장하며, 조계권력의 진일보한 확대를 요구하며, 경찰권, 입법권과 행정권의 행정기관을 보유하게 되었고, 그들이 점거한 중국 국토는 직접적으로 식민통치를 받게 되었다. 영국해군 총사령 스티어링(J. Stirling; 賜德齡)은 알콕에게 말하기를, 조계를 보호하는 것은 중국 당국의 일이다. 만약 중국 당국이 책임을 다하지 못하면, 조계 전체 교민 스스로 부담을 져야 한다. 기타 어떠한 방면에서도 주변에서 도움을 주는 것 이외에는 누구도 군사행동을 할 권리 혹은 권력을 갖지 못한다고 하였다. 해군의 원조는 오직 긴급한 때에만 효과를 얻을 수 있으며, 이러한 종류의 원조는 중국의 영토를 점령할 때에는 도움을 줄 수 없으며, 중국 인민에 대해 계엄령을 실시할 수도 없으며, 영구히 순라(巡邏) 혹은 경비의 책임을 질 수도 없다고 하며, 이러한 일체의 일은 모두 쉽게 강렬한 반대에 부딪칠 것이라고 언급하였다.[10] 이러한 말은 표면적으

---

　8)『怡良, 許乃釗奏折』, 咸豊朝『籌辦夷務始末』, 卷7.
　9)『北華捷報』, 1854년 4월 22일, 『滙編』, p.420.
　10) 特瑞修, 『上海史』, 『滙編』, p.743.

로 볼때는 조약을 준수한다는 것처럼 보여 지나, 실제적으로는 외국 식민자들이 자신들 스스로가 경비를 부담하여 영구히 순라를 돌고 경비의 책임을 진다는 말이 된다. 책에 기록된 내용을 근거로 한다면, 스티어링은 또 이렇게 말하였다. "조계 내에는 반드시 공부국이 있어야 하고, 공부국에서 파병과 상륙 등을 요청하며, 이러한 것이 합법적인 것이며, 그렇지 않다면 그들이 내지 전쟁에 간섭하고 있다는 혐의를 받을 수 있다."11)고 하였다. 실제적으로, 외국군대가 중국 영토에 상륙하기에는 무력에 의한 것이지 조약에 의한 것이 아니며, 어떤 기구가 신청을 한다는 것은 더욱 불필요한 것이었다. 그러나 그들은 모두 이러한 침략행위가 합법화되기를 희망하였고, 그런 의미에서 『토지장정』의 조약 개정을 염두에 두게 되었던 것이다.

『토지장정』 내용의 수정 갱신 활동은 이성전투 이전부터 시작되었다.12) 그러나 진행 속도는 아주 더뎠다. 이성전투 이후 그들의 활동은 활기를 띄게 되었다. 1854년 6월 하순, 영국 영사 알콕이 재차 미국, 프랑스에게 3개국 조계를 하나의 시정기관으로의 건설을 제기하였다. 미국 방면에서는 미국조계는 이름만이 있을 뿐이므로, 많은 것을 영국조계에 의존하고 있었으므로 이것에 대한 이의는 없었다. 그러나 프랑스 영사 에당은 7월에 이 건의를 받았을 때 크게 주저하였다. 당시 프랑스 군함이 당시 상해에 있지 않아 상해에서의 프랑스 역량이 아주 미약하였으므로 영국과 미국의 연합행동을 거절할 수 없었다. 그러나 그는 이러한 상황을 공사인 부르부롱에게 알렸다. 당시 영국과 프랑스

---

11) 夏晋麟, 『上海租界問題』, 1932年版, p.19.
12) 프랑스 공사 부르부롱(布爾布隆)은 1854년 4월 2일 에당(愛棠)에게 보낸 서한에서, "각 조계는 각 외국 교포들은 공동으로 사용한다고 서명할 것이라 하였다. 그러나 이 공약 서명은 연기되었으며, 오직 미국 영사만이 상해를 떠났다."(梅朋, 弗萊臺, 『上海法租界史』, 『滙編』, p.859) 이 "공약"은 새로운 『토지장정』을 말하는 것이다.

는 러시아에 대항하기 위해 서로 동맹을 맺고 있었으며, "러시아와 전
쟁상태로 진입하고 있을 때로, 양국의 정부 및 해군인원은 다른 한 나
라의 권익과 국기를 서로 나누어서 보호할 수 없었다."13)고 하였다.
부르부롱은 즉각 훈시하며 말하기를, "우리 정부는 1849년에 창립한
프랑스 조계의 토지에 대한 야심이 없고, 다른 교민들이 토지를 구입
하는 것에 반대하지 않으며, 뿐만 아니라 대영 정부의 자유주의 정신
이 낙후되는 태도를 바라지도 않는다. 그래서 국제적인 질시를 받는
것을 피하고, 우방들이 어려움을 겪는 것을 경감시켜야 한다. 그러나
현재로 볼때 우리들의 희생이 비록 크지는 않지만, 총체적으로 본다면
배상이 없는 단순한 손실이다."14)고 하였다. 그는 에당에게 명령하여
영국방면의 제의에 찬성하게 하였다. 오래지 않아, 그는 또 정식으로
영국, 미국 공사에게 상해 조계의 행정을 단일화하는 건의를 받아들인
다는 것을 표시하였다. 그러나 동시에 밝히기를, 이것을 받아들인다는
것은 프랑스 정부의 추인(追認)이 있어야 효력을 발생하는 것이라는
것을 덧붙였다. 이렇게 영국, 프랑스, 미국 3개국은 이 문제에 대해 잠
정적인 의견 일치를 보게 되었다. 같은 해 7월 5일, 그들은 상해 도대
를 압박하여 3개국 공사와 미국 영사들이 제정한 『상해 영미법조계
토지장정』(上海英美法租界地皮章程) 14관(일반적으로 1854년 『토지장
정』이라고 함)을 받아들이게 하였다. 이 장정은 1845년 장정 내용에서
아주 중요한 부분이 수정된 것으로, 외국 침략자들은 중국 토지에 대
한 행정관리 기구를 소위 "법률에 의거"하여 설립할 수 있게 된 근거
가 되었다.

  1854년 『토지장정』제10조 규정에는 "건물 건립, 도로 개보수, 부두,
도랑, 교량에 대한 규정이 되어 있었다. 수시로 깨끗하게 청소하고, 아

---

13) 梅朋, 弗萊臺, 『上海法租界史』, 『滙編』, p.821.
14) 梅朋, 弗萊臺, 『上海法租界史』, 『上海法租界的搖籃時期』에서 인용.

울러 가로등을 달고, 갱부(更夫), 순포(巡捕)등 파견 비용을 정하고, 매년 초기에는 3국 영사관에서 각 세금을 받는 원주인[租主]들을 만나 토지에 따라 세금을 매기거나, 혹은 부두에서 납세하는 것을 상의하였다. 먼저 3명 혹은 여러 명을 파견하여 세금 받는 곳[經收處]을 설립하여 세금을 받아, 이로써 위의 각 항목의 경비를 지출한다."고 하였다. 이는 갱부(更夫), 순포(巡捕)를 3명 혹은 여러 명을 파견하여 "경수처"를 설립하여 세금을 징수하는 것으로, 이것은 중국 정부와 법률보다도 상위에 공부국(工部局, Counsil)이 존재한다는 것으로 중국을 능멸하는 것이었다. 이러한 근거는 1845년의 장정에서 가장 중요한 곳을 수정한 내용으로 열강들은 그들의 주요 목적을 이루어내게 되었다. 당연히 지적되는 것은 이러한 새로운 장정은 열강이 일방적으로 무력을 앞세우자 상해 도대가 강압에 못 이겨 받아들인 것이다. 그러나 상해 도대라는 지방관원은 중국 주권을 침범하는 내용의 장정을 비준할 권한을 근본적으로 갖고 있지 않았다.

1854년 『토지장정』에서는 원래 있던 "화양분거"(華洋分居: 중국인과 서양인의 분리 거주)의 규정이었으나 취소시켜 "화양잡거"를 묵인하게 되었다. 이와 동시에 중국인들에게 여러 불이익을 강요하였다. 예를 들어, "중국인이 사용하는 대를 엮은 것, 나무 제기(祭器), 대나무, 나무 및 쉽게 불이 붙을 수 있는 모든 것으로 집을 짓는 것을 금지시켰고, 아울러 황, 화약, 개인 물건, 쉽게 불이 붙는 물건 등으로 짓는 것도 허락하지 않았으며, 도수가 높은 술 등을 많이 보관하는 것 등도 허락되지 않았고, 위반자는 처음에는 25원(元)의 벌금을 내었으며, 만약 고치거나 옮기지 않으면 하루에 25원씩이 더 붙였으며, 재범자는 수시로 배의 벌금을 물렸다."(제9조)와 "양방(洋房)이 가까우면, 중국인은 건물, 천막을 개조할 수 없고, 거리를 두어야 하는 어려움이 있었다."(제8조)는 것 등등이었다.[15] 이렇게 장정의 조항을 수정한 것은 완전히 외국 침략자들의 수요를 만족을 위한 것으로 중국인이 조계에 거주함으로써 외국 상인들의 재원(財源)이 손해를 입는 것을 막기 위함이었고, 동시에 중국 주민들은 시종 가장 낮은 지위를 갖게 되었고, 외국 침략자들은 조계에서 특권적 지위를 확인시켜 주었다.

1854년 『토지장정』은 영사의 권력을 진일보 강화시켰다. 제8조, 제12조 규정에 미국 영사관 이북에서 소주하 일대까지 영사 2명의 비준을 얻지 못한다면 점포를 개설할 수 없다고 하였다. 영사의 비준을 얻지 못하면 중국인이나 외국 상인이나 모두 술을 팔거나 술집을 개설할 수 없었다. 1855년 2월 24일, 상해 도대 란위원(藍蔚雯)은 또 고시하기를, 중국인은 조계 내에서 토지나 가옥을 임대할 경우 지방관과 외국 영사의 심사와 비준을 받아야 한다고 명령하였고, 아울러 새 장정을 준수하여 세금을 납부하여야 하며, 세금은 공부국에 납부해야 한다고 하였다. 이것은 실제적으로 공부국이 조계내의 중국 주민에 대한 관할권을 승인한 것이었다.[16] 이 장정의 영문 본은 원래 임대인이 매년 원 주인에게 토지 임대세를 납부하던 것을 중국 정부에게 직접 납부하게 하였으나, 이러한 방법을 슬쩍 바꾸어 원 주인의 토지 소유권을 부정하는 것으로 명의상의 토지를 임대한 것이 "영원히 임대"하는 것으로 사실상 "팔아버린 것"이 되어버렸다.[17]

---

15) 1845년 장정에 역시 유사한 규정이 있었으나, 완전히 외국 상인들에 대한 것이었는데, 왜냐하면 당시 중국인이 조계에 거주하는 것을 허락하지 않았기 때문이다. 본서 2장 제2절 참고.

16) 이 고시는 후에 1854년 『土地章程』의 첨부 문서가 되었는데, 이것이 바로 『上海華民住居租界條例』이다.

17) 중문본의 이 조관(제7조)은 여전히 "매 무(畝)의 1년 임대 세는 1,500문(文)이다. 미리 납부를 받은 업주는 이를 양식으로 세금 납부를 준비한다."고 하였다. 그러나 이후 도대가 반포한 계약서의 규정에는 임대인은 반드시 매년의 임대세금을 은(銀)으로 직접 세금을 납부하고 원 주인에게는 다시 납부할 필요가 없다고 하였다.

이외에, 1854년의 『토지장정』은 실제적으로 영국, 프랑스 영사들의 조계 전관권(專管權)을 취소하였다. 제2조 규정에 따르면, "중국인에게 집을 팔거나 토지를 임대하고자 한다면, 반드시 그곳 토지의 무 수(畝數)를 등기하여야 하고, 해당국의 영사에게 보고하여야 하며, 해당국 영사 업무를 보는 사람이 없을 때에는 다른 나라의 영사업무를 담당하는 사람에게 부탁해야 한다."는 규정의 원칙에 따라 영국조계에서는 반드시 영국 영사에게 보고해야 하며, 프랑스 조계에서는 프랑스 영사에게 보고하여야 하였다. 제14조 규정에는 또 장정의 개정은 "반드시 3개국 영사가 도대와 상의하여야 하며, 3국의 흠차(欽差)[18]관료나 양광총독(兩廣總督)[19]의 윤허를 받고, 장정에 따라 처리한다."고 하였다.

한 미국기자는 후에 1854년의 『토지장정』에 대해 다음과 같은 평가를 내렸다. "이러한 상해 헌법은 가장 비열하고, 이후의 추세를 가장 잘 예견할 수 있는 것으로 가장 현실주의적인 문건이라고 평가하였다. 구체적으로 원시안적으로 볼 때, 상해 신사들은 중국 당국이 힘이 약한 틈을 타 그들 자신들의 미래를 위해 세세대대로 활동할 수 있는 법률적 기초를 마련한 것이었다. 그들은 교묘하게 이익을 구하고, 아무런 감정도 없이 낙관주의적으로 이 황음한 도시 이성(泥城)을 발전시켜 나갔다."[20]고 하였다.

새로운 『토지장정』은 1854년 7월 8일의 『북화첩보』(北華捷報)에 공포되었다. 3일 후인 7월 11일, 영국, 프랑스, 미국 3국의 영사들은 영국영사관에서 49인이 참가한 토지임대인[租地人] 회의를 개최하였다. 회의의 사회를 맡은 알콕은 먼저 새로운 『토지장정』과 공부국 건립은

---

18) 흠차(欽差)란 황제가 직접 파견한 관리를 말하는데, 여기서는 공사(公使)를 지칭함. 편자 주.
19) 영문에서는 "관할 五口通商事宜의 중국 欽差大臣"으로 南洋大臣을 가리킨다. 편자 주.
20) 霍塞, 『出賣的上海灘』, pp.33~34.

"조계내 외국인의 안전과 행복을 보장"하기 위한 것이라고 설명하였
다. 왜냐하면 영사는 해군 보호를 요청할 권한이 없었으므로 현재 중
국 정세가 아주 혼란하고 내전이 상해와 조계내의 중국인과 서양인이
잡거하는 지역에까지 파급된다면, 이곳에 오직 영사 권력만이 있고 시
정기관(市政機關)이 없는 상태에서 조계의 안전이 보장될 수 없기 때
문이다. 그는 외국 교민은 당연히 하나의 대의제(代議制)의 시정기관
의 권한을 부여해야만 하며, 그 시정기관은 경찰을 조직하고, 치안을
유지하고, 시정을 관리하며, 세금을 징수하는 모든 권한을 갖추고자
하였으며, 필요시에는 각국의 해군, 육군 및 조계 내 주민들을 소집하
여 조계를 보위하는 권한도 갖고자 하였다. 그는 또 현재의 중외조약
을 근거로 영국, 프랑스, 미국 3국이 모두 중국 땅에서 본국 교민을 보
호할 권한이 없는 것을 인정하지 않을 수 없었고, 중국의 어떠한 부분
의 영토도 점거할 권한이 없다는 것을 인정하고 있었으므로 행정기관
의 설립을 통해, 군대를 소집하여 보호 등의 활동을 하는 것은 엄중한
조약 위반이라고 생각하였다. 그러나 그는 계속해서 말을 바꾸며, 아
주 적나라한 강도같은 논조로 만행적으로 말하기를, "자위라는 예에
따르면, 외국인은 자기의 안전 보장을 위하여 어떠한 법률 조치도 고
려하지 않아도 된다. 이로써 이렇게 하는 것이 당연히 정당한 것이다.
그렇지 않다면 외국인은 국기를 내려야 하며, 보따리를 싸가지고 돌아
가야 한다."[21]고 말하였다. 알콕의 이러한 말도 안되는 논조와 강압적
인 연설에 찬동을 보이며, 회의는 1854년의 『토지장정』을 통과시키고,
또 10여 항목의 결의도 통과시켰는데, 그 주요한 내용은 다음과 같다.
도로부두공회(道路碼頭公會)의 해산, 3국 조계를 통치할 지정기관인
공부국(工部局) 조직, 초대 공부국 이사 선거, 공부국에서는 순포방(巡
捕房) 조직 착수 명령, 매년 1차례의 공부국 이사 선거 회의 개최, 각

---

21) 『費唐法官研究上海公共租界情形報告書』, 제1권, pp.66~73.

국 영사와 중국 당국의 협상으로 공부국은 조계내의 중국인에 대한 연세(捐稅) 즉 세금 징수, 홍구(虹口)를 조계 범위에 포함 시키는 건의 등등이다.22)

　초대 공부국의 이사는 5명이었다. 그들은 케이(W. Kay, 凱威廉), 커닝햄(E. Cunningham, 金能亨), 페롱(Fearon, 費隆), 킹(E. O. King, 金大衛)와 메드허스트(Medhurst, 麥都思)였다.23) 케이는 이사장이었고, 커닝햄은 재정 관리원이었다. 오래지 않아, 케이가 이사장직을 사임하여, 7월 17일, 공부국에서 제1차 이사회를 개최하여 두 개의 위원회 설립을 결정하였는데, 그중 하나가 방위위원회(防衛委員會)이다. 동시에 또 정식으로 영국, 프랑스, 미국 3개국 해군을 조계에 계속 주둔시키는 결의를 통과시켰고, 그들은 조계 서쪽 변경의 방어만을 담당하였다. 오래지 않아 공부국은 또 제2차 회의를 개최하여, 홍콩 순포방(巡捕房)의 고위직원 클리프톤(S. Clifton, 克列夫登)에게 초대 포방(捕房)의 책임을 맡겼다. 공부국의 첫 해 예산은 25,000원으로 하였는데, 그중 15,000원을 순포 방면에로의 지출이었으며, 도로 건설비 등 시정방면의 비용은 충당하지 못하였는데, 예를 들어 가로등 기름 비용과 위생 시설비용으로 매월 고작 12원이 지출되었다.

　공부국 설립 후 예산과 행동 권한이 확대되자, 영사와 토지 임대인의 불만이 터져 나왔다. 1854년 10월 알콕이 토지 임대인 임시회의를 개최하였다. 공부국에서 차관 12,500원을 받자는 제안에 대하여 회의자 33명중에서 오직 18명만이 찬성하였으나, 이를 강력하게 통과를 시켰다. 11월에 토지 임대인의 회의를 재차 개최하여, 임대인의 명확한 비준이 없는데도 결의를 통과시켰고, 공부국은 교민 및 이 항구의 국제무역에 대한 징수한 세액이 6,000원을 초과하지 못하게 하였다. 11

---

22) Lanning and Couling, The History of Shanghai, p.320.
23) 일설에는 최초 이사는 7인이었으며, 본문의 5명 이외의 2명으로는 스키너(J. Skinner, 斯金納)와 브라운(W. S. Brown, 白郎)이다.(『滙編』, p.864 주 28)

월 말, 토지 임대인이 계속해서 회의를 개최하여, 공부국의 업무 보고를 요청하였으며, 아울러 장부와의 대조를 요구하였다. 이사장 페롱이 동의하지 않자, 사람들은 그의 사직을 요구하게 되었다. 공부국 이사는 계속 직무를 수행하나 1년 후 임기가 만료되는 것으로 협의를 이루어 냈다. 그러나 7월과 10월 두 차례 토지 임대인 회의에서 결의를 통과시키는 것을 준수해야 한다고 하였다. 공부국과 영사 간의 주요 충돌의 원인은 경찰 사무 방면의 일이었다. 중국인과 서양인의 분거(分居) 상황이 파괴되어 잡거(雜居)가 허용된 상황에서 영국, 미국 영사는 조계 내에서의 중국 주민의 민·형사(民·刑事) 안건에 대한 심리(審理)를 시작하게 되었다. 공부국 성립 후, 이 부분의 권력 탈취하기 위해, 이사가 매주 돌아가면서 법관을 담당하였으며, 이러한 사건에 대하여 취조 심문하였다. 1854년 11월, 공부국 이사회에서는 또 어떠한 영사도 순포(巡捕)에 대한 명령을 할 수 있는 권한을 인정하지 않았으며, 순포는 완전히 공부국의 지휘만을 받아야 한다고 강조하였다. 영사들은 이에 대해 상당한 불만을 토로하였고, 공부국에 경고하며 말하기를, "순포가 중국인을 구류하려면 반드시 영사에게 보고하여야 하고, 공부국은 그들을 불법적으로 심문하면 안 된다"고 하였다. 1855년 3월, 영국, 미국 영사들이 또 순포직무 집행 정지를 결정하였고, 영사와 중국 관원의 정식 비준을 기다리고 있었다. 그러나 4월에 영국 영사 알콕이 중국관원의 동의를 받지 않은 상황 하에서 순포가 직무를 계속 집행하는 것을 비준하였다. 1855년 초, 영사들은 중국인이 계속해서 조계로 이주해 오는 것에 대한 금지를 요구하였고, 공부국은 이에 반대 입장을 고수하였다. 알콕은 공부국의 권한을 넘어서 소위 "불량"(不良)한 중국인을 조계 밖으로의 이주를 명령하였고, 아울러 양경빈 일대 중국인 거주지인 초가집을 불살랐으며, 이에 수 천 명이 거처를 잃게 되었다.

1854년 『토지장정』과 7월 토지 임대인의 회의에서 통과된 의안에 비추어 보면, 공부국은 3개국 조계를 통치할 권력이 있다고 하였다. 그러나 사실상 영국, 프랑스 간의 모순으로 공부국의 권력은 프랑스 조계에 까지는 미치지 못하였다. 공부국 성립 전날 즉, 1854년 7월 초, 영국, 프랑스, 미국 3국은 각기 파견한 군관 1명을 성으로 들여보내 소도회를 현성 밖으로의 퇴출을 권고하게 되었다. 이러한 대표가 성내에서 리우리촨(劉麗川)과 천아린(陳阿林)을 만났을 때, 영국, 미국의 군관들이 소도회에게 한 통의 "중립선언"(中立宣言) 내용의 서신을 건넸고, 아울러 리우(劉)와 천(陳)에게 중국어 문장으로 번역하여 부하들이 조계로 들어오지 못하도록 하는 게시를 붙이게 하였으며, 동시에 약정된 내용을 글로써 각국 해군사령에게 열람하도록 하였다. 프랑스 영사 에당(愛棠)은 본인이 사기를 당했음을 알고 즉각 알콕에게 질문을 제기하자, 알콕은 웃음만을 보였다. 영국, 미국에서 이 문서를 열람하고 원고를 프랑스 측에 보냈으며, 프랑스 사람들은 이 고시는 소도회가 총기를 휴대하고 양경빈 이북 지구의 통과에 대한 금지를 고시한 것으로 양경빈 이남에 있던 프랑스는 이러한 고지문내에 포함되지 않았다. 에당은 이에 극히 불만을 표시하며 영국, 미국과의 교섭을 요구하며, 문건의 내용 수정을 요구하였으나, 결국 문건은 고쳐지지 않은 채 발표되었다. 프랑스는 3국의 조계 통일에 대하여 영국의 음모 아래에서 굴욕을 당하게 되었고, 이 사건 발생 후, "영국 측은 가슴 아프게 아주 쉽게 우리의 권익과 존엄을 망각하였다."고 언급하였고, 이를 구실로 공부국의 관할에 복종하는 것을 거절하였다. 7월에 공부국 이사장 케이는 서신을 에당에게 보내 프랑스 교민의 재산에 대한 보고를 요구하자, 에당은 바로 노기충천하여 회신하기를 영국, 프랑스 조계는 이미 병합되었는데, 소도회와의 교섭에서 왜 소도회의 무기 휴대 금지 구역에서 프랑스 조계를 배제시켰는가? 라고 하며, 이러한 종류의 연합은 아무런 장점이 없다고 주장하였다. 이것은 3국 조계가 막 연합이 이루어졌으나, 곧 분리될 싹이 트고 있었다는 것을 짐작할 수 있다.

제5절 서구 열강의 연합으로 소도회 진압

1854년 상해현성은 여전히 소도회 기의군의 수중에 있었다. 그들은 불리한 형세 아래에서 각종 조치로 자신들의 정권을 공고히 하는데 전력을 다하였다. 그들은 성내의 호적(戶籍) 관리를 강화하였고, 모든 주민들에게 인정책(人丁冊)과 정구책(丁口冊)에 등기를 하도록 규정하였으며, 이로써 조사 준비를 마쳤다. 그들은 함풍(咸豊) 동전을 폐지시키고, 1854년 7월부터 새로운 동전을 주조하였다. 이 동전의 정면에는 "태평통보"(太平通寶)라는 4글자를, 뒷면에는 일월화(日月花) 무늬를 새겨, 사람들이 이 동전을 "일월전"(日月錢)이라고 불렀다. 그들은 의숙(義塾)을 설립하여 아동들에게 글자와 문화를 가르쳤으며, 해병국(孩兵局, 어린아이 병사국)을 건립하여 청소년들을 훈련시켰다.1) 이해 4, 5월 사이에 기의군은 군민에게 일률적으로 변발을 자르라는 명령을 내렸으며, 아울러 종교를 이용한 선전을 하여, 사람들이 "사신"(邪神)에 대한 공격을 격려하였다.

청군은 현성을 포위한 후, 부단히 공격을 하였으며, 어떤 때에는 사다리로 성(城)에 올랐으며, 어떤 때에는 땅굴을 파고 침입하여, 폭탄을 매설하고 성벽을 폭파하였으나, 기의군의 전투력은 여전히 부패한 관군의 전투력을 훨씬 뛰어 넘었다. 안마타이(晏瑪太)의 추억에 의하면, 당시 그가 목격한 것은 "한 관병이 조밀한 대나무 울타리 뒤쪽에서,

---

1) 孩兵局의 전사는 전투 중에서 상당한 역량을 발휘하였다. 1855년 1월 17일 100여 명의 전사(戰士)가 경마장 전투에서 1,000여 명의 청군을 격파하였으며, 적장 1인을 사살하는 전공을 세웠다.

자신의 화승창을 대나무 울타리 사이로 밀어 넣고, 두 다리를 뒤쪽으로 하고는 총구가 어디를 향하는지를 분별하지 못하고 있는 사이에 그는 화약에 불을 붙여 발사하였다. 탄알이 발사되자 그는 곧 도주하였으나, 그는 자기의 이러한 모든 행위에 대하여 아주 만족하였다. 군영으로 돌아온 후, 그는 동료들에게 거짓으로 전적(戰績)을 보고하게 되었다. 그의 말에 의하면, "그 탄알은 잘못 발사된 것이 한 발도 없었고, 매 총알이 한 사람 씩을 죽였다."고 말하였다. 또 한 외국 목격자 역시 말하기를, "현재까지 관병은 계속해서 패배하였다. 계속된 진공 중에 나는 그들의 규율, 판단력 및 기술이 아주 떨어진다는 것을 알게 되었다. …대부분은 모두 아주 겁쟁이였다. 관병들의 전략을 크게 개선하지 않는다면, 그들은 영원히 상해를 수복할 수 없다."2)고 하였다.

청군의 강공은 효과가 없어보였으나, 또 특무(特務)들을 적진에 파견하여 기의군을 동요시켜 항복을 종용하였다. 그들은 판치량(潘起亮)의 손아래 처남인 천아리우(陳阿六)와 내통하여 판치량이 투항하도록 설득시켰다. 판치량은 대의(大義)로 사사로운 친족관계를 물리치고, 천아리우의 음모를 공개하고 그를 참수하였으며, 내부의 간신 160명을 처형시켰다. 반역자 시에지챠오(謝繼超)가 성으로 들어가 항복을 권유하자, 기의군은 그를 점춘당(点春堂) 앞에서 살해하였다. 소도회는 관군의 노력에도 와해되지 않았고, 오히려 많은 관병들이 소도회의 영향으로 기의군에 투항하고자 하였다. 기록에 의하면, "그러한 생각으로 도주한 관병들이 집안에 숨었고, 수 백 명은 성안으로 들어가고자 시도하였다. 성 위의 기의군은 투항해 오는 관병에게 창을 버려라고 한 후 그를 성 위로 끌어 올렸다. 주머니가 텅 빈 사람에게 그들은 동전 한 꾸러미씩을 채워주었다."3)고 하였다.

---

2) 『北華捷報』, 1853년 10월 8일, 『滙編』, pp.71~72.
3) 『北華捷報』, 1853년 10월 1일, 『滙編』, p.66.

청군의 장기적인 진공이 실패하자, 청정부에서는 지얼항아(吉爾杭阿)를 파견하여 쉬나이짜오(許乃釗)와 교체시켰다. 지얼항아는 한편으로는 증원군으로 진공을 도왔고, 한편으로는 외국 침략자들에게 원조를 구걸하였다. 어쨌든 이러한 연합으로 소도회의 진압 작전이 정식으로 시작되었다.

1854년 6월 14일, 영국, 미국, 프랑스 3국 영사와 영국, 미국 공사들은 회의를 통하여 영국과 미국이 조계의 서북방 두 측면을, 프랑스는 양경빈 이남 지구의 방어를 결정하고 보초를 세웠으며, 낮에는 무기를 들고 조계를 통과하는 것을 금지시켰으며, 저녁부터 아침 8시까지는 교통을 단절시켰다. 식민당국은 또 각국 상인이 양식과 군수품을 소도회에게 판매하는 것을 금지시켜 이로써 소도회에게 압력을 가하여, 리우리촨(劉麗川)을 현성 밖으로 나가도록 압박하였다. 당시 매판 양팡(楊坊)이 분주히 지얼항아와 외국 침략자 사이를 왕래하며, 소도회 진압의 구체적인 방법을 계획하였다. 양팡과 조계 당국의 상의 결과, 먼저 "성벽을 쌓아 경제 교류를 두절시키는 방법"을 채택하였고, 상해 현성의 북문 일대에 담장을 둘렀고, 현성과 교외의 연결을 단절시켰다. 이로써 기의군은 병사들의 재원과 양식 공급을 교외 농민으로부터 지원을 받을 수 없게 됨과 동시에 조계방면에서 비밀리에 운반되던 무기와 탄약을 공급받을 수 없게 되었다. 영국, 미국, 프랑스 3국의 협의로 세워진 담장은 외국 침략자들이 공개적으로 소도회 기의에 간섭을 시작하는 계기가 되었다.

9월 초, 에당, 부르부롱 등은 비밀리에 모의를 거쳐 순무(巡撫)인 지얼항아가 프랑스 군의 협조를 받아 성을 공격하겠다는 제의를 정식으로 받아들일 것을 결정하였다. 아울러 지얼항아는 프랑스 조계 변경에 흙담을 쌓는 것에 동의하였으며, 이로써 프랑스 조계와 성(城) 간의 교통은 두절되었다. 이 담장은 청군쪽에서 담장을 축조할 사람을 파견하였고, 3국 군대의 협조아래 축조되었다. 프랑스 군 방면에서는 먼저 담장을 쌓고, 미국과 영국방면에서는 담장을 쌓은 다음에 지출되는 경비를 부담하는 임무를 맡았다. 이 담장은 넓이가 3척(尺=33cm), 높이는 한 장(丈= 3.33m, 尺의 10배) 정도로 동쪽의 황포강변에서 시작하여 북문 성벽의 호성하(護城河) 북쪽을 돌아 이성빈(泥城浜, 현재의 西藏路)까지로 이어졌으며, 이는 소도회 기의군의 공급노선을 차단하는 것으로 상해 현성을 전면적으로 포위하는 것이었다. 식민자의 대변지인『북화첩보』에서는, "현재 영국과 미국인이 이미 프랑스인과 합작하여, 경계 담장과 천가[陳家]의 나무다리가 연결되게 되었고, 이렇게 되면 현성과 조계의 교통이 연결되고, 관병을 증가시키면 성공할 기회가 된다."4)고 하였다.

　계속해서 프랑스 군대는 공개적으로 소도회의 포위 공격에 참가하였다. 영국과 미국은 이때 출병을 원치 않았는데, 그 원인은 그들이 출병조건을 내세우며 요구하는 것이 너무 많았기 때문에 청정부의 협상이 제대로 이루어지지 않았기 때문이다. 프랑스 측은 그들의 선교사를 대신하여 송강(松江)일대의 토지를 차지하기 위하여, 소도회를 진압하는 최선봉에 섰다. 그들은 "프랑스가 이 어리석은 중립 표방을 타파하였고, 이것은 프랑스의 영광이다."5)라고 하였다. 당시 소도회는 프랑스 조계 담장에서 남쪽으로 몇 백 미터 지방에 있었으므로, 프랑스 영사관에서는 흙으로 쌓아 만든 둔 턱에 멀리서도 보이게 포대를 설치하였으며, 이것은 프랑스군이 통제하였다. 12월 6일, 프랑스 군대는 소도회에 양경빈 남쪽의 포대를 철거할 것을 요구하였으나, 소도회에서는 받아들이지 않았다. 9일, 프랑스 해군 상장 라 구엘(La Guerre, 辣厄爾)이 프랑스 군대를 파병하여 강제로 포대를 철거하자, 소도회는 공

---

4)『北華捷報』, 1853년 10월 1일,『滙編』, p.455.
5) 高龍鞏,『江南傳敎史』,『滙編』, p.921.

포탄으로 경고하였다. 라 구엘은 이러한 경고에도 행동을 중지하지 않았고, 오히려 대규모의 무장 진공을 단행하게 되었다. 당일 오후 프랑스 군함인 "까오얼바이"(高爾拜)호가 현성과 소동문 포대를 거의 2시간 동안 계속 포격하였다.

1855년(청 함풍 5년) 1월 6일, 프랑스 군대와 청군이 연합하여 현성에 맹공을 퍼부으며 북문 전투가 일어났다. 당일 새벽, 황포 강에 정박해 있던 프랑스 군함 "쩐더"(貞德)호와 "까오얼바이"(高爾拜)호에서 돌연 현성을 향한 포격이 시작되었다. 한 시간 후, 북문 성벽에는 구멍이 뚫리게 되었고, 250명의 프랑스 군이 포격의 엄호아래, 뚫린 구멍으로 성내로 진격하였다. 기의군 전사는 천아린(陳阿林)의 지휘아래 유리한 지형을 차지하여 프랑스 군대를 괴롭혔다. 쌍방의 육탄전으로 인해 프랑스 군의 대포는 효력을 발휘할 수 없었다. 그들은 형세가 좋지 않음을 보자 성문을 열고 청군을 진격시켜, 프랑스 군을 엄호하여 성 밖으로 도주하게 하였다. 성안으로 들어간 관군은 기의군의 맹렬한 공격에 부딪쳐, 아주 혼란한 와중에 관병들은 그들의 무기, 깃발들이 모두 성벽 위에서 아래로 굴러 떨어졌다.[6] 프랑스 군은 청군이 소도회군에 격파되어 흩어지는 것을 제지하자, 청군 역시 프랑스 군에게 반격 사격을 가하였다. 이 전투에서 기의군은 이전에 볼 수 없는 승리를 거두었고, 프랑스는 군관 4명, 사병 60명의 사상자를 냈다. 청군의 사상자는 3,000여 명이나 되었다. 이 참패로 조계내의 외국인들은 크게 놀랐고, 그들은 늦은 밤에도 "당시 발생한 불행한 사건에 대하여 되돌아보면 안정이 안되고 앉아 있을 수가 없다"고 하였고, "오랜 고심 끝에 취한 행동인데…실패를 하였고, 그 결과 사병과 장군을 잃은 손실 뿐만이 아니라, 서방무기의 위신까지 잃게 되었다."[7]고 한탄해 하였다.

---

6) 約翰·斯嘉絲, 『在華十二年』, 『滙編』, p.563.
7) 『北華捷報』, 1853년 10월 1일, 『滙編』, p.477.

북문의 전투는 영국과 프랑스 조계 연합에 존재하던 분열을 심화시켰다. 프랑스 군의 퇴로가 막혔을 때, 영국 해군은 오히려 수수방관하였으며 지원을 하지 않았다. 에당은 이것에 분노하였다. 그는 이 사건 후 프랑스 공사에게 보낸 서신에서 홍분하여 말하기를, "우리나라와 영국은 연맹조약8) 체결 이후, 영국의 해군은 상해에서 위기 때에 우리를 배신하였다. 이것은 우리 역시 공공 조계 공부국의 관리를 벗어나도 된다는 충분한 이유가 된다. 이러한 연합으로 우리들은 이익을 보지 못했고, 피해만 입었다."9)고 강조하였다. 이 사건은 프랑스 조계가 오래지 않아 공부국에서 이탈하여 독자적인 행보를 걷게 하는 것을 촉진시켰다.

청정부가 소도회를 공격하는 것을 돕기 위해 영국과 미국 식민당국은 청군이 이성 전투 때에 철수한 진지로의 진입을 허락하였고, 새롭게 군영을 건립하고 참호를 팠으며, 양경빈의 미국 군대가 통제하는 지역까지 세력 범위를 신장시켰다. 또 청군이 조계 내에 포대를 설치하는 것을 허락하여 현성을 공격하는 교두보를 마련하게 하였다. 영국은 또 도로를 닦는다는 구실로, 영국 부영사의 감독아래 대량의 민간 주택을 철거시켰고, 청군을 위하여 큰 공터를 진지로 만들어 주었다. 이외에, 그들은 또 스파이를 성내로 들여보내 유언비어를 퍼뜨려 기의군 영수의 투항을 기도하였다. 영국 스파이 스칼쓰(J. Scarth, 斯嘉玆), 미국 선교사 테일러(J. H. Taylor, 戴德生)와 영국선교사 락하트(W. Lockhart, 雒魏林) 등이 소도회 영수들의 설득을 담당하게 되었다. 그들은 소도회 수령들에게 기의군은 정부군의 진공을 막을 수 없으며, 성내 주민이 양식을 점차 공급하지 않는 상황 하에서는 반드시 굶어 죽게 될 것이라고 그들을 협박하였다. 이러한 외국 사람은 소위 조정

---

8) 당시 영국과 프랑스가 연합으로 러시아 크리미아를 진공한 것을 말함. 편자 주.
9) 『上海法國領事館檔案』, 『上海法租界的搖籃時期』.

자의 신분으로 소도회 수령들과 상의할 수 있었고, 그들에게 현성을 버리고 떠나기를 권고하였다. 이러한 모든 것을 소도회 영수들은 거친 말투로 거절하며 받아들이지 않았다.

북문의 전투를 겪은 후, 외국 침략자들은 무력으로 소도회를 즉각 정복하는 것은 쉽지 않은 일이라고 생각하여, 더욱 악독한 방법을 채택하기로 하였는데, 그것은 봉쇄를 강화하는 것으로 일체의 원조를 하지 않음으로써 소도회 기의군을 와해시키고자 하였다. 외국 침략자와 관군의 포위와 봉쇄아래, 소도회는 교외의 농민들과의 단절로 양식, 탄약과 병사들을 보충할 수 없는 아주 어려운 시기로 접어들었다. 그러나 이것으로 기의군의 굴복을 가져오지는 못하였다. 그들은 양식을 날짜에 따라 전 성의 사람들에게 분배하였고, 양식을 다 먹은 후에는 산나물과 메뚜기 등을 먹었으며, 심지어는 옷 궤짝, 가죽 등을 삶아 먹는 등의 어려움을 극복하면서도 투쟁을 계속하였다.

이러한 기간에, 조계내의 소도회 회원들은 반란을 기도하려는 것을 은폐하고자 하였으나, 이러한 계획이 외국 침략자들의 정탐에 의해 획책을 주도한 2명이 체포되게 되었다. 이와 동시에 일부 소도회를 동정하던 관병과 소도회의 무리들이 육가취(陸家嘴)의 계화청(桂花廳)에서도 역시 비밀 상의를 하여 설날(구정)에 기의를 일으키는 것을 계획하고, 먼저 외국 침략자를 처벌한 후, 계속해서 소주(蘇州)를 공격할 계획이었다. 그러나 비밀 모의가 관군에 의해 발각되어, 기의를 준비하던 20여 명이 모두 체포되어 희생당하였다. 두 차례의 기의가 미수에 끝난 후, 소도회에서는 일부 기의군으로 하여금 포위를 뚫고 송강(松江)을 탈취하여 전투를 계속할 것을 결정하였다. 그러나 이 계획은 프랑스 스파이 르메트르(M. Lemaitre, 梅德爾)가 알아차렸다. 르메트르는 표면상 열심히 종교를 전하는 신부였으나, 또 한편으로는 이러한 상황을 프랑스측에 전하였다. 프랑스 군이 성을 공격하던 기간에, 그는 매일 서가회(徐家滙)의 예수회 회장 포니어(P. Fournier, 伏伯祿)를 통하여 프랑스 군 혹은 청군에게 이러한 상황을 보고하였다. 1855년 초, 르메트르는 소도회가 포위를 돌파하여 송강(松江)을 공격하려는 계획을 청군에게 보고하였고, 이로 인해 기의군의 돌파 계획은 또 무산되었다.

형세를 타파하기 위한 조치가 계속 좌절되어, 소도회는 더욱 곤란한 상황에 처해졌으며, 양식은 이미 단절되었고, 외부의 원조는 아무런 희망이 보이지 않았다. 세력을 유지하기 위하여 소도회 지도자들은 포위망을 돌파하여 현성을 떠날 것을 결정하고, 진강(鎭江)의 태평군에 가담하고자 하였다. 1855년 2월 16일(함풍 4년 12월 30일) 심야에 기의군의 포위망 돌파가 실행되어, 먼저 서문(西門)쪽을 공격한 후, 병력을 두 갈래로 나누어 돌파가 성공하면 약속된 장소에서 다시 만나기로 하였다. 리우리찬의 인솔로 한 지류의 기의군은 둘째 날 여명이 밝았을 때 상해 근교의 홍교(虹橋)에 도달하여 관군 후쑹린(虎嵩林) 부대와 격돌하였다. 기의군은 죽기를 각오하고 싸웠으나, 일부 기의군 만이 포위를 돌파하였고, 리우리찬은 이곳에서 장렬하게 전사하였다. 천아린(陳阿林)이 이끌던 또 한 지류의 기의군은 야밤에 길을 잃어 약속된 지점에 도착하지 못하였으므로 다시 조계로 숨어들었다가 후에 대부분이 외국 침략자들에 발각된 후 청군에 인도되어 장렬한 최후를 맞이하였다. 포위 돌파 전쟁 중, 소도회의 유명한 지도자들인 쪼우시우잉(周秀英), 쉬야오(徐耀), 리시앤윈(李仙雲) 등 모두가 용감하게 희생되었다.10)

2월 17일, 관군은 동, 남 두 문으로 성내에 진입하였으며, 광적으로 도처에 불을 질렀고, 큰 불은 24시간 타올랐으며, 현성의 절반 정도가 잿더미가 되었다. 관군은 또 대대적인 약탈과 도살을 자행하였으며,

---

10) 陳阿林은 지인의 도움으로 살아나 홍콩에 잠입하여 은거하였다.

지얼항아 본인도 부상(富商) 위타이펑(郁泰峰) 집안에서 20만 량의 은자(銀子)를 탈취하였다. 9일 동안 청군은 1,500명을 살해하였는데, 당시 상황을 다음과 같이 말하고 있다. "피살자들의 시체는 하나하나 성의 참호에 쌓였고, 그것이 산더미를 이루자 그 위에 흙을 덮어 평평하게 하였다. 두목의 머리는 성문에 걸어 군중들이 보게 하였고, 심지어 이미 죽은 기의군의 관을 열어 시체를 끄집어내어 목을 잘랐다."[11] 시앙롱(向榮)과 지얼항아는 조정에 올리는 상소에서 기의군 사상자와 포로 명단에 "군수"(軍帥), "사수"(師帥)라는 장수 직함을 붙여 자신들이 높은 공적을 세웠다고 자신의 공적을 치켜세우는 등의 황당한 보고를 하였다.

포위를 돌파해 나간 기의군은 주로 5개의 지류로 그들은 여전히 용맹하게 청조에 대항하는 투쟁을 벌였다. 비호장군(飛虎將軍) 판치량(潘起亮)이 이끈 한 부대는 포위를 뚫고 남경(南京)에 도착하여 태평군에 가담하여, 1861년에는 형천안함(衡天安銜)의 직함으로 영파(寧波) 해관을 관리하였으며, 이후에는 천장(天蔣)으로 승진하였고, 리쓰시앤(李世賢) 부하에 예속되었다.[12] 또 다른 일부는 복건방(福建幇)의 소도회 회원으로 포위망을 돌파한 후 강서(江西)에 도달하여, 쪼우춘(周春), 천롱(陳榮)이 지도하던 천지회 기의군에 참가하였으며, 우여곡절의 투쟁을 거친 후, 쓰다카이(石達開)가 이끄는 태평군에 가입하게 되어, 서남 지구의 항청 투쟁에 큰 지원 역할을 담당하였다. 또 기의군의 일부분은 남상진(南翔鎭)으로 퇴각한 후, 태평군 제1차 상해 진군 전투에 참가하였다. 당교방(塘橋幇) 소도회 회원이 포동(浦東)으로 잠입해 들어왔으며, 태평군과 연계하여 농민기의를 일으킬 것을 준비하였으나, 후에 상해 지현 리우쉰까오(劉郇膏)에 의해 파괴되었다. 이외에

---

11) 晏瑪太, 『太平軍紀事』, 『滙編』, pp.531~532.
12) 1865년 5월, 潘起亮은 福建 永定塔에서 청군 佐宗棠 부대와 격전 중에 용맹하게 희생되었다.

또 일부 기의군은 철수한 뒤에도 수상(水上)에서 투쟁을 지속하였고, 양식을 약탈하고 군관을 공격하며 부단히 세력을 키웠으며, 후에는 50여 척의 전함을 갖게 되었다.[13]

　소도회 기의는 근대 상해 인민의 봉건 통치와 외국 침략에 반대하는 용맹한 투쟁이었다. 기의군은 어려운 조건 아래에서도 18개월을 버텼으며, 중외 반동파에게 심각한 타격을 입혔다. 소도회 기의는 최종적으로는 실패하였다. 그러나 그들의 불굴의 반항정신은 오히려 오래 남았으며, 이러한 것은 후대인들의 좋은 표양이 되었다.

---

13) 『淸文宗實錄』, 권163, 164, 167, 169.

제6절 태평군의 상해 진공

소도회 기의는 중외 세력의 연합으로 진압되어 실패되었다. 그러나 태평군은 여전히 장강 남북을 종횡하였다. 1856년 5월, 태평군이 강남 대영(江南大營)을 공격하여 파괴시켰고, 서쪽으로는 무한(武漢), 동으로는 진강(鎭江)까지 천리의 장강(長江)을 통제하였고, 군사상으로는 안정시기를 맞게 되었다. 청군은 낙화유수가 되어 형세가 위태로웠다.

이때 서양에서는 크리미아 전쟁이 종결되어, 영국과 프랑스는 유럽에서 몸을 뺀 후, 동쪽으로 눈을 돌리게 되었다. 그들이 생각하기에 이것은 청 정부를 더욱 옥죄어 침략 권익을 확보할 수 있는 절호의 기회라고 생각하였다. 1856년 10월, 영국과 프랑스는 애로우(Arrow, 亞羅)호 사건을 구실로 제2차 아편전쟁을 일으켰다. 1858년, 영국과 프랑스 연합군이 대고(大沽) 포대를 점령한 후, 청정부에 『천진조약』체결을 강요하였다. 7월 14일, 청정부에서는 흠차대신(欽差大臣) 대학사(大學士) 꾸이량(桂良), 이부상서(吏部尙書) 화샤나(花沙納)를 상해로 파견하여, 양강총독 쉬꾸이칭(許桂淸)을 만나 영국과 프랑스와의 협상 세칙을 논의하게 시켰다. 청 정부는 이번 상해회의를 통해 『천진조약』중에서 가장 중국에 해로운 내용인 외국 공사의 북경 주재, 내지 강상(江上)에서의 통상, 외국인 내지 여행 등의 조관을 취소시킬 것을 희망하였다. 같은 해 11월, 중영, 중프 『통상선후장정』(通商善後章程)이 앞뒤로 상해에서 체결되었다. 청 정부는 영국과 프랑스 대표가 북경에 와서 조약문을 교환하는 것을 피하기 위하여, 꾸이량, 화샤나에게 명령하여 상해에 머물게 하라고 지시하였으며, 영국과 프랑스 공사의 북경 진출을 저지할 방법을 모색하게 되었다. 청정부는 양광총독(兩廣總督)이 관리하던 외교방면의 겸직을 해제시켰으며, 양강총독(兩江總督)을 흠차대신 겸 외교 업무 처리를 담당하도록 임명하였다. 그러나 영국과 프랑스 침략자들은 북경에서 조약문을 교환할 것을 고수하였다. 1859년 6월, 영국과 프랑스 공사가 함대를 이끌고 북상하여 조약서 교환을 강행시켰다. 청 정부는 대고(大沽)에서 그들을 막으며, 그들에게 다른 길로 북경으로 들어오게 하였다. 그러나 영국과 프랑스 침략군은 도발음모를 꾸미려고, 갑자기 대고 포대에 공격을 가하였다. 중국 수비군이 용맹하게 반격하자 적함이 철수하게 되었다. 이 소식이 상해에 도착하자, 외국 상인은 보복에 대한 두려움을 느끼게 되었다. 상해 도대 우쉬(吳煦) 역시 충돌 발생을 걱정하여, 각국 영사와 공동으로 질서 유지에 대한 방법을 의정(議定)하였고, 양강총독 쉬꾸이칭 명의의 서신을 영국과 프랑스 공사에게 보내 강남 제 성을 군사범위에 넣지 말아 줄 것을 요구하였다. 영국과 프랑스 연합군은 장강과 상해를 봉쇄한다는 원래의 계획을 취소하게 되었다. 오래지 않아, 쉬꾸이칭은 또 정식으로 외국군대로 태평천국을 진압해 줄 것을 건의하였으나, 이에 명확한 답변은 없이 영국과 프랑스 연합군은 계속해서 침략전쟁을 확대시켰으며, 청 정부 내의 주전파와 주화파 모두가 걱정을 하였으며, 쉬꾸이칭의 이러한 건의는 바로 채택되지는 않았다.

1856년 11월 이후, 태평천국은 내분으로 분열이 일어났고, 이는 그들의 역량에 큰 타격을 주었다. 1859년 홍시우츄앤(洪秀全)이 간왕(干王) 홍런깐(洪仁玕)을 조정(朝政)의 총리에 위임시켰고, 아울러 천위청(陳玉成)을 영왕(英王)에, 리시우청(李秀成)을 충왕(忠王)에 책봉하여 군대 권위의 새로운 진흥을 시도하였다. 1860년 5월, 태평군은 제2차 강남대영을 소탕하고, 병사들을 동쪽으로 진군시켜 파죽지세로 단양(丹陽), 상주(常周), 무석(無錫), 소주(蘇州)를 점령하게 되었다. 청군의 총수(總帥)인 허춘(和春)은 자살하고, 용장[悍蔣]인 장꾸오량(張國梁)은 물에 빠져 익사하였다. 태평군은 소주를 수부(首府)로 삼고, 20여 주(州)와 현(縣)을 포괄하는 소복성(蘇福省)을 건립하며 맹위를 떨쳤다.

청군은 소주(蘇州)에서 퇴각하면서 이 번화한 도시를 불태웠다. 이 지역의 주민들은 뿔뿔이 상해로 들어갔고, 강소성 관서(官署) 역시 상해로 이전시켰다. 이렇게 상해는 "성 전체 사람들이 모이는 곳"[1]이 되었다. 청군은 이미 태평군의 공세를 당해낼 수 없을 정도로 무력하였으므로 상해의 지방관원은 모두 황망해 하였다. 도대 우쉬(吳煦)는 자신의 재산을 이화양행(怡和洋行)의 창고에 보관시켰고, 아울러 몹시 허둥대며 영국과 프랑스 군대에게 상해 "보위"(保衛)를 요청하고, 아울러 출병하여 가정(嘉定), 태창(太倉)을 지켜줄 것을 요청하며, 이에 따른 모든 비용을 부담하겠다는 의사를 밝혔다. 이때는 제2차 아편전쟁이 아직 끝나지 않았으므로, 남방에 집결해 있던 영프 연합군은 상해를 거쳐 계속 북으로 이동하며, 썽거린친(僧格林沁)과의 결전을 준비하였다. 그러나 외국 침략자와 청 정부의 화북(華北)에서 전쟁은 그들의 또다른 연합이 강남에서 공동으로 태평천국 혁명을 진압하는데에는 아무런 방해가 되지 않았다. 즉 아이러니하게도 두 전투는 별개로 진행되었다. 이러한 국내외의 반동세력 연합은 1854년 소도회 기의를 진압한 때에 이미 출현하였는데, 당시에는 그 규모가 좀 작았던 것뿐이었다.

5월 26일, 태평군이 소주(蘇州)를 점령하기 전날, 상해의 영국공사 부르스(C. D. Bruce, 卜魯斯)와 프랑스 공사 부르부룽이 상해 도대 우쉬(吳煦)에게 조계 및 상해 내성을 보호할 것을 선포하라고 요구하였으며, 이로써 "외부의 공격을 받지 않을 것이다"[2]고 하였다. 다음 날

---

1) 『錢農部淸師本末』, 『太平天國史料專輯』, 上海古籍出版社, 1979年版, p.96.
2) 席滌塵, 『小刀會與太平天國時期的上海外交』, 『上海市通志館期刊』, 第1年, 第1期.

프랑스 군 200명이 동가도(東家渡) 천주당 부근에 주둔하였으며, 영군 200명은 상해성 서쪽에 진군하였으며, 포병 200명은 주둔하며 프랑스 조계를 지켰다. 외국 군대의 편리한 현성 진출을 위해, 도대는 명령을 내려 북문(北門)과 소동문 사이의 성벽에 구멍을 내 새로운 성문을 만들었다.3) 그러나 영국과 프랑스는 가정(嘉定), 태창(太倉)을 지키는 것을 거절하였는데, 왜냐하면 이때 그들은 북방에서 청군과 작전을 벌이고 있었으므로, 상해를 지킬 병력도 모자랐으므로 대규모로 군대를 이동시키기 어려웠기 때문이었다. 이러한 상황아래에서 와드(F. T. Ward, 華爾)4)라는 미국 건달이 상해 지방관과 접촉하였는데, 그는 한 무리의 외국 사병을 모집하여 이로써 청정부에 도움을 주려고 한다는 표시를 하였다.

6월에 도대 우쉬(吳煦)와 양팡(楊坊)이 강소순무(江蘇巡撫) 슈에환(薛煥)의 명령을 받들어 상업자금을 모집하였으며, 와드를 고용하여 그가 소집한 양창대(洋槍隊)로 하여금 태평군과 대처하도록 하였다. 양창대는 아주 빠르게 조직되었으며, 와드는 부대를 인솔하는 대장이 되었고, 이외에 두 명의 미국인 모험가인 버지바인(H. A. Burgevine, 白齊文)과 폴리스터(E. Forrester, 法爾事德)가 부대장에 임명되었다. 제1부대원은 100여 명으로 모두 망명중인 외국 사병과 해군이었다. 양창대는 양창, 양포 등 신식무기를 장착하고, 군수품은 슈에환(薛煥), 우쉬(吳煦), 양방(楊坊)이 공급을 담당하였다.

당시 태평군은 외국 침략자의 진면목을 잘 알지 못하였으며, 그들이

---

3) 이 문을 신북문(新北門)이라 하였다. 헐려져 있던 곳은 프랑스 군이 소도회 기의군을 소탕할 때 만든 것이다. 1866년에는 이 문의 지붕을 덮었는데, 李鴻章이 "障川"이라 이름 붙였다.

4) 와드(F. T. Ward, 華爾)는 미국 매사추세츠주 사람으로 어렸을 때에 상해에 와서 아편 밀수 등의 활동에 종사하였고, 세계의 많은 지방을 돌아다녔다. 1851년 후, 여러 차례 상해에 왔고, 1859년 가을에는 상해에서 청 정부에 의해 고용되어 "孔夫子"호 포함을 관리하였다.

"중립"을 지킬 것이라고 믿었다. 소주를 공점한 후, 리시우청(李秀成)
이 영국, 미국 그리고 프랑스 3개국 공사에게 서신을 보냈는데, 성명
에서 이번 상하이 진공 때에는 장수와 병사들에게 엄명을 내려, "터럭
만큼도 귀국을 침범하는 것을 허락하지 않았다"고 하며, 관군을 도와
상하이를 지키고 있는 외국 함선의 철수를 요구하였으며, 아울러 외국
인들의 대표를 소주에 파견하여 간왕(干王)과의 회담 개최를 요청하였
다.5) 6월 하순, 태평군은 계속해서 동진하였으며, 신속하게 가정(嘉
定), 청포(靑浦), 송강(松江)을 점령하였다. 7월 6일, 충왕부장(忠王部
將) 런티앤안(認天安), 루순더(陸順得) 등이 부대를 이끌고 송강에서
출발하여 상해를 진공하게 하였고, 사경(泗涇), 진여(眞如), 대장(大場)
등지까지 밀고 들어갔다. 이것은 태평군이 최초로 상해에 대한 진군인
것이고, 장장 3년 여 동안 태평군이 상해를 수차례 공격하게 되는 서
막이 되었다.

상해의 관료지주는 크게 놀라며, 은 3만량을 와드(Ward, 華爾)의 양
창대에게 주어 송강을 탈취하게 시켰다. 7월 16일, 양창대와 청군은
송강(松江)의 방비가 허술한 틈을 타, 송강 현성을 점령하였다. 이와
동시에 칠보(七寶)로 향하던 태평군 역시 도중에서 지주 무장단체의
습격을 받았다. 루순더(陸順得) 등은 배후에서 적을 만나 황도(黃渡),
남상(南翔) 일대로 퇴각하였으며, 그곳에서 참호를 파고 바리 케이트
를 치고, 향관(鄕官)을 설치하여 민정을 처리하였으며, 병력을 쉬게
하면서 정돈하여 반격의 기회를 엿보고 있었다. 양창대는 승리를 얻
은 후 더욱 날뛰며, 7월 30일, 청군 리헝쑹(李恒嵩) 부대와 함께 청포
(靑浦)를 공격하였다. 리시우청은 친히 대군을 이끌고 원조하여 8월 2
일 양창대를 크게 격파시켰고, 와드(Ward, 華爾)는 몸 전체에 부상을

---

5) 『忠王李致英美法公使書』, 靜吾, 仲丁, 『吳煦檔案中的太平天國史料選輯』,
三聯書店 1958年版, p.4.

입은채 도주하였다. 8월 9일, 병사들을 보충한 양창대는 버지바인 (Burgevine, 白齊文), 폴리스터(Forrester, 法爾思德)의 지도아래, 청군 과 다시 조우하여 청포(靑浦)를 공격해 왔으나 결과는 많은 피를 보게 되었다. 외국인의 기록에 의하면, "이것은 1차 참패로 태평군이 남문 (南門)으로 출격하여, 와드의 대포 및 탄약을 빼앗았고, 더 나쁜 일은 그 들이 와드의 부대가 타고 있던 병선을 탈취하였다는 것이다."[6]라고 하 였다. 청군의 장수 리헝쑹(李恒嵩) 역시 이때 태평군의 포로가 되었다.

8월 12일, 태평군이 송강(送江)을 수복하였으며, 승리적인 진군을 하여 18일에는 서가회(徐家滙), 노가만(盧家灣) 일대에 도착하였고, 상 해 현성의 서문(西門)과 남문(南門)은 이미 태평군 포화의 사정권 안에 들게 되었다. 같은 날 리시우청(李秀城)은 다시 각국 공사들에게 서신 을 보내, "병사들이 상해에 도착해도 외국인을 괴롭히지 않는다."는 성명을 발표하였고, 외국인은 황색기를 달아 구별을 하게 하였으며, 아울러 "태평군은 비단과 차 생산지인 성읍(城邑)은 점령하지 않을 것 이므로, 이로써 외국인의 통상에 방해가 되는 것을 피할 것이나, 외국 인은 청군이 상해를 지키기 위해 병사를 모집하거나, 병사들을 위한 병참 기지 등을 제공하지 말아야 한다."[7]고 언급하였다. 그러나 이때 에 외국 침략자들은 이미 직접 태평군에게 대항하기로 결심한 상태였 다. 8월 16일, 영사 부르스는 공개적으로, "상해 현성 및 외국 조계는 영국과 프랑스 연합군이 점령하였다. ……무장군중의 공격이 있거나 무장군중이 연합군이 주둔하는 지점으로 들어오는 것은 연합군을 침 범하려는 행위로 보고 연합군은 법에 의거한 대처를 할 것이다."[8]라는 성명을 발표하였다. 태평군이 현성을 압박할 때, 영국과 프랑스 연합군

---

6) 卡爾希, 『一個新英格蘭浪人』, 卿汝楫, 『美國侵華史』, 人民出版社, 1957年 版, 第1卷, p.242.
7) 晏瑪太, 『太平軍紀事』, 『太平天國』第6冊, p.939.
8) 哈唎, 『太平天國革命親歷記』上冊, 中華書局, 1961年版, p.207.

1,200명이 정식으로 청군의 태평군 대항 작전에 가담하고 있었다.

8월 18일, 태평군이 성의 공격을 시작하자, 영국과 프랑스 연합군의 맹렬한 포격을 받게 되었다. 때마침 큰 바람과 비가 와서 병마들의 행동이 불편해졌고, 리시우청은 퇴각할 수밖에 없었다. 성내의 청군 일부에서 기의에 호응하겠다는 무리들이 자연히 그 실체가 드러나자, 그들은 슈에환(薛煥)에 의해 모두 체포되어 살해당하였다. 19일, 태평군은 원래의 계획에 따라 세 방면으로 공격하였는데, 침략자들의 근거지였던 강해관서(江海關署)를 불사르며, 프랑스 조계를 압박하였다. 프랑스 군은 조계 부근의 민방(民房)을 불살라 그 큰 불길로 태평군의 진로를 막았다. 다음 날, 태평군은 다시 진공하였는데 성공하지 못하고, 양경빈(洋涇浜)에서 주둔하면서 관병의 보급로를 단절시켰다. 그러나 야간에 영국함대인 "선봉"(先鋒)호의 돌연 습격으로 태평군은 미처 손을 쓰지 못하고, 주둔지가 모두 불태워졌으며, 많은 사상자가 발생하였고, 리시우청은 얼굴 뺨에 상처를 입었으며, 서가회(徐家滙)까지 밀려났다. 이때 가흥(嘉興)은 청군에 의해 포위 공격을 받아 위급한 상황에 처했었다. 리시우청은 상해에서 군대를 철수시켜 절강(浙江)쪽으로 원병을 보냈다.

같은 해 10월, 청 정부는 영국과 프랑스 연합군의 대포 아래에서 국권을 상실하는 굴욕적인 『북경조약』(北京條約)을 체결하였고, 외국 침략자들은 무력 압박을 사용하여 청 정부로부터 자신이 이루려는 목적을 달성함으로써 제2차 아편전쟁은 끝이 났다. 계속해서 중외 세력은 더욱 공고히 결탁하여 중국 혁명을 진압하였다. 그러나 이때는 태평군의 위세가 왕성하여, 외국 침략자들은 직접 태평군 진압에 가담하기에는 아직 시간이 필요로 하다고 느꼈으므로, 먼저 타협하는 계략을 채택하여 중국의 혁명 역량을 마비시키고자 하였다. 1861년 봄, 영국 해군 사령 홉(J. Hope, 何伯)은 새로운 항구를 순시한다는 구실로 천경

(天京, 현재의 南京) 방문을 가서, 태평군에게 자신들이 청정부로부터 얻은 권익을 승인할 것과 상해를 침공하지 말 것을 요구하였다. 태평천국 방면에서는 한편으로는 외국 침략자들에게 환상을 갖고 있었고, 다른 한편으로는 장강(長江) 연안의 각지에서 벌어지는 전투에 바빠 잠시도 동쪽 즉 상해지역에 대해 돌아볼 겨를이 없었으므로, 1년 이내에는 장강(長江)의 상업을 간섭하지 않고, 어떠한 방식으로도 상해를 공격하지 않겠다고 대답하였다.

어쨌든 외국 침략자들은 이때 더욱 전쟁 준비를 가속화하였다. 청포(靑浦)에서 부상을 입고 파리로 돌아가 요양을 하던 와드가 다시 상해로 돌아오자마자, 그는 다시 양창대를 정돈하고 확장시켰다. 그는 양창대의 편제를 개편하고, 중국국적 사병의 참가를 받아들였고, 외국인이 관리하던 이 양창대는 5,000여 명의 중국인과 외국인이 혼합되어 조성된 반혁명 군대로 변화되었다. 그 병사들은 머리에 녹색 수건을 동여맸으며, 옷과 바지가 짧고 통이 좁았으며, 근위병[衛士]은 푸른 남색을 입었고, 포병은 옅은 남색 옷을, 보병은 옅은 녹색의 옷을 입어서 사람들은 "녹두"(綠頭) 혹은 "가짜 서양놈"[假洋鬼子]이라고 불렀다. 이때, 영프 연합군 역시 계속해서 북방에서 상해로 이동해 내려왔고, 거기에 청군이 합세하여 상해의 반혁명 세력은 크게 강화되었다.

리시우청이 절강(浙江)으로 돌아 간 후에 소복성(蘇福省)은 천쿤수(陳坤書)가 맡게 되었다. 앞의 두 차례 실패를 보면 그가 취한 것은 먼저 상해 해상 통로를 단절하고, 다시 상해를 포위하여 공격하는 방침이었다. 1861년 1월 4일, 천쿤수는 각 현에 주둔하고 있던 10,000여 명의 병력을 두 길로 보산(寶山)과 오송(吳淞)을 공격케 한 후, 남하하여 상해 현성을 공격하고자 하였다. 그러나 주력부대가 보산(寶山)을 함락시키지 못하자, 지주 무장 세력들이 또 후방인 청포(靑浦) 등지에서 소란을 벌였고, 이로 인해 1월 7일에 병사를 철수시켰다. 9월에 천쿤수는 1년간 휴전하겠다는 약정을 파기하고 다시 소주를 출발하여 보산을 공격하였다. 청군은 갑작스러운 공격을 받자 미처 손을 쓰지 못하고, 전선은 모두 붕괴되었다. 태평군은 계속 진입하여 신속하게 야계돈(野鷄墩), 강교(江橋), 진여(眞如) 일선에 도달하였고, 순무(巡撫) 슈에환(薛煥)은 궁지에 빠졌고, 지현(知縣) 리우쉰까오(劉郇膏)는 일반 사람들을 끌어들여 소주하(蘇州河) 남안에 포대를 축조하여, 이로써 태평군의 도강(渡江)을 막고자 하였다. 일정 시간이 대치된 후, 태평군은 리시우청이 항주(杭州)를 포위공격 하는 곳으로 병사를 이동시켜, 이번 진공은 또 무산되었다.

1861년 말, 태평군이 항주(杭州)를 점령하였다. 1862년 1월 7일, 리시우청은 병사를 이끌고 다시 호독(滬瀆)[9]을 공격하였다. 그는 공격하기 전에 먼저 외국 침략자들에게 선고하기를, "충왕(忠王)이 대군을 이끌고 다섯 갈래로 상해를 진공한다. ……먼저 각국 인민에게 통고하는데 만주족과 함께 있지 말 것이며, 성이 파괴되는 날 전부 바뀔 것이다. 만약 몰래 만주족을 도와준다면, 대군이 도달하여 옥석을 가릴 것이며, 그때 후회한들 이미 때는 늦게 된다. 나는 상해를 점령하여 유물을 나누어 주고, 오주(五洲)를 신하로 만들 것이며, 이것은 손바닥 뒤집는 것보다 쉽다. 무릇 각국은 만주인들을 버리고, 왕사(王師)에게 협조하여 공을 세우면, 각국에 통상을 허락할 뿐만 아니라, 비단과 차를 가득 실어 보낼 것이다."[10]라고 강조하였다. 이 문건은 두 명의 영국 포로에 의해 상해로 보내졌다. 이에 상해의 외국 침략자들은 한 장의 고시로 위협적으로 말하기를, "태평군이 만약에 상해를 공격한다면, 자기 스스로 제 무덤을 파게 되는 것이다."[11]라고 상대하였다.

태평군이 다시 대군으로 경계를 압박하자, 조계와 현성내의 분위기

---

9) 吳淞江 하류로 바다와 가까운 곳을 말함(현재는 黃浦江하류를 지칭함). 역자 주.
10) 裘昔司, 『上海通商史』, p.39.
11) 郭廷以, 『太平天國史事日誌』下册, 商務印書館, 1946年版, p.846.

는 또 긴장되기에 이르렀다. 1월 13일, 영국조계 당국에서는 회의를 소집하고 대책을 논의하여 세 가지 영구적인 방어선 구축 건립을 결정하였다. 하나의 방어선은 호계하(護界河)를 방어선으로 삼는 것이다. 이 하천의 폭은 50피트(대략 15미터)나 되고, 소주하(蘇州河)까지 흘러들어 간다. 하천의 양옆에 긴 방파제를 축조하고, 그 위에 현수교를 세우고, 그곳에 세 곳의 망루를 설치하고 각 망루에는 32발의 유탄과 포 1대를 장착한다. 이 방어선은 영국군이 맡는다. 둘째 방어선은 사극리로(沙克里路, 현재의 福建中路)로 교차로와 건축물이 없는 빈 땅에 장애물을 설치한다. 세 번째 방어선은 계로(界路, 현재의 河南中路)로 도로 양측에 두 개의 임시 방어막사를 건립한다. 제2, 제3의 방어선은 내부에서 태평군에 호응하여 협력하는 것을 막는 동시에 경계 내에서 중국인민의 작용을 진압하는 것을 담당하며, 이것은 의용대나 순포가 맡아서 방어한다. 계속해서 3국 영사는 프랑스 영사관에서 회의를 개최하여 상해 방어의 6가지 방법을 통과시켰다. (1) 영국군은 영미 조계와 현성 북문 및 성벽 부근의 지대를 방어한다. 프랑스 군은 프랑스 조계와 현성을 방어한다. (2) 프랑스 군은 모두 900명으로 300명으로는 별동대를 조직하고, 100명은 예비대로 구축한다. 영국군은 650명으로 300명으로 하여금 별동대를 조직한다. 나머지 해군 200명 및 육전대(陸戰隊) 55명은 예비대로 한다. (3) 긴급구역은 매 1분마다 포를 두 번씩 쏘는 것을 경계신호로 한다. (4) 영프 두 조계내부의 치안은 순포 및 의용대에서 책임지고 유지한다. 성내의 치안은 도대가 책임진다. (5) 도대는 성을 지키는 병력을 출동시킬 때에는 먼저 영사에게 통지한다. (6) 오송(吳淞)은 선박이 드나드는 목구멍으로 영미 두 해군이 주둔하여 방어한다. 만약 상황이 가능하다면, 육군 역시 협조한다.[12] 프랑스 조계에서는 또 계엄조례를 제정하여, 매일 저녁 9시

---

12) 『上海公共租界史稿』, p.358.

후에는 사람들의 통행을 금지시키는 규정을 하였고, 통행증[護照] 없이 군 장비나 위험 물품을 운반하면 압류시키고, 내하(內河)에 있는 선박을 축출하여, 중국 선박을 포함하여 허가 없이 출입을 금지하였으며, 폭죽을 터뜨리는 것을 금지시켰고, 중국인이 거리에서 군인과의 다툼을 금지시켰다. 프랑스 조계 당국은 군대에서 사용한다는 구실로 조계 밖의 길을 축조하였으며, 그중 하나는 서가회(徐家滙)까지 직통으로 가는 길이 8km 폭의 도로였다.

청 정부는 "군대를 빌려 토벌을 돕는다."는 정책을 적극적으로 펼쳤다. 도대 우쉬(吳煦)는 다시 영국 영사 메드허스트(Sir. W. H. Medhurst, 麥華佗)에게 구원을 구걸하였다. 남회(南滙), 천사(川沙) 일대의 지주 호신(豪紳) 역시 영국 해군 사령관에게 보호를 요청하였다. 1월 13일, 형부랑중(刑部郎中) 판쩡치(潘曾琦), 후보지주(候補知州) 잉빠오쓰(應寶時) 그리고 부모 상을 당해 집에 있던 호북(湖北) 염도(鹽道) 구원삔(顧文彬)과 이전의 소주지부(蘇州知府) 우윈(吳雲) 등이 조계에서 "상해회방공소"(上海會防公所)를 설립하게 되었다. 2월 8일, 청 정부는 정식으로 이를 비준하였다. 회방(會防)공소의 주요 사명은 "영프의 제독, 영사 그리고 각 관리 등과 토벌에 대한 대책을 상의하고, 성벽의 담장을 보수하고, 포대를 건설하여, 한편으로는 용맹한 포병을 양성하여 서양 병사와 함께 사방으로 공격을 하게하고, 한편으로는 인력, 선박, 양식, 음식 등을 제공하여 군대행동을 이롭게 하는 것"[13]이었다. 회방공소는 또 『차사초적장정』(借師剿賊章程) 8개조를 의정하였는데, 주요 내용은 상해를 방어하는 것을 근본으로 하고 영파(寧波) 수복을 도우며, 허술한 틈을 타서 소주(蘇州)를 탈환하며, 병사를 증파하여 남경(南京)을 공격한다는 것이다. 아울러 그들은 외국 침략군들에게 "하나의 현성을 점령하면, 은 2만량으로 군사를 위로한다. 부성(府城) 하나

---

13) 『李文忠公全書』, 『奏稿』 卷9, 『上海裁撤會防局折』.

를 점령하면 은 4만량으로 군사를 위로하는 상금으로 준다."고 하였으
며, 만약 "소주나 남경을 점령하면, 그곳의 모든 재물을 세 수레에 나
누어 싣고, 영국과 프랑스 군대에 각 한 수레씩 그리고 청병에게 한
수레를 줄 것"을 허락하였다.14) 회방공소에서는 안경(安慶)에 있던 쩡
꾸오판(曾國藩)에게 병력을 빌려오라고 사람을 보냈으며, 백은(白銀)
205,000량으로 영국 상인 소유의 복화양행(復和洋行)의 선박을 이용하여
리홍쨩(李鴻章)부대인 회군(淮軍)을 상해까지 이동시켜주는 계약에 서명
하였다.

    태평군의 이번 상해 공격의 주력은 모왕(慕王) 탄샤오꽝(譚紹光), 납
왕(納王) 까오용콴(郜永寬)과 충왕자(忠王子) 리롱파(李容發) 등의 부
대로 그 세력이 상당하였다. 1862년 1월 9일, 태평군은 2,000여 명이
가정(嘉定)에 진군하여 보산(寶山)에 압박을 가하였다. 다음날, 태평군
의 다른 부대가 청포(靑浦)에 도착하여 상해를 압박하였다. 13일, 오송
(吳淞)에서 온 태평군이 영국조계로 들어와 영국군과 교전을 벌여 3명
의 영국 포로를 잡았다. 14일, 탄샤오꽝(譚小光) 등이 봉현(奉賢)의 청
군 진영을 점령하였으며, 양창대(洋槍隊)를 크게 격파시켰다. 전후로
약 반 개월의 기간에 태평군은 포동(浦東)의 모든 성진(城鎭)을 점령하
였다. 1월 말에서 2월 상순(上旬)까지 태평군은 또 청포(靑浦), 가흥
(嘉興)으로부터 송강(松江)으로 출격하여, 광부림(廣富林), 천마산(天馬
山), 진산(辰山), 진방교(陳坊橋) 등지에서 양창대와 격전을 벌였다. 청
정부는 와드(Ward)가 사력을 다하는 것을 돕고자, 와드가 중국인을 받
는 것을 허락하였고, 아울러 그에게 4품의 정대화령(頂戴花翎)을 하사
하였다. 오래지 않아 슈에환(薛煥)은 또 양창대를 상승군(常勝軍)이라
이름을 바꿔 불렀다. 2월 15일, 탄샤오꽝 등의 부대는 다시 상해를 압

---

14) 『上海會防局資料及其他』,『太平天國史料叢編簡輯』, 第6册, 中華書局 1963
    年版, pp.168, 170.

박하였고, 상해 지현 리우쉰까오(劉郇膏)가 이끄는 청군을 격파시켰다. 이때, 태평군은 고교(高橋)에 6곳의 거대한 포루를 설치하고, 50여 문의 대포에서 수시로 포를 발사하였다. 중외 세력은 불안을 느껴, 고교(高橋) 지역을 탈취할 것을 결정하기에 이르렀다. 2월 16일, 와드와 홉이 마치 사냥하는 사람처럼 위장하고, 고교로 잠입하여 정찰하였다. 이후, 와드는 송강에서 이동해온 양창대와 홉과 프랑스 해군 사령 프로테트(A. L. Protet, 卜羅德) 역시 영프 군함 11척을 모아, 2월 24일 일제히 고교(高橋)에 맹공을 퍼부었다. 이것은 가장 어려운 전쟁으로 상승군 부사령관 버지바인(Burgevine, 白齊文)이 칼에 어깨를 베이는 상처를 입었으며, 태평군의 명장 지칭위앤(吉慶元)은 이 전투에서 사망하였다. 최후로 침략군은 우세한 무기로 고교를 공격하자, 진(鎭) 전체가 불길에 휩싸였다. 3월 1일, 영프군과 상승군 1천 여 명이 민행(閔行) 부근의 소당(蕭塘)을 습격하였다. 태평군은 막아내지 못하였고, 사상자가 심각하게 발생하였으나 죽기를 각오하고 대항하였고, 버지바인은 또 중상을 입었다. 이 전투 후 태평군은 가정(嘉定), 청포(靑浦) 일선으로 후퇴하게 되었다.

이러한 때에 회군(滙軍)이 상해에 도착하였다. 영국 육군 상장인 스테이블리(S. W. D. Staveley, 士迪佛立) 역시 천진(天津)에서 원군을 이끌고 도착하였고, 아울러 영국군 총사령을 맡게 되었다. 상해의 영국군은 2,824명으로 늘어났고, 22문의 대포를 갖추었다. 4월 하순, 영프군과 상승군 및 청군 연합군은 태평군에 대규모의 진공을 시작하였으며 20일 내에 가정, 청포, 남교(南橋) 등지를 함락시켰다. 프랑스 해군 사령 프로테트(Protet, 卜羅德)는 격전 중에 피격되어 사망하였다. 5월 중순, 중외 군대 1만 3,4천 명이 태창(太倉)을 침략하였다. 태평군의 일부 군대 약 2,000명이 거짓 항복을 하자 적군은 교만해졌다. 5월 17일, 리시우청은 소주에서 정예부대를 이끌고 도착하였고, 먼저 거짓 항복한 태평군과 안팎에서 협공하여 청군을 대파시켰다. 청군의 어떤 부대는 7,000명중에서 도주한 사람은 겨우 백여 명이었고, 지부(知府) 리칭천(李慶琛)은 맞아 죽었다. 태평군은 승기를 잡고 추격하였으며, 가정을 포위하였다. 구원병을 이끌고 온 영국군 사령관 스테이블리(Staveley, 士迪佛立)는 황망하게 포위를 뚫고 도망하였으나, 태평군은 그들을 추격해 반 수 이상을 죽였다. 5월 26일, 태평군이 가정을 수복하였으며, 계속해서 상해를 향해 진공하였다. 5월 29일, 와드가 이끄는 상승군(常勝軍)과 영국군이 송강(松江)에서 구원을 왔으나 다시 격파 당하였고, 상승군 부사령인 폴리스터(Forrester, 法爾思德)는 생포 당하였다. 6월 상순까지 송강(松江)을 제외하고 상해 부근의 각 현성은 거의 태평군의 공격 아래에 놓여 있었다. 태평군이 한편으로는 송강을 포위하여 괴롭혔고, 한편으로는 맹렬하게 신교(新橋)의 리홍짱(李鴻章) 병영을 공격하였으며, 아울러 법화진(法華鎭), 서가회(徐家滙), 구리교(九里橋) 일대까지 진군하여 상해가 태평군 수중에 들어가는 것은 시간문제였다. 리시우청은 후에 자신만만하게 이때의 전사(戰史)를 회고하면서 "당시 서양귀신들은 감히 나와 싸우려고 하지 않았다. 싸운다는 것은 곧 패배를 말하는 것이다."[15]고 말하였다. 그러나 이 긴박한 시각에 쩡꾸오판(曾國蕃)의 상군(湘軍)이 안경(安慶)에서 강을 따라 동쪽으로 내려와, 천경(天京) 즉 남경이 위급하다는 소식이 전해졌다. 천왕(天王)은 하루에 세 번씩이나 원조를 구하는 명령을 상해 전선으로 보냈고, 리시우청은 부득불 한을 품으며 철군하였다. 이로 인해 상해의 중외 세력은 기사회생하였으며, 태평군의 공적은 물거품이 되었다.

1862년 8월, 리시우청의 부장 탄샤오꽝은 또 한 차례 상해에 맹렬한 공격을 퍼부었고, 법화(法華), 정안사(靜安寺), 대장(大場), 신갑(新閘) 등지를 점령하였으며, 회군(滙軍)의 용장 한쩡꾸오(韓正國)를 사살

---

15) 『李秀成自述』(影印本).

하였다. 리훙짱(李鴻章)은 슈에환(薛煥), 우쉬(吳煦)의 경제적 지원으로 막대한 자금을 외국 군대에 제공하면서 함께 태평군을 토벌할 것을 요청하였다. 이때 상해의 외국 침략군은 이미 태평군의 공세에 두려워하고 있었으며, "병사들이 병에 걸려 서양인은 모두 전쟁을 원치 않는다."[16)는 말로 전쟁을 회피하려 하였다. 어떤 사람은 "태평군과 싸우지 않고, 오직 중국에서의 장사만 할 수 있기를 바란다."고 생각하였고, 어떤 사람은 "태평군과 싸우지 않을 방법을 모색하자."고 하였으며, "태평군이 상해에 도달하면, 외국인들은 싸워야 할지, 화평을 할지를 결정해야 한다."[17)고 하며, 많은 사람들은 주동적으로 나가 싸우자는 주장을 하지 못하였다. 스테이블리(Staveley, 土迪佛立), 홉(J. Hope, 何伯)과 프랑스 해군 장령 케르샌슨(Kersanson, 開爾森)은 병력을 철수시켜 상해를 고수하는 것으로 결정하였고, 영국영사 부르스(C. D. Bruce, 卜魯斯 또는 勃羅斯라고도 함)를 통해 청 정부에게 말하기를, "서양인은 태평군이 성을 공격하는 것에 대해 방어해야할 이유가 없으므로 이러한 지원을 끊을 것이다. 그러니 속히 계획을 세우기 바란다."[18)고 전하였다. 그러나 오래지 않아 리시우청은 소주 등지의 부대를 천경(天京)을 보호하기 위해 계속 이동시키자, 탄샤오꽝(譚紹光)은 후방의 병력이 비게 되었으므로, 병력을 철수하여 다음 기회에 진공하기로 하였다. 그들은 공개적으로, "곡식이 익을 때, 다시 상해를 진공할 것이며, 끊이지 않는 진공으로 최후의 승리를 얻는 것으로 끝내겠다."[19)고 선포하였다.

과연 1개월 이후, 태평군은 상해에 한 차례 맹공격을 퍼부었다. 10월 하순, 상해 현성과 조계 내 도처에는 탄샤오꽝의 포고문이 뿌려졌

---

16) 裴昔司, 『上海通商史』, p.47.
17) 『會防局譯報選輯』, 『吳煦檔案中的太平天國史料選輯』, pp.234~235.
18) 裴昔司, 『上海通商史』, p.47.
19) 麥華佗 1862年 9月 17日致卜魯斯函, 『太平天國史料譯叢』, p.42.

는데, 그 내용은 "태평군은 이미 강서(江西)에서 15만의 병력을 이동시켜, 3일 내에 상해에 집결하여 현성을 공격한다. 관병, 외국인과 전쟁을 하는 것이므로 백성들과는 무관하다."[20]는 것이었다. 10월 23일, 탄샤오꽝 등은 10만의 병력으로 상해 지구로 진격하였고, 다시 가정(嘉定), 청포(靑浦)를 탈취하였으며, 송강(松江)과 상해 그리고 보산(寶山) 공격을 준비하였다. 11월 5일, 탄샤오꽝은 소주하(蘇州河)까지 진격하였으며, 암암리에 부교(浮橋)를 만들어 상해 공격을 준비하였다. 리홍짱과 버지바인은 이들을 막으려고 급히 병력을 이동시켰다.[21] 11월 16일, 이들 두 부대는 청포(靑浦), 가정(嘉定) 경계의 삼강구(三江口)와 사강구(四江口)에서 태평군과 교전을 벌였다. 버지바인의 포대가 위력을 발휘하였고, 태평군은 격파되어 그 손실이 상당하였으므로, 상해 지구에서 철수하여야만 하였다. 태평군은 상해에 수차례 진공하였으나, 결국 중외세력의 연합 포위 공격아래 실패하게 되었다.

태평군이 상해를 공격하던 기간에 일부 외국 범죄자, 무뢰배와 모험가들이 상해로 몰려들어왔고, 퇴역한 많은 프랑스 군관과 사병들도 역시 상해에 거처를 마련하였다. 이러한 사람들은 정당한 직업도 없었으므로 오직 횡재하여 돈만 벌 수 있다면 어떤 상항에도 앞장 설 사람들이었다. 일부는 도적들과 결탁이 되어 도처에서 도적질을 하였으며, 1861년 2월에는 11개 외국 해적들이 상해에서 체포되었는데, 그중에는 영국, 독일인이 각 3명, 이탈리아인이 2명, 스웨덴 사람이 1명이었다. 어떤 사람은 태평군 혹은 청군에 무기와 탄약을 밀거래하였는데, 『회방국역보』(會防局譯報)에서 밝히기를, "불법 외국인들이 들어오고 있으며, 모두 외국 총을 가지고 들어와 소주에서 태평군에게 팔고 있

---

20) 『上海新報』, 1862年 11月 22日.
21) 와드(Ward, 華爾)는 이미 9월에 자계(慈溪)에서 태평군에 피살되었고, 버지바인(Burgevine, 白齊文)이 계속해서 상승군의 총수가 되어 상승군을 이끌었다.

으며, 중국 관리가 엄격하게 조사하고 있으나, 그중 몰래 빠져나가는
것이 적지 않았다. 이러한 밀매 상인들은 모두 태평군에게 높은 가격
을 받을 수 있다는 것을 알고, 한 차례 매매를 통해 서너 배의 가격을
받을 수 있었다. 이러한 중에 중국 관리에게 발각되어 체포되면 이러
한 화물은 관(官)에서 몰수하였으나, 한 차례로 얻는 것이 일반 매매에
서의 몇 배의 이익을 얻었기 때문에 계속되었다."22)고 하였다. 리홍짱
이 상해에 도착한 후에는 이러한 사람들로부터 군수물자를 구입하였
는데, 12파운드의 보통 유탄(榴彈)의 가격이 은 30량이었고, 1만 개의
가장 저급한 구리로 만든 모자의 가치가 은 19량 또는 6파운드였다.
샐러버리(Salaburry, 薩拉貝里)라고 불리는 프랑스인은 스스로 공작(公
爵)이라면서 1858년 상해에 왔고, 먼저 중국 상선의 보표(保鏢, 상품보
증서)로 수익을 창출하였으나, 이익이 크게 나지 않자 태평군에게 군
수품을 판매하였는데, 결과적으로는 그가 고용한 두 명의 이탈리아 사
람에 의해 모살(謀殺) 당하였다. 프랑스 조계에서는 흉수를 체포하면
흉수의 같은 무리들이 이 흉수를 체포한 사람을 죽이겠다고 협박하였
는데, 그들의 세력이 막강하였다. 양창대(洋槍隊)는 이렇게 망명한 무
리들로 구성된 집단이었다. 1863년 1월, 태평군 진압에 공을 세운 상
승군 두목 버지바인은 큰 상을 받을 것이라고 믿었으나 그렇지 못하게
되자, 창고에 있던 은량 4만 여 원을 강탈해 갔다. 리홍짱은 버지바인
을 파직시키고, 영국 군관 고든(C. G. Gordon, 戈登)으로 하여금 상승
군의 총수를 맡게 하였다. 버지바인은 여러 방면으로 복직을 요구하였
으나 이루어지지 않자, 극한 분노를 품고 상승군 관병 3백 여 명23)을
대동하여, "고교"(高橋)호 포선(炮船)을 강탈하여 태평군에 투항하였
다. 버지바인의 야심은 "자신을 위하여 하나의 왕국을 건설하려하였는

---

22) 『吳煦檔案中的太平天國史料選輯』, p.253.
23) 이 안에는 50여 명의 각종 국적의 외국인이 있었다.

데, 중국에서 이러한 꿈을 실현할 지방을 찾았다. …소주 탈취한 후, 태평군과 청군을 물리치고, 소주의 재부(財富)를 탈취하고, 2만 여 명의 군대를 갖추고, 직접 베이징으로 공격한다."24)는 것이었다. 그는 이 광적인 계획이 실현될 수 없다고 생각했을 때, 바로 고든에게 투항을 하였다. 유리한 것은 도모하고 배신이 빈번한 이 외국 모험가는 부랑자의 본성을 갖고 있었다.

---

24) 賀翼柯, 『戈登在中國』, 『太平天國史料譯叢』, p.191.

제4장

지속적인 조계 확장과
상해 인민의 투쟁

제1절 프랑스 조계의 독자 행정

1854년 7월 11일, 새로운 『토지장정』이 조지인(租地人) 회의에서 통과하여, 영국, 미국, 프랑스 3국 조계가 하나로 통일되었다. 이 장정을 근거로 공부국(工部局)이 건립되었고, 이 공부국은 상해 조계식민 통치의 주요 행정 기구 역할을 담당하였다. 그러나 영프 간의 모순은 조계의 표면적인 통일로도 없어지지 않았고, 오히려 그들이 중국에서의 이익으로 충돌되었으며 나날이 심해졌다.

앞에서 언급하였듯이 『토지장정』통과 후, 영국과 프랑스 두 국가는 상해에서 일련의 충돌이 나타났다. 다음 해인 1855년 3월 공부국에서는 영국, 미국, 프랑스 3국 영사들을 초청해서 공부국의 지위 및 공부국에 속해 있는 순포방(巡捕房)의 취소 여부 문제를 토론할 것을 통지하였다. 프랑스 영사 에당은 참가 거절 의사를 서신으로 보내면서 말하기를, "8개월여의 경험이 나에게 말하기를, 각 영사는 각 정부가 수여한 직권에 따라야하며, 외국인을 관리하는 행정기관의 직무를 겸임할 수 없으며, 이러한 종류의 기관은 선거에 의해 뽑아야 하고, 순포방으로 하여금 호신부(護身符)로 삼으려고 하고 있다."고 지적하였다. 또말하기를, "나는 투표방식으로 표결하여 유지하거나 폐지하는 것이 필요다고 생각하지 않으며, 애시당초 나는 근본적으로 불법적인 공부국은 폐지되어야 한다고 생각하며, 뿐만 아니라 공부국의 행동은 위험적인 부분을 포함하고 있다."[1]고 지적하였다. 그는 계속해서 프랑스 외

---

1) 『上海法國領事館檔案』, 『上海法租界的搖籃時期』에서 인용.

무장관에게 서신을 보내, 『토지장정』(土地章程)의 승인을 거절해 줄 것을 요청하였고, "희망적인 이익은 그렇게 얻을 수 없고, 그러면 이전과 같이 서로 예의를 갖추지 않게 되고, 그러면 비준을 하지 않을 것이며, 이렇게 되면 서로 불평등하게 되므로 이것은 우리들의 이익 협약에 위반이 된다. 우리들은 반드시 무력으로 우리들의 독립을 보호해야 하며, 이것은 우리들의 국기를 보호하는 것과 같다."[2]고 하였다. 이러한 충돌과 쟁론으로 프랑스 조계와 영미조계가 분리되는 것은 시간 문제였다.

1861년, 공부국과 영미 영사들은 옛 일을 다시 언급하면서, 재삼 프랑스 영사 에단과 프랑스 공사 부르부롱(de Bourboulon, 布爾布隆)이 속히 『토지장정』을 승인하여, 프랑스 조계에서도 그 효력을 실시할 것을 재촉하였고, 아울러 공부국 이외의 다른 외국인 자치기관은 절대로 용인할 수 없다는 것을 강하게 표시하였다. 이러한 상황 하에서 부르부롱은 이러한 일을 다시 언급할 필요가 없다고 생각하고, 자기의 주장을 공개적으로 주장하게 되었다. 6월 초 그는 에당에게 훈령을 내리기를, "현재가 프랑스 조계의 권리를 다시 찾을 시기로, 때가 당도하였다."[3]고 말하며, 에당에게 아래의 내용을 영미 영사와 공부국에 전달하게 하였다. "나는 1853년에 프랑스 조계 합병 협약에 서명하였고, 프랑스 황제폐하의 비준이 없으면 협약을 한다고 하더라도 효력이 없다. 양경빈(洋涇浜)은 이미 토지와 재산 장정이 프랑스 조계의 부분이라고 이미 문자화 되어 있다."[4] 에당은 명령을 받은 후, 즉각 영국과 미국 영사에게 그 내용을 설명하지 않고, 비밀리에 프랑스 조계 내에 공부국과 유사한 독립적인 시정 기관의 창설을 착수하였고, 이러한 것을 프랑스 외무부와 북경 공사관에 보내 비준을 받았다.

---

2) 『上海法國領事館檔案』, 『上海法租界的搖籃時期』에서 인용.
3) 『上海法租界的長成時期』, 『上海市通志館期刊』, 第1年 第2期.
4) 梅朋, 弗來臺, 『上海法租界史』, 『上海公共租界史稿』, p.364.

1862년 4월 29일, 프랑스 영사가 공개적으로 프랑스 주방공국(籌防公局) 성립을 선포하였다. 이사로는 슈미트(Suhmidt, 徐密德, 百貨商), 비존네트(Buissonnet, 皮少耐, 비단상), 메이날드(Meynard, 米勒, 酒商), 매니퀴트(Maniquet, 馬里開, 비단상), 파자드(Fajard, 法査, 비단상) 등 5명으로 조직되었고, 이곳에서 모든 프랑스 조계내의 일을 처리하고 관리하였다. 프랑스 주방공국은 후에 공동국(公董局)이라고 개칭되었다. 5월 중순에 이르러서야 에당은 이러한 서신을 영국 영사인 메드허스트에게 보냈다. 메드허스트는 "완전히 공동 체결하여 아직 조약을 수정하지 않은 것과 지피장정(地皮章程)을 폐지한 것에 위반되는 것이다"라고 하며, 즉각 항의를 제출하였다. 에당은 한편으로는 메드허스트의 항의에 반박하는 서한을 보냈고, 아울러 부르부룡의 훈령을 미국 영사인 시와드(G. F. Seward, 熙華德)에게 보냈으며, 한편으로는 계속해서 프랑스 조계 식민통치기구의 건립에 관한 일을 진행시켰다.

5월 초, 5명의 이사가 프랑스 영사관(현재의 溪口路, 四川南路의 중간인 金陵東路 부분)에서 제1차 회의를 개최하여, 비존네트를 이사장으로 선출하고, 메이날드를 부이사장으로, 슈미트를 재정 담당 겸 총판(總辦)으로 선임하였다. 6월, 공동국에서는 외탄(外灘) 이서(以西)의 공관마로(公館馬路, 현재의 金陵東路)의 토지를 구입하여 공동국 건물을 건립하였다. 이를 위해 프랑스 조계에서는 제1차 공채(公債)를 발행하였는데, 그 총액은 5,650량이었다. 1864년 8월에 "큰 자명종" 빌딩이라고 불리는 건물이 완성되었다.

공동국 휘하에는 시정 총리처(市政總理處), 공공 공정처(公共工程處)와 경무처(警務處)가 설립되었다. 시정 총리처는 1864년 초에 설립되었다. 이 시정 총리처는 국내(局內)의 각 업무를 보는 사무실, 이사회가 관리하는 문건 등을 총괄하는 이외에 모든 세연(稅捐) 징수의 책임을 지고 있었다. 당시 화양(華洋)의 상업적인 업무는 기본적으로는 영국조계에 집중되어 있었으므로 프랑스 조계에서는 상세(商稅)가 거의 없었다. 재원(財源)을 확충하기 위하여 총리처는 담배, 도박과 기녀 등을 부추켜 아편굴, 기생집과 도박장을 운영하게 하여 그곳에서 거액의 연세(捐稅) 즉 세금을 거두어들였고, 동시에 프랑스 조계에 거주하는 중국 주민들에 대해서도 더 많은 세금을 착취하였다. 먼저 프랑스 조계의 세무(稅務)는 통일적인 표준이 없었으며, 원칙상으로는 중국인 거처에서는 세금을 8%로, 외국인의 거처에 대해서는 세금을 거두지 않았다. 공동국 성립 후, 1862년 5월과 7월의 두 차례 회의에서 결정하기를, 중국인들의 거처에 대해서는 매년 8%의 세금을, 외국인의 거처에 대해서는 매년 0.5%의 세금을, 토지세로는 매년 0.25%를 납부하게 하였다. 이외에 공상업에 대한 영업세를 징수하였다. 당시 중국 관청은 프랑스 조계에 거주하는 중국 주민에 대한 세금을 징세하는 권한을 갖고 있었다. 공동국은 조계내의 중국인에 대해서는 세금을 징수가 필요하다고 하며, 곧 바로 중국 관청이 프랑스 조계내에 거주하는 중국인들에 대해 징세하는 권한을 취소시키려 하였다. 1863년 6월 공동국에서는 세수 총액의 30%를 도대에게 넘겨주기로 결정하고, 이로써 프랑스 조계내의 중국인에 대한 세금 징수 권한을 폐지시켰다. 오래지 않아 도대에게 넘겨주는 세액은 10%로 감소되었다. 11월 말에 이르러, 에당은 도대 우쉬(吳煦)에게 교섭을 강요하였으며, 그 결과 쌍방이 협약을 체결하였는데, 주택세금은 매분기마다 16%로 정하고, 도대와 공동국에서 각기 그 반을 받으며, 도대가 지니고 있던 프랑스 조계내의 중국인들에 대한 새로운 세금 징수의 권리를 포기하게 하였고, 이전의 세금 역시 증가시키지 못하게 하였다. 그러나 공동국은 이 중국 주권을 손상하는 이러한 협약에 대해서도 여전히 불만을 갖고 있었으므로, 1864년 초에는 또 만행적으로 추가적인 폐지를 시켜, 프랑스 조계내의 중국인에 대한 중국 정부의 징세권을 완전히 없애버렸다. 1863

년 공동국의 세금 수입은 은(銀) 20,378량, 양(洋) 46,114원이었고, 지출은 은 19,373량, 양(洋) 44,373원[5]이었다. 1865년 예산 수입은 103,000량으로 그중 48,000량은 담배, 기생, 도박 영업허가증에서 얻은 수입이었다.[6]

공공 공정처(원래는 道路委員會)가 조계내의 도로, 부두, 교량, 가로등, 하수도 및 기타 각종 공공시설의 건조와 보수를 책임졌다. 당시 프랑스 조계에서는 구화회(救火會, 소방서)가 없었고, 겨우 수동 수도꼭지로 물을 뿌리는 정도로 화재 경보가 있으면 임기응변식으로 사람들을 모아 불을 껐다. 1869년에서야 소화기를 구입하고, 소방대를 설립하여, 영미 조계의 화정처(火政處)에 가입하였다. 1863년 1월, 프랑스 조계에 프랑스 우정국(郵政局)이 설립되었다.

경무처(警務處) 즉 순포방(巡捕房)이 최초로 설립된 것은 1856년 6월로 3명의 외국 순포로 조직되었고, 그 경비는 상해 도대가 매월 300원을 보태주는 것으로 사용하였으나, 1857년 3월에 이르러서는 이러한 지원을 중지하였다. 이후 경비가 없어 순포방은 잠시 폐지되었으나, 12월에 다시 생겨났다.[7] 공동국 성립 후, 순포방이 공동국 관할로 들어갔고, 프랑스의 퇴역 군관인 롱드(Londe, 龍德)가 초대 총순(總巡)이 되었다. 그는 전문적으로 조계내의 중국인을 협박하여 부수입을 챙겼으며, 후임 총순(總巡) 역시 같은 무뢰배였다. 당시 프랑스 조계 내에는 도박, 기생집과 아편굴 등이 밀집되어 있어, 건달, 깡패 그리고 경계를 이탈한 수병들이 모두 이곳으로 와서 유흥을 즐겼고, 풍기가 문란한 사건이 끝없이 일어났다. 1869년 겨울부터는 중국인 순포(巡捕)가 고용되기 시작하였다.

---

5) 1864년 『法公董局年報』, 章惲虹, 『上海法租界市政槪況』.
6) 『北華捷報』, 1865년 5월 13일, 馬士, 『中華帝國對外關係史』第2卷, p.130.
7) 이후 계속해서 中央捕房, 小東門捕房, 霞飛路捕房, 貝當路捕房과 福煦路捕房이 생겨났다.

프랑스 조계 당국은 영미 조계와 분립시키고, 식민통치의 강화를 획책하는 동시에 힘을 다하여 조계의 범위를 확대시키고자 하였다. 프랑스 조계는 그 성립 초기에는 약 986무(畝)의 면적이었다. 소도회 기의 때에는 조계 범위가 동으로는 주산로(舟山路, 현재의 龍潭路), 서로는 관제묘(關帝廟) 저가교(褚家橋, 현재의 西藏南路부근)까지이었다. 1860년 후에는 프랑스 조계의 인구가 증가하여 점차 동, 서 두 방면으로 조계 범위를 확대시켰으며, 조계 내에는 프랑스 외탄로(法外灘路), 공관마로(公館馬路), 천주당가(天主堂家, 현재의 四川南路), 자래가(紫來街, 현재의 紫金路), 길상가(吉祥街, 현재의 江西南路), 옛 북문대가(老北門大街)와 신영안가(新永安街, 현재의 新永安路) 등의 도로가 신설되었다. 1861년, 프랑스 외교부에서는 에당에게 훈령을 내려 프랑스 우선공사(郵船公司, 우편 및 선박회사)가 상해에 자회사를 설립하는데 도움을 주라고 지시하였다. 이때 조계 내 부동산은 이미 전부 외국 상인들에 의해 점거되었고, 에당은 이 기회를 틈타 조계의 확대를 요구하였다. 9월 초, 에당은 조계 확대 계획을 프랑스 공사인 부르부롱에게 상정하였다. 부르부롱은 공친왕(恭親王) 왕씬(王訢)과 교섭하여 청정부의 동의를 얻어내었다. 10월 말, 에당은 도대 우쉬(吳煦)에게 명령적인 어조로 그가 바로 프랑스 우선공사(郵船公司) 설립 준비를 위한 토지를 호성하(護城河) 이북의 68무(畝) 토지의 업주 성명, 계약서 및 각 호(戶)의 토지 재산을 모두 기록하여 영사관에 보고하게 하여 이 지역의 토지를 구매하려는 준비를 하였다. 아울러 상해 지현(知縣)은 구속영장(拘票)을 준비하여, 이로써 수시로 항명하는 업주를 구속하려고 하였다. 에당은 끝으로 "이러한 방법을 우리들은 충실하게 집행하여야 하고, 이러한 임무의 수행은 베이징에 거주하는 상사들이 만족해 할 것이다."8)라고 쓰고 있다. 우쉬는 이 조회를 받은 후, 바로 다음날 고시

---

8) 1861년 『法領事署公報』, 『上海法租界市政槪況』.

를 반포하고 동의를 표시하였다. 1861년 10월 30일, 프랑스 조계는 제
1차 대규모의 확장을 실현시켰는데, 동남방면의 조계 경계선을 소동문
(小東門) 밖 성하지구(城下地區)까지 확장시켰으며, 그 면적은 1,124무
(畝)나 되었다. 이로써 프랑스 조계의 황포탄(黃浦灘)의 해안선은 650
미터나 연장되었다. 1864년 프랑스 상인은 양경빈(洋涇浜) 외탄(外灘)
에서 신개하(新開河)사이에 1649피트 높이의 프랑스 화륜선공사(火輪
船公司) 부두를 건립하였는데, 이것이 당시 상해 최대의 부두였다. 프
랑스 조계와 영국 조계의 관계 소통을 위하여, 프랑스는 황포탄로(黃
浦灘路, 현재의 中山東一路)와 프랑스 조계 외탄(外灘)의 가운데에 외
양경교(外洋涇橋)를 건립하였는데, 다리의 길이는 69척(약 20.9m), 넓이
는 30척(약 9.1m)으로 싱가포르 목재로 건축되었으며, 건조 가격은
2,000원이었고, 그 경비의 반은 상해 도대가 제공한 것이었다.

　프랑스는 동시에 또 조계 경계를 넘어가는 도로[越界築路]를 건립하
였는데, 이것은 "군로"(軍路)로 서가회로(徐家滙路, 현재의 肇嘉浜路)
이다. 1864년 공동국은 또 조계 밖의 팔선교(八仙橋) 부근의 농민들을
쫓아내고 농지 60여 무(畝)를 무단으로 점거한 후, 공동묘지(사람들은
프랑스 墳山이라고 하였으며, 현재는 滙海花園으로 개조되었다)를 만
들었다. 이후 식민당국은 팔선교 이서로 확장하여, 1865년에는 주경빈
(周涇浜) 다리를 놓았고, 개자락로(愷自樂路, 현재의 金陵中路)를 닦았
는데 이것은 프랑스 조계를 넘어 축조한 두 번째 도로였다. 제2차 아
편 전쟁 후, 베이징에서부터 철수하여 남하한 프랑스 군대는 동가도
(董家度), 서가회(徐家滙) 및 성황묘(城隍廟) 등지에 주둔하였고, 대량
의 프랑스 병사가 조계 내에서 금전 약탈을 자행하였으며, 아편굴, 도
박장, 기녀 소굴 등을 종횡으로 다녔다. 어떤 사람들은 퇴역 후에도 조
계 내에 머물렀는데, 약탈 등 부정적인 방법으로 건물을 사들여 기녀
소굴과 도박장을 차렸으며 부랑배들과 결탁하여 이익을 도모하였다.

프랑스 조계 당국 즉 영사와 공동국은 조계를 확대하려는 행동에는 완전하게 일치하였으나, 식민 통치의 권한방면에서는 오히려 갈등과 모순이 존재하였다. 공동국은 프랑스 조계에서 실권을 장악하였으며, 프랑스 영사가 갖고 있던 공동국 이사 제청권과 부결권에 불만을 갖게 되었고, 영사의 조종에서 벗어날 것을 요구하였다. 1865년에는 프랑스 영사와 공동국 간에 한 차례의 내홍(內訌) 즉 내부적인 갈등이 폭발하였다.

1864년 말, 신임 프랑스 영사 브레니에르 드 몽트모랑(Brenier de Montmorand, 白來尼)이 상해에 도착한 후, 이사회[董事會] 권력의 행동에 제한과 축소를 가져왔으나, 새로운 세수의 증가, 이사의 증파(增派) 그리고 직접적으로 순포방 총순(總巡) 지휘 등 일련의 문제에서 공동국의 제지를 받자, 쌍방간의 모순은 나날이 첨예화 되었다. 1865년 10월에는 브레니에르 몽트모랑은 공동국 이사회[董事會]의 해산을 명령하였고, 계속해서 조지인(租地人)회의를 개최하여 임시 위원회를 성립하였고, 임시위원회에서 인선된 사람들은 모두 그가 제명(提名)한 사람들이었다. 1866년 7월 프랑스 외교부에서는 공동국 장정을 제정하였고, 이사회[董事會]는 영사와 선거로 인해 만들어진 4명의 프랑스 국적의 이사[董事], 4명의 외국국적 이사[董事]로 조직된 기구에서 결정한다고 규정하였다. 이사회의 임기는 2년으로 하고, 매년 그 반수를 뽑고, 대표이사[總董]는 영사가 겸임한다. 총영사는 이사회의 정지 및 해산 명령을 내릴 권한을 갖고 있었다. 이렇게 이사회는 행정기관에서 자의기관(諮議機關)으로 전락하게 되었다. 조지인(租地人)회의의 권력은 겨우 이사를 선거하는 것이었다. 이후 이사회는 영사의 통제를 받기 시작하였다.

1866년 9월 하순, 새 장정에 따라 공동국 이사회 선거가 거행되었고, 8명의 이사가 선출되었으며, 브레니에르는 성명으로 대표이사[總

董事] 직무를 포기하고 이사회의 권력을 해산시켰으며, 모렐(Morel, 摩黎)과 페롱(Fearon, 費郞)을 정·부 대표이사로 임명하였다.

이때부터 프랑스 영사는 완전히 이사회의 지위를 능멸하며 그 위에 존재하게 되었다. 그러나 이 장정은 프랑스 영사가 비준하지 않으면, 각국은 프랑스 조계 내에서 사람을 체포할 수 없다는 규정으로 상해의 각국 영사의 항의를 받게 되었다. 그들은 장정의 이러한 부분의 개정을 요구하였으며, 각국 영사들이 조계에서 사람을 체포할 권력을 회복하였다. 여러 차례의 상의를 거쳐, 1868년 4월에는 각국 영사와 북경 공사단은 프랑스 공동국에서 조직한 새로운 장정의 정식 공포를 인정하였고, 그중 규정에는 다른 나라 사람을 체포할 때에는 아주 긴박한 상황을 제외하고는 먼저 프랑스 영사 및 총순에게 자문을 구해야 하고, 총순은 순포를 파견하여 집행에 협조한다고 하였다.

위에서 말한 이러한 조치로 프랑스 조계는 독자적인 행정을 진행하였고, 이후 수 년 내에는 완정한 식민통치제도를 건립하게 되었다.

제2절 "상해 자유시" 음모의 파산과 영미 조계의 합병

프랑스 조계 획정과 영미 조계 분리 기간에 영미 조계에서는 상해를 "자유시"로 바꾸려는 음모가 진행되고 있었다.

공부국(工部局) 성립 초기에 알콕은 이것을 "독립공화국"(獨立共和國)이란 이름으로 조계 행정기구로 칭하였으나, 영국 정부의 찬동과 허락을 얻어내지는 못하였다. 영국의 중국주재 공사, 상해 주재 영사와 상해 방면 투기 모험사업 상인들 간의 중국 침략을 통한 이익 창출은 완전히 일치된 것이었다. 그러나 이익을 창출해내는 일부 구체적인 순서나 방법에 있어서는 자주 모순이 발생하였다. 영국 상인은 재부를 모으기 위해서라면 어떤 수단과 방법을 가리지 않았다. 영국 영사는 상해에서 이익을 얻기 위하여 상해를 완전하게 영국의 식민지화하려고 노력하였고, 영국 공사는 영국이 전 지구에서의 이익을 추구하는 것에서 그의 임무가 출발하였으므로 중국 침략정책을 추진할 때 영국과 다른 열강과의 관계를 고려하고 수의를 조절하고자 하였다. 아울러 영국의 상해 식민통치와 영국의 중국 침략 정책의 관계를 고려하였을 뿐만 아니라 필요할 때에는 영사에게 복종을 요구하기도 하였다. 이로써 그들은 차라리 어떤 지역에서의 큰 권익을 얻는 것을 방치하고서라도 중국 인민이 반항하는 것을 피하려고 하였고, 이로써 청 정부에게 어려움을 주려고 하지 않으면서, 이러한 상태에서 더 큰 침략 이익을 얻어내고자 하였다. 이러한 영향아래, 영국정부는 1855년 5월에 상해 영국 조계에 공부국 성립을 찬성하지 않았고, 찬성하지 않은 이유는 이것의 설립은 중국에 거주하는 모든 영국인의 이익에 장애가 된다고 생각하였기 때문이었다. 이 항목의 훈령은 영국 공사와 상해 영국 영사인 로버스톤(Roberston, 羅伯遜)에게 하달되었을 뿐만 아니라, 중국 정부에도 통지되었다. 그러나 영국정부의 훈령은 실제적인 효력을 발휘하지는 못하였다. 상해에 거주하던 외국 침략자들은 그들의 침략사업은 공부국이 존재하여야만 가능하다고 생각하였기 때문에, 영국 정부의 훈령을 지지하는 것보다는 공부국이라는 이 기구를 지지하는 쪽으로 이어졌다.

이렇게 6년이 지나면서 영국침략자들은 조계에 대한 식민통치를 나날이 강화시켰다. 공부국의 기구 역시 나날이 방대해져나갔다. 이러한 상황 하에서 영국 영사 메드허스트는 책임을 회피하기 위하여, 1861년 영국 공사인 부르스(Bruce, 卜魯斯)에게 서신을 보내 조계내 행정 개혁의 구체적인 방법을 건의하였다. 그 내용은 다음과 같다. 공부국은 교민들의 선거로 국장(局長)을 뽑고, 국장은 재정, 부동산, 경찰과 항구 업무를 관장하며, 아울러 세금을 징수하는 책임을 진다. 회의 때에는 국장이 사회를 보고, 결정권을 가진다. 국장 및 그 휘하 직원의 급여는 중국정부에서 지급하나, 그들의 독립적 행동의 자유는 보장한다. 메드허스트는 이러한 항목의 특징은 공부국의 절대 권력을 보장한다는 전제하에 중국 정부가 급여를 지급하여, "나라 안의 나라"라는 부끄러움을 천으로 가리는 격이 되었다. 이와 같은 계획은 공부국에서 더 보충하여 1862년 9월 초에 조지인회의(租地人會議)에 제출되어 토론되기 시작하였으나, 결과적으로 아무런 실제적인 행동을 채택하지는 않았다.

이와 동시에 공부국 방위위원회(防衛委員會)에서는 야심이 아주 큰 계획을 제출하였다. 이 위원회 구성원은 모두 당시 외국 교포 중의 지도자격 인물들이었는데, 예를 들면 커닝햄(E.Cunningham, 金能亨), 위톨(J. Whittall, 韋德爾), 호그(W. Hogg, 霍格), 타더(塔德)와 웹(Webb,

韋敎)이었다. 그들은 1862년 6월 하순 공부국에 한 통의 청원서를 전달하였는데, 상해현(上海縣) 및 그 부근 지구를 "독립공화국"으로 바꾸려 한다는 것이었고, 영국, 미국, 프랑스, 러시아 4대 강국의 보호아래, 외국 사람들 모두가 선거로 정부를 조직하려는 것이었다.

이 "독립공화국" 계획 역시 "자유시"라는 계획으로 불러졌는데, 그 내용은 완전히 중국 정부의 관할에서 벗어남과 동시에 외국 영사의 속박을 벗어나는 것으로, 상해가 "국제 자유항으로의 주권을 향유"하게 되는 것이라고 하였다. 이 계획은 제출되었으나, 중국 인민의 강렬한 반대에 부딪쳤을 뿐만 아니라, 영국 공사와 영사조차도 인정하지 않았다. 영국 영사 메드허스트는 7월중에 공부국에 서신을 보냈는데, "이 계획의 건의는 조지인(租地人)을 합법적으로 채용할 수 없다는 것이다. 이것은 중국 정부의 토지이므로 중국 정부는 조약을 체결한 각국의 교민들이 이곳에 안전하게 거주하고 있고, 이들에 대한 일종의 관할권이 갖고 있으며, 자연히 모든 이 토지 및 인민에 대한 권력을 보유하고 있다."[1]고 말하였다. 영국 공사 부르스 역시 지적하기를, 각국 조계의 관리권은 비록 서양인이 조종하지만 그 토지는 여전히 중국의 것이라며, 청 정부가 상해를 포기하지 않는다면, 자유시 계획은 실행될 수 없다고 하였다. 또 그는 말하기를, 이후 국제법에 의거하여 이러한 의견을 제출한다는 것 자체가 가능하지 않을 것이라고 하였다.[2] 브루스 역시 영사인 메드허스트의 의견을 반대하였고, 그는 9월 8일의 서신에서 메드허스트에게 "영국 정부는 무엇을 조심하고 있는지? 영국 상인들이 안전하게 영업을 할 장소는 어디인지? 묻지 않을 수 없다. 또 조계가 중국인이 거주하는 도시로 변한다면 많은 어려운 사건들이 발생할 것이고, 영국정부는 그 관할권을 확장할 수 없게 될 것이

---

1) 『北華捷報』, 1862년 8월 7일, 『上海公共租界史稿』, p.362.
2) 王瑃善, 『滬租界前後經過槪要』, p.7.

다.", "조약에 의거하여, 우리들은 중국 정부와 그 인민의 관계에 간섭할 권한이 없어지며, '신성한 영국조계'라는 말은 아무런 의미가 없을 것이다. 이렇게 되면 우리는 중국 정부의 허락을 받아야만 되며, 우리들은 중국인에게 납세를 강요할 수 없게 된다."3)고 언급하였다. 영국 공사의 이러한 태도는 다른 각국 공사의 찬동을 얻어내었다. 미국 공사 버링에임(Q. Burlingame, 蒲安臣) 역시 미국 영사인 시워드(G. E. Seward, 熙華德)에게 훈령을 내려, "외국인이 시정부 일을 처리하는 과정에서 자주 중국인의 권리를 침범하는 경향이 있으므로, 자주 외국 사람들에게 당부하기를 반드시 안전 무사의 원칙을 고수하여야 한다. 나는 중국 주권을 고려하지 않은 어떠한 것과 또 주권 국가로서 그들 토지의 인민에 대한 권리를 고려하지 않는 방법에는 찬동할 수 없다."4)고 강조하였다. 영국과 미국의 외교대표들은 이렇게 겉모양은 번지르르하게 말하였으나, 그들의 속내는 중국 주권에 대하여 아무런 존중과 성의를 갖고 있지 않았으며, 오직 자국이 중국에서의 이권을 어떻게 챙기느냐 하는 것이었다. 그들은 중국 침략에 대해서 긴 낚싯대를 드리워 큰 고기를 잡고자 하는 것으로 가볍고 경거망동한 행동에 대해서는 반대하는 것이었다.

외국 침략자의 자유시 같은 계획은 비록 실현되지는 않았으나, 각종 수단과 방법을 강구하여 상해의 식민통치를 한층 더 강화하고자 하였다. 그들이 가장 먼저 취한 것은 소주하(蘇州河) 양측의 영국과 미국의 조계를 합병하는 것이었다.

홍구(虹口) 일대는 1848년 미국 성공회 주교인 본느(H. W. Boone, 文惠廉)와 상해 도대 린꾸이(麟桂)가 협정 체결을 통하여 미국조계가 된 곳이었으나, 당시 그 범위는 명확하게 획정되지 않았다. 영국과 미

---

3) 『上海公共租界史稿』, p.362.
4) 『上海公共租界史稿』, p.363.

국 조계는 비록 소주하(蘇州河)를 사이에 두고 있으나, 양안의 상황은
같지 않았다. 설립 초기의 미국 조계는 홍구(虹口) 일대로 아주 황량한
지역이었으며, 보리밭 이외에는 오직 성공회 성당, 상해 도크(dock),
몇 곳의 부두와 두, 세 칸의 수병에게 오락을 제공하는 건물이 있었을
뿐이었고, 또 백로회로(百老滙路, 현재의 大名路) 도로가 있었으며, 매
번 홍수가 나면 혼탁한 강물이 백로회로의 대부분을 침수시켰고, 강변
의 건축물도 침수시켰다. 외국인으로 이곳에 거주하는 사람은 아주 적
었고, 오직 영국조계의 범죄자들이 체포를 피해 이곳 미국 조계에 은
닉하여 살고 있었다. 태평군이 남경(南京)을 점령한 후, 많은 중국인들
이 영국, 프랑스 조계로 들어가는 것과 동시에 역시 일부가 미국 조계
로 들어왔다. 1861년 6월 22일『북화첩보』에 기재되어 있기를 당시
홍구 미국 조계를 관리하는 던 순포는 오직 6명으로 매음과 기타 추행
들을 일으키고 있었다. 명의상 이 전체 조계를 관리하는 것은 공부국
이었으나, 그 권력 범위는 영국조계에 한정되어 있었다.5)

　일정 시간이 흐른 후, 홍구 일대의 토지는 결국 식민당국의 중시를
받기에 이르렀다. 1960년대 초, 기창양행(旗昌洋行)의 지배인 커닝햄
과 미국 영사 시와더는 영국과 미국 조계의 합병을 발의하였다. 1862
년 2월 태평군이 재차 상해를 공격하자 영국과 미국 침략자들은 아주
긴장하였으며, 그들은 홍구의 순포와 영국조계의 순포를 통일하여 함
께 관리를 강화시켰다. 이후 영국조계 순포는 자주 경계를 넘어 소주
하(蘇州河)로 들어와 북쪽 강변에서 경계를 실행하였다. 3월 31일, 영
국조계에서는 조지인회의(租地人會議)를 개최하여 앞으로 미국 조계를
영국조계에 합병시킨다는 제안을 통과시켰다. 영국과 미국의 조계 합
병 성명 중에서, 조계 당국은 적극적으로 미국조계의 범위를 구체적으

5) 근거에 의하면 당시 미국 조계 역시 하나의 관리기구가 있었는데, 그것은
　　홍구(虹口)市政委員會(Hawks Pott, A Short History of Shanghai, p.64)이
　　었다.

로 획정하고자 하였다. 1863년 6월 25일, 미국 영사 시와더와 상해 도대 황팡(黃芳)이 장정(章程)을 의정하였고, 미국 조계의 지역을 획정하였는데, 서쪽으로는 호계하(護界河, 현재의 泥城浜) 맞은 편 지점(현재의 西藏北路 남단)부터 시작하여 동쪽 소주하(蘇州河) 및 황포강(黃浦江)에서 양수포(楊樹浦)까지, 양수포에서 북으로 3리, 이곳에서부터 서쪽 방향으로는 일직선으로 호계하(護界河) 맞은 편 지점까지로 하였다.

미국조계의 획정으로 영국, 미국조계의 합병의 걸음걸이가 더욱 빨라졌다. 1863년 9월 21일, 미국조계 조지인회의(租地人會議)의 통과를 거쳐, 두 조계는 정식으로 합병하여 영미조계가 되었고, 이를 사람들은 "Foreign Settlement"라고도 하고, 혹은 "North of Yang-King-Pang Creek"이라는 글자로도 불렀는데, 그 의미는 외국인 조계 혹은 양경빈 북쪽의 외국인 조계라는 의미였다.

앞에서 언급한 것과 같이 50년대 후기에, 강소(江蘇), 절강(浙江) 일대의 지주, 호신(豪紳), 부상(富商)들이 태평군의 침공을 피하기 위하여 대규모로 상해로 이주하여왔다. 당시 상해 성은 이미 저자거리의 3분의 1이 전쟁의 화마로 훼멸되었고, 부유한 점포와 상행(商行)들은 거의 전부 불타버렸으며, 성 외곽 수 리(里) 범위내의 큰 나무들은 관군에 의해 모두 베어져 깨끗해졌으며 도시는 만신창이가 되었다. 그렇지만 조계는 오히려 기본적으로는 아무런 재앙도 받지 않았다. 이로써 돈 있는 사람들은 조계로 피신 와서 거주하게 되었고, 조계의 인구와 재부(財富)는 신속하게 증가하였다. 제2차 아편전쟁 후, 통상항구는 장강(長江) 내지와 북방 연해로 확대되었고, 상해는 열강이 중국 경제를 침략하는 중심이 되어버렸다. 서방 침략자들은 약탈성적인 무역을 통하여 중국인 재부를 대량으로 흡입시키는 방법으로 상해 조계는 진일보 기형적인 발전과 번영을 하게 되었다.

인구 밀도의 증가에 따라, 조계 내에서는 최초로 토지투기의 광풍이
나타났다. 외국 침략자들은 그들이 농간으로 얻은 모든 공지(空地)를
팔았으며, 일부 사람들은 자신 정원의 담장을 헐어 그 빈 공간을 모두
팔아치웠으며, 영국 영사관 역시 그 토지의 일부를 팔았다. 토지가격
은 매 무(畝)당 46~74 프랑에서 8,000~12,000프랑으로 폭등하였다.
조계 서쪽의 5마일 이내의 토지는 모두 사람들에 의해 팔려나갔다.
1860년 이후에는 먼저 아무도 찾지 않던 프랑스 조계내의 토지 역시
모두 팔렸다. "오직 돈을 빌릴 수만 있다면, 폭리를 취할 수 있다는 것
이 당시 투기의 좌우명이었다."6) 외국 투기 상인들이 계속해서 대규모
로 초라한 집들을 지어, 고가로 중국인에게 임대하였다. 당시 사람의
기록에 의하면, "외국인이 사는 곳에는 인구가 조밀하고, 건물을 수채
씩 임대하는 사람이 있는데, 방을 빌려주는 것 이외에, 또 매월 연세
(捐稅)를 받으며, 천막 점포 및 점보는 집들이 있었는데, 매월 연세로
양은(洋銀) 2, 3원을 받는 등 같지 않았다."7) 이와 같이 중국 부자들은
페인트가 마르기도 전에 들어가 점포를 개설하였다. 토지 투기의 광풍
속에서 외국 모험가들이 황포탄(黃浦灘)의 진흙땅 위에 수많은 돈을
들였다. 60년대에서 80년대까지는 스미드(M. A. Smith, 史密斯)가 점
유한 토지가 가장 많았다. 1869년 그는 남경로(南京路)에 토지 131무
(畝)를 점유하였는데, 이것은 당시 남경로 토지 면적의 29.73%이었다.
80년대 이후에는 조계 내에서 토지 점유를 가장 많이 하고 있던 사람
은 사쑨(Sassoon, 沙遜) 가족이었다.8) 후에는 상해 최대의 "땅벌레"는

---

6) 霍塞,『出賣的上海灘』, p.41.

7) 黃楙材,『滬游脞記』.

8) 이 집안은 옛 沙遜洋行의 대지배인 데이비드 사쑨(David Sassoon, 大衛·沙
遜)을 말하는데, 1845년 上海에 와서 沙遜銀行 上海分行을 설립하였고,
1880년 3월에 사망하였는데, 재산은 그의 맏아들인 야곱 엘리아스 사쑨
(Jacob Elias Sassoon, 1844~1916; 중국명으로는 雅谷·愛理司·沙遜 또는 惟
谷布·伊利亞斯·沙遜로 쓴다)에게 물려주었다.

하르둔(Silas Aaron Hardoon, 哈同, 1851~1931)[9]으로, 그는 이때 이 샤쑨 양행의 낮은 직원으로 이러한 투기사업을 훈련받았다. 이 기간에 땅값과 건물 임대 가격 폭등으로 기타 상품의 가격 역사 부단히 올랐으며, "땔감과 쌀값이 올랐으며, 일상 용품의 가격이 다른 곳에 비해 몇 배 이상으로 올랐다."[10]고 하였다.

영미조계의 중심구역은 여전히 영국조계에 있었고, 이곳은 상점이 집중되어 있었으며, 교통이 편리하였던 남경로는 이미 초보적인 발전을 시작하였다. 이곳은 땅값 상승 역시 가장 빨랐고, 이미 "한 조각의 땅은 금 한 조각"이었다. 1854년 경마총회(跑馬總會)는 옛 화원경마장(花園跑馬場)을 높은 가격에 판매하였으며, 또 낮은 가격으로 니성빈(泥城浜, 현재의 西藏中路) 동쪽의 170무(畝)의 토지를 사들여 공원과 경마장을 만들었고, 이것이 두 번째 경마장이라고도 하고, 새 화원경마장(범위는 현재의 湖北路, 北海路, 西藏中路, 芝罘路와 浙江路 일대)이라고도 하였다. 화원농(花園弄) 즉 화원 거리는 하남로(河南路)에서 뻗어나가 현재의 절강로(浙江路)까지 연결되었다. 새로 건축된 이 화원거리는 그 넓이가 약 20피트로 마차와 말이 뛰어 통행이 가능하였으므로 상해 사람들은 이것을 마로(馬路)라고 불렀다. 1860년, 태평군이 동정(東征)할 때, 조계인구가 급격히 증가하였으며, 새 화원 주위의 땅값 역시 계속 상승하였다. 경마총회는 또 세 번째의 이사를 준비하

---

9) 하르둔[Silas Aaron Hardoon, 哈同; 1851~1931]은 근대 상해의 유태인 부동산 재벌. 그는 바그다드에서 태어나, 1856년 부모를 따라 인도로 들어와 영국 국적을 취득함. 1872년 홀로 홍콩을 통해 상해로 들어와 사쑨양행의 직원이 됨. 1887년 상해 프랑스 조계 공동국의 이사, 1887년 상해 공공조계 공부국의 이사를 역임하고, 1901년 사쑨양행에서 독립해 하르둔 양행[哈同洋行] 설립한 후, 부동산 사업을 시작함. 1904년에는 정안사로(靜安寺路)에 300무(畝)를 구입하고, 70만원을 들여 상해에서 가장 아름다운 개인 정원인 애려원(愛麗園; 哈同花園)을 건립함. 역자 주.
10) 黃楙材, 『滬游胜記』.

였다. 그들은 먼저 새로운 화원의 길(馬路)을 가로질러가는 길을 닦았
으며, 화원농(花園弄)을 외탄(外灘)에서 이성빈(泥城浜)까지 뻗게 하였
는데, 이것이 남경동로(南京東路)의 가장 끝 부분이었다. 계속해서 그
들은 길 양 옆의 토지를 분할하여 높은 가격에 판매하였다. 이후 화원
농(花園弄)은 부단히 확장되어 양측에는 높은 건물들이 즐비하게 줄이
어 들어섰고, 시의 모습은 점차 흥성하여졌고, 사람들은 또 이러한 길
을 대마로(大馬路)라 불렀다. 1862년 경마총회 권역을 영국조계 밖 이
성빈(泥城浜) 이서(현재의 人民廣場, 人民公園, 上海市체육궁과 상해시
도서관 일대)의 500여 무(畝) 토지로 확정하였으며, 이곳에 제3 경마
장을 열었는데, 이것을 "경마청"(跑馬廳)이라고 불렀다. 그들은 또 대
량으로 이성빈 이서(以西)의 토지를 매수하여, 이성빈에서 정안사(靜
安寺)의 포마도(跑馬道; 말이 달리는 길)까지 도로를 축조하여 용천로
(涌泉路)라 이름 붙였는데, 다른 이름으로는 정안사로(靜安寺路, 현재
의 南京西路)라고도 불렀다.[11] 1866년 경마총회는 중국 주권을 무시
하고, 이 조계 밖의 도로를 공부국관리로 넘겨주었다.

　이 기간에 조계 내에서는 이미 여러 갈래의 많은 새로운 도로가 건
설되었다. 1865년 공부국에서는 동서 방향의 도로는 중국 도시의 이름
을 따르게 하였고, 남북방향의 도로는 중국 성명(省名)을 붙였다. 동서
주요 간선도로는 북에서 남으로, 소주로(蘇州路), 북경로(北京路), 영파
로(寧波路), 천진로(天津路), 남경로(南京路), 구강로(九江路), 한구로
(漢口路), 복주로(福州路)와 광동로(廣東路)이다.[12] 남북의 주요 간선
도로는 동에서 서로, 사천로(四川路), 강서로(江西路), 하남로(河南路),
산동로(山東路), 산서로(山西路), 복건로(福建路), 호북로(湖北路), 절강

---

11) 1863년, 경마총회는 涌泉路에 수많은 관잡(關卡)을 설립하였으며, 공공연히
　　"도로세"(道路稅)를 징수하여, 행인들은 1년에 은 10량을 부담하여야 하였고,
　　말을 타는 사람들은 20량을, 마차(馬車)는 30량을 납부하였다.
12) 廣東路는 廣州路라고 해야 하는 것으로 영어로 "Canton"의 오역이다.

로(浙江路), 광서로(廣西路)와 운남로(雲南路)이다. 도로의 넓이는 일반
적으로 3, 4대의 마차가 함께 달릴 수 있는 넓이고, 모두 돌을 부셔서
만든 도로로 비가 많이 와도 진흙탕이 되지 않게 하였다.

조계내의 외국인 거주지역과 중국인 거주 지역 역시 초보적인 형태
를 띠게 되었다. 외국인의 건축물은 외탄(外灘)에서 하남로(河南路)일
대에 집중적으로 분포되어 있었고, 이외에는 하남로(河南路)와 복주로
(福州路) 사이에 일부 있었다. 이러한 건축물은 대부분 사방이 넓게 트
인 공지에 건축되었고, 그 위에는 각종 꽃과 나무를 심었다. 은행과 양
행(洋行)은 외탄에 집중되어 있었고, 벽돌과 나무를 섞어 만든 2, 3층
의 건물들로 모두 지붕을 덮고 있었다. 상해 외국무역발전의 수요에
적응하기 위하여, 외탄 서쪽에는 이미 1백 10여개의 창고와 쓰레기 하
치장이 있었는데, "황포강 일대의 강안을 따라, 큰 목재들로 말뚝을 박
아 놓고, 서로 철사로 연결시켜, 10여 리(里)까지 늘어놓았고, 넓이는
수 장(丈)에 달했다. 그 부두는 마치 윤선(輪船)과 같은 역할을 담당하
였는데, 차마(車馬)들이 화물을 운송하여 윤선까지 가는데 사용하였
다."[13]고 설명하고 있다. 중국 주민들의 건축은 하남로(河南路) 이서
(以西)와 절강로(浙江路), 호북로(湖北路) 이동(以東) 지구에 집중되어
있었고, 생선 비늘과 같이 다닥다닥 붙어 있었으며 여유 공간이 없었
다. 절강로 이서에서 서장로(西藏路) 일대에도 일부 중국인의 건물이
일부 있었으나, 더 많은 것은 미개발된 농지였고, 또 10여 곳의 물가
(河浜)에 모여 있었고, 도시화의 과정도 비교적 완만하게 이루어졌다.
이것 역시 영국조계 및 후에 전체 상해 도시가 동에서 서로 발전하는
특징을 반영한 것이다. 당시 건축업은 이미 중국과 서양 간에 차이가 있
었는데, "중국식 건물을 짓는 사람은 본방(本幇)이라하였고, 서양 집을
짓는 사람을 홍방(紅幇)이라고 하였다."[14] 서로간의 큰 차이가 있어,

---

13) 黃楙材, 『滬游脞記』.

경계를 넘을 수 없었다.

60년대 중기에 이르러서는, 남경로(南京路)에서 양경빈(洋涇浜)까지에는 이미 서양의 건물들이 높이 들어섰고, 팔면 모두 창의 격자들이 보였고, 유리는 오색이며, 철제 난간과 구운 기와로 되어있고, 옥 부채와 구리 링 등이 있었다. 그 중간 거리인 구농항(衢弄巷)은 종횡으로 교차되어 있어, 그곳은 길을 잃기 쉬운 곳이었다.[15) 보선가(寶善街)16) 일대가 가장 번화한 거리로 야간에는 등불이 휘황찬란하며 새벽까지 밝혔다. 이전의 상업중심은 남시(南市)로 이미 다른 곳과 비교하여 부족함이 드러났다. 외국인들의 조계에 있는 재산은 그 가치가 2,500만 프랑을 넘었다.17) 향락을 위하여 그들은 영국 조계 내에 상해총회(上海總會), 유정구락부(游艇俱樂部), 야구장, 테니스장 등 각종 오락장소를 개설하였다. 양경빈에 인접한 상해총회는 여러 건축물 중에서 가장 화려하고 아름다웠으며, 고위층 외국인이 모이는 장소의 한 곳이었다. 매년 여름에 외국인들은 경마회를 거행하며, 모두 거액의 자금을 쓰는 것을 아까와 하지 않으며, 영국에서 들여온 말로 시합에 참가하였다. 광동로(廣東路), 복주로(福州路) 일대는 극장들이 운집해 있던 곳으로, 당시 이장(夷場)대소극원(大小劇園)이 모두 30여 곳이나 되었다. 혹 남자 중에 여자가 끼거나, 혹은 여자 중에 남자가 끼거나 혹은 남녀가 함께 출연하기도 하였다. 문반(文班)은 취미헌(聚美軒), 삼아원(三雅園)이 가장 유명하였고, 무반(武班)은 단계헌(丹桂軒), 만정방(滿庭芳)이 가장 성행하였다.18) 외국인들의 기록에 의하면, "매일 경마장에서 시합을 보고, 더 즐거움을 나누려는 사람들 무리는 황포탄(黃浦灘)으로

---

14) 黃本銓, 『淞南夢影錄』.

15) 黃楙材, 『滬游脞記』.

16) 현재의 廣東路로 福建路에서 山東路 일대.

17) 裘昔司, 『上海通商史』, pp.16~17.

18) 黃楙材, 『滬游脞記』.

갔다. 석양이 질 때면, 서양 상인의 자녀들이 양산을 들고, 산책을 하였으며 이것은 그들의 즐거움 중의 하나였다. 그들은 이러한 즐거움을 누리려고 수시로 동쪽으로 왔으며, 상해는 당시 중국에서 가장 즐거운 땅이었다."19)고 당시 그들의 생활상을 언급하고 있다. 서방 자산계급의 생활방식이 상해탄에 전입된 후, 중국의 몰락한 봉건지주계급을 강렬하게 흡인하였다. 당시 사람들이 지적하기를, "양경빈을 왕래하던 사람들은 대개가 모리배들로 탐욕, 쟁취, 사기 세 가지를 모두 갖추고 있다."20)고 말하였다. 1862년 이후의 상황은 다음과 같았다. "외국 기녀들 역시 이곳으로 들어왔고, 요염한 자태로, 중국 기녀들과 이익을 나누었다. 중외 일가는 옷과 나막신을 신은 신사들이 이장(夷場)에서 좋은 곳을 차지하려고 하였다."21) 소위 "십리양장"(十里洋場)은 중외 부자들이 돈을 쓰는 곳일 뿐만 아니라, 모든 악의 온상이 되고 있었다. 『북화첩보』 역시 부득불 승인하였는데, 조계의 서부와 북부는 "기생집, 도박굴, 아편점과 장물 전당포 등이 모여 있으며, 쉽게 죄악에 물들 수 있었다."22)라고 당시 상황을 묘사하고 있다.

1860년대의 영미조계는 비록 이미 근대도시의 초보적인 면모를 갖추었으나 교통, 우정 등 방면에서는 아직도 한참 낙후되었다. 최초로 유럽과의 통신연계는 범선이 유일한 수단이었고, 가장 빠른 범선이 한 차례 왕복하는데 180일 정도가 걸렸다. 후의 범선은 윤선(輪船)이 대체하였는데, 태평양 우선(郵船 즉 郵便船)은 오직 홍콩까지만 도착하였으므로 모든 상해의 우편은 모두 대 양행에서 파견한 선박이 홍콩으로 가서 수거해 오는 것이었다. 이러한 선박은 앞을 다투어 오송(吳淞)으로 되돌아 왔고, 이미 그곳에서 기다리던 차역(差役)들은 우편을 수

---

19) 鄒依仁, 『舊上海人口變遷的研究』, 上海人民出版社 1980年版, p.69.
20) 王韜, 『蘅華館日記』
21) 陳其元, 『庸閑齋筆記』.
22) 『中華帝國對外關係史』, 第1卷, p.520에서 인용.

거하여 불같은 속도로 각 양행에 보내졌으며, 이러한 것으로 무역상의 주도권을 잡고자 하였다. 한 미국 기자는 이러한 상황을 구체적으로 다음과 같이 묘사하였다. "당초 상해는 급한 것은 오송(吳淞)에서 몽골말을 타고 우편을 배달하였다. 가장 빠른 차역이 보너스를 받았다. 우편이 도달하는 시기에 이러한 차역들은 가장 빠른 말을 타고 외탄을 돌아다녔고, 큰 소리로 외치며, 한편으로는 우편 포낭을 은행의 돌계단으로 던지면서도 한편으로는 그들의 말 달리는 속도를 줄이지 않았다. 공역(工役)은 도중에서 우편 포낭을 받는 사람이 없다면, 우편 포낭을 총지배인에게 넘겨주었고, 그들은 거기에서 중요한 소식을 알아내어 무역에 활용하였다."23)

침략자들은 이미 받은 물건에 대해서는 만족하지 않았고, 그들은 자신들의 필요와 수요에 의해 미래의 상해를 설계하였다. 영미조계의 합병으로 조계의 행정권, 사법권, 경찰권이 진일보 확대를 초래하게 되었다.

---

23) 霍塞, 『出賣的上海灘』, pp.15~16.

제3절 1869년의 『토지장정』

　"상해 자유시"음모는 비록 파산되었으나, 외국 침략자들은 상해 조계를 "나라 안의 나라"로 만들려는 야심을 버리지는 않았다. 그들은 수법을 바꿔서 적극적으로 전면적인 『토지장정』의 수정 활동을 진행하였는데, 이렇게 하는 것이 조계를 중국에서 완전히 벗어나게 할 수 있다고 하여 이러한 것을 기도하였으며, 사실상 "자유시"의 목적을 이룰 수 있다고 생각하였다. 이외에 일부분의 외국 상인들은 공부국의 세금 징수에 항의하였으며, 공부국은 『토지장정』의 조약 개정을 통해서만 자신들의 권력을 진일보 확대할 수 있다고 생각하였다.

　1863년 6월에 몇몇 외국인 대표들이 영국 공사 부르스(Bruce, 卜魯斯)에게 서신을 보내, 각국 조계가 공동으로 준수할 토지장정에 대한 새로운 조약 체결을 요구하였는데, 그 내용은 중국관원들이 조계 내에서의 세금 징수를 금지시키는 것과 그들의 권력행사를 제한하려고 하였던 것이며, 아울러 중국인들이 공부국 회의에 참석하는 것을 허락하지 않으려 하였던 것이다. 그들은 "상업을 통해 재산을 모으기 위해서는 조약을 갱신하는 것이 이러한 일을 급히 서둘러 각 정부에 속하게 하는 것 보다 낫다"[1]고 인식하였다. 같은 해 8월 초, 그는 북경 공사단에 소위 『상해 조계문제의 해결 원칙』(解決上海租界問題之原則)이라는 문서를 공부국에 통지하였는데, 주요 내용은 첫째, 지방 도로를 설치하고, 그 관할 권력은 반드시 각 외국 공사가 직접 중국 정부에서

---

1) 王璟善, 『滬租界前後經過槪要』, p.8.

받아낸다. 둘째, 이 항목의 권력은 단순한 시정 범위를 초월한다. 셋째, 외국 교포가 중국인을 고용할 때, 중국 관리의 관할 범위를 인정하지 않는다. 넷째, 각국 영사는 각 본국 인민의 통치에 대한 권한을 약속한다. 다섯째, 시정기구내에는 반드시 한 명의 중국인 대표를 둔다. 중국 주민들의 이익에 관한 조치를 취할 때에는 반드시 자문을 얻어하고 동의를 구하여야 한다. 이 다섯 항의 원칙은 열강이 조계에 대하여 식민통치를 실시한다는 전제하에서 표면적으로 중국 주권의 인정과 형식상의 중국인 참여와 조계 관리를 승인하는 것으로 하여, 공부국과 조계간의 부딪히는 일부 곤란한 점을 완화시키려고 하였다. 공부국은 그 내용 중에서 중국인은 중국관리가 관할한다는 것과 중국인이 반드시 참정(參政)해야 한다는 내용에 불만이 있었으나, 공사단과 순행하기 위하여 이러한 항목의 원칙을 받아들인다는 표시를 하였다.

1865년 3월 초, 공부국 이사회에서는 특별회의를 거행하여 특별히 한 위원회의 설립을 결정하였는데, 이 위원회는 전적으로 1854년의 『토지장정』을 수정 개편하는 것을 담당하였다. 오래지 않아 이 위원회는 한 통의 조약 수정 초안을 제출해 내었는데, 다음 해 3월에 열리는 조지인회의(租地人會議)에서 비준을 받으려고 준비한 것이다. 초안은 중국인의 참정문제에 대하여 확정하지는 않았다. 1866년 7월 사이, 각국 영사들이 영국 영사서(領事署)에서 회의를 열어 결정하기를, 매년 3월에는 도대(道臺)를 조계로 모셔와 중국인 단체에서 3인의 대표를 뽑고, 공부국 고문으로 한다. 공부국은 중국인에 관련된 문제를 토론할 때, 반드시 이 대표들에게 통지하여야 하나, 그들의 직권은 단순히 협상하는 권한만을 갖게 되는 것이다. 영사단의 이 결정으로 중국인대표들의 권한은 아주 큰 제한을 받게 되었으나 이러한 결정은 공부국에서도 받아들이지 않았다. 10월, 공부국 총동은 하나의 대체방법을 제기하였는데, "사실상 중국인 영사를 두어, 북경에서 파견하며, 품급 지

위를 기타 영사등과 상등한 직급으로 하며, 전적으로 외국인 거류구내
에 거주하는 중국인의 이익을 대변하는 것으로 제한하고, 구역 내의
중국 주민들은 그의 관할에 속하게 하며, 해당 지방의 모든 제재 및
조치를 받지 않는다."2)는 것이었다. 대부분의 영사단 역시 중국 정부
가 자신의 영토에 "영사"를 세우는 것은 이상하다는 생각에 결국 공부
국은 설득당하여 이 의견은 방치되게 되었다.

『토지장정』 수정 초안이 북경 공사단에 보내진 후, 비준이 계속 지
연되다가 결국 비준을 받지 못하였다. 1869년 9월 말까지 영국, 미국,
프랑스, 독일, 러시아 5개국 공사들이 장정(章程)을 약간 수정한 후,
임시 비준을 하였다. 이것은 이름하여, "상해 양경빈 북수조계장정(上
海洋涇浜北首租界章程)의 문건(일반적으로는 1869년 『토지장정』이라
고 함)"으로 아직 중국 정부의 비준을 받지는 않았다. 각국 영사들은
이후 공사단의 비준을 상해 도대에게 통지하였고, 도대는 부득불 승인
하였으며, 이 장정의 탄생은 "1854년 장정(章程) 제6관에서 규정한 수
속과는 크게 다르므로, 새 장정의 효력이 발생될지는 의문이다."3)라고
하였다.

1869년 『토지장정』은 모두 29관으로 42조의 부칙이 있으며,4) 그
내용은 1854년의 장정 내용의 범위를 훨씬 초과하고 있다. 이것은 공
부국에 더욱 큰 권력을 부여하고 있으며, 1854년 이후 조계 권력기관
이 실제적으로 변화한 상황을 근거로 조계에 대한 입법, 행정기구의
조직 방법에 대하여 전면적인 규정을 하고 있으며, 광범위한 식민통치
기구의 권력을 확보하기 위해 만든 것이었다. 실제적인 의의로 볼 때,
1869년 『토지장정』의 실시는 상해 조계식민통치체제의 더욱 완전한
체제를 갖추게 한 것이다.

---

2) 『北華捷報』, 1866년 12월 1일, 『上海公共租界史稿』, p.500.
3) 『費唐法官硏究上海公共租界情形報告書』第1卷, pp.109~110.
4) 王鐵崖編, 『中外舊約章滙編』, 第1冊.

1869년 장정에 따르면, 영미조계의 입법기관을 납세외인회의(納稅
外人會議)로 하였으므로 통상적으로는 납세인회의(納稅人會議)라고 말
하였는데, 그것은 원래의 공중대회(公衆大會)와 조지인회의(租地人會
議)가 변해서 만들어진 것이다. 소위 "납세외인"(納稅外人)은 "지가(地
價)가 500량 이상을 가지고 있는 사람으로 매년 부동산 세금을 납부하
는 사람으로 공국(公局 즉 공부국－편자)의 계산에 의하면 10량 이상
(執照費 즉 허가증 비용은 포함하지 않음) 혹은 방옥(房屋)을 임대하는
사람으로 공부국에서는 매년 임대료(租金)를 5백량 이상 부과하는 사
람을 말한다."(제19관). 납세인은 다른 사람을 납세인회의에 출석시키
고 투표할 수 있는데, 이것을 대투표제(代投票制)라고 한다. 납세인회
의에는 연회(年會)와 특별회 두 종류가 있다. 연회는 영사단에서 매년
1, 2월 초를 택해 개최하는 것으로 인원수가 정해져 있지 않고, 그 주
요한 직능은 공부국의 이사[董事]를 선거하고, 공부국의 다음 1년도
예산과 전년도 수지 결산을 통과시키는 것이며, 세금의 대리 징수 및
허가증 발급 등의 일을 결정하는 것이다. 특별회는 부정기적으로 개최
되는데, 일이 있을 때마다 각국 영사관이 수시로 소집하며, 반드시 3
분의 1 이상의 납세인이 참가하여야 하며, 회의는 과반수 통과로 결의
해야 유효하다. 그러나 『토지장정』 결정되고 규정이 아직 정해지지 않
았으므로, 각 영사관들이 반드시 비준을 한 후에야 이러한 것을 시행
하였다. 이외에 납세인회의는 공용지역 결정과 조계 밖의 토지 구매
등에 대한 권한도 지니고 있었다.

납세인회의의 권한은 상당히 광범위하였으나, 주요 내용은 공부국
재정 수지와 행정의 감독에 치우쳐 있었다. 납세인회의는 중국인의 참
가를 비준하지 않았으며, 엄격한 재산 자격으로 통제하였으므로, 실제
적으로 회의에 참여한 사람은 아주 적었다. 1878년때 영미 조계에는
약 2,000명의 외국인이 있었으나, 같은 해 3월에 개최된 납세인 연회

(年會)에 참가한 사람은 영사를 포함하여 불과 53명으로 168명의 선거
권을 대표하고 있었다. 이로써 이 기구는 극소수의 외국 대지배인의
수중에서 그 권한이 조종되었다.

공부국은 영미조계의 식민행정 관리기관이다. 공부국은 1854년『토
지장정』의 규정에 따라, 경찰[更夫], 세금[捐稅]징수와 시정 관리 등의
직권(職權)을 가졌다. 공부국 성립 후의 실권은 이미 이러한 규정을 훨
씬 초과하였으나, 침략자들이 볼 때에는 아직도 "법률에 의거하여" 부
족한 부분이 있으므로, 1869년『토지장정』에서는 대량으로 공부국의
권력을 확정해 놓았다. 새로이 규정된 공부국의 직권은 다음과 같았
다. (1) 조계내의 각 항 공정 및 매년 수리 사업을 활성화시킨다. (2)
토지세[地捐], 주택세[房捐] 및 1000분의 1을 초과하지 않는 화물세[貨
捐]를 징수한다. (3) 순포(巡捕)를 설립한다. (4) 사무인원을 고용한다.
(5) 법인자격을 갖추고, 원고 혹은 피고를 충당한다. (6) 수시로 규칙
을 제정하고 임의로 개정 혹은 중지시킬 수 있다.

공부국은 정책 결정기관과 행정기관 두 부분으로 나뉘었다. 실권적
인 정책 결정기관은 동사회(董事會 즉 이사회)로써 납세인회의에서 5
명에서 9명을 선출하여 조직 구성하고, 그 아래에는 경비(警備), 공무
(工務), 재정세무(財政稅務), 위생(衛生), 인사행정[銓敍], 공용(公用),
교통(交通), 학무(學務), 선전(宣傳) 등 위원회를 설립하고, 매 위원회
에는 동사(董事 즉 이사) 1에서 3명이 참가한다. 이사는 재산에 대한
엄격한 제한을 두고 선거하였고, 반드시 매년 부동산 각 세금은 50량
이상을 납부하는 사람이거나, 혹은 매년 방에 대한 세금(房金)이 1,200
량 이상자여야 하며, 아울러 지위가 있는 외국인 두 명이 천거를 받아
야 하였다. 이사의 임기는 1년으로 급여는 없으나 연임할 수 있다. 이
사회에는 이사, 부이사 각 1인을 두었다. 이사의 국적은 명문 규정되
지는 않았으나, 실제상으로는 비례적으로 일반적으로는 영국인이 가장

많고, 그 다음이 미국인, 독일, 러시아 등의 순이었다. 역대 대표이사와 부대표이사는 영국인이 맡았다. 이사는 비록 명의상으로는 전체 납세인이 선거하지만, 사실상으로는 "이러한 것은 극소수 대표 상업경영인의 결정에 의해 결정되며, 20여 명이 넘지 않는다. 공부국의 이사[董事]는 이러한 과두단체(적은 수의 우두머리가 좌지우지하는 단체)에 속할 수 없으며, 우연한 상태에서 들어가는 것 이외에는 이러한 소단체에서 들어가는 것을 용납한 상태에서 동사로 선출되었을 때에만 가능하였다."[5]고 하였다. 새로운 장정에 따라서 공부국의 활동은 납세인회의에 제제를 받았으나, 실제상으로는 오히려 완전히 이와 같지는 않았다. 어떤 사람은 당시 상황을 이렇게 묘사하고 있다. "공부국은 회의가 시작될 때, 아주 비밀리에 그 문을 잠그고 외부인이 들을 수 없게 하며, 아주 중요한 안건을 신문에서 하나씩 풀어내어 발표하였고, 납세인은 좋은 조건으로의 모색은 가능하나, 실행할 수 있는 힘은 없었다. 그 계획은 비록 여러 제안을 언급하였으나, 공부국에서 받아들이지 않고 부결되면, 그 다음날 바로 사라지게 되는데, 마치 잔설이 녹는 것과 연기처럼 사라지는 것처럼 아무런 형태도 없이 소멸되어졌다."[6] 외국 자산계급작가들 조차도 모두 "상해 공부국이 상해의 외국 사람을 대표하지 않는다. 그 행위는 몇몇 부상과 영사단이 지배하며, 자주 빈말을 하였다."[7]고 언급하고 있다. 어떤 사람들은 더욱 직접적으로 "대 지배인의 과두정치"라고 말하였다.

공부국 집행기관의 가장 높은 책임자는 총판(總辦)으로, 그 아래에는 총판처(總辦處), 만국상단(萬國商團), 경무처(警務處), 화정처(火政處, 즉 소방대), 위생처, 교육처, 재무처, 공공도서관, 음악처, 화문처(華文處) 등의 기구가 있었다. 총판처(總辦處)는 총판(總辦)이 책임지

---

5) 徐公肅, 丘瑾璋, 『上海公共租界制度』, p.123.
6) 裘昔司, 『上海通商史』, p.89.
7) 『上海公共租界制度』, p.124.

며, 각처의 업무를 협조한다.

만국상단(萬國商團, Shanghai Volunteer Corps)은 1853년 4월에 창건되었다. 앞에서 이미 언급하였듯이, 그것은 원래 상해 지방의용대로 불렸으며, 최초에는 갑대(甲隊)만이 있었고, 영국인으로 조직되었다. 1855년에 을대(乙隊)가 증가되었으며, 역시 모두 영국인이었다. 이 두 부대는 소도회 기의 실패 후 모르는 사이에 해산되었고, 1860년 태평군이 상해를 공격할 때 또 다시 조직되었다. 1862년 상해경기대(輕騎隊)가 증건(增建)되었다. 1870년 7월에는 상해중포대(重炮隊)가 증설되었고, 공부국의 지도를 받게 되었으며, 대표이사[總董]이 이 조직의 모든 것을 결정하였다. 이때부터 만국상단은 실제적으로 공부국의 지배를 받는 상당히 정규적인 무장역량을 갖춘 부대가 되었다.[8] 상단(商團)은 엄격한 훈련이 있었고, 훈련 내용으로는 전체 부대의 유격, 사격, 행군, 동원, 폭동제압 및 야영 등이 있었다. 그 사격 훈련의 장소는 파자장(靶子場)으로 최초에 설립된 곳은 현재의 무진로(武進路), 하남북로(河南北路) 부근이었다.[9] 1897년 현재의 홍구(虹口)공원,[10] 홍구체육장 쪽으로 옮겨갔다. 상단 사령은 최초에는 초빙되었으며, 후에는 공부국과 영국 육군부상(部商)에서 파견된 영국 상비군 군관으로 충임되었다. 공부국과 함께 만국상단(萬國商團)의 지휘권은 시종 영국인들의 수중에 있었다.

---

8) 1900년 후, 상단의 규모는 신속하게 확대되었으며, 일본대, 미국대, 포르투갈대, 중화대(中華隊), 러시아대(雇用된 사람들로 구성됨), 필리핀대 및 운수대, 통신대, 통역대, 방공대 등이 계속해서 설립되었으며, 총수는 2,000명을 넘었다.

9) 상해 지역에서 어느 한 지역을 말할 때에는 가로 도로 명과 세로 도로 명을 교차해서 말해 줌으로써 해당 지역의 지점을 나타낸다. 역자 주.

10) 1988년부터 홍구공원(虹口公園)이 노신공원(魯迅公園)으로 명칭이 바뀌었으며, 홍구체육장(虹口体育場)도 새로 건립되었으며, 다른 이름으로는 홍구축구장이라고도 한다. 역자 주.

경무처(警務處)는 조계의 경찰업무를 총괄하였으며, 그 아래에는 행정처, 체포조[緝捕股], 특무조[特務股], 각 경구 판사처(警區辦事處), 각 구포방(區捕房), 무장 후비대(武裝後備隊), 법정(法庭) 및 변호사 판사처(辦事處) 등의 기구가 있었다. 순포(즉 경찰)는 1854년에 출현하였으며, 1855년에 이르러서 영국조계에는 이미 외국 순포(西捕)가 30명이나 있었고, 1864년에는 160여 명으로 그 수가 증가되었으며, 1870년에는 112명이 되었다. 이후 대량으로 중국인이 순포를 담당하게 되면서 서포(서양 순포)의 수는 나날이 감소되었다. 1883년, 영미조계에는 200명의 순포가 있었는데, 그중 중국 순포가 170명을 차지하였다. 1884년에는 또 머리에 붉은 천을 감싼 인도 순포가 고용되기 시작하였다. 이외에 또 사복 탐정[暗探], 즉 소위 "포타청"(包打廳) 즉 경찰 탐정이 있었다. 이들 순포의 활동 범위는 원래 조계내로 제한되었는데, 후에는 조계 당국이 세력을 확장하기 위하여 공공연히 순포를 조계 경계 밖으로 순라를 돌게 하였으며, 그곳에도 포방(捕房)을 건립하였다. 1879년 여름, 공부국에서는, "차마(車馬)의 속도를 제한 한다"는 구실 하에 두 명의 순포를 정안사로(靜安寺路)에서 순라를 돌게 파견하였다. 1899년에는 조계를 재차 확대시킨 후, 공공조계 전 지역을 4개의 경구(警區)로 나누어 매 구(區)에 포방 수 곳을 설치하였다. 갑구(甲區)에는 노갑포방(老匣捕房, 현재의 南京路, 貴州路 입구), 총순포방(總巡捕房) 혹은 노순포방(老巡捕房) 혹은 중앙순포방(中央巡捕房, 현재의 福州路, 江西路 입구), 성도로 포방(成都路捕房)이 있었다. 을구(乙區)에는 신갑포방(新匣捕房, 현재의 北京西路), 정안사 포방(靜安寺捕房), 고든로 포방(戈登路捕房), 보타로 포방(普陀路捕房)이 속했다. 병구(丙區)에는 홍구포방(虹口捕房), 서홍구포방(西虹口捕房), 적사위로포방(狄司威路捕房) 즉 북사천로포방(北四川路捕房, 현재의 虹口公園 부근), 하르빈로포방(哈爾濱路捕房)이 있었다. 정구(丁區)에는 회산

포방(滙山捕房, 현재의 海門路), 양수포포방(楊樹浦捕房) 등이었다. 경무처에서는 매년 공부국 경비의 상당부분을 지출하였다. 조계 당국은 점차 규모가 방대하고 조직이 엄밀한 경찰망을 건립하였으며, 식민통치와 중국 인민을 진압하고 탄압하는 주요 도구로 이 기구를 활용하였다.

소방대(消防隊)는 1866년 1월에 지원자에 의해 조직되었으며, 원래는 공부국에 속해있지 않았으며, 그 경비는 각 보험회사와 중외 상인 및 상해 도대가 염출하여 보조하였다. 1899년 조계의 확대 이후, 화경(火警)이 증가하였으며, 소방대는 고용제로 바뀌었고, 공부국에서 직접 관할하게 하였고, 경무처(警務處)와 같은 위치로 그 관할 지역으로 중앙(中央), 홍구(虹口), 양수포(楊樹浦), 신갑(新匣), 정안사(靜安寺), 서소주로(西蘇州路), 천동로(天潼路), 의창로(宜昌路), 복주로(福州路), 분황도(焚皇渡, 현재의 萬航渡), 주가취(周家嘴), 회산(滙山) 등이다.

이외에 공무(工務), 위생, 교육 등의 부처에서는 시정건설, 의료방역, 학교사업 등의 일을 분별해서 관할하였다.

이곳에서 볼 수 있듯이 비록 공부국과 납세인회의는 광범위한 식민 행정과 입법 권력을 지니고 있었으며, 아울러 만국상단, 경찰 등 무장역량을 지배하였으나, 그들은 서방침략자들이 표방한 어떤 "자치정부"를 표방한 것은 아니었다. 왜냐하면 1869년의 『토지장정』에 의해 공부국과 납세인회와 또 하나의 "태상황"(太上皇)은 바로 외국 영사단(領事團)이었다. 납세인회의는 영사단의 실제적인 조종을 받았으며, 연중회의는 반드시 그들이 택한 날짜에 회의를 개최하여야 하였고, 특별회의는 그들이 주관하며, 일부 중대사건 역시 그들이 비준하였다. 공부국의 활동도 같은 형태로 영사단의 통제를 받았으며, 공부국에서 언급한 규장(規章) 조례는 반드시 영사단과 공사단의 비준을 거친 후에야 비로소 효력이 발생되었으며, 공부국과 중국지방정부와의 교섭은 반드시 그 내용을 영사가 전달하게 되어있으며, 『토지장정』의 해석, 고칠 수 있는 권한[修改權] 역시 영사단과 공사단에 속해 있었으며, 영사단은 공부국이 피고가 되는 민사사건을 심리할 권한을 갖고 있었다. 공부국은 식민행정권력이 영사단의 통제를 받지 않는다고 표방하고 있으나, 사실상 영사단은 조계에 대한 최후의 결단권(決斷權)을 장악하고 있었다. 외국인들조차도 인정하기를, "상해의 영사단은 지방사건에 대하여 어떤 곳에서도 독단적인 권력을 갖고 있었으며, 실제로 국제관계사상 유일무이한 지위를 점유하고 있었다."11)고 말하고 있다.

끝으로 반드시 지적할 것은, 1869년『토지장정』중 근본은 중국주민대표가 조계관리사무의 어떠한 규정에도 참여하지 못하고 있으며, 장정을 고치기(修改)전에 공사단은 이 방면에 대하여 좀 묻는 것으로 그러한 문제를 일소시켰다(중국인이 참여하지 못한다는 것을 가리킴-역자). 이것 역시 의외의 일로서 공사단에 이러한 항목의 원칙을 제기하였을 때, 그들은 본래는 뜻하지 않게 실시한 것이라고 말하고 있다.

---

11)『上海公共租界制度』, p.122의 각주 인용.

제4절 회심공당(會審公堂;합동신사 법정)[1]

외국침략자는 적극적으로 공부국 권력을 확대함과 동시에 또 적극적으로 그들이 불평등조약에서 중국의 치외법권을 확대시키려 하였으며, 조계 내에서 점차 완전한 중국 주권을 진일보 파괴하는 사법제도를 건립하였다.

『중영오구통상장정』(中英五口通商章程)의 규정에는 "자주 있는 중영 인민간의 소송에서…영국인은 어떠한 죄를 받는가? 영국이 정한 장정(章程)과 법률을 관사관(管事官 즉 영사-편자)에게 보내 처리하게 한다."[2]고 하였는데, 그 의미는 영국인이 중국에서 범죄를 저지르면 중국 법률에 의해 재판받지 않는다는 것으로 이것이 소위 말하는 영사재판권이다. 이후 미국, 프랑스, 러시아, 일본 등의 국가들이 계속해서 이러한 특권을 취득하였다. 영사는 이러한 종류의 권력을 행사하기 위해 법정을 설립한 것을 영사법정(領事法庭)이라고 한다. 선후로 상해에 설립된 영사법정은 영국, 미국, 프랑스를 제외하고도 독일, 러시아, 벨기에, 덴마크, 이탈리아, 일본, 브라질, 네덜란드, 노르웨이, 스페인, 포르투갈, 스웨덴, 스위스 등 13개 국가였다.[3] 최초에 대다수의 영사법정은 모두 경찰을 보유하고 있었으며, 이로써 본국 교민을 관리하였

---

1) 회심공당(會審公堂)의 회심(會審)이라는 말은 합동 또는 공동으로 심사한다는 뜻이고, 공당(公堂)이라는 말은 공무(公務)를 보는 장소라는 뜻으로 합동하여 공무를 보는 장소로 법정을 말하는 것으로 공동법정이라고 생각하면 된다. 역자 주.

2) 王鐵崖編,『中外舊約章滙編』, 第1冊, p.42.

3) 제1차 세계대전 기간 독일, 러시아 영사법정은 취소되었다.

으나, 권력이 제한적이어서 어떤 것은 오직 3개월 이하의 감금과 300원 이하의 벌금만을 재판하였다. 1865년 영국은 상해 조계 내에 재화고등법원(在華高等法院)을 설립하여, 정추사(正推事) 1명, 부추사(副推事) 약간 명을 두었으며, 이들은 모두 영국 국왕이 임명하였으며, 영국인이 중국에서 겪는 모든 민, 형사 안건을 맡아 처리하였다. 이후에 또 상소 법정이 설립되었는데, 법관 3명으로 조직되었으며, 중국에서 각 영사법정의 상소안건을 처리하였다. 상소하여 법정 판결에 불복하는 사람에 대해서는 영국 추밀원(樞密院)에 상소할 수 있었다. 1868년 영국 재화고등법원은 또 서장로(西藏路), 하문로(廈門路)에 감옥 한 곳을 건립하였다. 1906년 미국 역시 상해에 재화법원(在華法院)을 설립하였으며, 영사법정 관할의 민, 형사 안건에 속하지 않는 것과 영사법정의 상소 안건을 받아 처리하였다. 이러한 영사법정과 법원은 일부 범죄인을 처벌하기도 하였으나, 대다수의 정황으로 볼 때에는 범인을 감쌌다. 왜냐하면 적지 않은 외국 범법자들과 영사와의 관계 때문이었다. 범법자들은 영사를 안지가 이미 수년이 되었고, 그의 파티에 참가한 적이 있으며, 그와 그의 가족을 자신의 집으로 초대한 적이 있기 때문이다. 이로써 만약 영사가 이러한 상황을 모르는 척하지 않고 석방해 주지 않는다면, 그 영사는 인정을 모르는 사람이라는 비평을 면할 수 없었다.[4] 미국 공사 버링에임(A. Burlingame, 蒲安臣) 역시 이러한 상황을 숨김없이 인정하면서, 미국 영사법정의 보호로 "우리들의 국기는 모든 중국의 건달들로부터 보호될 수 있다."[5]고 하였다.

1882년 1월, 상해 영사단은 1869년 『토지장정』의 규정에 따라, 3명의 영사로 법관을 충당하게 한 영사공당(領事公堂)을 설립하여, 공부국이 피고가 되는 민사안건을 처리하였다. 같은 해 7월, 영사단은 『상

---

4) 霍塞, 『出賣的上海灘』, p.54.
5) 馬士, 『中華帝國對外關係史』, 第2卷, p.141.

해영사공당소송조례』(上海領事公堂訴訟條例)를 발표하여, 공당(公堂)의 법정에서는 영어를 사용하도록 규정하고, 결석재판이 가능하며, 상소를 할 수 없게 하였다. 영사공당 성립 후, 심사하여 처리하는 안건이 점점 사라졌다.

1853년 조계가 "화양분거"(華洋分居; 중국인과 서양인의 분리 거주)의 국면을 타파한 후, 외국 침략자들은 점차 영사재판권을 확대하기 시작하였고, 영사법정에서는 점차 조계내의 중국 주민들까지 심문하게 되었다. 1855년 1년 동안 영국 영사법정에서는 5백 여 건의 중국인 안건을 심리(審理)하였고, 대다수는 처벌되어 노역(勞役)형을 받았다. 이후 영사가 중국인을 심문하는 관례가 생겨나게 되었다. 1862년 7월, 영국 영사 메드허스트(Sir. W. H. Medhurst, 麥華佗)가 상해 도대에게 보낸 서한에서, "수년 이래 중국 관부와 본 영사서 사이에는 한 항목의 양해(諒解)가 있었는데, 중국관부는 조계내 거주하는 중국인에 대한 관할권을 행사할 때는 반드시 영국영사를 거쳐야만 한다. 아울러 영사의 동의를 구해야 한다."고 하였다. 1863년 6월, 미국 영사 시워드(G. F. Seward, 熙華德; 1840~1910)는 또 상해 도대와의 미국조계 획정 중에서 다음의 내용을 첨부시켰다. "우리들은 중국관부가 조계내의 중국인에 대한 관할권은 취소할 필요가 없다고 인정한다. 그러나 구속영장은 시정당국(즉 미국 영사를 가리킴 – 편자)의 서명이 없다면, 조계내의 어떠한 사람도 체포, 구금할 수 없다."[6]고 언급하였다. 이러한 규정으로 조계내에서 중국정부의 사법권은 진일보한 속박을 당하게 되었다.

당시 상해에는 또 일부 무국적의 혹은 중국과 조약을 체결하지 않은 교민들이 있었는데, 그들은 치외법권의 비호를 받지 못하였으므로, 범죄를 저지르면 중국법률에 의해 처벌을 받게 되어 있었다. 이러한

---

6) Kotenev, Shanghai: Its Mixed Court and Council, pp.45, 47.

범법자들은 자주 망명을 요청하는 무리들이었으나, 각국 영사는 그들을 영사법정의 보호 아래에서 그들을 처리할 법을 만들었으며, 중국방면에서의 심문에 배심관을 파견하여 참가시켜, 이러한 범인들이 "그들 외국인의 눈으로 보면 가장 가증스러운" 중국법률의 제재를 받지 않게 하였다.7) 미국 조계의 범위를 획정하는 규정 중에 이러한 내용이 있다. 중국과 조약을 맺지 않은 인민들은 모두 미국 영사의 관할을 받으나, 스스로 원해서 기타 조약 체결 영사의 관할을 받는 것은 제외시킨다. 1863년 12월, 각국 영사는 또 도대(道臺)에게 이러한 사람들을 관할하는 권력을 공부국에 넘겨주기를 요구하였다. 이 무리한 요구에 대하여 도대 황팡(黃芳)은 답변하기를, "영사 대표가 없는 외국인과 대중이 섞여 있고, 외국어를 쓰고 있으므로, 본 관청은 실로 판별하여 관리할 수 없다. 보내온 서신은 귀 영사 등 대표가 본국이 받은 권한을 공부국에 넘겨주기로 한 것은 이러한 외국인을 다루겠다는 것으로, 귀 영사는 감독을 더 강화하여 착오가 생기지 않게 하여야 한다. 좋게 처리하기 바란다."8)고 하였다. 이렇게 중국관부에서는 중국과 조약을 체결하지 않은 외국인을 통제할 수 있는 권한을 완전히 상실하게 되었고, 그 권한은 영사 및 공부국에로 넘어가게 되었다.

비단 이와 같지만은 않았다. 혼미한 도대는 외국인을 고소한 중국인의 안건을 주동적으로 영사서에 이송하여 처리하게 하였다. 당시 중국 상인은 외국 상인들의 비단 값 부채에 대해 도대가 파견한 사람이 심문하였다. 이 상인은 전란의 손실에 대해 스스로 소송을 제기하였는데, 한 때는 실제로 상환할 능력이 없었으므로 큰 소리로 울음을 그치지 않았다. 도대는 염치없게 그 상인에게 말하기를, "당신이 외국 영사 앞에서 이렇게 크게 울 수 있다면 이 안건은 종결될 것이다"라고 하였

---

7) 馬士, 『中華帝國對外關係史』, 第2卷, p.141.
8) 梁敬錞, 『在華領事裁判權論』, pp.135~136.

고, 상인은 이에 동의하였다. 도대는 모든 안건을 영사서로 이송시켰고, 영사는 부족한 금액을 상인에게 은양(銀洋) 수원을 발급하여, 그것을 갚고 고향으로 돌아가라고 하였다. 외국 침략자는 또 이러한 기회를 타고 1864년 2월의 영사단회의에서 위경법정(違警法庭; 경찰업무에 위반되는 안건을 처리하는 법정)의 조직을 건의하였으며, 전문적으로 조계내의 중국 주민들이 경찰업무에 위반되는 안건을 처리하게 하였다. 위경법정의 재판원은 공부국에서 추천하고 영사단이 임명하며, 그들은 공부국에서 급여를 받는 것이었다. 이러한 계획은 중국 사법주권을 짓밟아 그 골간이 드러나게 되었고, 또 공부국 권력이 너무 커지는 것을 두려워하여, 영국 영사 파크스(H. S. Parkes, 巴夏禮)는 더욱 교활한 계획으로 그러한 것을 대체하였다. 그의 주장은 조계 내에 독립적인 중국 관서를 세워 중국인들의 안건을 심의하는 것이었으나, 외국인의 이익에 관련된 안건은 모두 외국 영사가 배심을 해야 한다는 것이었다. 이러한 종류의 영사재판권 확대와 중국 사법주권의 파괴 수법은 비교적 잘 은폐되었고, 몇몇 영사의 찬성도 얻어내었다. 어쨌든 파크스는 도대와의 교섭으로 그 목적을 이룰 수 있었다. 1864년 5월 1일, 도대가 파견한 1명의 이사와 심판관의 역할을 담당하던 영국 부영사 앨라배스터(C. Alabaster, 阿査立)가 영국영사서(英國領事署) 앞의 풀밭 위에서 일련의 경미한 안건을 심리하게 되었다. 이것은 회심공해(會審公廨, 다른 말로는 公審會堂)의 전신으로 양경빈(洋涇浜) 북쪽 머리의 이사아문(理事衙門)에 관한 일이었다.

이사아문(理事衙門)이 설립 당시에는 명확한 장정(章程)은 없었다. 앨라배스터에 의하면, 도대는 이 아문이 나누어서 처리할 안건 즉, 외국인을 원고로, 중국인과 조약을 체결하지 않은 나라[無約國]의 사람을 피고로 하는 형사안건의 형정(刑庭)과 민사안건의 민정(民庭)을 설립하는데 동의하였다. 그러나 이러한 기구는 실제상으로는 설립되지 않았다.9) 이사아문은 영국 영사관 부근에 설립되었고, 1868년에는 남경로(南京路)로 이전하였다. 이것의 설립 초기에는 외국 배심관의 참관아래 외국인은 원고, 중국인은 피고의 형사안건과 위경안건(違警案件)을 심리하였고, 민사안건은 영사와 중국관원의 문건 왕래로 처리되었다. 1864년 10월 이후, 도대는 또 해방동지(海防同知)를 출정시켜 민사안건을 심리케 하였으며, 섭외한 외국인 역시 배심관으로 참가하였다. 배심관은 최초에는 영국인과 미국인 각 1인이었으나, 1866년 후에는 독일인 1명이 증가되었다. 이사아문의 심판권에 관하여, 원래 형사안건에서의 형벌은 고공(苦工 즉 勞役-역자) 혹은 감금 100일, 가금(枷禁, 칼을 씌워 감금하는 것-역자) 30일, 태(笞, 곤장-역자) 100대 이하 혹은 벌금 100원이었다. 민사안건에서는 소송금액을 100원(元) 이하로 하였으며, 이 금액을 초과할 때에는 상급법원에서 심리하게 되었다. 그러나 이러한 규정은 바로 폐지되었고, 이사아문에서는 모든 안건을 처리하였으며, 판결 형량이 위의 형량을 초과하였을 때에는 형식상 도대에게 인가를 청구하였다. 상소안건은 도대가 관련 영사와 회동하여 심리하였고, 이사와 배심관의 의견이 같지 않은 안건에 대해서 상소된 안건을 처리하였다.

중국관원은 최초에는 배심관의 권력을 제한하려는 시도를 하여, 법정장정(法庭章程) 초안 중에 판결권을 중국 심판관에 속해있다는 것을 제기하였다. 그러나 사실상 배심관과 중국법관이 함께 심판할 때, 특출한 역할이 연출되었다. 판결서 상에 어떤 때에는 이렇게 쓰여 있었다. "우리들(즉 중국 심판관과 외국 배심관 - 편자) 의견이 이러이러하다. 어떤 때에는 심지어, 나(배심관 자칭 - 편자)의 의견에 중국법관 역시 동의를 표시하였다. '혹은' 외국 배심관이 판결서에 찬동한 이유" 등등의 글씨가 쓰여 있었다.10)

---

9) Kotenev, Shanghai: Its Mixed Court and Council, p.51.

1865년 7월, 공부국에서는 죄수들에게 고역(苦役 즉 노역)을 시키자
는 주장을 제시하게 되었다. 같은 해 10월, 공부국 경비위원회(警備委
員會)에서는 영국 영사가 제기한 고역제도를 진일보 확충할 것을 요구
하였으며, 공무위원회(公務委員會)에서는 죄수들의 노동력을 이용할
구체적인 방법을 제시하게 되었다. 외국배심관은 이사아문과 협력하여
많은 수의 범인들에게 고역(苦役)을 시키도록 하였다. 당월(當月)에는
경범죄자가 217인이 있었으나, 3분의 1 이상이 모두 고역(苦役)의 형
벌을 받았다. 한 중국인은 장물(贓物)인 문고리를 판 것으로 인해 중노
동[苦工] 2개월의 형을 선고받고 고역을 할 때, 학대에 의해서 사망에
이르렀다.[11] 같은 해 11월 초, 도대 잉빠오쓰(應寶時)는 영국 영사 윈
체스터(C. A. Winchester, 文極司脫)에게 항의서한을 보내 말하기를,
"이사아문의 위원회는 심판관인 부영사 혹은 영사서 통역원이 그곳에
서 안건을 심의하는데, 중국인의 처벌은 반드시 중국관원이 결정하여
야 하며, 이것이 장정에 규정되어 있다. 그러나 지금까지 모든 중국인
이 외국 배심관 판결에 의해 고역(苦役)을 겪고 있으며, 뿐만 아니라
성내의 중국 관원에게까지도 이러한 결과를 알리지 않고 있다. 중국
법전에는 고역(苦役)이라는 처벌은 없으며, 중국인이 외국 법전에 따
라 처벌 받는다는 것 자체도 조약에 위반된 것이다."[12]라고 지적하였
다. 그러나 식민당국에서는 이러한 것을 바꾸려고 하지 않았고, 오래
지 않아 또 공공연하게 관서(官署)에서 사람을 체포하였다. 이에 잉빠
오쓰는 점차 위협적으로 이사아문의 철폐를 요구하게 되었다. 이러한
상황아래에서 영국 영사는 1867년 고역제도를 폐지시켰다.

1867년, 영국 영사 윈체스터는 잉빠오쓰와의 담판을 시작하여 정식
으로 법정에 관한 업무를 조직하였다. 잉빠오쓰는 장정 초안 10조를

---

10) Kotenev, Shanghai: Its Mixed Court and Council, pp.52, 66.
11) 『上海公共租界史稿』, p.378.
12) Kotenev, Shanghai: Its Mixed Court and Council, p.59.

제출하였으며, 영국 영사의 동의를 얻은 후 총리아문(總理衙門)과 영사단의 심의 비준을 받았다. 2년간의 수정을 거쳐, 『양경빈설관회심장정』(洋涇浜設官會審章程)은 1869년 4월 20일에 정식으로 공포되어 효력을 발생하였으며, 회심공당 즉 합동심사 법정 성립이 선고된 것이다.13)

『양경빈설관회심장정』의 규정에 따라 회심공당 즉 합동심사 법정의 조직방법과 관할권한은 다음과 같다.

(一) 공당조직: 회심공당은 상해도에서 먼저 동지(同知) 1명을 파견하여 주관케 한다. (제1조)

(二) 소송관할 범위: 중국인과 무약국(無約國) 사람을 피고로 한 민·형사 안건을 맡는다. 심판권한: 민사안건은 "금전채무와 교역의 각 사항"을 판단하며, 형사안건은 "가장(枷杖) 이하의 죄명을 처벌"하는 것으로 제한한다. 군인의 범죄 등의 안건은 상해현(上海縣)이 심판하며, 사람의 목숨에 관련된 안건은 상해현에서 심리한다.(제1, 4조)

(三) 심판방법: 외국인에 대한 안건은 영사 혹은 영사가 파견한 사람으로 배심관을 충당하여 이들의 참가로 합동 심판한다. 외국인에 의해 고용된 중국인 소송은 역시 배심관 참가로 합동 심판한다. 그러나 외국인이 끼어있지 않은 것은 배심관이 간섭하면 안 된다. 순수하게 중국인 사이의 안건은 영사도 간섭할 수 없다.(제2, 3조).

(四) 제전(提傳; 구속영장발부)방법: 조계내의 중국인 범인은 언원(讞員)이 사람을 파견하여 심문하게 하고, 순포(巡捕)를 다시 활용하지 않는다. 외국인에 의해 고용된 중국인은 영사가 공당(公堂)즉 법정에 전달한다. 영사를 위해 업무를 한 중국인은 영

---

13) 공당(公堂)의 설립초기에는 南京路 理事衙門 원 토지에 설립되었고, 1899년에는 北浙江路(현재의 浙江北路), 七浦路로 일대로 이전하였다.

사의 동의를 얻어야만 체포할 수 있다.(제3, 5조)

(五) 상소 순서: 중국인과 서양인 간의 상호 소송안건은 만약 공당 (公堂) 판결에 불복하면, 상해도(上海道)와 영사관에 재심을 청 구한다.

이 장정은 외국 침략자들이 중국 사법주권을 침해한 것으로 그 내 용은 영사재판권의 한 전형을 확대시킨 것이다. 그러나 외국침략자들 은 여전히 만족하지 못하였다. 그들의 목적은 중국정부가 조계 내에 잔존하고 있는 사법권을 완전하게 말소시키려는 것으로 이후에는 또 부단히 회심공당의 권력을 확대시켜, 상해 도대가 공당에 대한 지배권 을 파괴하려는 두 종류의 수단을 활용하여, 한 걸음 한 걸음 회심공당 을 외국 영사주재로 조계내의 중국 주민에 대한 또 다른 하나의 "영사 법정"을 만들어가고 있었다.

『양경빈설관회심장정』의 규정에 따라, 회심공당은 권력이 제한적인 중국 아문(衙門)이었고, 오직 가장(枷杖-칼을 씌우거나 곤장을 치는 것)의 죄명만을 처벌하며, 군 범죄자는 상해현에서 심의하게 되었다. 침략자는 이것에 극한 불만을 표시하여, 공당의 권력 확대를 위해 전 력을 다하였다. 그들은 후에 스스로 10년에서 무기징역까지 처결하였 다. 사람의 목숨과 중대한 강도, 절도 안건은 본래에는 상해현(上海縣) 에서 심리하게 되어 있었으나, 그들은 오히려 공당에서 먼저 심문을 한 후에 상해현으로 이송하였으며, 이러한 이송을 "인도"(引渡)라고 말하며, 공공연히 공당과 그 상급 아문간의 종속관계를 나라와 나라간 의 관계로 보려고 하였다.

장정에 따라 순수한 중국인들 간의 안건은 민사, 형사를 막론하고 언원(讞員)이 스스로 심판 처리하게 하였으며, 배심관은 관여할 수 없 다고 하였다. 그러나 사실상 포방(捕房)에서 심문하는 것은 전부 각국 영사들이 돌아가면서 배심하였고, 심판 과정 중에, 배심관의 권력이

자주 언원(讞員)의 권한을 초과하였다. 공당은 일반적으로 중국어를
써서 심문하였으나, 중국인과 외국인의 소송 때에는 외국인은 오히려
그 자국 언어를 활용하였으며 통역은 없었다. 자주 언원(讞員)이 그 내
용을 정확히 알지 못하고 있을 때에도, 배심관은 이미 판결을 내렸다.
판결서는 영사서에서 기초하며, 회심(會審) 화관(華官)은 끄덕이는 것
밖에 하지 않았다.[14] 1893년, 어떤 중국 배심관은 회심공당의 실제상
황을 이렇게 묘사하고 있다. "이 공당은 중국식도 외국식도 아니다. 배
심관의 세력이 강할 때에는, 외국식이고, 언원(讞員)의 세력이 크면 중
국식이다."[15] 언원(讞員)의 세력이 강한 때는 것의 없었고, 공당은 자
주 "외국식" 즉, 영사법정식이었다.

회심공당은 범인 구속영장 신청 방법 역시 빼앗았다. 1878년 8월
사이, 공부국은 영사단에 제출하여, 회심공당 제전(提傳) 즉 구속영장
의 각 표(票)를 먼저 배심관 1인 부서에 보내고 아울러 무조건적으로
포방에 보내 집행하게 하였다. 1885년 10월, 공부국은 재차 이 무리한
요구를 제기하였고, 영사단은 서신을 도대 샤오요우리앤(邵友濂)에게
보내, 그가 언원(讞員)에 명령하여, "조계 내에서 행하는 유효한 규정
을 준수하고, 영사가 체포 구금 영장에 서명과 포방의 협조 없이는 사
람을 체포할 수 없다."는 것을 요구하였다. 샤오요우리앤은 이러한 것
을 받아들이고, 11월 초에 답신에서 "각하가 요구한 것을 내가 회심공
당 장정 제 1조를 의결한 것으로, 나는 이미 회심공당 대리 언원(讞員)
에게 이렇게 처리하라고 명령하였음."[16]라고 말하고 있다. 공부국에서
는 또 현서(縣署)가 조계 내에서의 체포 영장은 역시 영사부서와 포방
의 협조를 얻어야만 가능하다는 것을 요구하였다. 1866년 11월, 도대
꽁짜오아이(龔照瑗) 역시 같은 모양으로 침략자들의 압력에 굴복하여,

---

14) 王揖唐,『上海租界問題』, 中篇, p.20.

15) 夏晋麟,『上海租界問題』, p.45.

16) Kotenev, Shanghai: Its Mixed Court and Council, p.86.

상응하는 명령을 내리게 되었다.

회심공당의 판결 집행권은 또 공부국에서 빼앗았다. 회심공당에서 감금을 판결한 범인은 원래 현(縣)의 감옥에서 집행하게 되었으나, 1885년 이전에 이미 적지 않은 사람이 순포에 의해 포방으로 끌려가 그곳에서 집행되었다. 공부국에서는 이를 위해 특별하게 새 포방(捕房)을 건립하였으나, 후에는 이 감방에 사람이 너무 많이 차게 되어, 죽어나가는 사람이 나날이 늘었다. 1898년 공부국에서는 또 영국 고등법원 감옥의 일부분을 빌려, 장기 수형자들을 위함 감옥으로 사용하였다.

프랑스 조계 역시 하나의 회심공당이 있었다. 1867년 영국 영사와 상해 도대가 『양경빈설관회심장정』(洋涇浜設官會審章程)을 기초하였을 때, 프랑스는 공동법정을 조직하는데 참여하다는 뜻을 표시하였다. 그러나 당시 1869년 장정공포 때에는 프랑스 영사는 제5조의 규정(즉 공당에서는 조계로 도주해온 중국 범죄자를 순포로 활용할 수 없다)에 동의하지 않는다는 것을 구실로 승인을 거절하였다. 이러한 상황 하에서 상해 도대는 양강총독(兩江總督)의 비준을 얻어 프랑스 조계 회심장정을 약간 수정하여, 프랑스 조계 회심공당을 성립하였다. 프랑스 조계 회심공당은 오랜 기간 동안 공관마로(公館馬路, 현재의 金陵東路) 프랑스 영사서 내에 있었고,[17] 프랑스 부영사 1명만이 배심관이었으며, 매주 두 차례 법정이 열렸다. 그 규정으로는 형사안건은 변호사를 쓸 수 없으며, 민사안건은 소송액이 1,000원(元) 이상자는 변호사를 사용할 수 있다고 하였으나, 민, 형사 안건은 모두 배심관이 주심으로 "중국 관원은 단지 배석(陪席)만을 하고, 외국인에게 자문만을 담당한다."[18]고 되어 있다. 형사안건 판결 후에는 상소를 비준하지 않았다. 회심공당의 각종 사법행정 사무는 모두 프랑스 영사에 의해 처리되었

---

17) 후에는 薛花立路(현재의 建國中路)로 이전하였다.
18) 王揖唐, 『上海租界問題』, 中篇, p.14.

고, 언원(讞員)이 있을 여지가 없었다. 공당의 모든 영장은 모두 프랑스 영사의 서명을 필요로 하였고, 체포영장에 의해 체포된 범인은 모두 포방(捕房)에서 처리하였다. 영미조계와의 회심공당은 서로 비슷하였으나, 프랑스 조계의 회심공당이 더욱 영사법정과 비슷하였다.

회심공당은 영사재판권 확대의 산물이며, 영사법정의 변형된 형태였다. 그것의 출현은 조계의 식민지화가 진일보되었다는 나타내는 표지가 되었다.

제5절 사명공소(四明公所) 사건과 중프 전쟁 기간 중의 프랑스 조계

아편전쟁 이후, 영국은 중국 침략의 선봉대가 되었고, 프랑스는 영국의 동반자가 되었으나, 어떤 때에는 서로 단독으로 중국에 침략을 확대시켰다. 이러한 상황은 다른 지방을 막론하고 상해에서는 아주 명백하게 나타나고 있다. 프랑스 침략자의 야만행동은 중국인민의 강한 반발을 야기시켰는데, 19세기 70년대 초에는 선후로 천진교안(天津敎案)[1]과 상해 사명공소(四明公所) 사건이 발생되었으며, 80년대 초에는 중프 전쟁이 폭발하였다.

1870년(同治 9년) 천진교안은 상해에 큰 충격을 주었고, 교당의 파괴와 같은 상처를 남겼다. 상해 식민당국은 이후 발생할 모종 행동에 대한 두려움을 갖고 있는 심정으로, 애통해 하기를, "영국인 소유 재산 가치는 위험 수위에 도달하였는데, 최소로 보아 1,500만 프랑 정도였다."[2]고 언급하였다. 그들은 한편으로는 만국상단(萬國商團)의 군사 장비를 강화하고, 삼엄하게 조계지역의 순라(巡邏)를 돌며, 한편으로는 세계 각지에 있던 병사를 중국으로 이동시켰다. 10월 사이, 영국 공사 웨이드(Wade)는 한 통의 서신에서 말하기를, "무장의 대원들은 수시

---

1) 1860년『北京條約』체결 후, 프랑스 천주교 선교사가 天津에 교당을 설립하고, 백성이 재산을 점거하고, 사람들을 유괴한다는 것이 발단이 되어 백성의 분노를 야기한 사건이다. 1870년 6월, 天津 인민이 흉악범으로 지목된 사람을 처형하고, 교당을 불살랐다. 프랑스, 영국, 미국 등이 무력으로 위협하자, 청 정부는 이에 굴복하고 침략자들에게 사과하고 배상하였다.
2)『工部局致麥華陀領事函』, 馬士,『中華帝國對外關係史』第2卷, p.273.

로 외국 조계지에서 유격과 훈련을 해야 한다. 이것은 치안을 유지하는데 아주 유용한 것이다."3)라고 하였다. 『북화첩보』(北華捷報) 역시 대량으로 이러한 유사한 글을 지속적으로 게재하였다.

천진교안(天津敎案) 발생 후, 프랑스 침략자들은 1858년에 확정한 세칙의 진일보한 수정을 요구하게 되었다. 상해에서 그들은 적극적으로 식민통치를 확대해 나갔고, 조계의 범위를 확대시켰으며, 1874년(동치 13년)에는 또 사명공소(四明公所) 사건을 일으켰다.

사명공소(四明公所)라는 것은 영파(寧波) 사람들이 상해에 머물 때 거처하는 회관이었다. 소위 말하는 영파방(寧波幇)은 인(鄞), 진해(鎭海), 자계(慈溪), 봉화(奉化), 상산(象山), 정해(定海), 석포(石浦) 등 7개 현(縣) 사람들을 포괄한다. 청나라 초기 상해에 거주하던 영파적(籍) 사람은 적지 않았다. 1797년(嘉慶 2년) 어떤 사람에 의해 "일문원연"4)이 시작되었고, 상해에 거주하는 사람은 매일 1전(錢)을 내었으며, 이것이 계속 누적되어 상해 북문(北門)밖 25보(保) 4도(圖)에 토지 30여 무(畝)를 구매하여 건물을 지어, 널(관)을 넣은 곳으로 하고 나머지 토지는 묘지로 만들었다. 1803년(가경 8년) 장례식장, 사당과 묘지를 건축하였는데, 이름 붙이기를 사명공소(四明公所)라 하였다. 이후 이 공소는 또 몇 차례 토지를 구입하여 규모를 더욱 넓혔다. 1844년 그곳은 상해 지현(知縣)의 비준을 받아, 소유하고 있던 모든 토지에 대해서 조세를 면제받게 되었다. 1849년 프랑스 조계 건립 때, 이 사명공소는 조계안의 범주에 들어가게 되었다. 소도회 기의 후, 공소의 건물들이 파괴되었고, 오래지 않아 다시 새롭게 중건되었다. 태평군이 상해를 공격할 때에는 영국군이 강점하여 주둔하였다. 1868년(同治 7

---

3) 馬士, 『中華帝國對外關係史』第2卷, p.273.

4) 一文愿捐은 적은 돈 즉 1文을 기부하는 것으로 申義植, 「從創辦釐金到裁釐加稅─對晩淸及民國時期釐金問題的研究」 『南京大學博士學位論文』 1997. 7. p.7의 각주 32 참고.

년) 3월, 프랑스 공동국(公董局)에서는 도대의 요구로 사명공소(四明公所)에 대해 연세(捐稅)를 면제하는 것에 동의하였으나, 여전히 마음 속으로는 이 토지를 차지하려는 마음이 있었다.

1874년 3월 하순, 프랑스 공동국은 공소의 영파로(寧波路)와 서공로(西貢路, 현재의 滙海東路와 丹陽路)를 통과하는 도로 건설을 결정하였고, 아울러 영파동향회(寧波同鄕會)를 공소 내에 있던 나무 관을 쌓아 둔 곳으로 이전을 명령하였다. 영파동향회는 수차례 프랑스 영사인 고독스(Godeaux, 葛多)와 공동국과 교섭하여, 공소 부근의 토지를 도로 건설의 축로(筑路)로 제공하였고, 노선(路線)을 변경하는 비용을 영파동향회에서 부담하겠다고도하며 영파동향회의 이전을 재고해 줄것을 요청하였다. 그러나 프랑스 침략자는 이에 대해 답변을 거절하였는데, 왜냐하면 그들의 목적은 공소를 침점하는 것이었으며, 도로를 닦는다는 것은 일종의 구실이었기 때문이었다.5)

5월 3일, 프랑스 식민당국은 사명공소(四明公所)에 도착하여 관찰하고, 강경하게 철거를 준비시켰다. 상해 인민은 프랑스 침략자의 야만적인 태도에 투쟁을 전개하였다. 당일 오후, 군중들이 공소 부근에 모여 철거에 대한 항의를 거행하였다. 그들은 이곳에 모인 인민을 해산시키려는 프랑스 순포를 몰아내고, 프랑스 조계 도로 책임자인 총가도원(總街道員) 주택을 포위한 후, 도로 축조 계획을 취소할 것을 요청하였다. 이에 식민주의자들은 총을 쏘기 시작하였고, 현장에서 1명이 죽고, 1명이 부상당하였으나, 군중은 두려워하지 않고, 그 수가 점점 많아져서 1,500여 명에 이르렀다. 그들은 큰 소리로, "프랑스인이 중국인을 죽였다. 대중들은 프랑스인이 사는 곳으로 가서 주택을 훼손하였고, 불의 위력을 보여주자"고 하며, 성난 노도와 같이 프랑스인 주택

5) 공동국 총동은 프랑스 영사에게, 그들은 이 도로 건설의 의미를 알지 못하였고, 또 예산중에 이러한 도로를 건설할 비용도 없다고 말하였다.

몇 채를 불살랐다. 그 날 밤, 분노한 군중이 공동국을 포위하였다. 프랑스 영사 고독스는 공동국 안에서 긴급회의를 소집하였다. 프랑스 총순(總巡)은 순포들에게 군중을 향해 발포하라는 명령을 준비하였으나, 고독스는 군중의 세력이 막강해지자 이에 동의하지 않았다. 그는 한편으로는 영미조계의 상단에 구원을 청하였고, 한편으로는 프랑스 해병들에게 상륙을 명령하였다. 당일 밤 8시, 프랑스 군함 "야쓰라"(亞士拉)호의 수병들이 프랑스 조계로 들어왔고, 그들은 중국 군중을 도살하기 시작하였다. 미국 수병 역시 이때 도착하여 군중들의 진압에 동참하게 되었다. 군중은 7명이 피살되었고, 부상당한 사람은 부지기수였다. 이때 상해 도대인 선삥청(沈秉成)은 이 소식을 듣고, 지현(知縣) 예팅쥬앤(葉廷眷)과 함께 청군 150명을 인솔하여 프랑스 조계에 도착하여, 운집한 군중을 해산시켰다. 도대는 또 공관마로(公館馬路, 현재의 金陵東路)에 주둔하고 있던 한 부대를 파견하여 프랑스 조계의 질서 유지에 협조하였다.

둘째 날 오후, 공동국에서 회의를 개최하여, 무력을 사용하여 강압적으로 공소를 짓밟을 것을 준비하였으나, 프랑스 영사는 이렇게 하면 중국인민의 프랑스에 대한 반대 풍조가 만연해 질 것을 두려워하여, 부득불 이사회의 도로건축 계획을 취소시킨다는 선포를 하게 되었다. 당시 공동국에서는 또 의용대 조직을 결정하였으나, 이것 역시 고독스(葛多)에 의해 취소되었다. 이 일로 각국 침략자들의 비난을 받게 되었다. 『자림서보』(字林西報)에 게재된 글을 인용하면, "고독스의 행동은 중국인들에게 믿음을 안겨주었고, 이후 어떤 간섭이 있게 된다면, 목적을 이루기 가장 좋은 해결 방법은 오직 무력을 사용하여 해결하는 것이다."고 하였다. 『상해만보』(上海晚報)에서는 더욱 노골적으로 말하기를, "프랑스 영사는 투항식의 포고(布告)를 하였는데, 이것은 외국교포 전체를 모욕하는 것이며, 현재 중국인에게 통지해야 하는 것은

영국조계 혹은 미국 조계 내에서 그들은 이와 같은 편의를 봐주지는
않을 것이다."6)라고 하였다.

　프랑스 공동국은 청군이 프랑스 조계에 머무는 것에도 불만을 표시
하였고, 영국영사에게 교섭을 요구하였다. 5월 11일에는 청군이 프랑
스 조계에서 나갔다. 이와 동시에 공동국은 또 프랑스 공사 지프로아
(de Geofroy, 熱福里)에게 지속적으로 도로 신축을 견지할 것을 요청
하였고, 아울러 중국 총리아문과의 교섭으로 프랑스 조계의 손실에 대
해서 중국이 배상해야한다는 무리한 요구를 제기하였다. 공중 여론의
움직임 아래, 5월 21일, 공친왕 이씬(奕訢)이 조회(照會)를 보고 반박
하기를, "중국인 6명(7명이 맞음 - 편자)이 이미 외국인들의 총기에 의
해 사망하였고, 흉악범이 잡히지 않았는데 사형에 처한다고 처결을 하
면, 어찌 민심을 수습하고 민간의 분노를 막을 수 있는가? 살인자는
죽여야 한다. 이러한 법률은 중국이나 외국이나 같다!"7)고 하였다. 당
시 프랑스는 베트남을 침략하고 있었으므로, 중국에서 중대한 쟁론을
일으킬 여력이 없었으므로 프랑스 외교부에서는 지프로아에게 전보를
보내, 또 다른 문제가 발생하지 않게 하라는 명령을 내렸다. 1875년 1
월에 이르러, 공동국은 재차 프랑스 공사에게 문서를 올려 영파로와
서공로(西貢路)를 연장할 것을 요구하였다. 프랑스 공사는 조용히 기
회를 기다리라고 답변하였다. 1878년 8월, 신임 프랑스 공사 포비에
드 므모랑(Brebier de Montmorand, 白來尼)은 재삼 청 정부에 배상을
요구하였다. 연약한 청 정부는 프랑스 침략자의 압박 하에 결국
37,650량의 배상금 지불을 약속하였고, 그중 7,000량은 7명의 사망자
인 중국인 가속이 받게 하고, 나머지는 프랑스인에게 주기로 하였으
며, 공동국은 1,235량을 받게 되었다. 그러나 중국 정부는 배상금을 지

---

6) 梅朋, 弗萊臺, 『上海法租界史』(번역본), p.383.
7) 梅朋, 弗萊臺, 『上海法租界史』(번역본), p.383.

불할 때 두 가지 조건을 제시하였다. (一) 공동국은 도로 축조계획을
포기하라. (二) 사명공소(四明公所) 및 그 속지에 영원히 세금을 면제
하라. 상해 시민의 투쟁은 이러한 결과를 가져왔고, 이로써 공소를 지
킬 수 있었고, 묘지의 주의에는 담장이 세워지게 되었다.

　사명공소 사건 7년 후, 즉 1884년(同治 10년) 프랑스 침략자는 베트
남을 집어 삼켰고, 중국으로 진군하여 주둔하였으며, 대만(臺灣)과 복
건(福建) 연해에서 소요를 일으키면서 8월중에 중프 전쟁이 일어났다.
당시 프랑스 해군 중장 쿠르베(Courbet, 顧拔)는 함대를 이끌고 장강
(長江) 입구를 봉쇄시켰고, 또 함정을 오송구(吳淞口) 밖을 순찰케 하
였다. 청 정부는 양강총독 쩡구오츄앤(曾國筌)에게 명령하여 상해에
도착하게 하여, 프랑스 공사 파튼노트(J. Patenôtre, 巴德諾)와 정전협
상을 하게 하였으나 결과가 없었다. 청 정부는 또 상해 도대 샤오요우
리앤(邵友濂)에게 오송구의 항도(航道)를 배로 막아놓아 적 함대가 침
입하는 것을 방지하라는 명령을 내렸다. 그러나 중국 영토상에서 적을
방어하는 조치를 실시한 것 자체가 상해에 있던 각국 영사들의 무리한
간섭을 일으켰다. 그들은 상업적 운수를 보호한다는 명목아래, 상해
도대에게 이러한 명령의 집행을 중지시킬 것을 요구하였다. 협상이 결
정된 후, 돌을 채워 오송구 항도를 막게 하였으나 뜻을 이루지 못하고,
결국에는 18~23장(丈) 넓이의 수도(水道)만을 유실하게 되었다. 프랑
스 군을 막기 위하여 중국군대는 오송진(吳淞鎭)에서 오송(吳淞) 포대
사이에 보루를 구축하였고, 황포강(黃浦江)에 철제 바리케이드를 설치
하였다. 상해 지현(知縣) 꽝단(光旦)은 성상(城廂, 성벽에 딸린 집 등)
지역에서 민단(民團)을 모집하여, 노갑(老閘), 신갑(新閘), 양경진(洋涇
鎭), 인상항(引翔港) 등 네 곳에 민단(民團)을 건립하여 스스로를 방어
하게 하였다.

　국제법 규정에 따르면 당시 중국은 상해 프랑스 조계를 완전하게

되찾아 올 수 있는 이유가 있었다. 이 항목의 합법적인 요구는 프랑스 관원 역시 인식하고 있었다. 프랑스 영사 르메르(V. G. Lemaire, 李梅)는 프랑스 군이 복주(福州)를 진공하던 당일 프랑스 조계는 "중립"을 선포하였으나, 그는 이것은 신빙성이 없다는 것을 알고 있었다. 9월 11일 그는 프랑스에서 휴가를 보내고 있던 프랑스 조계 총순(總巡) 피누오(皮諾)에게 서신을 보내 상해로 돌아오지 말 것을 권고하였다. 서신중에서 말하기를, "중국에 있는 우리나라 교포 모두는 때에 따라 이 지방을 떠날 필요가 있다. 중국 당국의 명확한 명령이 내려진다면, 우리들은 이곳을 떠나야 한다!"[8]고 하였다. 이때, 프랑스 조계 내는 아주 혼란하게 되었다. 일부 프랑스인이 개설한 상점, 술집 역시 아주 혼란스러웠고, 공동국의 수입 역시 크게 감소하였다. 프랑스 영사 르메르는 오래지않아 이동되어 베트남 총감(總監)을 맡게 되었고, 영사직은 콜랭 드 플랑시(Collin de Plancy, 葛林德)가 대리하게 되었다. 플랑시와 러시아 영사 레딩(Reding, 李定)이 협상하여, 프랑스 조계를 러시아가 대리 관할한다고 하였다. 어쨌든 프랑스 조계에서 프랑스 국기가 내려졌고, 러시아 국기가 게양되었다. 프랑스 회심공당 역시 러시아 영사가 주관하게 되었다. 많은 프랑스인들은 물건을 샀고, 일단 축출명령이 내려지면 바로 이곳을 떠나려고 하였다. 그러나 외국인에 대해 굴복이 습관적이었던 청 정부는 근본적으로 프랑스 조계를 회수할 생각이 없었다. 8월 27일, 청 정부는 연해 각성의 독무(督撫)에게 명령을 내려, "소속 지방관 및 관병들에게, 적국의 상단(商團)은 여전히 모두를 보호하고, 프랑스 관리, 상민, 선교사 등도 우리나라에 남고자 한다면 각자 그 생업에 종사할 수 있게 하고 보호하라."는 명령을 내렸다.[9] 이렇게 연약한 태도는 좌불안석이었던 프랑스 침략자들에게

---

8) 1884年 『法公董局年報』, 『上海法租界的發展時期』, 『上海通志館期刊』第1年, 第3期.
9) 同上 『上海通志館期刊』第1年, 第3期.

평온을 가져다주었다.

영국과 미국 등 열강이 중프 전쟁의 때에 상해 조계는 "중립"을 선포하였으며, 아울러 그들은 상해에서 권리를 확대할 기회로 삼았다. 전쟁 발발 후 각국 영사들은 회의를 소집하여, 양경빈(洋涇浜) 북면의 조계는 중립과 아울러 중국군대의 조계 통과를 금지시키는 것을 결정하였다. 8월간에는 공부국에서 조계 밖의 도로 건축지구의 교민들의 보호에 대한 책임이라는 구실로 잡덕로(卡德路, 현재의 石門二路)에 순포방을 건립하고, 순장(巡長) 및 순포(巡捕) 여러 명을 주둔시키고, 정안사(靜安寺) 일대까지 순라(巡邏)를 돌게 하였으며, 경관권(警管權, 경찰관할권)을 조계 밖의 지구까지 확대시켰다. 이 기간 공부국은 또 조계 밖의 도로 축조 범위를 진일보 확대할 계획을 세웠다.

청 정부의 부패와 두려움은 중프 전쟁에서 유리한 위치에 있었음에도 불구하고 실패를 알리게 하였다. 1885년 6월 14일, 상해 프랑스 조계의 각 기관에서는 러시아 국기가 내려졌고, 다시 프랑스의 삼색기가 계양되기에 이르렀다. 영국과 미국 조계 역시 승기를 잡아, 공부국이 전시에 잡덕로(卡德路)에 건립한 순포방은 전쟁이 종결되었는데도 철수하지 않았으며, 오히려 납세인회의에서는 잡덕로(卡德路) 순포방(巡捕房)을 "합법"적인 경찰기구로 결의하여 통과시켰다.

제6절 영미조계 세력의 확장

19세기 70년대에서 80년대는 상해 프랑스 조계에 여러 가지 일이 있던 때라고 할 수 있었으나, 인근 상해의 영미조계는 오히려 평온한 상황 하에서 탐욕을 드러내 놓지는 않았으나 침략권리를 확대시키면서 식민통치를 강화하였다. 1869년 『토지장정』 실시 후, 공부국의 권력이 예전에 비해 훨씬 확대되었으나, 식민당국은 여전히 중국정부의 어떠한 관할도 받지 않는 "상해 공화국"(上海共和國) 건립을 잊어버리지는 않았다.

중국 관부(官府)는 본래 자유스럽게 조계 내에 고시를 붙였으나, 1876년 때에 이르러서는 공부국에서 포고문에 도장을 받지 않으면 순포에 의해 제거되기에 이르렀다. 같은 해 3월, 회심공당[합동 심사 법정] 언원(讞員) 천푸쉰(陳福勛)이 고시된 것이 철거되자 영수 영사인 메드허스트에게 항의를 제기하였다. 메드허스트는 공부국에 외국 배심관 부서의 중국관원의 고시를 보호할 것을 명령하자, 공부국에서는 오히려 공부국 도장이 찍혀 있어야 보호를 받을 수 있다고 하였다. 영사단은 답신에서, "각 영사들은 아주 공부국의 뜻에 찬동하며, 이로써 중국의 글을 조계에서 고시하고자 하면, 반드시 검사를 받아야 하며, 의견이 다른 사람이 있을 때에는 공부국에 이 문건을 먼저 제출하여 그곳에서 검토하고 도장을 받아야 한다. 그렇지 않으면 순조롭지 못하다. 중국 관청에서는 그 고시를 먼저 영사에게 제출하여 검사를 맡기를 원하면, 각 영사들은 공중 이익을 충분히 보호하고, 모든 합리적인 목적을 이룰 수 있게 해 준다."[1]라고 언급하고 있다. 공부국 이사회에서는 회의를 개최하여 토론한 후, 6월 1일 영사단에게 알리며 말하기를, "공부국에서는 토지장정이 조계평화와 질서를 위탁하였기에, 그 권리를 계속 향유하며, 해당 문건의 검사… 조사하는 순포는 여전히 공부국에서 고용하였고, 공부국에서 급여를 지급하므로 공부국의 지휘를 직접 받아야 한다. 그러므로 공부국의 도장이 찍혀있는 문서를 우리들은 홀시할 수 없다."[2]고 천명하였다. 영사단은 무제한적으로 확대되는 공부국의 권력에 찬성하지는 않았으나, 조계에서 중국 주권을 없앤다는 것에 대해서는 분쟁거리가 되지 않았다. 영사들과 공부국이 상의하여 중국관청의 고시는 영수영사의 서명을 받아 공부국에 넘겨야 하며, 순포는 단독 혹은 아역(衙役)과 함께 고시문을 붙여야 한다. 공부국은 이로써 중국 관청이 조계 내에 고시문을 붙이는 권력을 제한, 거절할 수 있게 되었다.

중국 군대가 조계에 진입하는 권리 역시 공부국에서는 용인하지 않았다. 1874년, 일본이 병력을 일으켜 타이완(臺灣)을 침공하였을 때, 중국 정부는 상해에 해방(海防)을 설치하고, 군대를 현성으로 출입시키는데 조계의 주요도로를 활용하게 되었다. 공부국에서는 영사단에게 알리기를, 중국군대가 자주 조계를 통과하는데, 이러한 관례는 반드시 금지되어야 하므로 영사단에서 교섭해 줄 것을 요청하였다. 영사단은 그렇게 주장하는 뜻을 몰랐다. 1883년 5월, 북양대신(北洋大臣) 리홍짱(李鴻章)의 주택이 조계의 한구로(漢口路)에 있어, 매번 대문으로 드나들고, 그 호위부대는 축포를 쏘며 공경의 표시를 나타내었다. 공부국에서는 이러한 것은 중국군대의 군기가 불량한 것으로 간섭을 진행해야 한다고 하였다. 6월 6일, 서양 순포(巡捕) 1명이 축포를 쏘는 위병을 제지하자 충돌이 일어났다. 영수 영사는 즉시 리홍짱에게 공부국

---

1) 1876년 『公部局年報』, 『上海公共租界史稿』, p.404.
2) 同上.

에서 축포를 발포하는 것을 중지할 것을 요구한다는 내용을 보냈다. 외국인에게 아첨하는 리홍짱은 그 진면목은 살피지 않은 채 즉시 부서에 명령을 내렸고, 영수 영사에게 보낸 서신에서, "내가 조계를 중국 경내로 생각하고 있으며, 외국 지방과는 다른 곳이다. 이곳에서는 내가 하고자 하면 할 수 있는 자유가 있다. 내 집을 나갈 때나 들어올 때, 축포를 터뜨리는 것은 공경한다는 뜻을 나타내는 것이므로 그 성질은 중요하지 않다. 그러나 만약 사회에 소란이 된다면, 나는 치안을 어지럽히는 것으로 생각하여, 사회 인사들의 바람으로 이해하여 축포를 터뜨려 예의를 갖추는 것을 완전히 금지하도록 명령을 내리겠다."3) 고 하였다. 같은 해 10월, 양강총독 주오쫑탕(佐宗棠)이 대 부대의 무장 보위대를 이끌고, 전후로 보위하며 조계로 들어왔다. 보위대가 도로 양측에서 일부 외국인들을 몰아내자, 공부국에서는 또 제기하기를, "이후 중국의 고위 관원이 조계를 방문하고자 한다면, 반드시 방문하는 정확한 시간을 공부국에 통지해야 하며, 공부국에서는 포방에 명령하여 도로의 평안과 질서를 유지해야 한다."고 언급하였다. 도대 샤오요우리앤(邵友濂)은 이 발표에 동의하였고, 오직 중국 고위관원이 지나갈 때에는 차량의 왕래를 제지하고, 행인은 길옆으로 서 주기를 요구하였다. 도대의 이러한 양보 요청에 공부국에서는 즉각 반박하는 성명을 내기를, "도대는 고위 관원이 조계의 거리를 통과할 수 있는 권한이 있다고 생각하고 있다. 그러나 이 권한은 실제로 당신들에게 있는 것이 아니다."4)라고 하였다. 영사단은 대략 이러한 요구가 아주 노골적이라고 판단하여, 더 이상 중국정부에 의견을 제기하지는 않았다. 이에 공부국에서는 이러한 것에 대하여 크게 불만을 가져, 1884년 2월에 또 영사단에게 서신을 보내, 이 문제를 북경 공사단에 보내 토론해

---

3) 1883년 『公部局年報』, 『上海公共租界史稿』, p.406.
4) 同上, pp.406~407.

줄 것을 요청하였다. 바로 이때 주오쭝탕은 또 많은 호위 군사를 이끌고 조계로 들어왔다. 공부국 신임 총동 케스윅(J. J. Keswick, 凱瑟克 또는 開思維克)은 영수영사에게 서신을 보내 말하기를, "이러한 병사들의 행동은 각국 인민의 생명 및 조계의 치안을 위협하고 있다."고 지적하였다. 아울러 중국 병사들에 대하여 원한을 품고 말하기를, "행렬이 통과하는 거리는 행렬이 시작할 때부터 끝날 때까지 유럽인들에게는 심한 불편과 고통을 야기시킨다."5)고 하며, 영사단이 빠른 시간 내에 북경과의 교섭을 통해 해결해 줄 것을 촉구하였다. 같은 해 5월, 총리아문에서 답변하기를, "이미 각 군의 통수(統帥), 사병들이 조계에 주둔하거나 통과할 때, 관리를 철저히 할 것을 명령하였으며, 월권행위를 금지시켰다."고 언급하였다. 이렇게 중국 관원과 군대는 조계에서의 행동적 자유에 제한을 받게 되었다.

공부국 권력이 확대된 후, 그 기구는 나날이 팽창되어 지출이 대폭 증가되었다. 이를 위해 공부국에서는 세금을 확대할 것을 결정하였다. 조계내의 중국 주민들에 대한 지세(地稅)는 1866년에는 1000분의 2.5였고, 1874년에는 증가되어 1000분의 3이었다. 1884년에는 증가되어 1000분의 4가 되었으며, 1895년에는 1000분의 5가 되었다. 부두세[碼頭捐]은 원래 공공부두[公共碼頭]에서 들여오는 외국 상인들의 물건에 대한 세금이었는데, 1854년 공부국의 만행으로 매 중국 상인들에게는 50원(元)을, 1년 부두세의 총세금[總捐]이라고 하여 거두어 들였다. 실행된 지 오래지 않아 반대가 너무 심해지자 세금 징수는 중지되었다. 후에 또 도대에게 이 세목[捐款]에 대한 대리 징수[代徵收]를 요구하였다. 도대는 대리징수에 동의하지 않았으나, 분쟁을 그치고 서로 편히 지내기 위해, 1857년부터 매년 일정액을 공부국에 보내는 연관(捐款)을 활용하게 하였으며, 금액은 은(銀) 2,000량에서 10,000량까지 이르

---

5) 1884년 『公部局年報』, 『上海公共租界史稿』, p.408.

렀다. 공부국은 이것을 도대가 중국 상인들에게 징수하는 부두세[捐]
라고 생각하였다.6) 1869년 이후, 부두세는 화물 가치의 1000분의 1
화연(貨捐) 즉 화물에 대한 세금을 초과하지 못하게 하였고, 공부국은
여러 차례 도대에게 매년 납부하는 부두세 금액을 증가할 것을 요구하
였으나 이루어지지 않았다. 1876년 공부국에서는 또 도대에게 이 항목
의 1년 세금[年捐]을 중지할 것을 요구하고, 공부국에서 직접 중국 상
인에게 화연(貨捐)의 징수를 도와달라고 요청하였다. 도대 펑쥔꽝(馮
焌光)은 같은 해, 12월 답신에서 말하기를, "초기에 무대(撫臺)와 도대
가 결정한 것으로, 외국인이 중국인에게 세연(稅捐)을 걷는다는 것은
정당한 일이 아니다. 역대로 도대가 매년 이 항목의 금액을 공부국에
지불하였는데, 공부국에서 직접 중국인민에게 세금을 징수한다는 것은
생각도 못해봤다."고 언급하면서, 도대는 다시 명백하게 밝히기를, "그
기간의 세금[捐]으로 그 금액을 충당한다는 것은 외국인이 중국인민에
게 세금을 징수한다는 것으로 있을 수 없는 일이다."7)라고 강조하였
다. 그는 식민자의 무리한 요구를 거절하였다. 당시 많은 외국 상인 역
시 화물에 대한 세금징수[貨捐]에 대해서는 반대를 표시하고 있었다.
1879년 두 명의 대 아편 상인은 화물에 대해 세금을 징수하지 않는
프랑스 조계로 이전하였으며, 몇몇 비단 장사들 역시 양경빈 남안(南
岸)으로 이주할 준비를 하였다. 이러한 압력 하에 공부국은 화물에 대
한 세금 징수를 취소하는데 동의하였으나, 도대가 지불하였던 1년 총
세금인 연연(年捐)에 대해서는 "도대가 조계 경비에 대한 연관(捐款)
이라는 항목으로 그대로 지불해야만 한다."고 언급하였다. 1885년 공
부국에서는 재정의 손실이 너무 크게 되자, 또 화물에 대한 세금 징수
를 부활시켰고, 도대가 납부하는 연연(年捐)은 중국 상인들이 납부하

6) Kotenev, Shanghai: Its Mixed Court and Council, p.92.
7) 1876년 『公部局年報』, 『上海公共租界史稿』, p.427.

는 화물세금[貨物捐]의 총세[總捐]라고 생각하며 받아들였다. 결국 공부국은 명목상 뿐만 아니라, 실제적으로도 중국 상인에 대하여 연세(捐稅)를 징수하는 것을 고수하였다.

공부국은 또 세금징수 명목이 아주 복잡하고 많은 허가증에 대한 세금[執照捐]을 징수하였는데, 징수 대상은 대부분 이익이 적은 중국 소상품판매자와 개체 노동자였고, 그 징수 총액은 상당히 많았다. 1898년 이 항목의 세금 즉 중국 상인이 부담하는 허가증에 대한 세금이 공부국 세수 총수입의 30%를 차지하였다. 조계 내 중국 주민은 이러한 종류의 불합리한 징수에 대해 몇 차례 투쟁을 벌였다. 1874년 황포차(黃包車)8)는 일본에서 중국으로 들어왔는데, 그 제조가격이 저렴하였으므로 오래지 않아 조계에서 유행하게 되었다. 1879년 3월, 납세인회에서는 황포차 허가증에 월연(月捐)을 징수하도록 결정하였는데, 매월 1원(元)이었다. 1882년에는 1원 50전으로 증가되었으며, 이 허가증을 경매로 봉건두목에게 팔아넘겨 관리하게 하였다. 중국 황포차 노동자들이 모여 반대를 하였고, 최후에는 공부국에서 경매를 하지 않기로 하였으나, 세금[捐]을 높인 것은 변하지 않았다. 1885년 공부국에서는 또 중국 상인들에게 다관(茶館)에 대한 세금[茶館捐]을 징수하였는데, 다관(茶館)에서는 매월 양(洋) 1원에서 6원(元)등의 세금[捐]을 납부해야 하였다. 각 다관에서는 세금 징수에 대한 반대가 일어났으며, 공부국에서는 납세 거부자들을 체포하여 회심공당으로 보냈다. 그러나 중국 언원(讞員)들은 공부국에서 세금[捐]을 징수할 권한이 없다고 생각하여, 이러한 것을 따르지 않았다. 후에는 영사단과 언원(讞員)이 협상하여, 차 탁자 두 개 이하의 영세한 다관에 대해서는 세금[捐]을 징수하지 않기로 바꾸었으며, 그 나머지는 매 차 탁자마다 매월 양(洋) 1각(角) 씩을 징수하였다. 이와 같이 공부국에서는 여전히 매년 다관 세

---

8) 황포차(黃布車)는 인력거를 지칭한다. 역자 주.

금 2,480량을 징수하였다. 1878년 공부국에서는 매월 매량(每輛) 200문(文)의 소차연(小車捐)을 매월 400문(文)으로 증가하여 징수하였다. 아울러 팁은 35문이었다. 당시 중국 소차(小車)9) 노동자들은 차를 임대한 세금[租車捐] 이외에 매월 수입이 2,700에서 2,800문 정도 밖에 되지 않았다. 소차(小車) 노동자들 역시 상해 현서(縣署)에 모여 관부가 앞장서서 교섭해 줄 것을 요구하였다. 도대 꽁짜오아이(龔照瑷)가 영사단에 다시 공부국이 중국인에 대한 연세(捐稅)를 걷는 이유는 없었으며, 최후에는 공부국이 이 항목의 연(捐)을 증가시키려는 계획을 잠시 방치하게 되었다.

공부국에서 조계내의 중국 주민들의 연세(捐稅) 증가가 여러 제재를 받게 되자, 외국인에 대한 세금징수도 어려움을 겪었다. 일부 외국 상인들은 각국 정부에서 아직 비준되지 않은 1869년『토지장정』은 공부국이 세금을 징수하는 권력을 승인하지 않고 있었다. 이러한 상황하에서, 공부국은 또『토지장정』의 조약 개정으로 인해 자신들의 권력을 강화시키고자 하였다. 1879년 11월 12일, 납세인 특별회의에서 "공부국에서는 현재의 토지장정[地皮章程]에 의거하여 시정 세금[市政捐稅]을 징수할 권한이 있고, 언제 받는가에 대한 의문이 있어, 본회에서는 이 항목의 장정을 수정하여 고쳐야 하며, 아울러 공부국의 법률권력을 확정하고, 모든 일이 그곳에 속하길 희망하므로 공부국에서는 최소한 9명의 인원으로 위원회를 조성하여, 그 현재의 토지장정의 수정하고 고쳐야하는 것에 대한 보고를 제출하며, 내년 납세인회의의 고려를 준비하고 있다."10)고 말하고 있다. 9인위원회가 제출한 개정 초안은 1881년 3월 말 납세인회의에서 통과하여, 6월 초 북경 공사단에 보내져 비준을 받았다. 수정된 초안에 근거하여, 공부국에서는 자유롭게『토

---

9) 小車는 獨輪車로 바퀴가 하나 달리 인력거로 주로 화물을 실으나, 사람을 태우기도 한다.
10) 1879년『公部局年報』,『上海公共租界史稿』, p.395.

지장정』부율(附律)을 제정하고 공사단의 비준을 받을 필요가 없게 되었다. 포방(捕房)에서는 임의로 사람을 체포할 수 있고, 또 가택을 수사할 수 있게 되었다. 현재 소동 혹은 분규 때 공부국에서는 영수 영사에게 통지한 후, 자유롭게 그 필요한 조치를 취하고, 아울러 다수 영사의 동의를 얻은 후, 전체 주민을 계엄령 하에 둘 수 있다.[11] 1882년 공사단은 초안을 공부국으로 돌려보냈고, 수정에 대한 의견을 제기하였다. 1884년 말, 수정된 『토지장정』초안이 또 북경(北京)으로 보내졌으나 공사단은 비준하지 않았다. 『토지장정』의 이번 수정은 잠시 방치되어졌다.

공부국에서는 전력을 다하여 권력을 확대하였고, 조계 식민통지체도를 강화함과 동시에 또 조계 경계 밖에 도로를 축조하여 권익을 확장시켰다. 소위 월계축로(越界築路)는 조계 당국의 조계 범위를 넘어 토지를 점유하고 도로를 건설하고, 경찰 강위(崗位)를 만들고, 이로써 조계 관할 범위를 확대하는 구실로 삼았다. 외국 침략자들조차 "조계 사이를 확충하는 방식"[12]이라고 하였다. 월계축로(越界築路)는 60년대 초 태평군이 상해를 진공하였을 때부터 시작되었다. 당시 외국 침략자들은 군대 이동의 편리를 위하여 조계 밖의 토지를 강점하고 서가회로(徐家滙路, 1920년에는 海格路로 고쳤고, 현재는 華山路이다.), 신갑로(新閘路), 맥근로(麥根路; 현재의 石門二路, 新閘路 以北段, 康定東路에서 시작하여 蘇州河에서 萬航渡路까지 순환하는 도로), 극사비이로(極司非而路, 현재의 萬航東路) 등을 축조하였다. 그러나 당시 이러한 군용도로는 공부국 관할이 아니었다. 1862년 경마장 주주[股東]가 약 2마일의 정안사로(靜安寺路, 현재 南京西路)의 도로를 닦고, 이 도로를 통행하는 사람과 차마(車馬)에 대하여 얼마간의 통행료를 받는 것을

---

11) 『上海公共租界史稿』, pp.395~396.
12) Kotenev, Shanghai: Its Municipality and the Chinese, p.58.

규정하였다. 1866년 2월, 주주[股東]들은 도로 수입을 도로를 개보수하는데 사용하지 않았으므로 이것을 공부국에서 관리하도록 결정하였다. 공부국에서는 같은 해 4월의 납세인회의 연회(年會)에서 정안사로 및 각 군용도로를 관할하는 것을 제안하였으며, 총동(總董) 케스윅(W. Keswick, 克錫)은 거짓으로 말하기를, "이러한 도로는 사실상은 상해의 폐부(肺腑)이므로 만약 정돈되지 않는다면, 사회의 건강에 심각한 손해를 가져올 것이다."라고 하며 "납세인연회"(納稅人年會)에서는 이러한 권한을 공부국에 넘기면서, "자금 부족이 없음을 조건으로, 오송(吳淞), 정안사(靜安寺) 및 주위 모든 도로를 고치고 정돈한다."13)고 하였다. 공부국에서는 정안사로, 서가회로를 접수하였고, 오송로는 자금이 정확히 청산되지 않았기 때문에 전부 받아들이지는 않았다. 1868년에는 신갑로(新閘路)를 접수하였다. 1869년에는 정안사로와 신갑로의 잡덕로(卡德路, 현재의 石門二路)를 수리 및 개축하였다. 다음해에는 잡덕로를 계속 연장하였고, 경비가 허락한다면 오송로(吳淞路)를 강까지 연결시키겠다고 하였다.14)

중국인민이 월계축로(越界築路)를 반대하는 것을 방지하기 위하여, 영사단은 1869년 공부국의 초청에 응하면서, 상해 도대에게 조계 밖의 도로 보호와 조계 밖의 도로 보수를 위한 전량(錢糧)의 요구를 제기하게 되었다. 중국정부는 거절하며 명확하게 지적하기를 월계축로는 조약위반이라고 주장하였다. 1877년 10월, 양강총독 선빠오쩐(沈葆楨)은 공부국이 맥근로(麥根路)를 연장하려는 일에 대하여 상해 도대 리우루이펀(劉瑞芬)에게 말하기를, "중영 『천진조약』제11관, 제12관에 의하면, 본래 토지의 임대는 주택, 예배당 및 화물 창고, 묘지 등으로 사용하는데 제한하고 있으며, 임대된 토지에 대한 도로 건설 등은 명문화

---

13) 『費唐法官研究上海公共租界情形報告書』第3卷, 『上海公共租界史稿』, pp.415~416.

14) 이 계획은 실현되지 않았다.

되어 허락한 것이 없다. 뿐만 아니라 그곳에는 이미 도로가 있고, 오락
을 촉진하는데 사용하고 있으며, 이 일은 관방(官方)에서는 외국인들
의 의사와는 같지 않다. 여전히 이 도로를 축조하겠다고 요구하는 것
은 원래의 도로가 있는 것과 농경 등의 일에 손해를 주기 때문에 실행
할 수 없다.”15)고 하였다. 이러한 지구의 주민들 역시 자신의 전답을
파는 것을 원치 않았으므로 관부에 월계축로를 저지시켜 달라고 요구
하였다. 그러나 공부국에서는 이러한 것을 고려치 않고, 계속 월계축
로를 강행하며, 선후로 애문의로(愛文義路, 현재의 北京西路), 파극로
(派克路, 현재의 黃河路), 마곽로(馬霍路, 현재의 黃陂北路), 분산로(墳
山路, 현재의 龍門路, 武勝路)를 신축해 나갔다. 1890년까지, 영미조계
의 월계축로는 총길이가 40km나 연장되었다. 이와 동시에 프랑스 조
계 역시 계속해서 개자이로(愷自爾路, 현재의 金陵中路), 팔선교가(八
仙橋街, 후에는 愛來格路로 이름이 고쳐짐, 현재의 桃源路 東端), 1892
년에는 또 영흥로(寧興路, 현재의 寧海路)와 화격얼로(華格臬路, 현재
의 寧海西路)까지 연장시켰다. 조계 밖의 도로를 닦은 후, 조계 당국은
계속해서 순포를 이곳으로 파견하여 관리를 담당하게 함으로써, 중국
정부를 압박하여 이러한 지역을 정식으로 조계지역으로 편입시켜 조
계의 면적을 확장시키려고 노력하였다. 영미조계는 북쪽으로 확장시킨
결과 1893년에는 원래 미국조계의 북쪽지역이 새롭게 조계 지역에 편
입 획정되었다.

　위에서 말한 것과 같이, 1863년 영미조계 합병전날, 미국 영사는 상
해 도대와 미국조계의 북쪽 경계는 호계하(護界河) 맞은편에서 시작하
여 동쪽으로 일직선상의 양수포(楊樹浦) 이북의 3km의 곳으로 당시
경계석을 세워놓지는 않았다. 10년 후인 1873년 미국은 북쪽의 경계
에 대한 새로운 획정을 요구하였는데, 미국 부영사 브래포드(Bradford,

---

15) 1877년 『公部局年報』, 『上海公共租界史稿』, p.421.

布雷德福)는 조계 지역을 호계하(護界河) 이북 3km의 곳에서 동쪽으로 일직선상에 있는 양수포 이북까지의 3km라고 주장하였다. 상해 도대 선삥청(沈秉成)은 수긍하지 않았다. 미국 영사 시워드(Seward, 熙華德)는 여전히 호계하 맞은편에서 시작하여 일직선상인 파자장(靶子場, 현재의 武進路, 河南北路 부근)의 북쪽까지를 경계로 주장한 후, 양수포 이북 3km(이 노선은 후에 熙華德線이라고 불렸다.)까지로 정하였다. 이러한 구획은 비록 도대의 동의를 얻어내지는 못하였으나, 공부국은 이러한 경계선 이남 지역을 관할하는 것을 강행하였다.

1883년 7월, 공부국에서는 북하남로(北河南路)와 북절강로(北浙江路)일대에서 자신들의 경찰업무를 설립할 방법을 제기하며 현지 중국 주민들에게 각종 세금[捐稅]을 징수하기로 결정하였다. 이때 이곳에는 1,400여 채의 방이 있었고, 비단공장 2곳이 있었다. 이 지역의 주민들은 공부국 관할을 받는 것에 결사반대하였고, 아울러 행정 관할 및 세금 납부[付捐]를 거절하였다. 순포는 납세를 거절하는 사람을 회심공당으로 보냈으며, 중국 언원(讞員)은 공부국이 이러한 지방을 관할할 권한이 없다고 인정하였으며, 이러한 처리를 거절하였다. 1886년 미국 영사 케네디(J. D. Kennedy, 肯尼迪)와 도대 꽁짜오아이(龔照瑗)는 재차 조계 북계(北界)의 안건을 교섭하였다. 1889년 9월, 케네디가 공부국에게 통지하며 말하기를, "홍구(虹口) 북쪽 경계 협정에 대하여 2년 반 이상의 노력을 들인 나는 중국당국에게 이 지역을 넘겨줄 것을 요청하였고, 조계 경계의 협정으로 소위 '시워드선'(熙華德線)을 주장하여 나는 공부국에서 원하는 것을 얻을 수 있었다."16)고 말하였다. 공부국은 호계하(護界河) 맞은편 해안, 노파자장(老靶子場)과 양수포(楊樹浦) 칠리교(七里橋)에서 시작하여 50피트 높이의 죽탑(竹塔) 3곳에서 시작하여 '시와드선'(熙華德線)을 따라 표지를 세워 경계를 나타내

---

16) 1889년 『公部局年報』, 『上海公共租界史稿』, p.398.

었다. 이외에 또 3곳 도로를 미국조계의 서, 북, 동 3면의 경계선으로 삼기를 제의하였다. 다음 해 4월 중국 관원은 '시와드선'에 대한 조사를 진행한 후 정식으로 승인을 거절하였다. 그러나 공부국은 사람들을 파견하여, '시와드선'에서 순라를 돌게 하였고, 아울러 이 도로에 가로 등을 달았고, 경비에 대한 세금[捐]을 부과시켰다. 1892년 공부국에서는 또 1863년 경계선 이북의 분탕농교(盆湯弄橋) 북안 지역(현재의 山西北路, 福建北路 사이의 지역)에서 세금[捐]을 징수하였고, 홍빈(紅浜) 이북 일대(현재의 吳淞路, 武進路 일대)에 행정구획의 편정문패[編釘門牌]를 달아 세금 징수와 경비 설립을 준비하였다. 상해 도대 니에지꾸이(聶緝槼)가 영사단에게 항의 서한을 제출하였으나, 공부국은 더욱 강경한 소리로 이 일대는 여전히 홍구계(虹口界)이내에 속해 있으므로 순포의 철회를 거절하였고, 아울러 "포방을 그곳에 설립하여 교민에 대한 재산을 보호하고, 아울러 주민들을 위해 평화유지와 질서를 제공한다."[17]고 헛된 말을 지껄였다.

1892년 11월, 공부국은 북하남로(北河南路)에서 노파자장(老靶子場) 일대에 중국 주민들이 문패 달기를 거절하였으므로, 서신으로 영사단 측에 필요한 초치를 취해달라고 요청하며 아울러 미국 조계의 경계[邊界]문제를 확실하게 해결해 줄 것을 요청하였다. 영사단은 소식을 접한 후, 즉각 도대에게 사람을 파견하여 즉시 이 일을 처리할 것을 강하게 압박하였다. 다음 해 2월, 상해(上海) 현령(縣令)인 황청슈앤(黃承暄), 언원(讞員)인 차이후이창(蔡滙滄), 미국 부영사 에먼스(Waler. Scott. Emens, 易孟士) 및 공부국 엔지니어 두 명으로 조직된 경계구획위원회[劃界委員會]가 조직되었다. 같은 해 3월에는 "시와드선"(Seward, 熙華德線)과 대체로 비슷하게 미국조계의 북쪽경계가 확정되었다. 7월 6일 에먼스(W. S. Emens, 易孟士)는 새로운 경계선 및 새

---

17) 1892년 『公部局年報』, 『上海公共租界史稿』, p.400.

로 제정된『홍구조계장정』(虹口租界章程) 8조를 도대인 니에지꾸이(聶緝槼)에게 보냈으며, 26일에 니에지꾸이의 비준이 있었다. 이번 조계 확장의 실현 후, 영미조계의 총면적은 10,676무(畝)에 이르렀다.

제5장

근대기업의 출현 및
그 초보적 발전

제1절 상해에서 근대기업의 출현

아편전쟁이후, 외국 침입자는 상해 조계 내에 공부국(工部局), 공동국(公董局), 순포방(巡浦房), 만국상단(萬國商團), 회심공당(會審公堂) 등의 기구를 설립하고 적극적으로 그들의 식민통치를 강화하였다. 이와 동시에 그들은 상해의 우월한 지리와 경제적 조건을 이용하여 한무리의 기업을 출현시켰다. 대중국의 상품수출과 원료약탈을 위해 항운업을 발전시켰고, 침략자들은 은행, 양행(洋行), 각종 가공 공장과 선박 수리공장을 건립하였다. 직접 중국의 재부(財富)를 약탈하기 위해, 그들은 인쇄, 제약 등 경공업방면도 경영하였고, 건축업과 가스, 상수도, 전등등 공용사업도 운영하였다. 이러한 외국기업과 중국 구봉건세력은 서로 연결되어 매판분자들을 양성하였고, 중국의 풍부한 원료와 염가 노동력을 직접적으로 이용하였고, 또 각종 정치, 경제적 특권을 향유하여, 상해조계는 침략자들의 중국재정과 경제명맥의 중심이 되게 되었다.

항운업중 외국근대기업의 수출항구 화물은 기초적인 생산품이 부단히 증가하였다. 상해가 개항된 다음해인 1844년 수입항의 화물 값이 988,863 파운드에서 1853년에는 맹렬하게 증가하여 7,224,000 파운드였다.[1] 화물도 많고 선박도 많았다. 1862년 9월 13일 이 날 하루, 황포강에 정박해 있던 외국 선박이 268척이나 되었다. 이러한 선박은 대부분 각 양행(洋行)에 속해있던 신식 범선(帆船)으로 당시 이화(怡和),

---

1) 黃葦, 『上海開埠初期對外貿易研究』, 附表.

보순(寶順), 경기(琼記)등 영·미의 양행들은 모두 자신의 선대(船隊)를 보유하고 있었다. 범선(帆船)과 비교하여 윤선(輪船)은 운항속도가 빠르고, 운송량도 많았고 안전하였으며, 나날이 규모가 커져가고 있는 수출입 무역의 수요를 맞출 필요가 있었으므로, 외국 상인들은 상해에 전문적인 윤선공사(輪船公司)의 설립이 재촉되었다.

상해 최초의 윤선공사는 1862년에 건립된 상해윤선공사(上海輪船公司)이다. 이 공사(公司)는 미국 상인인 기창양행(旗昌洋行)이 경영하였으므로, 기창윤선공사(旗昌輪船公司)라고 불렸다. 기창양행과 이화, 순보의 지배인은 상해가 개항된 초기의 3대 아편(鴉片) 대왕(大王)이었다. 그들의 선박들은 초기에는 오직 아편의 운수만을 담당하였으나, 후에는 여행객과 화물도 취급하였다. 기창양행의 주주(株主)들이 항운업(航運業)에 흥미를 갖기 시작하자, 미국의 상해 부영사(上海副領事)인 커닝햄(E. Cunningham, 金能亨)이 일차로 장강항운(長江航運)을 조직하였다. 1858년 청정부가 외국 열강의 압력으로 장강을 개방한 이후, 커닝햄은 "미국정부의 세력에 의존하여… 장강 항운무역의 독점을 침해받지 않는다."라고 적극 주장하였다. 1861년에 이르러, 기창양행은 중국 매판자본가(買辦資本家)의 수중에 있던 45,000량의 은(銀)을 모아, 샌프란시스코에서 456톤급의 선박 양이호(惊異號) 윤선(輪船)을 구입하였고, 이 선박을 상해(上海)에서 한구(漢口)까지의 운행에 투입시켰다. 당시 태평군과 청군은 장강 중하류 지역에서 격렬하게 전투를 벌이고 있었고, 강의 상류는 교통이 단절되어, 평시에 왕래가 빈번하던 민간인 선박들도 거의 왕래가 끊겼으나, 각지에 운송해야 할 화물은 쌓이게 되었으며, 많은 관료와 부유층 사람들이 신변보호를 위해 상해로 피신을 생각하고 있었다. 양이(惊異)호는 이렇게 선박의 필요성이 극대화되고 있을 때에 독자적으로 사업을 수행하였으므로 그 수익이 상당하였다. 한구(漢口)에서 상해까지의 약 600여 리의 항운 노정은 상해에서 런던까지의 만리(萬里) 항운 여정의 운임 비용과 비슷하였으며, 여객운임가격은 점차 상승하여 최고조 때에는 백은(白銀) 700량에 이르렀다. 이렇게 두 차례만 왕복하면 양이호의 선반 구입비인 본전을 쉽게 회수할 수 있었다. 이후 커닝햄은 또 다른 계획을 제출하였는데, 자본금이 100만량 이상의 윤선공사의 설립이 필요하다고 하여, 외국 상인 몇몇을 주주로 한 이외의 대부분은 중국의 매판 부상(富商)이었고, 그들이 차지한 주식은 총수의 10분의 6,7에 달하였다. 기창윤선공사는 이렇게 설립되었다. 따라서 기타 양행도 기회를 보아 장강항운선(長江航運線)에 참여하려고 구상하고 있었으나, 기창(旗昌)이 먼저 선수를 치고 자금이 충족해지자 경쟁에서 우세를 점거하였다. 1866년 장강의 화물 운송량의 절반은 기창양행에 의해 운반되었다. 상해 해관세무사는 "미국인의 윤선에 대해서는 경쟁자가 없다."고 말하였다. 보순양행(寶順洋行), 이화양행(怡和洋行)의 선박은 계속해서 장강에서 퇴출되기에 이르렀고, 기창(旗昌)이 장강항선에서 독점적인 위치를 확보하게 되었다. 기창윤선공사는 이 항선(航線)을 통해 대량의 재물을 거두어 들였고, 1870년에는 그 공사의 자산총액이 238만 여 량이었는데, 이는 공사설립 당시 자본의 2.3배이었다. 같은 해의 이익은 51만량에 달하였다.

당시 대량의 선박이 강의 중심에 정박되어 강 중심에서 하역작업이 이루어졌기 때문에, 거룻배 사업이 흥행을 보았다. 1863년 회덕풍공사(會德豊公司)와 상해타박공사(上海拖駁公司)가 전문적으로 거룻배 운수 기업으로 출현하였다. 그들은 화물의 교역과 거룻배의 수요 급증으로 거룻배의 필요성에 적응하여, 수출입무역의 진일보 발전에 편리를 가져다주었다.

항운업의 발전과 항만에 선박이 증가하자, 상해에서는 근대선박수조업(近代船舶修造業)의 출현이 필요하게 되었다. 기록에서 알 수 있듯이 가장 먼저 설립된 선창(船廠)은 대략 1850년 미국인이 창업한 백유 선창(伯維船廠)이다. 그러나 최초의 도크(dock)시설은 미국인 듀스냅(Dewsnap, 杜那普)이 1852년 이전에 홍구(虹口)에 설립한 "새로운 도크"(新船澳) 또는 도크(船塢)라고도 한다. 이 도크는 그 초기에는 해안의 흙을 파내 만든 것으로 도크의 문을 여닫을 수 있는 밧줄하나 연결되어있지 않은 상태였다. 그러나 이러한 시설부족에도 오히려 선박제조는 그 이전부터 선박제조에 대한 기록이 나타나고 있다. 1856년 상해 항무장(港務長)을 역임했던 벨리스(Baylies, 貝萊斯혹은 貝萊絲)는 일부 중국 노동자를 고용해, 적재량이 약 40톤급의 딱딱한 나무로 만든 작은 선박(木殼小輪船)을 건조하였다. 미국 상선창(商船廠)으로는 60년대 초에 설립된 기기철창(旗記鐵廠)의 규모가 비교적 컸다. 영국 상인이 상해에 선창을 건립한 시기는 비교적 늦었으나, 규모는 오히려 가장 컸다. 1853년 영국 상인이 포동(浦東)에 설립한 동가도 도크(董家渡船塢)는 후에 이것을 기초로 포동도크공사(浦東船塢公司)를 설립하였다. 하나의 도크(船塢)의 길이는 380척(114m)이나 되었고, 도크 수문(塢門)의 넓이는 75척(22.5m)이었으며, 물이 꽉 찼을 때에는 수심이 21척(6.3m)이나 되어, "원동(遠東)에서 가장 좋은 도크"라는 평을 듣기도 하였다. 1858년 영국 상인이 홍구(虹口)에 도크를 건립하였는데, 상해도크공사(上海船塢公司)에서 22만량의 자금을 빌려 건설하게 되었다. 이러한 도크는 후에 영국 상인이 세운 야송선창(耶松船廠)에 임대해 주었다. 야송선창(耶松船廠)은 1865년에 설립되었으며, 이것의 설립과 1862년에 영국 상인이 세운 상생선창(祥生船廠)은 상해 최대의 외자선창(外資船廠)이었다. 이 두 회사의 출현으로 기타 규모가 비교적 작았던 선창은 그들과 경쟁을 할 수 없어, 점점 도태되거나 다른 업종으로 전환하였다.

따라서 상해의 수출입 무역의 발전으로 수출 상품의 가공공장이 발달하였는데, 주로 포장업과 소사창(繅絲廠)이 발달하였다. 수출상품은 정리되어 포장이 되었고, 이로써 화물의 적재와 하역시에 상품파손을 막을 수 있었다. 일부 큰 양행은 모두 그들 자신의 포장부(打包部; 包裝部)가 있었다. 전문적인 포장은 1860년에 설립된 융무양행(隆茂洋行)이 최초였고, 그것은 영국 상인이 건립한 것으로 수압기(水壓機)를 이용한 포장을 하였던 것이다. 소사창(繅絲廠)은 1861년 이화양행(怡和洋行)이 설립한 것이 최초였는데, 이 안에는 100대의 이탈리아식 무늬기기[繅機]가 있었다. 그들은 모두 상해 부근의 풍부한 생사원료(生絲原料)를 이용하여 가공하여 더욱 큰 이윤을 남겼다.

이러한 윤선공사, 선창(船廠)과 가공공장(加工廠)의 설립은 모두 상해 수출입무역의 확대를 가져왔고, 이로써 식민지에서 경제약탈이 진행되었다. 외자은행의 설립과 발전 역시 다음과 같다.

처음에는 외국양행이 상해무역에서 자금이 필요할 때, 대리점(代理店)에서 대여를 하였다. 이러한 대리점은 실제적으로는 양행에서 부설(附設)한 은행업무부(銀行業務部)였다. 그들은 외국의 화폐에 대한 교환과 입출금의 업무의 보고 있었으며, 외국 상인들이 수출입 무역을 하는데 적지 않은 편리를 제공하였다. 그러나 무역의 확대에 따라 이러한 대리점은 재력이 미치지 못해 결국에는 회사에서 어쩔 수 없이 떨어져 나오게 되었고, 후에는 자본이 풍부한 외국은행에게 이 자리를 빼앗기게 되었다.

1848년 동방은행(東方銀行, 즉 麗如銀行) 상해분행(上海分行)이 성립되었는데, 이것이 중국 제1의 외자은행(外資銀行)이었다. 이후 유리은행(有利銀行)이 1854년에, 맥가리은행(麥加利銀行)이 1857년에 연속적으로 상해에 지점(分行)을 설립하였다. 따라서 영국, 프랑스 등의 상인들이 계속적으로 상해에 회풍(滙豊), 회륭(滙隆), 회천(滙川), 가가자(呵加刺), 회천(滙泉), 이중(利中), 이상(利商), 프랑스(法蘭西) 등 몇 개의 은행이 세워졌다. 그러나 회풍 등 은행은 1860년을 전후해서 영국 정부가 은행정책을 바꾼 후에는 소위 국제은행으로서의 면모를 갖추게 되었다. 경영업무상에서 볼 때, 양자는 큰 구별은 없었다. 단지 국제은행은 식민지, 반식민지 혹은 경제가 낙후한 지구에 중점을 둔 경영을 하는 것으로 제국(帝國)은행으로써 본국의 식민지 경영에 중점을 맞추고 있다는 것이 다른 점이었다.

이러한 일부 은행 중에서 단연 회풍은행(滙豊銀行)의 지위가 가장 뛰어났다. 회풍은행의 원명은 "홍콩상해은행"(香港上海銀行)이었고, 은행의 본점은 홍콩에 있었으며, 1865년 3월 3일 정식으로 업무를 시작하였으며, 1개월 후 상해 분행 역시 영업을 시작하였다. 중국에 있던 외국 상인들은 당시에 보편적으로 느끼기를 본점을 그들 국내의 은행 내에 설치하면, 중국 내의 기업에게 제공하는 편리(便利)나 주도면밀함 등의 서비스가 마음먹은 대로 잘되지 않는다고 생각하였다. 회풍은행의 설립은 이러한 부족한 면을 채우려고 하였던 것이다. 그 설립 자금을 제공한 사람들은 홍콩의 대 양행 거의 포함시키고 있고, 최초의 회풍은 실제상 각각의 대양행의 은행업무부문과 전문 금융기구를 합쳐놓은 것과 같은 형태였다. 왜냐하면 지위의 중요성 때문에 상해는 회풍의 중요한 활동 지점이 되었다. 그 은행의 예정 자금은 5백만 홍콩 달러였으며, 주주는 홍콩, 상해 두 지방에 균등히 나뉘어져 있었다. 회풍을 창업한 사람들은 설립초기에 상해에 현지 이사회(董事會) 설립 계획을 고려하였다. 1866년의 금융소동(金融騷動; 다음절에서 자세히 언급)때에 기타 은행은 모두 영국의 파운드로 어음의 지급기한을 6개월에서 4개월로 줄여 그 위험성을 감소시켰는데, 회풍은 오히려 그 기간을 고수하고 기간을 단축시키지 않아, 각국 상인들은 사(絲), 차(茶) 등을 운반하여 구미(歐美)시장에 판매를 할 수 있었다. 이러한 조치로 외국 상인의 호감을 샀고, 이로써 회풍은행의 지위는 더욱 공고해졌다.

국제 태환[滙兌]은 회풍은행의 중요 업무 중의 하나였다. 은행에서 매매하던 외국 돈의 총 가치는 상해 외환시장에서 거래되는 액수의 60~70%였고, 이로써 상해의 외환율에 대한 고시 가격을 회풍은행이 조작할 수 있었다. 대출은 회풍의 또 하나의 중요한 업무였다. 많은 외국 상인들은 회풍과 관계를 유지하여, 이로써 편리하고 제때에 대출을 받고자 하였으며, 회풍 또한 손실이 없다면 그들을 적극 지지하였다. 회풍은 또 솔선해서 전장(錢庄)에 대해서도 신용대출을 해 주었다. 후에 외국은행들이 이러한 것을 본받아 그 규모를 키웠고, 심지어는 전문적인 용어인 회(滙)는 바로 절표(折票 즉, 어음 할인)라는 말이 생겨났고, 외국은행은 은행에 저축되어 있던 돈을 저리(低利)로 전장(錢庄)에 대부하였으며, 전장에서는 다시 기타 중국 상인에게 대여를 하였다. 부패한 청 정부 역시 회풍의 중요한 대출 대상이었다. 1874년 회풍 단독으로 청정부에 200만 량의 복건대방(福建臺防) 차관을 제공하였다. 1874년부터 1890년까지 청 정부는 모두 26차례 외채(外債)를 빌렸고, 그 총액은 4,136만량으로 그중 회풍이 17차례를 대출하였으며, 액수는 2,897만량으로 총액의 70%이상이나 되었다.

회풍은행의 업무는 수출입무역에 자금을 제공하는 것까지로 확대하였다. 위에서 언급한 대로 외환업무와 전장(錢庄)에 어음할인방식을 이용해 자금을 운용하였는데, 이러한 자금은 운용할 수 있는 자금부분에서 상당부분을 차지하고 있었다. 이러한 업무활동을 통해 회풍은 대량의 이윤을 남길 수 있었다. 1866년 이후에는 주식배당금이 12%이상이었다. 80년대 후에는 매년의 순이익은 홍콩 달러(港元)으로 100만 홍콩 달러를 초과하였고, 이러한 높은 이윤은 런던의 어떠한 은행에서도 없었던 일이었다. 회풍의 자본은 아주 빠르게 설립 당시의 실제 액수였던 250만 홍콩 달러(港元)에서 1891년에는 1,000만 홍콩 달러(港元)가 되었다.

회풍은행의 위치는 최초에는 남경로(南京路) 밖 외탄(外灘)의 한 모
서리(현재 和平飯店 南樓의 위치)로 선정되었는데, 방이 낡고 한 눈에
들어오지 않자, 10년 후에는 복주로(福州路) 외탄(外灘)의 높은 벽돌로
지은 곳으로 이전하였다.[2] 은행 건물 건축의 변화는 어느 정도 은행의
실력 향상을 반영한 것이다. 이것은 제국은행들과 비교하여 비교적 뒤
에 출발한 것이었으나, 빠른 속도로 발전하여, 앞서 있던 것들을 초과
하여 중국내에서 가장 막강한 실력을 보유한 외국 은행이 되었고, 중
국내에서 영국자본의 중심이 되었다. 중국의 해관은 이미 오래전부터
영국의 제재를 받고 있었으며, 해관의 업무비용(業務用費), 벌금(罰金),
몰수(沒收) 및 톤세(吨稅) 등의 수입은 모두 회풍은행에 입금되었다.
뿐만 아니라 청 정부는 회풍에서 차관을 빌었으므로 중국 해관의 관세
는 회풍은행에 담보로 제공되어졌다. 그래서 회풍은행의 지위는 기타
외국은행과는 비교할 수 없었다.

상해의 개항 때부터 1866년까지를 상해 근대기업의 발생기라고 말
하고 있다. 이 기간에 위에서 말한 것과 수출입무역 관계와 밀접한 관
계를 가지고 있던 몇 개의 업종내에서 근대의 기업이 출현한 것을 제
외하고는 기타 행업(行業)에서 발생한 근대기업의 수는 많지 않았으나
근대기업이 출현하게 되었다.

이 기간 동안 상해의 출판사업도 발전되었다. 상해가 개항한 그 해,
영국 선교사 메드허스트(Medhurst, 麥都思), 와이리에(A. Wilie, 偉烈
亞力)는 상해 맥가권(麥家圈; 현재의 山東路)에 묵해서관(墨海書館)을
설립하였다. 유관된 기록에 의하면, 이 서관은 한 대의 철제 인서기기
(印書機器)를 가지고 있었는데, 길이가 1장(丈) 수척(數尺)이었고, 넓이
는 3척(尺)이었다. 육중한 톱니기어를 가지고 있었고, 두 사람이 작업

---

2) 현재 기본적으로는 원래의 상태가 보존되어 있어 장관(壯觀)인 대루(大樓)는
1923년에 다시 건축된 것이다.

을 하도록 되어 있었으며, 소 한 마리가 중심축을 회전시켜 한 번을 돌면 양면에 인쇄가 되는 것으로 매일 4만 여 장을 인쇄할 수 있었다.[3] 그 이후 상해에는 계속적으로 인쇄창의 출현을 보게 되었다. 예를 들어 『북화첩보』(北華捷報)와 『자림서보』(字林西報)등이 출판되었는데, 이름을 날리던 자림서관(字林報館)은 1850년에 세워졌다. 이와 함께 미국 장로회에 속해있던 미화인서관(美華印書館)과 청심서관(淸心書館)이 선후로 5, 60년대에 생겨났다. 비록 당시의 인쇄기계(印刷機械)가 아주 낡은 것이었으나 이러한 새로운 기술이 인쇄업의 발전을 촉진시켰다.

소도회(小刀會) 기의 후, 많은 수의 중국인들이 조계로 이주하였고, 조계는 아주 빠르게 원래의 황폐했던 지역에서 인구가 조밀한 지역으로 바뀌었다. 이것에 맞추어 사람들의 생활과 밀접한 식품, 가스, 건재(建材) 등의 업종 중에서 일부 근대기업이 출현하였다. 상해에 가장 일찍 설립된 식품창(食品廠)은 1858년 영국 상인 에반스(H. Evans, 埃凡)가 경영하였던 에반스 만두점(饅頭店)이었다. 상점의 주요 상품은 빵, 당과(糖果; 과일에 설탕 시럽을 묻힌 것), 사이다 등의 식품이었고, 후에는 맥주도 만들었다. 60년대에 들어오면서 상해에는 기계로 밀가루를 빻는 공장이 생기게 되었다. 이것은 득리화륜마방(得利火輪磨坊)과 삼가음료창(三家飮料廠)으로 그중에서 정광화양행(正廣和洋行)이 그 규모가 비교적 컸고, 그곳의 주된 사업은 주류(酒類)의 제조와 판매였다. 상해에 가장 일찍 세운 가스회사는 1864년에 세워진 것으로 대영자래화방(大英自來火房)이었고, 이것이 중국 최초의 가스회사였다. 후에 프랑스 상인 역시 가스창을 설립하였으나, 설비와 규모면에서는 대영자래화방(大英自來火房)과는 비교가 안 되었다. 건재업(建材業)중에서는 상해 전와거목창(磚瓦鋸木廠)이 최초로 설립된 것이었으나 설

---

3) 王韜, 『瀛壖雜誌』, 卷六.

립된 연도를 알 수는 없고, 단지 1867년에 한 차례 소유권이 이전된 것만을 알 수 있다.

그 당시 상해에는 두 곳의 공장이 사람들의 눈길을 끌었다. 한 곳은 1853년에 설립된 노덕기약방(老德記藥房)으로 생산품은 약물(藥物)을 포함하여 화장품과 사이다 등이었다. 그러나 이 약방에서 주요한 이익을 챙기는 수법은 가짜 약을 제조하여 어린아이를 대상으로 사기를 친 것이다. 다른 한 곳은 강소약수창(江蘇藥水廠)으로 또 다른 명칭은 미사제산창(美査制酸廠)으로 영국 상인 메이저(Major, 美査)가 입덕양행(立德洋行)을 수중에 넣고 난 후, 그 역사는 60년대 초기로 거슬러 올라간다. 이 공장은 일정 수량의 황금이 중국 문은(紋銀, 예전에 질이 가장 좋은 은괴)중에 포함되어 있는 것을 알고 그것을 제련하여 황금을 추출한 후, 제련과정에서 사용되었던 산(酸)을 그대로 방출하였다. 당시 중국의 폐제(幣制)가 안정되지 않아, 가짜 은원(銀元)이 곳곳에서 나왔으며, 이 공장은 혼탁한 틈을 타서 한 몫 보는 방법을 채택하였으며, 그 이윤은 아주 낙관적이었다.

위에서 말한 외자 기업의 창업 목적은 모두 중국에 대한 경제적 침략을 위한 것이었다. 그러나 선진적인 생산력이 일단 출현하자, 오히려 침략자들은 원래 목적을 이루기 위해 상반적으로 객관적인 영향이 나타냈고, 더욱 가속적인 중국 자연경제의 와해를 가져왔으며, 중국 민족공업 발생에 자극을 주기에 이르렀다. 가장 먼저 발생한 것은 청 정부의 주도하에 상해에 설립된 군사공업이다.

60년대 초, 리홍쟝(李鴻章)은 상해에서 외국 침략군의 "정돈된 대포, 정교한 포탄, 선진적 기계 장비"와 "중국 군장비의 낙후로 인해 서양에 치욕을 당한 것"[4]을 친히 자신의 눈으로 직접 보았다. 그래서 외국에서 군 장비를 더욱 많이 사들이는 것 이외에도 자체적으로 병공장

---

4)『李文忠公全集』,『明僚函稿』, 卷二.

(兵工廠)을 건립하였다. 가장 일찍 건립된 것은 1862년에 건립된 상해 양포국(上海洋炮局)이었다. 처음 이 공장을 가동할 때는 직원 50명으로 시작하였고, 기구(器具) 또한 아주 낡은 것으로 망치 한 개, 절삭기 등과 같은 공구와 이 이외에는 없어서는 안 될 용광로 등은 임시적으로 논밭에 흙을 쌓아 만들어 임시로 사용하였다. 후에 리훙짱이 강소순무(江蘇巡撫)에 임명되어, 소주로 이주하여 갈 때에는 이 공장 역시 함께 이전되었다.

오래지 않아 청 정부는 상해에 당시 국내 규모로는 가장 큰 병공창인 강남제조국(江南制造局)을 건립하였다. 1864년 리훙짱이 상해 도대(上海道臺) 띵르창(丁日昌)에게 홍구(虹口)에 있던 미상기기철창(美商旗記鐵廠)을 매입하라고 지시하였고, 그 관할 하에 두 개의 작은 병공창을 두어 쩡꾸오판(曾國藩)이 이전에 미국에서 구입하였던 일부 기기(機器)를 전부 제조국에 투입시켰고, 이로써 그 생산 능력이 증강되었다. 당시 태평천국 기의는 진압되었고, 청군은 대강남북(大江南北)에서 산발적으로 일어나던 농민기의를 진압하기 위해 창과 포가 긴급하게 요구되었고, 제조국에서는 이러한 수요에 맞는 생산을 시작하였다. 그러나 침략자들은 청 정부가 자신들의 세력범위내에서 군수품을 제조하는 것에 대해 방해하기 시작하였고, 리훙짱 역시 조계 내에서 그러한 공장을 운영하는 것이 편리하지 못함을 인식하여 1867년 상해성(城) 남쪽에 고창묘향(高昌廟鄕) 경내에 황포강(黃浦江)을 끼고 있는 부분의 토지를 구매하게 되었다. 면적은 70여 무(畝)의 토지에 새로운 공장을 건립하였다. 1870년에 이르러, 강남제조국에는 새로운 기기공장[機器廠], 목공장[木工廠], 동철주조공장[鑄銅鐵廠], 단련공장[熟鐵廠], 윤선공장[輪船廠], 용광로공장[鍋爐廠], 창공장[槍廠], 포공장[炮廠] 등이 세워졌고, 또 용화(龍華)에는 화약공장[火藥廠]이 설립되었다. 계속해서 포탄공장, 수뢰공장 역시 생산에 돌입하였다. 1890년에는 철

강제련공장이 세워졌을 때, 강남제조국은 이미 500여 무(畝)의 종합성 병공창(兵工廠)이 되었고, 청정부의 최대 군용무기 생산 기지가 되었다.

강남제조국에서는 1867년에서 1894년까지 27년간 51,000여 자루의 각종 총이 만들어졌는데, 이는 하루에 5자루의 총이 생산된 것이었으나, 너무 쉽게 발포되어 아무도 소지하지 않으려고 하는 레밍톤식 (Remington Rolling Block, rimmed-fire, 林明敦型)의 보병총은 10,000 자루나 쌓이게 되었다. 같은 시기 내에 585대의 각종 대포가 만들어졌다. 이러한 무기에 대해 청조 관리가 스스로 평가하기를 "포탄이 화약을 많이 사용해 그 위력이 대단하고, 특히 특수한 지역 및 먼 거리에 발사하면 큰 효과를 볼 수 있다"[5]고 언급하였다. 병선은 제조국에서 비교적 중요한 품목으로, 1868년에 제조된 600톤급의 "후이지"(惠吉)호가 그 처음이고, 십 여 년 동안에 나무로 만든 6척의 병선(兵船)이 제조되었고, 최대 톤수는 2,800톤이었다. 이외에 2척의 철선(鐵船)과 소형 선박이 건조되었다. 당연히 선상 기기의 대부분은 외국으로부터 구입하였다. 비록 선박을 제조한다고는 하였지만 결국은 조립하는 단계에 지나지 않았다. 청정부의 본래 생각은 강남제조국에서 제조되는 장비로 중국 해군을 무장시키려고 하였다. 그러나 건조된 군용 선박은 태평시기에는 쓸모가 없었고, 전쟁 중에는 폐물이 되었다. 청정부의 희망이 사라지자, 후에는 아예 선박 제조를 하지 않았다. 그러나 한 가지 지적할 것은 제조국에서는 일부 기계가공 설비를 생산하였는데, 1867년부터 1891년까지 포상(刨床; 평삭반으로 선반의 일종) 245대를 생산하였는데, 그중 3분의 2는 1876년에 만들어진 것으로 비교적 사용할만한 것이었다.

강남제조국은 상당히 오랜 시간을 쩡꾸오판(曾國藩), 리홍짱(李鴻章)에 의해 경영되어졌다. 리홍짱은 심지어 그가 강소순무에서 양강총독

---

5) 『張文讓公全集』, 『奏議』, 卷三十六, 『整頓南洋炮臺兵輪片』

(兩江總督), 직예총독(直隷總督)으로 승진하여 갈 때도, 제조국은 시종 그의 경영권아래에서 벗어나지 못하였다. 그가 먼 북방으로 이동하였을 때도, 청 정부는 부득불 남북양대신(南北洋大臣)이 공동으로 강남제조국을 관리하는 것을 동의하지 않을 수 없었다. 이렇게 제조국의 역임 총판(總辦), 회판(會辦)은 모두 쩡꾸오판, 리훙짱 두 사람과 밀접한 관계를 갖고 있었던 사람들이었다. 예를 들어 니에지꾸이(聶緝槼)는 쩡꾸오판의 사위였고, 장쓰헝(張士珩)은 리훙짱의 외조카였으며, 꿍짜오오아이(龔照璦)은 리훙짱이 믿을만한 같은 고향(同鄕)사람이었고, 리우치샹(劉麒祥)은 상군(湘軍)의 장군이었고, 후에 섬서순무(陝西巡撫)에 임명된 리우룽(劉蓉)의 아들이었다. 윗사람이 하는 일을 아랫사람이 그대로 모방하듯이, 국내(局內)의 위원(委員), 사사(司事)등 직위는 대부분이 총판(總辦), 회판(會辦)과 관계가 있는 사람이 차지하였다. 그래서 전체 제조국의 흑막은 더욱 심해졌고 탐오(貪汚)가 성행하게 되었다. 리우치샹(劉麒祥)은 재임기간동안 공공연히 제조국에 필요한 물품을 자기가 먼저 구매한 후에 다시 그것을 제조국에 넘기는 규정을 세워놓고, 중간에서 많은 금전을 착복하였다. 강남제조국에서는 이러한 봉건관료의 모리배와 같은 개인적인 금전수수가 이루어지고 있었다.

강남제조국의 생산과 발전은 모두 외국자본주의 지원을 떨어뜨려놓고서는 생각할 수 없다. 창업당시 설비의 대부분은 미국의 물품이었고, 후에는 영국, 독일 등 양국이 많은 설비를 제공하였다. 용화(龍華)의 화약공장[火藥廠]내에서 무연(無煙)화약의 기기(機器)를 제조한 것은 독일의 극로삼창(克魯森廠)에서 생산된 것이었고, 강철제련공장[煉鋼廠]의 많은 설비는 영국에서 구입한 것이었다. 당시 제조국을 참관한 사람들이 그곳에 있던 많은 외국 기기(機器)들을 보고 이상한 생각을 갖게 되었다. 기괴한 생각은 영국기기(英國機器) 위에 덕상양행(德商洋行)의 상표가 붙어있던 것이다. 원래 이러한 기기는 외국에서 만들어진 것이 아니고, 외국 양행에서 대신사다 판 물건이었다. 이렇게 함으로써 이로운 점은 일단 기기의 품질에 문제가 있을 경우에는 가까운 양행(洋行)과 바로 교섭을 하였고, 이렇게 하는 것이 직접 외국의 공장에서 물건을 구매하는 것보다 편리하였기 때문이었다. 그래서 제조국의 일부 중요한 작업장은 외국인 기술자들이 오랜 기간 독점하였다. 원래 기기철창의 경리과에 있었고, 또 제조국의 초기 기술인원들을 리홍짱은 상당히 신임하였다. 따라서 이 과(科)를 제조국에 남겨놓고 스티븐슨(Stephenson, 斯蒂芬生)을 설계사로 임명하게 되었다. 후에 영국인으로 미국인을 대신하였고, 창공장[槍廠], 포공장[炮廠], 포탄공장[炮彈廠]의 공장장[廠長]을 모두 영국인으로 교체하였고, 뿐만 아니라 독판(督辦)의 고문인 펀타(彭他), 커니스(柯尼施) 역시 영국인이었다. 그들은 제조국의 기술 대권을 장악하고 있었다. 강남제조국의 기능을 계속 유지시키기 위해서, 영국인들은 해관을 조종하여 관세에서 일부분의 항목을 제조국의 경비로 사용하는 것의 동의를 얻어냈고, 어떤 때는 한 달에 5, 60만 량을 꺼내 썼다.

강남제조국은 큰 기기(機器)를 생산하는데 적합했고, 이전 봉건왕조의 병기작업장[兵器作坊]과는 비교도 안 될 정도의 엄청난 규모였다. 그러나 완전히 청정부의 봉건관료들이 모든 부분을 점거하고 있었고, 또 일일이 외국 자본주의에 의탁하고 있어 중국 최초의 관료자본기업의 하나라고 말할 수 있다.

아편전쟁(1840년)에서 60년대 중기까지 20여 년간의 시간동안, 상해는 전국 수출입 무역의 중심일 뿐 만 아니라, 중국 근대기업이 집중적으로 위치한 도시가 되었다. 1865년에는 전국에 각종 외국 상공공장[商工廠]이 약 3·40여 곳이 있었는데, 그중 25개가 상해에 있었다. 동시에 상해는 또 외국은행과 윤선공사의 중요한 거점이었다. 60년대에서부터 청 정부는 이곳에 근대군사공업 시설의 건설을 시작하였다. 이렇게 중국이 반식민지 반봉건사회로 진입된 후, 상해는 간단한 항운중심(航運中心)만이 아니었다.

위에서 말한 일부 외국 기업 중에는 그 반 이상이 60년대 후반기에 설립되었으며, 일부 대공장, 예를 들어 상생선창(祥生船廠), 야송선창(耶松船廠) 역시 60년대의 산물이었고, 은행(銀行)의 설립 역시 이 시기에 가장 많았다. 그 원인은 당시 상해의 수출입 무역의 증가 이외에 중국 지주관료의 재부(財富)가 이곳으로 집중되었다는 것이 중요한 요인이었다. 왜냐하면 수출입무역의 증가는 매판(買辦)의 중개수수료 수입의 좌우에 따라 증가 된다. 이로써 각지 신상(紳商)이 자금을 휴대하고 이곳으로 몰려들었다. 이러한 두 부류의 자금은 외국상인의 기업자금에 중요한 자원이었다. 앞에서 기창윤선공사가 중국인 주주를 모집한 것이 전형적인 사례라고 할 수 있고, 이것은 당시 중국인들이 외국상인의 기업에 투자한 자금의 총액이 어느 정도였는지는 알기 쉽지 않다. 그래서 외국 상인 기업은 단순히 외국인들로만 구성하여 기업을 발족시키지 않았으며, 더욱이 외국인의 자금을 본국에서 가져와 중국에 투자하는 일은 더더욱 없었으며, 그들은 단지 외국 상인이 경영하였다는 것뿐이었다.

위에서 본 것과 마찬가지로 상해 개항 초기 영국 상인이 수출입 무역 중에서 약간의 우세를 보인 것은 같은 맥락에서 이해된다. 이 시기의 외국 상인 기업은 소수의 몇 개 기업인 미국, 프랑스의 상인이 경영한 것 이외에 대부분이 영국 상인들이 경영하였다. 이러한 기업의 대부분은 수출입무역과 직접적인 관련을 갖고 있었으나, 일부분의 기업 즉 식품공장, 인쇄공장 등은 수출입무역과는 비교적 간접적인 관계를 유지하였고, 그들은 독립적으로 자본 수출을 하였던 것으로 보인다. 갑오전쟁이후 제국주의 경제침략의 주요 특징이었던 자본 수출은 이 시기에 싹트기 시작하였던 것이다.

제2절 금융파동 후의 외국 기업과 요람중의 민족자본기업

외국상인이 상해에 공장과 은행을 설립하자, 상해에는 이전에 없었던 금융파동이 나타나게 되었다. 이것은 1866년의 일이다.

앞에서 말한 것과 같이 태평천국(太平天國) 기의(起義)때 각지의 신상(紳商)은 상해 조계로 피신하였다. 조계의 인구는 격증하였고 지가(地價)가 올라갔으며, 조계 내의 땅은 투기가 일어났으며, 기형적인 번영이 형성되었다. 태평천국 기의의 실패 후, 신상(紳商)들은 모두 고향으로 돌아갔고, 매입했던 토지들을 한꺼번에 팔려고 내놓으니 매물(賣物)이 많아져서 땅값은 많이 떨어졌다. 이때 우연히 런던과 봄베이[1] 등지에서 금융파동이 발생하였는데, 이것이 상해에까지 그 영향을 미쳤다. 이러한 내외의 요소로 상해 조계의 경제는 극심한 소동이 일어나게 되었다. 부동산업과 건축업이 가장 큰 타격을 입었다. 전체 지역과 도로변의 건물은 사람들이 떠나가 모두 비어 있었고, 건축 중인 많은 건물들이 공사도중에 공사가 중지되었고, 토지(土地) 투기상들은 파산을 선고하였다. 건축 재료의 제조를 위주로 하는 상해 전와거목창(磚瓦鋸木廠)은 계속 판매가격을 낮추었고, 1867년에는 결국 총 손실액이 10만량이 되어 부득불 가격을 낮추어 다른 사람에게 공장을 양도하였다. 이러한 파동이 일어나기 1, 2년 전 상해에는 새로 생긴 외국은행들 역시 안정적이지 못하였다. 파동이 일어나자, 그러한 은행은 바로 문을 닫을 수밖에 없었다. 상해에 있던 11개의 외국은행중 이 파

---

1) 봄베이(Bonbay)는 1995년 11월에 뭄바이(Mumbai)로 개칭되었다. 역자 주

동을 지난 후에는 동방(東方), 유리(有利), 맥가리(麥加利), 회풍(滙豊)
과 프랑스 5개 은행만이 남게 되었다. 도산의 바람은 수출입무역과 유
관한 업종에까지 미쳤다. 설립한 지 오래되지 않은 2개의 소사창(繅絲
廠)은 단명(短命)으로 도산했고, 이전에 수 만량의 은자(銀子)를 들여
건립한 부두의 창고[棧房]는 전부 버려져 사용되지 않았다. 60년대의
전반기 상해에는 거의 매년에 2, 3개의 공장이 새롭게 문을 열었다.
그러한 공장은 1866년의 파동으로 주식이 모두 하락하였고, 1866년에
는 그래도 3개의 공장이 새로이 신설되었다. 그중에는 수명이 아주 짧
았던 소사창(繅絲廠)이 포함되고 있었으며, 이러한 상태에서 60년대
말까지 새로운 공장의 설립은 아주 드물었다. 1866년에서 1878년까지
12년간, 상해에는 새로이 설립된 기업은 20개 정도였으나, 매년 평균
한 개 반 정도의 새로운 공장이 세워졌는데, 이는 파동이전보다 상당
히 낮은 수준의 신설이었다. 당시 외국 신문에서 지적하고 있듯이,
1866년은 외국 자본가들이 말하기를 아주 상서롭지 못한 해였다고 하
였다.

그러나 이러한 금융파동은 상해의 근대기업 발전의 속도를 늦춰놓
았지만, 발전의 추세를 바꿔놓지는 못하였다. 이러한 파동의 타개는
항운업(航運業)에서부터 시작되었다. 아편 전쟁 후, 외국 침략자들은
통상항구에서의 무역 항행의 권리를 취득하였다. 이와 동시에 그들은
각 통상항구간의 항운업무의 경영도 시작하였다. 이러한 특권은 아편
전쟁후의 체결한 조약인 『통상장정선후조약』(通商章程善后條約)에서
규정되었다. 이로써 60년대에는 외국 상인들이 윤선(輪船)으로 범선
(帆船)을 대체하였고, 외국 범선간의 경쟁 아래 어렵게 발전을 하던 중
국의 구식 항운업은 더욱 어려운 지경에 처하게 되었고, 이로써 상해
항의 범선 수는 원래 3천 여 척이었으나 감소하여 4,5백 척으로 줄어
들었다. 금융파동으로 영향을 받았으나, 상해에서 국내 다른 항구로의

왕래 선박의 총 톤수는 1866년과 1867년에는 109.2톤과 108.5톤이었는데 1865년에는 115.3톤의 수준이었다. 그러나 1868년에는 118.1톤으로 증가하여, 금융파동 전의 수준을 초과하고 있다. 파동이 지난 후, 상해의 수출입무역 역시 점차 회복되었다. 1861년에서 1863년 상해 평균 매년 수출입 화물의 총액은 6,340만(萬) 해관량(海關兩)이었고, 1871년에서 1873년에 이르러서는 연평균 총액이 8,730만 해관량으로 증가하였다. 수출입 화물 총액의 증가는 항운업의 발전의 상응적인 확대를 촉진시켰다.

1872년 상해에는 3가(家)의 아주 유명한 항운기업이 출현하였다. 이 한 해에 런던의 중국항운공사(中國航運公司)가 상해분공사(分公司)의 업무를 태고양행(太古洋行)에 위임을 하였으므로, 일반적으로 태고윤선공사(太古輪船公司)라고 불렀다. 태고(太古)는 설립된 이후 오래지 않아, 1867년에 세워진 공정윤선공사(公正輪船公司)를 매입하였다. 태고(太古)가 설립된 이 해에 이화양행(怡和洋行) 역시 그의 매판이었던 탕팅쑤(唐廷樞) 등을 통해 선박을 매입한 후, 화해윤선공사(華海輪船公司)를 조직하게 되었다. 오래지 않아 이화양행은 또 양자윤선공사(揚子輪船公司)를 설립하였다. 이 두 곳의 공사는 1881년 인화윤선공사(印華輪船公司)를 합병하고는 통상적으로 이화윤선공사(怡和輪船公司)라고 불렀다. 1872년 말, 리훙짱은 "조량(漕糧) 운반을 책임지고, 승객과 화물을 실어 나르는 것을 하청 받으면, 서양의 상인들과 이익을 나눌 수 있다"라는 지적을 한 후, 윤선초상국(輪船招商局)의 설립을 시작하였다. 당시 상해는 이미 국내 연해항선(沿海航線)과 장강항선(長江航線)이 주축이었고, 중국 수출입 무역의 가장 중요한 항구였고, 항운업은 영국과 미국 상인의 수중에서 조종되었다. 그래서 초상국이 설립되자, 기창(旗昌), 태고(太古) 및 이화양행(怡和洋行) 소속의 윤선공사(輪船公司)는 즉각 "그곳에서 선박을 건조하여 진수식을 한다면 반드시 문제가 생길 것이다."[2]라는 성명을 발표하였다. 당시 적지 않은 사람들이 초상국(招商局)에 대해서 "자금이 많지 않으므로 오래 버틸 수 없다"고 생각하였다. 그러나 초상국의 국무(局務)를 담당하였던 유명한 매판(買辦) 탕팅쑤(唐廷樞), 쉬룬(徐潤) 등은 많은 자금을 초상국으로 끌어왔고, 가격을 할인하는 방법을 경쟁의 수단으로 채택하였다. 이러한 경쟁 중에서 초상국은 조운전리(漕運專利)에 대한 특혜가 있었으므로 형세가 반듯이 불리하지만 않았다. 그러나 기창은 반대로 선박이 비교적 오래되었고, 점차 궁색한 태도를 보였으므로 액면가(額面價) 100량짜리인 주식이 5·60원으로 떨어졌다. 이때 원래 모리(牟利)를 취하고자 하였던 탕팅쑤, 쉬룬, 성슈앤화이(盛宣懷) 등은 기창의 주식이 하락하는 것을 보고, 이 기회를 틈타 대량으로 그 주식을 매입하고는 리홍짱에게 고가(高價)로 기창윤선공사(旗昌輪船公司)를 매입하도록 종용(慫慂)하였다. 이러한 소식이 퍼지자 기창의 주식은 다시 1백 여 량으로 올라갔다. 이렇게 함으로써 탕팅쑤, 쉬룬, 성슈앤화이 등은 많은 돈을 벌 수 있었으나, 초상국은 오히려 상당한 타격을 입었다. 왜냐하면 파손되거나 낡은 선박을 대량으로 매입하였으므로 화물운반의 수입에는 별다른 증가가 없었고, 오히려 유지비만이 많이 지출되었다. 더욱이 초상국 본연의 기구를 잘 관리하지 못하였기 때문에 나날이 경영의 악화를 초래하였다.

1877년 초상국은 태고(太古), 이화(怡和)와 함께 가격협상을 하였고, 여기에서 3가(家)가 운수(運輸)의 통일 가격을 결정하고 그 화물에 대한 가격을 결정하였다. 초상국을 경영하던 매판 관료는 이 기회를 틈타 외국상인들과 "이익을 나누어 갖자"는 생각을 하게 되었다. 그러나 곳곳이 지뢰밭과 같아 한발짝도 움직이기가 쉽지 않았다. 사실상 외상(外商)들은 이러한 협정이 타산에 맞지 않자, 기회가 있으면 바로 이

---

2) 『申報』, 1874년 6월 12일.

계약을 파기하고 다시 경쟁 상태로 돌입할 생각을 하고 있었다. 여기에 초상국은 다시 한 번 굴복하였다. 1884년과 1890년 두 차례에 태고, 이화와 계약을 하였는데, 계약을 하면 할수록 초상국은 더욱 불리하게 되었다. 초상국은 원래 그들이 지니고 있던 화물 운반량의 일부분만을 담당하게 되었고, 태고(太古)와 이화(怡和)는 더욱 그들의 활동범위를 확대시켰다. 가격의 협상으로 외상(外商)은 초상국(招商局)의 손발을 묶어 놓았고, 상대적으로 그들은 오히려 그들의 세력 범위를 더욱 확장시킬 수 있었다. 이화는 1887년 6척의 선박이 있었고, 총톤수는 3,109톤이었는데, 1893년에는 22척의 선박을 보유하게 되었고, 총톤수는 23,953톤이었다. 태고(太古)는 1877년에 5척의 선박을 보유하고, 총톤수가 8,361톤이었는데, 1893년에는 보유선박이 23척으로 증가하였고, 총톤수는 34,543톤이나 되었다. 같은 시기 초상국의 선박톤수는 23,000톤의 수준만을 유지하고 있었다. 또 가격협정은 기타 외국 윤선회사의 설립을 저지하지도 못했다는 것을 설명하고 있다. 1884년에는 영국 상인의 상태목행(祥泰木行)이, 1890년에는 독일 상인의 서기양행(瑞記洋行) 등이 항운 업무를 개시하였다. 뿐만 아니라 초상국의 존재는 오히려 중국 민족 항운기업의 발전에 장애가 되었다. 1882년 상해 상인 예청쭝(葉澄衷)이 광운국(廣運局)을 설립하려고 하였으나, 리훙짱(李鴻章)이 즉각 저지하여 독점적인 그 업종에 끼어들지 못하였다.

　태고(太古), 이화(怡和)와 가격 협정을 체결함과 동시에 초상국(招商局)은 이미 대량의 외채를 안고 있었다. 1877년 기창양행(旗昌洋行)에서 100만 량, 1883년 천상양행(天祥洋行)과 이화양행(怡和洋行)에서 743,000량을, 1885년에는 회풍은행(滙豊銀行)에서 30만 파운드를 빌려왔다. 이러한 차관은 초상국의 동산(動産), 부동산(不動産) 및 운수수입을 담보로 잡히고 아주 나쁜 조건으로 계약이 체결되었는데, 예를 들면 이자를 15일 늦게 상환하게 되면 채권인은 임의로 물품을 압수할 수 있도록 하였다. 또 차관을 계약할 당시에는 채권인이 그 대표를 초상국에 파견하여 감독한다는 규정까지 있었다. 1886년에서 1887년 사이, 중국 해관에서 업무를 보고 있던 몰스(H. B. Morse, 馬士)는 이전에 회풍은행(滙豊銀行)의 대표 자격으로 초상국내에서 함부로 무례하게 이러 쿵 저러 쿵 업무를 관리하였다. 더욱 심한 것은 중프(中法), 중일전쟁(中日戰爭) 기간 동안에 초상국은 경영권을 두 번이나 외국상인에게 넘겼으며, 전후에 다시 회수하였는데 이러한 것은 초상국이 외국자본에 대한 의존성을 충분하게 폭로한 것이다.

관료(官僚), 매판(買辦)의 억제 하에서 초상국의 업무는 장기적인 어려움에 빠져있었고, 그래서 외국 상인이 상해 항운업의 주체로 계속 발전하였다. 1870년 상해 항에 드나드는 선박의 총 톤수는 176만여 톤이었고, 1880년에는 약 332만 톤으로 증가하였는데, 이것은 10년 전의 두 배에 달하였다. 항운업의 확대는 직접적인 부두와 선박의 수리, 건조업(船泊修造業)의 진일보한 발전을 추진케 하였다.

이렇게 윤선이 성행하기 전에는 화물선이 항구에 들어 온 후, 대부분 강 가운데에 정박하였고, 작은 선박이 선적과 하역을 담당하였는데, 이러한 배는 부두가 어떠하던 간에 별 문제가 없었다. 그러나 많은 양행(洋行)들이 자기의 작은 선박 전용부두가 있어, 화물 운반가격을 낮출 수 있었고, 점유하는 면적 또한 넓지 않았다. 윤선이 많아진 후에는 선적과 하역을 빠른 속도로 작업 진행을 위해, 또 항에 정박하고 있는 시간을 단축시키기 위해 대형윤선부두의 필요성을 느끼게 되었고, 이것은 윤선이 직접 부두에 정박해 선적 및 하역작업을 할 수 있게 하고자 하였던 것이다. 그래서 전문적인 부두경영의 업무를 담당하는 회사가 생겨나게 되었다. 홍구(虹口)와 외탄(外灘) 및 포동(浦東) 등 부두를 만들기 좋은 해안선은 모두 외상들에 의해 점거 당하였다.

1875년 세워진 공화상(公和祥)부두공사는 그중 가장 먼저 생긴 것 중의 하나이다. 이것은 이화양행에 속한 회사로, 원래 이화양행의 순태(順泰), 경기(琼記) 두 부두를 포함하고, 복승양행(復升洋行)의 홍구(虹口)부두를 포괄하고 있다. 그 업무의 확대 후, 또 화순(華順), 기창잔(其昌棧) 등의 부두를 매입하게 되자 점차 상해 최대의 부두공사가 되었다.

선박 수리 및 건조업(船泊修造業)에 있어서 야송(耶松), 상생(祥生) 두 선창(船廠)이 윤선제조(輪船制造)를 시작하였고, 외상윤선공사(外商輪船公司)는 그들의 큰 고객이었다. 70년대 말, 상생(祥生)은 이미 15척의 선박을 만들었고, 어떤 것은 배수량이 1,300톤에 달하였다. 야송선창(耶松船廠)에서는 1884년에 적재량 2,000톤의 "위앤허호"(源和號)의 진수식을 가졌고, 당시로써는 원동(遠東)지역에서는 최초로 가장 큰 상선(商船)을 만든 것이었다. 청 정부 역시 이 두 선창(船廠)의 중요한 고객이었다. 비록 강남제조국이 이미 좋은 선박을 만들고 있었고, 최대 톤 수는 2,000여 톤이었으나, 청정부와 외국 영사간의 협약으로 제조국에서는 상선(商船)을 만들지 않기로 하여, 외상의 선창에서는 군선(軍船)을 만들지 않기로 하였다. 그래서 강남제조국에서는 한 척의 상선(商船)도 만들지 않았으나, 외국상인 선창(外商船廠)에서는 몇 척의 포정(炮艇)과 수뢰정(水雷艇)을 만들었다. 선박을 만드는데는 강재(鋼材)와 기기(機器)가 필요한데, 이러한 것은 모두 국외에서 수입을 해야 했었기 때문에, 상해 조선업(造船業)의 발전은 상당한 제약을 받았고, 선박 수리(修理)는 여전히 각 선창(船廠)의 중요한 업무였다.

선박제조업 발달의 또 다른 하나의 표지는 일부 중국 민족자본이 소형 선박제조창을 설립하였다는 것이다. 이러한 민족기업은 비록 규모면에서는 아주 작고, 외국자본에 대한 의존성이 역시 있었으나, 그것은 오히려 외국자본주의 대립물(對立物)로써 중국 사회의 새로운 생산력을 대표하는 것이었다. 앞에서 말한 것과 같이, 아편전쟁 이전에 상해에는 이미 여러 종류의 수공업이 있었고, 주로 단철업(鍛鐵業), 구리와 주석업(銅錫業) 등등이었다. 그들은 이미 일상생활용품을 생산하였을 뿐 아니라, 농업 발전에 따른 부업(副業) 생산에 필요한 일부 도구를 제조할 수 있었고, 아울러 목선(木船)을 만들었다는 기록도 있었다. 이러한 것은 모두 이후의 민족자본기업의 탄생을 준비하는 중요한 조건이 되었다. 아편전쟁 이후 외국 자본주의의 경제 침략으로 일부 외상(外商) 기업은 특별히 선박수조창(船舶修造廠)을 설립하였고, 이것은 민족자본기업 탄생을 촉진하는 외부조건이 되었다. 60년대 후기, 상해에 첫 번째 민족자본기업인 발창호(發昌號)가 출현하였다. 70년대 이후에는 건창동철기기창(建昌銅鐵機器廠)등이 계속해서 설립되었다. 이러한 공장주(廠主)는 외상선창(外商船廠)에서 선박의 부속품을 수리하는 업무를 얻어 오곤 하였다. 진출항하는 선박이 비교적 많아지자, 수선업무는 눈코 뜰 사이 없이 바빴으며, 1882년에는 발창(發昌), 건창(建昌)등 이러한 작은 창(廠)이 7군데나 되었다. 이러한 공장중에서 균창기기창(均昌機器廠)은 초상국의 고급직원이 설립한 것이고, 나머지 공장주는 수공업자나 수공업자의 재력을 빌어 공장의 문을 연 것이다. 초창기에 이러한 공장 대부분은 자본이 미약하였으며, 1,2백 원(元)의 자본으로 시작하였다. 그러나 당시 노동자의 임금이 낮았고, 이러한 공장의 이윤은 아주 높아, 자본 축적이 비교적 빨랐다. 그러나 외상(外商) 선창(船廠)의 중요 설계도 기술은 모두 비밀이었고, 도크는 독점되어 있었기 때문에, 민족자본으로 경영되던 작은 공장의 발전은 기본적으로 부속품의 수리업무의 증가에 제한이 있었고, 오직 개별적으로 스스로 몇 개의 선박을 제조하는 것이었는데, 발창호(發昌號)가 그중 하나였다.

발창호의 창시자인 팡쥐짠(方擧贊)은 일찍이 상해의 대장간에서 제

련기술을 만주족의 스승으로부터 배운 타철(打鐵) 노동자이었다. 후에
그는 동피(銅皮), 동정(銅釘) 등 옛 화폐를 사고팔았으며, 동시에 외국
상인 경영의 옛 도크에서 외국 상인과 연결이 되어, 선박수리의 단조
업무(鍛造業務)를 청부받게 되었다. 이러한 업무의 경영을 위해 그는
같은 동향이면서 동업자였던 쑨잉더(孫英德)를 초청해 1866년에 2, 3
백 원의 자본으로 발창호를 창립하였다. 창업 당시에는 4, 5명의 노동
자와 타철로(打鐵爐) 한 대가 주요 설비였다. 이후 업무는 매년 발전하
여, 선반(車床), 냉각가공(冷作, 냉각작업), 주조(飜砂, 주물), 절삭가공,
단조(鍛造) 등의 설비를 갖추었고, 노동자도 늘어나 3백 여 명에 이르
렀으며, 증기로(蒸氣爐)는 생산에 소요되는 동력을 제공하였다. 70년
대에 시작한 발창호 경영의 업무는 선박수리의 한계를 벗어나, 금은
(金銀) 그릇(器皿), 휴각동판여도(鐫刻銅版興圖), 선반기추(車床汽錘)와
부표(浮筒)의 제조를 제외하고는 크고 작은 윤선을 만들 수 있는 능력
을 갖추고 있었다. 발창호는 1877년의 공고에서, "본 호(本號)가 상해
에서 창업한 것은 품질 좋은 공업 재료를 얻기 위해서이고, 전문적인
대소 윤선기기를 만들기 위해, 이미 몇 척의 선박을 만들었다. 이렇듯
발전의 속도는 아주 빠르다."[3]고 말하고 있다. 80년대 초, 그들은 "화
이창"(淮床)호라는 철제 윤선을 건조하였고, 배수량이 115톤이었다.
발창호의 이러한 국면은 팡쥐짠(方擧贊)의 큰 아들 팡이뤼(方逸侶)와
관계가 있었다. 1879년 팡이뤼는 그 부친의 직(職)을 이어받았을 때가
23세에 불과하였다. 그는 외국어에 비교적 능통하였고, 기계에 대해
잘 알았으며, 스스로 윤선을 설계를 할 수 있었다. 그가 경영을 하고
있을 때, 발창호는 전성시기를 구가하였다. 그러나 당시 한편으로는
외국상인 윤선공사의 배제를 받았고, 다른 한편으로는 청정부의 냉대
를 받아, 발창호는 설비를 제대로 갖추지 못하도록 압력을 받았다. 이

---

3) 『申報』, 1877년 1월 24일.

러한 외부적인 영향으로 팡이뤼는 자신의 재능을 발전시킬 여지가 없었다. 그래서 발창호는 아주 빠른 속도로 쇠퇴하였다. 1895년 전체 공장에는 오직 10여 명의 노동자만이 남아 있었다. 나아갈 길이 없었던 팡이뤼는 부득불 발창호를 야송선창(耶松船廠)에 양도하였고, 이로써 중국 제1의 민족기업의 역사가 끝나게 되었다.

60년대 후기에 항운업, 부두업과 선박 수조업의 역사가 출현하여 발전하였는데, 상해 근대기업의 발전중 하나의 중요한 방면을 제시하였다. 이와 동시에 상해에는 일부 기타 근대기업이 설립되었다.

금융파동의 한차례 타격이 소리 없이 기기소사창(機器繅絲廠)의 자취를 감추게 하였으나, 7,80년대에는 다시 새롭게 태어나게 하였다. 먼저 기창양행(旗昌洋行)은 1878년에 기창사창(旗昌絲廠)을 설립을 시작으로 계속 이화양행(怡和洋行) 등이 소사창(繅絲廠)을 설립하게 되었다. 상해에서 가장 빠른 민족자본 경영의 소사창은 황쭈오칭(黃佐卿)이 설립한 공화영(公和永)소사창으로 1881년에 투자하여 생산을 시작하였다. 황쭈오칭은 후에 사업공소(絲業公所)의 책임자를 역임하였다. 공화영창(公和永廠)은 창립 초기의 규모는 기창(旗昌), 이화(怡和)등 몇 개의 외국상인 사창과 비등하였으나, 이후에 확충하여 소사차(繅絲車) 수량이 최초의 100부(部)에서 900부(部)로 증가하였고, 이는 당시 외상기업과 경쟁을 할 수 있는 민족자본이 설립한 대창(大廠)이었다.

당시 신설된 공장 중에는 많은 일용품 제조창이 설립되었다. 외국상인은 메이저비누공장[美査肥皂廠], 상해기기얼음공장[上海機器制冰廠], 수창보일러국[燧昌自來火局], 상해가죽공사[上海熟皮公司], 화장종이공장[華章紙廠] 등을 전후로 설립하였다. 민족자본기업으로는 고기목공장[高記木廠], 상해유리제조창[上海玻璃制造廠]과 유태항화륜면국[裕泰恒火輪面局] 등이 있었다.

이 당시 인쇄업은 또 하나의 새로운 발전이었다. 1870년에는 전문

적인 외국 서적을 인쇄하였던 별발양행(別發洋行)이 출현하였다. 1872
년 메이저(Major, 美査)가 개업한 최초의 중문보관[中文報館]은 신보
관(申報館)이었다. 신보관은 그 지론(持論)이 공정하지 못하자, 롱홍
(容閎)이 1874년에 자금을 모아 『회보』(滙報)를 창간한 이유를 "당시
의 일들이 중국에 불리하게 작용하므로, 서면으로써 전쟁을 하겠다."4)
고 창간의 변을 말하였다. 그러나 이러한 신문사[報館]는 다음해에 휴
업하게 되었다. 왜냐하면 출자된 자금이 대부분 매판자본이었는데, 많
은 사람들이 신문의 이러한 입장을 찬성하지 않았기 때문이었다. 오래
지 않아 인쇄업에도 석판인쇄업[石印業]이 출현하였다. 초기에는 교회
에서 관리하던 토산만인쇄창(土山灣印刷廠)에서 전교용품(傳敎用品)을
석판인쇄 하였다. 후에는 메이저(Major, 美査)가 투자하여 점석재(点石
齋)에서 전문적인 번역서를 이러한 방법으로 인쇄하여 많은 이익을 남
겼다. 중국 상인들은 이것을 모방하여 쉬룬(徐潤)이 1882년에 동문서
국(同文書局)을 열었다. 인쇄업 중의 한 곳으로 지적할 만한 곳은 영국
상인이 경영하던 문회보관(文滙報館)으로 그들은 가스를 이용하여 동
력을 제공하여, 인쇄의 속도는 아주 빠르게 발전되었다.

공용사업(公用事業)의 발전은 사람들의 주목을 끌었다. 1882년 상해
의 최초의 발전창(發電廠)은 상해전광공사(上海電光公司)로 최초 발전
을 시작하였고, 공장은 현재 남경로(南京路), 강서로(江西路) 입구에
있었다. 이것은 세계에서 비교적 이른 시기에 생겨난 발전창(發電廠)
중의 하나였다. 상해에서 영국의 가장 빠른 전기 기계 공장(電廠)은 이
것과 비교해 1년 전에 생겨났고, 미국의 경우도 같은 시기에 설립되었
다. 그러나 최초의 발전량은 아주 미약한 상태로, 15개의 전등만을 밝
힐 수 있는 정도였다. 후에 규모가 비교적 큰 상해 수돗물 공장(上海
自來水廠)은 1881년에 수도관을 묻고, 저수지를 만들고, 물 저장고를

---

4) 戈公振; 『中國報學史』, 三聯書店 1955年版, p.122.

만들기 시작하였다. 1883년 5월 리홍짱이 이 공장의 방수(放水) 의식
에 참가하여 친히 스위치를 움직여, 물을 저수지로 들어가게 하였다.
외국 상인이 상판(商辦)한 이 공장을 아주 흥미롭게 표현하였다.

당시 두 곳의 비교적 중요한 근대기업이 있었다. 하나는 외국상인으
로 1875년 창설된 오송철로유한공사(吳淞鐵路有限公司)로, 다음해 초
에 현재의 하남로(河南路) 다리의 북쪽에서 오송(吳淞)까지 협궤철로
(挾軌鐵路)를 놓았는데, 거리는 12리(里)로 중국내 최초의 철로가 되었
다. 이후 청 정부는 1877년 이 철로를 매입하였고 아울러 이 공사는
처분되어졌고, 이 공사는 이로써 문을 닫았다. 다른 하나는 청정부가
경영하였던 중국 최초의 육로전보선(陸路電報線)으로 진호선(津滬線;
천진-상해선)의 설립으로 전보분국(電報分局)이 생기게 되었다. 그 총
국(總局)은 최초로 천진에 생겼으나, 주식의 많은 부분을 상해에서 모
금하였으므로, 후에 총국역시 상해로 이주해왔다.

위에서 말한 각종 기업에 1872년에 설립된 것, 1875년에 도산된 도
이치은행(德意志銀行) 등 모두 40여 곳이 넘었다. 그중 5분의 3이상이
1878년 이후에 설립된 것이다. 특별히 1880년에서 1882년의 3년의 시
간에는 평균 매년 6, 7개의 새로운 기업이 설립되었다. 이것은 60년대
상반기 이후에 출현한 기업투자의 고조였다. 근대기업의 투자는 일시
고조를 이루었으나, 주식이윤이 높은 외국상인 기업 주식을 시장에서
따라가는 것이 중요한 목표였다. 상해수도물 공사(上海自來水公司)의
제1차 대회 보고(大會報告)에 의하면 "주식을 사고자 하는 사람이 주
식의 수보다 많았다. 그러한 자금의 전부는 상해에서 모아진 것이다.
이것은 사람들이 중국 홍건기업(興建企業)에 대해 아주 많은 관심을
갖고 있다는 것을 증명한다."[5]고 지적하였다. 이러한 주주중의 대부분

---

5) 『北華捷報』, 1881년 4월 19일, 『中國近代工業史資料』, 第1輯, 上册, p.187.
　　참조.

은 당연히 중국인이었다. 사실상 중국인이 외상기업의 주식을 매입하는 사례가 없지 않았다. 이화윤선공사는 약 45만 파운드의 자본 중에서 그 반은 중국인이 제공한 것이다. 이화사창의 주식 역시 10분의 6 이상은 중국인이 매입하였다. 그러나 중국인 스스로 세운 기업의 주식은 시장에서 인기 품목이 되었다.

1883년 상해에는 또 한 차례 금융파동이 일어났다. 그것은 17년 전의 파동과는 현저하게 달랐다. 1866년에는 은행업이 막중한 타격을 입었으나, 17년 후 외상(外商)은행은 오히려 살아남게 되었다. 왜냐하면 이 시간에는 은행의 실력이 현저하게 증가되었기 때문이다. 회풍은행의 예를 들어보면, 1872년에 자본금이 500만 홍콩달러였고, 1883년에는 750만 홍콩달러였다. 그의 저축액은 더욱 빠른 속도로 발전하여, 1870년에는 약 870만 홍콩달러에 이르렀고, 1880년에는 2,300만 홍콩달러이었다. 기타 은행의 상황도 대동소이하였다. 이렇게 외국은행은 더욱 많은 항목으로 전장(錢庄)에 어음을 할인하는 수단으로 상해 금융의 중요한 제재 수단으로 사용하였다. 일찍이 1870년에 외국은행은 전장에 대출하였던 자금을 회수하고 긴축함으로써 사람들은 시장의 공황을 만들었다. 1883년의 금융풍조는 이러한 배경에서 나타났다. 이 해 초, 상해 사업(絲業)의 거두인 진지아지(金嘉記)의 도산(倒産)을 필두로 계속해서 쉬룬(徐潤)이 경영하던 부동산투기(地産投機)도 실패하였고, 부상 후꽝용(胡光墉)이 경영하던 사업(絲業) 역시 파산하여, 이러한 것은 모두 상해 시장에 상당한 영향을 주었다. 이러한 기간 동안에 외국은행 역시 대출금을 회수하였으므로 시장의 공황은 더욱 심화되었다. 이러한 파동 중에, 상해의 78가(家)의 전장(錢庄)중 68곳이 도산하였고, 각 업의 상호(商號)에 누를 끼친 곳이 3,4백 가(家)에 이르렀다. 시장의 파동은 공장발전에 영향을 미쳤고, 같은 해 상해에는 한 곳의 공장도 새롭게 설립되지 않았다. 이러한 상황과 연관되는 수입기

기 설비(設備) 수량은 현저하게 감소되었다. 70년대 말 이후, 상해에
수입된 기기는 매년 점차 증가되었고, 1878년에는 그 총액이 35,000
여 량이 되었고, 1880년에는 90,000량으로 증가되었으며, 1882년에는
더욱 증가되어 224,000여 량이었다. 그러나 1883년에는 거꾸로 많이
하향되어 8,300여 량이 되었고, 전년의 27분의 1 수준이었다.· 이것은
1883년의 금융파동이 상해 근대기업에 1차적으로 액운을 가져왔고,
가장 큰 타격을 입은 곳은 재력이 박약한 중국민족기업이었다.

1884년 중프 전쟁의 발발은 비록 상해 및 그 부근 지구(地區)에는
전쟁의 여파가 미치지 않았으나 프랑스 군함이 장강(長江)의 입구를
봉쇄하고, 상선을 조사하고, 한 때 유언비어가 유행하여, 인심이 흉흉
해져, "일천 금을 가지고 있는 사람은 이전과 같이 발전할 수 없다"6)
는 말이 유행하였다. 이러한 상황은 상해 근대기업의 회생을 지연시켰
다. 1884년에서 1886년까지의 사이에 상해 수입기기의 가격이 평균
90,000량으로 회복되었으나, 그것은 1880년의 가장 낮은 평균보다도
낮았다. 상해의 각 기업의 주식은 큰 타격을 입었고, 가격 또한 상당히
하락하였다. 액면가 100량의 초상국 주식은 1882년에 가장 낮은 가격
이 230량이었으나, 1885년 7월에는 58량으로 떨어졌다. 액면가가 100
원(元)이었던 상해전보국(上海電報局)의 주식은 1812년 2월에 가치가
160원(元)으로 되었으나, 1886년에는 57원(元)으로 하락하였다. 이 두
개의 청 정부 관판(官辦)기업의 주식가격이 큰 폭으로 하락하자, 보통
의 중·소 민족자본기업은 상상할 수 없는 정도의 어려움을 겪었다. 일
부 투자자는 아주 감격하여, "중국이 서방의 주식제도를 상해에서 모
방한 이래 한차례의 파동으로 수 십여 가(家)의 기업이 무너졌다. 공사
(公司) 이 두 글자는 사람들의 머리를 아프게 한다."7)고 하였으며, 그

---

6) 『上海錢庄史料』, 上海人民出版社 1978年版, p.53.
7) 中國史學會, 『洋務運動』, 第7册, 上海人民出版社 1857年版, p.316.

것은 다음과 같다. 그 주된 원인은 외국자본이 시장을 억제하고 조종하는 것에 있었다. 이러한 표현은 외국 자본주의의 침입이 비록 중국 민족자본주의의 탄생에 자극을 주었으나, 결국은 중국 민족자본주의의 발전을 저해하는 작용을 하였을 뿐 아니라, 이러한 파괴 작용은 나날이 현명하게 드러났다.

제3절 상해 근대기업(近代企業)의 초보적 발전

중프 전쟁에서 갑오전쟁기간까지, 상해에는 60여 가(家)의 각종 유형의 근대기업이 생겨나게 되었다. 그중 약 60%는 1890년대 이후의 5년 동안에 세워졌고, 매년 평균 7개의 새로운 기업이 탄생하였다. 이때 창업된 기업은 방직업(紡織業), 소사업(繅絲業; 생사업)을 중심으로 농촌의 부산품(副產品)의 가공공업이 돌출적인 위치를 차지하였다.

상해 방직업 조성의 분위기는 50년대 말까지로 거슬러 올라간다. 당시 스스로 서학(西學)에 심취한 상인 시창칭(席長卿)이 미국, 프랑스 등 국가의 상인과 기기직포(機器織布)에 대한 토론을 하였고, 이후 "주식을 모아 논의한 후, 염료 만드는 것을 논의하고 포필(布匹)에 염색을 준비는 등의 일"(招股聚議及自制顏料, 備染布匹等事)"[1]에 대한 연구를 하였다. 1865년 『북화첩보』(北華捷報)는 영국 상인 소유의 의창양행(義昌洋行)이 중국 상인과 합판(合辦)하여 방직업(紡織業)을 하려고 한다는 것을 밝혔다. 1868년 영국상인 알납불양행(軋拉佛洋行)이 공개적으로 신문에 주주와 기기직포창(機器織布廠)의 설비에 대한 자금을 모은다고 광고하였다. 다음해 원풍양행(元豊洋行)은 일부의 방사기기(紡紗機器)를 수입하였다. 상해 최초의 방직창(紡織廠)은 리홍짱(李鴻章) 및 그 측근의 조종 하에 있던 상해기기직포국(上海機器織布局)이었다. 이 공장은 1876년에 창업을 준비하였으나, 1890년 이후에야 생산에 들어갔다.

---

1) 『新報』, 1878년 8월 6일, 1879년 2월 27일.

방직창(紡織廠)의 설립조건을 상해는 이미 갖추고 있었다. 50년대
이후, 이곳에는 하나의 상당 규모의 방직품 시장이 있었고, 대형 방직
창의 생산력을 발휘하면 족할 정도였다.2) 동시에 자연히 경제가 와해
되어, 농민, 수공업자가 상당히 많은 수가 파산하였고, 노동력은 충분
하게 되었다. 원료 조달은 산지가 멀지 않아 공급이 수월했고, 가격 역
시 저렴하였다. 이러한 유리한 조건하에서도 80년대까지는 한 대의 기
기가 상해에서 실을 뽑지 않았다.

1876년에서야 리훙짱이 사람을 상해에 파견하여 직포국을 설립하였
으나, 자금을 모으는 과정에서 순리적이지 못하였다. 1880년 리훙짱은
상해에 오래 거주하였던 자를 파견하였는데, 양무(洋務)에 밝았던 정
꽌잉(鄭觀應)과 징위앤샨(經元善)이 실제로 이러한 업무를 담당하였다.
그들은 상해의 매판(買辦)으로 상인들 간에 비교적 영향력이 있었고,
신문지상에 투자 성명의 방법을 공포함으로써 사람들의 주목을 끌었
다. 리훙짱은 자기의 지위를 이용하여, 직포국을 매체로 구가지 특권
을 도모하였다. 그는 규정을 정해놓았는데, 하나는 10년 내에는 중국
상인에게 주식을 인도할 수 있게 하여, 다른 局의 설립을 막았으며, 기
타 중국 상인이 창(廠)을 설립하는 것과 경쟁할 가능성을 배제하였다;
다른 하나는 생산품이 상해에서 판매될 때에는 소수면세(銷售免稅; 세
금 면제)를 시켜 주었고, 내지(內地)로 이동되어 판매될 때에는 상해에
새로 생긴 해관에 관세를 완납하면 내지로 들어가는 일체의 이금(釐
金)3)을 면제하여 주었으며, 투자자의 이익을 보장해 주었다. 이렇게

---

2) 1871년에서 1873년 사이, 상해에서는 수입되는 洋布, 洋紗의 가치가 모든 수
   입화물의 3분의 1이상이 되었다. 양포(洋布)의 연수입(年輸入) 가격총액은
   약 3,200만 원(元)에 달하였다. 嚴中平, 『中國近代經濟史統計資料選輯』, 科
   學出版社 1955年版, pp.74,76.
3) 1853년 태상시(太常寺) 소경(少卿) 레이이시앤(雷以諴)에 의해 시행된 세금
   으로 이 세금은 태평천국 진압을 위한 군비를 제공하게 된 세금으로 세율은
   100분의 1 또는 1000분의 일을 받는다는 뜻으로 이(釐)라는 이름을 붙이게

주주에게 상당한 이익을 베풀자, 예상했던 자금 수집 액을 훨씬 초과하여 자금이 동원되었다. 징위앤샨(經元善)은 낙관적으로 생각하며, 직포국(織布局)만이 아니라 전체 상무(商務)가 모두 "이미 싹이 나고 있는 단계"[4]라고 하였다. 그러나 이러한 방법은 단지 청 정부 관료들의 반대를 가져왔다. 이후 정꽌잉(鄭觀應)은 직포국의 자본을 이용하여 투기를 하여 상당한 부채를 지게 되어 1884년에는 직포국에서 쫓겨났다. 구 관료(舊官僚)는 새롭게 대권을 잡고 조종하였으나, 그들은 기업을 경영과 운영(經辦)하는 것에 대해서는 문외한이었기에 리홍짱은 부득불 그 경영자를 바꿀 수밖에 없었다. 이러한 인사의 빈번한 변환은 자연히 건립 계획이 지연되기에 이르렀다. 그러나 다른 하나의 원인은 외국 자본가의 절충적인 대두였다. 70년대 말, 한 양행은 일부 이미 직포국에 자본을 투자한 차상(茶商)과 견객(掮客; 거간꾼)을 끌어와 다른 사창(紗廠)을 조직하려고 시도하여, 직포국의 역량은 분산되었으나, 양행이 기도하였던 이러한 방직창은 후에 설립되지 못하였다.

순탄치 않은 길을 걸으면서 1890년에는 양수포 황포(楊樹浦黃浦) 강변에 300여 무(畝)의 상해기기직포국(上海機器織布局)을 건립할 것을 예상으로 투자하였다. 거기에는 35,000매(枚) 사정(紗鋌)과 350대(臺)의 포기(布機)를 포함한 상당히 큰 규모를 갖추고 있었다. 1년이 지난 후, 상해에는 또 다른 하나의 방사(紡紗)인 화신방직총창(華新紡織總廠)이 출현하였다. 직포국은 10년 내에 주식을 살 수 있는 특권을 준다고 하였기에, 화신창(華新廠)은 명의상 직포국내에 부설된 것이었으나, 사실상 독립된 것이었다. 리홍짱은 직포국을 건립할 때 "조금의

되었다. 제정초기의 목적은 태평천국 진압 후 폐지가 논의되었으나, 각지의 군벌들은 이를 자신 부대의 경비를 제공하는 재원으로 활용하게 됨으로써 폐지될 수 없었다. 申義植, 앞의 논문 참조.

4) 汪敬虞, 『從上海機器織布局看洋務運動和資本主義發展關係同題』, 載『新建設』, 1963년 3월호 참조.

이익이라도 서양 상인과 함께 나눈다"(翼稍分洋商之利)라고 표방하였
으나, 그 공장의 연 생산량이 포(布) 24만 필(匹) 정도로, 1889년 수입
된 양포(洋布)의 6분의 1에 지나지 않았다. 그러나 이러한 공장을 위
해 나머지 방직창은 10년 내에는 설립될 희망이 없었고, 그래서 당시
사람들은 다음과 같이 한탄하였다. "이권의 회수는 어느 세월에나야
가능할까."5)라고 하였다. 그러나 리훙짱은 오히려 의지를 갖고 있었는
데, 왜냐하면 직포 부분의 이윤은 "한 달에 1만 2천"라고 하였고, 방
사부분은 더욱 많았기 때문이라고 하였다.6) 이것은 왜냐하면 직포국
의 책임자가 리훙짱에게 건의하여 직포국에 남아 있는 토지에 사창을
건립하자는 건의를 하였다. 그러나 1893년 10월 19일에 화재 발생으
로 인해, 직포국이 완전히 소실되어 이 계획은 수포로 돌아갔다.

직포국이 소실된 후, 2개월이 안되었을 때, 리훙짱은 셩슈앤화이(盛
宣懷)를 상해에 파견하여 직포국과는 다른 기기방직총국(機器紡織總
局)을 설립하도록 유도하였고, 이로써 직포국의 손실을 충당하려고 하
였다. 셩슈앤화이는 중국 상인이 방직창 설립을 허가하는 조건으로 사
(紗)를 1포(包) 출하할 때, 즉 세금 1량을 징수하는 것으로 직포국의
관관손실(官款損失; 정부투자금의 손실)이 청산될 때까지 받기로 한다
는 방법을 채택하였다. 이로써 전문적인 방직계사공소(紡織稽査公所)
가 생겨났다. 심지어 직포국의 상고(商股; 상인 주주)도 창(廠)의 기금
(基金)과 화재로 손실된 후 남아 있던 재산으로 나누어 갚으려고 하였
다. 이렇게 관관손실(官款損失)이 보상을 얻자, 상인들은 손해를 보지
않게 되었다. 셩슈앤화이(盛宣懷)의 이러한 조치는 넓게 상인들의 호
감을 샀으며, 새 공장(新廠)의 설립에 많은 편리함을 가져왔다. 화재
후 1년이 안되어 옛 공장(舊廠)의 자리에는 새로운 국(局)이 세워졌다.

---

5) 楊家禾,『論通商四大宗』,『新輯時務滙通』, 卷78, pp.1-2.
6) 張國輝,『洋務運動與中國近代企業』, 中國社會科學出版社, 1979年版, p.280.

새로운 규모로 기계가 돌아갔고, 이전보다 더 좋은 작업환경을 갖추게
되었다.[7] 통계에 의하면 이러한 공장은 화성방직총국(華盛紡織總局)이
새로운 포기 1,500대, 사정(紗錠) 6, 7만 매(枚)를 보유하고 있었다. 같
은 해, 25,000매 사정(紗錠)을 보유한 상판(商辦) 유원사창(裕源紗廠)
역시 생산에 들어갔다. 이렇게 상해에는 수십만 매(枚)의 사정(紗錠)을
보유하였고, 이것은 당시 전국 사정(紗錠)의 76%를 점유하였다.

　소사업의 상황은 이와는 달랐다. 외국자본이 이 방면에서 주요한 지
위를 차지하고 있었다. 60년대 초, 외상은 상해에 시험적인 소사창(생
사공장)을 설립하였고, 80년대 초, 상해 중외상인들이 몇 개의 규모가
비교적 큰 소사창을 설립하였다. 이러한 공장의 생산품은 품질이 좋
아, 가격이 국산의 것보다 20~25%이상 비쌌으며, 이윤도 괜찮았다.
뿐만 아니라, 구미 각지에서 상해창사의 수요가 현저하게 증가하자 기
기소사업(機器繰絲業)이 사람들의 투자의 흡인력을 갖게 되었다. 1884
년 곤기소사창(坤記繰絲廠)의 설립을 필두로 상해 소사업에는 새로운
발전국면이 나타났다. 90년대에 들어서면서 더욱 많은 사창(絲廠)이
생산을 하게 되었다. 1892년 미국 상인이 세운 건강사창(乾康絲廠)이
생산을 시작하였고, 1894년에는 독일 상인의 서기사창(瑞記絲廠) 역시
가동을 하였다. 1894년까지 중국과 외국 상인이 상해에 8곳의 소사창
을 설립하였고, 소사창의 총수는 12, 13곳으로 총 자본은 400만량 이
상으로 그중 3분의 2 정도는 외자기업의 수중에 있었다.

　1888년 일본의 미즈이 물산회사(三井物産會社)가 상해 기기알화국
(機器軋花局; 기계로 솜을 타는 것; 繰綿)을 포동(浦東)에 건립하고는
생산을 준비하여 다음해에 공장을 가동시켰다. 상해에 기기알화업이
출현하게 되었다. 민족자본 역시 이방면에 관심을 보였고, 1893년까지
최소한 3곳 이상의 알화창(軋花廠)이 설립되었다. 그들의 규모는 크지

---

　7) 孫毓棠, 『中國近代工業史資料』, 第1輯, 下册, p.1080.

않았으며, 가장 큰 규모는 원기공사(源記公司)인데 그곳에서도 매일 179단(担) 정도밖에 알화(軋花) 즉 솜을 타지 못하였다. 그러나 기기알화업(機器軋花業)은 이 공장이 가장 빨랐으며, 상해에는 또 일부 농부산품의 가공공업이 생기게 되었다. 이러한 공장의 알화업(軋棉花)는 상당부분이 일본으로 수출되었다.

방직창과 알화창의 출현으로 소사창은 더욱 늘어났고, 상해의 기기(機器)제조업이 새로운 발전을 하게 되었다.

앞에서 언급하였듯이, 상해의 기기수조업(機器修造業)중 가장 먼저 생긴 것은 선박수조(修造)이었다. 1885년 이후, 상해에는 몇 곳의 민족자본이 경영하는 선박수조창이 생겨나게 되었다. 이러한 창과 기존에 있던 같은 종류의 공장과는 비슷하였다. 자본금이 적고, 창주(廠主)는 수공업자 출신이 대부분이었다. 이러한 때 수출입 항구의 윤선이 나날이 증가되었으나, 외국 자본의 이 방면의 세력이 상당하여 상생(祥生), 야송(耶松) 양대 선창(船廠)을 제외하고는 자본금이 20만 량의 아고선창(亞古船廠), 대성기기창(大成機器廠) 및 기타 소창(小廠)들이었다. 민족자본이 경영하던 선창(船廠) 역시 그들과는 경쟁할 수 없어 나날이 쇠퇴하였고, 일부는 도산(예를 들어 發昌廠)되었고, 일부는 다른 업무로 업종을 바꿔 생존하였다.

1885년 전후로 일본은 발로 밟는 알화기(軋花機)를 판매해 많은 수익을 얻었다. 그 구조는 간단해 쉽게 모방할 수 있어, 일부 민족자본이 경영하던 선창(船廠)은 이러한 종류의 모방제조를 하게 되었다. 먼저 장완시앙 철공창(張萬祥鐵工廠) 이후로 계속해서 따이쮜위앤 철공창(戴聚源鐵工廠)등이 모두 이러한 알화기(軋花機)의 부품을 생산하였고, 이것은 상해 기기수조업(機器修造業)의 업무 범위를 확대되게 하였다. 동시에 영창기기창(永昌機器廠)에서는 이탈리아 소사기(繅絲機)를 모방해서 제조하였으며, 이것은 상해 소사창(繅絲廠)에 보편적으로 이용

되게 되었고, 공화영사창(公和永絲廠)은 영창창(永昌廠)의 대 고객이었
다. 1888년 영창창에서 근무하던 쪼우멍시앙(周夢相)이 독립하여 대창
기기창(大昌機器廠)을 설립하였고, 역시 소사기(繅絲機)를 만들었다.
이러한 알화기(軋花機)와 소사기(繅絲機)는 모두 비교적 간단하였으나,
부품에 제조에는 한정이 있어, 대부분의 부속은 외국에서 수입하였다.
1886년, 상해에는 또 하나의 민족자본이 경영하는 중국기기알동공사
(中國機器軋銅公司)가 출현하였다. 이것은 백동(白銅)을 제련하여 얇은
동편(銅片)을 만드는 것으로, 이 생산품은 일용 그릇(日用器皿)의 제조
에 사용되었고, 기기수조업(機器修造業)에서 아주 필요한 원재료가 되
었다. 이러한 기업의 출현은 민족자본주의의 발전에 하나의 지표가 되
었다.

　기기수조업(機器修造業; 기계 수리 제조업)의 발전은 전문적인 번사
창(飜砂廠; 주물공장)을 만들어냈다. 이러한 일부 공장은 크게는 강남
제조국(江南制造局), 작게는 발창창(發昌廠)등 모두 그 부설로 번사창
(飜砂廠, 주물공장)을 가지고 있었으며, 장완시앙철공창(張萬祥鐵工廠)
등 작은 공장은 수지가 맞지 않아 대부분 일부 부품을 생산 가공하는
하청업체로 바뀌었다. 이러한 수요에 적응하기 위해 독립된 번사창(飜
砂廠; 주물공장)이 출현하게 되었다. 1890년 설립된 순기번사창(順記
飜砂廠)은 현재로서 가장 빠른 독립된 주물공장이었다.

　상해에 수출입 무역의 발전은 근대기업의 발전과 같은 항운업, 선박
수리 제조업, 부두업 등 유관산업이 발전하였고, 아울러 면방직, 소사
(생사), 알화(軋花)등 농업 부산품 가공공업의 발전에도 연쇄 반응을
보였다. 이러한 것은 먼저 인쇄업 방면에서 나타났다. 80년대 쉬룬(徐
潤)등이 개설한 동문서국(同文書局)은 외국인이 석인법(石印法)으로
인쇄하는 것을 본받아, 민족자본 경영의 석인서국(石印書局)을 만들었
고, 현재에도 알고 있듯이 비영관석인국(蜚英館石印局), 홍문서국(鴻文

書局), 부문각(富文閣)과 배석산방(拜石山房)등 6, 7곳이 있었고, 이외에 연인법(鉛印法)을 채택한 곳은 광백종재(廣百宗齋), 녹음산방(綠蔭山房)등 몇 곳이 있었다. 이러한 서국(書局)의 출현은 상해가 중국 인쇄업의 중요한 기지로 성장할 수 있게 하였고, 종이의 수요가 나날이 절박해져 제지창(造紙廠)의 설립을 부추겨 윤장지창(倫章紙廠)은 1891년에 투자하여 생산을 하기 시작하였다.

이렇게 상해의 신식공업은 나날이 많아졌다. 90년대 초기에 원래 있었던 업종을 발전을 하였고, 새로운 업종도 부단히 출현하였다. 성냥공장(火柴廠)은 원래 한 외국 상인이 창업한 부싯돌공장(燧昌廠)이 있었는데, 이때는 최소한 3곳 이상 민족자본이 창판(創辦)하였으며, 그 안에는 영창창(榮昌廠)과 섭창창(燮昌廠)을 포함하고 있다. 약품과 음료 공업방면에는 외국 상인이 새로 연 굴신씨대약방(屈臣氏大藥房), 복리공사양주창(福利公司釀酒廠)과 필약수창(泌藥水廠)을 제외하고, 민족자본이 창판(創辦)한 중서대약방(中西大藥房), 중영대약방(中英大藥房)등이 출현하였다. 건축 재료의 제조공장 역시 당시에 많이 설립되었는데, 특히 규모가 제법 큰 상태목행(祥泰木行)과 상해양회공사(上海洋灰公司)가 있었다. 이후 상해에는 중요 업종으로는 연초공업(煙草工業) 역시 이 시기에 생겨났으며, 1893년 미국 연초공사(煙草公司)가 상해에 설립되었다.

80년대 말, 90년대 초 외국인들이 개업한 은행은 더욱 늘어났고, 더 나아가 상해의 금융권을 완전히 통제하였다. 1890년과 1892년 영국 상인들은 혜통(惠通)과 중화회리(中華滙理)라는 두 곳의 은행을 설립하였다. 1889년, 독일의 134개 은행이 합자(合資)하여 500만 량으로 덕화은행(德華銀行)을 창판(創辦)하였고, 본점을 상해에 두었으며, 이것은 영국은행의 강력한 경쟁자가 되었다. 1891년 리홍짱은 이 은행에 백은(白銀) 50만량을 입금하였고,[8] 보이지 않게 그 은행을 선전하였다. 1892년에는 일본 횡빈정금은행(橫濱正金銀行)이 상해에 분점을 설치하여, 저축과 환전 업무를 보기 시작하였다.

갑오전쟁 이전, 상해에는 약 100여 곳이나 되는 근대기업이 생겨났다. 이러한 기업의 대다수는 외국자본이 경영하던 곳이었다. 이것은 중국이 반식민지 경제의 주요한 특징이었다. 이러한 외자기업은 기업집단으로 형성되었다. 예를 들면 이화양행(怡和洋行)은 이화윤선공사(怡和輪船公司), 공화상부두공사(公和祥碼頭公司), 이화부두(怡和碼頭)와 이화사창(怡和絲廠) 그리고 회풍은행(滙豊銀行)의 이사회[董事會]에서 일정한 지위를 차지하고 있었다. 또 영국 상인 메이저(Major 美査)는 메이저형제유한공사(美査兄弟有限公司)를 조직해 메이저가 개설한 강소성약수창(江蘇省藥水廠), 신보관(申報館), 점석재석인국(点石齋石印局), 미사비조창(美査肥皂廠), 수창자래화국(燧昌自來火局), 신창서국(申昌書局)과 상해자유창(上海榨油廠)등 기업을 통일적으로 경영하였다. 메이저는 60년대 초 상해에 왔을 때는 작은 차상(茶商)에 불과하였는데, 급작스러운 거부가 되었다. 왜냐하면 그는 서양인으로 침략자의 특권을 이용하여 또 매판(買辦) 자본을 이용하여, 2, 30년 만에 큰돈을 벌게 되었고, 그가 소유한 기업의 자본은 275,000량이었다. 이외에 독일 상인이 세운 서기양행(瑞記洋行) 역시 이러한 기업집단의 핵심멤버였다. 1890년, 그는 독일의 한미윤선공사(漢美輪船公司)를 대리(代理)하여 중국에서 항운업을 시작하였고, 3년 후에는 포동(浦東)에 저유(儲油) 2,500톤의 상해 최초의 화유지(火油池)를 건조하였으며, 동시에 하루에 5,000상(箱) 이상을 담을 수 있는 콘테이너공장[裝箱廠]과 화유지(火油池)를 함께 설비해 편리하게 기름을 판매할 수 있었다. 이후 역사에서 나타나지만 이러한 소수의 기업집단은 거대한 집단으로써 발돋움하게 된다.

---

8) 施丢克爾, 『十九世紀的德國與中國』, 三聯書店 1963年版, p.256.

외국 기업은 침략자에게 거액의 이윤을 제공하였다. 상생, 야송 두 공장은 90년대 초기이윤이 20% 이상이 되었고, 높을 때는 30%로 일반 주주들에게 통상 10% 이상을 이윤으로 돌려주었고, 소수 발기인들에게는 더욱 높은 170%의 이윤을 배당하였다. 이러한 공장은 90년대 초 정해진 자본이 80만량과 75만량이었는데, 1900년에 이르러서 두 곳이 합병될 때, 총 자본이 570만량을 넘었으며, 이것은 동방에서 가장 큰 선박업 조직의 하나였다. 또 예로 대영자래화방(大英自來火房)의 자본은 1864년 설립시기의 10만량이 점차 증가되어 1896년에는 30만 량이 되었고, 주주에게 배당되는 배당금은 보통 12~16%의 수준이었다. 뿐만 아니라 영국 본토에서 각 가스공사[煤气公司]의 주주들이 종래에 10%이상의 이윤을 소유한 적이 없었다. 나머지 외국 상인 기업의 이윤 역시 아주 높았다. 미사형제유한공사(美査兄弟有限公司)는 설립된 해에 무려 32,471량의 이윤을 보았으며, 이윤율이 11.8%였다. 공화상부두공사(公和祥碼頭公司)는 1893년의 이윤율이 14.7%였다. 회풍은행(滙豊銀行)의 1894년 이윤율은 더욱 높아 28.2%였다. 당시 상해 구식 전당(典當), 은호(銀號), 전장(錢庄)의 고리대 자본의 평균 이윤율은 약 1분(分)에서 1분(分) 5리(厘) 사이였는데, 이러한 일반적인 외국기업은 이러한 수준을 초과하고 있었다.

통계에 의하면, 갑오전쟁 이전에 중국에 있던 외자공창투자 총액은 약 2,000만원이었고, 상해 한 곳에는 1,200여 만 원 정도였고 이것은 전국의 60%이상이 되었다. 그 나머지는 광주(廣州), 천진(天津) 등지에 투자되었는데, 상해와는 비교할 수조차 없었다. 상해 외자공창투자액의 3분의 2가 선박수조업(船舶修造業), 소사업(繅絲業)과 기타 수출입 무역의 편리를 도모하는 공장에 편중되어 있었다. 중국에 있던 대다수의 외국은행과 외국 윤선공사(外國輪船公司)는 모두 상해를 그들의 주 근거지로 삼았다. 외국 자본주의는 이때부터 상품의 수출을 중국에서 경제침략의 주요 수단으로 삼았다는 것이다.

이 시기에 상해에는 청정부와 대관료들이 근대기업으로 초보적인 군수공업을 통제하였고, 후에는 점차 확산되어 항운, 방직, 전신 등 방면에까지 손을 뻗쳤으며, 이것은 청정부가 소위 말하는 "구강"(求强), "구부"(求富)의 산물이었다. 그들의 출현은 외국 자본주의의 중국침략의 위협 속에서 봉건 통치 집단 중의 일부분 인물은 새로운 봉건 통치의 여정을 모색한 것을 표명한다. 그러나 이러한 농후한 봉건과 매판성을 띤 기업과 이러한 기업의 관료들의 부패풍조로 그들은 나날이 몰락하여 갔고, 스스로 운명을 정할 수 없게 되었다. 이러한 기업의 존재는 그래도 일정 정도에서 중국 민족자본주의의 발전에 영향을 주었다.[9] 이와 같은 시기에도 상해 민족자본주의는 발전하였으나, 한편으로는 그들의 역량과는 아주 상당한 차이가 있는 외국 자본의 경쟁과 배제로, 또 다른 하나는 청 정부와 관판(官辦)기업의 박해로 제한을 받았다. 이러한 요소들은 중국의 생산력 향상을 위한 새로운 과제로 남아 있어, 이러한 환경을 헤쳐 나가야만 하였다.

---

9) 앞에서 이미 말한 예청쭝(葉澄衷)이 광운국(廣運局)을 설립하려고 하였으나, 리훙짱(李鴻章)의 금지로 설립하지 못한 것 이외에, 1890년과 1891년 상해에는 자이스창(翟世昌), 띵위쟝(丁玉璋) 두 사람이 앞뒤로 방직창(紡織廠) 설립을 계획하였으나, 상해 기기직포국(機器織布局)에서 10년 전리(專利) 즉 특허의 권리를 내세워 설립하지 못하였다.

제4절 반식민지, 반봉건 사회의 산물 - 매판(買辦)[1]

외국 침략자들은 상품 판매, 원료구매, 창광(廠礦)설립 등 경제 침략 활동의 모든 것은 매판(買辦)을 통해 진행하였다. 상해는 열강이 중국을 침략하는 경제 중심이었고, 이로써 외국 경제 침략의 복무를 담당하였던 매판 세력은 더욱 확대되었다.

상해인은 최초로 매판(買辦)을 "강파도"(康擺渡)[2]라고 불렀다. 초기 매판은 대부분 광동사람이었고, 5개 항구를 개항한 이후 그들은 양행(洋行)을 따라 광주(廣州)에서 상해(上海)로 이주하여 왔다. 기록에 의하면, "화물이 가득 차 있던 상해에서 외국 무역에 대한 일을 할 수 있는 사람 중에서 그 절반은 모두 광동사람이었다"[3]라고 하였다. 초기 매판의 다른 유래는 구식 상인으로 주로 사차(絲茶)를 경영하였던 상인이라고 『남심지』(南潯志)에 기재되어 있다. "도광(道光)이후, 호사(湖絲)가 서양으로 수출되기 위해 그것은 운반되어 광주로 갔으며 그 다음에는 상해로 운반되었다. 남심(南潯) 7리(里)에서 생산되는 사(絲)는 아주 좋아 이름이 나 있었다. 생산으로 부유하게 되면, 상해에 있던 상인들을 통해 양상(洋商)과 직접 교역을 하였고, 언어가 통하는 사람을 통역으로 썼다. 양행(洋行)에서 일하던 사람들을 매판(買辦)이라고 하였다. 그러나 이러한 일을 하면서도 정직한 사람이 적지 않았다."[4]

---

1) 1770년 무렵부터 중국에 있었던 외국상관(商館)과 영사관 등에서 중국 상인과의 거래 중개를 맡기기 위하여 고용하였던 중구사람. 역자 주.
2) 또는 康白渡, 剛白渡라 하며, 포르투갈어로는 comprador라 한다. 영어로는 buyer로 번역된다. 역자 주.
3) 王韜, 『瀛壖雜誌』.

침략자들은 일부 외국 침략자들의 수족으로 이익을 도모할 자들을 모색하였고, 이들을 훈련시켜 충실한 매판으로 이용하였다. 예를 들면 상해 최초의 매판(買辦) 무삥위앤(穆炳元)은 영파(寧波)사람으로 아편전쟁 기간 동안에 정해(定海)가 함락되었을 때에 영국인의 포로가 되었다. 영국인은 나이 어린 이 소년에게 자질구레한 일을 시키면서, 영어와 보통학과 교육을 시켰다. 영국군이 상해를 공격하여 점령하고 난 후, 그도 상해에 도착하였는데, 그는 이미 숙련된 영어를 하고 외국인의 지시를 받게 되었다. 그는 외국인의 신용을 얻어, 통역을 맡기도 하고, 교역도 무삥위앤(穆)을 중간에 세워 중개하도록 하였다. 무삥위앤은 학생을 받아 영어를 가르쳤고, 외국인과 교역하는 방법을 가르쳐주었으며, 또 외국인의 상업이 번창하게 도와주었다. 무삥위앤 1인으로서 이 모든 일들을 감당할 수 없게 되자, 그를 고용한 영국인은 그가 추천한 사람들을 다시 고용하게 되었다.5) 이외에 일부 중국 아편 판매자는 외국인의 양육아래 매판이나 매판상인이 되었다. 유관된 기록에 의하면, "양상(洋商)을 따라 다니던 최초의 중국인이 상해까지 함께 왔는데, 그는 조주(潮州) 출신으로 성(姓)이 꾸오(郭)이라는 인물로 영어를 할 줄 알았으므로, 양상(洋商)의 신용을 얻었고, 상해에 와서는 양상의 아편을 대신 팔았다. 마치 지금 양행(洋行)의 매판(買辦)과 같이, 계속 잔(棧) 즉 창고를 설립하고, 상점을 개설하여 개인적인 영업을 하였다."6)고 전하고 있다. 후에 조주(潮州) 출신의 꾸오(郭)씨 가족은 외국에 의존한 후 조계의 비호를 받았고, 상해 연토업(煙土業; 생아편)의 거물이 되었다.

각 국의 침략자들이 상해를 중심으로 약탈활동을 진행하였으므로, 초기 매판 역시 상해에 집중되었고, 주요한 사업으로는 사(絲), 차(茶)

4) 周慶雲, 『南潯志』.
5) 姚公鶴, 『上海閑話』, pp.80,105.
6) 同上, p.28.

등 토산품의 구매 및 양화(洋貨) 및 아편의 판매를 담당하였다. 상해의 사(絲)와 차(茶) 매판(買辦)은 장강 연안으로 확대되었는데, 예로 진강 (鎭江), 구강(九江), 한구(漢口) 등지에서 상품을 구입하였다. 양행(洋行)의 지배인들은 매판을 통해 상해 시장에서 상당 수량의 좋은 품질의 사(絲), 차(茶)의 구매하는 방법이 가장 효과적이라고 생각하였다. 이외에 매판은 양사(洋紗), 양포(洋布)등 화물을 내지로 가져가 판매하였을 뿐만 아니라 아편의 판매는 매판의 주요 활동이었다. 당시의 보순(寶順), 이화(怡和)와 기창양행(旗昌洋行)은 아편 밀수의 중심이었고, 매판은 아편을 판매하는 중간 판매책이었다. 상해는 중국 아편 밀수의 창구와 이동 지대로 전락하였고, 이것은 매판의 활동과 떼어놓고 생각할 수 없었다.

따라서 외국 자본주의 침략의 확대와 심화가 이어졌고 중국인들은 이들에 의해 매판으로 양성되는 사람이 나날이 늘었다. 상해, 광주등 대도시에서 중소 도시(城鎭)까지 모두 앞뒤로 매판의 거점이 건설되었고, 아울러 점차 매판제도(買辦制度)가 형성되었다.

매판과 외국자본가의 관계는 고용관계였다. 매판은 외국자본가에 의해 고용될 때, 쌍방이 형식적인 계약에 서명을 하게 되고, 아울러 외국 영사관에 개인 당안(檔案; 문서기록)이 보존된다. 매판계약의 내용은 고용기간, 매판 담당의 일과 의무, 매판의 보증과 배상, 외국자본가가 매판에게 보수를 지급, 계약 해제 등으로 되어 있다. 상해에서는 가장 늦게 나타났으며, 1851년에 매판 계약이 있었다. 그 내용은 "천웨이농 법률사무소(陳慰農律師)에서 함풍(咸豊) 원년(元年) 의품양행(義品洋行)과 모(某)씨 매판 성립 계약서 1장이 발견되었고, 이러한 제도는 도광년간(道光年間)에서부터 시작되었다."[7]고 하고 있다. 이런 종류의 고용관계는 실질상 주인과 종(主奴)의 관계였고, 고용자의 임의대로

---

7) 姚公鶴, 『上海閑話』.

훈계와 질책이 행해졌다. 예를 들어, 보순양행(寶順洋行)의 행동(行東, 주인) 웹(Webb, 韋伯 또는 韋勃이라고도 함)의 신임을 받던 매판 쉬룬(徐潤)의 일을 백부 쉬위팅(徐鈺亭)이 그 직무를 인수받을 때, 웹은 엄중하게 그를 훈계하며 말하기를 "오늘부터 당신이 총행(總行)에서 중국인들의 우두머리가 되는데, 만약 착오가 있다면 당신에게 책임을 묻겠다."8)고 하였다. 일부 매판은 심지어 주인들의 생활 주변의 일까지 책임을 졌다. 룽훙(容閎)이 말하기를 "매판의 수입은 많았지만, 하는 일이 마치 노예 같았다", "매판의 신분은 양행(洋行)에서 노예의 수령에 지나지 않았다"9)고 말하고 있다.

매판과 외국자본가의 계약 성립 때에는 보증금이라는 명목으로 외국기업에 자본을 제공하여야 하였고, 그런 후에 매판의 생활이 시작된다. 이러한 보증금의 액수는 수천, 수만에서 수 십 만량(원)에 달하였다. 예로 1907년 9월, 사손양행(沙孫洋行)과 선쯔시앤(沈志賢), 마샤오메이(馬小眉)의 매판 계약 시, 선(沈), 마(馬) 두 사람은 즉시 보증금 20만량 은자(銀子)를 양행측에 납부하였다. 상해탄(上海灘)에 도착한 일부 외국 모험가들은 보통 두 손에 아무것도 없는 무일푼이었다. 명성도 없었다. 그들은 매판으로부터 보증금과 매판이 대출받은 돈으로 영업을 시작하여 재산을 모았다. 매판의 보증금은 보통 주식 매입 또는 그들에게 빌려주는 형식이었다. 매판계약은 매판업 활동에 대해 종종 제한이 있었다. 예를 들면 외국자본가의 허가 없이는 외자기업의 명의로 활동할 수 없으며, 외자기업과 경쟁을 벌일 수 있는 업무를 맡아 할 수 없었다. 매판이 죄를 지었을 때는 식민자의 보호로 중국정부의 제재(制裁)를 벗어날 수 있었다. 그러나 만약 외국인 고용주와 분규가 생기면, 매판이 소송을 제기한다 해도 소용이 없었다. 왜냐하면 외

---

8) 徐潤, 『徐愚齋自敍年譜』.
9) 容閎, 『西學東漸記』, p.48.

국인은 영사재판권의 보호를 받고 있었기 때문에 중국정부의 제재를 받지 않았다.

매판의 수입원은 주로 다음의 네 가지이다. 하나는 월급 수입이다. 이것은 외자기업이 매판에게 주는 보수로 초기 한 달 급여는 약 100~250량(兩)이었으나, 이후에는 500~1,000량으로 올랐다. 이러한 수입은 매판 총 수입 중에서 차지하는 비중이 아주 적은 부분이었다. 둘째는 수수료(佣金; 수수료, 커미션)수입이다. 이것이 매판의 주요 수입이었다. 일반 수출입 무역의 수수료비율은 대체로 1~5%이었다. 평균해서 보면 3%정도였다. 그러나 아편무역의 수수료는 10%에 달하였고, 군사 무기[軍火] 무역의 수수료는 50%이상이었다. 셋째는 이윤 수입이었다. 후기에 들어와서는 매판제도가 변하여, 판매, 구매 그리고 중외 합자 등의 주요한 방법으로 받는 이윤수입이 수수료로 받는 수입을 초과하여 이것이 매판의 주요 수입원이 되었다. 넷째는 기타 항목(雜項)에 대한 수입이었다. 매판은 외국자본가에 대한 서비스를 하면서 일부 짜투리 부분을 차지하여 대량의 재부(財富)를 축적하였다.

매판제도는 일종의 경제제도일 뿐만 아니라, 외국 침략자가 피압박 민족에 진행하였던 침략의 도구였다. 그것은 매판의 이익과 외국자본 가의 이익이 함께 연결되어, 매판은 한편으로는 외국자본가의 고용노예로 목숨을 바쳐 그들을 위해 서비스하였고, 다른 한편으로는 외자기업에 참여자는 매판의 적극성을 충분히 발휘하여, 외국 자본가들이 편리하게 이득을 취하도록 도와주었다. 매판제도는 또 외국 자본가들이 매판을 통해 토지를 구매할 수 있었고, 자원(資源)과 국가 기밀(機密) 등을 그들을 통해 훔쳐낼 수 있었고, 이로써 무제한적으로 중국인민의 고혈을 빨아들일 수 있었으며, 매판을 통제하여 중국 정국(政局)을 주도할 수 있었다. 일부 대 매판은 외국 자본주의 경제 침략에 튼튼한 어깨가 되었을 뿐 아니라, 열강과 청 정부를 연결하여 중국 인민혁명

의 선구자들을 탄압하였다. 우지앤짱(吳健彰)과 양팡(楊坊)은 초기 상
해 매판으로 이러한 방면의 전형적인 인물이었다.

우지앤짱(吳健彰)은 광동 사람으로 초기에는 광주 13항(行)의 하나
인 동순항(同順行)의 행상(行商)이었으나, 후에 상해 기창양행(旗昌洋
行) 7대 주주중의 한 명이었다. 청포교안(靑浦敎案) 발생 후, 그는 영
국, 미국 침략자를 위해 사방으로 뛰어다녔다. 미국공사(美國公使) 마
샬(H.Marshall, 馬沙利)의 지지아래, 그는 소송태병비도(蘇松太兵備道)
겸 상해해관감독(上海海關監督)을 역임하면서, 이때부터 더욱 침략자
들과 연결을 갖게 되었다. 당시는 태평군이 장강의 중하류를 휩쓸고
있을 때로, 우지앤짱은 상해의 외국양행으로부터 군수물품(軍火)을 구
입하고, 외국 병선을 빌려 사용하라고 청 정부에 재차 건의하였다. 소
도회 기의 후, 우지앤짱은 각국 침략군과 결탁하여 기의군을 진압하였
고, 아울러 상해 해관의 주권을 열강에 팔아넘겼다.

양팡(楊坊)은 일찍이 영파(寧波)의 한 상점에서 상업을 배웠으며, 후
에는 교회학교에서 영어를 배웠다. 상해에 도착해서는 기창양행(旗昌
洋行)의 매판이 되었고, 후에는 이화양행(怡和洋行)의 매판으로 활약
하였다. 재산을 모은 후에는 동문(東門) 밖 영안가(永安街)에 태기전장
(泰記錢庄)을 차렸다. 그는 외국 침략자를 위해 힘을 다하여 서비스하
였고, 침략세력을 등에 지고 자기의 발전을 꾀하였으며, 아울러 경제
매판에서 정치 매판으로 발전하였다. 그는 적극적으로 침략자들과 함
께 소도회 기의를 진압하였으며, 이로써 청 정부에서는 그를 중용(重
用)하게 되어, 동지(同知)에서 후보도원(候補道員)으로 임명하였고, 후
에는 염운사(鹽運使)에 임명되었다. 태평천국 혁명을 말살시키기 위해,
그는 상해 도대(上海道臺) 우쉬(吳煦)와 함께 양창대(洋槍隊)를 조직하
고, 아울러 경제, 양식, 군수물품 구입자금 등을 지원하였으며, 태기전
장(泰記錢庄)은 실질적으로 양창대(洋槍隊)의 재정 지출기구였다. 후에

는 또 양팡(楊坊)의 천거로, 청 정부는 와드(F. T. Ward, 華爾)와 버지
바인(H. A. Burgevine, 白齊文)을 중국의 신민(臣民)으로 받아들여, 4
품의 무직(武職)을 수여하였다. 양팡(楊坊)은 자신의 딸을 버지바인에
게 출가시켰다. 그는 또 리훙짱의 위탁을 받아 상해 상인들을 협박하
여 거액의 자금을 염출하였다.

　60년대 후, 매판 세력은 진일보하였고, 활동 영역 또한 더욱 확대되
었다. 일부 매판과 상업을 함께하던, 예를 들어 보순양행(寶順洋行) 매
판 쉬룬(徐潤)은 1860년 온주(溫州)에 윤입생차호(潤立生茶號)를 설립
하여, 차를 상해로 운반하여, 영국, 미국의 대양행(大洋行)에 배분하였
고, 이로써 막대한 이익을 챙겼다. 이후 그는 차항(茶行)을 여러 곳을
열었다. 면화, 면사를 판매한 것 이외에 일부 매판은 힘 닿는 대로 매
유(煤油), 잡료(染料), 오금(五金)등 잡화도 판매하였다. 당시 외국 은
행 매판의 지위는 나날이 중요성을 드러냈고, 주요한 대표 인물로는
회풍은행(滙豊銀行)의 왕화이샨(王槐山), 시쩡푸(席正甫), 유리은행(有
利銀行)의 시찐화(席縉華), 후지메이(胡寄梅), 덕화은행(德華銀行)의 쉬
춘롱(許春榮), 횡빈정금은행(橫濱正金銀行)의 예밍짜이(葉明齋)등이었
다. 매판인 수의 증가에 따라, 본적 역시 변동되었고, "반이 광동인"이
었던 것에서 절강(浙江)인이 그 주류를 이루었는데, 예를 들면 주따춘
(祝大椿), 우샤오칭(吳少卿), 주빠오싼(朱葆三), 왕화이샨(王槐山), 시쩡
푸(席正甫) 등이 모두 이 두 성(省)의 사람들이었다. 이와 동시에 매판
의 지위는 상승되었고, 일부 교회학교의 졸업생과 구미(歐美) 유학생
들 역시 매판의 행렬(行列)에 참가하였다. 수 십 년의 발전이 경과한
후, 매판의 경제 역량은 이미 상당히 큰 발전된 모습을 보였다. 예를
들어 전장(錢庄)에서 거리로 나온 출신인 왕화이샨(王槐山)은 상해 회
풍은행(滙豊銀行)의 제1 매판(買辦)을 담당하였고, 수 십 년 사이에 상
당한 재력을 소유하였으므로, 동료들로부터 "벼락부자"(快發財)라는

칭호를 듣게 되었다.

갑오전쟁 후, 외국 자본이 대량 수입되었고, 외자기업이 나날이 증가되었으며, 매판세력도 이에 맞춰 진일보 발전하였으며, 각지에서 자본금이 백 만 은원(銀元) 이상이 되는 매판과 매판가족이 계속 출현하였다. 상해 회풍은행의 매판가족은 노린양행(魯麟洋行) 매판인 위치아칭(虞洽卿) 부자, 안료(顔料) 매판인 쪼우쫑량(周宗良) 및 영미연초공사(英美煙草公司) 매판인 정뽀짜오(鄭伯昭) 등으로 이들의 재산은 500~1,000만 은원(銀元) 사이였다. 이외에 덕화은행(德華銀行)의 매판 쉬춘롱(許春榮) 부자와 후에 회풍은행의 매판을 담당했던 꽁즈위(龔子漁), 꽁씽우(龔星五), 꽁전팡(龔振方)의 할아버지에서 손자(祖孫三代)까지와, 대영은행(大英銀行)의 매판 쉬칭윈(徐慶雲), 쉬마오탕(徐懋堂) 부자, 평화양행(平和洋行) 매판인 주빠오싼(朱葆三) 및 그의 네 아들과 손자(아들 朱子奎, 朱子聰, 朱子方, 朱子衡과 손자 朱乃昌) 및 푸샤오안(傅筱庵), 주쯔야오(朱志堯) 등 이들 모두는 이 시기에 출현한 대 매판(大買辦)과 매판가족(買辦家族)이었다. 이러한 매판은 점차 구락부(俱樂部)와 매판공회(買辦公會)를 통해 도시의 금융, 공상업의 각종 부문 및 공상업계에서의 단체 조직을 통제하였다. 예를 들어 1902년에 설립된 상해총상회(上海總商會)의 전신인 상해상업회의공소(上海商業會議公所)는 설립되자마자 매판관료 성슈앤화이(盛宣懷)가 그의 측근인 앤샤오팡(嚴筱舫)을 두텁게 신임하여 총리에 임명하였다. 1904년 상해상무총회(上海商務總會)로 조직이 개편된 후에도, 앤샤오팡을 총리에 계속 앉혔고, 매판인 쉬룬(徐潤), 주빠오싼(朱葆三) 등에게 그를 보조케 시켰다. 1912년 이 회의 21명의 의동[議董]중에서 7명이 매판이었다.

청 정부는 나날이 국제 제국주의에 예속되는 과정에서 실권은 양무파(洋務派)의 대군벌(大軍閥), 대관료(大官僚) 및 그 후계자가 장악하여, 매판화의 경향은 나날이 심해졌다. 그 예로 성슈앤화이(盛宣懷)는 리훙쨩(李鴻章)과 외국침략 세력에 의탁하여 신식 기업을 창업할 때, 또는 창업한 전후에 윤선초상국(輪船招商局), 전보국(電報局)과 상해화성방직총창(上海華盛紡織總廠)에 참가하여 그 직권(職權)을 이용하여, 개인적인 사욕을 채웠고, 항운, 철로, 전보, 은행과 부분적으로는 창광(廠礦)도 통제하였다. 1902년 그는 공부시랑(工部侍郞)에 임명되어, 영국, 미국, 일본, 독일 등의 국가를 순회하는 기간이었던 십여 년 동안 외채를 끌어들여 광물 권리(礦權利)을 매각하였고, 청정부와 제국주의를 연결해주는 교량역할을 담당하였다. 후에 그는 또 상해에서 부동산 투기를 하여 그의 재산은 천 만 원 이상이 되었다.

매판의 거액 수입은 새로운 기업에 대한 투자 이외에 많은 이윤 착취에서 얻는 것 이외에, 그들의 서양 주인을 본받아, 극도의 사치와 음란한 생활을 하였다. 통계에 의하면 20세기 초 상해 회풍은행과 이화양행(怡和洋行) 매판 1년간의 총수입은 50,000은원(銀元)이었다. 매판 본인의 각 항의 지출이 6,000원(元)이었고, 그 처첩(妻妾) 자녀에게 11,900원이, 고용된 남녀 시종 및 인력거 인부(車夫)에게 1,368원, 전 가족의 식비 및 잡비로 5,900원, 선물비용 1,000원을 제외하고도 순수입이 23,832원이었다. 이것은 일반적인 매판 생활을 말한 것에 지나지 않는다. 일부 대 매판은 관료들과 결탁하거나, 혹은 자신이 대관료로써, 외채(外債)와 군수용품[軍火]을 교역함으로써 그 수입이 막대하였고, 그들의 사치와 음란성은 사람들을 경악케 할 정도였다. 예로, 쉬룬(徐潤)은 1858년에는 보순양행(寶順洋行)의 일반적인 매판에 불과하였으나, 결혼 때에는 매일 계화루(桂花樓)의 4, 50석(席)을 4, 5일 동안 예약하고 사람을 접대하였다. 1905년 그를 방문한 서방기자의 기재에 의하면, 쉬룬 주택의 설비는 당시 황실 귀족과 견주어도 손색이 없을 정도로 화려하다고 하였다. "그 방으로 들어가면 별천지 같았고, 황

홀한 꿈을 꾸는 것 같았으며, 방들을 지나면서 볼 때는, 그 방들이 너
무 나 커서 자기가 어디에 있는지 조차도 모를 정도였다", "마치 동방
인의 집은 옥구슬을 걸어 놓은 것 같다."라고 전한다. 쉬룬 가(家)의
사람 중에는, "쉬룬의 다섯째(五公子) 아들은 현재 옥스퍼드 대학에서
정치 법률학과에서 공부하고 있고, 넷째 아들(四公子)은 미국에 유학
하고 있으며, 네 명의 손자들은 역시 영어와 중국어를 배우고, 성장하
면 미국에 보내 공부시킬 것이다"라고 하였다. 또 기자는 "딸과 며느
리들도 모두 영어로 의사소통을 할 수 있다."[10]라고 하였다. 이러한
상황은 그러한 사람을 만나본 서방 여기자조차도 놀라움을 표시하고
있었다. 또 다른 대매판(大買辦)인 정뽀짜오(鄭伯昭)의 사치생활 역시
아주 특출하였다. 쩡뽀짜오는 영미연공사(英美煙公司)의 대매판으로 1
년에 수수료 수입이 50만원에 달하였고, 후에 그의 총재산이 4, 5천
만 원이나 되었다. 그는 비록 억만장자였으나, 돈을 생명처럼 여겨 사
람들이 "수전노"(守錢奴 혹은 守財奴)라고 하였다. 일생동안 그는 좋
아하는 일이라고는 없었는데, 유일한 즐거움은 매일 저녁 식사 후 거
실내의 은상자(銀箱)를 열어 몇 십 개의 통장을 들여다보며 오늘 얼마
나 많은 은자(銀子)를 모았는지 셈을 해보는 것이었다. 그는 아주 인색
하였으나, 외국 지배인들에 대해서는 아주 호방하여 매년 북경에서 구
입한 아주 귀한 붉은 색 담비모피(紫貂皮)를 각 지배인에게 성탄절 선
물로 보냈다. 그의 생활 역시 아주 호화로웠는데, 그는 당시 최고급의
영국 롤스로이스 자가용을 가지고 있었고, 집안에는 수영장이 있었다.
집안에서 기르던 맹견(狼犬)에게 하루에 수 십 근의 소고기를 먹였다.
정뽀짜오의 부인은 연회에 참가할 때엔, 모자를 장식하는 장식으로 완
두콩 두 개 정도 크기의 다이아몬드를 달고 있었고, 그녀의 사치에 외
국인들도 놀라서 말이 나오지 않을 정도였다.

---

10) 徐潤: 『徐愚齋自敍年譜』.

매판은 외국인들에 의존해서 재물을 모았고, 거액의 자본이 축적되면, 청 정부의 관판기업(官辦企業)에 투자하였고, 이것이 초기 관료자본의 일부분을 형성하였다. 일부는 민족자본기업에 투자하였는데, 이것은 민족자본으로 변하게 되었다. 후자가 민족자산계급으로 변하였는지 아닌지는 현재 학술계에서도 논쟁거리이다. 그러나 역사상 이러한 변화는 사실이라고 보고 있다.

제6장

식민자의 문화침략

제1절 교회 및 그 주요 활동

서방 식민주의자는 상해를 정치, 경제, 군사의 침략 기지로 하는 동시에, 대량의 문화침략활동을 진행시켰다. 교회와 선교사는 이러한 문화 침략의 선봉을 담당하였다.

빠르게는 명말, 상해에 천주교 선교사의 활동이 있었다. 만력(萬曆) 36년(1608년), 예수회[1]의 선교사 카타네오(L.Cattaneo, 郭居靜)가 쉬꽝치(徐光啓)의 요청으로 상해에서 전교를 하였고, 교당을 처음에는 남문(南門) 밖 구간루(九間樓) 부근에 설립하였다. 숭정(崇禎) 13년(1640년), 상해에 거주하던 선교사 블랭카티(Brancati, 潘國光)가 쉬꽝치 손녀의 도움을 받아 성내(城內) 안인리(安仁里)에 건물을 구입해, 중국 묘우식(廟宇式)의 교당을 건립하였는데, 이것이 경일당(敬一堂)[2]이었다. 청의 강희(康熙) 3년(1664년)에는 신자가 이미 4, 5만 명으로

---

1) 천주교 수도회의 하나. 수도회는 로마 교황의 비준을 받아 수도회원을 모집하여 설립하였다. 서방 식민주의의 확장에 따라 수도회는 식민 사업을 개척하는 도구로 이용되었다고 원서에서는 기록하고 있으나, 이곳에서 좀 자세히 보충하겠다. 예수회(耶穌會)는 라틴어로는 Societas Jesu, 영어로는 Society of Jesus라고 하며 S.J로 간략히 쓴다. 1534년 8월 15일 성 이냐시오(S. Ignatius de Loyola)가 파리에서 6명의 동료들과 함께 창설. 1540년 교황 바오로 3세가 정식 민가하였다. 회의 목적은 회원 각자의 인격완성, 그리고 종교, 교육, 문화사업을 통해 다른 사람들로 하여금 높은 도덕심과 인애(仁愛), 그리고 천명에 따르는 생활을 하도록 하느님께 봉사하는데 있다. 회의 모토는 'ad majorem Dei gloriam', 즉 '하느님의 더 큰 영광을 위하여'이며 이냐시오 성인이 저술한 『영신수련』(靈身修鍊)은 이 목표를 위한 수행의 지침이 되고 있다. 『한국가톨릭대사전』, 1989년판, p.851. 역자 주.
2) 현재 城內의 옛 천주당 터.

증가하였다. 옹정(雍正) 원년(1723년), 청 정부는 금교(禁敎) 명령을 내렸다. 내용은 "각 성의 서양인은 북경으로 보내던지 아니면 마카오로 보내고, 천주당은 공소라고 명명하고, 신자가 되는 사람은 엄금에 처 한다"[3]는 것이었다. 상해의 천주당은 점차 관제묘(關帝廟)로 바뀌었다. 이후, 천주교는 상해에서의 그 활동이 정지되지는 않았으나, 세력은 점차 몰락하게 되었다.

아편전쟁 전날, 교황은 프랑스 선교사 베시(Louis de Bési, 羅類思 또는 羅伯濟라 함)를 산동대목(山東代牧) 겸 강남교구(江南敎區)의 교무를 관장하도록 임명하였다. 베시 주교는 강남에 도착한 후, 당시 소강상태의 국면을 타개하기 위해, 예수회에 사람들을 더 많이 이곳으로 보내 이곳에 와서 활동하도록 요구하였다. 예수회는 고트랑드(Claude Gotteland, 南格祿) 신부 등을 중국에 파견하였고, 아울러 고트랑드를 중국주재 예수회 회장으로 임명하였다. 그들은 1842년 여름에 상해에 도착하였고, 서가회(徐家滙)를 거점으로 발전하게 되었다. 오래지 않아 일부 예수회 선교사들이 이곳 상해로 왔다.

1844년 10월, 프랑스 정부는 청 정부에 압력을 가해 『황포조약』(黃埔條約)을 체결하게 하였고, 그 조약에는 프랑스인이 통상항구에 교당을 설립하는 것을 인정한다는 내용이 있었다. 다음해에는 청 정부를 협박하여 천주교 "해금"(解禁)을 발표하게 하였다. 1864년, 청정은 프랑스 공사의 협박아래, 옹정 연간에 봉폐(封閉)했던 천주당 재산을 되돌려 준다는 것을 발표하게 되었다. 4월에는 이러한 상유(上諭)가 상해에 전달되어, 천주교 선교사는 즉시 상해 도대(道臺) 시앤링(咸齡)에게 교당과 묘지(墳地)의 반환을 요구하였다. 시앤링은 상유 중 교당에 관한 것을 "이미 묘우(廟宇)로 바뀌어 사람들이 살고 있으므로, 그것을 다시 조사해서 반환해 줄 수 없다"라는 구절에 의거하여, 반환을

---

3) 蔣良騎, 『東華錄』 卷25.

거절하였다. 선교사는 영국 영사 알콕(R. Alcock)을 통해 시앤링에게
압력을 가하자, 시앤링은 이에 대답하기를, "옛 예수회 선교사들의 묘
지를 신자들에게 돌려주는 것은 문제가 되지 않으나, 묘우(廟宇) 부근
에 살고 있는 사람들의 건물(房屋)은 돌려 줄 수 없다.⋯ 그래서 적당
한 토지를 물색해 대신 보상해 주겠다. 그러므로 교우들은 비교적 편
리한 지역을 선택하라."4)고 하였다. 오래지 않아 청 정부는 동가도(董
家渡)의 한 토지를 "보상"(補償)으로 선교사에게 매입해 주었다.5)
1847년 이 곳에 새로운 성당이 건축되기 시작하였고, 1853년에 완공
되었으며, 성 하비에르(St. Xavier, 沙勿略) 교당6)으로 명명되었다. 이
것은 당시 전국 최초의 대형 천주교당이었다.

예수회의 총부는 서가회에 설립되었다. 서가회는 쉬꽝치의 고향으로
그의 자손이 그곳에 작은 교당을 설립하였다. 1847년 베시 주교 등 선
교사들은 이 교당 부근의 토지를 강점하여, 교당과 수도원을 건축하여
현지 주민들의 반항을 샀다. 프랑스 영사 몬티니(de Montigny, 敏體
尼)의 위협 아래, 상해현(上海縣)은 포고를 게시하여 천주교 교당 내에
서 소란을 피우는 사람은 현아(縣衙)로 압송해 법으로 처리한다고 하
였다. 7월, 교당이 완공되었고, 예수회 총부(總部)의 수도원과 장서루
(藏書樓) 역시 계속해서 건립되었다. 이후, 계속해서 성모원(聖母院)과
여학교(女學校)도 설립하였다.

예수회 이외에, 천주교의 다른 수도회도 상해에 거점을 만들었다.
1855년 헌당회(獻堂會)는 여자수도원을 서가회에 설립하고, 전문적으

---

4) 高龍鞶, 『江南傳敎史』의 내용은 『傳敎士與近代中國』, p.58에서 인용.
5) 1862년, 성내의 옛 천주당은 선교사들의 점거로 새로운 교당이 설립되었다.
6) 하비에르 천주당의 현재 이름은 동가도(董家渡) 천주당이다. 그 위치는 황포
   강변 동가도에 위치하며, 현재는 황포구(黃浦區) 동가도로(董家渡路) 175호
   이다. 1847년 11월 21일에 완공되었으며, 스페인 국적의 페러(Joannes
   Ferror, 范廷佐; 1817~1856) 신부가 설계하였다. 역자 주.

로 중국 여성을 모집하여 여학교를 운영해 학생들을 배출하였다. 계속
해서 증망회(拯亡會), 성의회(聖衣會), 성모소곤중회(聖母小昆仲會) 등
이 상해에서 활동하였다. 위에서 말한 수도회는 중국에서 활동 경비를
초기에는 프랑스 정부에서 지원하였다. 1860년 이후, 선교사들은 대량
으로 토지를 점유하였고, 그들의 경비는 점차 외국에서 의존하였던 것
이 중국에서 착취된 것으로 충당되어졌다. 예수회는 강남일대에 약
200만 무(畝)에 달하는 토지를 점유하고 있었고, 송강(松江) 사산(佘
山) 한 곳에만도 6,000여 무(畝)를 소유하고 있어, 강남일대에서 최대
지주가 되었다.

천주교 선교사는 상해를 거점으로 확보한 후, 내지(內地)로 들어가
활동을 전개하였다. 1847년 상해에 온 영국인은 이렇게 보도한 적이
있었다. 천주교 선교사는 "자기들의 제한 구역인 통상 항구에서의 활
동을 벗어나 내지 깊이 들어갔고, 이들은 전국에 분포되어 있다. 상해
에서 몇 마일의 강소성 경내(境內)에는 주교 1인이 있었는데, 마치 이
탈리아의 귀족과 같았다. 그 주위는 모두 교도(敎徒)였다. 사실상, 이
것은 작은 기독교 촌장(村庄)이었다. 그는 그곳에서는 아주 안전하였
다"라고 전하고 있다. 그는 새로운 선교사가 그곳에 도착하면, 비밀리
에 중국어를 교육시켜, 이로써 전교의 구체적인 정황을 파악하게 해
준다.7) 선교사의 이러한 불법 활동은 프랑스 영사 몬티니의 비호로 이
루어졌다. 만약 어떤 선교사가 강남지구에서 어려움을 당한다면, 그는
가마를 타고 낮밤을 가리지 않고 그곳으로 가서 그를 보호하였고, 아
울러 중국 지방관을 협박하여 "다시는 그곳에서 교도들이 어려움을 받
는 일이 없다"는 보증을 받아 내었다. 1858년 외국 침략자들은 청 정
부를 협박하여 "전교관용"(傳敎寬容)이라는 내용의 『천진조약』(天津條
約)을 받아냈으며, 이로써 선교사는 내지에 들어가 전교하는 것이 합

---

7) Wolferstan, The Catholic Church in China, pp.283~284.

법화되었다. 이후, 천주교 선교사의 활동은 더욱 빈번해졌다. 1841년 강남교구에는 천주교도가 48,000여 명이었다. 19세기 말, 예수회의 강남 교도들은 127,000명이었고, 전교 거점은 1,000여 곳이었으며, 선교사도 증가되어 170여 명에 이르렀다.

기독교가 상해에는 들어 온 시간은 비교적 늦었다. 아편전쟁 전에 상해를 정찰한 구슬라프(C. Gutzlaff, 郭士立)는 기독교 선교사였는데, 그의 활동 시간은 아주 짧았다. 가장 빠르게 상해에 들어온 기독교차회(差會)[8]는 영국런던회(英國倫敦會)였다. 1843년, 런던회 선교사 메드허스트(W. H. Medhurst, 麥都思), 락하트(W. Lockhart, 雒魏林) 등이 상해에 도착하였고, 현재의 산동로(山東路) 지방에 총부(總部)를 설립하였다.[9] 이후 미국 성공회(聖公會)의 분느(W. J. Boone, 文惠廉), 미부회(美部會)의 브릿지만(E. C. Bridgman, 禆治文) 등 선교사가 끊이지 않고 들어왔다. 19세기 말 상해에는 기독교 차회(差會)가 이미 14개였고, 교도(敎徒)는 만여 명에 이르렀다.

기독교 각 차회(差會)는 상해의 여러 곳에 교당을 지었다. 1847년 미국 남침례회(南浸禮會) 선교사 예츠(M. T. Yates, 晏瑪太)등은 현재의 인민로(人民路) 부근에 상해 제1좌 기독교 교당을 건립하였다. 1848년, 영국 성공회(聖公會)는 영국 조계 내에 성삼일당(聖三一堂; 현재 漢口路, 江西中路口)을 건립하였다. 이러한 교당은 교당을 빌려 주고 받은 돈이 매년 문은(紋銀) 3,500량으로 재물을 쉽게 구하였다. 1862년, 그것은 철거되고 새로이 건축되었으며, 7년 후에 새 교당이 낙성되었다. 1875년 후, 성삼일당은 북화교구(北華敎區)의 "좌당"(座堂)이 되었다. 1864년, 영, 미, 스코틀랜드의 교도는 맥가권(麥家圈) 런

---

8) 차회(差會)는 기독교에서 선교사를 파견할 때, 전교활동의 조직을 말하는 것으로 각 종파에 속해 있다. 예로 런던회(倫敦會)는 공리종(公理宗)에 속해있고, 성공회(聖公會)는 성공종(聖公宗)에 속해있다.
9) 이 지방은 후에 "맥가권"(麥家圈)이라고 불렸다.

던회(倫敦會) 총부(總部)내에 연합예배당인 천안당(天安堂)을 건립하였고, 1855년에는 원명원로(圓明園路)에 새로운 천안당(天安堂)을 건립하였다. 1887년 미국 감리공회(監理公會)는 한구로(漢口路)에 감리공당(監理公堂)을 건립하였고, 이것을 1900년에는 이름을 모이당(慕爾堂)[10]이라고 개명하였다.

상해는 기독교의 대본영이었고, 많은 차회(差會)와 선교사들은 상해를 내지 선교의 거점 기지로 삼았다. 테일러(J.H.Taylor, 戴德生)와 그가 창건한 내지회(內地會)는 이것의 전형적인 예이다. 1854년 중국포도회(中國布道會)에서 파견되어 온 테일러가 상해에 도착하였다. 그는 오래지 않아 다른 한명의 선교사와 함께 여러 차례 상해 부근의 지구에서 활동하였다. 3개월이 되지 않았을 때, 그들은 1,800권의 성경을 배포하였고, 기독교 선전책자와 복음전단지 2,200여부를 배포하였다. 1865년 테일러는 10파운드로 런던은행(倫敦銀行)에 통장을 만들고, 내지회의 성립을 선포하였다. 런던의 도처에서 유세를 하여, 아주 빨리 2,000파운드를 모금하였고, 런던에 내지회 총회(內地會 總會)를 설립하고, 상해에는 사무소를 설립하였다. 내지회는 종파를 초월하는 것을 표방하였고, 어느 교파도 모두 참가할 수 있으나, 선교사와 중국인이 한 덩어리가 되어 전국을 향해 빠른 속도로 복음을 전파해야 한다고 하였다. 이러한 차회(差會)는 아주 빠른 속도로 성장하여 중국의 최대 기독교 차회(差會)가 되었다.

1877년 5월, 중국의 각파 기독교 선교사는 상해에서 한 차례 전국회의를 개최하였고, 각 차회(差會) 활동의 협조를 기도하였다. 회의에 참가한 사람은 각지 선교사의 대표로 126명, 명예회원이 16명이었다. 이 회의에서 대다수 선교사는 교세를 확장시키기 위해서는 반드시 유가사상과 필요에 의해 타협해야 하고, 이로써 기독교의 일부 교의가

---

10) 현재는 목은당(沐恩堂)이라고 한다.

공맹(孔孟)의 도(道)와 서로 연결된다고 하면 중국의 상층 통치 집단과 사대부 계층이 쉽게 교리를 받아들일 것이라고 주장하였다. 1890년 5월, 중국의 기독교 선교사는 또 상해 천안당(天安堂)에서 2차 전국대표회의를 거행하였는데, 대표 중에는 내지회와 미국 성공회의 사람들이 가장 많았다. 회의는 전교와 관련된 각종문제를 토론하면서 많은 결의를 내었다. 비교적 중요한 것은 중화교육회(中華敎育會)의 설립으로 통상항구에서의 의료자선사업(醫療慈善事業)의 강화와 중국인의 조상 숭배를 잠시 용인(容忍)한다는 등의 내용이었다. 교회와 중국정부의 관계를 토론하던 때, 선교사 페버(E.Faber, 花之安)는 "기독교도는 이러한(중국) 법률을 따르지 말아야 하고, 이러한 종류의 법을 위반하는 것이 필요하다. 왜냐하면 그것은 우상숭배와 미신을 기초로 제정된 것이기 때문이다."[11]라고 말하였다. 회의는 비록 많은 결의를 통과시키지는 못하였지만, 의심할 여지없이 선교사들은 이러한 관념으로 일을 처리하였다.

천주교와 기독교 선교사의 주요 사명은 전교라는 미명하에 중국 인민의 심령(心靈)을 위태롭게 하였다. 그들은 세치의 혀를 갖고 설교라는 미명하에 중국인을 조종하려고 하였고, 정신상 유구한 문화전통을 갖고 있는 중국인을 정복하기란 쉽지 않았다. 오직 작은 물질적인 베풀음을 통해 인심을 얻고자 하였고, 모르는 사이에 그들의 영향을 확대 시키려고 하였다. 그래서 상해의 선교사들은 한 때, 소위 "백은수매"(白銀收買)라는 방법을 채용하여 전교활동을 전개시켰다. 그들은 후에 심지어 직접적인 말로 "한 영혼을 잡기 위해서, 그의 육체를 교량으로 사용해야 한다."[12]고 하였다. 소도회(小刀會) 기의 기간에 런던회 교당(倫敦會敎堂)에서는 매 차례 강론 후, 소량의 쌀을 나누어 주

---

11) Record of the General Conference of the Protestant Missionaries of China, 1890, p.438.
12) 同上.

었고, 이로써 군중을 흡인하였고, 인심을 샀다. 당시 많은 천주교도는 남경 등지에서 상해로 이주해 왔다. 천주교 선교사는 서가회에 집을 지어 이들을 수용하였고, 그들에게 "교우들은 알 것이다. 전쟁과 약탈의 위험 중에, 주교와 선교사의 품이 가장 안전하다"고 말하고 있다.[13]

자선사업을 일으키는 것은 "백은수매"(白銀收買) 보다 더욱 보편적인 전교수단이었다. 기독교 선교사가 상해에 처음 도착하면 그들은 곧 병원(醫院)을 설립하였다. 1844년, 런던회(倫敦會)는 원래 주산(舟山)에 설립하였던 진료소를 상해현성(上海縣省) 부근으로 이전시켰고, 락하트(W. Lockhart, 雒魏林)가 관리하였다. 1847년 이 진료소는 북문(北門) 밖의 새로운 곳으로 이전되었고, 이름을 인제의원(仁濟醫院)이라고 하였다. 1861년에는 또 산동로(山東路) 맥가권내(麥家圈內)로 이전하였다.[14] 런던회(倫敦會)의 선교사는 자주 이 의원에 가서 종교 선전을 하였고, 종교와 관련된 서적과 사진을 배포하였다. 1867년, 미국 성공회는 홍구(虹口)의 중홍교(中虹橋)에 동인의원(同仁醫院)을 개설하였고, 1880년에는 시와드로(熙華德路; 현재의 東長治路)로 이전시켰다. 1885년에는 미국 침례회가 방사로(方斜路)에 서문부유의원(西門婦孺醫院)을 설립하였다. 이러한 교회의원은 행정상 각자 소속 차회(差會)의 지배를 받았고, 업무방면은 선교사 조직의 중화의약전교회(中華醫藥傳敎會)의 협조를 받았다. 1886년, 일부분 의원에서 일을 하던 선교사들이 상해에서 회의를 열어 중화박의회(中華博醫會)를 조직하고, 광주(廣州) 박제의원(博濟醫院) 원장인 켈(J.G. Kerr, 嘉約翰)을 1대 회장으로 선출하고, 아울러 1887년 영문 의학계간(英文醫學季刊)을 출간하였다. 교회의 도움아래, 공부국은 1864년 공제의원(公濟醫院)을 창설하게 되었다. 이 의원은 설립초기 관리 수준이 비교적 떨어졌고, 비싼

---

13) 『上海小刀會起義史料滙編』, pp.665, 878.
14) 현재 상해시 제3 인민병원 터.

치료비를 받는 등 비난을 샀다. 후에는 영사단이 보관위원회(保管委員會는 領事 3인, 영, 프랑스 상인 5인으로 구성)를 조직하여 관리를 철저히 하였다. 1877년 이 병원은 북소주하로(北蘇州河路)의 새 터로 이주하였다.15) 당연히 이러한 의원의 설립은 객관적으로 볼 때, 서양 의사, 서양의 과학 기술이 중국에 들어오고 중국에서 서양 의사(西醫)인원을 배양한다는 작용을 하였고, 아울러 의원에서 근무하는 외국인은 모두가 다 침략분자라고 할 수 없다. 그러나 교회에서는 의원을 설립하여 전교를 하는 것이나, 학교 설립(辦學), 신문사 설립(辦報)과 유학생 흡입 등은 보두 같은 맥락의 전교를 위한 것으로, 이렇게 하는 중요한 이유는 모두 그들의 영향을 확대하려는 것이었고, 정신적으로 중국인민을 노예화하려고 하였던 것이다. 선교사들도 이러한 것을 부정하지 않았다. 동인의원(同仁醫院) 원장 분느(H. W. Boone, 文恒理; W. J. Boone 文惠廉의 아들)는, "행운의 시기에, 그들(중국 인민을 지칭한다 - 編者)은 오직 자기와 자기의 사정만을 생각 한다. 그러나 그들이 병마에 싸여 있을 때는 의원으로 와서, 기독교의 영향아래에 있고자 하고, 이때 그들은 이전에 숭배하였던 우상이 자기를 위태롭게 하였다는 것을 알게 되고 이로써 아주 쉽게 그들에게 진리를 전할 수 있었다."16)고 말하고 있다.

천주교가 상해에서 펼친 주된 자선사업은 자선과 유아에 대한 기구(慈幼機構)였다. 1853년 프랑스 선교사는 횡당(橫塘)에 성모원(聖母院)을 설립하여, 10여 명의 중국인 수녀를 모집하고, 수 십 명의 고아를 수용하였다. 1864년 성모원은 서가회 동남쪽의 왕가당(王家堂)으로 이전하게 되었다. 1867년부터는 증망회(拯亡會) 수녀들이 주축이 되었다. 1869년 2월, 다시 서가회로 이주를 하였다. 이후 성모원은 규모가

---

15) 현재 상해시 제1 인민의원 자리.
16) Record of the General Conference of the Protestant Missionaries of China, 1890, pp.288~289.

계속 확대되었고, 내부는 수녀원, 여학교, 육영당(育嬰堂)으로 몇 개 부분으로 나누어 사용되었다. 1855년, 예수회는 토산만(土山灣)에 고 아원을 설립하였고, 7세 이상의 남자 아이들을 수용하였다. 교회에서 이러한 자선사업을 하는 목적은 중국 인민의 호감을 사서, 교회의 영향을 확대시키려고 하였던 것이다. 육영당(育嬰堂) 고아원의 설비는 아주 낡았고, 많은 아이들을 돌보던 수녀들의 보건지식과 책임감은 결여되어 있어, 당시 아동 사망률은 아주 높았다.

1867년 산동, 직예, 산서, 섬서, 하남 5성에서 거대한 가뭄이 발생하여, 천주교와 기독교 선교사는 이곳으로 모두 들어가 전교 활동을 하였다. 다음 해 1월, 각국 선교사, 외교관과 상인들이 연합해서 중국진 재기금위원회(中國賑災基金委員會)를 조직하고, 총부를 상해에 설치하였다. 이것은 선교사가 주축이 된 중국 최초의 구제기구(救濟機構)이었다.

선교사들은 정신적인 아편(종교를 지칭하고 있음)을 판매한 것 이외에, 서방 국가의 상품을 판매하고 정보를 수집하는 사명을 지고 있었다. 한 외국 작가가 선교사에게 말하길 "대규모의 상품을 판매하는 사람이다. 특권과 보호를 받으면서, 그들은 서방 상품의 지식을 가장 편벽한 지방에 가져다 주었다."라고 말하였다. 미국의 중국주재 공사 던비(C. Denby, 田貝)는 선교사를 "상업의 선봉자다. 신성한 열정을 가지고 백인(白人)이 들어갈 수 없는 내지까지 들어가 판매를 한다. 그가 이르는 지방에는 작은 교당이 설립되었고, 진료소, 학교와 공장이 세워졌고, 이러한 것은 중국의 심장에 남아 있게 되었다. 그들이 도착하면 외국의 상업 역시 그들과 함께 시작되는 것이다."17)라고 설명하고 있다. 많은 내지회(內地會)의 선교사는 모두 비밀 전보 부호를 갖고 있었고, 각처에서 정보를 수집한 후에는 이 비밀부호로 상해 사무소로

---

17) 卿汝楫, 『美國侵華史』, 第2卷, p.255에서 인용.

보냈고, 이것은 다시 런던으로 건너갔다. 상해 등지의 영국 상인은 내지에서 활동하는 선교사를 통해 상품 판매와 그곳의 시장 상황을 알게 되었다.

중국의 전면적인 기상, 지리, 산물, 문화 등 방면의 정보를 수집하기 위해, 선교사들은 일부 과학 문화 사업을 전개하였다. 1873년, 예수회가 서가회(徐家會) 조가강변[肇嘉浜邊]에 천문대(天文臺)를 건립하게 되었다. 1899년에는 천주당 부근으로 옮겼고, 내부에 기상(氣象), 지진(地震) 두 개의 부서(部署)와 세계 각지 천문대와 연계를 맺었다. 1900년, 예수회는 또 송강(松江) 사산(佘山)에 천문대를 건조하였고, 전문적으로 천문을 관측하였으며, 아울러 외탄(外灘)에 보풍대(報風臺)를 건조시켰다. 교회에서 천문대를 설립하여 중국 기상 자료를 수집하였던 것은 중국 침략자의 대 중국 군사 활동, 경제 침략의 서비스로써, 일종의 중국 주권을 침범한 행위이다.

천주교 선교사가 상해에 도착한 후, 각지에서는 대규모로 중국 고적, 문물과 생물 표본이 수집되었다. 1847년 예수회는 서가회에 장서루(藏書樓)를 세워, 장서루(藏書樓)에는 이미 상당규모의 서적이 쌓이게 되었다. 생물 표본은 최초로 천주당 내에 전시되었다. 1868년 선교사 휴더(P. Heude, 韓德 또는 韓伯祿이라고도 함)가 서가회 박물관(현재 자연역사박물관)을 설립하였고, 이곳에는 동, 식물 표본 위주의 서적이 보관되었고, 그중 미록문(麋鹿門)이 가장 많이 소장되어 있다.[18] 1857년 10월 락하트(W. Lockhart, 雒魏林), 브릿지만(E. C. Bridgman, 裨治文) 등 기독교 선교사는 중국의 문학예술 및 천연물산 방면의 정

---

18) 이 원(院)을 설립한 후, 선교사 클레이브린(Staninlas Clavelin, 葛必達)은 대규모로 중국 예술품과 문물을 수집하였다. 1930년에는 여반로[呂班路; 현재의 重慶南路] 진단대학(震旦大學) 북쪽의 새로운 터로 이전하였고, 진단대학의 관리를 받게 되었으며, 이름을 진단박물관(震旦博物館) 또는 한덕박물관(漢德博物館)이라고 개명(改名)하였다.

보를 수집하여, 상해에 상해문리학회(上海文理學會)를 성립하였고, 다음해는 영국 황가아주문회(皇家亞洲文會)와 연결하여, 이름을 황가아주문회 북중국지회(皇家亞洲文會北中國支會)라고 개명하게 되었다. 이 회의 사명은 중국과 그 주변 국가의 각종 일을 조사하는 것으로, 회보를 발행하였으며 도서관과 박물원을 설립하였다. 오래지 않아, 영국 정부는 상원명원로(上圓明園路; 현재의 虎丘路), 북경로(北京路) 부근의 땅을 사서 이 회(會)에 기증하였고, 이 회에서는 그곳에 큰 건물을 세웠는데, 이것이 1872년에 설립된 상해박물관이었고, 이곳은 동방문물과 진귀한 동물들을 위주로 소장하였다. 상해박물원(博物院)의 출현으로 상원명원로(上圓明園路)는 일반적으로 사람들에 의해 박물원로(博物院路)라고 불려졌다.

제2절 양학당(洋學堂)의 설립

외국자본주의의 문화 침략 활동 중, 학교를 설립하는 것은 하나의 중요한 수단이었다. 상해가 개항된 후, 19세기 말, 외국교회, 공부국(工部局), 공동국(公董局) 및 일본인 등 계속적으로 상해지구(上海地區)에 각종 학교를 설립하였고, 그 목적은 모두 식민통치의 서비스를 위한 지식분자를 만들어 내는 일이었다.

1839년 천주교가 성경반을 설립한 후 1900년까지 60년 동안 선교사들은 상해에서 교회 학교를 설립하였던 것을 두 단계로 나눌 수 있다.

제1단계(1839~1873)는 전기의 단계로써, 선교사가 상해에서 설립한 주된 것은 교당내의 학교이었는데, 대부분이 소학교였다. 이러한 학교는 규모가 작았고, 수업료를 받지 않았을 뿐만 아니라 기숙사와 생활비용을 제공하였고 모집 대상은 가난한 교도(敎徒)의 자제 및 집 없는 거지들이었다. 이러한 학교의 설립 목적은 복음을 전파하기 위한 길을 개척하기 위한 것이었다. 후기에는 중학교를 중점적으로 설립하였는데, 이것은 그들이 필요로 하는 매판(買辦)과 서방 습관에 빠질 수 있는 노예를 만드는 것을 중시하였기 때문이라고 할 수 있다.

상해에 가장 빠른 교회학교의 설립은 1839년 프랑스 천주교회가 조보로(漕寶路)에 설립한 성경 읽기 반으로 후에 민신소학(民新小學)이라고 개명하였다. 개항 이후, 1846년 미국 선교사 분느(W. J. Boone, 文惠廉)가 상해에 남자 기숙사를 만들었다. 다음해, 미국 기독교의 회은당(懷恩堂)이 북사천로(北四川路)에 회은중학(懷恩中學; 현재 四川中學 자리)을 설립하였다. 1849년 예수회 선교사 조톨리(Ange Zottoli,

晁德莅) 신부가 가난한 아이들을 모아, 독경반을 서가회 천주당 옆의 광계사(光啓社)에 설립하였고, 후에 서회공학(徐滙公學; 현재의 徐滙中學 자리)으로 개명하였다. 1850년 영국 성공회가 영화학숙(英華學塾)을 설립하였다. 같은 해 4월, 미국 성공회(聖公會) 선교사 브릿지만(E. C. Bridgman, 裨治文)의 처 질렛트(E. Gillette, 格蘭德)가 서문(西門) 백운관(白雲關)에 비문여숙(裨文女塾)을 설립하고, 학생 10명을 모집하고, 가을에 기숙을 하도록 하였다. 후에 중학부를 증설하였고, 이름을 비문여자중학(裨文女子中學; 현재 市 9中學 자리)라고 불렀다. 1851년, 프랑스 천주교 증망회(拯亡會)에서는 동가도(董家渡) 천주당에 계몽학당(啓蒙學堂)을 설립하였고, 후에 이름을 방덕소학(方德小學; 현재의 董家渡路 第2小學)이라 개칭하였다. 같은 해, 당가탑(唐家塔) 천주당은 금가교(金家橋)에 효광소학(曉光小學, 현재 曉光村小學 자리)을 설립하였다. 미국 성공회는 회정선로(懷定般路; 현재 江蘇路)에 문기여교(文紀女校)를 설립하였고, 후에는 성 마리아 여자중학(현재 市3女中 자리)이라고 이름을 바꾸었다. 1853년, 프랑스 천주교 천주당에서는 명덕여교(明德女校)를 설립하였고, 후에 방덕여자중학(仿德女子中學; 현재 蓬萊中學)이라고 이름을 고쳤다. 1860년 미국 장로회 선교사 팔햄(J.M.W. Farnham, 範約翰)이 육가빈로(陸家濱路)에 남숙(男塾; 현재의 市南中學 자리)을 설립하였다. 다음해, 팔햄(Farnham, 範約翰)의 부인이 여숙(女塾)을 설립하고, 후에 이름을 청심서원(淸心書院, 校址는 현재의 市8中學)이라고 이름을 붙였다. 1865년 프랑스 천주교 양경빈(洋涇濱) 천주당은 류사소학(類思小學, 校址는 현재의 四川南路 小學자리)을 설립하였다. 같은 해 미국 성공회에는 배아학당(培雅學堂)을 설립하였다. 다음해 기독교에서는 도은학당(度恩學堂)을 설립하였고, 1876년에는 천주교에서는 숭덕여교(崇德女校)를 설립하게 되었다.

교회에서 세운 모든 학교는 종교를 가장 중요시 생각하여, 보편적으로 종교과목을 개설하였고, 아울러 종교과목이 불합격하면, 퇴학을 시켰다. 그중 천주교 학교의 규율이 가장 엄격하였고, 종교과목 이외에도 평시 각종 종교 활동을 거행하였다. 예를 들어 아침 미사, 저녁 미사, 주일날의 대미사와 구흥호(奮興會), 영혼수양[靈修], 주일학교, 성경연구회[査經班], 미사, 의기투합, 청년회, 전교회[布道會], 종교 운동주 등등. 천주교의 4대 축일(성탄절, 부활절, 강림절, 승천절)과 기독교의 4대 축일(성탄절, 부활절, 모친절, 감사절)에는 종교 의식이 더욱 성대하였다.

교회학교의 대권은 교회 수중에 있었고, 중국 교사들은 질시와 박해를 받았다. 매 학교는 모두 중국 국기 게양을 불허하고, 오직 설립자가 속한 나라의 국기만을 게양하였다. 청심여중(淸心女中)과 비문여중(裨文女中) 등의 학교에서는 졸업장은 영문 졸업증명서만 있었고, 그 위에는 오직 미국 국기만이 그려져 있었다. 이러한 학교는 주로 외국어를 가르쳤고, 서회여중(徐滙女中)에서는 중국의 역사, 지리 과목 조차도 프랑스어로 강의하였다. 중서여중(中西女中)의 규정에는 학생간의 담화는 반듯이 외국어로 말을 해야 하였고, 이로 인해 졸업생들은 중국글자를 쓸 줄도 몰랐다. 이러한 기괴한 현상은 선교사들이 보았을 때는 오히려 아주 성공적인 교육의 표출이었다고 생각하였다. 학교의 주요 과정은 종교과목과 외국어였으며, 종교과목이 중심이 되었다. 이러한 방면에서 서회공학의 상황은 더욱 심하였다. 수업시간에 프랑스어를 사용하는 것 이외에, 교내의 공지사항, 손님 면회 용지[會客單], 알림, 학비수거, 출석부[点名册], 배당용지[記分單], 심지어 학생 이름까지 프랑스어로 기입하였다. 이 학교는 학생들에게 아주 엄격하게 대하였고, 학생들의 일거수 일투족은 모두 감시를 받았고, 자습시간에 대·소변을 보는 것도 보고를 하고 보게하였는데, 소변은 5분 내에, 대변은 10분 내에 처리해야 하였고, 시간을 초과하면 매를 맞았다. 매번

늦는 학생은 교장실로 가서, 벌을 받았다. 학교 당국은 중국 혁명을 아주 적대시하였다. 소도회 기의 때, 학교 측은 전체 학생들에게 희생당한 침략군을 위해 "추사미사"(追思彌撒, 현재는 위령미사라고 함)"를 드려 장례를 대신하였다.

제2단계(1874~1900)는 교회학교의 발전시기이다. 70년대 이후, 침략자는 중국에서 나날이 늘어갔고, 대규모의 관리인원이 필요하게 되었다. 거기에 더해 양무기업의 설립으로 인재가 필요하였으므로, 교회학교는 비교적 빠르게 발전하였다. 교회중학은 대규모로 설립되었고, 모집대상은 신흥 매판과 부잣집의 자제였고, 아울러 수업료를 상당히 올려 징수하였다. 동시에 교회 대학을 설립하여 고급 지식분자를 배양하였다. 이렇게 새로 설립된 학교 중에 비교적 이름이 있던 곳은 1874년에 영국 선교사 프라이어(J. Fryer, 傅蘭雅)가 창립한 격치서원(格致書院), 1875년 프랑스 천주교 성모회(聖母會)가 설립한 성프란치스코학당[聖芳濟學堂; 후에 聖芳濟中學으로 그 자리는 현재의 時代中學 자리임], 1879년에 설립된 상해 성 요한서원[聖約翰書院], 1881년 미국 감리회 선교사 알렌(Y. J. Allen, 林樂知)이 설립한 중서서원(中西書院), 1890년 미국 여선교사 헤이굿(L. A. Haygood, 海淑德)이 한구로(漢口路) 서장로(西藏路) 입구에 설립한 중서여숙(中西女塾; 후에 中西女子中學으로 개명, 1952년 6월 성 마리아 여자중학과 합병)이 있었고, 그 설립 목적은 교의(教義) 전수, 서양음악 인재 배양 등으로 중국 여자들에게 소위 "건전"한 교육을 실시였으나, 실제적으로는 "기독교화"와 "미국화" 생활을 교육시켰다. 1897년 미국 남침신회(南浸信會)에서는 계수여학(桂秀女學; 후에 晏摩氏女中으로 개명하고 그 자리는 현재 北郊 中學 터이다)을 설립하였다.

당시 기독교 선교사들이 창립한 문교사업(文教事業)이 비교적 많았고, 전국적인 문화침략기구가 다량으로 상해에 설치되었다. 이로써 기독교는 상해의 문화침략활동이 전국에 영향을 주었다. 이러한 침략활동의 지도적 위치를 강화하고자 그들은 1877년 상해에서 기독교학교(基督敎學校)와 교과서위원회(敎科書委員會)를 성립하고, 그 성원은 매티어(C. W. Mateer, 狄考文), 윌리암슨(A. Williamson, 韋廉臣), 알렌(Y. J. Allen, 林樂知), 마르텔(W. A. P. Martel, 丁韙良), 프라이어(J. Fryer, 傅蘭雅) 등 저명 선교사들로 구성되었고, 아울러 쉬리앤천(徐廉臣)이 주석을 담당하였고, 프라이어는 총 편집을 담당하였으며, 편사(編寫)에 사용된 것은 초·고급 두 종류의 교재가 사용되었다. 그들은 문장을 발표하여 규정을 강조하였다. "매 기회 때마다 상제(上帝), 죄업[罪孽], 구제(拯救) 등의 위대한 사실의 주의를 일깨웠다."[1] 이 위원회는 13년간 상해에서 약 3만 책 교과서와 지도를 출판 발행하였으며, 그 종류는 종교와 윤리방면 이외에도, 역사, 국제법, 철학, 산학, 지리 등 학과를 섭렵하였고, 중국어 "교과서"의 출현을 보게 되었다. 그들이 작성한 교재의 내용은 부분적인 자연과학 지식 외에 대부분은 종교를 선양하는 것, 서방자본주의 제도를 미화하는 내용이었다. 학교와 교과서 위원회의 성립 및 그 활동은 기독교 선교사들이 상해를 중국 각지에로의 대규모적인 체계적 문화침략을 하는 중요한 기지로 만들었다.

1890년 기독교 선교사 회의에서 학교와 교과서 위원회는 중화교육회(中華敎育會)라고 개조하였고, 37인이 출석하여 성립되었고, 매티어(C. W. Mateer, 狄考文)를 회장으로 임명하였다. 그들은 공개적으로 "기독교 문화가 중국 고유문화를 이겼다."[2]고 주장하였고, "중국 교육사업의 탐구 및 연구는 교학담당인원의 교수 방법상 서로에게 도움을 준다."[3]라는 주장으로, "각종 방법으로 중국의 교육개혁운동을 장악하

1) Record of the General Conference of the Protestant Missionaries of China, 1890, p.713.
2) 花之安, 『中國基督敎敎育問題』는 『傳敎士與近代中國』, p.241에서 인용.

여 기독교 교육의 이익에 부합하도록 만든다."4)고 하였다. 중화교육회
(中華敎育會)의 성립은 기독교교회가 중국의 신식교육 진지 전체를 좌
지우지하려고 기도하였던 것이었다. 이후, 상해의 기독교교회 학교는
더욱 현저한 발전을 하였고, 유아원, 소학, 중학에서 대학까지 완성한
교육체계를 갖추게 되었다. 상해는 이미 식민주의 문화침략의 중심이
되었다.

외국 침략자들은 그들에게 서비스하는 매판과 고급 서양의 노예(洋
奴)를 체계적인 배양을 위하여, 상해에 교회 대학을 설립하였는데 그
중 가장 먼저 설립된 곳이 격치서원(格致書院)이었다. 학교의 위치(校
址)는 영국 조계인 복주로(福州路) 원방화원(元芳花園) 북쪽으로 1874
년에 건립이 시작되어 2년 후에 낙성(落成)하였고, 동시에 박물관, 장
서루(藏書樓)가 함께 설립되었다. 이 서원(書院)은 중국 서원의 방법을
모방하여 각 계절에 교사는 학생들에게 작문을 하도록 시켰고, 교사들
이 평가하였다. 명제(命題)의 범위는 주로 서방문화를 받아들이는 것
과 서방문명을 선전하는 것, 학생들에게 서양 숭배사상을 배양하는 것
과 종교의 의무를 강조하는 것이었다. 예를 들면, 1890년 8월 시험의
과제 제출과 점수의 채점은 프라이어(J.Fryer, 傅蘭雅)5)가 제출한 "중
국인이 서학을 공부해야 하고, 공부를 함에 있어 중국어를 사용하는
것과 서양언어를 사용하는 것에 어떠한 이로움과 폐단은 있는가?"로

---

3) 中國敎育會,『中華基督敎敎育季刊』, 第1卷, 第1號.
4) 潘愼文,『中華敎育會與整個中國敎育的關係』는『傳敎士與近代中國』, p.241
　에서 인용.
5) 프라이어(J.Fryer, 傅蘭雅), 영국인. 1861년 동쪽으로 건너와 홍콩 성바오로서
　원(聖保羅書院)원장, 북경동문관(北京同文館)에서 영어교습. 1865년 상해 강
　남제조국 편역처에서 20년 번역을 담당하였다. 후에 쉬쇼우퉁(徐壽同)과 함께
　격치서원(格致書院)을 설립하였다. 1884년 프라이어가 상해를 떠난 후, 이 학
　교는 중등학교(中等學校)로 이름이 바뀌었고, 공공조계(公共租界) 공부국(工
　部局)이 관리하였다[항일전쟁시기에는 격치중학(格致中學)이라고 개명함].

하였다. 1883년 이 서원은 왕타오(王韜)를 초빙하여 원장으로 삼았다. 왕타오(王韜)는 직접 서원(書院)의 교재를 만들었으나, 중요한 것은 프라이어(J.Fryer, 傅蘭雅)가 통제하였다.

비교적 일찍 설립되고 영향력이 있었던 또 다른 교회대학은 1881년에 알렌(Y. J. Allen, 林樂知)[6]이 중서서원(中西書院)을 설립하였다. 그 서원은 두 개의 분원이 있었는데, 하나는 프랑스 조계의 팔선교(八仙橋)에 있었고, 다른 하나는 공공조계 홍구(虹口)에 있었다. 알렌이 감원(監院)을 담당하였고, 1882년 정식 개교하였다. 초기에는 반나절은 중국학(中國學)을 공부하였고, 나머지 반나절은 서양 학문을 공부하였다. 신입생이 입학하면 먼저 분원에서 2년간 공부한 후에 대원(大院;대학반급)으로 들어가 4년을 더 공부하였고, 다시 2년간 연장할 수 있었다. 이 서원에서는 여학생도 모집하였고, 아울러 집안일에 대한 교육과 봉재도 가르쳤다. 남녀학생은 일요일 오전에 반듯이 서원(書院)에서 강의를 들어야 하였다. 후에 학교는 외국에서 모금을 하여, 학교건물[校舍]을 홍구 제2분원 옆에 설립하고, 서문원(西文院), 중문원(中文院)과 격치원(格致院)으로 불렸으며, 이전의 1, 2 분원의 학생들은 대학원에 들어가 졸업장을 받았다. 학제는 8~10년 이었다.[7]

---

6) 알렌(Y. J. Allen, 林樂知), 미국 감리회 선교사. 1860년에 중국에서 전교를 시작하였다. 후에 청 정부 기관에서 번역과 교습을 담당하였고, 그 기간은 약 18년 동안이었으며, 390부(部)의 역서(譯書)를 내놓았다. 1879년 소주(蘇州)에서 박습서원(博習書院)을 설립하였다. 1881년에는 상해에 중서서원(中西書院)을 설립하고, 원장이 되었다. 1890년에 또 중서여숙(中西女塾)을 설립하였다. 그는 상해에서 『교회회보』(敎會會報)의 주편을 담당하였고, 아울러 『만국공보』(萬國公報)의 주필을 약 30년간 담당하였다. 청 정부는 그에게 진사(進士)의 벼슬을 하사하였으며, 1907년 상해에서 생을 마감하였다.

7) 1901년 중서서원(中西書院)은 소주(蘇州)의 동오대학(東吳大學)으로 합병되었다. 1915년 동오대학(東吳大學)은 법과대학(法科大學)이 따로 상해 중서서원(中西書院)의 원래 자리에 건립되었다. 1927년 이름을 동오대학법학원(東吳大學法學院)이라고 하였다.

상해에 가장 일찍 생긴 3개 대학 중에서 영향력이 가장 컸던 것은 성 요한서원(聖約翰書院)8)이었다. 이 대학은 배아서원(培雅書院)과 도은서원(度恩書院)이 1870년 9월 합병하여 생겼으며, 교지(校址)는 호서 범황도(滬西梵皇渡) 소주하반(蘇州河畔)이었고, 스 요셉[施約瑟]이 원장이었다. 학생들은 거의 교도(敎徒)였고, 학교에서 의복, 서적과 숙식 등 비용을 제공하였다. 스 요셉이 병으로 1881년 원장 직무를 사직하자, 분느(W. J. Boone, 文惠廉)가 승계하였다. 1888년에는 혹스 포트(E.C.Hawks Pott, 卜舫濟)9)가 이어받았다. 이 학교는 국문부와 신학부가 있었고, 1880년에는 의학부를 설립하였으며, 1881년에는 영문학부를 설립하였다. 학생들은 두 종류로 예과는 중학정도의 수준이었고, 본과는 대학정도의 수준이었다. 각 부 주임은 모두 외국인이었다. 초기 각 과(課)는 모두 중국어(中文)로 교육을 하였으므로, 외국인이 가르칠 때, 그들이 중국어를 먼저 알고 있어야 했으나, 후에 나날이 영어를 중시하고 국어과목을 제외시켜, 모두 영어로 학습하게 하였다. 학생들은 교내에서 영어로만 말해야 했다.

1890년 혹스 포트는 기독교 선교사 전국회의 연설에서 교회대학은 반듯이 중국 미래의 영수와 사령관의 책임을 맡을 인재를 양성해야 하는 책임을 지고 있다고 하였고, 이로써 "그들의 동포에게 많은 것을 베풀고, 가장 영향력 있는 사람으로 만들어야 한다."고 하였다. 그는 적나라하게 말하기를 "우리들의 학교와 대학은 곧 중국의 웨스트 포인트(West point, 西点軍校)"10)라고 하였다. 성 요한서원(聖約翰書院)의 교

---

8) 1905년 정식으로 성요한대학(聖約翰大學)으로 개명하였다.

9) 혹스 포트(F.L.Hawks Pott; 卜舫濟)는 미국 성공회 전교사이다. 1886년 성요한 서원(聖約翰書院)에서 영문교사로 있었고, 1888-1941년 그 학교의 교장을 역임하였다. 그는 줄곧 교회 교육 사업에 종사하였다. 저서로는『중국의 폭란』(中國의 暴亂),『상해간사』(上海簡史) 등이 있다. 1947년 상해에서 생을 마감함.

10)『傳敎士與近代中國』, p.370에서 인용. 西点軍校란 1802년 7월 4일에 창설된 미국의 West point로 사관학교를 지칭하는 말이다. 웨스트 포인트는 미국

훈은 "광화진리"(光和眞理)였고, 후에는 이것에 공자(孔子)의 "배우되 생각하지 않는 것은 굴레에 얽히는 것이고, 생각은 하되 배우지 않는 것은 위태로운 것이다"[학이불사측망(學而不思則罔), 학이불학측태(思而不學則殆)]라는 두 구절을 첨가시켜, 학교의 휘장에 새겨 넣었다. 교육 내용은 전형적인 식민지화 교육이었다. 교육 과정(課程)과 과외 활동 중에서, 종교의 이입과 종교 활동은 시종 앞자리를 차지하였다. 학생이 명령을 따르지 않으면, 바로 퇴학당하였다. 예를 들어 학교 학생 리우홍성(劉鴻生)은 성적이 우수하여, 혹스 포트는 그를 미국으로 유학을 보내 목사로 만들고자 하였다. 리우[劉]의 집안에서 이러한 계획에 반대와 거절을 하였다. 혹스 포트는 그에게 하느님의 뜻을 저버렸다고 꾸중하고, 하느님을 배반한 교도라고 하며, 그를 학교에서 쫓아냈다.[11] 이 학교의 인재 배양하는 방법은 역시 모두 유럽식(歐洲式)이었다. 이러한 환경에서 학생들은 많이 듣고 많이 보아서 자신도 모르는 사이에 영향을 받게 되었고, 외국어의 수준은 구 중국에서 최고의 자리를 차지하였으며, 학술방면에서도 일정 수준의 성취를 나타냈다. 그러나 모르는 사이에 서방 자산계급의 부패한 사상과 생활방식의 영향을 받았고, 이것은 식민주의 노예화 교육이 그 목적을 달성한 것이다.

이상에서 언급한 이러한 교회학교 이외에, 일본인 역시 상해에 학교를 설립하였고, 일본 군국주의 중국 침략정책 서비스를 위한 노복(奴僕)을 배양하였고, 아울러 중국 정보를 수집하였다. 1884년 일본인 야쓰시 시게루(末廣重恭), 후이노 시시(馬場振猪), 나카에 가이(中江駕介)

뉴욕주 남동쪽에 잇는 도시의 이름이며 미국의 육군사관학교가 소재하고 있어 미국 육군사관학교의 대명사로 쓰이고 있다. 역자 주.

11) 10여년 후, 이 학교는 리우홍성(劉鴻生)을 다시 받아들여 "명예박사"학위를 수여하고, 그에게 "주석교동"(主席校董)을 담당케 하였다. 왜냐하면 리우(劉)가 재산을 많이 모았고, 지위가 있어 학교에 의연금을 내었고, 아울러 자금을 희사해 학교에 화려하고 아름다운 사교관(社交館)을 설립하였기 때문이었다.

등은 곤산로(昆山路)에 동양학관(東洋學館)을 설립하고 야쓰시 시게루
(末廣重恭)를 관장으로, 우츠노미야(宇都宮平)를 교장에 임명하고 중국
학생을 모집하였다. 그러나 개교한 지 1년 만에 경비의 곤란으로 문을
닫았다. 1890년 아라 키요시(荒尾精)가 이성교(泥城橋) 다리 끝에 일
청무역연구소(日淸貿易硏究所)를 설립하고, 스스로 소장을 담당하였
고, 학제는 3년제였다. 1893년까지 89명의 졸업생을 배출하였다. 이후
아라 키요시는 또 상해에 영화광무관(瀛華廣懋館; 일본식 이름으로는
上海 商品陳列所)을 설립해서 무역연구소의 졸업생을 돌아가면서 상관
(商館)에서 실무를 실습하도록 하여, 매일 20인이 있었다. 갑오전쟁(甲
午戰爭) 발발 후, 이 관은 문을 닫았다. 1900년 일본인은 남경에 남경
동문서원(南京同文書院)을 설립하고, 원장으로 사토 타다시(佐藤正)를,
후에는 육군 소좌(少佐) 네주 하주메(根津一)가 계임하였다. 의화단 운
동 후, 이 학교는 상해로 이전하였고, 이름은 동아동문서원(東亞同文書
院)이라고 고쳤으며, 서원(書院) 자리는 고창묘(高昌廟) 계야리(桂野
里) 동문학당(東文學堂) 옛 터(舊址)였다.[12] 공·사비(公私費)학생이 60
명이었고, 교과 내용은 주로 중국과 조선 문제에 대한 연구이었다.

당시 영미조계에 역시 문화교육을 관리하는 기구가 설립되었는데,
전문적으로 중국의 문화를 침략하는 활동을 담당하였다. 공부국(工部
局) 이사회[董事會]는 화인교육위원회(華人敎育委員會)와 외교학교(外
僑學校) 교육위원회를 설립하고, 후에는 두 회(會)를 합병하여 학무위
원회(學務委員會)로 만들었다. 공부국은 또 교육처(敎育處)를 설치하였
고, 후에 학무처(學務處)로 개명하였고, 그 아래에 교민교육고(僑民敎
育股)와 화인교육고(華人敎育股)를 설치하였다. 90년대에 들어서면서
공부국(工部局)에서도 학교를 설립하였다. 1890년 지풍로(地豊路, 현

---

12) 1913년 2차 혁명 중, 이 학교 인근에 제조국(制造局)이 있어, 학교는 포화로
　훼손되었다. 1916년 4월 海格路(현재의 華山路)로 이전하였고, 1923년까지
　존속되었다. 이 학교는 2,500명의 졸업생을 배출하였다.

愚園路)에 한벽예서동남학(漢壁禮西童男學, 校址는 현재 市西中學자리)을 설립하고, 학제는 9년으로 그중 고소(高小) 즉 초등학교 고학년 3년, 중학(中學) 6년이었다. 1892년에는 한벽예서동여학(漢壁禮西童女學; 校址는 현재 幼兒師範學校 자리)이 설립되었다. 이후 계속적으로 봉로서동여공학(蓬路西童女公學; 校址는 현재 延平西路 第5小學 자리), 서동공학(西童公學; 校址는 현재 復興中學 자리), 서동여학(西童女學; 校址는 현재 臨潼中學 자리)과 봉로서동여학(蓬路西童女學; 校址는 현재 虹口區 第1中心小學 자리)을 설립하였다. 이러한 학교는 모두 상해 거주 외국인 자녀를 위해 설립된 것이었다. 조계내 거주하는 중국인 자녀의 교육문제는 20세기 초에야 발전을 하기 시작하였다. 1892년 어떤 사람이 공부국(工部局)에 화동학교(華童學校)의 설립을 건의하기도 하고, 혹은 사립학교 설립에 보조를 부탁한 적이 있으나, 거절당하였다.

프랑스 조계 공동국(公董局)은 교육방면에서 역시 두 개의 기구를 갖추고 있었다. 하나는 교육위원회로써 의사고문 기구였고, 다른 하나는 교육총람처(敎育總監處) 즉 교육처로 집행기구로써 공동국에 설립되어 있는 학교의 관리를 책임지고 아울러 공동국 내에 설립된 각 공사(公私)학교를 감독하는 기구였다. 1886년 공동국은 몬티니음로(敏體尼蔭路; 현재 西藏南路)에 법문서관(法文書館)을 설립하였는데, 후에 中法學堂으로 개명되었다.13) 같은 해, 남양교(南陽橋)에 법문서관(法文書館) 소학부(校址는 현재 南陽橋小學 자리)를 신설하였다. 법문서관은 서양 아이들과 중국 아이들의 입학을 허용했는데, 학제는 10~12년이었고, 그중 초소(初小; 초등학교 저학년) 3년, 고소(高小; 초등학교 고학년) 3년, 중학교(初中) 1~2년, 고등학교(高中) 3년이었다. 이러한

---

13) 1931년 중법중학(中法中學)으로 개명하였다. 교지(校址)는 현재 광명중학(光明中學) 자리이다.

학교의 행정권은 모두 프랑스인의 수중에 있었고, 천주교 신부가 담당
하였으며, 고용된 중국인 대부분은 성직자였으며, 학교에서는 철저한
식민화 교육을 실행하였다.

상해 개항 전후에서부터 1900년까지 60여 년 동안, 외국 침략자는
상해에 61개소(個所)의 학교를 설립하였는데, 그중 소학이 33소(所),
중학 25소(所), 대학 3개소(個所)이었다. 이러한 학교의 설립 목적은
서양의 노예와 침략자에 필요한 각종 인재를 배양하는 것이었고, 최종
적으로는 그들의 침략 계획에 서비스를 제공하기 위해서였다. 그러나
역사발전적 사실에서 보면, 침략자들이 설립한 학교의 객관적인 효과
를 보면 완전히 그들의 목적대로만 이루어지지는 않았다. 어떤 때는
심지어 그들의 바람에 위반되는 일도 일어났다. 교회학교의 높은 담은
애국 조류(潮流)와 혁명사상의 전파를 장기적으로 저지하는 수단이 되
었다. 이러한 학교의 학생 중 중국에서 필요로 하는 과학기술 인재와
애국자가 적지 않게 나왔으며, 어떠한 사람은 혁명의 길을 걷기도 하
였다. 이와 동시에 이러한 학교들의 발전은 중국에 서방자본주의 교육
제도와 선진적 과학기술이 들어오게 되었다. 이러한 방면에서 침략자
는 중국인들을 "역사적으로 스스로 자각하지 못하고 도구(工具)로 되
는 방법"14)을 활용하였다.

---

14) 馬克思, 『不列顚在印度的統治』, 『馬克思恩格斯選集』, 第2卷, p.68.

제3절 신문과 출판사업

서방 침략자들은 중국에서 문화침략을 진행할 때 문자 선전을 상당히 중요시하였다. 그들은 중국인민의 사상을 기만하고 노예화시키기 위해, 의원, 학교, 교당 등을 설립한 중요 목적이었으나, 그 효과가 상당히 늦게 나타나므로, 신속한 방법을 채택한 것이 책과 신문의 출판이었다. 왜냐하면, "다른 방법은 몇 천 명의 머리를 개조해야 하는 데, 문자 선전은 몇 만 명의 두뇌를 개조시킬 수 있기 때문이다. 그래서 중국 출판의 주요한 잡지, 신문 등을 통제하였다. 이것은 곧 이 국가의 머리와 척추를 통제하는 것이었다."[1]라고 하였다.

19세기 초에서 19세기 말, 외국인은 중국에서 약 2백종의 중·외국어 잡지를 발행하였고, 당시 잡지 총수의 80%이상을 차지하였으며, 아주 상당한 부분까지 중국의 신문출판 사업을 통제하고 있었다. 상해 개항 후, 1900년까지 외국인이 창간한 중, 외문 잡지는 60여종에 달하였으며, 동일시기 외국인이 중국에서 발간한 잡지 총수의 약 30%를 차지하였다.

외국인이 상해에서 최초로 발행한 것은 영문주간(英文週刊)인 『북화첩보』(北華捷報)였다. 그것은 영국인 서어먼(H. Shearman, 奚安門)이 독자적으로 창간한 것으로 1850년 8월 3일 발간하였고, 관지(館址)는 한구로(漢口路)였다.[2] 창간호에는 당시 상해에 주재하였던 157명

---

1) 李提摩太,『給美國駐上海領事白利蘭的信』, 方漢奇,『中國近代報刊史』上册, 山西人民出版社, 1981年版, p.10.

2) 1887년에는 구강로(九江路)로, 1901년에는 외탄(外灘)으로 옮겨왔다. 1924년

의 외국인 명단이 게재되었을 뿐 아니라, 미국상선 망해(望海)호가 상해에 도착하였다는 소식이 실렸다. 이 신문은 1864년 7월 1일 이름을 『자림서보』(字林西報)라고 개명하였고, 매일 출판되었다.[『북화첩보』(北華捷報)는 그 신문의 매주 증간(增刊)으로 되었다]. 아울러 1881년 공사(公司) 경영방식으로 바뀌게 되었다. 이 신문은 외국인이 상해에서 신문사를 경영한 것 중에서는 가장 오래 존속되었고(1850~1951년) 그 영향이 가장 컸던 신문중의 하나였다. 창간에서부터 그 신문은 영국영사관 및 조계 당국의 철저한 보호관계를 유지하고 있었다. 1859년 영국은 상해 영사관에 특별히 지시하여 이 신문을 영국 영사관 및 상무공서(商務公署)의 각 항(項) 공고(公告)를 발표하는 장이 되게 하였다. 조계당국의 문고(文告), 신문공보(新聞公報)와 돈을 내고 싣는 광고(付費廣告)는 모두 우선 이 신문에 게재하게 하였으므로, 운영에 있어 그들의 도움을 받았다. 이러한 이유로 인해, 『자림서보』(字林西報)는 상해의 외국인들에게서 "영국관보"(英國官報)라는 말을 듣게 되었다. 이 신문에는 구호(口號)가 하나 있었는데, 증간(增刊) 언론판(言論版)의 위쪽에 "공정불중립"(公正不中立)이라고 게재하고 있었다. 사실 "공정"(公正)이라는 것은 "불중립"(不中立)을 거꾸로 실제에 사용하고 있었다. 그는 공개적으로 중국 침략을 장려하였고, 어떤 때는 심지어 영국의 일부 집정 인물들이 중국에서 영국의 이익과 위신을 소홀히 한다고 질책하기도 하였다. 이것은 런던의 상층사회에 큰 충격을 안겨주었다. 출판된 102년의 『자림서보』(字林西報)는 제국주의의 중국침략에 대한 역사적 죄증(罪證)을 기록한 중요한 자료이다.

상해 최초의 잡지는 영국인 와이리에(A.Wylie, 偉烈亞力)가 창간한 월간(月刊) 『육합총간』(六合叢刊)으로, 1857년 1월에 발행되었고, 다

보관빌딩[報館大厦] 즉 프레스센터가 설립되었는데, 현재의 계림빌딩[桂林大厦]이다.

음해 일본으로 옮겨가 오래지 않아 정간(停刊)되었다. 이 잡지는 신문, 종교, 과학과 문학 등 다방면의 종합성적인 간행물이었다. 1861년 9월, 영문 『상해매일시보』(上海每日時報)가 출판되었고, 역시 1년 후에 정간(停刊)되었다. 같은 해 11월, 상해지구에는 제1호 중문잡지(中文雜誌)인 『상해신보』(上海新報)가 창간되었다. 그것은 『자림서보』(字林西報)의 중문판이었고, 영국 상인의 자림양행(英商字林洋行)에서 발행된 최초의 주보(週報)였다. 반년 후, 매주 화, 목, 토요일에 출판되었다. 이 신문은 서양의 종이를 사용하여 양면(兩面)으로 인쇄 하였다. 역대 주필은 우드(M. L. Wood, 伍德), 프라이어(J. Fryer, 傅蘭雅)와 알렌(Y. J. Allen, 林樂知) 등이 맡았다. 그 신문 내용의 대부분은 『자림서보』(字林西報)의 중문판이었고, 나머지는 『경보』(京報) 및 홍콩 각 신문 내용을 옮겨 기록하였다. 당시 태평군이 상해를 공격하였을 때, 이 신문은 아주 비상하게 태평천국(太平天國) 정황의 보도를 중요하게 생각하였고, 아울러 청군 및 태평군 두 방면의 작전 소식을 게재하여 독자들의 인기를 끌었다. 『신보』(申報) 출판 후, 『상해신보』(上海新報)는 일보(日報)로 바꾸었고, 신문 값을 내려 이와 경쟁하였다. 1892년, 이 신문은 자림양행(字林洋行)에서는 경영을 집중시키기 위해 『자림서보』(字林西報)를 정간시켰다.

1862년 이후 6, 7년간 외국인은 상해에서 일부 신문을 창간하였고, 그중에는 중문월간(中文月刊)인 『중외잡지』(中外雜誌), 영자지인 『상해항운일보』(上海航運日報), 독일주간(週刊)인 『덕문신보』(德文新報), 영문 석간인 『중국지우』(中國之友), 영자지인 『상해회보』(上海滙報), 『만차보』(晚差報), 『원동석의』(遠東釋疑)[후에 『중국평론』(中國評論)으로 이름을 바꿨다]와 『상해통신』(上海通訊) 등이 있었다. 1868년에는 영자지인 『상해차보』(上海差報)가 발행되었다. 오래지 않아 미국 장로회 기관보인 『중국기록보』(中國記錄報)가 복주(福州)에서 상해로 옮겨와

출간되었다. 이러한 신문은 영향력이 크지 않았고, 그 존속기간도 길
지 않았다.

1868년 9월 5일, 상해에는 근대 보간(報刊; 신문·잡지 등의 간행문)
사상 독보적인 위치를 차지하였던 -『중국교회신보』(中國敎會新報)가
간행되었다. 이 신문은 임화서원(林華書院)에서 출판되었고, 처음에는
주간(週刊)으로 발행량이 1,000부 정도였고, 1874년 9월 5일『만국공
보』(萬國公報)로 이름을 바꾸었다. 이 간행물은 창간에서 1907년의 40
년 동안, 1883년에서 1888년까지 경비의 곤란으로 잠시 정간(停刊)한
것 이외에, 계속 출판되어 1,000기(期)의 출판을 하였고, 외국 선교사
가 창간한 중문보간 역사상 가장 오래되었고, 발행량도 가장 많았으
며, 그 영향력도 가장 컸던 신문이었다. 편집에 참가하였던 사람은 알
렌(Y. J. Allen, 林樂知), 윌리암 뮈드헤드(William Muirhead, 慕維廉,
1822~1900), 윌리암슨(A. Williamson, 韋廉臣), 리차드(T. Richard, 李
提摩太), 마르텔(W. A. P. Martel, 丁韙良)등 모두는 당시 잘 알려진
외국선교사들이었다. 『만국공보』(萬國公報)는 비록 교회 신문이었으
나, 이 방면의 기사는 많지 않았다. 대부분이 중국 정사(政事)와 서방
국가 정황을 소개하는 지식성 문장이 많이 게재되었고, 실제적으로도
종합적인 시사성 간행물이었다. 그 신문은 "문자를 이용하여 하느님의
사업을 확장하고, 세상에 나누어 주는 것이 필수적이다"(用文字擴充上
帝的工業, 配合時世所必需)3)라는 의지를 표방하였고, 창간 시 겉면에
"모든 것 중에 지식이 가장 우선이다"(萬事知爲先)이라는 글을 게재하
였으며, 지식전파의 중요성을 표시하였고, 아울러 대량의 서학(西學)을
전파하였다. 그러나 이 신문은 당시 선진적인 중국인이 자산계급의 상
승시기의 사회정치학설을 연구하는 것을 소개한 것 이외에, 세계 형세

---

3)『基督敎文字播道談』, 張靜盧『中國近代出版史料二編』, 群聯出版社 1954年
版, p.334.

를 통해 서방국가의 위력을 드러내었고, 중국 독자로 하여금 "서양 정권을 흠모하게 하여 스스로 자연히 자신을 잃게 하는 것"(瀏覽一遍卽羨西國政權之美而爽然自失)4)을 시도하여 그들이 자청하여 서양의 노예가 되도록 만들려고 시도하였다.

중국은 유신 자강운동의 분위기가 확산될 때, 『만국공보』(萬國公報)』 역시 변법(變法)에 대한 논의가 있었고, 앞뒤로 리지아바이(李佳白)의 『개정급변조의』(改政急便條議), 『신명론』(新明論), 알렌(Allen, 林樂知)의 『중서관계약론』(中西關係略論), 『문학과국책서』(文學興國策序)와 리챠드(T. Richard, 李提摩太)의 『성화박의』(醒華博議) 등 문장이 발표되었다. 이러한 언론은 중국의 일부 상층 인물들에게 상당히 광범위한 영향을 주었고, 많은 관료 사대부에서 광서(光緖) 황제에게 까지 이 간행물이 읽히게 되었다. 이러한 겉면을 보았을 때, 『만국공보』(萬國公報)는 중국의 유신운동에 대해 거의 동정과 찬조를 보내는 것 같았으나, 진정한 목적은 중국의 부강(富强) 독립(獨立)이 아니었고, 중국을 제2의 인도로 만들려고 하였던 것이다. 그들 자신의 말에 의하면 "중국을 구하는 좋은 방법"(救華良方)이라는 것은 곧 "중국의 동남성에서 두 곳을 선택하여 영국으로 하여금 다스리게 한다. 그 이점과 폐단이 있다면, 고쳐나가고, 인도와 같은 방법을 하나하나 중국을 통치하는데 활용한다. 이로써 5천년의 역사를 가진 나라를 잘 다스릴 수 있다."5)고 하였다.

이 신문은 기독교와 시사성적인 정치 문장을 선전하면서, 당시 일부 유행하던 구미의 개량주의(改良主義)와 각종 유파의 사회주의 학설을 함께 소개하였다. 1899년 2월에서 4월호에 리차드(李提摩太)가 번역하고 차이얼캉(蔡爾康)이 찬문(撰文)한 『대동학』(大同學)이라는 문장이

---

4) 李董壽, 『廣學會對有益於中國論』, 『萬國公報』, 第107期.

5) 林樂知, 『印度隸英十二益說』, 載 『萬國公報』, 第94期.

발표되었고, 여기서 마르크스의 일부 상황을 언급하였다. 문장 내에서 마르크스를 영국인으로, 사회주의를 "안민신학"(安民新學)라고 하였고, 이 왜곡된 사실의 글귀를 오히려 중국인에게 마르크스에 관련된 가장 빨리 전달하여 알렸던 것이다.

19세기 최후의 30년간 일부 새로운 신문과 잡지가 계속해서 상해에서 창간되었다. 자림양행(字林洋行)이 발행한 『최고법정과 영사공보』(最高法庭與領事公報), 영문주간(英文週刊) 『순환』(循環), 프랑스문주간(法文週刊) 『상해신문』(上海新聞)과 『진보』(進步), 영문주간 『상해요문과 매주신사보』(上海要聞與每週信使報), 『중서문견록』(中西聞見錄), 『화양통문』(華洋通聞), 프랑스어로 발행된 『상해신사보』(上海信使報), 자림양행(字林洋行)이 발행한 중문(中文) 『자림호보』(字林滬報)및 당시 상해에서 비교적 중요한 석간(晚報)이었던 클락(John. Dent Clark, 開樂凱), 뿌나카이(布納凱)와 리빙톤(C.Rivington, 李闐登)이 창간한 영문 『문회보』(文滙報) 등이 있었고, 이외에 중국에서 신문, 잡지의 역사상 중요한 지위를 차지하고 있던 『신보』(申報)와 『신문보』(新聞報)가 있었다.

『신보』(申報) 또는 『신강신보』(申江新報)는 1872년 4월 30일에 창간되었다. 이 신문은 영국인 메이저(Ernest Major, 美査)가 창간을 하였고, 매판사장(買辦經理)은 짜오이루(趙逸如)가 맡았으며, 주필은 쟝쯔샹(蔣芷湘)이 담당하였다. 창간 초기에는 이틀에 한번 신문이 나왔고, 5일 후에 일간으로 바꿨으며, 모태지(毛太紙; 얇고 까만 종이)를 사용하였으며, 단면 인쇄를 하였고, 매일 8판이 인쇄되었고, 매장(每張)은 6문전(文錢)에 판매되었다. 신문사 사옥(館址)은 영미조계(英美租界) 한구로(漢口路)에 있었다.6) 이 외국인이 창간한 신문의 특징은

---

6) 현재 상해시 위생국(衛生局) 부근, 1918년 한구로(漢口路), 산동로(山東路)의 모퉁이로 이사 왔다.

주필과 사장으로 중국인을 초빙하여 사무를 보게 하였고, 메이저
(Major, 美査)는 막후에서 지휘를 하였고, 간혹 중국인을 공경하는 말
도 간혹하였으나 거의 공정하고 객관적인 태도를 유지하려 하였다. 왜
냐하면 그들은 명백히 "使不庇護華人, 則華人將服其議論之公乎? 使不
推美華人, 則華人將喜其記敍之善乎?"[7]라는 것을 알고 있었기 때문이
다. 이러한 태도는 『신보』(申報)를 확장하는데 중요한 영향을 끼쳤
다. 창간 초기 『신보』는 600부 만이 팔려 자산(資産)이 1,600량에 그
쳤으나, 1919년에는 하루 판매량이 30,000부로 증가하였고 자산도
120,000원에 이르렀다.

초기 『신보』(新報)의 내용은 일부 문인, 고아한 선비[雅士]들이 차
와 음주 후 한담을 나눌 정도였으나, 일부는 관장(官場)부패의 비평,
과학지식의 선전 등을 게재하였으나, 그 주된 방면은 식민자의 침략활
동을 위해 강단(講壇)을 제공하는 것이었다. 1876년 송호철로(淞滬鐵
路) 건설 후, 『신보』는 계속해서 문장을 발표하였고, 시민 의견을 사칭
하여, 도로를 건축하는 것을 지지하였다. 『신보』는 또 여러 차례 외국
인이 철로를 건설해야 한다는 여론을 조성하였다. 당시 외국은행이 상
해에 설립될 때, 『신보』는 그들의 광고를 게재하였을 뿐 아니라, 저축
을 하도록 유도하였고, 전문적인 사론(社論)을 발표해 이러한 사기를
고취하였다. 1884년 영국 상인의 유리은행(有利銀行)은 투기활동에 대
한 실패로 은행이 보유해야 하는 일정 금액의 금액 부족현상이 나타나
자 은행에 예탁해 두었던 사람들의 출금현상이 계속되어 아주 곤란한
지경에 이르렀을 때, 『신보』는 즉각 『전언물언』(傳言勿言) 등과 같은
평론을 발표하여, 은행을 변호하였고, 이러한 풍조의 완화를 유도시켰
으며, 유리은행이 이 난관을 극복하도록 지원하였다. 『신보』(申報)는
또 외국 상품을 적극적으로 선전하고, 광고내용은 레밍톤(Remington,

---

7) 『申報』, 第194號, 『中國近代報刊史』, 上冊, p.43에서 인용.

林明敦), 클럽벌플루이드(Kluberfluid, 克虎伯)의 서양총과 서양 포(洋槍洋炮), 미부(美孚)와 덕사고공사(德士古公司)의 서양 기름(洋油)에서부터 서양의 잡화(洋雜百貨)까지 선전하였다. 19세기 말엽, 광고가 이 신문의 2분의 1을 차지하게 되었다. 『신보』 사장실에서는 "양약"(洋藥; 鴉片)과 "계연약"(戒煙藥; 아편이 함유되어 있는 毒品)을 대리 판매하였다. 중국인민의 사상을 마비시키기 위해, 이 신문은 주로 귀가 번쩍 뜨이게 하는 기사 즉, 예를 들면 화재사건, 강도, 강간살인, 유괴 등 사회 뉴스를 게재하였을 뿐 아니라, 매음[嫖經]을 말하고, 스타[名角]를 받들며, 명기(花魁; 名妓) 만을 찾아다니는 등과 같은 색정[黃色] 신문의 성격도 띠었다. 『신보』는 매판적인 지식분자를 배양하였다. 예를 들면 업무 사장으로 짜오이루(趙逸如), 시즈메이(席子眉), 시즈페이(席子佩; 원명은 裕福, 字는 子佣이고, 席子眉의 동생임)를, 편집 겸 주필로는 우즈랑(吳子讓), 쟝쯔시앙(蔣芷湘), 치앤씬뽀(錢昕伯), 황쓰츄앤(黃式權), 차이얼캉(蔡爾康), 위앤주쯔(袁祖志)등이 담당하였다.8)

　『신문보』(新聞報)는 1893년에 창간되었고, 관지(館址)는 한구로(漢口路) 274호이며, 창간자는 영국인 딴푸쓰(丹福士)이었다. 1899년 그는 기타 기업(企業)의 손실로 인해 계속 이 신문사를 운영할 수 없어, 『신문보』를 퍼거슨(J.C.Ferguson, 福開森)에게 양도하였다. 이 신문 역시 "중국인(華人)의 귀와 눈"을 표방하였으며, 중국 독자의 신임을 얻기 위해 중국인 주주를 모집하였다. 그러나 사실상 이 신문은 초창기 때의 『신보』와 같았고, 식민주의의 변호사 역할을 담당하고 있었다. 이 신문은 중국인민의 반양교투쟁(反洋教鬪爭)을 공격하였고, 중국의 유신운동(維新運動)을 비방하였다. 중외 반동파 의견이 일치되지 않았을 때, 이 신문은 진력을 다해 미봉책을 폈다. 그 후, 쟝쯔퉁(張之洞),

---

8) 『신보』(申報)는 1906년 스즈페이(席子佩)에게 경영권이 인계되었고, 1912년에는 스량차이(史量才)에게 넘어갔다. 이때부터 『신보』의 입장이 변화하기 시작하였다. 이러한 사람들은 후면에 자세히 서술하겠다.

성슈앤화이(盛宣懷), 주빠오싼(朱葆三) 등이 주주가 되었고, 퍼거슨은 관판(官辦)으로 송호철로국의 회판(會辦)에 임명되어, 청정(淸廷)에서는 그에게 2품의 벼슬을 수여하였다. 『신문보』의 자산은 나날이 늘어나, 창간 초기에는 하루에 300부가 팔렸는데, 1919년에는 45,782부로 증가되어 판매되어 자산은 1,000여량에서 700,000량이 되었다.

외국인이 다투어 신문을 창간한 영향아래, 당시 상해에는 중국인이 스스로 창간한 근대 신문이 있었다. 예를 들면 1874년 롱홍(容閎)이 창간한 『회보』(滙報)와 1876년 상해 각방(各帮)의 상인들이 제작한 『신보』(新報) 등이 있었다.

19세기 40년대에서 90년대에 이르는 반세기내에, 신문의 편집과 출판 사업은 상당한 진전을 보았다. 인쇄에 있어서는 최초로 목판조인(木版雕印)을 하였는데, 70년대 전후에는 대다수 중문 신문은 이미 연자(鉛字) 인쇄를 하였고, 인쇄기도 손으로 돌리는 것이 아니었으며, 한 시간에 수 백 장이 인쇄되어 나오는 기계를 사용하게 되었다. 80년대 이후, 매기인쇄기(煤气印刷機)가 성행하기 시작하였다. 현대화의 석인기술(石印技術) 역시 중국에 들어왔고, 석인(石印)업무를 경영하던 신창인서국(申昌印書局)과 점석재인서국(点石齋印書局)은 당시 상해 기기 인쇄업 중 선두를 달리고 있었다. 중국의 가장 빠른 근대 인쇄공은 이러한 인쇄소에서 탄생하였다. 판면의 설계에 있어서, 이때부터 표제를 사용하기 시작하였고, 서책식(書冊式)에서 한 페이지식[單頁式]의 쪽을 구분하게 되었다. 개별 신문은 큰 글자로 사용하였는데, 그것은 1881년 4월 16일 『申報』에 보도된 청(淸)의 자안태후(慈安太后) 병사(病死) 소식을 전한 때로써, 3호자(號字)로 인쇄하여 부고(訃告), 유조(遺詔) 및 상유(上諭)로 쉽게 볼 수 있게 하였다.

이러한 때의 신문에서 중국에서 최초로 신문 전보(電報)가 출현하였다. 1871년 영국 로이터(路透社)가 상해 애다아로(愛多亞路, 현재의 延

安東路)에 그 지사를 설립하였다. 당시 상해를 중심으로 두 방면의 국
외관계의 유선전보선로(有線電報線路)가 개설되었다. 하나는 상해에서
하문(厦門), 홍콩(香港)을 통해 유럽으로 나가는 선(歐洲線)이었고, 다
른 하나는 상해에서 오키나와(長崎)를 통해 북태평양(北太平洋) 각지
로 나가는 선(線)이었다. 초기의 전신은 이 두 방향으로 전송되었다.
1874년 1월 30일, 『신보』(申報)는 영국내각의 개조 소식을 "런던전
보"(倫敦電)를 통해 보도하였는데 이것이 중문 신문잡지상의 첫 번째
로 게재된 신문전신의 내용이었다. 이후, 신문 전보의 사용은 아주 보
편화되었다. 1882년 10월 24일 순천향시(順天鄕試)의 합격자가 북경
에서 발표되었고, 『신보』(申報)의 북경주재 기자가 강소(江), 절강(浙),
안휘(皖) 3성(省)중의 합격자 명단을 당일 천진(天津)으로 보내 다시
상해로 전신하는 방법으로 다음날 신문에서 볼 수 있었고, 북경에서
합격자가 발표된 지 24시간의 차이를 보였으며, 이것은 당시로써는 아
주 빠른 매체로 통하게 되었다. 전신으로 빠르고 중요한 소식이 이틀
이내에 국내에 알려지자, "호외"(號外)가 나오게 되었다. 가장 빠르게
발행된 "호외"(號外)는 『자림서보』(字林西報)와 『진원보』(晋源報)에서
나왔으며, 시간은 1883년이었고, 그 내용은 중국과 프랑스(中法) 쌍방
이 베트남(越南)에서 교전을 하고 있다는 소식이었다.

　이때 신문에는 초기의 신문화(新聞畵)가 출현하였고, 일부의 신문은
정기적으로 화간(畵刊)을 출간하였다. 상해에서 가장 빠른 화간(畵刊)
은 1875년에 나타난 것으로 미국 장로회 패른햄(J.M.W.Farnham, 範
約翰)이 주편한 『소해월보』(小孩月報)였고, 중, 소학생들의 전용적인
읽을 거리였다. 아울러 문자와 그림이 함께 사용되었다. 계속해서 나
타난 것은 『환영화보』(寰瀛畵報)와 『도화신보』(圖畵新報)로 그 내용은
신문성(新聞性)적인 것이 아니었다. 최초의 신문성 화보는 1884년 5월
8일에 창간한 『점석재화보』(点石齋畵報)이었다. 이것은 『신보』(申報)

의 부속으로 매 15일에 출판되었고, 점석재서국(点石齋書局)에서 석인
(石印)을 하였다. 그 주편은 우요우루(吳友如)로 붓으로 세세하게 그림
을 그렸고, 각인(刻印)도 아주 정교했으며, 아울러 중서화법(中西畵法)
의 특징을 갖추고 있었으므로 독자들의 환영을 받았다. 이 화보는 백
폭(百幅) 정도의 중프(中法), 중일전쟁(中日戰爭)때의 일을 그렸으며,
그중 『프랑스 패배의 상세한 뉴스』(法敗詳聞), 『양산대첩』(諒山大捷)
등은 역사적인 사료성 가치를 지니고 있다. 또 풍속화와 조계 내 보통
주민들을 소재로 사회신문화(社會新聞畵)를 그렸고, 형상이 아주 솔직
하고 현실감이 풍부하게 그려냈다. 『점석재화보』(点石齋畵報)의 영향
아래, 당시 전문적인 만화신문의 화가가 출현하였고, 화보를 모방한 것
이 나타나기도 하였는데, 예를 들면 『비영각화보』(飛影閣畵報)와 『신
세계화책』(新世界畵冊)등이다. 이 기간 동안 문예부간(文藝副刊) 역시
상당히 유행하였다. 차이얼캉(蔡爾康), 까오타이츠(高太痴), 쪼우핀샨
(周品珊), 쑨위셩(孫玉聲) 등 부간(副刊) 주편(主編)은 모두 상해 신문
문단(報壇)의 "인재이면서도 건달"(人才加流氓) 같은 인물이었고, 그들
은 시사(詩詞), 소설 등도 썼으며, 십리양장(十里洋場)의 황금주의를
자주 통속화하여 묘사하였으며, 재자가인(才子佳人)은 한 번에 이러한
것에 빠져들게 되었고, 이것은 원앙호접파(鴛鴦蝴蝶派) 문학의 선봉이
되었다.

외국 침략자는 상해에 신문사를 설립함과 동시에 일부 출판 인쇄기
구를 설립하였다. 앞에서 말했듯이 묵해서관(墨海書館)은 중국에서 가
장 빠르게 연질자모(鉛質字模)와 신식 인쇄기를 사용한 인쇄소였다.
이곳에서 출판된 서적은 종교방면의 것이 주류였고, 일부 과학저작이
있었다. 예로 1851년 미국 의사 벤자민 홉슨(Benjamin Hobson, 合信,
1816~1873)의 저서인 『전체신론』(全體新論)이 있었다. 1849년 왕타오
(王韜)가 이 관(館)의 편집을 담당하면서 일부 서방 명저(名著)들의 번

역이 시작되었는데, 그와 같은 시기에 요셉 에킨스(Joseph Edkins; 艾約瑟) 합역(合譯)의 『격치서학제요』(格致西學提要), 리샨란(李善蘭)과 장푸시(張福僖) 번역의 『동학』(重學)과 『기하원본』(幾何原本), 『광론』(光論) 등의 서적이 출간되었다. 1875년 천주교 예수회에서는 서가회(徐家滙)에 토산만인쇄소(土山灣印刷所)를 설립하여 석인(石印)과 연인부(鉛印部)를 갖추었고, 1902년에는 사진 제판부[照相 制版部]를 증설하였다. 이곳에서 인쇄된 것의 대부분은 천주교의 홍보물이었다. 그러나 이전에 영국인 어네스트 메이저(Ernest Major; 美査)가 설립한 점석재석인국(点石齋石印局)은 중국 최초의 석인기구(石印機構)였다.

외국 침략자가 중국에 설립한 최대의 출판기구는 1887년 11월 1일 상해에 설립한 동문서회(同文書會)로 후에는 광학회(廣學會)로 개명되었다. 이것은 국제적인 조직으로 구성원은 선교사를 제외하고 영국, 미국 양국의 주화직업외교관(駐華職業外交官), 공부국 관원과 사회 저명인사들로써 제1대 회장은 하트(R.Hart; 赫德)가 담당하였다. 광학회는 "최신 지식 수입, 국민정신 제고, 기독교 이론 전파"(輸入最近知識, 振起國民精神, 廣布基督恩綸)를 표방하고 40년이 채 안되었을 때, 편역 출판물의 누계가 369,377,530쪽이었고, 영묘한 도리[神道], 철학[哲理], 법률, 정치, 교육, 실업 등 수 십 개 방면의 2,000여종의 서적을 포괄하였고, 『만국공보』(萬國公報), 『성동화보』(成童畵報), 『중서교회보』(中西敎會報) 등 수 십 종의 중문 신문이 중국에 비교적 광범위하게 영향을 미쳤다. 량치차오(梁啓超)는 당시 소개되었던 서학서간(西學書刊)의 평론에서, "각국의 최신 상황을 알고자 한다면, 제조국(制造局)에서 번역한 『서국근사회편』(西國近事滙編)을 읽는 것이 가장 빠르다"고 하였고, 『태서신사람요』(泰西新史攬要, 원명은 History of Nineteenth Century로 『十九世紀史』임)는 "백년 이래 유럽과 미국 각국의 변법자강(變法自强)의 자취를 서술한 서양 역사서 중에서 가장 가치 있는 책이다"9)고 하였다. 이 책의 작자는 영국인 로버트 멕켄지(Robert Machenzie, 麥墾西)이었고, 리챠드(T. Richard, 李提摩太)가 번역을 하였으며, 초판에 30,000책을 발행하였다. 이 책은 중국인이 서방 각국의 자본주의 발전 역사를 이해하는데 도움을 주었다. 그러나 리챠드는 반동적 입장에 섰는데, 번역하는 과정에서 임의로 취사(取捨)를 하여, 왜곡된 부분이 적지 않다. 그는 프랑스 혁명이 중국에 영향을 줄 것을 두려워해서 "프랑스 대혁명"(法國大革命)을 "프랑스의 대혼란"(法國大患)으로 고쳐서 기술하였고, "자유의 진보"(自由之進步)를 "백성을 편안하게 하는"(綏靖百姓)이라고 번역하여 중국독자들을 속이거나 해를 입히게 하였다. 리챠드는 서언(序言)중에 특별히 중국이 부강하려면 오직 "하늘의 마음을 받들고"(體天心), "다른 나라와 화합하며"(和異國), "선한 사람을 공경하라"(敬善人)"고 하였고, 이로써 "전화위복"(轉禍爲福)10)이 되므로, 중국인민에게 순순히 서양인의 노예가 되는 철학(洋奴哲學)을 받아들일 것을 주입시켰다. 광학회에서 출판한 또 하나의 역사 저작은 『중동전기본말』(中東戰紀本末)로 알렌(Allen, 林樂知)이 편역한 16권짜리 전서(全書)였다. 그중에는 중일 갑오전쟁의 상세한 기술이 있어 사료 가치가 있다. 그러나 알렌은 이 책에서 약육강식의 이론을 도용하여 흑백의 진위를 뒤집어 놓았고, 일본의 중국침략 전쟁을 "의전"(義戰)이라고 하면서, "중국이 패하고 일본이 승리한 것은 하늘이 중국을 망하게 한 것"(中敗而日勝, 是天之敗中國也)이라는 황당한 말을 하였고, 이로써 외국이 중국을 침략한 것은 불가피한 사정이라고 공개적인 침략의 당위성을 설명하고 있다.11) 이로써 이 책은 영국의 중국 대변지격인 『자림서보』(字林西報)의 찬사를 받았다.

광학회(廣學會)는 대다수 서방 침략자들이 중국의 문화기구와 마찬

---

9) 梁啓超, 『讀西學書法』, 上海時務報石印社, 光緖 22年版.
10) 李提摩太, 『泰西新史攬要』, 『傳敎士餘近代中國』, p.169에서 재인용.
11) 林樂知編驛, 『中東戰紀本末』, 初編, 第6卷, pp.15~19.

가지로 그 창립의 주요 목적은 그들의 중국 침략에 대한 서비스를 담당하는 것이었다. 그래서 중국인의 상층 통치 집단에 영향을 주도록 시도하였다. 광학회는 1891년에 발행한 『만국공보』(萬國公報)의 계획 규정에서 발행의 주요 대상을 (1) 도대(道臺) 이상의 고급 문관(文官) 2,289명, (2) 위관(尉官) 이상의 고급 무관(武官) 1,987명, (3) 부학(府學) 이상의 예부관리(禮部官吏) 1,760명, (4) 전과(專科) 즉 전문대학 이상 학교의 교수 2,000명, (5) 각 성회(省會)에서 쉬고[息居] 있는 거인(擧人) 자격의 후보관리(候補官吏) 2,000명, (6) 각지 진사(進士), 거인(擧人), 수재(秀才)에 응시할 인원중의 5%로 3,000명, (7) 일부 특별 관리 및 사대부 계급의 여자 및 자녀 4,000명으로 총계 17,036명을 대상으로 하였다. 그들은 이러한 사람이 "만청제국(滿淸帝國)의 영혼과 실제 통치자로 이러한 사람들이 두드러지게 나타나고, 중국 전체에 영향을 미치기 위해서는 이러한 사람들부터 시작해야 한다."[12]고 생각하였다.

외국인들은 상해에 선후로 도서관을 설립하였다. 1874년 서가회(徐家滙)에 장서루(藏書樓)를 건립하였고, 소장된 각종 중국·외국 서적, 중문 서적은 방지(方志), 보간(報刊), 잡지들이 주류를 이루었다.[13] 1849년 외국인은 서회(書會)를 설립하였는데, 이것은 상해도서관의 전신이었으며, 원래의 터(原址)는 박물원로(博物院路; 현재의 虎丘路)이었다. 1854년에는 1,276책과 보간(報刊) 30종(種)이 있었다. 후에 상해 도서관은 공부국(工部局) 공공도서관으로 개명하였고, 1903년에는 남경로 104호 공공조계 시정청(市政廳)[14]내로 이주하였고, 공공열람실, 예약도서인열람실[訂閱圖書人閱覽室]과 도서실을 갖추고 있었다. 1857년 아시아 문인회 북중국지회[亞洲文會北中國支會]가 설립한 도서관의

---

12) 『創辦廣學會計劃』, 『中國近代報刊史』, 上册, p.30에서 재인용.
13) 1930년까지 이 도서관 및 부속 건물에 소장된 장서량은 30만 책에 달하였다.
14) 1933년에는 남경로(南京路) 상의 별발양행(別發洋行)의 건물 내로 이주하였다.

초기 이름은 상해문리학회(上海文理學會)였고, 이곳에는 동방역사(東方歷史) 서적이 주로 보관되었으며, "중국내에서 가장 좋은 동방학 도서관"(中國境內最好的東方學圖書館)[15]이라고 불려졌으며, 1900년 이전 4차례의 장서목록을 발행하였다. 이외에 상해에 일부 교회 학교에 도서관이 설치되어 있었다.

외국 식민자의 문화침략활동은 일찍이 애국지식분자의 경각심을 일깨웠다. 애국지식인들은 신문에서 중국을 모욕하거나 비방하는 것에 대해 중국인민들의 분노를 일으키게 하였다. 왕타오(王韜)는 외국 신문을 지칭해 "언론이라는 구실 하에 자주 중국을 억누르고, 서양을 찬양하며, 심지어는 흑백을 불분명하게 하여 옳고 그름이 뒤바뀌게 한다"(其所立論, 往往抑中而揚外, 甚至黑白混淆, 是非倒置)[16]라고 힐난하였다. 량치챠오(梁啓超) 역시 외국 신문에 대해 "이치가 맞든 틀리든, 일이 곧든 구부러지든, 오로지 속일 계략만을 생각하고 있다"(不論理之是非, 事之曲直, 惟以謾偽爲得計)[17]라고 강하게 질책하였다. 이러한 것은 모두 역사 사실에 의한 평론이었다.

같은 시기, 상해에는 구출판 사업에 변화가 생기게 되었다. 강남의 출판업은 원래 소주가 중심이었으나, 태평천국시기에 대규모의 출판업 상인[書業商人: 저술업, 저작업]이 상해로 왔고, 출판사업의 중심이 동쪽으로 이동하개 되었다. 19세기 7, 80년대에는 상해의 서점이 많게는 5, 60여 곳이었고, 남북(南北) 소엽산방(掃葉山房), 포방각(抱芳閣), 강좌서림(江佐書林) 등은 그중 비교적 큰 곳이었다. 소엽산방의 주인은 주화이루(朱槐盧), 황시팅(黃熙庭) 등이 연합해서 창업한 것으로 소주의 옛 예[蘇州舊例]를 본 떠 만든 것으로 상해 숭덕당서업공소(崇德堂

---

15) 胡道靜, 『外國敎會和外國殖民者在上海設立的藏書樓和圖書館』, 李希泌, 張椒華, 『中國古代藏書與近代圖書館史料』, pp.511~524 참조.
16) 王韜, 『與方照軒軍門』, 見 『韜園尺牌續鈔』 참조.
17) 『時務報』, 第18期.

書業公所)를 창설하였으며, 성내(城內)의 장천로(障川路)에 건물을 구입해 회지(會址)로 사용하였다. 서업공소(書業公所)는 출판, 발행, 인쇄, 제본(裝訂) 등 각 종류의 상인들이 모여서 구성한 것이었다. 갑오전쟁 후, 자산계급 개량주의 사상의 전파로 인해 이러한 서점은 유신시무(維新時務) 방면의 서적을 출판하였고, 『시무전서제요』(時務全書提要), 『정속서예지신』(正續西藝知新) 등과 같은 종류의 서적을 많이 출판하게 되었다.

외국인이 설립한 기구와 번역출판서적의 영향아래에서, 1867년 양무파가 강남제조국에 번역관을 설립하고 쉬쇼우(徐壽), 화헝팡(華蘅芳), 쉬지앤인(徐建寅) 등을 초빙해 그들이 와이리에(A.Wylie; 偉烈亞力), 프라이어(J.Fryer; 傅蘭雅), 맥고원(D. J. MacGowan; 瑪高溫) 등 외국인의 구술(口述) 번역을 글로 옮겼고, 이렇게 한 것은 격치(格致), 화학(化學), 제조(制造)등 서방과학 서적을 번역한 것이 되었다. 1900년에 이르러서는 역서(譯書)된 것이 180종이나 되었다. 이러한 서적의 출판은 당시 중국 지식분자가 서방문화와 과학지식을 학습케 하는데 이러한 것은 어느 정도의 추진과 보조(補助) 작용을 담당하게 하였다.

제7장
상해에서
민족민주(民族民主) 운동의
흥기(興起)

제1절 민족(民族) 위기 아래의 유신운동(維新運動)

19세기말, 중국에서 자산계급 개량운동(改良運動)인 무술변법(戊戌變法)이 발생하였다. 이 유신변법(維新變法)운동의 출현은 절대로 우연한 것이 아니다. 아편전쟁(鴉片戰爭) 이래로 일부 선진적인 혹은 비교적 선진적인 중국인들은 서방의 자본주의 문화를 접촉하고, 그 정도가 같지 않게 그 시대의 유행하는 자본주의 사회학설의 영향을 받았으며, 이는 운동이 발생하게 되는 사상의 기초가 되었다. 그러나 외국이 중국을 침략하여 날로 심각한 민족위기를 초래하였으며, 이러한 운동이 일어나게 되는 직접적인 원인이 되었다. 이 운동의 주요 진지는 상해는 비록 아니지만 그의 발생과 발전이 상해와는 밀접한 연관이 있으며, 또한 상해의 이후 역사에 심각한 영향을 주었다.

1893년 11월은 상해를 통상항구로 개항한 지도 이미 반세기(半世紀)가 넘었다. 11월 17일 조계(租界) 당국이 열병식(閱兵式)을 거행하였는데, 사열을 받은 것은 각국 상단(商團)과 항구(港口)내에 정박한 각 국의 군함(軍艦)과 수병(手兵)들이었다. 영국의 선교사인 뮈르헤드(W.Muirhead, 慕維廉)가 황포강변(黃浦江邊)에 임시로 세운 연설대에서 통상한지 50년 이래로 상해에서 외국인들의 권리 신장과 그 자신이 45년 동안 중국에서 활동한 것에 대한 '성취'(成就)를 자화자찬하였다. 저녁 무렵에는 외탄(外灘), 남경로(南京路), 외백도교(外白渡橋)와 홍구(虹口)일대에 오색 등이 휘황찬란하게 켜졌고, 구화회(救火會)에서도 등불을 들고 거리로 나왔으며, 공부국(工部局)에서는 폭죽을 터트렸다. 호화로운 연회석상에서는 횡재를 한 외국 모험가들은 축배를 높이 들었고, 또한 "기념비"(紀念碑)를 건립할 것을 발기(發起)하였다. 특히 이 경축활동을 참가하려고 도착한 사람 중에는 홍콩 총독과 영국 해군 대장(大將)인 프리맨틀(E. Freemantle, 費利曼特爾)도 있었다.

이렇게 떠들썩한 후 얼마 안 되어, 중일갑오(中日甲午)전쟁이 폭발하였다. 전쟁은 침략자들에게는 침략 확대의 기회를 가져다주면서, 더 많은 이윤을 착취하고 재산을 모을 수 있는 기회를 안겨주었다. 1895년 4월에 중국과 일본은 『마관조약』(馬關條約)을 체결하였다. 중국은 할 수 없이 영토를 분할하여 손해배상을 하였으며, 또 일본인들로 하여금 중국에서 공장을 설립하는 것을 묵인할 수 밖에 없었다. 열강들은 "이익균점"(利益均沾)이라는 약탈방법을 이용하여 서로 앞을 다투어 중국에 차관을 제공하여, 중국으로 하여금 반식민지의 깊은 수렁에 빠지게 만들었다. 통계(統計)에 의하면 열강(列强)들이 1871년부터 1894년까지의 23년간 중국에 16개 공장을 설립하였으며, 1896년부터 1898년까지 3년 동안에는 새로운 공장을 15개를 설립하였다. 이 기간에 영국, 미국, 독일, 일본 등은 상해에 상해기름공장[上海油廠], 증유밀가루공장[增裕面分廠], 화풍가루공창[和豊粉廠], 미국선창(美國船廠), 이화사창(怡和沙廠), 노공무사창(老公茂沙廠), 협융방직국(協隆紡織局), 홍원사창(鴻源沙廠), 미국연공사(美國煙公司), 서기사창(瑞記沙廠)등 기업을 창설하였는데, 자본의 총액은 440만원(万元)이었다. 이와 동시에 열강들은 또한 서로 다투어서 조차지(租借地)를 차지하려고 하고, 세력범위를 나눠서 중국을 찢어가질 준비를 하였다.

이런 심각한 민족 위기 아래에 중국의 자본주의 개량파들은 유신자강(維新自强)운동을 일으켰다. 당시에 민족 자본주의는 아직 독립(獨立)적인 계급을 형성시키지 못하고, 그들의 대변인의 반 이상은 지주계급(地主階級)출신의 지식인이고, 혹은 매판(賣辦)상인과 연결되어 있는 문인(文人)들이었다. 그들은 서양인들이 창간한 신문을 보고 점차적으로 중일(中日)전쟁 및 평화담판의 진상을 알게 되었으며, 망국 멸종의 엄중한 위기를 실감하였고, 청 정부(淸政府)의 부패무능에 대하여 통감하며 불만을 표시하였다. 상해는 바로 이들이 호소하는 개량유신(改良維新)의 여론중심이 되었다. 일본으로 가서 평화담판 체결을 명받은 장인후안(張蔭桓), 샤오요우리앤(邵友濂)이 상해를 지나갈 때에 그들은 이미 "익명의 이름으로 대자보가 거리에 나붙고, 기만을 거리낌 없이 비판하며, 서로 알리고 있었다."(匿名揭貼, 遍布通衢, 肆口詆諆, 相互傳播)[1]는 것을 알게 되었다. 상해를 중심으로 이루어진 이러한 정치 분위기는 자산계급이 주체가 되는 정치운동이 바로 흥기(興起)한다는 것을 예시(豫示)하고 있던 것이다.

1895년 4월, 캉요우웨이(康有爲)는 북경에서 과거응시(應試)자 1,000여 명의 거인(擧人)들을 연합(聯合)하여 "공거상서"(公車上書)를 발동시켰고, 화의(和議) 반대를 견지하며, 자산계급 개량유신(改良維新)의 정치강령을 제기하였다. 이 영향을 확대시키기 위하여 그들은 상해에서 『공거상서기』(公車上書記)를 출판하고, 8월 캉요우웨이(康有爲), 량치챠오(梁啓超)는 북경에 강학회(强學會)를 성립하고, 또 『중외기문』(中外紀聞)이란 신문을 창설하였다. 강학회는 중국 자산계급 개량파로서 국내에 건립된 최초의 정치 단체이다. 이것이 설립된 이후 각 성의 독무(督撫)는 유행을 따라잡기 위하여 서로 여기에 가입하였고, 리우쿤이(劉坤一), 장쯔통(張之洞), 왕원샤오(王文韶) 등은 돈을 헌납하였고, 리챠드(T. Richard, 李堤摩太) 등의 외국 선교사 및 영국, 미국 공사들도 선후로 입회하여, 이들을 조종 및 이용하려고 기도(企圖)하였다. 개량파(改良派)들의 활동이 완고파(頑固派)들의 주의를 끌게 되었으며, 그들은 탄핵 상소를 준비하였다. 캉요우웨이(康有爲)는 칼끝을 피하기 위하고 남방(南方)의 유신역량(維新力量)을 발전시키기 위하여, 11월

---

1) 中國史學會, 『中日戰爭』, 第3冊, 上海人民出版社, 1957年版, pp.422~443.

에 남경(南京)에 도착하여 유세하기를, "청류"(淸流)로 스스로 자랑하는 양무파 관료이며 양강 총독인 장쯔통(張之洞)이 상해에 강학회(强學會) 분회를 창설하는 것을 격려한다고 하였다. 당시 장 씨는 그러한 뜻을 표시하고, 돈을 지출하여 이를 돕는 것을 허락하였으며, 그의 휘하에 있던 량띵펀(梁鼎芬), 황샤오지(黃紹箕)등도 찬성을 하였다. "남북이 모이고, 사대부가 모인다"(爲南北之匯, 爲士大夫所走集)2)는 곳이 상해이며, 민족공업이 흥기함에 따라 자산계급의 역량이 비교적 집중되었다. 뿐만 아니라 문화 사업이 발달하게 되면 이러한 분위기가 서로 소통되기 시작함으로써, 외국세력이 이곳을 통제함으로 청정부에서는 "십리양장"(十里洋場)을 통제하기가 어려워졌다. 점차적 상해는 당시의 애국인사들에게 변법 유신사상을 고취하는 중요한 기지가 되었다.

12월 동안에 캉요우웨이(康有爲)는 황준시앤(黃遵憲), 천싼리(陳三立) 등의 협조아래 경마장(跑馬廳) 서쪽 입구인 왕가사(王家沙) 1호(号)를 빌려 사무실을 내고, 정식으로 강학회(强學會) 상해분회를 설립하였다. 그는 『상해강학회 장정』(上海强學會章程)을 천명하고, 학회는 "중국을 위해 스스로 강해져서 자립하는 것"(爲中國自强而立)이라고 하였으며, 그 목적은 "목소리를 통일하고(通聲氣), 도서를 모으고(聚圖書), 전문적인 강연을 하며(講專門), 인재를 양성하며(成人才), 넓게 성스럽게 가르치며(廣聖敎), 두루 세상에 사용한다(周世用)."고 하였다. 이후 장지앤(張謇), 왕캉니앤(汪康年), 천춘슈앤(岑春煊), 천빠오전(陳寶箴), 장타이앤(章太炎) 등이 이어서 입회하였고, 회원이 된 사람 혹은 상해 강학회 회무(會務)에 참여 예정인 사람은 무려 23명(名)이나 되었다.

1896년 1월 12일 상해 강학회가 주판(主辦)한 『강학보』(强學報)가 정식으로 창간 되었다. 그것은 자산계급 개량파들이 『중외기문』(中外

---

2)「上海强學會後序」,『强學會』, 第1號.

紀聞) 다음으로 창설한 또 하나의 기관보(機關報)로서 캉요우웨이가
그의 제자인 쉬친(徐勤) 및 허수링(何樹齡)을 주편(主編)으로 지정하
고, "전적으로 중국의 시무(時務)를 기록하고, 서양의 새로운 사항을
번역하는 것"(專彔中國時務, 兼譯外洋新聞)이 임무였으며, 이로써 "인
재를 넓리 등용하고, 강토를 보존하며, 변법을 도와 학문을 발전시키
며, 폐단을 없애고, 백성의 어려움을 보살핀다."[3]는 것이었다. 캉요우
웨이는 창간호에서 『상해강학회후서』(上海强學會後序)라는 문장을 발
표하면서, 변법 주장을 천명하고, 아울러 국내 인사들이 참가할 것을
종용하며, 공동으로 국가를 위험에서 건져내야 한다고 호소하였다. 『강
학보』(强學報)는 공자(孔子)의 기년(紀年)을 사용하여야 하므로, 공자
가 돌아 간 이후의 2373년과 광서(光緒) 21년을 함께 써야 한다고 주
장하였다. 그 당시 아직 발행하지 않은 "정기"(廷寄)에서, "유"(諭)라
는 말을 빌어 변법을 선전하였고, 아울러 의원(議院) 정치 주장을 제기
하였으며, 그 정치색채는 『중외기문』(中外紀聞)을 초과하였다.

완고한 봉건세력들이 유신파(維新派)들의 활동에 대하여 더욱 파괴
와 제재를 가하였다. 대학사(大學士) 쉬똥(徐棟), 어사(御使) 양총이(楊
崇伊) 등은 탄핵하는 상소문(劾奏)을 제출하였고, 강학회(强學會)가 당
을 만드는 것은 사조직을 만드는 것이라고 지적하며, 엄금시킬 것을
요구하였다. 상해 강학회에 의기투합하였던 장쯔통(張之洞)도 역시 시
세를 보고 방향을 바꾸면서, 전보로 캉요우웨이를 힐책하였으며, 아울
러 상해 강학회가 공자 탄생 기년(紀年)을 사용한다는 이유로 경비 제
공을 중지시켰다. 1896년 1월 20일, 자희(慈禧)가 명령을 내려 북경
강학회를 폐쇄하고, 이 회의 모든 활동을 금지시켰다.[4] 상해 강학회도

---

3) 『强學報』, 第1號.
4) 오래지 않아 청 정부는 명령을 내려 강학회를 관서국(官書局)으로 고치게 하
  고, 총리아문(總理衙門)에 속하게 하였으며, 쑨지아나이(孫家鼐)가 담당하게
  되어, 자연히 원래의 성향이 없어지게 되었다.

마찬가지로 그와 같은 운명을 맞이하여『강학보』(强學報)가 단 3기(三期)까지 출간된 후 정간되었다. 강학회는 비록 잠깐 나타났다가 사라졌지만 초보적인 정당(政黨)의 모양을 갖추어, 자산계급(資産階級) 개량 운동이 나타남과 동시에 이미 실제적인 정치 행동이 변화하기 시작하였다.

북경과 상해(京滬) 두 지역의 강학회는 비록 활동이 금지되었으나, 유신의 분위기는 이미 시작되어, 억제하기 어려운 상태가 되었다. 적지 않은 회원이 힘을 모아서 학회 회복에 노력하였고, 새로운 신문을 창간하고자 결심하였으며, 계속해서 변법 유신사상을 선전하였다.『시무보』(時務報)는 바로 이러한 형세에서 창간된 것이다.

『시무보』(時務報)는 1896년 8월 9일, 황준시앤(黃遵憲), 량치챠오(梁啓超), 왕캉니앤(汪康年), 쪼우링한(鄒凌翰)과 유신파 관원인 우더샤오(吳德瀟) 등 5명이 연명으로 발기하였다. 신문사 사옥[館址]은 영미 조계인 석로(石路), 사마로(四馬路)(현재의 복건로, 복주로)가 만나는 곳이었다. 이 신문사는 보름에 한번 발행하는 순간(旬刊)으로 창간하였으며, 창간 일에서부터 1898년 8월 17일 정간될 때까지 모두 69기(期)를 출간하였고, 매 기(期)는 20여 페이지 전후로 약 3,4만 자를 수록하고 있었다. 내용을 보면 논설(論說), 지시문과 상소문(諭折), 북경 밖에서 근래에 일어난 사건 및 외국 신문의 국제 뉴스 기사 번역 등이 있었으며, 주된 내용은 분위기를 쇄신하는 내용의 문장이 항상 1/3이상의 분량을 차지하였다.『시무보』(時務報)의 총주필은 량치챠오(梁啓超)이었고, 편집으로는 마이멍화(麥孟華), 쉬친(徐勤), 오우쥐지아(歐榘甲), 장타이앤(章太炎) 등이었다. 당시 갓 20여 세였던 량치챠오(梁啓超)는 이미 저명한 개량주의 선전가가 되어 있었고, 편집부에서는 항상 여러 명이 업무를 담당하였으며, 이들은『시무보』의 발전에 아주 중요한 역할을 담당하였다.

『시무보』의 창간호에는 량치챠오(梁啓超)가 집필한 『변법통의』(變法通議)가 실렸으며, 43회나 연재되었다. 이 문장에서 "변법의 근본은 인재 양성이고, 인재를 일으키기 위해서는, 학교를 설립하여야 하고, 학교를 설립하고, 과거를 폐지하여야 한다. 이 모든 것을 크게 이루기 위해서는, 관제를 바꿔야 한다."(變法之本, 在育人才; 人才之興, 在開學校; 學校之立, 在廢科擧; 而一切要其大成, 在變官制)고 하였다. 이것은 자산계급 개량파의 강령성 문건이었다.

이 신문 역시 비교적 민족경제 발전을 중시하여, 계속해서『상전론』(商戰論), 『논화민의속주자상보호지법』(論華民宜速籌自相保護之法) (汪康年), 『각서의내지기기제조화물장정서후』(権署議內地機器制造貨物章程書後)(麥孟華) 등의 문장을 발표하여, 보호관세 실행, 외국자본 침략 억제 등을 요구하였다. 량치챠오의『고의원고』(古議院考), 쟈오샹린(趙向霖)의『개의원론』(開議院論), 앤푸(嚴復)의『벽한』(壁韓) 및 왕캉니앤(汪康年)의『중국자강책』(中國自强策) 등의 문장은 의원(議院)을 열 것을 주장하고, 민권(民權)을 신장(伸張)시키며, 서로 다른 각도에서 "천하공기"(天下公器), "만국공사"(國事公事) 등 초보적인 자산계급 민주사상을 강조하였다. 이외에 량치챠오의『논중국지장강』(論中國之將强), 마이멍화(麥孟華)의『존협편』(尊俠編) 등의 문장은 일정한 정도로 열강의 침략죄행을 폭로하고, 리홍쨩(李鴻章) 등이 벌인 투항(投降) 외교를 질책하는 내용이었다. 이러한 문장은 신흥의 중국 자산계급이 국가 정치에 대한 참여를 갈망하고, 민족공업의 발전을 요구하는 것을 반영하고 있다.

『시무보』는 자산계급경향의 지식분자들이 거대한 영향을 발휘하였으며, 일부 지방관원의 지지를 받았다. 예를 들면 호남순무(湖南巡撫)인 천빠오쩐(陳寶箴), 항주지부(抗州知府) 린치(林啓)는 그 휘하의 관리들에게 이 신문을 구독하라고 명령을 내렸으며, 계속 반복적으로 장쯔퉁 역시 호북(湖北)의 관리들에게 『시무보』를 관에서 판매하도록 명령을 내렸다. 이 신문의 발행량은 이로 인하여 나날이 증가하는 추세였고, 초창기에는 4,000부(部), 1년 후에는 17,000부(部)에 달하여, 창간 당시 국내신문 발행량중 최고를 기록하였다.

『시무보』가 창간된 후, 개량파의 정치단체와 신문 잡지는 우후죽순격으로 나타났다. 상해에서 1896년 후쨩(胡璋)이 창간한 『소보』(蘇報)는 그의 일본 국적의(日籍) 부인인 이코마(生駒悅)가 신문사주[館主]였다. 1897년에는 런두(任獨)가 『통학보』(通學報) 순간(旬刊; 보름 만에 한번 발행하는 신문)을 창간한 외에, 『신학보』(新學報), 『집성보』(集成報), 『부강보』(富强報), 『산학보』(算學報), 『실학보』(實學報), 『췌보』(萃報), 『구시보』(求是報), 『역서공회보』(譯書公會報), 『몽학보』(蒙學報)와 『소해회보』(蘇海滙報) 등이 창간되었다. 1898年에는 또 『구아보』(求我報), 『격치신보』(格致新報), 『시무일보』(時務日報; 후에는 『中外日報』로 개칭됨), 『여학보』(女學報), 『동아보』(東亞報), 『창언보』(昌言報), 『공상학보』(工商學報)와 『청년』(青年) 등이 선후로 출판되었다. 이러한 신문에는 공통점이 있었는데, 모두 외국의 정황을 소개하였으며, 변법을 고취하고 찬성하였다. 그때, 상해에서는 작은 형식의 문예 신문들이 출현하였는데, 대표적인 것으로는 1896년에 창간한 『지남보』(指南報), 1897년에 창간된 『유희보』(游戱報), 『소보』(笑報) 및 『채풍보』(采風報), 『연의보』(演義報)와 1989년 출판된 『취보』(趣報)등이 있었다. 그 신문의 발행인은 리뽀위앤(李伯元; 南亭 亭長), 우피앤런(吳趼人; 我佛山人), 오우양쮀위앤(毆陽巨源; 茂苑惜秋生) 등으로 신문을 창간하고 소설도 썼는데, 저서로는 『관장현형기』(官場現形記), 『이십년목도의 괴현상』(二十年目睹之怪現狀), 『문명소사』(文明小史) 등은 모두 먼저 작은 신문에서 연재되었다. 이러한 사람들의 대부분은 소위 말하는 양장(洋場)의 인재들이며, 그들의 작품중에는 비록 봉건 및 매판(買辦) 색채의 찌꺼기가 적지 않으나 정치 사상면에서는 오히려 개량과 유신의 경향이 짙었다.

이와 동시에 개량파(改良派)들은 계속적으로 정치 및 학술성적인 단체를 창설하였다. 1896년의 겨울 루오쩐위(羅振玉)가 상해에서 농학회(農學會)를 설립하여 농학으로 나라를 구하자는 강연을 하였다. 1897년 7월, 량치챠오, 왕캉니앤, 마이멍화 등이 부전족회(不纏足會)를 창립하였으며, 예한(葉翰), 왕캉니앤(汪康年)이 몽학공회(蒙學公會)를 설립하였고, 또 역서공회(譯書公會), 의학선회(醫學善會), 여학회(女學會)와 홍아회(興亞會) 등등이 계속 창립되었다. 이러한 신문사(報刊)와 학회는 분위기를 고조시켰으며, 백성의 지식을 계발시키는 작용을 하였으며, 변법유신의 분위기가 전국에 만연하게 하였다.

유신운동이 활발하게 전개될 때, 외국 침략자 중에서 특히 영국과 미국 선교사들의 활동이 매우 빈번해졌다. 그들은 직접적으로 중국 내정을 간섭하고, 중국 사회 발전의 속도에 영향을 주도록 기도하면서, 중국에서 그들의 이익을 확대하고 유지시키려 하였다. 1896년 11월 30일의 『자림서보』(字林西報)에서는 "현재 러시아, 영국, 프랑스 독일 등 어떤 국가를 막론하고 출정하더라도 중국 국내에 진입하지 않으면 모르지만 만약 국내로 진입한다면 거침없이 쳐들어가서 마음대로 배상을 요구하므로 이러한 것을 원하는 자는 없을 것이다." 그러므로 전력을 기울여서 중국에 대한 전쟁을 선동하였다. 리챠드(T. Richard, 李堤摩太)는 장쯔통을 회견할 때, 그를 기만하면서 영국에게 중국 통치를 넘기라고 제의하였다. 1896년 그는 두 개 혹은 두 개 나라 이상으로 "중국을 공동으로 통치한다."(共同治華)는 "신정책"(新政策)을 고취시켰고,5) 또 영국정부가 적극적으로 중국변법을 간섭하는 것을 건의

---

5) 리챠드(T. Richard, 李提摩太)의 『신정책』(新政策)중에서 제출된 4개의 강령과 9개 종목은, 4개 강령은 교민(教民)의 법, 양민(養民)의 법, 안민(安民)의 법과 신민(新民)의 법이고, 9개 조목의 주요 내용은 신정부(新政部) 건립, 철

하였다. 일본은 변법을 지지하는 척 위장하였다. 1898年 2月, 일본인이 상해에서 흥아회(興亞會)를 창립하였는데, 장지앤(張謇) 등을 연회에 초청하였으며, 이들을 같은 부류라고 유혹하면서 이러한 명사들을 일본의 침략에 복종시켜 조종하려는 기도를 하였다. 그들을 위협하면서 말하기를, 만약 중국이 그들이 제안하는 방안에 따르지 않으면 외국은 바로 "스스로 보호하는 권리"(自保其權利)를 주장하면서 월권행위를 할 것이라고 하였다.

1898년 6월, 광서제가 변법(變法)을 명령하였다. 영국, 미국 선교사의 활동이 더욱 활발해졌다. 리챠드는 황제 고문 대신(顧問大臣)으로 초빙되었고, 선교사의 면사보를 벗어버리고, 7월 하순 상해에서 북경으로 올라가서 그 직책에 취임하였다. 당시 선교사들의 행동은 중국 주재 영국 외교관의 공개적인 지지를 받지 못하였으며, 상해에 있던 영국 총영사인 브레넌(B. Brenan, 璧利南)은 리챠드(T. Richard, 李提摩太)가 중국 변법에 적극적으로 참여하는 것이 무모한 행동이라고 질책하였는데, 그것은 영국이 중국에서 큰 이익을 보지 않겠다는 것이 아니고, 지금은 시기가 좋은 때가 아니라고 생각한 것이다. 사태의 변화는 이를 증명하였으며, 침략경험이 풍부한 영국정부의 이러한 비교적 심중한 태도는 근거가 있는 것이다. 9월 21일, 자희(慈禧)가 궁정에서 정변을 일으켜, "백일유신"(百日維新)은 실패로 돌아갔다. 리챠드가 고문대신이 되려했던 것은 꿈에 불과하였고, 그는 불길이 남아있는 곳에서 짐을 대충 챙겨서 상해로 돌아왔다.

정변 발생 전 날, 유신운동을 주장한 캉요우웨이는 경고를 받았고, 천진에서 중경(重慶)호를 타고 상해로 출발하였다. 청 정부(政府)는 상

___

로 개설, 국가일보(國家日報) 창설 등으로 각 부문은 모두 영국과 미국인을 중용하며, 신정부(新政部)에는 8명의 총관(總管)중 그 반이 중국인, 그 반이 서양인 관리였다. 소위 신정책의 실체는 영국과 미국이 청정부의 모든 주요 부문을 장악하는 것이었다.

해 도대(道台) 차이쥔(蔡鈞)에게 모든 것을 총동원하여 캉요우웨이를
체포할 것을 명령하였다. 9월23일, 차이쥔(蔡均)은 영국 영사 브레넌
을 만나, 영국 측에 천진에서 상해로 오는 모든 영국 선박을 조사할
것을 요구하였으며, 아울러 캉요우웨이의 사진을 붙이고 포상금 2천원
을 걸것을 요청하게 되었다. 중경(重慶)호는 원래 9월 24일에 프랑스
조계의 부두에 정박해 있었다. 영국 영사는 한편으로는 청정부의 요구
를 들어주는 척하면서 또 한편으로는 캉요우웨이(康有爲)의 도피를 도
와주기로 결정하면서 어부지리를 노렸다. 그는 캉요우웨이의 사진을
가지고 오송구(吳淞口)의 선박을 조사한 후, 캉요우웨이를 파자(巴刺)
호의 선상으로 옮겨 타게 하였다. 영국 영사관의 관원들도 오송구(吳
淞口)에 와서 캉요우웨이를 방문하였으며, 캉요우웨이는 그에게 편지
한 통을 리챠드에게 전해줄 것을 요청하였다. 이틀 후, 캉요우웨이는
영국 영사관의 비서를 대동하여, 승선한 후 홍콩으로 향하였다. 9월
말, 일본의 이전 수상인 이토 히로부미(伊藤博文) 역시 북경에서 상해
로 와서, 중국 사변의 발전방향을 감시하면서, 일본의 중국 침략 정책
에 대한 일을 계획하였다.

무술변법(戊戌變法) 실패 후, 캉요우웨이, 량치챠오 등은 해외로 망
명하였고, 그들이 창간한 신문의 대부분은 "당을 모아 모의를 하고, 정
치를 어지럽게 함"(聚黨密謀, 辨言亂政)과 "혹세무민으로 세상을 어지
럽게 함"(惑世誣民, 罔知顧忌) 등의 죄명으로 폐쇄되거나 정간당하였
다. 개량파들의 국내 여론 터전은 완전히 상실되었고, 개량파 사상의
선전 중심지도 외국으로 이전 되었다.

유신운동이 활발하게 전개되는 동시에 상해 인민들은 또한 직접적
으로 제국주의와 봉건주의를 반대하는 큰 물결을 일으켰다. 1897년 3
월, 공공조계 공부국은 인력거가 다니면 노면(路面)이 파괴된다는 이
유를 들어서 4월 1일부터 원래 인력거에 대한 세금을 400문(文)에서

갑자기 630문(文)으로 올렸다. 이러한 횡포로 인력거 인부들의 항연(抗捐, 세금납부거부)투쟁이 4월 1일에 일어났고, 북이성교(北泥城橋) 서쪽에서는 기타 인력거 인부들이 조계로 들어오는 것을 막았으며, 그 결과 순포에 3명의 인력거 인부가 잡혀가게 되었다. 다음 날 500여 명의 인력거 인부들이 현서(縣署)에 모여서 현관(縣官)이 나와서 정식으로 교섭을 할 것을 요구하자, 생각 밖으로 현관은 "조계의 일에 대해 주인 행세를 할 수 없다."(租界之事, 不便作主)고 말하였다. 이 말을 들은 군중들은 더욱 격분하였고, 4일 오후에 사마로(四馬路) 부근의 후(胡)씨 주택에서 집회를 갖고, 진일보한 투쟁을 전개할 것을 결정하게 되었다. 5일 새벽, 영국 포방(捕房)들이 북소주로(北蘇州路)에서 인력거 인부들을 계속 체포하였다. 수천의 인력거인들이 오마로(五馬路)에 집결하였으며, 순포에 의해 많은 사람이 다치게 되었다. 격노한 사람들이 벽돌과 돌을 순포(巡捕)에게 던졌고, 외탄(外灘) 일대의 높은 빌딩 창문과 기와들이 깨지기도 하였다. 이때 두 조계의 순포(巡捕)와 상단(商團)이 전부 출동하였고, 강에 정박해 있던 외국 선박들 역시 대포를 쏘면서 시위를 하자, 군중이 해산되기 시작하였으나 굴복하지는 않았다. 영사단은 도대에게 압력을 넣자, 도대는 "만약 세금을 증가하는 것의 기일을 좀 늦춘다면, 세금을 올리는 것에 동의한다."고 하였다. 이 대답은 실제상으로 공부국에서 세금을 증가하는 권한을 갖고 있다는 것을 인정하는 것이다. 6일, 공부국(工部局)에서는 인력거 인부들에게 세금을 증가하는 것을 3개월 연기한 후에 실행한다고 선포하였다. 그러나 납세외인특별회의에서는 공부국 총동 프로브스트(E. A. Probst, 普羅布斯塔)의 해석을 받아들이기를 거절하였으며, 공부국에서 불만을 표시한 결의안을 통과시킨 것에 대하여, 공부국 동사회는 사표를 내었다. 3개월 후, 조계 당국은 상해 도대와 결탁하여 인력거 세금을 징수하였고, 한 대에 200문(文)의 세금을 더 받았으며, 항연(抗捐; 세금납부거부자)자는 조계에 들어오는 허락을 해주지 않았고, 위반자는 중벌에 처했다.

　인력거 인부들의 항연(抗捐)으로 인한 파업과 동시에 상해 주위지구의 빈민한 사람들은 생존을 쟁취하기 위해 쌀을 약탈하는 풍조. 즉 창미 풍조(搶米風潮)가 발생하였다. 1898년 7, 8월간, 송강부(松江府) 누현(婁縣) 칠보진(七寶鎭)의 굶주린 백성들은 부호(富戶) 장 씨(張氏)가 주관하는 교당(敎堂)에 가서 음식을 구걸하였는데, 교당에서 이를 거절했고, 굶주린 백성들은 꽹과리를 두드리며 쌀을 훔쳐내었으며, 또한 교당을 불태워버렸다. 포동(浦東)의 굶주린 백성들이 이 소리를 듣고 강을 건너와 투쟁에 참가하였다. 화(華), 누(婁) 두 현(현재의 松江縣) 및 상해, 남회(南匯), 청포(靑浦) 등지의 수천, 수만의 굶주린 백성들도 창미풍조(搶米風潮)에 가담하여 그 세력을 막을 수 없었다. 누현(婁縣) 동북부의 기민들은 대저택(大戶)으로 가서 쌀을 약탈하여, 세 가구의 창고는 쌀, 콩, 보리가 모두 바닥이 드러났다. 화정현(華亭縣) 신교(新橋)에 사는 쪼우씨(周氏)라는 성을 가진 부호(富戶)는 굶주린 백성들에 의해 쌀 수십 석(石)을 약탈 당했다. 이후 관부(官府)에서 병사를 파병하여 진압하였으나, 상해지구의 창미사건(搶米事件)은 여전히 끊이지 않고 발생하였다. 이러한 사건은 중외 반동파(中外反動派)들이 연해지역 인민들에 대한 착취의 가중으로 인해 일어난 것과 인민군중이 강력한 압박을 두려워하지 않는 투쟁정신을 반영하고 있는 것이다.

　19세기 말엽, 열강들이 상해에서 반세기 동안의 경영을 통해 이미 대량의 이권을 얻었으나, 침략자들의 욕구는 더욱 커져 별의별 궁리를 다하며, 조계를 더욱 더 확대할 것을 모색하였다.

제2절 조계의 광적인 확장

갑오(甲午) 전쟁 후, 제국주의 열강들은 중국을 분할하려고 광분하던 중에, 상해조계는 다시 그 범위의 확장이 진행되었다.

1895년 『마관조약』(馬關條約)이 체결된 후, 공부국(工部局)에서는 "조계의 경계지 이내 및 그 인근에 중국 인구가 증가 상태를 나타내고 있으며, 밀가루 공장(粉廠), 실공장(絲廠)과 같은 종류의 공장들이 창설되고 있으며, 또 집들이 건축되면 주민들이 자연히 증가한다."는 구실로[1] 영사단에 프랑스 조계의 확충을 요구하게 되었다. 1896년 1월, 공부국 총동 스콧트(J.L.Scott, 斯科特)는 조계 확장의 이유 및 확장되는 새로운 경계에 대한 지도를 영사단에게 보내 북경 공사단에 제출하게 하였다. 프랑스 조계 역시 사명공고(四明公所)를 침략의 목표로 삼고 확장을 요구하게 된것이다. 3월 25일, 공사단은 총리아문(總理衙門)을 조회(照會)하면서, 상해 조계가 반드시 확대를 해야 하는 이유를 열거하였고, 중국 정부의 합작을 요구하였다. 그러나 총리아문(總理衙門)은 응답하지 않았다.

조계 당국은 공사단의 교섭이 아무런 성과가 없자, 직접적으로 지방관원을 협박하기로 결정하였다. 1896년 6월 이후, 공부국은 영미조계 확장문제와 상해지방관과 신상(紳商)을 비공식적이며 순수한 지방성질의 상인과의 차이에 대하여 언급하였다. 1897년 9월까지 공부국에서는 "현지 관원인 진신(縉紳)이 조계 확충 문제에 대하여 추호도 반대

---

1) 1895년 『工部局年報』, 『上海公共租界史考』, p.466에서 인용.

할 의사가 없으며, 중국 지주들이 이에 대하여 좋다는 뜻을 표시하였다."[2])고 자신들의 주장을 합리화시켰다. 이러한 것에 따라 그들은 규모를 더욱 크게 확장 계획을 제정하여, 서쪽으로는 극사비이로(極司非而路; 현재의 萬航渡路)에서 동쪽으로는 양수포(楊樹浦) 주가취(周家嘴)까지, 남쪽으로는 포동(浦東)을 포괄하고, 북쪽으로는 보산현(寶山縣) 경계에 까지 도달하는 범위를 포함시켰다. 공부국은 한편으로는 이러한 계획을 영사단을 통해 북경 공사단에게 까지 보냈으며, 또 한 편으로는 각국의 상인들이 조직한 화명상회(和明商會)의 지지를 요구하였다. 같은 해 10月 중순, 화명상회(和明商會)는 공부국에 통지하기를, 이 상회위원회의 의견과 공부국의 계획은 일치하므로, 공사단을 독촉하여 전부를 신속하게 수용하도록 강력 요청하였다. 영사단은 또한 공부국이 지지하는 의견을 찬성하였다. 북경공사단(北京公使團)은 상해영사단이 상해 도대에게 진일보한 교섭을 진행하도록 훈령을 내렸다. 1898년 2월 28일, 영수 영사(領袖領事), 독일 영사 오토 본 스튜어벨(Otto von Stuebell, 施妥博)은 "양경빈(洋涇浜; 옛날 상해의 프랑스 租界와 공동 조계와의 경계 지점) 북쪽의 외국인 조계의 현재 면적은 외국인 조계의 현재 면적이 조계 내 중국인과 서양인(華洋)이 함께 살기에 부족하다"는 이유를 내세워 상해 도대(上海道台)가 정식으로 영미조계의 확장 계획을 제기해 줄것을 요청하였다.

이와 동시에 프랑스 조계도 역시 장차 조계를 서가회(徐家匯)와 포동(浦東)까지 확충하는 활동을 전개시켰다. 1897년 5월 공동국(公董局)은 영파로(寧波路; 현재 滙海東路)와 서공로(西貢路; 현재의 丹陽路)를 고쳐 소통을 편리하게 하기 위하여 동서(東西) 양측을 확장하려고, 다시 사명공소(四明公所)를 강점할 정책을 폈다. 같은 해 11월, 공동국(公董局)은 결의를 통과하여 프랑스 조계 근처에 관(棺)을 짜는 나

---

2) 1987년 『工部局年報』, 『上海公共租界史考』, p.467에서 인용.

무를 쌓아놓지 못하게 금지시켰다. 이는 사명공소(四明公所)를 지칭한 것이 뚜렷하였다. 1898년 1월, 프랑스의 총영사 베자르(de Bezaure, 白藻泰) 는 이 결의를 비준하였고, 포방(捕房)에 6개월 내에 모두 집행하라고 명령을 내렸다. 이후 베자르는 상해 도대에게 문서를 보내, 정식으로 프랑스 조계의 확장을 요구하였다.

영미 조계와 프랑스 조계의 확장은 상해 도대 차이쥔(蔡鈞)의 거절에 부딪쳤다. 차이쥔은 1898년 3월 13일, 영수 영사에게 보낸 답장에서 상해는 면적이 협소하고 인구가 많으므로, 실제적으로 조계를 확장하기가 어렵고, 뿐만 아니라 중국정부는 경계 밖에서 시정건설(市政建設)을 진행 중이고, 조계 밖에서 거주하는 서양인들이 아주 많았으며, 서양인들의 많고 적음은 조계 면적의 확대 이유가 되지 못한다고 반대의사를 분명히 밝혔다. 북경 공사단은 상해 도대(道台)가 조계 확대를 거절하는 것을 알고 난 후, 영사단에게 양강총독과 교섭할 것을 명령하였다. 공부국(工部局) 역시 재차 화명상회(和明商會)가 외국 상인들을 발동시켜서 스스로 각국 공사들에게 영향을 끼치도록 요구하였다. 1898년 6월 말, 영사단(領事團)은 공부국(工部局)에 말하기를 양강총독(兩江總督) 역시 조계의 확장을 찬성하지 않았다고 전하였다. 공부국 총동인 페롱(Fearon, 費隆)이 즉각 친히 북경으로 가서, 공사단이 직접 교섭할 것을 요청하였다. 그 결과, 영국, 미국, 독일 3국 공사는 재차 자국의 상해주재 영사들이 상해 도대에게 압력을 가할 것을 명령하였다.

프랑스 공동국(公董局)의 확장계획이 거절당한 후, 더욱 강경한 수단으로 상해 도대(道台)를 압박하여, 상해 도대의 양보를 받아내려 하였다. 1898년 5월 중순, 공동국(公董局)은 학교와 병원을 건설한다는 이유를 내세워 장차 『황포조약』(黃埔條約)과 1849년 4월 린꾸이(麟桂)의 고시(告示)중의 관련 있는 유관규정을 따를 것을 선포(宣布)하였으

며, 사명공소(四明公所)는 186호(号)와 191호(号)의 토지대장의 토지
재산이므로 강제 징수한다는 것이었다. 5월 말, 베자르(de Bezaure, 白
藻泰)는 이러한 통고를 발표하고, 이 두 곳 토지의 소유자는 8일 이내
에 계약 서류를 증거로 수속을 하라고 하였다. 6월초, 공동국의 총판
(總辦)은 이 통고를 사명공소(四明公所)에 보냈다. 사명공소(四明公所)
의 토지는 원래 중국인 소유였고, 프랑스 조계의 토지대장에 넘겨지지
않았었다. 이로써, 공소 방면에서는 단연코 공동국의 무리한 요구이므
로 이를 거절하였다. 공동국은 사명공소(四明公所)가 가지고 있는 토
지 대장의 증거를 제출할 수 없었으므로, 오히려 만행적으로 그들이
여기에다 공익사업(公益事業)을 건설하려고 하니 오늘부터 두 곳의 토
지 재산권을 접수하겠다고 선포하였다. 프랑스 침략자의 야만적인 태
도에 대하여, 공소방면에서는 굴복하지 않았다. 그들은 상해 시민들과
연합하여, 프랑스 당국에 항의를 제기하였다. 7월 15일, 베자르(de
Bezaure, 白藻泰)는 상해 도대(上海道台)에게 최후의 통첩을 보냈는데,
이는 사명공소에게 재산권을 넘기라는 것이었으나, 도대(道台) 차이쥔
(蔡鈞)은 주저하면서 결정을 내리지 못하였다.

　7월 16일 새벽, 베자르(de Bezaure, 白藻泰)는 친히 공동국의 각 이
사[董事]의 집을 찾아가, 상해 도대(道台)가 프랑스의 요구에 긍정적으
로 호응할 수 없다는 것을 알렸고, 이후, 영사관에서는 각 이사와 프랑
스 함대 정찰(偵察)호의 함장을 회의에 출석시켜, 즉각 결연한 조치를
취하도록 결정하였다. 정찰(偵察)호에 있던 육전대(陸戰隊)가 바로 상
륙하여, 사명공소(四明公所)를 강점하였고, 또 공소에 삼단으로 둘러쳐
진 담장을 철거시켰다. 이때 공소 부근에 모여 있던 군중과 둘러싸서
관람하고 있던 외국인간에 충돌이 발생하였고, 공소내의 프랑스 군인
이 무방비의 군중에 총을 발포하여, 현장에서 2명이 죽고 여러 사람이
상처를 입었다. 프랑스 군인의 폭행은 백성들의 반항 풍조를 일으켰

다. 당일, 사명공소에서는 전단이 발행되었고, 영파 상인(寧波商人)들
이 무역을 정지할 것을 호소(号召)하였고, 다음날 오전 영미조계의 안
인리(安仁里) 사명공소(四明公所) 총동(總董)인 팡밍샨(方銘善)의 거처
에서 모일 것을 결정하였다. 그날 저녁 분노한 군중들이 프랑스 침략
자들을 습격하기 시작하였고, 프랑스 조계의 가로등을 때려 부셨고,
이로 인하여 양경빈(洋涇浜) 이남 일대는 암흑에 빠지게 되었다. 그곳
에 거주하는 사람들은 다 무서워서 모두 영국조계로 몸을 피신하였고,
많은 수의 사람들은 소주(蘇州) 등지로 이사를 하였다.

프랑스 침략자들은 화가 머리끝까지 나서, 도살(屠殺)로 보복하려
하였다. 17일 새벽, 프랑스 군인이 16포(鋪) 일대의 군중들에게 물을
살포하였고, 아울러 총을 발포하여 4, 5명을 죽였다. 사명공소(四明公
所)내의 프랑스 군인들 역시 밖에 있는 군중들에게 사격을 가하였고,
또 4, 5명을 살해하였다. 프랑스 군함도 산탄포(霰彈砲)를 계속해서 군
중을 향해 발포하여, 시체가 시장 일대에 널려 있었다. 계속해서 프랑
스 군은 몇 갈래로 나누어 순찰(巡察)하였는데, 중국 사람을 만나면 모
조리 죽였고, 한때 공관마로(公館馬路; 현재의 金陵東路)와 자래화행가
(自來火行街; 현재의 廣西南路)에서는 중국인의 시체를 발견할 수 있
었다. 영미 조계 역시 대규모의 순포(巡捕), 상단(商團)과 소방대원들
이 거리에서 순라(巡邏)를 돌았으며, 프랑스 침략 당국의 폭행과 아주
밀접한 관계를 맺고 있었다. 당일, 군중 중에서 죽거나 부상을 입은 사
람이 30 여 명이었고, 10여 명이 체포되었다. 이것이 바로 상해 역사
상의 두 번째 사명공소(四明公所)의 혈안이었다.

공동국의 대변지인 『중법신회보』(中法新匯報)는 공공연하게, "7월
16일, 이 날은 정말 즐거운 하루이다. 중국인들 또한 1874년의 방략
(方略)을 다시 시도하려고 생각하며, 또한 같은 성공(成功)을 희망(希
望)하였다. 그러나 아쉽게도 기회가 이미 지나갔다. 그저께, 어제(16,

17일) 양일간의 열렬(熱烈)한 대우는 그들로 하여금 크게 깨닫게(醒悟) 하였을 것이다"³)고 발표하였다. 그러나 침략자는 잘못 생각했으며, 상해 인민은 절대로 도살(屠殺)을 두려워하지 않았다. 17일, 프랑스 조계 내의 중국 점포는 모두 파시(罷市) 하고, 개별적으로 문을 닫지 않겠다는 점포(店鋪)는 군중들이 때려 부셨다. 양행(洋行)에서 일하는 영파(寧波) 사람들도 전부 사직하였고, 윤선운수(輪船運輸)업자들은 일을 중지하였다. 어떤 사람들은 프랑스 화물을 배제하는 운동을 일으키려는 분위기를 형성하였고, 프랑스에 대하여 경제방면의 절교를 진행시켰다. 일부 군중들은 또 프랑스군의 잔혹한 진압도 두려워하지 않고, 소동문(小東門) 밖의 프랑스 순포방(巡捕房)을 습격하였다.

상해 도대(道台) 차이쥔(蔡鈞)과 현령(縣令) 황청슈앤(黃承暄)은 제국주의 음흉함에 굴복을 하면서, 그들은 자신의 동포(同胞)가 비참하게 학살된 것에 대해서는 동정하는 말 한마디 없었고, 오히려 사명공소(四明公所)가 관방(官方) 조정을 듣지 않았다고 고시를 크게 붙여 질책하고, 또한 많은 병정(兵丁)을 파견하여 프랑스 군과 연합하여 민중을 탄압하며 나쁜 짓을 일삼았다. 17일 오후, 황청슈앤과 베자르(de Bezaure; 白藻泰)는 협의를 이루었는데, 프랑스 측은 군사행동을 중지하고, 중국 측은 현서(縣署)에게 개시(開市)할 것을 권유하였으며, 선후 사건은 강소(江蘇) 포정사(布政使)가 상해로 와서 처리한다는 합의를 이루어 내었다.

7월 20일, 강소 포정사인 니에지꾸이(聶緝槼)가 상해에 와서 프랑스 측과 교섭을 하였다. 프랑스 침략자 당국은 이 혈안의 책임을 지는 것을 거절하였고, 오히려 중국 관청이 고의적으로 민중 시위를 방임하였다고 역설하며, 아울러 이 기회를 틈타 조계확장의 계획을 제기하였으며, 십육포(十六鋪) 이남의 새로 건축되는 도로 일대, 서문(西門) 밖 일

---

3) 『中法新滙報』, 1989년 7월 18일, 『上海法租界的發展時期』에서 재인용.

대, 프랑스 조계 이서의 팔선교(八仙橋) 일대, 포동(浦東) 일부분 및 오송(吳淞) 지역의 토지 전부를 모두 프랑스 조계에 편입시켜 달라고 요구하였다. 니에지꾸이(聶絹檠)는 원칙상으로 동의하면서, 겨우 사명공소(四明公所)만은 보류해 달라고 요구하면서 군중들을 대충대충 속이면서 일을 처리하면서 자기의 체면을 유지하려고 하였다. 프랑스는 니에지꾸이의 연약함과 그가 군중을 기만하려는 것을 보고, 새로운 조건을 제기하였는데, 그것은 이번 조계 확장은 무조건적인 양보를 받아내야 한다는 것과 이후 사명공소의 묘지에 새로운 시체나 관들을 암매장할 수 없다는 것이었다. 9월 2일, 프랑스 공사 피숑(S. J. M. Pichon, 畢盛)과 청 정부 간에 양해각서를 체결하였는데, 내용은 (1) 조계 확장 결정, (2) 사명공소 토지 소유권 유지, (3) 사명공소 내에서는 새로운 시체 및 관의 암매장을 금지하여 원래 분묘도 옮길 것, (4) 사명공소에 도로를 개축할 수 있다는 것 등이었다.

그러나 프랑스 조계의 이 확장 계획과 영국 미국 조계의 확장 방향은 서로 모순되었으며, 특히 프랑스는 포동(浦東)을 점령하고자 하였는데, 이곳은 영국과 미국 윤선공사(輪船公司)의 토지가 대량 포함되어 있었고, 영국과 미국의 상인과 공부국은 이것에 대하여 불만을 드러내었다. 프랑스는 오송(吳淞)을 독차지 하려 하였으며, 영국과 미국은 더욱 더 용인하기 힘든 것이었다.

당시, 영국과 프랑스 두 나라는 이집트 문제 및 프랑스가 강제로 점령한 광주만(廣州灣), 운남(雲南)을 차지한 것, 양광(兩廣)을 세력범위에 속하게 한 문제 등에서 이익 충돌을 일으키게 되었다. 영국은 프랑스가 장강유역의 상업 이익은 아주 미약하다고 생각하였으나, 포동(浦東), 오송(吳淞) 등지를 요구하는 것은 정치적인 의미가 있는 것으로 생각하였고, 그것은 영국에 고의적인 도발을 한다고 생각하였으며, 즉각 무력 행동을 일으켜 프랑스 조계 확장의 실현을 저지하는 행동을 취하였다. 1898년 9월 중순, 영국 외교대신 샐리스버리(Salisbury, 索爾玆伯里)는 중국주재 영국 공사에게 항의를 제기하면서 영국 상인의 부동산 소재지가 프랑스 조계로 편입되는 것을 강하게 반대하였다. 영국의 중국주재 공사인 맥더날드(C. Macdanald, 麥克唐納的) 역시 프랑스 공사인 피숑(S. J. M. Pichon, 畢盛)에게 경고를 보내면서, 영국인은 포동이 프랑스 조계에 편입되는 것을 반대하며, 이렇게 되지 않으면 이후에 많은 분규가 일어날 것이라고 엄포를 놓았다. 아울러 이 지역을 공공(公共)의 시정기관(市政機關)에서 관할할 것을 주장하였다. 12월간에 영국정부는 중국주재 공사에게 명령을 내려 총리아문(總理衙門)을 힐책하라고 하면서, "만약 사전에 우리와 합의하지 않고 영국 사람의 재산권이 있는 토지를 프랑스에 넘겨준다면, 우리들은 당연히 항의해야 한다. 만약 중국이 영국인의 이익을 보호하는 태도를 취한다면, 우리들 역시 원조를 표시할 것이다."4)라고 압박하였다. 이에 프랑스의 태도도 만만치 않아 베자르(de Bezaure, 白藻泰)는 직접 남경으로 가서 양강총독(兩江總督)인 리우쿤이(劉坤一)와 교섭을 벌였다. 리우쿤이는 프랑스 조계를 팔선교(八仙橋), 서문(西門) 및 사교(斜橋)일대까지 만으로 제한하여 확장하는 것을 허락하였다. 영국은 이 소식을 듣고는 바로 군함을 남경에 파견하여 양강총독(兩江總督)의 프랑스 조계확장에 대한 "도의상의 지지"(道義上的支持)를 거절할 것을 요구하는 시위를 벌였다. 미국은 필리핀을 점령하는 문제에 있어서 영국의 원조를 받아야 하였으며, 이로써 영국을 따랐으며, 중국주재 공사에게 프랑스 조계 확장에 반대하고 미국인의 재산권이 있는 지역을 프랑스 혹은 다른 나라가 관할하는 것에 반대를 표명하도록 지시하였다.

이러한 압력 하에 프랑스는 할 수 없이 공격적 방법에서 지키는 것으로 방법을 바꿨으며, 또 한편으로는 리우쿤이(劉坤一)와의 교섭을

---

4) 『中法新滙報』, 1989년 12월 30일.

중지하고, 조계를 확장시키는 것을 잠시 중지시켰다. 또 한편으로는 제정 러시아(沙俄)와 연합하여 공동으로 영미조계의 확장을 반대하였다. 『중법신회보』(中法新滙報)는 득의양양하게 말하기를, "프랑스 조계(法租界) - 이렇게 말할 수 있다. 이것은 프랑스가 오로지 전적으로 소유하는 조계이며, 이는 6만 명이 거주하는 도시이다. 최근 통계에 따르면, 인구 밀도는 매 공무(公畝)에 525명이 거주한다. 영국조계에서는 매 공무(每公畝)에는 불과 343명이 거주한다. 그래서 프랑스 조계는 지금 확장을 요구하는 것이며, 이는 마치 성인이 어렸을 때의 옷을 바꾸는 것과 같이 당연하고 자연스러운 일이다. …프랑스 조계 확장을 저지하는 이유를 빌어서 공공조계(公共租界) 확장을 반대하는데 활용하고 있다."5)고 언급하고 있다.

　영국 침략자들은 비록 이러한 반격에 얼굴이 빨개지는 것을 대수롭지 않게 여겼으나, 프랑스와 러시아의 저지에 의해 영미 조계의 확장 역시 실현되지 못하였다. 공부국은 조급하여 말하기를, "최근 및 장래에 완강하고 힘 있는 조치를 취하여야 모종의 만족스러운 해결을 달성할 수 있다."6)고 크게 소리쳤다. 영국과 프랑스 이 두 열강은 한바탕 입씨름을 한 이후에 끝내 각자의 침략이란 원대한 이익에서 출발하여 서로 양보를 하게 되었다. 영국공사는 본국의 명령을 받고 "할 수 없이 프랑스가 서가회(徐家滙)까지 확장하는 것을 묵인하고, 이로서 화해를 하려고 한다."고 하였으며, 프랑스 정부 역시 곧바로 영국이 양보하고 의도적으로 서쪽으로 나아가는 것을 알고는 그들도 계속 강경한 태도로 밀어붙이지 않았다. 이로써 서가회(徐家滙) 지역을 그들의 계획대로 정리하게 되었다.7) 1899년 3월, 영국과 프랑스는 곧 바로 상해 조계 문제에 대하여 협의를 달성하였다. 이후에 프랑스는 비단 다시는

---

5) 『中法新滙報』, 1899년 3월 15일.
6) 1989年 『工部局年報』, 『上海公共租界史考』, p.472에서 인용.
7) 王揖唐, 『上海租界問題』, 上篇, p.10.

영국, 미국 조계 확장을 막지 않았을 뿐만 아니라, 오히려 영국의 편이 되어서 입을 맞추고, 서로 헐뜯는 입장에서 한통속이 되었다. 같은 해 4월, 영국과 러시아도 전리품을 나누는데 협의(協議)를 체결하였으며, 제정 러시아(沙俄)는 다시는 영국이 장강 유역에서 세력을 발전시키는 것을 막지 않겠다고 약속하였다.

　외국 침략자들의 연합적인 압력으로 청 정부는 굴복할 수밖에 없었다. 1899년 4월 13일, 총리아문(總理衙門)은 공사단에게 통지하기를, 이미 양강총독(兩江總督)에게 영미 조계 확장의 요구를 받아들이라는 명령을 내렸다고 하였다. 공부국에서 파견된 사람과 양강총독(兩江總督) 리우쿤이가 개인적으로 알고 있던 남양공학감원(南洋公學監院) 퍼거슨(J.C.Ferguson, 福開森)이 남경으로 가서 리우쿤이와 협상을 하였다. 리우쿤이는 퍼거슨과 또 다른 위(余) 성을 가진 관원을 자신의 대표로 하여 상해로 파견하여, 도대(道台) 리꽝지우(李光久)와 회동(會同)하였고, 각국 영사와 조계 확장의 구체적인 방법을 논의하였다. 유일하게 보류된 조건은 갑북(閘北)을 조계 내에 포함시키지 말라는 것이었다. 5월 8일 리꽝지우(李光久)는 영수영사와 포르투갈 총영사인 발데즈(M. T. Valdez, 伐爾臺)에게 보낸 서신에서 영미조계 확장 면적이 양강 총독의 비준을 거쳐 상해 지현(知縣), 퍼거슨이 공부국의 총동과 회동하여 경계를 수립하였다. 이렇게 영국과 미국은 프랑스 보다 먼저 조계 면적을 확장하는 것을 실현시켰다.

　1899년 영국과 미국의 조계를 확장한 후, 상해 공공조계(公共租界; The International Settlement of Shanghai)[8]라고 이름을 고쳐불렀다. 그 범위는 동쪽으로 양수포교(楊樹浦橋)에서부터 주가취(周家嘴) 모퉁

---

8) 公共租界라고 부르게 된 원인에 관해서는 王揖唐著, 『上海租界問題』라는 책에서는 이렇게 기재되어 있다. "독일인이 또 다른 조계를 요구하였고, 이후에 조계가 나날이 커져감에 따라 여러 나라 사람들이 살게 되었으며, 만국 공공 조계의 시작이다."(上篇, p.10.)

이까지이며, 서쪽으로는 이성교(泥城橋)부터 정안사진(靜安寺鎭)까지
로, 또한 정안사진(靜安寺鎭)에서 직선으로 신갑 소주하(新閘 蘇州河)
남안(南岸)까지이며, 남쪽으로는 프랑스 조계인 팔선교(八仙橋)부터 정
안사진(靜安寺鎭)까지, 북쪽으로는 홍구조계(虹口租界)의 다섯번째 계
석(界石)으로부터 상해현(上海縣) 북변(北邊)의 경계선까지이며, 다시
여기서부터 일직선을 그어 주가취(周家嘴) 모퉁이까지이다. 위에서 언
급한 지역에서 묘우(廟宇) 건립 및 중국 공용(公用)의 토지는 공부국의
관리에 속하지 않으며, 그 나머지는 모두 『토지장정』(土地章程)에 따
라 처리하여야 한다. 같은 해 7월, 공부국은 확장 구역 내에 순포(巡
捕) 설치를 시작하였다.

같은 해 12월, 조계 당국은 또 공공조계의 네 곳 경계를 모두 확정
지었다. 북쪽으로는 소사도(小沙渡)부터 시작하여, 소주하(蘇州河)를
따라 이성빈(泥城浜; 현재의 西藏路) 서쪽의 약 70마일 밖이며, 여기서
또 북쪽으로 상해, 보산(寶山) 두 현(縣)의 경계선(현재의 海寧路 서쪽
끝단)까지로 이 순환경계선(循環境界線; 현재의 海寧路이 서쪽 끝단,
절강북로 북단 및 天目路 등)에서 홍구하(虹口河)지역(현재의 虹江路
東端 嘉興路橋 북쪽 입구)과 연접한 지역이고, 다시 동쪽에서 시작하
여 고가빈입구(顧家浜口; 현재 軍工路 남단)까지이며, 동쪽 경계는 황
포강(黃浦江)에 접하고, 고가빈 입구(顧家浜口)부터 양경빈 입구(洋涇
浜口; 현재의 延安東路 外灘)까지이며, 남쪽 경계는 양경빈(洋涇浜; 현
재의 延安東路)까지로, 양경빈 입구에서부터 이성빈(泥城浜) 밖까지
연계되어 있으며, 이곳에서 서쪽으로 서순대서로(西循大西路) 북쪽 지
로(支路) 및 대서로(大西路; 즉 延安中路 및 復興路), 정안사(靜安寺)
후면의 오성묘(五聖廟; 延安西路 동단)까지이다. 서로는 오성묘(五聖
廟) 북쪽에서 소주하(蘇州河) 소하도(小沙渡)까지이다.[9]

---

9) 『上海公共租界史考』, pp.476~477.

이번의 확장을 통하여 공공조계의 면적은 8.35평방 마일(32,110畝)에 이르렀으며, 1899년에 비해 2,75평방 마일(10,606畝)로 거의 두 배나 증가한 셈이다. 그 다음해 공부국은 공공조계를 북, 동, 서, 중 4개의 지역으로 나누었다. 북구(北區)는 옛 미국 조계의 서쪽부분으로 홍구하(虹口河, 즉 橫浜河)를 동쪽 경계로 하였고, 동구(東區)는 옛 미국 조계의 동부 및 새롭게 확장된 지역이다. 서구(西區)는 즉 이성빈(泥城浜)의 서쪽 지역이고, 중구(中區)는 1848년의 영국 조계지역이다.

영국과 미국 침략자의 주된 목적은 이미 달성되었으므로, 다시 프랑스 조계의 확장을 저지하지는 않았다. 1899년 6월, 양강총독(兩江總督)의 대표인 상해 도대(道台) 위리앤위앤(余聯沅)과 회동하여 프랑스 조계 확장문제로 프랑스 당국과 초보적인 협의를 맺게 되었다. 같은 해 12월, 영국은 스스로 원래 항의하였던 것을 철회하고, 영국주재 프랑스 대사를 조회하면서, "대영제국 정부는 상해 및 한구(漢口)의 프랑스 조계의 어떠한 확장에 대해서도 양해를 한다. 그러나 영국 백성의 토지 소유권에 대해서는 엄격하게 아래의 조건을 집행한다. 첫째, 영국인에 관련된 모든 재산권에 관계된 문건은 반드시 영국 영사서에 등기하여야 한다. 둘째, 공동국의 모든 장정(章程)을 영국 신민(臣民)에게 시행하기 전에 반드시 북경주재 영국 공사의 동의를 구해야 한다. 셋째, 영국 총영사가 영국산업증(英國産業證)을 인정하면, 프랑스 당국에서도 유효한 것으로 인정해야 한다."10)고 요구하였다. 프랑스는 이 세 항의 조건에 동의를 표시하였고, 동시에 공공조계 당국에 대해서도 역시 프랑스에 대하여 이 세 가지 항목의 조건을 이행할 것을 요구하였다. 12월 28일, 프랑스 공사 피송(S.J.M.Pichon, 畢盛)은 총리아문과의 회담에서 프랑스 영사와 양강총독의 대표가 새로운 경계를 결정하였으며, 양강총독에게 신속한 비준하였다. 총리아문 역시 즉각 처

---

10) 『上海法租界的發展時期』에서 인용.

리하였다.

1900년 1월 27일, 상해 도대(道臺) 위리앤위앤(余聯沅)은 고시를 발표하여, 프랑스 조계의 범위를 인정하였다. 동으로는 성하빈(城河浜; 현재의 人民路 西段)까지이며, 서쪽으로는 고가택(顧家宅) 관제묘(關帝廟; 현재의 重慶中路, 重慶南路 北段)까지이고, 남쪽으로는 정송교(丁松橋), 안공묘(晏公廟), 타철빈(打鐵浜; 현재의 方浜西路, 西門路, 順昌路, 太倉路)까지이며, 북으로는 북장빈(北長浜; 현재의 延安東路 西段, 延安中路 東段)까지이었다. 프랑스 조계의 제2차 확장 계획이 끝내 실현 되었다. 그 총면적은 2,135무(畝)에 이르렀고, 1900년 이전 보다 한 배 이상 증가하였다. 3월 1일 공동국, 프랑스 영사관과 도대(道臺) 아문에서는 대표를 파견하여 공동으로 경계선을 천명하였다. 조계 순방(巡房)도 역시 확장 구역 내에 순포(巡捕)를 파견시켰다. 5월부터 공동국(公董局)은 정식으로 새로운 조계 내에서 세금을 징수하였다. 얼마 안 되어 공동국은 퍼거슨이 상해 도대(道臺)에게 사명공소(四明公所)의 해결방법을 받아들여야 한다고 압박하였다. 그 규정은 공동국에서는 다시는 사명공소의 재산에 대해 세금을 징수하지 않으나, 만약 병역(病疫)이 발생하여, 이곳에 잠시 관구(棺柩)를 가매장하려면 반드시 공동국의 명을 받고 지정된 곳으로 옮길 수 있다. 이 외에 사명공소(四明公所)에서는 반드시 영파로(寧波路; 현재의 淮海東路) 일대에 넓이가 10피트가 되는 토지를 양도해야 하며, 팔선교가(八仙橋街; 현재의 桃源路) 동쪽 끝단 일대를 완전히 제공하라고 하였다.

조계의 대대적인 확장을 전후로 외국 침략자들은 『토지장정』(土地章程)에 대하여 재차 수정을 진행하였다. 앞에서 언급한 바와 같이, 1869년 수정한 『토지장정』은 아직 중국정부의 어떤 일급 관원(一級官員)의 비준도 받지 못하였으며, 1880년부터 1884년까지 공부국에서는 이미 1869년의 장정(章程)을 수정하였으나, 공사단은 줄곧 인가를 표

시하지 않았다. 1896년 영미 조계 납세외인회의(租界納稅外人會議)는
또 결의를 통과시켜, 공부국이 새롭게 『토지장정』을 다시 수정할 것을
요구하였다. 1897년 10월 공부국은 영국공사 맥더날드(C. MacDanald,
麥克唐納的)의 편지를 받았는데, 공사단이 새로운 장정(章程)을 비준
할 것을 원한다는 것을 알게 되자, 곧바로 장정을 수정하는 특별위원
회를 만들었다. 이 위원회는 1869년의 장정에 대하여 다섯 항의 중요
한 사항에 대하여 증가하여 고쳤는데, 1893년의 3월 납세외인(納稅外
人) 임시회의에서 이를 통과시킨 후, 이를 영사단에 제출하였다. 그러
나 영사단은 이에 대하여 동의하지 않았다. 공부국 부총동(副總董)인
웨이얼시에(威爾契)는 영수영사인 스튜벨(Otto von Stubell, 施妥博)에
게 편지를 써서 영사단은 한 때 이 다섯 항을 증가하고 고친 것(增改)
에 동의하기 어렵다고 하였으나, 그중 먼저 도랑 건축(築溝) 및 허가증
(執照) 비용을 받는 것 등 두 개의 부건(附件)에 대해서만 비준을 하였
다. 8월초 영사단은 이 요구에 대하여 동의하였고, 장차 이 초안을 상
해 도대(道臺) 차이쥔(蔡鈞)에게 보내 다시 양강총독인 리우쿤이(劉坤
一)에게 전해져 비준을 받게 되었다. 이 감각이 흐린 관료(官僚)는 초
안(草案)을 받자 곧바로 답변하며 말하기를, "본인은 지금까지 이 장
정에 대하여 생각해 본 적이 없으며, 그래서 지금 역시 이 일에 관심
을 가질 생각이 없다. 이 일은 공부국과 영사단이 신경 쓸 일이며, 이
로서 상민(商民)들을 편리하게 하는 것이 유일한 목적이므로, 잘 협상
하여 처리하라"11)고 답변하였다. 이것은 사실상 『토지장정』을 제정하
는 권력이 완전히 외국인 침략자들의 수중으로 넘겨준 것이었으며, 그
들이 중국 경내의 법률을 제정하고 중국 국민을 통치할 권리를 승인한
것이었다. 이로써 차이쥔(蔡鈞)은 이 답변을 영사단에게 보냈으며, 영
수영사 발데즈(M. T. Valdez, 伐爾臺)는 뜻밖의 기쁨으로 즉시 총독

---

11) 1989년 『工部局年報』, 『上海公共租界史稿』, p.453.

(總督)에게 답신을 보내며 말하기를, "이번의 토지(地皮)에 대한 새로운 장정은 납세하는 사람들이 공부국이 제의한 것에 의거하여 통과를 시켰으며, 영사단의 비준을 받았고, 리우쿤이 대신의 반대도 없으므로, 이는 대신이 제출한 상민(商民)을 위하는 유일한 조건에 부합한다고 생각한다. ……그러므로 이 문제는 반드시 이미 해결되었다고 볼 수 있다."12)고 하였다. 9월 10일, 공사단은 이 두 항목의 부속 법률을 비준하였다. 계속해서 공부국은 또 영사단에 의해 부결된 그 나머지 세 개 항목의 고친 초안과 새로 증가된 하나의 부율(附律)을 직접 공사단에게 보냈으며, 그 결과 모두 비준되었다. 영사단은 공부국이 이러한 월권행동을 하는 것에 큰 불만을 나타내었고, 바로 그들에게 통지하였으며, 이 새 장정은 총리아문에서 비준하기 전에는 시행되지 말아야 한다고 강조하였다. 그런데 1899년 4월, 영사단은 총리아문에서 아직 장정 비준이 나지 않은 상황에서 그들은 또 새로운 장정에 동의하여 효력을 발생시켰다.

이번 『토지장정』의 불법적인 수정(修訂)을 거쳐, 공부국의 권력은 또 크게 확대되었다. 새로운 장정 제6관(款)의 규정에는 지산(地産) 위원 3명을 설치하여, 공부국 축로(筑路)에 관계되는 토지문제를 처리하게 하였고, 중국 정부와 기타 단체 및 개인이 조계 내의 땅을 구매하여 철로를 건립하고자 한다면, 모두 공부국의 비준을 받아야 하였고, 아울러 공부국에 축로계획을 보내야 한다고 하였다. 제30관(款) 및 부율(附律) 제8조 규정에서 무릇 집을 신축하거나 수리하려면 반드시 공부국의 심사를 거쳐야 하며, 공부국이 세운 규정을 위반하면 허가 취소(封閉)와 벌금을 물어야 한다고 규정하고 있다. 부율(附律) 제34조에서는 야채시장(菜場), 시집(市集), 무도장(舞場), 기생집(妓院), 전당포(當鋪), 우유(牛奶)공급 천막 및 세탁소 등을 개설하려면 반드시 공부

---

12) 同上.

국에 세금을 내고 허가를 받아야 하며, 위반하는 자는 벌금을 내야 한다. 이후 조계당국은 계속해서 이러한 것을 보충하였으나, 비교적 세세하고 구체적인 문제에 속하는 것이었다.

『토지장정』(土地章程)을 수정함과 동시에, 조계당국은 계속해서 중국 군대가 조계로 들어오는 것을 거절하였다. 1897년 12월, 도대(道臺) 차이쥔(蔡鈞)은 무장사병을 인솔하여 조계를 통과하게 되었다. 공부국은 재차 성명을 발표하여 이후에 중국 군인들이 조계로 진입하고자 한다면 먼저 공부국에게 알려야 한다고 고지하였다. 차이쥔(蔡鈞)은 이 규칙대로 진행하겠다고 약속하였다. 다음해 공부국에서는 포방(捕房)에서 발행한 통행증을 지녀야만 중국군대가 조계를 통과할 수 있다고 하였는데, 도대(道臺) 역시 동의를 표시하였다. 그런데 일부 중국 군인들은 이러한 속박을 원치 않았으며, 여전히 수시로 조계를 출입하였다. 1899년 8월, 공부국 총동 피송(S.J.M.Pichon, 畢盛)은 만행적으로 선포하기를, "지금 이후로 허가증을 지니지 않은 군인들의 인솔인원에 대해 체포 구금 또한 감금(監禁)을 시킬 수 있으며, 반드시 그 행동에 충분한 설명이 있어야만 한다."고 강조하였다. 그러나 영사단은 공사가 공부국에 중국 군인들이 조계를 통과하는 것을 저지하는 권한을 주지 않았다고 하였으므로 조계를 진입하려는 중국 군인들은 반드시 사전에 먼저 영수영사(領袖領事)에게 통지를 하여야하는 것이지, 공부국에 통지하는 것이 아니라고 반박하였다. 이 일은 양강총독(兩江總督) 리우쿤이(劉坤一)에게 제출되었고, 이는 이전에 『토지장정』(土地章程)의 심사 권리를 포기하고, 또한 조계의 대대적인 확장을 허락한 대관료가 이번에도 무조건적으로 한발 양보하여 타협하였다. 그것은 이후 중국 군대는 반드시 조계를 통과할 때에는 도대가 영수영사에게 통지하여 공부국에 알려 동의를 얻어낸 후에 통과한다는 것이었다. 이때부터 어떠한 중국 군대도 공부국에서 발행한 허가증이 없으

면, 조계로 진입할 수 없게 되었다. 중국 정부는 이로써 조계 내에서
마지막으로 상징성적인 권력이었던 것을 모두 잃게 되었다.

제3절 동남호보(東南互保)

19세기 말엽 열강이 중국에서 일으킨 영토 분할 풍조와 무술변법의 실패는 시간이 가면 갈수록 많은 사람들을 각성하게 만들었다. 1900년 의화단(義和團)운동이 북방에서 활기차게 일어났으며, 화북(華北)을 침략한 제국주의에게 상당한 타격을 주었다. 청 정부가 여러 방면으로 진압을 시도하였으나, 아무런 효과를 보지 못하였고, 할 수 없이 "소탕하는 것에서 타협하는 것"(改剿爲撫)으로 태도를 바꾸었다. 이로 인하여 의화단운동(義和團運動)은 바로 세찬 물결처럼 중국대지에서 전개되었다.

북방의 의화단운동의 발전은 동남연해에 위치한 상해에 큰 영향을 주었다. 상해는 당시 최대의 통상항구이자 경제의 중심지였으며, 화북(華北)의 전화(戰火)로 상해를 거쳐 북쪽으로 운반되는 화물이 운반되지 못하였고, 초상국(招商局)의 수입이 평시의 반에도 미치지 못하였으며, 봉건국가의 경제 근원인 세수입도 인적이 드문것과 같이 줄어들었다. 이것은 제국주의의 상품 판매시장이 대대적으로 축소된 것이며, 동시에 매판(買辦) 지주(地主)들이 상해에서 얻는 이익에도 큰 타격을 주었다. 그러나 그들을 가장 심각하게 타격을 주었던 것은 의화단운동이 이미 강남(江南)일대까지 영향을 주어서 대강 남북(大江 南北) 사람들의 마음을 동요시켜 남경성(南京城)에는 의화단의 대자보가 붙게 되었고, 상해 거리에서도 적지 않은 사람들이 권술(拳術)을 연마하였으며, 백성들은 모두들 서양인들이 종말을 고할 날이 얼마 남지 않았다고 서로 알리며 분주하였다. 이 모든 것은 십리양장(十里洋場)의 침략자 및 모험가들의 마음을 오싹하게 하였다. 영국인이 경영하는『신보』(申報)에서는『의화단이 만들어낸 상해시의 어지러운 풍경』(以拳匪作亂有關上海市景說)이란 사론(社論)을 발표하면서, 청 정부에게 좌시하지 말라고 당부하면서, "권비(拳匪)들이 마음대로 행동하면서 상인(商人)들을 혼란시키고, 북방(北方)으로부터 남방(南方)까지 시정(市情)은 점차적으로 쇠퇴해가고 있으며…… 상무(商務)가 끊임없이 부진하다." 고 경고하였다. 그러므로 반드시 "아직은 그렇게 심각하지 않는 틈을 타서 모두 소탕해야 한다."[1]고 강조하였다. 이러한 말들은 제국주의자들이 당황해하는 심정을 폭로한 것이다.

　영국은 장강 유역을 자신의 세력 범위로 보았고, 상해는 그들의 최대 투자처이며, 최대의 이익을 가져오는 지구로서 남이 손댈 수 없는 독점물로 여겼었다. 장강 유역의 권익이 침탈되는 것을 보호하기 위하여, 북방에서의 불길이 상해에 도달하지 못하게 막았고, 영국에서는 조계의 만국상단을 활용하여, 미국과 프랑스와 연합하여 병사들을 상해로 보냈으며, 이로써 조계의 군사력을 강화시켰으며, 또 다른 한편으로는 동남 각성의 봉강대리(封疆大吏)들과 결탁을 하여 동남호보(東南互保)를 구축하였다.

　당시, 양강총독(兩江總督)인 리우쿤이(劉坤一), 호광총독(湖廣總督) 장쯔퉁(張之洞), 양광총독(兩廣總督) 리훙짱(李鴻章) 및 상해에 머물며 독판(督辦)으로 철로대신(鐵路大臣)인 성슈앤화이(盛宣懷) 등은 모두 다 상해에서 대량의 재산을 소유하고 있었다. 남방에서 만약 대규모의 반제운동이 폭발한다면, 혹은 제국주의에 의해 무력으로 점령당한다면, 그들의 경제이익에 막대한 영향을 미치게 되었다. 이 봉건 대관료(封建大官僚)들은 일찍부터 열강과 밀접한 관계를 갖고 있었으며, 그들은 이러한 관계를 강화시키기를 희망하였다. 이로써 자신의 정치,

---

1)『申報』, 1900년 6월 12일.

경제 세력을 유지시키면서, 동시에 그들은 또한 청 정부의 선전(宣戰) 결심이 부족하다는 것을 알고 있었으므로, 끝내는 반드시 열강과 타협할 것이며, 이로 인하여 청 정부는 한 발작 뒤로 물러나게 될 것이며, 이러한 결탁이 빨리 실천할 수 있을 것이라고 믿고 있었다. 이러한 생각을 기반으로 그들은 국가와 민족의 이익을 고려하지 않을 것을 결심하고, 제국주의자들과 결탁하는데, 특히 영국은 상해 및 동남 각 성의 반식민지 질서를 유지시키려고 동남호보(東南互保)라는 추잡한 연극을 연출하게 되었다.

6월 14일, 상해에 주둔하는 영국 총영사 워랜(P.L.Warren, 霍必瀾)이 영국 외교부에 전보를 보내어 중국의 상황이 아주 심각한 것과 영국이 남방에서의 권익을 확보하기 위하여 영국정부는 즉각 호광(湖廣) 및 양강총독(兩江總督)의 양해를 구해 그들에게 유효한 도움을 얻어내어 이로써 평화를 유지하고자 한다는 것을 알렸다. 2일 후, 3 척의 영국 군함이 한구(漢口), 남경(南京)과 오송구(吳松口)로 이동하였으며, 리우쿤이(劉坤一), 장쯔통(張之洞)에게 폭동과 난이 발생할 때, 영국을 도와 질서유지와 영국인의 이익을 보호하겠다는 보증을 서게 하였다. 6월 17일, 영국 영사는 장쯔통(張之洞)을 만났고, 장쯔통은 영국에 감사를 표시하였으며, 아울러 리우쿤이과 함께 평화 유지를 보장하였으며, 아울러 영국이 장강유역에서의 이익을 보호하는 대가를 아깝지 않게 생각하였다. 이때, 셩슈앤화이(盛宣懷)와 상해, 남경과 한구(漢口)의 영국 영사와 영국 국적의 세무사 등이 빈번하게 접촉하여, 일련의 조치를 타협하게 되었다. 영국이 주도한 이 추잡한 연극이 곧 북소리와 함께 공연이 되었으며, 기타 제국주의 국가들은 영국은 이익을 독점하는 것을 원치 않았기 때문에 모두 이것에 반대하였다. 셩슈앤화이(盛宣懷)는 퍼거슨(J.C.Ferguson, 福開森)으로 부터 이 소식을 들은 다음, 6월 20일에 바로 리우쿤이(劉坤一)에게 전보를 보내어 "오송(吳淞)부터 장강 내지(長江內地)까지 상해의 호도(滬道)가 각국영사에게 알리기를, 스스로의 보호를 할 것이므로, 어떠한 간섭도 하지 말라."2)고 지시하였다. 리우쿤이와 장쯔통은 이 의견에 찬성하였고, 점차 단독으로 영국과 결탁하였으며, 영국이 모든 열강과의 결탁을 주도하여, 공동으로 호보(互保劉)를 진행하였다.

6월 21일, 청 정부는 대외 선전적인 상유(上諭)를 발표하자, 성슈앤화이는 리홍짱, 장쯔통, 리우쿤이와 함께 열강과 동남호보 실행의 중심인물이 되었다. 그는 장쯔통의 막료(幕僚)인 짜오펑창(趙風昌)의 모략과 미국 대표 퍼거슨의 종용 아래, 6월 24일에 향후 상정할 8개 조항의 내용을 전보로 리우쿤이, 장쯔통 등에게 알렸고, 상해 조계가 각국의 보호에 귀속되어 있다고 주장하였으며, 장강 내지는 독무의 보호에 있으므로 두 곳 모두 안전하다고 하며, 그들을 독촉하여 조약 체결을 서둘렀다. 리우쿤이, 장쯔통은 전보를 받은 후 동의를 표시하였고, 아울러 성슈앤화이의 주도면밀함을 칭찬하였다. 리우쿤이는 상해 도대(道台) 위리앤위앤(余聯沅), 도원(道員)인 선위칭(沈瑜慶), 타오썬지아(陶森甲)에게 명령하여 성슈앤화이의 지도아래 각국 영사들과 긴급하게 상의를 하도록 시켰다. 장쯔통 역시 같은 날 상해 주재의 열강 영수영사와 미국 영사 굿나우(J. Goodnow, 古納) 등에게 전보를 보내말하기를, "상해조계는 각국 보호를 받으며, 장강 내지(長江內地) 각국의 상민과 산업은 모두 독무의 보호 아래에 있으며, 본부당(本部堂) 및 양강 총독 리우쯔타이(劉制台)의 의견이 같으므로, 힘을 합쳐, 상해도(上海道)와 각국 영사들은 신속하게 협의 방법을 찾아야 한다."3)고 전하였다.

선위앤창(沈爰滄), 허쓰쿤(何嗣煋), 선쩡쯔(沈曾植), 구지팅(顧緝廷),

---

2) 中國史學會, 『義和團』, 第3册, p.328.
3) 『張文襄公電稿』, 제35.

양이칭(楊彝卿) 등 관상매판(官商買辦)과 외국 상인들이 조약의 세부적인 것을 타협하고, 6월 26일에 담판 일정을 잡은 후, 위리앤위앤(余聯沅)을 중심으로 한 대표단과 열강의 상해 주재 영사가 상해에서 정식 회의를 거행하게 되었다. 회의 장소는 북절강로(北浙江路)에 새롭게 건설된 회심공당(會審公堂)으로 정하였고, 셩슈앤화이와 퍼거슨도 회의에 참석하였다. 담판 경과는 바로 당일에『동남호보약관』(東南保護約款, 또는 中外互保章程이라고도 함) 9개조로 구성되어 있으며, 주요내용은 다음과 같다. (1) 상해 조계는 각국 공동 보호에 귀속시키며, 장강 및 소항(蘇杭; 소주와 항주)의 지역은 모두 각 독무(督撫)가 보호하도록 함으로써 서로간의 시끄러움을 없앤다. (2) 장강 및 소항(蘇杭: 소주와 항주) 각지의 상민, 선교사들의 재산은 모두 남양대신(南洋大臣)인 리우쿤이, 양호독헌(兩湖督憲) 장윈런(張允認)이 확실하게 보호하며, 비도(匪徒)들을 엄중하게 잡아들인다. (3) 상해제조국(上海製造局) 및 화약창고 있는 무기(軍火)는 오로지 중국인과 외국 상인들을 보호하기 위해 비적들을 소탕할 경우에만 사용한다. 이 조약을 근거하여 또『중서관의정보호상해성상내외장』(中西官議定保護上海海城廂內外章程) 10조를 체결하였는데, 그 내용은 아래와 같다. (1) 상해조계는 각국 스스로 순찰 방범하여 보호한다. (2) 상해도(上海道)는 순포(巡捕)를 더 채용하고, 성상(城廂) 안과 밖에서 주야로 순라(巡邏)를 돌며, 부랑자들과 깡패들을 잡아들인다. (3) 각국의 은행들이 정상적인 전장업(錢庄業)으로 돈을 대출하여 주고 있으므로, 전장업이 부도나는 것을 막아 시장이 파괴되는 것을 막는다. (4) 수표의 사용이 정상적으로 되고 있으며, 중국과 외국 쌍방이 더욱 지지를 보내야 한다.

동남호보(東南互保)는 제국주의 열강이 중국을 해체하기 위한 정책의 필요성에 의해 나타난 것이며, 이러한 필요에 의해 중국지방정부와 중앙정부를 갈라놓기 시작하였으며, 중국에서 가장 부유한 동남 각지에 열강이 제압할 수 있는 기지를 세우는 것이었다. 이는 리우쿤이, 장쯔퉁, 셩슈앤화이 등이 제국주의와 결탁하여 의화단운동을 반대한 죄증이었다. 이 "호보"(互保)는 이후에 북양군벌(北洋軍閥)과 국민당 통치(國民黨統治) 시기에 제국주의 열강과 군벌 관료 간에 결탁하여 토지를 해체한 선례가 되게 되었다. 『동남호보약관』(東南保護條款)의 체결은 열강이 중국침략의 새로운 음모를 실현한 것이었다. 이로 인하여 상해영사단은 6월 27일 위리앤위앤(余聯沅)에게 서신을 보내, 셩슈앤화이, 리우쿤이, 장쯔퉁 등에 대한 감사를 표시하며, "최고의 찬미"를 보냈다.

동남호보의 방침과 호보 지구를 확대시키기 위하여, 리우쿤이, 장쯔퉁과 셩슈앤화이는 동남 각 성의 독무에게 전보를 보내어, 호보(互保)를 실행하여 안전을 구하라는 것과 그들이 안정적인 국면을 요구할 때에는 일률적으로 이렇게 집행하라고 설명하였다. 양광총독 리홍짱, 민절총독(閩浙總督) 쉬잉쿠이(許應騤), 산동순무(山東巡撫) 위앤쓰카이(袁世凱) 등이 모두 전력으로 지지할 것을 드러내었다. 이로써 호보(互保)는 원래의 소(蘇; 강소성), 감(贛; 강서성), 환(皖; 안휘성), 악(鄂; 호북성), 상(湘; 호남성)에서 10여 개 성으로 범위가 확대되었다.[4]

이 기간에 제국주의는 상해를 장악하기 위하여 먼저 조계의 무장을 강화시켰다. 7월 사이에, 만국상단(万國商團)은 일본 부대(日本隊)와 해관부대(海關隊)를 증설하고, 그 구성원을 1년 전에는 245명에서 855명으로 증가시켰다. 상단(商團)은 훈련과 연습을 강화하였고, 아울러

---

4) 6월 26일, 리우쿤이, 장쯔퉁 두 명이 청정에 전보로 상주하였다. "변혁을 삼가시오. 그렇지 않으면 동남 각성은 모두 유린당할 것이며, 어느 한 곳에서도 군향을 지원할 수 없이 전국이 와해 될 것이며, 수습될 수도 없을 것입니다."(『장문양공전집』제80). 오래지 않아 자희(慈禧) 태후가 리우쿤이와 장쯔퉁의 상주문에 답하기를, 조정의 의견도 당신들과 같다고 하였다. 리우쿤이, 장쯔퉁, 셩슈앤화이 3인은 열강과 결탁하여 동남호보를 실행하는데 공을 세웠다고 하여, 태자태보(太子太保)에 봉해졌다.

유관 전략적인 서적을 편찬하였는데, "정식 군대의 훈련 지식 습득과 상해 현지의 실제 정황을 참고하는 것이었다."5)라고 출판이유를 설명하였다. 8월초, 북경, 천진을 진공하던 영국 해군 중장 세이모어(E. H. Seymour, 西摩爾)는 패퇴하여 위해위(威海衛)에서 상해까지 왔다. 그와 지방관원들이 상해와 조계를 방어하는 방법을 상의하였으며, 이성빈(泥城浜)을 방어선으로 결정하고, 외국인은 신호 깃발 등을 주어서 어려움을 당했을 때에 사용하도록 하였으며, 저녁에는 인도 기병(騎兵)이 조계의 사방을 순라(巡邏) 돌았고, 만일을 위해 전보로 영국과 미국 두 정부에 신속한 원병 파견을 요청하였다. 오래지 않아, 영국 정부에서는 인도병(印度兵) 3,000명을 상해로 파병시켰다. 프랑스 조계에서도 6월 하순에 방무(防務)위원회를 조직하였고, 빠오창(寶昌)을 총동(總董)에 임명하고, 긴급한 조치와 순포 증가와 방위 병사들을 충실하게 준비시켰다. 7월초, 공동국은 또 중국의 배외 풍조가 성행하는 것에 대하여 포방(捕房)의 중국 순포에 대하여 마음을 놓지 않았고, 안남(安南, 베트남)의 민단(民團)을 고용해서 상해로 오게 하여 상해의 방어에 협조토록 하였다. 그들은 조계내의 중국주민들을 엄밀하게 감시하였으며, 집을 옮기는 자유마저 박탈하였다. 공동국에서는 "보호증카드"[保護證佧]를 1만장을 발행하여 카드가 없는 사람은 자유롭게 집을 옮기지 못하도록 규정하였다. 8月 중순, 프랑스 수병(水兵) 백 여 명이 상해에 도착하였고, 계속해서 베트남 보병 250명도 상해에 상륙하였다. 이후 각국 군대가 계속해서 상해에 도착하였고, 부두 전체에 병영을 꾸렸고, 황포강, 오송강상의 외국군함이 20, 30척으로 늘어났다. 이때 상해지방관원 역시 인민들에 대한 통제를 강화하였다. 위리앤위앤(余聯沅)은 유언비어를 엄금시키고, 서양인들을 보호하는 포고를 붙였다. 리우쿤이는 군대를 서주(徐州)와 안휘성 북쪽(皖北) 일대로

---

5) 『上海萬國商團史略』, 『上海研究資料續集』, p.194.

이동시키고, 아울러 강남제조국에서 새로 만든 모제르(mauser, 毛瑟后
鏜) 총을 청군에게 나누어 주고, 해군 함선 10여 척을 황포강변에 일
렬로 배치하여 의화단의 남하를 저지시켰다. 이렇게 완벽한 배치를 마
친 후, 중외 반동파들은 모두 다 "상해는 금으로 만든 목욕탕과 같이
영원히 공고하다. 즉, 동남연해 각 군읍(郡邑)은 비적들이 침략할 수 없
고, 마음만 조리게 되었다(風鶴惊心矣)"6)고 만족해하였다.

리우쿤이 등 대관료들이 이렇게 힘을 쓰고 있었으나, 『동남호보조약』
(東南保護條約)에 대한 최후의 서명을 하는 과정에서 또 파장이 일어
났다. 7월 중순 상해 영사단은 위리앤위앤(余聯沅)에게 통지하여 그들
의 정부는 이 조약에 서명하는 것을 동의하지 않는다고 알려왔다. 그
원인으로 첫째는 제5조의 각국이 파견한 병선들이 장강으로 들어오는
규정은 열강의 손과 발을 묶어 놓는다고 생각하였다. 둘째는 호보국면
(互保局面)은 실제적으로 이미 형성이 되어 있었다. 셋째는 8국 연합은
이미 북경으로 진공하고 있었고, 동남방향의 국세(局勢)는 이미 안정되
었으므로, 다시 이러한 조관을 보호할 필요가 없어졌기 때문이었다.

8월 14일, 8개국 연합군이 북경을 공격하여 함락시켰다. 청정이 서
안(西安)으로 도주한 사실이 알려 진 이후, 상해의 제국주의 침략자들
은 기뻐 날뛰며 대강당에서 감사예배를 거행하였다. 9월, 청 정부의
배반으로 의화단(義和團) 운동은 외국 침략자의 참혹한 진압을 당하게
되었다. 8개국 연합 사령관인 발데르세(Alfred Graf Von Waldersee,
1832~1904, 瓦德西)는 7,000명의 외국 병사를 인솔하여 상해에 도착
하여, 경마장에서 외국 군대와 만국상단(萬國商團)을 검열하고 무력을
자랑하였다.

리우쿤이, 장쯔통, 위리앤위앤 등이 열강과 결탁하여 동남호보(東南
互保)를 실행하던 시기에 탕차이창(唐才常)이 주도하던 자립군(自立軍)

---

6) 『申報』, 1900년 7월 8일.

기의(起義)가 폭발하였다.

탕차이창은 백일유신(百日維新)때에 탄쓰퉁(譚嗣同)의 부름에 응해서 호남(湖南) 유양(瀏陽)의 집에서 북경(北京)으로 왔다. 한구(漢口)에 도착하였을 때, 자희(慈禧)가 쿠데타(政變)를 일으켰으므로 상해로 발길을 돌렸고, 오래 머물지 않고 있다가 다시 동경으로 건너갔다. 1899년 가을로 접어들 때, 흥중회(興中會) 회원인 삐용니앤(畢永年)의 소개로 탕차이창(唐才常)은 요꼬하마(橫浜)에서 쑨중샨(孫中山)을 만났다. 그는 흥중회(興中會)와 개량파(改良派)의 합작을 건의하였고, 아울러 쑨중샨과 공동(共同)으로 호남성(湘), 호북성(鄂) 및 장강에서 병사를 일으킬 계획을 주도면밀하게 상의하였다. 탕차이창 등은 당시 바로 회당(會黨)을 이용하여 난을 일으키고, 무한(武漢)을 탈취하여 그 기지로 삼고자 하였다.

1899년 말, 탕차이창(唐才常)은 결사대 30명을 남양(南洋)을 거쳐 상해로 인솔하여 들어왔다. 그는 일본인 타노 다치바나(田野橘次)가 세운 동문역사(東文譯社)를 보호한다는 구실로, 정기회(正氣會)를 창설하였는데, 이 회의 주소는 홍구(虹口) 무창로(武昌路)였다. 회원의 대부분은 자본주의 제도를 갈망하는 지주계급과 지식인들이었다. 1900년 봄, 쑨중샨(孫中山)은 정쓰량(鄭士良) 등을 파견하여 혜주(惠州), 광주(廣州) 등지에서 기의(起義)를 거행할 것을 계획하였으며, 또한 탕차이창(唐才常)과 연락하여 이러한 계획을 주강(珠江), 장강(長江) 두 곳에서도 동시에 기의를 일으킬 것을 요구하였다. 얼마 되지 않아 탕차이창(唐才常)은 정기회(正氣會)를 자립회(自立會)라 이름을 고치고, 자립군(自立軍)을 건립할 계획을 세웠다. 자립회(自立會)는 회당조직(會黨組織) 형식을 채택하여, 산 이름을 "부유산"(富有山)이라고 정하고, 물 이름(水名)은 "천하수"(天下水)라고 하고, 향기(香)를 "만국향"(万國香)으로 정하고, "나날이 새로운 것이 덕이며, 업에 모든 정력을 쏟아 근면하게 일한다."(日新其德,業精于勤)를 암호(暗號)로 정하였다. 회원에게는 "만물이 어둡고 비가 오면 열매를 맺지 않으며, 붉은 양이 밝은 기운을 몰고 오네, 하늘 꼭대기에 한 남자가 하늘과 땅을 한 손에 쥐로 내려오네."(万象陰霾打不開, 紅羊却運日相催, 頂天立地奇男子, 要把乾坤扭轉來)란 사구(四句)의 구호(口號) 시구가 있었다. 4월 자립회(自立會)는 표(票)를 인쇄하여 발행하였는데, 표면(票面)에다 "자립은 즉 사람이 서는 것이고, 백성을 보호하는 것이 나라를 보호하는 것이다."(自立卽所以立人, 保民卽所以保國)라는 글자를 새겨서 회원임을 증명하게 하였고, 회원을 발전시키는 용도로 사용하였다. 탕차이창(唐才常)는 또 정식으로 회당(會黨)에 참가하였고, 가로회(哥老會)의 수령(首領)인 리쩐뱌오(李金彪)를 정 수령[正龍頭]로 하고, 캉요우웨이(康有爲), 탕차이창(唐才常)을 부 수령[副龍頭]으로 하고, 량치챠오(梁啓超), 삐용니앤(畢永年)을 총당(總堂)으로 삼는 등 기의(起義)의 분위기가 무르익었다.

1900년 6월 탕차이창은 의화단 운동의 홍기로 인민들은 마땅히 보종구국(報種救國)을 빌미로 삼아 상해의 명류(名流)를 장원(張園)으로 초청하여 "국회"(國會)를 열자, 회에 도착한 사람은 수 백 명이었다. 오래지않아 가우원(假愚圓)의 남신청(南新廳)에서 회의를 열고, 룽홍(容閎)을 회장으로 추천하고, 앤푸(嚴復)를 부회장(副會長)으로, 탕차이창은 총간사(總干事)가 되었으며, 일단 기의가 성공한다면 이 회는 곧바로 국가영도기관(國家領導機關)이 된다고 결정하였다. "국회"(國會)의 종지(宗旨)는 "중국의 자립권리를 보전(保全)하고, 새로운 자립국(自立國)을 창조한다.", "만청(滿淸) 정부가 통치하는 청국의 권리를 인정하지 않는다.", "광서(光緖) 황제를 다시 옹립시킨다(復辟)"는 것이었다. 이는 한편으로는 새로운 자립국을 창조하면서, 또 한편으로는 청국과 광서황제를 보존해야 하므로, 그 내용 스스로가 모순이 있었다. 그래서 당시 장삥린(韋炳麟)은 탕차이창(唐才常)의 모순된 행위를 비판하였으며, 성공할 수 없으므로, 당연히 이 단체에서 탈퇴하고 탕차이창과 관계를 끊었다. 이럼에도 불과하고 "자립근왕"(自立勤王) 활동은 여전히 많은 혁명파(革命派)들의 지지를 얻었다. 7월 중순, 탕차이창은 한구(漢口)에 도착하여 자립 7군(自立七軍)을 조직하고, 스스로 본인이 총사령(總司令)이 되었다. 8월 중순, 기의가 실패하고, 자립군(自立軍) 총기관(總機關)의 재산이 몰수되었으며, 탕차이창은 체포되고 처형되었다. 이렇게 민간비밀 회당(會黨)에 의존한 무장기의는 실패하게 되었다.[7]

자립군 기의의 요절은 혁명파의 각성과 개량파의 분화를 촉진시켰고, 혁명파와 개량파가 제각기 제 갈 길로 가는 새로운 국면을 이루어내었다. 이후에 상해지역의 자산계급의 혁명파들은 더욱 적극적으로 청 왕조를 전복시키는 투쟁에 투입되었다.

---

7) 1911년 가을 상해 광복 후, 상해군 도독부(都督府)는 명륜당(明倫堂)에서 열사(烈士) 추도대회를 개최하였고, 자립군 기의는 무창기의(武昌起義) 이전에 광복(光復)을 도모한 17번째의 기의중 하나라고 고시하였다.

제4절 거아운동(拒俄運動) 및 『소보』안(蘇報案)

　민족 자본주의의 생성과 발전에 따라, 또 서방 자산계급 민족주의의 문화 즉 소위 말하는 새로운 학문의 영향으로 상해는 점차적으로 하나의 새로운 형태의 지식계층이 형성되었다. 의화단 반제 애국운동의 폭발은 이러한 자산계급 지식인들에게 상당한 영향을 주었다. 그들은 시대의 명맥을 느끼게 되었고, 조국의 명운을 품어 안았고, 신속하게 유신 개량의 속박에서 벗어나서 구국 생존을 중심으로 하는 투쟁을 일으킴으로써 끝내는 반청 혁명의 역량으로 발전되었다. 상해의 거아(拒俄)운동, 『소보』(蘇報)안, 미국 화물 배제 운동 등등의 사건은 바로 20세기 초 제국주의가 중국 침략의 속도를 계속적으로 강화시킴으로써 중국 인민의 애국 열정이 부단히 고조됨으로 나타났던 산물(産物)이라고 할 수 있다.

　1900년 제정 러시아는 8국 연합군에 가입하고 난 후, 천진, 북경 지구를 침략한 동시에, 무력으로 동북 3성을 점령하고, 한 입에 흑룡강(黑龍江) 이남 100여 Km²의 토지를 삼키려는 망상을 도모하였다. 10월 제정러시아는 청 정부를 강압하여, 『봉천교지잠차장정』(奉天交地暫且章程)을 체결하고, 명의상은 앞으로 봉천성(奉天省; 현재의 遼寧省)을 중국에 되돌려주는 것처럼 위장하고, 실제로는 그 지역을 강점하려 하였다. 1910년 초 제정 러시아 외교대신 라무스토프(B. H. ЛаМСДОРФ, 拉姆斯道夫)는 10개 항목을 제출하였는데, 제정 러시아는 동북(東北)으로 출병하고 철로를 보호하며, 중국관리 등을 임명할 권리를 갖고 있으며, 중국 측에서는 동북에서 군사를 주둔시키거나 도로를 축

조하지 못하도록 한다는 것이었다. 이 소문이 퍼진 이후, 전국은 들끓
었다. 한 차례 동북 수복운동의 중심인 거아(拒俄)운동이 신속하게 전
국으로 번졌고, 상해 인민들이 이 운동에 앞장서게 되었다.

1901년 3월 15일, 상해 애국인사들 200여 명이 장원(張園)[1])에서 먼
저 왕윈쭝(汪允中)이 『중국에 알리는 글』(告中國文)이란 문장을 발표
하고, 서로 내용을 언급하였고, 이어서 왕캉니앤(汪康年), 원친푸(溫欽
甫), 쟝쯔요우(蔣智由)와 슈에시앤쪼우(薛仙舟) 등이 연설로 인민들에
게 "목숨이 다할 때까지 싸우자"(出死力以爭一日之命)고 호소하였다.
집회가 끝난 후 양강총독(兩江總督)과 호광총독(湖廣總督)에게 문서를
상정하여, 정부에 "러시아와의 조약을 거절하여, 이로써 위험한 국면
에서 보호해야 한다"(力拒俄約, 以保危局)고 요구하였다. 3월 24일 제
정러시아는 청(淸) 정부를 강압하여 약관(約款)에다 사인을 하기 전날
상해인민들은 장원(張圓)에서 두 번째 집회를 열었다. 그 당시 신문에
기재된 내용에 근거하면, 회의 참석자는 천 명이나 되었고, 서방의 인
사들이 장원(張圓)에 와서 관청(觀聽)한 사람도 수 십 명이 되었다고
하였다. 회의가 시작된 후 10여 명이 순서대로 연설을 하자, 참석자들
은 모두다 비분이 강개하고, 같은 목소리로 정부가 약관(約款)에 사인
을 거절할 것을 강력하게 요청하였다. 당시(當時) 『신보』(申報)는 제정
러시아(沙俄)의 입장에 서서 지속적으로 『밀약해』(密約解) 등의 문장
을 발표하여 약관(約款)에 대한 설을 근거가 없다고 말하면서, "죄가
있으면 반드시 주살하고, 법으로 대속을 할 수 없다."(罪在必誅, 法无

---

1) 장원(張園)은 현재 남경서로(南京西路), 태흥로(泰興路) 이남 일대이다. 청
　광서(光緖) 연간에 외국 상인들을 위해 건축한 것이었는데, 후에는 장(張) 씨
　성을 가진 중국 상인이 구매한 후, 이름을 미순원(味蒓園)이라고 고쳤는데,
　통상적으로는 장원(張園)이라고 부른다. 정원은 약 7, 80무(畝)로 안에는 안
　개제(安愷第) 등의 건축물이 있었고, 시민에 개방되었으므로, 청말 상해 인민
　의 정치활동의 주요 무대가 되었다.

可貸)라며 애국인민을 공격하는 글을 게재하였다. 상해의 애국인사 쫑
룽꽝(鍾榮光), 양주샨(楊祝山) 등 150명이 리홍쨩(李鴻章)에게 연명(聯
名)하여 전보(電報)를 보내어 "중국과 러시아의 조약 체결은 중국과
외국이 모두 놀랄 일이다"(中俄約成, 中外震駭)"라고 지적하면서, "조
약 체결 거절이 곧 나라를 위급함에서 구하는 일"(嚴拒以救危亡)이라
고 그에게 청원하였다. 리홍쨩은 오히려 "너희들은 그 기저에 쌓인 것
을 알지 못하고 어찌 놀라고 두려운 일이라고 하느냐"2)(爾等不知底蘊,
何必震駭)고 하며 회전(回電)을 보내왔다. 그런데 두 번의 거아(拒俄)
대회는 전국인민의 열렬한 지지를 얻어 내었다. 강소, 절강, 마카오,
산동(蘇,浙,奧,魯)등 지역의 군중들은 잇달아 전보, 편지 및 후원금을
보내와 전국성의 거아(拒俄)운동의 고조기가 형성되었고, 러시아주재
공사인 양루(楊儒)가 약관(約款)에 사인을 거절하였으며, 투쟁은 초보
적인 승리를 이루었다.

이 기간에 상해의 교육과 출판 사업은 매우 활발하게 진행되고 있
었으며, 당시의 상황에서도 인재 육성에는 긴밀한 협조를 하였다. 그
당시 사람들의 추억에 의하면 1901년부터 1902년까지는 "상해에서 신
학서보(新學書報)가 가장 성행하던 시대로서 아마도 그 때에 유동학계
(留東學界)에서 심역(審譯, 자세히 살펴 번역하는)하는 풍조가 성행하
였고, 상해신사(上海新社), 광지서국(廣智書局), 상무인서관(商務印書
館), 신민총보지점(新民叢保支店), 경금서점(鏡今書店), 국학사(國學社),
동대륙도서국(東大陸圖書局) 등등이 각자가 경쟁하여 새로운 책들을
출간하는 것이 마치 우후죽순(雨後竹筍)과 같다."3)고 상황을 묘사하고
있다. 1902년 봄 상해에서 차이위앤페이(蔡元培), 장타이앤(章太炎),
쟝쯔요우(蔣智由), 예한(葉翰), 황쫑양(黃宗仰) 등이 교과서(敎科書)의

---

2) 『李文忠公全書』, 『電稿』, 권34.
3) 馮自由, 『革命逸史』初集, 中華書局 1981年版, p.115.

수요에 적응하기 위하여 새 책 편집을 준비하면서, "중화(中華)를 개진하고, 반드시 청년들의 사상을 개조(改造)하고 새로운 교육을 주입시키지 않으면 안 된다"[4]고 인식하였다. 그들은 뜻있는 사람들과 연락하여 1902년 3월 8일에 중국교육회(中國敎育會)를 조직하고, 회관 터를 남경로(南京路)의 이성교(泥城橋) 복원리(福源里)에 만들었다. 이 단체의 종지(宗旨)는 중국 국민을 교육시켜 국권회복의 기반이 되고, 아래로는 학교(學校), 사회교육부(社會敎育部) 및 실업부(實業部)를 설립하고, 학당(學堂)을 설립하는 것을 주요 업무로 하며, 교과서(敎科書)를 편집하고, 서보사(書報社) 및 강연 회의를 거행하는 것이었다. 이는 교육을 창설(創設)할 뿐만 아니라 또한 혁명(革命)을 고취(鼓吹)하는데 힘쓰며, 그리고 가장 먼저 애국지사들을 한 곳에 모은 국내지식계에서 설립한 첫 번째 애국단체이다. 그 해의 8월 일본에 유학한 우쯔후이(吳稚暉), 쑨쥔(孫鈞) 등이 주일공사인 차이쥔(蔡鈞)을 반대한다는 이유로 상해로 압송되어왔다. 중국교육회는 바로 환영대회를 하고, 청 정부가 유학생에 대한 정치적 압박에 대해 공소(控訴)하고, 장원(張圓)에서 동아유학회(東亞游學會)를 협조하는 회의를 소집하였으며, 대표를 파견하여 일본정부와 교섭을 하였다. 중국교육회는 스스로 학당을 설립할 분위기가 무르익어갈 무렵에 상해의 남양공학(南洋公學)에서 과거(科擧) 폐지와 흥학(興學) 이래로 첫 번째 학조(學潮, 학생운동)가 폭발하였으며, 이로 인하여 애국학사(愛國學社)의 설립이 이루어지게 되었다.

남양공학(南洋公學, 현재의 上海交通大學)은 성슈앤화이(盛宣懷)가 주청(奏請)하여 1897년 4월에 설립되었으며, 공학(公學)의 총리는 허쓰쿤(何嗣焜)이고, 주임교사는 장환룬(張煥綸)이었다. 교학(敎學) 내용은 중국경사(中國經史)를 통달(通達)하는 것을 주요 목적으로 하고, 학

---

4) 上官錦屛, 『革命畵僧鳥目』은 『上海中央日報』에 1948년 6월 게재.

생들의 집회, 의정(議政), 새로운 서적과 신문 열람[閱讀新書新報] 등을 금지시켰으며, 심지어 개량파(改良派)들이 창설한 『신민총보』(新民叢報)조차 열람하지 못하게 하였다. 이러한 전제(專制)적인 학풍(學風)은 이전부터 학생들의 불만을 일으켰다. 이 학교에는 보통(普通)반 여섯 개와 고급 수재생(高材生)을 배양하는 특별반(特班) 한 개가 있었다. 그 중에 5반(五班)의 교사인 꾸오전잉(郭鎭瀛)은 학문과 재능도 없으면서, 옛것만을 고수(固守)하고 학생들을 괴롭히는 것을 능사(能事)로 삼아, 학생들에게 깊은 미움과 배신감을 받았다. 1902년 11월 5일 학생들이 잉크병을 그의 의자 위에 놓았다는 이유로 꾸오 씨(郭氏)는 학당총재[學堂總辦]와 한 통속이 되어 3명을 제적시켰다. 5반(五班)의 전체학생들은 곧 바로 총재[總辦]에게 꾸오 씨(郭氏)를 사퇴(辭退)시킬 것을 요구하였으나, 총재(總辦)는 오히려 "모여서 회의(會議)를 하고, 혁명(革命)을 제창하고 실행한다"는 죄명으로 이 반의 학생들을 일률적으로 제적시켰다. 전교(全校)의 학생들은 모두 다 격분하고, 항의(抗議)를 표시하였다. 동남(東南) 각 성의 학생들은 같이 호응(呼應)하여, 전례없는 퇴학(退學)의 풍조(風潮)가 전국에서 일어났다.

중국교육회의 물질적 도움 아래, 11월 하순에 남양공학(南洋公學)의 퇴교학생(退校學生)들이 주체(主體)로 하는 애국학사(愛國學社)에서 개학 의식이 거행되었고, 정식으로 건교(建校)하고 학교 터는 이성교(泥城較) 복원리(福源里)로 정하였다. 그리고 차이위앤페이(蔡元培)를 총리(總理)로 모시고, 우쯔후이(吳稚暉)를 교감(校監)으로, 장타이앤(章太炎) 등을 교원(教員)으로 정했다. 학사(學社)에서는 학비를 받지 않고, 총리(總理), 학감(學監) 이하의 교직원(教職員)은 모두 다 스스로 생계를 강구하여야 하였고, 학사(學社)로부터는 한 푼의 돈도 받지 않았다. 학사(學社)에서는 『학생세계』(學生世界)란 잡지가 출판되었는데, 혁명정신을 고양시키는 것이 기풍으로 되었다. 매 주말 애국학사(愛國學

社)는 장원(張圓)에서 집회(集會)를 갖고, 공개적으로 애국혁명의 도리
(道理)를 선전하였다. 각 지역의 학생운동(學潮)에 전보 등을 통해서
성원(聲援)하기도 하고, 혹은 퇴학(退學) 학생들을 다시 학교에 복학하
게 하였다. 애국학사는 "조용히 동남(東南) 각 성(省) 학계(學界)의 혁
명 대본영(大本營)"[5]이 되었다. 그 해 겨울에 차이위앤페이(蔡元培) 등
은 또한 백극로(白克路, 현재의 鳳陽路) 등현리(登賢里)에서 애국여교
(愛國女校)를 설립하고, 쟝꽌윈(蔣觀云)을 총리(總理)로 추천(推薦)하였
다. 머지않아 애국여교도 이성교 복원리(泥城橋福源里)로 이전시켰다.

중국교육회(中國敎育會)와 애국학사(愛國學社)의 추진 아래, 상해인
민들의 두 번째 거아풍조(拒俄浪潮)가 일어났다. 1902년 4월『동삼성
교수조관』(東三省交收條款)에서는 제정러시아(沙俄)는 분기(分期)별로
철군(撤軍)하라고 규정하였다. 그러나 1903년 4월 8일에 이르러 2차
철병(撤兵)할 때 까지 제정러시아(沙俄)는 비단 약속을 어기고 철군(撤
軍)을 하지 않을 뿐 만 아니라, 또 7관(七款)을 요구하며, 영구적으로
동북3성(東北三省)을 점령하여, 그들이 말하는 소위 "황색 러시아"(黃
色俄羅斯)란 식민계획을 실현하려고 기도하였다. "러시아를 거부하고,
왕을 혼낸다."(拒俄懲王)[6]라는 의미를 지닌 투쟁이 전개되었는데, 중
국교육회의 조직 아래 4월27일, 장원(張圓) 안개루(安愷樓)의 앞 뜰 풀

---

5) 上官錦屛,『革命畵僧烏目』.
6) 1902년 후, 광서인민이 무장하여 반청(反淸)하자, 광서 순무 왕쯔춘(王之春)
  이 프랑스에 병력을 출병시켜 진압을 기도하고, 이에 대한 보상으로 철로, 광
  산권의 이익을 프랑스에게 약속하였다. 이러한 소식이 일본에서 폭로되자, 일
  본에 있던 중국학생들이 이 일에 대한 성토대회를 전개시켰다. 1903년 4월,
  상해 인민은 일본 유학생의 호소에 향응하면서, 장원(張園)에서 프랑스반대
  대회를 열고, 프랑스 병사의 중국내 진입을 저지할 것과 왕쯔춘의 직위를 박
  탈하는 것으로 인민에게 사죄할 것을 요청하였다. 다음 날, 또 집회는 광조공
  사(廣肇公所)에서 개최되었으며, 전국으로 通電되었다. 청 정부는 인민을 강
  력하게 압박하였으나, 왕쯔춘의 순무(巡撫) 직무는 면제할 수밖에 없었다.

밭에서 전대미문의 규모로 거아(拒俄)대회가 거행되었다. 회의에서 수십 명이 격앙된 연설을 하였고, 제정 러시아(沙俄)가 무리하게 약속을 배반하고 동북(東北)을 침략하는 죄행(罪行)을 엄격하게 질타하였다. 애국여교의 학생 한 명이 자기의 보석반지를 대회의 현장에서 헌납하자, 다른 사람들도 서로 다투어 돈을 헌납하였다. 대회 참가자들은 청 정부의 친 러시아 외교를 비난하며, 두 개의 전문(電文)을 보냈는데, 하나를 외무부(外務部)에 보내면서 "러시아 사람이 몇 십 개의 조약을 세우고, 강제로 서명하라고 하였다. 만약 이 조약에 서명한다면 주권(主權)이 상실(喪失)되고, 외부로는 큰 혼란이 오게 되며, 중국 전 국민은 엄청난 혼란이 초래된다."고 하였다. 다른 하나는 각국 정부에게 보내, "러시아가 우리에게 강제적으로 서명을 요구했으므로 전 국민이 분노하고 있으므로, 설사 정부가 승인하더라도 전 국민은 절대로 이를 인증할 수 없다"[7]고 하였다.

회의 후, 펑쩡루(憑鏡如) 등은 중국사민총회(中國四民總會)의 조직을 발기(發起)시켰다. 이 회의의 종지(宗旨)는 "중국 국토의 권리를 보존하는 것이 목적이고, 전국의 농공상사(農·工·商·士)를 하나로 합쳐 하나의 단체를 이루는 것"[8]이라고 하였다. 이 회의에서는 입헌(立憲)을 선언하고, 러시아를 거부하는 태도는 비교적 견고하였다. 4월 30일 오후, 애국학사, 사민총회(四民總會) 및 각 계 군중 1,200명이 다시 장원(張圓)공원에서 집회를 갖고, 차이위앤페이(蔡元培), 마쥔우(馬君武) 등이 연설하고, 마 씨(馬氏)가 『애국가』(愛國歌)를 선창하고, "중국만세"라는 구호를 외쳐 구호가 사방에 진동하였다. 바로 이때 동경(東京)에 유학하던 중국유학생들의 전보(電報)를 받았으며, 전보에서 그들은 이미 거아의용대(拒俄義勇隊)를 조직하였다고 하여 회의장(會議場)의

---

7) 『蘇報』, 1903년 5월.
8) 『蘇報』, 1903년 5월.

정서는 더욱도 격분되었다. 참석자들은 회의장을 나와서 동쪽으로 큰 절을 하고, 일본에 유학한 학생들에게 경의(敬意)와 지지(支持)의 뜻을 표시하였다. 의회(議會)에서 중국국민공회(中國國民公會)를 설립할 것을 결정하고, 쪼우룽(鄒容) 등 1,600 여 명이 전후로 입회한다고 서명을 하였다. 회의 후, 남경육사학당(南京陸師學堂)에서는 퇴학풍조(退學風潮)가 일어났고, 장쓰짜오(章士釗), 린리(林礪) 등 40여 명의 학생들이 애국학사(愛國學社)에 가입하였다. 오래지 않아, 학사(學社)는 거아의용군(拒俄義勇軍)을 설립하여 차이위앤페이(蔡元培), 우쯔후이(吳稚暉), 황쫑양(黃宗仰), 장쓰쟈오(章士釗) 등 90여 명 대원들이 여러 개의 소대(小隊)로 나누어서 아침저녁으로 훈련(訓練)시켰다. 차이위앤페이(蔡元培)는 머리를 짧게 깎고, 회원과 같이 훈련하였다. 여러 사람들은 의기분발(意氣奮發)하고, 정서가 격앙하여, 제정러시아 침략자와 결사적인 투쟁을 전개시켰다. 이와 동시에 애국학사(愛國學社), 육재학당(育才學堂), 애국여학(愛國女學) 및 무본여학(務本女學) 등등의 학교에서 중국학생동맹회(中國學生同盟會) 성립을 준비하였다.

장원(張圓)에서 일어난 분노의 물결은 상해 인민의 정의로운 목소리를 대변하는 동시에 전 중국인민이 독립하려는 염원을 반영하고 있다. 이 이후 북경, 안휘(安徽), 광동(廣東), 절강(浙江), 복건(福建), 호남(湖南) 등 지역에서 거아(拒俄)운동이 활발하게 전개되었다. 9월에 제정러시아는 재차 청 정부에게 무리한 요구를 제기하였다. 10월 20일 러시아군은 봉천성(奉天成, 현재의 沈陽)을 진공하여 점령하였다. 12월 차이위앤페이(蔡元培)는 상해 신마로(新馬路) 화안리(華安里)에서 대아동지회(對俄同志會)를 조직하고, 12월 15일에 기관보(機關報)인『아사경문』(俄事警聞)을 창설하고, 전문적으로 제정러시아(沙俄)의 침략소식을 보도하였고, 국민은 힘을 내서 거아(拒俄)를 호소하였다. 다음해 3월에 일본과 러시아의 전쟁이 폭발되고, 대아동지회(對俄同志會)는 생존을 위하여 조직개편을 단행하였고,『아사경문』(俄事警聞)도 이름을 고쳐서 『경종일보』(警鐘日報)라고 하였으며, 사지(社址)는 복주로(福州路) 혜복리(慧福里)이었다.

상해 각계에서도 광범한 구국(救國)운동이 전개되었다. 당시 도승(道勝)은행은 상해 전장(錢庄)에 현찰을 빌려주면서 동북의 러시아군을 구제해야한다고 제의하였다. 1904년 1월 상해 전업(錢業)의 상인들은 의견을 수렴하여 공동으로 제정 러시아와 결탁하는 악덕상인들을 검거하는 것을 결정하고, 일단 검거하면 곧바로 현금을 몰수하고, 국가에 귀속시키고 다시 벌금을 의논한다고 하였다. 또한 기타 사람들은 상해 상인에게 전단(傳單)을 발표하여 그들이 다시는 석탄, 물, 야채 등 물자를 러시아 병선(兵船)에게 공급하지 말라고 권고하였다. 거아(拒俄) 투쟁은 정치영역에서 경제 영역까지 확대되었다. 대아동지회(對俄同志會)의 추진아래 상해 여성계에서도 같은 해의 1월 대남문(大南門) 밖의 종맹여학당(宗孟女學堂)에서 집회를 갖고, 대아동지여회(對俄同志女會)를 설립하고, 정쑤이(鄭素伊), 천완앤(陳婉衍), 장퉁슈에(章同雪)를 총의장(總義長)으로 추대하고, 중국 적십자회의를 창설시켰다. 그들은 일이 있으면 전지(戰地)에 가서 봉사하기를 자원하였으며, 심지어 협객(俠客)을 도와 암살도 실행하였다. 이외에도 묵묵하고 말없는 청년단체에서는 적지 않은 일을 감당해 내었다. 예로는 소남문(小南門)에 설치한 위가농(兪家弄)내의 학숙(學塾)에서 교습학생(敎習學生)들이 문학사(文學社)를 조직하고, 이미 『명치도』(明恥圖) 등의 선전자료를 창작해 내었으며, 러시아군의 만행을 폭로하였으며, 도서(圖畵) 및 문자해설(文字解說)도 하여, 통속적이면서도 생동감이 있었으므로 하층군중(下層群衆)들의 관심을 받았다. 상해 종교계 애국인사들도 이에 함께 동참하였다. 5월 24일에 기독교 신도들은 삼마로(三馬路) 무이(慕爾)교회에서 동삼성(東三省)을 위하여 기도하고, 동시에 제제(抵

制) 방법을 토론하였다. 같은 날 미화서점(美華書店)에서도 많은 군중
들이 모여서 동삼성(東三省) 인민을 위하여 기도를 하고, 쑹야오루(宋
燿如) 등등이 구국(救國) 연설을 하였고, 교우들이 애국보교연합단체
(愛國保敎聯合團體)를 결성할 것을 호소하고, 이로서 거아구국(拒俄救
國)을 진행시켰다. 12월 하순에 교도(敎徒)들은 다시 무이당(慕爾堂)에
서 집회를 갖고, 목사 션 모(沈某)씨가 연설하고, 교우들이 모두 같이
구망(求亡)의 대책을 호소하였다. 영파(寧波)의 어느 교우는 감개무량
하게 "저는 비록 약자이지만 만약 외국인이 조국을 분열시키려고 한다
면 반드시 죽음으로서 대응할 것이며, 비록 저는 가난하지만 저의 모
든 것을 헌납하여 전비(戰費)에 쓰려고 한다"9)고 말하였다. 이상의 사
실은 상해인민의 거아(拒俄)투쟁이 매우 광범한 사회기반을 이루어냈
다는 것을 나타내었다.

　서양문물을 숭상하는 청 정부는 상해인민의 거아(拒俄)운동에 대하
여 모든 방법을 동원하여 이를 파괴하고 막으려 하였다. 상약대신(商
約大臣) 뤼하이환(呂海寰)은 비밀리에 강소순무(江蘇巡撫) 언쇼우(恩
壽)에게 "많은 젊은 청년들이 장원(張圓)에서 집회를 갖고 의사(議事)
를 진행하고 있는데, 명목상으로는 프랑스를 거절하고 러시아에 항거
한다(拒法抗俄)고 하지만, 사실은 혼란과 파괴를 일으키려 한다."고 하
며, "비밀리에 체포하여 처벌"(密拿嚴辦)10)할 것을 엄중히 요구하였
다. 언쑈우(恩壽)는 바로 각국의 상해주재 영사들을 조회(照會)하여 차
이위앤페이(蔡元培) 등을 체포하라는 지시를 내렸다. 이와 동시에 주
일공사(駐日公使) 차이쥔(蔡鈞)은 외교부(外交部)에 비밀문서를 보내어
일본유학생들이 거아(拒俄)를 하는 구실은 사실 명분이 서지 않는 것
이며, 실제로는 장강(長江)일대에서 기의할 준비를 하고 있는 것이라

　9)『俄事警聞』, 1903년 12월 22일.
　10) 張篁溪,『蘇報案實錄』, 參考 中國史學會,『辛亥革命』, 제1책, 上海人民出版
　　　社, 1957年版, p.372.

고 말하였다. 호광총독(湖廣總督) 두완팡리(端方立)는 바로 강과 바다에 연해 있는 지역 및 직예(直隷) 각지에 대한 경비를 강화하도록 지시하였다. 머지않아 청 정부는 다시 연강 연해(沿江沿海)에 위치해 있는 각 성의 독무(督撫)에게 밀전(密電)을 보내어 애국학생들을 체포할 명령을 내렸다. 상해를 중심으로한 혁명운동을 억제하기 위하여 1903년 여름, 청 정부는 청말(淸末) 최대의 문자옥(文字獄)인 『소보』(蘇報)안을 일으키게 되었다.

『소보』(蘇報)는 그 발행초기에는 황색신문(黃色新聞)으로 간행되었지만, 국민에게 무시를 당하지는 않았다. 1900년 『소보』(蘇報)는 천판(陳范)이 구매(購買)하였다. 천판(陳范)은 과거에 강서 연산(江西鉛山)의 지현(知縣)으로 교안(敎案)으로 인해 지위를 박탈당하고 상해로 이사를 오게 되었다. 그는 관장(官場)의 부패를 통한(痛恨)하였으며, 신학(新學)을 제창하는 것으로 구국(救國)을 해야한다는 알고 있었으므로, 출자(出資)하여 『소보』(蘇報)를 인수하였다. 또 그는 변법(變法)으로 보황(保皇)을 지지한 적이 있었으며, 보황(保皇)에서 시작하여 혁명의 험난한 길을 걷게 되었다. 1902년에는 애국의 학생운동(愛國學潮)이 흥기(興起)하였고, 『소보』(蘇報)는 "학계풍조"(學界風潮)란 지면을 증설하여 학생들이 압박 받는 것을 반대하는 것을 지지하였고, 이로 인하여 사회에서 특히 동남학계(東南學界)에서 중시를 받았다. 애국학사(愛國學社)의 설립 이후 자체 경비가 부족하였는데, 천판(陳范)은 그들과 함께 『소보』(蘇報)의 매일 사설(社說)을 차이위앤페이(蔡元培), 장타이앤(章太炎), 장쓰짜오(章士釗), 왕원뽀(汪文博) 등이 돌아가면서 문장을 작성하였고, 신문사는 매달 학사(學社)에 100원을 지원하였다. 그래서 『소보』(蘇報)의 언론은 더욱더 격렬해졌고, 거아(拒俄)운동의 주요 논단(論壇)이 되었다.

5월말 『소보』는 장쓰짜오(章士釗)를 초빙하여 총리(總理)로 임명하고, 개혁을 추진하였으므로 더욱더 혁명을 고취(鼓吹)하는 것을 본업으로 삼게 되었다. 5월 27일부터 6월 29일까지 이 신문은 연이어 혁명을 선전하는 십 여 편의 문장을 발표하고, 그중에서 가장 특색이 있던 것은 쪼우롱(鄒容)이 소개한 『혁명군』(革命軍) 및 장타이앤(章太炎)의 『박캉요우웨이론혁명서』『駁康有爲論革命書』의 중요한 장절(章節)이다. 쪼우롱(鄒容)은 젊은 혁명선전가로서 1903년 4월 일본에서 상해에 도착하였다. 그는 『혁명군』(革命軍)이란 책에서 봉건전제 제도 및 청정의 매국 죄행을 책망하며, 자산계급 정치사상을 선전하는 내용을 문자로 생동감 있고 애국열정적으로 표현하여 강한 선동성을 지니고 있었다. 5월에 이 책을 리우야즈(柳亞子), 차이위앤페이(蔡元培), 장지(張繼), 황쫑양(黃宗仰) 등이 자금을 모아 대동서국(大東書局)에서 출판을 하자, 『소보』에서는 곧 바로 대량으로 발행 준비하여, 이 책이 전국에 퍼지도록 하였다. 6월 29, 『소보』는 장타이앤(章太炎)의 『박캉요우웨이논혁명서』(駁康有爲論革命書)의 주요 부분을 게재하여 중국을 구하려면 반드시 유혈혁명(流血革命)을 진행하여야 한다고 선전하였다. 이 책의 호소력은 매우 컸으며, 영향 또한 지대하였으므로, 그 시대에 가장 영향력 있던 책이라고 할 수 있었다.

『소보』에서 이러한 혁명 학설을 계속 게재하는 것을 당시의 청정부로서는 이를 용납할 수 없었다. 그리고 7월 말, 상해주재의 상약대신(商約大臣) 뤼하이환(呂海寰)은 상해 도대(道台) 위앤수쉰(袁樹勛)에게 이러한 상황을 진압할 것을 요구하였으나, 위앤 씨(袁氏)는 경거망동하게 행동하지 않았다. 뤼 씨(呂氏)는 강소순무(江蘇巡撫)인 언쇼우(恩壽)에게 보고를 하고, 선후로 두 차례 씩이나 체포인 명단을 올렸으며, 첫 번째로 올렸던 체포인의 명단은 차이위앤페이(蔡元培), 우쯔후이(吳稚暉), 탕쉰(湯熏), 니우용지앤(鈕永建) 등 4사람이고, 두 번째로 올렸던 명단은 차이위앤페이(蔡元培), 천판(陳范), 펑쩡루(憑鏡如), 장타이앤(章太炎), 우쯔후이(吳稚暉), 황쫑양(黃宗仰) 등 여섯 명으로 체포를 허락할 것을 요구하였다. 6월21일 청 정부는 강과 바다와 접해있는 각 성의 독무(督撫)에게 "상해에서 애국회사(愛國會社)를 창립하고, 군중 및 불순한 무리들을 모집하여, 혁명(革命)이라는 사설(邪說)로 사람들을 유혹하는 것들을 조사해 내서 모조리 검거하여 엄격한 처벌을 하라."[11]는 지시를 내렸다. 양강총독(兩江總督) 웨이꽝타오(魏光燾)는 위앤수쉰(袁樹勛)에게 밀전(密電)을 보내어 "소보관(蘇報館)에서 사람들을 유혹하는 언어의 서적을 간행하고, 사천(四川)의 쪼우룽(鄒容)이 저작(著作)한『혁명군』이란 책에 장삥린(章炳麟)이 서문(序文)을 쓰는 등 사람들을 유혹하고 있다"[12]고 하여 모두 조사하게 한 후, 체포하라고 명령하였다. 소보관(蘇報館)과 애국학사(愛國虐社) 모두 조계(租界)에 있었으므로, 토지장정(土地章程)의 규정에 따르면 중국 사람을 직접 체포하는 것은 위법(違法)이었다. 체포는 반드시 영수영사(領袖領事)가 영장에 서명을 하고, 공부국(工部局) 순포방(巡捕方)의 협조(協助)를 받아야 한다. 웨이꽝타오(魏光燾)는 특별이 남경후보도(南京候補道)인 위밍쩐(兪明震)을 파견하여 상해로 가서 위앤수쉰(袁樹勛)과 같이『소보』를 탄압할 건수를 비밀리에 모색하였고, 위와 위앤(兪, 袁) 두사람에게 재삼 당부하며 이르기를, "영사에게 끈질기게 체포(捉人), 이송(移送), 신문사 폐간 등의 허락을 받아 낼 것"[13]을 강조하였다. 위와 위앤(兪,袁)은 각 국의 상해 주재 영사들과 교섭하고, 언쇼우(恩壽)에게 공부국(工部局)에서 천판(陳范) 및 장타이앤(章太炎), 쪼우룽(鄒容)

---

11)『光緖 29年 5월 26일 外務部發沿江沿海各省督撫電旨』, 中國史學會,『辛亥革命』, 제1책, p.408.

12) 周元商, 費毓齡,『蘇報與蘇報案』, 참고『辛亥革命七十週年』, 上海人民出版社, 1981年版, p.40.

13)『獅子吼 "破迷報館案" 索隱』, 참고 上海通社,『上海硏究資料』, 中華書局, 1936年版, p.434.

등을 체포 동의하는 문건을 조회(照會)할 것을 전달하였다. 쌍방은 무릇 조계내에서의 범죄자들은 마땅히 조계내에서 죄목을 정(定)하고 형(刑)을 받도록하는 협의에 최종적으로 동의하였다. 6월 29일, 영사가 이에 동의하자, 오후에 중서포탐(中西捕探)이 소보관(蘇報館)의 사장 청지푸(程吉甫)를 잡아갔다. 장쓰쟈오(章士釗), 차이위앤페이(蔡元培), 황쫑양(黃宗仰) 등은 이 소식을 듣고, 상해를 떠나 다른 곳으로 피신하였다. 천판(陳范)은 친구 집에서 잠시 피신하였다가 곧 바로 일본으로 갔고, 우쯔후이(吳稚暉)는 청지푸의 체포소식을 듣자 역시 일본으로 도망쳤다. 6월 30일, 순포(巡捕)는 애국학사(愛國學社)에 가서 장타이앤(章太炎)을 체포하였다. 당시 쪼우룽(鄒容)은 홍구(虹口)에 거주하고, 장타이앤(章太炎)을 체포했다는 소식을 듣고, 학생들과 생사(生死)를 같이 할 것을 결심하고, 다음날 스스로 포방(捕房)에 가서 자수(自首)하였다. 7월 7일, 소보관(蘇報館)과 애국학사(愛國學社)는 동시에 폐쇄되었다.

청 정부는『소보』안을 매우 중시하였다. 상무대신(商務大臣) 장쯔통(張之洞), 호광총독(湖廣總督) 두완팡(端方), 양강총독(兩江總督) 웨이꽝타오(魏光燾), 강소순무(江蘇巡撫)인 언쇼우(恩壽), 상해주재 상무대신 뤼하이환(呂海寰) 및 도대(道台) 위앤수쉰(袁樹勛) 등이 모두 다 직접 관여하고 있었다. 그들은 퍼거슨(J. C. Ferguson, 福開森) 및 조계 당국과 교섭을 통하여 상해의 철로(鐵路) 주권을 팔아넘기는 대가를 무릅쓰고, 장(章), 쪼우(鄒)를 인도(引渡)하려고 무려 수 십 만량의 은자(銀子)를 준다고 하였다. 처음에는 영미 양국의 의견이 같이 않았다. 미국은 중국 혁명세력의 발전을 두려워하였으며, 이러한 세력의 발전이 그들의 이익에 손해를 끼치게 되므로, 장(章), 쪼우(鄒) 두 명을 모두 청 정부에 넘겨주고 처리를 기다리고자 하였다. 그러나 영국은 중국에서 열강의 치외 법권적인 측면을 고려하여 그 두 명을 청정부에 인도하는 것을 반대하게 되었다. 『소보』안(蘇報案)이 발생한 이후 상해 및 전국 각지의 인민들의 항의가 빗발쳤고, 중외 반동파들이 장(章), 쪼우(鄒)에 대한 위해를 가하는 것을 질타하였다. 서방의 신문들도 만약 장(章), 쪼우(鄒)를 청 정부에 인도(引渡)하면, 중국인민은 서양인에 대한 적개심을 일으키게 됨으로 각국에 불리하다는 주장을 펴게 되었다. 이러한 상황아래 조계당국은 이 두명의 인도 거절을 결정하고 이를 회심공당(會審公堂)에서 심판하도록 하였다.

7월 15일부터 회심공당에서 심문이 시작되고, 언원(讞員) 쑨지앤천(孫建臣)과 영국 영사서(署)의 통역인 길렉(B. Gileg, 迪比南)이 주심을 맡고, 청정부에서도 외국 국적 변호사 두 사람을 출정(出廷)시켰으며, 장(章)과 쪼우(鄒)도 변호인을 요청하였다. 심문(審訊)이 시작되자마자 장(章)과 쪼우(鄒)는 두려움도 없이 그들은 반청(反淸) 혁명의 사실을 인정하였다. 그들 변호사들은 회심공당에서 "현재 원고(原告)는 어디 사람인가? 어느 정부에 속하는가? 강소순무(江蘇巡撫)인가? 상해도대(道台)인가?"등을 문의하였다. 왜냐하면 원고(原告)가 없다면, 재판은 성립되지 않기 때문이었다. 언원(讞員) 쑨지앤천(孫建臣)은 본인은 다만 청정의 명령을 받들어 원고를 제소하는 바이며, 강소순무(江蘇巡撫)가 내용을 문서로 제출하였다. 이로써 청정부와 장(章), 쪼우(鄒) 양자들이 조계 법정에 동시에 출석하여 재판을 받는 국면이 연출되었다.

9月 상순, 청 정부 외무부는 위앤수쉰(袁樹勛)에게 통지하여 액외공당(額外公堂)에서는 오롯이 이 안건만을 심사하도록 하고, 상해지현(上海知縣)인 마오쿤(懋琨)으로 하여금 주심을 맡게 하였다. 12월 초, 액외공당(額外公堂)에서는 처음으로 개정(開庭)한 것이었으며, 장(章), 쪼우(鄒)는 법정(法庭)을 강당(講堂)으로 생각하고, 격앙된 어조로 자신들의 혁명관점(革命觀點)을 다시 천명하였다.

전후로 일곱 번의 심사(審査)를 거쳐 액외공당(額外公堂)에서는 12월 24일에 장타이앤(章太炎), 쪼우룽(鄒容)을 영원히 감금(監禁)한다는 판결을 내렸다. 그러나 이후 국내외 여론의 강력한 반대로 상해영사단은 할 수 없이 이번 판결이 무효라고 선포하였다. 회심공당(會審公堂)이 개정하여 다시 심사를 한 후, 1904년 5월 21일에 새로운 판결을 내렸는데, 장타이앤(章太炎)은 감금 3년, 쪼우룽(鄒容)은 감금 2년 형을 내렸으며, 작년에 이 안건의 심사를 착수한 날부터 형의 기간을 따지며, 기간이 만료되면 모두 조계(租界)에서 축출되어졌으며, 『소보』도 영원히 정간하라는 판결을 내렸다.

장(章), 쪼우(鄒) 두 사람이 감옥에 들어간 이후에도 투쟁은 계속 되었다. 7월 6일 장타이앤은 『옥중답신문기자서』(獄中答新聞記者書)에서 "혁명의 의지는 흔들릴 수 없다"는 성명을 발표하였다. 그들은 옥중에서 옥졸(獄卒)에게 잔혹한 학대를 받았다. "한 발자국을 옮기려면 허리와 다리를 움직이지 못하고 쓰러졌으며, 바닥에 쓰러지면 수많은 옥졸들이 몰려와 구타하고, 혹은 몽둥이로 가슴팍을 마구 때리므로 답답한 정도는 무릇 질식할 정도였다."[14]라고 하였다. 폭행에 반항하기 위하여 그들은 단식으로 항의[斷食抗]를 하고, 서로 시를 지어 격려하였다. "하루 아침에 지옥(地獄)에 빠졌네요. 언제 요귀를 쓸어버릴 수 있을까? 어제 꿈속에서 당신과 함께 혁명군(革命軍)을 흥기시키는 꿈을 꿉니다."[15] 1905년 4월 3일 쪼우룽(鄒容)은 옥중에서 구타당하여 죽었다.[16] 1906년 6월 장타이앤(章太炎)은 형량을 다 살고 석방되자,

─────────────

14) 章炳麟, 『與篁溪書術獄中事』, 中國史學會, 『辛亥革命』제1책, p.393.
15) 『獄中答西狩』, 『辛亥革命烈士詩文選』, p.15.
16) 鄒容의 시신은 처음에는 북사천로(北四川路)의 사천의장(四川義庄)에 매장되었다. 후에는 의사(義士) 리우싼(劉三)과 함께 상해 화경(華涇)에 매장되었다. 신해혁명 후, 孫中山은 鄒容을 大將軍에 追贈하고, 章太炎이 鄒容墓의 碑銘을 썼다.

일본으로 건너가 쑨중샨(孫中山)을 따라 혁명 활동에 종사하였다.

『소보』를 폐쇄한 이후에 청정부의 관료들은 서로의 임용에 대하여 자진 축하하며 혁명 탄압의 기세는 더욱 심해졌다. 그러나 상해인민들은 이러한 위협에도 아랑곳하지 않고, 새로운 간행물들이 끊임없이 창간되었다. 1903년 8월, 『국민일일보』(國民日日報)가 창간되었고, 11월에 까오티앤메이(高天梅)가 송강(松江)에서 『각민』(覺民)이란 잡지를 창간하였으며, 12월에는 린시에(林懈)가 반월간인 『중국백화보』(中國白話報)를 창간하였으며, 1904년 1월에는 띵추워(丁初我)가 『여자세계』(女子世界)를 주편하였으며, 10月에 천취삥(陳去病)이 『20세기 대무대』(二十世紀大舞臺) 월간(月刊)을 주편하였다. 이러한 간행물들은 『소보』(蘇報)의 전통을 계승하고, 반청혁명의 종지(宗旨)를 더욱 명확히 하였으며, 그 중에서도 『국민일일보』(國民日日報)가 군중들의 환영을 가장 많이 받았다.

『국민일일보』(國民日日報)의 사옥(社屋)은 구강로(九江路)에 있으며 주편은 장쓰짜오(章士釗)이고, 편집은 천뚜시우(陳獨秀), 쑤만수(蘇曼殊), 장지(張繼)등이었다. 『국민일일보』의 창간은 『소보』가 폐쇄된 지 불과 한 달이 안되었으므로, 신문을 창간한 사람은 폭력의 혁명 분위기를 두려워하지 않았다. 그들은 자기의 입장을 조금도 감추지 않고, 청정을 "백성을 괴롭히는 도적"(獨夫民賊), "북적"(北敵)이라고 표현하면서 청 정부가 『소보』 및 애국학사(愛國學社)에 대한 탄압을 단호하게 지적하였다. 당시 황얜페이(黃炎培)는 남회(南匯)에서 반청 연설을 하여 체포되었는데, 이 신문에서는 청 정부의 언론자유에 대한 탄압을 비난하는 문장을 발표하였으며, 황 씨는 출옥 후에 또 『남회의 풍운』(南匯之風云)이란 문장을 발표하여 자신의 당당함을 밝혔다. 신문사를 잘 관리하기 위하여 천뚜시우(陳獨秀)와 장쓰짜오(章士釗)는 창수리(昌壽里)에 은거하면서, 서로 당직(當直)을 서가면서 원고를 편집하고,

밤 낮을 가리지 않고 일을 하면서, 문 밖에도 나가지 않았다. 이 두 사람의 생활은 "아주 무질서하였으며, 목욕과 청소하는 시간도 아까와 할"17) 정도였다. 『국민일일보』를 두 번째 『소보』라고 칭하였는데, 이 신문은 얼마 지나지 않아, 청 정부의 탄압을 받았으며, 그해 12월에 정간하게 되었다.

당시의 중요한 신문으로는 1904년 6월, 띠추칭(狄楚靑)이 주편한 『시보』(時報), 상무인서관(商務印刷館)이 출판한 『외교보』(外交報) 및 『동방잡지』(東方雜誌)가 있다. 『동방잡지』의 월간 발행은 1903년 3월에 시작되었고, 이후에 반월간(半月刊)으로 바꼈으며, 초기 편집인으로는 쉬커(徐珂), 멍썬(孟森) 등이었으며, 이 잡지는 중국역사상 수명(壽命)이 가장 긴 정기간행물이었다.

이 시기에 새로운 혁명단체들이 이어서 탄생되었다. 그들의 추진아래 반청(反淸)의 물결이 여기저기서 일어났다. 중국교육회는 차이위앤페이(蔡元培)가 상해를 떠난 후, 일부 인원이 기관(機關)을 애국여교(愛國女校)로 옮겼으나, 아무런 활동도 하지 않았다. 애국학사(愛國學社)를 모방하여 설립한 상해화경여석(上海華涇麗釋) 학교도 얼마 되지 않아 해산(解散)을 선포하였다. 1904년 말, 황씽투안(黃興團)은 장사(長沙)에서 기의(起義)를 밀모(密謀)한 사실이 탄로나 상해로 피신한 이후 상해에 있던 황흥회(華興會) 회원 리우쿠이(劉揆) 등은 상해청년학사(上海靑年學社)를 조직하여 혁명기관으로 삼았다. 그런데 머지않아 완푸화(万福華) 안건에 연루되어 해산 당하게 되었다. 완푸화(万福華)는 그 당시의 상해 신민학당(新民學堂)을 주관하며 혁명 활동에 종사하고 있었다. 당시 해고당한 광서순무(廣西巡撫) 왕쯔춘(王之春)이 상해에서 사방으로 돌아다녔다. 러시아와 연합해야 한다는 주장을 내세우고 이러한 연합을 도모하고자 하였다. 완푸화(万福華)는 1904년

---

17) 『新聞硏究資料』, 第16輯, p.240.

11월 19일, 사마로(四馬路)에 위치한 일지춘번채관(一枝春番菜館; 음식점)에서 왕쯔춘(王之春)을 척결하려다 체포당하여, 10년 형(刑)을 선고받았다. 완푸화의 왕쯔춘 척결 사건은 매우 영향력이 있는 암살단(暗殺團)이 상해에서 선도(先導)적 역할을 하는 시발점이 되었다. 당시 국민교육회(國民敎育會)는 도쿄(東京)에 암살단(暗殺團)을 설립하였다. 이 해 겨울, 암살단(暗殺團)의 구성원인 꽁빠오츄앤(龔寶銓)은 상해에서 암살부(暗殺部)를 건립하게 되었다. 이때 차이위앤페이(蔡元培)는 청도(靑島)에서 상해로 돌아와서 황씽(黃興)과 타오청짱(陶成章) 등과 함께 통일적인 혁명기관(統一革命機關) 건립을 모색하였다. 얼마 지나지 않아 차이위앤페이도 암살단(暗殺團)에 가입하였다. 암살단은 광복회(光復會)로 이름을 바꾸었으며, 복고회(復古會)라고도 부르면서 차이위앤페이가 회장이 되었다. 타오청짱(陶成章)과 소흥(紹興) 상인, 학계에서 혁명을 지지하는 인사 및 회당(會黨)의 영수 등이 이 단체에 가입하였다. 1905년 초, 쉬시린(徐錫麟), 치우찐(秋瑾)도 광복회(光復會)의 중요 구성원이 되었다. 이 회는 청 정부의 봉건전제(封建專制)를 반대하고, 공화국(共和國) 건설을 종지(宗旨)로 하고 있으며, 입회자는 반드시 피로써 선서를 하고, "한족(漢族)을 광복(光復)하고, 우리 산천(山川)을 돌려받고, 이 한 몸으로 조국을 보호하고, 성공하면 물러난다"라고 맹세하였다. 광복회 설립 후, 곧바로 강절(江浙)지역에서는 동지들이 서로 연락하며 무장기의를 준비하였다.

1904년, 러일(日俄) 전쟁에서 패배한 제정러시아 함대는 중국의 연해로 도주하였다. 이들 패잔병들은 제국주의의 본성을 고치지 못하고, 계속 나쁜 짓만 벌였으며, 상해에서 아지프(Ageef, 亞劑夫) 사건을 일으켰다. 이 사건으로 인하여 상해 인민들은 제3차 러시아 거부운동(拒俄運動)을 일으켰다.

그 해 겨울, 제정러시아 순양함 아쓰커얼호(阿思科爾号)가 상해항으로 도망을 와서 보호를 요청하였다. 중국정부는 그들의 병기를 몰수하고, 위앤수쉰(袁樹勛)이 러시아 영사와 함께 러시아 병사를 관할하는 세 가지 방법을 상정(商訂)한 후에 그들을 상해에 머물게 하였다. 그런데 이들 패잔병들은 오히려 조계 내에서 무리를 지어 돌아다니면서 사건을 일으켰다. 12월 15일 오후, 이 함정의 사병인 터란티(特蘭提)·아지프 및 또 다른 러시아병사들이 남경로(南京路) 외탄(外灘)에서 인력거를 타고 돈을 지불하지 않았을 뿐만 아니라, 도끼를 가지고 오히려 행패를 부리고, 지나가는 사람인 쪼우성요우(周生有)를 도끼로 찍어 죽였다.[18] 중국인순포[華捕]는 흉수(凶手)를 체포하였으나, 순포방(巡捕房)은 그 흉수를 러시아 영사서(俄領署)로 인도하였고, 러시아 영사는 그를 석방하여 함대로 돌려보냈다. 러시아 병사가 사람을 풀 베듯 함부로 죽이는 것에 대한 상해 인민의 분노가 폭발하게 되었다. 수많은 군중의 압력으로 상해 도대(道台)와 러시아 영사가 교섭을 진행하였다. 러시아 영사는 죄인을 감싸주려는 마음을 먹고, 이 일을 처할 권리가 없다는 핑계로 죄인을 북경으로 넘겨서 공사(公使)가 처리하도록 하였다. 상해 인민은 흉악범을 엄격하게 처리하도록 요구하는 투쟁을 진일보 전개시켰다. 12월 28일, 영파상인(寧波商人)이 외무부에 전보를 보내어 "신속하게 러시아 영사를 조회(照會)하여, 러시아 영사가 빨리 흉악범을 넘겨주도록 명령하고, 중국 영사가 이 일을 심사하여, 군중이 안정될 수 있도록 하여, 의외의 사건을 방지하여야 한다."[19]고 요구하였다. 상해의 상무총회의(商務總會議)에서도 연설을 거행하고, 아동지여회(俄同志女會)가 소재(所在)한 종맹여회(宗孟女會)에서는 러

---

18) 周生有, 또는 周生友라고 부르는데, 木工으로 영파(寧波)사람이다. 그는 포탄(浦灘)부두에서 도강(渡江)하는 일을 하였는데, 러시아 사병인 아지프(Ageef, 亞齊夫)에 의해 살해당하였다.

19) 『俄兵砍斃華人案抄檔』, 참고 『拒俄運動』, 中國社會科學出版社, 1979年版, p.259.

시아 병사가 흉악한 행동을 하는 것을 연극으로 연출해 내었다. 『경종일보』(警鍾日報)는 『러시아 사람이 중국인을 베어죽인 것을 전국 동포에게 알림』(爲俄砍斃華人事警告全國同胞), 『영파인이여 일어나라!』(寧波人可以興矣) 등의 문장을 발표하며 연합적인 파업(罷業)을 호소하였다. 1905년 1월 14일 상해에 있던 각 성의 상동(商董)은 상무회(商務會)를 소집하여, 러시아은행수표(俄國銀鈔票) 사용을 중지할 것을 결정하였다. 다음날 수 천 명의 노동자들이 사명공소(四明公所)에서 집회를 하며, 흉악범을 내놓으라고 요구하였다. 이때 상해 도대(道台)는 계속 러시아 영사서(俄領署)와 조회(照會)하고, 흉수(凶手)를 내놓으라고 독촉하였으나, 러시아 영사는 이를 거절하였다. 러시아 영사의 야만적인 태도에 대하여 군중들은 더더욱 분개하였고, 민명호보회(民命互保會)의 설립을 모색하게 되었다. 부유한 사람들은 마대(馬隊)를 이루고, 가난한 사람들은 보대(步隊)를 이루어, 매 성(每省)마다 마대(馬隊) 만 명, 보대(步隊) 2만 명을 이루어서 사람마다 무기를 쥐고, 외국인이 중국인에 가하는 상해(傷害)에 대하여 원통함을 풀고, 서로 보호를 하여 스스로를 지키자고 주장하였다. 이 주장은 당시에 비록 실천되지는 못하였으나, 상해인민의 각오 정도가 부단히 제고되었다는 것을 드러내는 것이었다.

1905년 1월 15일 러시아 영사 클라이니노프(W. C. Kleinénow, 闊雷明)는 자기 마음대로 영사서(領署)에서 살인범에 대한 심문을 시작하였다. 위앤수쉰(袁樹勛)은 이를 승인(承認) 할 수 없다고 하며, 사람을 파견하지도 않았고 심문을 지켜보지도 않았다. 러시아 영사는 자기 고집대로 흉수를 4년 감금에 처한다고 판결하고, 이 일을 마무리 지으려고 하였다. 청 정부는 이러한 사실이 세상 밖으로 알려진다면 많은 사람들의 분노를 억누를 수 없으며, 심지어 폭동을 일으킬 수도 있다고 근심하게 되었다. 외무부는 1월 25일, 셩슈앤화이(盛宣懷)에게 비밀 전보를 보내어 그가 강해관도(江海關道)를 독촉하여 빠른 시일 내에 이 일을 처리하도록 요구하였다. 성슈앤화이(盛宣懷)는 곧 바로 러시아 영사와 접촉을 하고, 청 정부의 형법에 따라 아지프(Ageef, 亞劑夫)를 8년 감금을 요구하였으며, 아울러 육체노동을 주문하게 되었다. 러시아 영사는 여전히 원래의 심판(審判)을 유지하겠다고 주장하였다. 결국 인민들의 강력한 주장으로 청 정부는 제정러시아와 다시 교섭하여『천진조약』(天津條約)에 따라 회심(會審)을 하여, 끝내 흉수 아지프를 8년 형에 처하도록 판결하였다.

1905년 1월 일본군이 여순입구(旅順口)를 점령하자, 러시아의 발트해(波羅)의 해군 함대를 아시아로 이동시켜 작전을 하였다. 상해에 정박한 두 척의 러시아 함선이 항구를 나와 함대(艦隊)에 합류하고자 하자, 중국 오송구(吳淞口)는 방범을 강화하게 되었다. 5월에 또 러시아의 양식 운반선(運糧船)인 "크루니아호"(古洛尼亞號) 등이 오송구(吳淞口) 부근까지 도망쳐 왔다. 중국정부는 그들을 무장 해제시킨 후, 비로소 그들을 장화빈야송선창(張華浜耶松船廠) 등에 정박할 수 있게 허락하였다. 이후에 수 십 척의 러시아 함정이 항구에 들어왔다. 러일전쟁이 끝난 후, 이들 러시아 함선들은 정박비를 지불한 다음에 비로소 상해를 떠날 수 있었다.

제5절 미국 상품 제지 운동과
대료공당안(大鬧公堂案)

러일 전쟁 중 전제정치의 러시아 제국은 후에 홍기한 작은 나라인 일본에 계속 패배하였다. 자산계급의 유신파(維新派)들은 사설에서 "입헌국 전승 전제국"(立憲國戰勝專制國)이란 결론을 내리고, 청 정부가 지지하는 전제정치에 대하여 갈수록 불만을 갖게 되었다. 그러나 청 정부는 이번 중국영토에서 벌어진 강도사건을 해결하는 과정에서 소위 "국외중립"(局外中立)이라는 정책을 실시하여 사람들로 하여금 더욱 분개하게 하였다. 『동방잡지』(東方雜誌)에서는 "지금의 국세민정 (國勢民情)을 논한다면 급한 일이 두 가지 있는데, 하나는 교육을 보급 시키는 일이고, 다른 하나는 이권을 회수하여야 하는 것이다."라고 지적하고 있다. 아울러 또 지적하기를, "청 정부는 외적으로 강자에게는 업신여김을 당하면서도 미봉책으로 일관하고 있는데, 이러한 업신여김과 모욕을 왜 받아야 하는지를 모르고 있다."[1]고 주장하고 있다. 입헌 파(立憲派)의 대변지 격인 『시보』(時報)는 심지어 "정부는 중국 민족이 오래도록 믿지 못하고, 대관들은 모두 노예성질을 갖고 있고, 애국 사상은 없으며, 허풍을 떨며 많은 녹봉을 받으며, 날마다 그럭저럭 살 길만 찾는 것을 일로 삼고 있다. 그러므로 중외로 개방하여 교섭이 있는 곳은 모두 다 외국인들이 중국 정부를 압제하여 복종하도록 하였다."[2]고 지적하고 있다. 이러한 인식을 토대로 제국주의의 압박을 받

---

1) 孟晋, 『論改良政俗自上自下之難易』, 『東方雜誌』, 제2권, 제1기 참고.
2) 『時報』, 1905년 6월 6일.

고 있던 상해 자산계급들은 수많은 인민 군중들의 지지아래 중국 근대
사상 첫 번째가 되는 외국상품 배제(外貨抵制)를 주요 투쟁형식으로
하는 애국운동(抵制美貨)을 전개하게 되었다.

미국 상품 배제(美貨抵制) 운동은 『화공금약』(華工禁約) 문제에서
기인되었다. 19세기 중엽, 미국자산계급은 미국 서부(西部)를 개발하
기 위하여 대량의 중국인 노동자(華工)를 모집하여 미국으로 보냈다.
1880년대 초, 그들은 자국 인민의 시선을 바꾸기 위해 터무니없이 당
시 경제위기 발생의 원인을 모두 다 중국인 노동자(華工)의 숫자가 너
무 많은데 기인한다고 하여, 끊임없는 배화사건(排華事件)을 만들어내
었고, 잔혹하게 미국에 거주하는 중국인을 박해하기 시작하였다. 1894
년 미국은 강압적으로 청정부와 10년을 기간으로 하는『한제래미화공
보호우미화인조약』[(限制來美華工保護寓美華人條約), 다른 말로는『華
工禁約』]을 체결하였으며, 1904년이 그 만기일이었다. 화교(華僑) 신
문과 중국내 여론계에서는 청정부가 이 조약을 폐지하라고 요구하였
다. 그러나 미국 정부는 조약 폐기를 거절하고, 1905년 봄에 새로 부
임한 중국주재 공사인 록힐(W. W. Rockhill, 柔克義)은 청정부에 조약
을 계속 유지시키도록 위협을 가하였다. 미 제국주의의 이러한 야만적
태도는 상해인민이 미국 상품을 배척하는 운동의 도화선이 되었다.

1905년 5월 5일, 『시보』(時報)는 미국의 요구대로 수정 체결된『화
공금약』(華工禁約)에 대하여 "이 금약이 만약 성사된다면 국가를 모욕
하고, 우리 자신들을 매우 손상시키는 것이므로, 애국 인사들이 모두
같이 이를 대처할 방법을 찾아서 이를 해결하여야 한다."는 글을 게재
하고 있다. 당일 상해 학계에서는 집회연설을 갖고, "상업계(商界)도
만약 이를 고수하고, 공동으로 동정을 표시한다면, 서로 함께 미국 상
품을 사용하지 말자."[3]고 호소하였다. 그리고 신문에서『주거미국화공

---

3) 『張謇等復商部函稿』, 『時報』, 1905년 9월 7일.

금약공계』(籌拒美國華工禁約公啓)란 문장을 등재(登載)하기를, "『화공금약』(華工禁約)은 명의(名義)상으로는 중국인 노동자를 제한한다고 하지만 실제는 모든 중국인들의 입국을 금지시키고, 중국의 존엄을 손상시키고, 중국인의 인격을 모욕하는 것이다. 그리고 또 중국인들이 4년 반 동안 미 달러 5000여만 달러(중국 은으로 환산하면 1억 은)을 중국으로 송금하였는데, 만약 이러한 것을 금지시킨다면, 중국은 큰 손해를 입게 된다."4)고 주장하였다. 10일, 상해 상무총회(商務總會)에서는 회의를 소집하여 수정 체결된 『화공금약』(華工禁約)을 반대하는 방법을 상의하고, 총리 쩡쭈(曾鑄, 曾少卿)는 연설을 통해 미국 상품을 금지하는 다섯 가지 구체적인 방법을 내놓았다. 그러나 많은 사람들은 "금용"(禁用)이 실현되기는 쉽지 않다는 판단을 하게 되었다. 다만 "서로 미국화물을 쓰지 않도록 경계하자"(相戒不用美貨)는 건의만을 받아들였고, 두 달을 기한으로 한 결의안(決意案)을 통과시켰는데, 만약 두 달 이후에도 미국이 여전히 금약(禁約)을 고치지 않으면 바로 미국 상품(美貨)을 운송 판매하지 않겠다고 하였다. 회의 후, 상무총회(商務總會)에서는 전보로 각 성의 상회(商會)에 통지하여 모든 상인(商人)들이 일치적인 행동을 하여야 하며, 또 외무부 및 남북양대신(南北洋大臣)에게 전보를 보내 "서명을 단호히 거절하여 국권(國權)을 신장(伸張)하여 상리(商利)를 보호하여야 한다."5)고 호소하였다.

상해 인민은 적극적으로 상무총회(商務總會)의 호소를 따랐다. 꺼쭝(戈忠)을 중심으로 하는 충공연설회(公忠演說會)가 설립되었고, 연설(演說)로 상회활동을 협조하자는 주장을 하였다. 복건(福建) 상인들은 집회에서 한구(漢口) 등 21개의 항구에서 미국 상품을 배제하는 구체적인 방법을 내놓았다. 그 내용으로는 "기계 및 기기(械器)를 포함하

---

4) 『時報』, 1905년 5월 10일.
5) 蘇紹柄, 『山鐘集』, p.27.

여 미국 상품을 사용하지 않고, 미국 선박에 절대로 물건을 선적시키지 않고, 미국사람이 설립한 학교에서 학습하지 말며, 미국사람이 개설한 양행(洋行)에서 매판(買辦)과 번역을 하지 않으며, 미국사람에게 고용되지 말라"는 것이었다. 5월말에 미국교회에서 개설한 청심서원(淸心書院)의 전체 학생들이 학교를 떠났고, 중서서원(中西書院)의 학생들도 수업을 중지하고 자퇴를 하였으며, 범황도학당(梵皇渡學堂)의 학생들은 학교 당국자들을 압박하여 그들로 하여금 전보로 미국정부가 금약(禁約)을 폐지시킬 것을 요구하였다. 쓰란잉(施蘭英)이란 부녀자가 광서로(廣西路) 용로(榕盧)에서 백 여 명의 부녀자들이 참가하는 집회를 갖고, 각 선창(埠)에 가서 여성단체들이 미국화물을 배척하자는 선전을 하였다.

미제국주의자들은 중국 인민이 미국 상품을 배제하는 운동을 벌이는 것에 대해 여러 면에서 그러한 운동을 파괴시키려는 활동을 진행시켰다. 5월 16일, 미국 총영사 로저스(J. L. Rodgers, 羅志思)는 상해 도대(道台) 위앤수쉰(袁樹勛)에게 위협적인 편지를 썼는데, 그 내용은 "각 상동(商董)들은 잠깐 기다릴 것을 허락하고, 절대로 혼란스럽게 하지 말 것이며, 대국(大局)의 장애가 되지 마라."는 것이다. 21일 그는 또한 신문을 통해 "미국은 다만 중국인 노동자(華工)의 입국을 금지한 것이지, 모든 상인(商人), 학생(學生) 및 여행객(游客)들을 금지시킨 것은 아니다."고 말하며, "각 신문에 실린 내용은 사실이 아닌 것이 너무 많다"고 지적하였다. 그리고 사람들에게 "잠깐 논쟁을 멈추고, 눈과 귀를 흐리게 하지 말고, 점차적으로 상품을 배제하자"[6]는 유혹과 권유도 하였다. 미국의 선교사들도 궤변을 지껄이면서 사기적인 설교(說教)를 진행하였는데, 어떤 사람들은 "이 조약은 서명을 하지 않았으므로 의원(議院)에 아직 들어가지 않았으므로 조약(條約)이 만약 성

---

6) 『時報』, 1905년 5월 22일.

사된 다음에 이를 해결하여도 늦지 않다"라고 말하였다. 또 어떤 사람
들은 "우리 미국사람들은 모두다 중국 선비와 상인들이 미국과 왕래하
는 것을 좋아하며 미국 정부도 마찬가지로 이러한 것을 매우 중요하다
고 생각한다."7)고 하였다. 5월 21일, 상해에 막 도착한 미국 공사 록
힐(W. W. Rockhill, 柔克義)은 쩡쭈(曾鑄)와 미국 면포(美國綿布)를
경영하는 대상인 쑤빠오셩(蘇葆笙) 등을 미국 영사관으로 초청하여 담
판을 진행시키면서 금지 조약을 고칠 수 있다고 하면서, 6개월은 지나
야 선포할 수 있다고 하였다. 그는 중국인민이 만약 미국 상품 배제운
동을 중지하지 않으면 선린외교에 지장이 있을 것이라고 위협하였다.
쩡쭈(曾鑄)는 다만 2개월은 기다릴 수 있으며, 그 기한은 7월 21일 까
지라고 못 박았다. 쑤빠오셩(蘇葆笙)은 "귀국이 양포(洋布)를 제일 많
이 판매하고 있으며, 물건을 연말까지 계획한 것이 있으므로 만약 귀
국이 하루라도 빨리 조약을 제정하지 않으면, 중국인은 하루도 마음을
정할 수 없으므로 미국상품을 사용하지 말라고 할 필요도 없으며, 점
차적으로 그 사용량이 감소될 것이며, 판매는 크게 부진할 것이므로,
어떻게 6개월을 기다릴 수 있겠는가?"8)라고 반문하였다.

7월 20일 두 달이 지나갔다. 미국 영사는 다시 쩡쭈(曾鑄)에게 "당
신과 상동(商董)들이 상민(商民)들을 타이를 것을 간절히 희망하고, 귀
국 국민을 난처하게 할 생각은 없으며, 본 영사는 이 일로 인하여 대
국(大局)에 영향을 주게 될까봐 근심이 되며, 또한 선린외교에 지장이
있을 것이다."9)라고 위협하였다. 쩡쭈는 여전히 원칙을 고수하고, 다
음날 상무(商務)들을 주도하여 회의를 소집하고, 진일보된 미국 상품
을 배제하는 방법을 토론하게 되었다. 미국영사관도 사람을 파견하여
회의에 참가하였으나 발언은 금지시켰다. 회의는 매우 격렬하게 진행

---

7) 『時報』, 1905년 5월 24일.
8) 蘇紹柄, 『山鐘集』, pp.493~494.
9) 民任社主人, 『中國抵制禁約記』, p.15.

되었으며, 대다수 발언자들은 미국 상품 구매를 중지할 것을 강경하게 요구하였다. 그러나 일부 미국 상품을 경영하는 상인들은 오히려 소통 (疏通)을 주장하고 있는데, 이는 바로 지금 있는 미국 상품을 계속 판매하겠다는 것이었다. 당시 미국 상품의 판매가 이미 어려워져서 미국의 면포(綿布) 재고품이 많아서 판로의 보장이 어렵게 되고, 또한 국민들의 강력한 압력아래에 양포업(洋布業), 철업(鐵業), 기계업(機械業), 화유업(火油業), 오금업(五金業), 면분업(面粉業)등 7대 업종의 대표들이 회의 끝에 다시는 미국상품을 구매하지 않겠다고 국민들 앞에서 서명을 하였다. 같은 날 상해의 상회(商會)도 천 여 명이 참석하는 회의를 열었으며, 상인 요우시인(尤惜蔭)은 회의장에서 미국산 시계를 현장에서 파기함으로써 자신의 결단력을 드러냈고, 어떤 사람은 국내 상품을 생산하여 미국 상품을 대치하자고 제의하였다.

7월 20일 이후에 시계, 항운 등 70여개 업종들이 연이어 미국 상품을 사지도 말고, 팔지도 말고, 대신 판매하지도 말 것을 선포하였다. 각자업(刻字業)에서는 미국 상품 배제를 위한 홍보물의 가격을 반으로 깎아 주었고, 또 신문을 보내서 미국상품을 사용하지 말자는 노래(歌曲)와 백화문의 연설사(演說詞)를 만들어서 대중들의 감정을 폭발시켰다. 우체국 직원들은 주동적으로 선창(外埠)에 미국상품을 배제하자는 전단을 발송시켰다. 보관업계(報關業界)[10]의 직원들은 상인들을 대신하여 미국 상품의 운송을 거부하였다. 호학회(滬學會), 상학회(商學會), 문명거약회(文明拒約會), 사명동향회(四明同鄕會), 환구중국학생회(寰球中國學生會), 공충연설회(公忠演說會), 여자거약회(女子拒約會) 등 단체들이 다 같이 미국상품 배제 행렬에 가입하였다. 초등학생들도 중

---

10) 보관행업(報關行業)은 수출입상을 대신하여 해관에 세금을 보고하는 업무를 하는 업으로 객장어화물(客裝御貨物), 선박 소개 등의 업을 겸업하거나 대리를 하면서 해관에 세금을 신고해주며, 아울러 여인숙이나 창고를 경영하기도 한다.

국 아동저제미약회(兒童抵制美約會)를 조직하여 미국의 서적(書籍), 문구, 완구를 구매하지 않을 것을 결정하고, 그들의 부모 형제들을 설득하여 미국상품 불매운동에 동참하게 하고, 또 미국 상품의 브랜드를 조사하여 대중에게 공개하였다. 장편(長篇) 소설 『20년 목도의 괴현상』(二十年目睹之怪現狀)으로 이름난 우피앤런(吳趼人)은 "가는 곳곳에서 인민들이 반드시 미국 상품을 불매하여 보이지 않는 전쟁(無形之戰)을 끝가지 견지할 것"을 호소하였다. 저명한 경극 배우인 왕샤오농(汪笑儂)은 『힘든 여행』(苦旅行)이란 연극을 연출하여, 폴란드의 망국 고사를 통하여 사람들의 심금을 울렸다. 이상의 사실은 미국 상품을 불매하는 인민 대중의 광범위한 투쟁을 언급한 것이며, 이는 바로 인민들의 반미(反美) 애국운동이 강하게 형성되어 있음을 드러낸 것이다.

중국인민의 정의로운 투쟁으로 인해 미국은 큰 충격을 받았으며, 다른 제국주의 국가들도 심한 불안감을 초래하게 되었다. 8월초 상해의 영국 상인은 영국 공사(公使)에게 "중국인들이 미국 상품을 금지하는 사건은 미국 상인들만이 손해를 볼 뿐만 아니라, 각국 상무(商務)들이 모두 다 위험에 처하고 있다는 것을 시사한다."[11]는 것을 청 정부에게 알릴 것을 요구하였다. 8월 10일, 상해 영사단은 현 상황을 토론하는 회의에서 중국인민들이 벌이는 이번 운동은 "각국의 상무(商務)가 모두 위험하다"[12]라고 인식하였고, 북경의 공사단(公使團)이 청정부에게 인민을 계도하여 일을 평정시키라고 압력을 가하였다. 청정은 제국주의 열강들의 요구를 만족시키기 위하여 8월 21일, "상유"(上諭)를 발표하고, 미국 상품 불매 운동은 선린외교에 막대한 지장을 초래하고 있으므로, 각급 지방관이 엄하게 조사하라는 명령을 내렸고, 이로써 외환을 없애려 하였다. 그리고 청정은 양강(兩江)총독인 쪼우푸(周馥)

---

11) 『時報』, 1905년 8월 9일.
12) 『時報』, 1905년 8월 22일.

에게 명령하여 상해의 미국상품 불매운동의 영수인 쩡쭈(曾鑄)를 엄격
히 처벌하라고 지시하였으나, 쪼우푸(周馥)는 군중들의 미국에 대한
분노가 심각하다는 것을 느끼고 섣불리 쩡쭈를 처벌할 수 없었다.

　제국주의와 청정부가 동시에 압박을 가하자 미국 상품 불매운동을
지도하는 자산계급의 상층인물들이 동요하기 시작하였다. 미국 상품을
판매하는 상인들은 본래부터 미국상품의 불매운동에 대하여 소극적이
었으며, 불매에 동참을 서명한 이후에도 여전히 비밀리에 물건을 판매
하는 사람이 있었다. 예를 들면 등유업[煤油業]의 윤창호(潤昌號)는 한
번에 미국의 등유(煤油) 40만 상(箱)을 구매하였다. 어떤 상인들은 미
국의 밀가루(面紛)를 몰래 팔다가 동업자들에게 발각되었으나, 자신의
잘못을 인정하지 않을 뿐만 아니라 오히려 불손한 말까지 서슴없이 하
고 있었다. 전업(錢業) 대표들은 전장(錢庄)들이 미국 상품을 몰래 거
래하는 자들과 거래를 하지 않는다고 하였으나 그렇게 하지는 못하였
다. 국민들은 신문을 통해 이러한 상행위를 하는 사람들의 검거(檢擧)
를 실행하고, 이들에 대하여 징벌(懲罰)을 하도록 요구하였으나, 운동
을 지도하는 상무총회(商務總會)에서는 아무런 조치도 내리지 못하였
다. 장지앤(張謇), 마샹뽀(馬相伯) 등 사회 유명 인사들은 자신의 영향
력을 이용하여 이러한 단결(團結)을 파괴하는 수치스러운 행위에 대한
제지(制止)를 하지 못하였을 뿐만 아니라, 거꾸로 미국상품의 재고들
을 판매해주는데 동분서주하였다. 마샹뽀는 쑤빠오셩(蘇葆笙)의 부탁
을 받고, 지금 대량의 미국 상품의 재고품을 상무총회(商務總會)의 감
별하였다는 인지(監貼印花)를 붙여 판매 하도록 도처에서 연설을 하였
다. 7월말, 상무총회는 장지앤(張謇) 등의 조종으로 각 업에서는 지금
미국 상품이 있으면 상무총회에 등록한 이후에 판매 할 수 있도록 하
고, 또 각 선창(各埠)에서 전매(轉賣)할 수 있도록 하였다. 왕캉니앤(汪
康年)이 창간한『중외일보』(中外日報)는 미국 상품 불매운동을 지지하

는 것에서 반대하는 쪽으로 선회하게 되었다. 이 신문은 불매운동 초기에는 상품 불매를 지지하는 사론을 발표하였다.[13] 그러나 8월초에는 오히려 불매운동을 반대하면서, 쩡쭈(曾鑄)에 대한 인신공격을 시작하였다. 그리고 미친 듯이 익명(匿名)으로 "상품불매운동은 대청율례(大淸律例)를 범하는 행동으로, 조계(租界)의 치안(治安)을 혼란시킨다."라는 글을 게재하였다. 당시 어떤 사람은 『중외일보』(中外日報)의 이러한 언론(言論)은 실제로는 "외국인을 유인하여 간섭할 목적이다.", 또 "관부를 끌어들여 간섭할 목적이다."[14]라고 지적하였다. 8월 중순, 그들은 더 나아가서 공개적으로 『화공금약』(華工禁約)의 배제를 반대하였다. 쩡쭈는 비교적 견고한 태도를 견지하였다. 그는 간상(奸商)들이 남몰래 미국상품을 수입하는 것에 대해 불만을 표시하여, 간상(奸商) 및 타협분자(妥協分子)의 미움을 받았다. 어떤 간상은 관부(官府)를 매수하여 쩡쭈를 모해하려는 시도를 하였고, 또 어떤 사람은 각국의 영사들과 짜서 그에게 압력을 가하였고, 더욱 심한 것은 그를 암살하겠다고 협박하였는데, 마샹뽀(馬相伯)는 그에게 잠시 피신하라고 권유하기도 하였다. 이러한 상황아래 쩡쭈는 결국 위축되어, 8월 11일에 『유별천하동포서』(留別天下同胞書)를 발표하였는데, 그 내용은 다음과 같다. "미국인에게 죽고, 미국상품을 업으로 하면서 죽고, 이는 모두 다 정당한 죽음이다. 비록 죽지만 영생(永生)한다. 쩡샤오칭(曾少卿)이 죽은 이후에 천만의 쩡샤오칭(曾少卿)이 뒤를 이어 일어나서, 국세를 만회하고, 인격을 세우고, 외국인이 감히 나를 경멸하거나, 도둑 무리, 노예(奴隸), 우마(牛馬)라고 하지 못하고, 열강과 같이 대지를 대치(對峙)하는 날이 올 것이다."라고 말하였다. 또 그는 "내가 죽은 이후에 나를 죽인 자를 난처롭게 하지 말고, 배제(抵制)방법은 사람마다 미국

13) 方漢寄, 『中國近代報刊史』, 上冊, p.345.
14) 民任社主人, 『中國抵制禁約記』, p.70.

상품을 사용하지 않는 것을 종지(宗旨)로 삼고, 절대 폭동(暴動)을 일
으키지 말라. 만약 각국이 문명(文明)이라는 구실로 일을 처리하지 않
는다면 나는 죽어서도 눈을 감을 수가 없다."15)라고 주장하였다. 그러
나 그 후 그는 미국상품 불매운동에서 퇴출당하게 되었다. 이러한 사
실은 중국의 민족자산계급의 반제(反帝)의 요구를 받아들인 것이고, 또
한 군중들의 폭동을 무서워하고, 제국주의의 무장간섭에 대하여 연약한
성격을 그대로 나타낸 것이다.

중·소상공업자들과 대다수의 노동자들은 상층 자산계급자들의 타협
활동에 깊은 불만을 나타냈다. 『중외일보』(中外日報)에 이러한 기괴한
문장을 발표할 당시 상해에서는 "공상학계동인"(工商學界同人)이란 이
름으로 공식적인 게시문이 발표되었는데, "『중외일보』는 이미 우리 4
억 명 동포의 공적(公敵)이 되었다"라고 질책하였으며, 인민들이 "서
로 같이 이 신문을 읽지 말것을 당부하였으며, 이 신문은 특히 공익
(公益)을 파괴하고 미화업(美貨業)을 하는 자들을 감싸주고 있다."16)
고 말하였다. 군중들의 이러한 불매운동으로 『중외일보』의 판매량은
급감하였고, 왕캉니앤(汪康年)도 하는 수 없이 상해를 떠났다. 쩡쭈가
상품배제 운동에서 퇴출당하자, 꺼쭝(戈忠)이 영도(領導)하는 공충연설
회(公忠演說會)가 사실상 이 운동의 핵심 지도자급[領導核心]이 되었
다. 이 회의에서 마샹뽀(馬相伯) 등은 소통활동(疏通活動)을 반대하며,
"소통이란 말은 상품 불매운동을 파괴할 뿐만 아니라, 각 부두(埠)의
거약단체(拒約團體)를 아무런 흔적도 없이 해산시키며, 우리를 없애버
리는데 그 중점을 두고 있다."17)라고 지적하였다. 9월초 공충연설회
(公忠演說會)는 천 여 명이 참가하는 대회를 개최하고, 미국상품을 절
대로 사용하지 말자고 선언하였다. 당시 어떤 사람은 다음과 같은 평

---

15) 『時報』, 1905년, 8월 11일.
16) 戈公振, 『中國報學史』, 1935年版, p.142.
17) 『時報』, 1905년 8월 21일.

가를 내렸다. "거약저화(拒約抵貨)운동을 일으킨 사람은 쩡쭈인데, 그
는 중간에 변하였다. 위험을 받았을 때에도 두려워하지 않고, 절망할
때에도 생기(生機)를 만회한 자는 사실 꺼쮜(戈君)이다."[18]라고 말하
였다. 10월 말, 또 공상계(工商界)와 평사(平社)에서 오 백 명이 참가
하는 회의를 개최하고, 계속 미국상품을 배제하는 선전을 하였으며,
같은 해 7월 20일에는 미국상품을 불매하는 기념회의를 개최할 것을
결정하게 되었다. 그런데 자산계급의 타협으로 미국상품 불매운동의
역량이 크게 약해졌다. 연말에 가서 상품불매 운동은 점차적으로 생기
를 잃게 되었다.

상해인민은 이번 반제(反帝)투쟁에서 많은 경험과 교훈을 얻게 되었
다. 우선 민족자산계급들이 처음으로 국내시장을 보호해야 한다는 중
요성을 인식하였다. 예를 들어보면 각처에서 미국상품을 사용하지 않
으므로 인하여 매 년에 적자를 보던 각 직포창(織布厂)이 1905년에는
좋은 매출을 보였고, 중국산 밀가루(面紛)의 판로도 확대되었다. 그러
므로 민족자산계급들이 상품불매 운동을 전개하는 것은 "제조업자들
이 중국 화물을 개량시켜 외국 화물을 두절(杜絶)시킬 수 있는 좋은
기회"[19]라고 하였으며, "중국민족주의 발달의 제3기"를 나타내는 표
지라고 하였다.[20] 두 번째로는 상품불매 운동은 상해 민족자산계급들
이 제국주의 압박에 반항하기 위해 가장 많이 쓰이는 수단이 되었다.
그 다음에 민족자산계급들은 더 나아가서 정치단체를 조직하여 자기
계급의 이익을 위해 서비스를 해야 하는 중요성을 알게 되었다. 이러
한 미국상품 불매운동의 고조(高潮)하에 상해의 민족자산계급들은 전
국에서 세 번째로 지방자치기구(地方自治機構)의 설립을 준비시켰다.
인민 군중들은 이번 투쟁을 통하여 자기의 역량을 과시하였다. 미국상

---

18) 和作, 『1905年反美愛國運動』, 『近代史資料』, 1956년 제1기.
19) 『時報』, 1905년 7월 15일.
20) 『時報』, 1905년 8월 4일.

품 불매 운동은 비록 실패하였으나, 청정부와 미국당국은『화공금약』
(華工禁約) 조약을 수정 체결하지는 못하였다. 이는 강대하게 보이는
제국주의자들 역시 결코 건드리지 못할 상대는 아니라는 것을 설명하
는데 충분하였다. 얼마 안 되어 공당(公堂)을 시끄럽게 하는 안건(案
件)이 발생되었는데, 이는 바로 상해인민들이 미국상품을 배제시키는
노력이었고, 제국주의에 반항하는 또 한 번의 영웅적인 투쟁이었다.

  1898년 조계(租界)가 확장된 이후, 외국 열강은 회심공당(會審公堂)
을 한층 더 확대시켜, 영사재판권(領事裁判權)을 장악하려고 하였다.
1902년 영사단과 상해 도대(道台)는『회심아문추가장정』(會審衙門追
加章程)을 정립(訂立)하고, 조계 내에서의 중국인간의 민사(民事)안건
은 반드시 피고(被告)가 소재(所在)하는 회심공당(會審公堂)에서 변리
(辦理)하는 것을 규정(規定)하고, 중국인과 서양인 사이의 안건(華洋案
件)에 대해서는 원고(原告)가 프랑스 사람이면 반드시 프랑스 조계의
회심공당(會審公堂)에서 심리(審理)하며, 원고가 타국(他國) 사람이면
모두 다 공공조계(公共租界)의 회심공당에서 심리(審理)하며, 또 공당
(公堂)의 차역(差役)이 조계 내에서 사람을 체포하려면 반드시 영사의
동의를 얻어야 한다고 규정(規定)하고 있다. 1904년 3월 공부국(工部
局)은 이러한 규정의 실시를 보장하기 위하여 "회심공당(會審公堂)에
잡아 가둔 형사범(刑事犯) 및 민사범(民事犯)들은 반드시 공부국(工部
局)의 감독(監督)을 받아야 한다."고 선포하였다.

  1905년 4월 중국의 언원(讞員; 죄를 묻는 사람)과 영국의 배심관(陪
審官)인 트와이맨(Twyman, 德爲門; 副領事)은 범인을 처결하는 과정
에서 갈등이 빚어졌는데, 공부국(工部局)은 바로 인도순포(印捕)를 공
당(公堂)으로 파견하여 중국 언원(讞員)이 범인을 처결하는 것을 물리
적으로 막았다. 범인은 트와이맨의 뜻에 따라 석방된 이후에 공부국은
오히려 순포(巡捕)로 하여금 계속 공당(公堂)입구에서 순라(巡邏)를 돌

도록 명령하고, 공당을 드나드는 사람에 대하여 심문(訊問)을 가하고, 공공연연하게 공당에 대해서도 감시하였다. 같은 해 5월 이후, 트와이맨은 수차례씩이나 여자 범죄인(女犯)을 새로 건립한 공부국(公部局)의 여자 감방(女牢)에 압송하도록 강제적인 명령 내렸다. 중국 언원(讞員)과 도대(道台)는 이 두 가지 사건에 대하여 재차 영사단(領事團)에게 항의서를 제출하였으나, 영사단은 다른 이유를 들면서 회심공당(公審會堂)이 여자범죄자를 구금(拘禁)하는 것은 "인도주의"(人道主義)에 부합(符合)되지 않는다고 질책하면서, 또한 공당(公堂)에는 도계(道契)[21]가 영국 영사서(領事署)에 남아 있으므로 공부국은 순포(巡捕)를 파견하여 관할할 수 있으며, 그리고 또 제멋대로 순포(巡捕)가 회심공당에서 순찰(巡察) 사건을 처벌하는 특권을 수여(授與)하였다. 이러한 상황 하에서 언원(讞員) 꽌찌웅쯔(關炯之)는 영수영사(領袖領事)에게 강경한 조회(照會)를 보내었다. 그는 "중국은 비록 외국인을 다스릴 권리는 없지만 자치(自治)의 권리가 있다는 것은 각국으로부터 공인(公認)받았다. 회심서(公審署)는 중국의 아문(衙門)에 속하므로 반드시 중국의 관리가 스스로 관리하여야 한다. 영사가 관아(廨, 즉 官衙)에 와서 회심(會審)하는 것은 바로 영사공회절제(領事公會節制)에 속하므로 포방(捕房)에서 중국사람들의 안건(案件)을 처리하고, 서양감옥(西牢)으로 중국 사람을 압송해 가는 것 즉, 수압(收押)하는 것은 모두 다 화관절제(華官節制), 다시말해 중국관리의 지휘통솔 부분에 속한다. 아직 순포(巡捕)를 철회(撤回)하지 않았다면 공해(公廨; 관공서) 역시 차역(差役)을 각 포방(捕房)과 서양 감옥(西牢)으로 파견하여 주야로 순찰하게 함으로써 이로서 제제한다."[22]고 선포하였다. 영사단은 이를

---

21) 도계(道契; 옛날 상해에서 발급한 외국 조계지내에서의 영주권과 영업권을 승인한 증명 문서로 해관도(海關道, 세관장)가 발급해 주므로 "도계"(道契)라고 하였다.

22) 『東方雜誌』, 제2년, 제12기.

이해하려고 하지 않았을 뿐만 아니라 오히려 계속 공부국과 같이 회심공당장정(會審公堂章程)을 수정하려고 계획하였다. 중국 언원(讞員)은 효과적으로 교섭이 이루어지지 않자, 같은 해 12월 6일 정식으로 차역(差役)을 총순포방(總巡捕房)에 파견하여 순찰을 돌도록 결정하였다. 이에 공부국과 회심공당의 모순은 빠른 속도로 표면화되었다.

12월 8일 마카오적(奧籍) 관리의 친척인 리황 씨(黎黃氏)는 사천(四川)에서 15명의 여자아이를 사서 광주(廣州)로 가는 도중, 상해(上海)를 지날 때, 당시 포방(捕房)에서는 "인신매매"(人身賣買)라는 죄명으로 리황 씨(黎黃氏) 등을 구속하여 회심공당으로 압송시켰다. 언원(讞員)인 꽌찌웅쯔(關炯之), 진샤오청(金紹成)은 증거가 부족하다고 생각하고, 공당여소(公堂女所)로 압송(押送)하여 심문을 하려고 하였다. 그런데 배심관(陪審官) 트와이맨(Twyman)은 서양 감옥으로 억지로 압송시키려고 하였다. 이에 꽌찌웅쯔(關炯之)은 이는 조약(條約)을 위반하는 것 뿐만 아니라, 도대(道台)의 허락도 받지 않았으므로 허락할 수 없다며 동조하지 않았다. 트와이맨은 난폭하게 "본인은 상해에 도대(道臺)가 있는지 모르며, 다만 영사(領事)의 명령만을 준수한다."고 하였다. 꽌찌웅쯔(關炯之)은 분개하면서, "그렇다면 본인도 역시 영국 영사가 있는지 몰랐다."23)라고 답하였다. 꽌 씨(關氏)는 당역(堂役, 즉 공당의 하인)을 시켜서 리황 씨(黎黃氏) 등을 데려왔는데, 트와이맨은 현장에 있던 순포(巡捕)에게 명령하여 당역(堂役)으로부터 죄수들을 빼앗고자 하였다. 포두(捕頭) 무투셩(木突生)이 인솔하는 순포(巡捕)들이 한꺼번에 몰려와서 싸움판이 벌어졌는데, 현장에 있던 외국 기자도 싸움에 통참하였다. 그 결과 두 당역(堂役)은 상처를 입었고, 죄수들을 빼앗아 가려고 할 때, 진샤오청(金紹成)이 그들 앞을 막으려 하다가 몽둥이에 맞을 뻔하였다. 이때 당역(堂役)이 공당대문(公堂大門)을 걸었

---

23) 席滌塵, 『大鬧公堂案』은 『상해시통지관기간』, 제1기, 제2기 참조.

다. 순포(巡捕)가 죄수들을 데리고 나가려고, 꽌찌웅쯰(關炯之)에게 대문의 열쇠를 받아내려 하자, 꽌 씨(關氏)는 위엄 있는 소리로 "문은 부실 수도 있고, 당역(堂役)을 때릴 수도 있는데, 왜 본관(本官)을 죽일 수 없겠는가?"24)라는 말을 하면서 분연(憤然)히 떠나갔다. 순포(巡捕)는 끝내 대문(大門)을 열었고, 리황 씨(黎黃氏) 등을 죄수마차(囚車)에 태워 따로 서양 감옥과 제량소(濟良所)로 압송하여 갔다.

"대료공당안"(大鬧公堂案)이라고 불리는 사건이 발생한 다음 날(12월 10일), 상해인민은 즉시 상무공소(商務公所)에서 천 명 대회를 개최하여, 외국 열강들의 폭행을 성토하였다. 쉬룬(徐潤), 쩡쭈(曾鑄), 위치아칭(虞恰卿) 등 신상(紳商)들이 앞장서서 외무부(外務部), 상부(商部), 양강총독(兩江總督) 및 강소순무(江蘇巡撫)에게 전보를 쳐서 리황 씨(黎黃氏)는 옛 관리로서 하인을 많이 거느리고 살고 있으므로 여자를 파는 것이 절대 아니다. 그들은 지적하기를, 외국인이 "이렇게 법을 무시하고, 법률을 지키지 않고, 공당(公堂)을 혼란스럽게 하여, 중국 관리들이 크게 모욕을 당하고 있으며, 상민(商民)들이 당하는 모욕감도 갈수록 심해지고 있다."라고 지적하면서, 정부가 "상황을 잘 판단하고, 조약에 비추어 합당하게 처리함으로써, 인민의 마음을 안정시키고 대국(大局)을 유지할 수 있어야 한다."25)고 강조하였다. 광조공소(廣肇公所)26)도 동시에 동향(同鄉)회의를 열어서 항의서를 제출하였다. 같은 날 꽌찌웅쯰(關炯之), 진샤오청(金紹成)은 도대(道台)인 위앤수쉰(袁樹勛)에게 이 사건을 상세히 밝히고, 사직할 것을 요구하였다. 다음날 신상(紳商)대표 4, 5백 명이 한 곳에 모여 도대(道台)를 만날 것을 요구하고, "서양인들의 이러한 행동은 좋은 행동이 될 수 없으므로, 조계에

---

24) Hawks Pot, A Short History of Shanghai, p.166.
25) 席溓塵, 『大鬧公堂案』.
26) 광조공소(廣肇公所)는 광주(廣州), 조경(肇慶) 두 부(府)를 여행하는 상해 인사들이 세운 동향공소(同鄉公所)로 영파로(寧波路)에 소재하고 있다.

서 살기 힘든 상황이다."라고 말하면서 도대(道台)에게서 주권을 쟁취하려는 언원(讞員) 꽌찌웅즈(關烱之)을 만류하라고 요청하였다. 동시에 "이후 공부국에는 반드시 중국인 동사(董事)가 한 명 임명되어야 한다."[27]고 주장을 제기하였다. 위앤수쉰(袁樹勛)은 이 사건을 자기 스스로 해결하려고 하였으며, 만약 상민(商民)들의 이견이 있으면 반드시 본인을 통하여 다시 서양인들과 교섭하도록 하고 너무 격분하지 말라고 당부하였다.

위앤수쉰은 이 사건 초기에는 비교적 공정한 태도를 보였다. 이 사건이 발생한 다음날, 그는 바로 영수 영사(領袖領事) 및 영국 영사에게 항의서를 제출하고, 또 잠시 회심(會審)을 정지할 것을 요구하였다. 12월 10일, 위앤수쉰은 양강총독 쪼우푸(周馥)의 지시에 따라 공당에 머무르면서 심문을 하도록 정식으로 명령을 내렸다. 그러나 영국 영사 워렌(P.L. Warren, 霍必瀾)은 자기 잘못을 인정하지 않고 다른 사람만 책망하면서 책임을 중국 쪽으로 전부 떠밀고, 꽌(關), 찐(金) 씨의 두 언원(讞員)이 의도적으로 영국배심관 트와이맨을 무시하였으며, 트와이맨이 범인을 빼앗아 간 것은 각 국 영사가 정한 법에 의거한 것이므로 완전히 정당하다는 주장이었다. 위앤수쉰은 다시 편지를 써서 이를 반박하고, 각국영사들이 정한 법은 근본적으로 무효하다고 말함과 동시에 영수 영사(領袖領事)인 러시아 총영사인 클라이니노프(W. C. Kleinénow, 闊雷明)를 조회(照會)하면서, "각 국 영사들이 정한 법이란 언제 정하고, 누가 허락하였는가?"라고 힐문하였다. 인민 군중들의 지지아래, 위앤수쉰은 이 안건을 해결하는 세 가지 방법을 제안하였다. 내용은 리황 씨(黎黃氏)등을 즉시 석방하고, 트와이맨을 교체시켜야하며, 흉포하고 사람을 때리는 포두(捕頭) 무투성(木突生) 및 그 휘하의 서포(西捕)를 파면시키고, 그들이 지은 죄의 대가를 당연히 받아야 하며, 이후 여

---

27) 『申報』, 1905년 12월 10일.

자 범죄인들은 여전히 회심공당(會審公堂)에 구금한다는 것이다. 그러
나 영사단은 의도적으로 이 사건의 명쾌하게 해결하고자 하지 않았을
뿐만 아니라, 압송해간 사람도 절대 석방시키질 않았다.

이러한 때, 북경공사단(北京公使團)은 중국 침략의 전반적인 이익을
고려하는 차원에서, 사태를 확대시킬 필요가 없다고 판단하고, 12월
13일, 리황 씨(黎黃氏) 등을 회심공당(會審公堂) 여자감방[女所]으로
압송한 후에 석방시킬 것을 명령하였다. 포방(捕房)은 명령을 받은 후,
15일 오후 리황 씨 등 일행을 광조공소(廣肇公所)에 보내어 직접 석방
시키고, 의도적으로 회심공당(會審公堂)을 상대하지 않음으로 회심공
당을 멸시하는 태도를 드러냈다. 영사단은 트와이맨과 무투성 등에 대
한 처리는 계속 거절하였다.

제국주의자들의 이러한 야만적인 행위에 대하여 미국상품 불매운동
을 경험한 상해 인민은 공충연설회(公忠演說會) 등 단체의 주동아래
동맹 파업, 납세 거부, 공공조계는 자국으로 돌아가라는 호소문을 발
표하였다. 상무총회(商務總會)는 "전단을 살포하여 이를 막으려 하였
으나 이미 늦은 것 같다."28)라며 포기하였다. 12월 18일 공공조계의
중국 상점들은 동맹파업할 것을 결정하였다. 군중들이 노갑포방(老閘
捕房)과 시정청(市政廳) 등을 포위하자, 순포(巡捕)들이 총으로 진압하
여, 시정청(市政廳) 앞에서 5명이 죽고, 많은 사람이 상처를 입었다.
노갑포방(老閘捕房) 앞에서 손에 벽돌을 든 군중들이 순포(巡捕)들의
수 십 차례 날카로운 칼끝을 격퇴하고, 포방을 불질러버렸다. 영수영
사인 클라이니노프는 상단(商團)과 각국의 수병(手兵)들이 상륙하여
진압할 것을 명령하고, 군중들을 몰아냈다. 다음날 군중 사상자가 30
여 명이나 발생되었다.

이 때 위앤수쉰은 두려움에 떨고 있는 외국인들을 친히 찾아가서

---

28) 『東方雜誌』, 제3권, 제3기.

위로하였고, 위치아칭(虞洽卿)과 함께 집집마다 다니면서 중국상인들에게 개시(開市)할 것을 권유하였다. 아울러 폭동을 엄금하고, 상해의 군영관대(軍營管帶) 등이 언원(讞員) 및 차역(差役)이 회동하여 영국사병(英國士兵), 중서순포(中西巡捕)가 같이 야간 순찰을 돌아야 한다는 주장을 폈다. 그런데 상인들은 개시(開市)를 거절하였다. 이러한 압력으로 공부국(工部局)은 비로서 총동(總董) 앤더슨(F. Anderson, 安徒生)이 위앤수쉰(袁樹勛)에게 여자 범인(女犯)은 이후에 모두 공당(公堂)에 수금(收禁)하고, 와이트맨을 교체하는 것은 중국과 영국정부가 해결할 일이며, 지금은 그가 잠시 배심에 참석하고 있으므로 교체를 잠시 보류하고, 포두(捕頭) 무투성(木突生)을 교체하는 문제는 공부국이 조사한 후에 결정하겠다고 통보하였다. 공부국은 "가장 선량한 중국인의 의견을 대표하는 자문(諮詢)위원회"[29]를 중국인이 설립하는 것에 동의하였다. 이로서 계속되었던 동맹파업(罷市)이 비로소 끝나게 되었다.

그러나 영사단의 태도는 여전히 매우 강경하였고, 앤더슨(F. Anderson, 安徒生)이 대답한 조건의 승인을 거부하였다. 청 정부는 양강총독인 쪼우푸(周馥)로 하여금 상해로 와서 영사단과의 교섭할 것을 급히 명령내렸다. 상해에 도착한 쪼우푸는 곧바로 회심공당(公審會堂)에서 소위 말하는 "동맹파업을 부추긴 백성"(迫脇罷市莠民)을 심문하도록 지시하였다. 영국은 여전히 트와이맨(Twyman, 德爲門)을 파견하여 배심관(陪審官)을 담당(擔當)케 하였는데, 꽌찌웅쯔(關炯之)가 이를 곧바로 거절하는 바람에 영국측은 하는 수 없이 사람을 바꾸었다. 얼마 지나지 않아 공부국은 무투성(木突生)의 책임에 대한 조사를 핑계로 삼아 꽌찌웅쯔(關炯之)가 영국 중국주재 고등(駐華高等)법원에 가서 증인설 것을 요구하였다. 꽌(關) 씨는 이를 즉시 거절(拒絕)하며 말하기를

---

29) 『上海公共租界史稿』, p.502.

공부국과 영사단(領事團)이 사실상 순포(巡捕)를 장기간 공당(公堂)에 파견할 권리가 없고, 또한 여범(女犯)을 서양감옥(西牢)으로 압송할 권리도 없다. 그러므로 "이 사건(亂事)의 책임 및 이로 인하여 일어난 손해(損害)는 모두 공부국이 책임져야 한다."[30]고 하였다. 그런데 쪼우푸(周馥)는 한 발 양보(讓步)하는 기미를 보였다. 일정 기간의 교섭기간이 지난 후, 쌍방은 아래의 내용에 합의하게 되었다. 중국 측에서는 순포(巡捕)가 법정(法庭)에 온 것을 승인하고, 영사단(領事團)은 여범(女犯)은 향후 공당(公堂)에서 압송하는 것에 동의하였다. 트와이맨(Twyman)이 사직할 필요는 없으나, 그를 진강(鎭江)으로 전임시키고, 무투셩(木突生)은 법적 제재를 받지 않았다. 그러나 파시(罷市)중에서 체포된 시민(市民)들은 오히려 회심공당(會審公堂)에 의해 "파시를 협박" 한다는 죄명으로 10년 이하의 형을 받게 되었다. 이렇게 공부국에서 파견한 순포(巡捕)들이 회심공당을 압박하여 꾸민 음모(陰謀)가 끝내 달성되는 바람에 중국의 사법권(司法權)이 한층 더 파괴(破壞)되었다.

1906년 3월 14일, 청 정부는 북경공사단(北京公使團)과 협정(協定)을 맺고, 1869년『양경빈설관회심장정』(洋涇浜設官會審章程)이 계속 유효하다고 하면서, 회심공당(會審公堂)에서는 오직 60일 이하의 감금(監禁)에 대한 판형(判刑)을 내리는 것을 허락하였다. 그러나 상해 영사단(領事團)은 이를 강력하게 반대하였다. 청 정부는 끝내 하는 수 없이 영사단의 주장을 압박에 의해 승인하게 되었고, 회심공당(會審公堂)이 5년(五年) 이하의 도형(徒刑)을 내릴 권리가 있고, 소송(訴訟) 과정은 원래대로 원상 복귀시켰다. 영사재판권(領事裁判權)의 제약(制約)을 받게 된 회심공당(會審公堂)의 심판권리(審判權利)는 "합법"(合法)이라는 것이 더욱 확대 되었다.

공부국의 욕망은 갈수록 커졌고, 또 곧 바로 청 정부에 손해 배상을

---

30) 席滌塵, 『大鬧公堂案』.

요구하였다. 청정부는 다만 사건을 조속히 결말짓기 위하여 위앤수쉰
(袁樹勛)의 개인 명의로 영국 파운드 5,000량(兩)을 배상하겠다고 약
속하였다. 그러나 이 돈이 손에 들어온 이후에 영국은 또 값을 올려서
70,000량(兩)을 요구하게 되었다. 이로 인하여 독일(獨), 벨기에(比) 등
기타 국가도 영국을 따라 상당히 많은 배상을 청구하였다. 청 정부는
급기야 관방(官方)에서 배상하겠다는 일을 부인(否認)하였으며, 또한
새로 임명된 도대(道台) 량루하오(梁如浩)는 이 사건은 전임자에게 귀
속되는 것이라 선고하고, 배상은 이미 해결되었다고 얼버무리며 넘어
갔다.

제6절 갑북(閘北) 문제

제국주의자들은 청정부의 무능하고 연약함을 꿰뚫어 보고, 청정부가 겁을 먹고 사건을 소홀히 처리하면, 그들은 점점 더 호되게 청 정부를 압박하였다. 공당(公堂) 안건의 배상이 해결된 후에, 공부국은 또 조계(租界)를 확장하는 새로운 요구를 제기하게 되었다.

1899년과 1900년의 미친 듯한 조계의 확장을 거치면서 공공조계(公共租界)와 프랑스조계의 면적은 이미 두 배로 확장되었으나, 제국주의 열강들은 이에 만족해하지 않았다. 새로운 경계석을 방금 묻었는데, 공동국(公董局)은 곧바로 대규모의 월계축로(越界築路)를 시작하고, 1900년 공동국은 길이 1,350m의 여반로(呂班路, 현재의 重慶南路)를 만들었다. 그 다음 해에 또 길이 4,006m의 보창로(寶昌路, 즉 霞飛路, 현재 淮海中路)를 만들었고, 574m의 선종로(善鐘路, 현재의 常熟路), 동시에 노가만(盧家灣)에 위치한 152무(畝)를 구매하여 순포방(巡捕房)의 건설을 준비하였고, 1902년 화룡로(華龍路, 현재의 雁蕩路), 보건로(寶健路, 현재의 寶慶路), 필훈로(畢勛路, 현재의 汾陽路), 두미로(杜美路, 현재의 東湖路), 설화립로(薛華立路, 현재의 建國中路)와 군관로(軍官路, 즉 陶爾斐斯路 현재의 南昌路)를 개축하였다. 1907년에 이르러서 공동국은 이미 월계축로(越界築路)가 25,390m나 되었는데, 이는 그 다음 해에 건축된 거뢰달로(巨籟達路, 현재의 巨鹿路), 복개삼로(福開森路, 현재의 武康路), 요주교로(姚主教路, 현재의 天平路), 김신부로(金神父路, 현재의 瑞金二路) 등을 포함하지 않은 것이다. 프랑스조계의 식민세력이 사실은 이미 서가회(徐家匯)까지 확장된 것이다.

공공조계 당국의 탐욕은 더욱 커져갔다. 1900년 공부국은 청장처 (淸丈處; 토지측량처)를 설치하고, 조계(租界)의 변계선(邊界線) 밖의 반경 1마일 이내의 토지를 점유하여 진일보한 확장을 준비시켰다. 다음해 10월 공부국은 도대(道台)를 강박하여 그들이 조계의 서쪽 측면에서 중국인 업주 및 신상(紳商)들과 토지 구매 상담에 동의하여 월계 축로로 하고, 계속 홍교로(虹橋路), 백리남로(白利南路, 현재의 長寧路), 라별근로(羅別根路, 현재의 哈密路) 등 13마일을 건축하였다. 그런데 공부국이 확장하려는 주요 목표는 조계 북측의 날로 발전하고 있던 갑북(閘北)과 보산현(寶山縣)일대이었다.

갑북(閘北)은 신갑(新閘)[1] 이북의 보산현(寶山縣) 일부분을 포함하는 대부분의 지역을 지칭한다. 비록 그 지역은 오송강(吳淞江)변에 위치하고 있으나, 청대 가경(嘉慶) 연간에 이미 신갑시(新閘市), 노갑시(老閘市)라는 두 시가 형성되었으며, 대부분 지역은 아직 "개간되지 않은 황무지"이었다. 상해 개항이후, 오송강은 작은 기선이 통행하므로, 신갑(新閘), 노갑(老閘)의 사이가 점차적으로 발전되었다. 태평천국(太平天國)시기에 남경(南京)에서 상해로 도망 온 사람들은 대부분 갑북(閘北)을 정착지로 삼았고, 그 후 많은 사람들은 이곳에 살게 되었다. 그러므로 갑북(閘北)은 점차적으로 인구가 비교적 조밀한 거주지구가 되었다. 근대 공업이 일어난 후, 수많은 공장 중 특별히 소사창 (繅絲廠)이 여기에 설립되자, 갑북의 지위변화는 갈수록 중요해졌다. 1898년 11월, 청 정부가 건설한 송호철로(淞滬鐵路)가 개통되고, 갑북에 기차역이 설치되었다. 송호철로(淞滬鐵路)에 인접한 곳에 호녕철로

---

1) 오송강(吳淞江)은 송대(宋代)부터 수문(閘)을 설치하였는데, 후에는 설립되기도 하고, 폐지되기도 하였다. 청 강희 14년(1675년) 현재의 복건로교(福建路橋) 부근에 하나의 수문(閘)이 건설되었는데, 이것을 노갑(老閘)이라고 한다. 후에는 폐지되었다. 옹정(雍正) 13년(1735년)에 또 노갑의 서쪽에 신갑(新閘, 현재의 新閘橋 부근)이 건설되었다가, 1872년에 폐지되었다.

(滬寧鐵路)를 건설할 것을 준비를 하였다. 1903년 성슈앤화이(盛宣懷)는 철로총공사(鐵路總公司)의 대신(大臣) 신분으로 중영은공사(中英銀公司)와 호녕철로(滬寧鐵路)의 차관계약을 감독하였고, 차관으로 이전의 영국사람들이 조종한 총무관리처(總務管理處)에서 이 철로(鐵路)를 건축 및 행차(行車)를 상환하는 것을 관장하도록 규정하였다. 1905년 가을, 호녕철로(滬寧鐵路)의 공사가 시작되었고,[2] 역사(驛舍)를 송호철로(淞滬鐵路) 부근에 설치하였다. 이리하여 갑북이 상해 철도교통의 요지가 되게 되었다.

19세기 90년대 말, 갑북 지역의 신상(紳商)들은 자금을 모아 시정(市政; 도시행정)을 시작하기 시작하였다. 1897년 쉬훙다(徐鴻達) 등은 도대의 지지 하에 4,000량(兩)의 은전(銀錢)을 모아서 소주하(蘇州河)를 횡단하는 신갑교(新閘橋)를 건설해 내었다. 1900년, 천샤오챵(陳紹昌), 주청쭈(祝承柱) 등은 공부국이 갑북을 노리는 것을 감안하여 상장(商場)을 자치적으로 폐쇄하는 것으로 대항하였다. 양강총독(兩江總督)의 허락을 받고, 그들은 상해와 보산(寶山)지역의 신상(紳商)들을 연합하여 상해에서 첫 번째로 가는 상판(商辦) 시정기관(市政機關)인 갑북공정총국(閘北工程總局)을 창설(創設)하고, 출자금을 조달하여 시정공정(市政工程)을 청부받았다. 1903년에는 회통교(匯通橋; 속칭 新大橋라고도 불렸으며, 현재의 恒豊路橋이다)를 건설하였다. 1904년에는 갑북공정총국(閘北工程總局)이 "상력미체"(商力未逮; 상인들의 힘이 미치지 못함)라 하며, 양강총독(兩江總督)은 도원(道員)인 쉬나이삔(徐乃斌)을 파견하여 이 일을 처리하도록 하였다. 1906년 5월, 관방(官方)은 정식으로 이 국(局)을 접수하였고, 이름을 "상해북시마로공순총국"(上海北市馬路工巡總局)"라고 고치고, 도대 두완청(端澂)을 독판(督辦)으로 하고, 쉬나이삔(徐乃斌)을 총판(總辦)으로 삼았다. 총국(總局)은 "이

---

2) 호녕철로(滬寧鐵路)는 1908년 4월에 전체 노선이 개통되었다.

번에 북시마로공순총국(北市馬路工巡總局)을 설립한 것은 상업을 흥기
시키고, 상황의 순리에 따랐다고 말하며, 수속 방법을 새겨 놓았는데,
주요 내용은 다음과 같다. 한편으로는 경계를 확정짓고, 토지 소유(畝
分)를 조사한다. 또 한편으로는 상회를 조회(照會)하여 거기에서 동사
(董事)를 추천한다. 총회(總期)에는 관상(官商)이 함께 연락하여 관(官)
에서는 도로축조 및 점포개설(築路設捕)의 권한을 장악하고, 상(商)에
서는 방(房)을 건축하여 시(市)를 흥기시키는 책임을 지고, 힘을 합쳐
공익(公益)을 유지(維持)시키며, 위로는 감독을 유지하여 상민(商民)을
보호하며, 아래로는 전 지방 자치의 주권으로 다스린다."3)라고 선포하
였다. 다음해 상해에는 순경(巡警) 설립을 시작으로 두안청(端澂)을 순
경독판(巡警督辦)에 임명하고, 도원(道員) 왕두안치(汪端豈)가 순경총
판(巡警總辦)에 임명되었고, 공순총국(工巡總局)은 이름을 상해순경총
국(巡警總局)이라 고치고, 계속 갑북시정(閘北市政)을 관리하였다.4)

서양 열강은 송호(淞滬), 호녕(滬寧) 등을 제어하여, 상해의 교통 요
충지를 틀어쥐어, 오송(吳淞), 보산(寶山) 지역으로 확장하려는 목적으
로 갑북(閘北)을 조계내로 편입시키려 하였다. 앞에서 서술한 바와 같
이 1899년 조계 확장당시, 공부국은 이미 이 조건을 제기하였는데, 실
현시키지는 못하였다. 당시 영국 외교대신 샐리스버리(Salisbury, 索兹
伯里)는 곧바로 중국주재 공사에게 "절대로 어떠한 무모한 언론으로
나를 속박(束縛)하지 마시오. 만약 그렇게 되면 장래에 보산현(寶山縣)
혹은 기타지역의 확장요구는 계속 될 수 없다."고 명령을 내렸다. 공부
국도 역시 "공중(公衆)의 이익을 계산한다면 잠시 양강총독이 허락한
구역을 취득한 이후에도 무방하며, 보산(寶山)확장문제는 장래에 해결

---

3) 『申報』, 1906년 6월 7일.
4) 1909년, 상해성상내외자치공소(上海城廂內外自治公所)가 설립되어, 성상(城
廂), 노갑(老匣), 신갑(新閘), 강경(江境) 4곳의 지구가 합병되어 "성구역"(城
區域)이 되었고, 市政은 모두 自治公所의 처리로 귀속되었다.

하도록 남겨두어야 한다."5)고 선포하였다. 1903년 공부국은 북쪽의
경계(越界)를 북사천로(北四川路)부터 파자장(靶子場)까지를 건축하고,
또 강만로(江灣路)를 축조시켰다. 1904년에 도대(道台)를 강박하여 외
국인에게 조계 이북의 지역에서 조지(租地)를 허락한다는 포고문을 고
시하였다. 1906년 공부국(工部局)의 청장처(淸丈處)는 자기 마음대로
조계(租界)이북의 보산현(寶山縣) 경내의 지도를 측정하고 만들어내었
다. 도대(道台)는 이에 항의서를 제출하였는데, 공부국은 이를 무시하
였다. 1908년 5월 24일, 공부국은 송호(淞滬), 호녕연선(滬寧沿線) 철
로를 확장하는 조계의 요구서를 정식으로 제출하고, 『토지장정』(土地
章程)의 제6절에 "세를 내어준 주인들이 소유한 재산에 대하여 협의를
하면, 그 지역을 공국(公局)이 관리할 수 있다."라는 문장으로 조계확
장의 근거를 만들었다. 또 비열한 수법으로 사실을 왜곡하였는데, 조
계(租界) 북쪽의 경계는 수많은 집들이 그 안에 끼어 있는 것을 해결
하였다고 하였으나, 사실은 이미 존재하지 않는 것이었다. 보산(寶山)
경내의 많은 토지는 이미 『토지장정』에 따라 등록되어 있으므로, 갑북
(閘北)과 보산(寶山)의 위생, 소방, 치안 시설이 사람들의 만족을 주지
못하고 있다는 것 등등으로 조계 확장의 핑계로 삼았다. 양강총독인
뚜완팡(端方)은 "25년(1899)의 조계 넓이에 대하여, 다시는 확장하지
않겠다고 하였으며, 또한 보산(寶山)은 통상항구가 아니므로 이곳을
조계에 포함시키지 않았다. 화공부국(華工部局은 閘北市政機關을 가리
킨다 - 편자)에 설치한 경찰과 환경 등 각 일은 장차 점차적으로 완전
하게 될 수 있다."6)고 대답하며, 공부국의 무리한 요구를 거절하였다.
1909년 1월에 영국공사는 직접 나와서 외교부와 교섭하였으나 그 결
과가 없었다. 공공조계 당국은 점차적으로 강경한 수단을 취할 것을

---

5) 『上海公共租界史稿』, p.479.
6) 宣統朝, 『淸季外交史料』, 卷一.

결정하였다. 3월에는 납세인(納稅人) 연차회의에서 단호하게 "본회의에서는 공부국이 장차 호녕철로(滬寧鐵路)와 소주하(蘇州河)의 중간지역, 광조산장(廣肇山庄)에서 홍구공원(虹口公園)까지를 일률적으로 조계(租界)에 속하도록 하고, 또한 이러한 권리를 부여하여 끝까지 버티도록 하고, 절대 이를 소홀히 해서는 안 된다."[7]는 결의를 통과시켰다. 당시 미국상품 불매운동과 공당안(公堂案)이 얼마 되지 않아, 백성들의 반제(反帝) 정서가 높고, 식민(殖民) 당국의 야만적인 행위는 곧바로 수많은 군중들의 강렬한 반항을 일으켰다. 『신보』(申報)는 이때 이미 개혁을 거쳤고, 일정한 정도에서 상해 민족자산계급의 대변인이 되었다. 사론(社論)에서 그들은 분노하면서 "타국의 영토를 병탄하려는 음모가 확실한대도 겉 치레로 말만 많이 하고 있다. 이유가 근거가 없는 것이 확실한데도 강경하게 주장하고 있다. 오호! 본 항구의 서양인들의 이번 조계 확대 결의가 만약 실행된다면, 공리(公理)에 어긋난 일이며, 어디에 주권이 있을 수 있을까? 사람들은 두려워할 뿐이다."[8]라고 지적하였다. 과거에는 상해인민이 사명공소(四明公所)를 보위하는 등 조계 확장에 대항하는 투쟁을 벌였는데, 투쟁의 목표는 다만 산업을 보호하는 것만으로 제한시켰다. 이때 조계확장을 반대한 것은 국가의 주권과 민족 공업에 대한 중대한 원칙문제에 관계가 있다고 보고 있었다.

4월 8일 공부국은 위에서 서술한 납세인 연례총회에서 결의 및 확정한 지역의 지도를 영사단에게 주어, 다시 이를 북경 공사단에 상정하게 하였다. 상해(上海)와 보산(寶山) 두 지역의 신민(紳民) 및 상해로 온 각 성의 신상(紳商)들은 4월 11일에 명륜당(明倫堂)에서 집회를 갖고, 대처할 방법을 논의하였다. 회의의 주석인 예띠화(葉棣華)는 "그들

7) 『上海公共租界史稿』, p.482.
8) 『申報』, 1909년 3월 26일.

이 근거로 하는 이유를 고찰해 보면, 조계에 인접한 중국경계(華界)의 환경과 경찰 등등이 좋지 않다는 말에 불과하며, 그들이 하는 말은 조계가 중국 경계(華界)와 인접해 있다는 것이다. 상해는 동쪽의 바다를 제외한, 남(南), 서(西), 북(北) 등 3면 모두는 인구가 밀접한 지대로서 장래에 곳곳을 핑게 삼아 확장해야 한다는 구실을 초래할 것이다. 그리고 확장이라는 두 글자는 과연 언제 끝날지도 모르겠다. 또 이번에 말하는 조계 확장은 호녕(滬寧)철로의 남쪽 머리(南首), 서쪽 머리(西首) 지역이 조계를 둘러싸고 있고, 또 아무런 제한도 없으므로 특별히 이 지역이 두렵다. 그리고 저들의 저의를 살펴보면 직접적으로는 러시아의 동청노선(東淸路線) 관할지역 이외에서 호녕(滬寧)까지를 고려하고 있다. 이러한 관계는 강소(江蘇)성 전체와 관계가 있으므로 이는 바로 중국과 소통하는 관계이다. 그는 또 "바야흐로 지금은 헌법을 세울 시대이며, 만사는 여론에 의하여 결정된다. 우리나라의 국민들은 확실하게 정부의 후원자가 될 수 있으며, 군중의 분노는 건드릴 수 없으며, 정부가 바로 견지할 뜻을 보이면 외국인들이 아무리 압박을 가하여도 어찌할 수가 없으므로 만회(挽回)할 방법이 없는 것은 아니다. 그런데 어떻게 문명적으로 대항할 것인지? 어떻게 폭동을 막을 것인지는 현재에 와서 시급히 해결하여야할 문제이다."라고 지적하였다. 선만원(沈 縵云, 이름은 懋昭임)은 발언 중 중국인 의동(議董)은 사기극이란 것을 명시하면서, "통절변론(痛切辯論)"을 주장하고, 정부의 주의를 요청하였다. 그 결과는 회의에서 외무부에 전보를 쳐서, "영국의 대사(大使)는 화동(華董) 두 사람을 천거하여 상황을 파악"해 보려는 음모를 폭로하고, "공부국 동사(董事) 권한은 사실상 서양인들이 조종하고 있으며, 비록 소수의 화동(華董)들을 천거(薦擧)하였지만, 보충할 수가 없다. 지금 논의하고 있는 확대지역은 호녕(滬寧)철로를 기점으로 하는 것이 타당하며, 성 전체의 주권관계와 관련이 있으며, 또한 전국의 이

해관계에서 보면 반드시 견지하여야 후환을 막을 수 있다"라고 지적
하였으며, 정부가 "시종 역투하여서 주권을 보호하여 국민들의 기대
에 어긋하지 않도록 하여야 한다."9)라고 주장하였다.

같은 해 8월, 영사단은 양강총독 두완팡(端方)에게 문서를 보내 "조
계확장은 중국인의 이익을 위한 것이다"고 사칭(詐稱)하면서 보산(寶
山)은 상해 상업항구(上海商埠)에서 없어서 안 되는 부분으로 계속 확
장시킬 것을 요구하였다. 영교협회(英僑協會), 미교협회(美僑協會)에
서도 각자 본국 정부를 설득하여 조계확장 계획에 지지를 보냈다. 보
산현(寶山縣) 경내의 토지를 임대한 외국인들이 중국정부가 자신들의
재산에 대하여 경찰권을 사용하는 것을 반대한다는 연판장을 돌렸다.
그러나 청 정부는 인민 군중의 강력한 압력으로 지연시키는 방법만을
취하였다. 그러나 끝내는 제국주의자들의 요구를 받아들이지 않게 되
었다.

공공조계(公共租界)를 갑북(閘北)과 보산(寶山)으로 확장시키려는
그들의 음모(陰謀)는 끝내 실현되지는 못하였다. 이는 1848년 이후에
상해조계 확장활동의 첫 번째 실패이며, 이는 상해인민들의 반제국주
의 역량의 증가와 투쟁 수준이 향상된 것을 의미한다.

---

9) 王揖唐, 『上海租界問題』, 上篇, pp.26~29.

제7절 자산계급의 역량 증가와 지방자치운동

　20세기 초, 상해인민들의 반제 애국투쟁은 부단히 고양되었는데, 이는 당시 상해 민족자본주의 경제발전과 자산계급 역량의 증가와 밀접한 관계가 있다.

　19세기 중엽에 외국 자본주의는 중국 상품에 대한 덤핑 판매와 자본수출이 가면 갈수록 증가하는 추세에 있었고, 이에 따라 상해 및 기타 주위 지역의 상품시장이 계속 확대되었으므로 자연경제가 더욱 빠르게 해체되고 있었다. 예를 들면 남통(南通), 해문(海門) 등 지역의 양사(洋紗), 양포(洋布)의 판매량이 많아지면서 본사(本紗), 토포(土布)의 판매가 위축되어졌다. 상해의 사창(紗厂)이 설립된 이래로 일반인들이 스스로 손으로 짜는 사(紗)가 기계를 사서 짜는 것 보다 비싸므로 사람들은 너도나도 기계를 구매하였고, 양사(洋紗)가 심지어 내지에서도 판을 치고 있었다. 항간에서는 자기 스스로 수공업으로 사(紗)를 짜는 것을 보기 힘든 지경까지 왔다. 1892년 상해에서 내지로 운송하는 외국의 면사(棉紗)는 198,993파운드에 불과하였는데, 1896년에 와서 갑자기 1,663,200파운드로 증가되었다.

　상품시장의 이런 변화는 민족자본주의 공업이 진일보 발전할 객관적 조건을 창조하였다. 갑오(甲午)전쟁이 실패한 이후에 민족위기의 깊은 자극 때문에 중국인민들이 적극적으로 구국 투쟁을 전개하는 동시에 공장을 세우는 분위기를 고조시켰다. 당시 청 정부는 이미 『마관조약』(馬關條約)중에서 외국인들이 중국에서 공장 설립을 허락하였으므로 자연스럽게도 내국인이 실업 장려(實業興辦)를 금지할 이유가 없

어 졌다. 그리고 양무(洋務)운동의 파산과 거액배상금을 지불하여야하
므로 청 정부 재정(財政)은 곤경에 빠지게 되었다. 이러한 상황 하에서
청 정부는 할 수 없이 민간에 공장 설립을 허락하고, 1898년에 『진흥
공예급장장정』(振興工藝給獎章程) 12조(條)를 발표하여 격려하였다.
이런 조건과 더불어 교통상의 편리함과 자금집중 그리고 서방선진기
술의 비교적 빠른 수입 등등의 유리한 여건이 구비되었으며, 또 1905
년에 미국상품배제(美貨抵制)운동의 추진으로 상해의 민족 자본공업이
비교적 빠른 발전을 이룩하고 있었다.

　불완전한 통계에 의하면, 1895년부터 1911년까지 상해에서 새로 설
치한 민족자본 공장은 86개이다.[10] 이들 공장은 주로 면방직(棉紡織),
밀가루[面粉], 권련(卷烟), 식품(食品), 제혁(制革), 착유(榨油) 등 경공
업 부문에 분포되었으며, 그중에 면방직업(棉紡織業)과 면분업(面粉業)
의 발전이 비교적 두드러졌다. 갑오(甲午)전쟁이 끝날 당시 상해에는
대순(大純), 유진(裕晋) 등 중국의 두 개 사창(紗廠)이 생산을 하고 있
었다. 이때 방직계사공소(紡織稽査公所)가 여전히 이 두 공장에 대하
여 매 포사(布紗)에 1량은(一兩銀)의 세금을 부과하였다. 1897년 외국
상인들이 상해에서 이화[怡和(英)], 단기[端記(德)], 노공무[老公茂(英)],
홍원[鴻源(美)] 등의 사창(紗廠)을 개설하였으며, 그들은 전혀 납세(納
稅)를 하지 않으려고 하였고, 또한 방직계사공소(紡織稽査公所)의 권
한을 인정하지도 않았다. 중국 사창(紗廠)도 그들을 모방하여 방직계
사공소(紡織稽査公所)는 점차적으로 철수하게 되었다. 이는 민족자본
방직창(民族資本紡織廠)에 어느 정도의 이익을 가져왔다. 그런데 외국
사창(紗廠)의 경쟁(競爭)에 의하여 면화(棉花) 가격과 품삯이 갈수록
높아져서 중국 사창(中國紗廠)의 처지가 매우 곤란하게 되었다. 유진
창(裕晋廠)의 전부를 독일 상인에게 팔았으며, 유원창(裕源廠)은 별도

---

10) 上海特別市社會局, 『上海之工業』, 中華書局, 1930年版, 統計圖表.

로 서양 상인이 주식을 매입하도록 하였으며, 대순(大純), 화신(華新), 화성(華盛)도 모두 다 매우 위급하였다. 1905년 미국상품 불매운동이 후에 민족자본방직업이 비로서 생기를 띠게 되었다. 1910년에는 상해 중국사창(上海中國紗廠)은 이미 165,696매(枚)의 사정(紗錠)을 소유하고 있었으며, 이는 전국 사정(紗錠) 총 수의 33.3%를 차지하고 있다.

1898년 이부상서(吏部尙書)인 쑨지아나이(孫家鼐)의 자손인 쑨뚜오썬(孫多森)은 미화 22,000 달러로 미국기계 한 세트를 구매하여 상해 최초 면분창(上海第一面粉廠)인 부풍면분창(阜豐面粉廠)을 창설하였다. 얼마 지나서 화풍면분창(華豐面粉廠)이 설립되었다. 1905년 러일전쟁 이후에 하르빈(哈爾濱)을 중심으로 하는 동북면분업(東北面粉業)이 갑자기 여지없이 가치가 떨어졌고, 미국상품 배제 운동을 전개하여 미국면분(美國面粉)이 한때에는 두절되기도 하였다. 이때 상해의 면분업(面粉業)은 기회를 틈타 일어나서 생산품이 멀리는 동북부 및 화동(華東), 화중(華中), 화남(華南) 등 지역까지 판매되고, 부풍(阜豐) 등 공장들은 거액의 이익을 얻었다. 1907년 잡량업(雜糧業) 상인인 구샹이(顧響一)와 일청윤선공사(日淸輪船公司)의 매판(賣辦)인 왕이팅(王一亭)은 입대면분창(立大面粉廠)을 창설하여 1일 생산량은 4백 부대(袋)가 되었다. 신해혁명 이전에 상해에는 이미 민족자본의 면분창이 7가(家)나 되었고, 1일 생산량은 14,700포(包)에 도달하였다.

이 시기에 소사업(繰絲業)도 초보적 규모를 갖추었다. 1894년 상해의 민족자본 소사창(繰絲廠)은 10개에 불과하였는데, 1911년에는 48개로 증가하고, 13,738가(架)의 사차(絲車)를 소유하고 있었다. 민족기계공업은 일정한 발전을 가져왔다. 1904년 마샹뽀(馬相伯)의 조카이고, 동방회리(東方匯理) 은행의 매판(買辦)인 주쯔샤오(朱志曉)는 남시(南市)에 구신제조창(求新製造廠)을 창설하고, 그 안에 공장으로는 기모공장(機母工場), 용철공장(鎔鐵工場), 야철공장(冶鐵工場), 화로공장

[造爐工場] 및 석유엔진제조[火油引擎製造]등의 부문이 있었다. 1907
년 이 구신제조창은 대달공사(大達公司)로부터 수주받아 "대신"(大新)
이란 윤선(輪船) 한 척을 건조하였는데, 순전히 강판으로 만들었으며,
250톤(吨)의 화물을 실을 수 있으며, 250명을 태울 수 있어서 많은 이
익을 얻었다. 이 공장은 또한 240필(匹) 마력의 예인선[拖輪] 및 1,700
톤을 실을 수 있는 돈선(躉船; 부두에서 棧橋로 쓰이는 배)을 건조하였
다. 내연기관[內燃機], 농부산품(農副產品)의 가공 기계 및 기타 경공
기계(輕工機械)의 제조도 이 시기에 시작되었고, 가흥로(嘉興路)에 개
설한 균창기계창(鈞昌機械廠)은 이미 소사기(繅絲機)를 1년에 천 대
(千台) 이상 생산해 내었다. 민족자본이 경영한 성냥, 제지, 인쇄, 담
배, 양초, 비누, 피혁 등의 업종이 계속 나타났는데, 발전이 비교적 더
뎠으며, 어떤 것들은 도중에 사라졌다. 예를 들면 미국상품 불매운동
의 추진 아래에 설립된 일휘양탄자공장[日暉氈呢廠], 삼성공사[三星公
司는 卷烟廠] 및 덕융연창(德隆烟廠) 등은 모두 다 외국상품의 압박에
저항하지 못하고 무력해져서 수 년 내에 파산되었다. 신해혁명 이전
도시 전체에 민족자본 공장은 90여 곳이 있었다.

민족자본 항만운수업(港灣運輸業)도 이때에 시작하였다. 1904년 장
지앤(張謇) 형제는 통주, 양주(通州, 揚州)의 신상(紳商)들과 연락하여
상해에서 대달윤부공사(大達輪埠公司)를 건립하고, 상해에서 사사(余
沙), 여사(呂四), 해안(海安), 태주(泰州), 양양(楊洋) 일대의 내하(內河)
까지 항선(航線)을 개척하였다. 이후에 내하륜공사(內河輪公司)로 이름
을 고치고, 60만 원의 주식자본을 모집하여, 선박 다섯 척을 구매하고
도 여유자금이 남았다. 1909년 네덜란드(荷蘭)은행 매판(買辦)인 위치
아칭(虞洽卿)은 28만 원을 투자하여 영소윤선공사(寧紹輪船公司)를 창
설하고, 마니선창(馬尾船廠)으로부터 1,920톤(吨)의 윤선(輪船) 한 척
을 구매하고, "닝샤오"호(寧紹號)라고 명명하고, 상해-영파(滬甬, 즉 上

海와 寧波를 지칭함)를 왕복하였다. 당시 호용선(滬甬線)은 이미 초상
국(招商局)에서 운영하였는데, 태고(太古), 동방(東方, 중프합자) 등 3
곳의 윤선(輪船)공사가 3척 선박으로 운행하고 있었으며, 3등 승차권
의 가격을 원래 1원(元)에서 1원 50전(一元五角)으로 올렸다. "닝샤오"
호가 개통한 이후 승차권의 값을 일률적으로 50전(五角)으로 고정한다
고 선포하여 승객들에게 큰 환영을 받았다. 태고(太古) 공사도 더불어
서 표 값을 30전(三角)으로 낮추고, 수건, 비누 등을 선물로 승객들에
게 나누어 줌으로써 이용 승객 숫자에서 영소(寧紹)공사를 앞지르려는
시도를 하였다. 이후에 다행히도 영파적(寧波籍) 상인들이 조직한 항
업유지회(航業維持會)는 표값(票價)에 대하여 20전(二角)을 보조해 주
는 바람에 영소(寧紹)공사가 어려운 난관을 이겨냈다. 1911년 민족자
본이 상해에서 설립한 윤선(輪船)공사만도 10여개가 되었으며, 보유선
박은 517척이나 되었다.

민족자본 공업발전에 따라 민족자본 상업도 점차적으로 성장되고
있었다. 1900년 상해의 양포점(洋布店)은 130~40개가 되었고, 10년
후에는 2~3백 개로 증가하였다. 대풍호 면포점(大豐号棉布店)의 자본
가 샤오친타오(邵琴濤)는 상무총회(商務總會)의 이사[董事]를 맡고 있
어서, 공상업계(工商業界)의 거물급 항렬에 들어갔다. 1898년부터
1911년까지 도시 전체에 20여 곳의 약방(藥房)이 새로 세워졌고, 이는
1888년부터 1894년에 세워졌던 6곳의 3배였다. 철물 즉 금·은·구리·
철·주석으로 오금(五金)이라고 하는 상회의 발전은 비교적 빨랐으며,
북양(北洋), 장강(長江), 서북(西北) 등지에서는 상해로 와서 물건을 구
입하므로, 상해는 이미 전국 규모의 오금시장(五金市場)이 형성되었다.
1908년의 통계에 의하면 도시 전체에 있던 각종 상호(商号)는 7,381호
(戶)에 이르렀다.

민족자본 공상업의 발전으로 객관적으로는 이에 상응하는 신용기구

가 그들을 위한 서비스할 것을 요구하게 되었다. 옛 사설금융기관[錢莊]의 경영방식은 낙후되어 이러한 서비스를 제공할 수 없었으므로, 외국은행들은 중국 상인에 대하여 다방면으로 압력을 가하였다. 그래서 관료와 상인들이 공동 투자하여 은행(銀行) 창설을 시작하여서 중국은행업이 생겨나게 되었다. 1896년, 성슈앤화이(盛宣懷)는 대출을 통하여 노한(盧漢)철로[1]를 운영[經辦]하는 과정에서 "철로는 이익을 거두는 시간이 오래 걸리면서도 효율이 낮으나, 은행은 이익을 거두는 시간이 빠르고도 효율이 높다."[2]라는 것을 잘 알고 있었으므로, 곧 바로 청정부에 자기 스스로가 은행을 개척하는 안건을 제출하였다. 한 차례의 곡절을 거치고 나서 중국인이 스스로 창설한 최초의 은행인 중국통상은행(中國通商銀行)이 1897년 5월 21일 상해에서 문을 열었다. 이 은행은 상판(商辦)으로 부르지만 황제의 유지를 받들어 설립한 것으로 농후한 봉건성(封建性)과 매판성(買辦性)을 지니고 있었다. 초기에는 250만량(万兩)의 자본을 만들었는데, 대부분은 관료들이 투자한 것이며, 총동(總董) 9명은 모두 성슈앤화이 본인이 지명하였다. 일하는 스타일은 모두 회풍(匯丰)은행을 모델로 삼아서 참고하였고, 외부 인사를 영입하여 중요한 임무를 맡게 하였으며, 업무의 중책을 장악하고, 은행내의 장부, 영수증 등은 모두 영어로 기재하도록 시켰다. 외국인들의 환심을 사기 위하여 그들은 외상은행 동업공회(外商銀行同業公會)에 가입하였다. 중국통상은행의 예금은 주로는 정부예금, 관독상판(官督商辦) 기업들의 간접 자본과 각 지역의 관(關), 도(道), 아문(衙門)들이 저축한 예금으로 민간인의 소액 예금은 수납하지 않았다. 대출

---

1) 경한철로(京漢鐵路)라고 하는데 원명은 노한철로(盧漢鐵路)이다. 이 철로는 경광철로(京廣鐵路)의 일부분으로 노구교(盧溝橋)에서 한구(漢口)까지의 철로를 말하며 평한철로(平漢鐵路)라고도 한다. 본문에는 노한철로(蘆漢鐵路)라고 하고 있는데 이는 노한철로(盧漢鐵路)의 오자(誤字)이다. 역자 주.
2) 『愚齋存稿』, 卷二十五.

대상은 주로 외국양행(外國洋行)과 중국 상호(商号)의 사설금융기관
[錢庄]으로 이러한 대출은 일반적으로 대출 총액의 절반 이상을 차지
하고 있다. 이는 상해 등 지역의 민족자본 공장 11곳과 대출관계를 유
지하고 있었다. 1899년 상해총행(上海總行)이 공업교통운수 기업에 대
여한 대출은 783,000량(兩)이며, 대출 총액의 45%를 차지하였으며,
1900년 이후에 일부 자금은 한구(漢口)로 빼내어 한양철공장(漢陽鐵工
場) 등 기업을 도와주고, 공업교통운수 기업의 대출이 갑작스럽게 감
소되어 일반적으로 대출 총액에서 볼 때 10 몇 퍼센트 정도만을 차지
하였다. 1906년 사상(絲商)인 쪼우팅삐(周廷弼)는 "중국은 비록 통상
은행을 창설하고, 또 호부(戶部)은행을 설립하려고 하지만, 저축은행은
아직도 이 일에 대하여 언급한 바가 없으므로, 앉아서 여유 자금만 저
축할 수가 없을 것이다"[3]라고 하며, 점차적으로 외국저축은행의 방법
을 모방하여 50만원(万元)을 모집하여 남시(南市) 만취(万聚) 항구에
신성상업저축은행(信成商業貯蓄銀行)을 창설하고, 단기저축과 정기저
축 등 두 가지 방법을 겸하여 업무를 보았다. 1908년 위치아칭(虞洽
卿), 리윈수(李雲書) 등이 조직한 사명(四明)은행과 인커챵(尹克昌)이
자금을 조달하여 신의(信義)은행[4]이 선후로 설립되었다. 이 두 은행은
상업 대출이외에 저축 업무를 겸하였다. 이후에 교통은행(交通銀行),
사천준천원은행(四川濬川源銀行), 복상은행(福商銀行), 절강흥업은행
(浙江興業銀行) 및 대청은행(大淸銀行)들도 모두 상해에 분점을 설치
하였다. 상해의 민족은행업[5]이 초보적으로 윤곽을 드러냈다.

전장(錢庄)의 본질은 이때부터 변화를 시작하였다. 한편으로는 외국
은행의 협박 아래에서 계속적으로 중외상인과 상해와 내지지역의 무
역을 위하여 자금을 융통해주어서 제국주의자들이 중국 경제침략의

---

3) 王志莘, 『中國之儲蓄銀行史』, 1934年版, p.18.
4) 信義銀行은 1909년 6월에 손해로 인해 倒産되어 폐쇄되었다.
5) 예전에는 內國銀行業이라고 하였다.

도구로 충당하였고, 또 한편으로는 대출을 통해서 신흥(新興) 민족자
본 공상업과 관계를 발생시켜서,6) 점차적으로 민족자본주의 금융사업
의 일부가 되었다. 그런데 전장(錢庄)은 여전히 농후한 봉건성과 매판
성을 갖고 있었다. 이는 외국은행이 뒷받침해주고 있으므로 금융시장
에서 그 세력이 민족은행업 보다 훨씬 우위에 있었다. 그들은 은행, 양
행, 전행시(錢行市)를 조종하고 있을 뿐만 아니라, 더 나아가서 어음을
발행하여 양행에서 화물을 출고(出貨) 할 수 있어 외국상인의 신용을
얻었으나, 반대로 중국은행은 이러한 신용을 얻지 못하였다. 19세기
90년대 아편무역(鴉片貿易)이 성행하여 시장의 자금이 긴축되고, 부분
전장(錢庄)은 첩표(貼票; 貼現票据, 할인어음) 방법을 만들어서 높은
이자로 예금을 흡수하였는데, 처음 이자는 2, 3푼(分)으로 부터 나중에
는 5, 6푼(分)까지 올랐다. 보통으로 소자금을 갖고 있는 자들은 높은
이자를 탐내어 서로 다투면서 전장(錢庄)에 첩표(貼票)를 하였다.
1899년 11월 첩표(貼票)를 경영하는 전장(錢伙)들이 제때에 현금을 지
불하지 못하자 부도가 나서 도시 전체는 공황(恐慌)을 일으켰는데, 소
위 말하는 첩표(貼票) 풍파가 일어났다. 1900년 의화단(義和團)운동이
일어난 이후에 돈 있는 사람들이 현금을 갖고 내지에 피신하므로 한
때 상해 자금이 매우 긴장되었다. 전장업자들은 어려운 난관을 이겨내
기 위하여 동업회획(同業匯劃)은 업종 간에 즉 어음교환을 실행하고,
전장(錢庄)이 출고한 장표(庄票)는 다만 동업(同業)간에만 서로 지출할
수 있으며, 잠시 현금으로 바꿀 수는 없었다. 그 이후에도 전장업(錢庄
業)은 끊임없는 발전을 하였다. 1908년에 이르러서는 상해에서만 전장
(錢庄)은 모두 115가(家)가 있었다. 이때에 미국인 챠오커(殼克)를 중
심으로 하는 외국 사기단체 무리들이 상해에서 고무주식회사(橡皮股票

---

6) 예를 들어, 淸末民初 상해의 華商絲廠은 거의 완전히 錢庄의 대출에 의존하
   였다. 『上海錢庄史料』, p.170 참고.

公司)를 창설하였다. 그들은 스스로 약간의 상교(橡膠; 고무와 마교)
사를 경영한다고 하면서 사람들을 조직하여 남양(南洋)의 상교창(橡膠
廠)을 참관하고, 또 신문에다 주주를 모집 할 때에 암암리에 사람들을
시켜서 높은 가격으로 자기의 주식을 수매(收買)하고, 그리고는 더 높
은 가격으로 주식을 사고 싶어하는 사람들에게 주식을 팔았다. 이렇게
하여 주식 가격을 마음대로 조정하고, 그리고 회풍(匯豊)[7], 맥가리(麥
加利)은행[8]들이 판매 금지를 선포하면, 중외상인들이 서로 다투면서
그들의 주식을 사들여서, 3량(兩)의 주식이 최고로 17량(兩)까지 치솟
았다. 중국의 금융계들은 고무주식(橡皮股票)은 역시 현금보다 낫다고
생각하고, 서로 다투면서 사들였다. 1910년 7월에 이들 사기꾼들은 거
액의 현금을 갖고 멀리 도망쳤으며, 고무주식(橡皮股票)은 한 순간에
폐지(廢紙)가 되어 정원(正元), 겸여(謙余), 조강(兆康) 등 전장(錢庄)들
이 파산되었다. 정원전장(正元錢庄)의 주주인 정이칭(鄭以卿)은 극약을
먹고 자살하였으며, 이번 사건의 피해를 계산해보면 상해 사람들이 총
2,000만량(萬兩)의 은자(銀子)를 손해 보았다. 이것이 바로 청말(清末)
에 이름난 "상피풍조"(橡皮豊潮)이다. 이 풍조(豊潮)를 거친 이후 전장
업(錢庄業)은 상당한 타격을 받았다. 1911년 상해에는 51가(家)의 전
장(錢庄)만 남았다. 외국은행들도 다시는 전장(錢庄)에게 담보 없는 대
출은 해주지 않게 되었다.

민족자본주의 공업의 발전에 따라, 민족자본주의 상업 역시 점차적
으로 성장하기 시작하였다. 일부 대자본가는 이미 백만장자라고 하기

---

7) 원명은 香港上海滙豊銀行有限公司(The HongKong and shanghai Banking
Corporation Limited)이다. 영문을 중문으로 직역하면 "香港和上海銀行有限
公司"로 영문으로 줄여서 'HSBC'로 중문으로는 '滙豊' 또는 '滙款豊裕'라고
한다. 1865년 3월 3일에 창설되었다. 역자 주.

8) 일반적으로 渣打銀行(Standard Chartered Bank)를 가리킨다. 이 은행은 1853
년 런던에 총부를 둔 영국은행이다. 1858년에 상해에 최초의 지점을 설립하
였다. 역자 주.

에 손색이 없었다. 주따춘(祝大椿), 쩡쭈(曾鑄), 예청쭝(葉澄衷), 주쯔야오(朱志堯) 등의 자본은 200만원(万元)이상이었다. 앤신호우(嚴信厚)의 자본 총액은 1911년에 이미 800만원(万元)이었고, 그가 친히 창설하거나 참여한 투자기업은 은행(銀行), 은호(銀号),9) 알화(軋華, 조면), 방사(紡紗), 매광(煤礦), 간무(墾務), 조지(造紙), 마대(馬袋), 자업(恣業), 약방(藥房) 등 방면을 포함하며, 그 세력은 멀리는 영파(寧波), 해주(海州), 경덕진(景德鎭), 금주(錦州) 등 지역까지 미쳤다. 경제적 실력 증가에 따라 자산계급의 세력은 갈수록 사회생활 각 방면에서 광범하게 침투하게 되었으며, 당시에는 활발하게 사회적 정치역량을 이루었다.

1898년 백일유신(百日維新) 기간에 광서제(光緖帝)는 양강총독(兩江總督) 리우쿤이(劉坤一)에게 상무국(商務局)을 시험적으로 운영해 볼 것은 명령하자, 리우쿤이는 중국통상은행의 총동(總董)인 앤신호우(嚴信厚)와 사업 동사(絲業董事)인 쓰처찡[施厠敬(子英)]에게 상해에서 상회(商會)를 설립할 것을 명령하였다. 그러나 변법(變法)실패 후 이 일은 계속 진행될 수 없었다. 1901년 10월 성슈앤화이(盛宣懷)는 상해에 상업회의공소(商業會議公所)를 설치할 것을 주청하고, 앤신호우(嚴信厚)를 총리로 지명하고, 쪼우진찐(周金箴)을 제조(提調)로 임명하였다. 앤신호우가 이 일을 맡은 후, 상해 외국 상회 및 상무국(商務局)이 정한 장정(章程)을 참조하여 "뜻을 밝히고, 아래와 위가 소통하며, 군중정서와 연합하고, 이익과 폐단을 정리하며, 규칙을 정하고, 체납자는 끝까지 쫓는다"(明宗旨, 通上下, 聯群情, 陳利弊, 定規則, 追逋負) 등의 여섯 가지 장정(章程)을 단정시켰다.10) 1902년 상해 상업회의공소가 정식 성립되고, 먼저 각 행회(行會) 형태의 동업공소가 연합하기 시작하여 통일적인 자본가 단체가 형성되었다. 1903년 청정부는 소위 말하

---

9) 옛날 규모가 비교적 큰 銀庄. 개인 경영의 금융기관. 역자 주.
10) 『上海縣續誌』, 卷 2, 『建置上』.

는 "신정"(新政)을 실행하여 상부(商部)를 설립하였고, 각지에서는 상
해에서 하는 것을 보고 따라 상회를 조직하였다. 1904년 상해상업회의
공소에서는 상정된 장정에 따라 상해상무총회(上海商務總會)라 이름을
고쳤고, 초고인 장정 73조를 정하고, 사무 규조 23조를 만들었으며, 총
리(總理), 협리(協理), 의동(議董), 좌판(坐辦) 각 몇 명을 두었는데, 앤
신호우(嚴信厚)를 총리로, 쉬룬(徐潤), 쪼우진쩐(周金箴)을 협리(協理)
에 의 자리에 앉혔다. 다음해에는 임명에서 선거로 고쳐, 쩡쭈(曾鑄),
주빠오싼(朱葆三, 佩珍)을 총리와 협리로 임명되었다. 1906년 겨울, 상
무총회는 또 남시(南市)에 기관을 분설하였으며, 다음 해에는 이름을
호남상회분소(滬南商會分所, 후에는 분회라고 함)하였는데, 이것이 후
에 상해현(縣)상회의 전신이 되었다.[11]

자본가 단체가 조직됨과 동시에, 상해 자산계급에는 또 "자치자립"
(自治自立)의 구호아래 지방자치운동이 발기되었다. 최초의 지방자치
기구는 상판시정(商辦市政)기관의 형식으로 출현하였다. 상해에서 가
장 빠른 시정기구는 1895년 상해 도대 황주루오(黃祖絡)가 16포(鋪)
이남의 연강 황탄(荒灘)을 개발하여 청정부에 상주하여 비준되어 설립
된 남시마로(南市馬路)공정국(工程局)이었다. 1897년, 이 국(局)에서는
약 2,700m(804丈) 길이의 도로(현재의 外馬路)를 건설하였는데, 이때
이름을 남시마로공정선후국(南市馬路工程善后局)으로 고쳤고, 계속해
서 장포탄(丈浦灘)을 깨끗하게 정리했고, 개축된 도로에 협리(協理)가
와서 부근 주민들을 인도하여 도로 양 변에서 사무를 보게 하였다. 그

---

11) 1911년 상해 광복 후, 남북시행상(南北市行商)은 또 북하남로(北河南路) 천
  후궁(天后宮)에 상무공소(商務公所)를 설립하였으며 임시로 주빠오싼(朱葆
  三)을 회장으로 선거하였다. 1912년 1월, 상무총회와 상무공소가 합병되어,
  상해 총상회(上海總商會)로 이름을 정하였다. 1914년 전, 선후로 상무총회와
  총상회 총리로는 앤신호우(嚴信厚), 쩡쭈(曾鑄) 이외에 또 리호우위(李侯裕,
  雲書), 쪼우진쩐(周金箴), 천쭈오린(陳作霖, 潤夫) 등의 사람이 임명되었다.

행정시설과 공부국은 서로 모방하여 6명의 인도 순포를 고용한 순포
방을 설립하였고, 1904년에는 또 전등창(電燈廠)을 세웠다. 이외에 시
정기관이 건설된 지구는 오송(吳淞)이었다. 1898년, 양강총독 리우쿤
이(劉坤一)가 차이쥔(蔡鈞), 쯔쥔(志鈞)을 독판(督辦)과 회판(會辦)에
임명하여, 오송(吳淞)개항공정총국[開缿工程總局]을 설립하였다. 그러
나 이상의 이 두 가지 시정기관의 조직기구와 직능은 모두 아주 간단
하였으며, 또 관판(官辦)에 속해 있었으므로, 근본적으로 자치라고는
말할 수 없었다. 1900년 장쯔퉁(張之洞)의 막료로 현지인인 리핑수(李
平書, 鐘珏)가 자본주의 각국의 지방자치제도를 연구하기 시작하여 자
강(自强)을 도모하였다. 같은 해, 천샤오창(陳紹昌), 주청꾸이(祝承桂)
등이 건립한 갑북(閘北)공정총국(工程總局)으로 상해 지방자치운동이
퍼지게 된 것이라고 볼 수 있다.

1904년 이후, 자산계급혁명파와 개량학파는 서방정치제도의 학습과
지방자치 실행의 목소리가 나날이 고조되었으며, 참정(參政)요구가 나
날이 긴박하게 요구되었다. 1905년 여름 미국상품배제운동의 고조시,
리핑수(李平書)와 야오원난(姚文楠), 모시룬(莫錫綸) 등 신상(紳商)은
"외국 권력은 나날이 확장되고, 주권은 침해되어 떨어진다. 도로는 잘
정돈되지 않고, 도랑에는 오물이 쌓인다."[12]는 것을 거울삼아, 도대 위
앤수쉰(袁樹勛)에게 상판시정기관(商辦市政機關) 건립의 요구를 제출
하였다. 위앤(袁)은 심각하게 생각한 후에 남시마로공정선후총국(南市
馬路工程善后總局) 폐지를 결정하고, 장래에 도로, 전등 및 경찰 등의
일을 전부 지방 신상(紳商)에게 속하게 하고 공적인 선거를 통해 동사
(董事)를 뽑고, 총공정국(總工程局)을 조직하라는 승인하였다. 8월 12
일, 리핑수(李平書) 등은 학궁(學宮)인 명륜당(明倫堂)에서 회의를 개
최하여 동사(董事)를 선거하는 방법을 논의하였다. 그들은 외국을 둘

---

12) 楊逸, 『上海市自治誌』, 『大事記甲編』, p.1.

러보고 돌아온 정법학자(政法學者)들에게 자문을 구하여, 동서 각국의
보통선거의 법과 당시 상황에서 어떻게 실행하였는가를 알게 되었다.
먼저 일상 사무는 여러 신상(紳商)중에서 동사(董事) 30명을 선출하기
로 결정하였다. 19일, 각 상업대회의 회의가 열려 상계(商界) 동사 28
명을 뽑고, 후에 18명을 더 증가시켰으며, 모두 도대에게 보고하였으
며, 이 중에서 총동(總董), 의동(議董)을 도대가 선택해 줄것을 요청하
였다. 10월 16일, 위앤수쉰(袁樹勛)은 리핑수(李平書)를 총공정국 영수
총동으로, 모시룬(莫錫綸), 위화이쯔(郁懷智), 쩡쭈(曾鑄), 주빠오싼(朱
葆三), 왕이팅(王一亭), 무시앙야오(穆湘瑤), 우씬(吳馨), 선언푸(沈恩
孚), 루원루(陸文麓) 등 33명 의동(議董)으로 앉혔다. 이후, 동사(董事)
들은 『상해성상내외총공정국간명장정』(上海城廂內外總工程局簡明章
程)을 제정해 내었다. 11월 11일, 리핑수 등은 상해 남부(滬南) 모가농
(毛家弄) 남시마로(南市馬路)공정선후국을 흡수하였으며, 상해성상내
외총공정국(上海城廂內外總工程局)의 성립을 선고하게 되었다.

　총공정국은 관부(官府)와 관계가 밀접한 자산계급 상층 분자들이 통
제하게 되었고, 서방자산계급 삼권분립의 원칙에 따라 조직되어 일어
난 지방자치기구이었다. 그것은 의사(議事), 참사(參事) 두 회로 조직
되어 있었다. 의사회(議事會를 다른 말로 議會라 함)는 대의기관(代議
機關)으로 의동(議董)이 33명이었고, 초대 의장은 야오원난(姚文楠)이
맡았다. 참사회(參事會)는 집정기관(執政機關)으로 영수 총동 1명, 판
사(辦事) 총동 4명으로 조직되었으며, 그 아래에 호정(戶政), 경정(警
政), 공정(工政) 등 3과(科)가 있었다. 이외에 또 경찰업무에 위반이 되
는 안건(違警案件)에 대한 처리를 하는 재판소가 있었는데, 초대 재판
관으로는 공공조계 회심공당에서 회심위원으로 활동하던 쑨나이쯔(孫
乃治)가 맡았다.

　『총공정국간명장정』(總工程局簡明章程) 및 후에 의사회에서 제정한

『총공정국총장』(總工程局總章)의 규정에 따라, 총공정국의 직능은 "지방의 모든 일을 정돈하고, 관리를 돕고, 민생의 큰 이익을 도모한다.", "지방자치의 기초를 세운다."[13]이었다. 그 직권 범위는 편차호구(編査戶口)를 포괄하고, 지도를 제작하며, 선창을 확대하며, 도로를 개척하고, 하천을 정리하며, 도로의 청결과 가로등을 설치하며, 인원을 천거하여 재판하고, 순경을 설치한다는 것 등이었다. 총공정국이 성립되자, 즉각 경찰조직 건립이 착수되었다. 1905년 말, 공정총국은 인도 순포를 폐지하고, 16포 3개 보갑국(保甲局)의 순방에서 약한 사람은 도태시키고, 강한 사람은 남게 하였고, 신상(紳商)점포에서 보내온 10명의 힘이 좋은 장사들로 86명의 경찰 대오를 조직하였으며, 주방소(駐防所)를 소무당(小武當)에 설립하였다. 1906년 또 서, 남 두 구(區)[14]에 경찰을 설립하고, 아울러 서원(書院)에 경무학당(警務學堂) 설립 요청하고, 120명의 학생을 받아들였다. 동시에 사람을 일본과 남경(南京) 등지로 파견하여 시정을 고찰하게 하였고, 경무 업무를 배워오게 하였다. 이후, 무시앙야오(穆湘瑤)가 공개적으로 경무장(警務長)에 선거되었고, 각 구의 경찰을 총관하였다. 1906년 5월, 총공정국은 전등창(電燈廠)을 주식회사인―내지전등공사(內地電燈公司)라고 이름을 고쳤으며, 소무당(小武當)에 새로운 공장을 확장시켰다. 이외에, 16포(鋪) 일대에 부두를 건설하여, 대달윤부공사(大達輪埠公司)에 임대를 주었으며, 매년 임대금액 8,000량을 받았다. 총공정국은 또 성내의 도로를 다시 바꾸는 계획을 갖고 있었다.

지방자치운동이 전개된 동시에, 자산계급 역시 조계관리 방면에 일련의 발언권을 얻고자 시도하였다. 1905년 법정대소관[大鬧公堂] 사건

---

13) 楊逸,『上海市自治誌』,『各項規則規約章程甲編』, p.1.
14) 총공정국은 당시 16포(鋪)를 東區, 西門 밖을 西區로 하고, 23포 지역(16鋪 남쪽의 董家渡 일대)을 南區로 하였다. 각 區에는 區長, 副區長 각 1인을 두고, 본 區內의 재판 이외 각 항의 사무를 처리하게 하였다.

발생 후, 일부 사람이 공부국에 반드시 중국인 동사(董事)가 필요하다
고 인식하여 설립을 제기하게 되었다. 당시, 공부국에서는 중국인민의
분노를 가라앉히기 위하여, 중국인 자순위원회(諮詢委員會) 조직이 가
능하다는 표시를 나타내었다. 1906년 2월 8일, 위치아칭(虞洽卿) 등이
각 업(業) 회관(會館) 동사(董事)를 소집하여 회의를 개최하여, 7명의
동사를 선출하여 화상공의회(華商公議會)가 만들어졌고, 서기(瑞記)양
행 매판 겸 사업(絲業)회관 동사 우샤오칭(吳小卿)을 총동으로, 양화공
사(洋貨公社) 동사 위화이쯔(郁懷智)을 부총동에 선임하고, 이외에 5명
은 위치아칭, 시에룬후이(謝綸輝), 쪼우진쩐(周金箴), 주빠오싼(朱葆三)
과 천후이팅(陳輝庭)이었다. 공부국에서는 즉각 하나의 소조위원회(小
組委員會)를 만들어 화상공의회와 함께『화상공의회장정』초안을 기초
하게 하였다. 이 장정에 의거하여, 화상공의회의 직권은 오직 중국 상
인을 대표하는 "공헌의견"(貢獻意見)만이 있었고, "어떠한 조계의 치
리(治理)에 대한 권한과 어떠한 납세인 대표 직권에 대한 저촉되는 행
동은 취하는 것에 대한 희망은 모두 사라졌다."15) 이것은 분명하게 나
타났는데, 이 조직은 실제상으로는 아무런 권력도 없었으며, 공부국의
활동에 대하여 어떠한 제약도 할 수 없었다. 그러나 이렇게 겉치레격
의 설치에 대하여, 식민자들 역시 그것의 존재를 허락하지 않았다. 3
월 13일, 납세인 연례 총회 통과회의는 "본회는 공부국이 지피장정(地
皮章程)중에 중국인들로 조직된 '대표위원회'의 권한을 승인할 수 없
고, 그러므로 공부국에서는 이러한 일의 행동에 대하여 승인하지 말아
야 한다."16)고 하였다. 이렇게 공공조계중 최초의 소위 "화인참정"(華
人參政)기구는 1달을 넘기지 못하고 유산되었다.

　1909년, 청정부는 "예비입헌"(豫備立憲)이라는 구실로『성진향지방

---

15) 1906년『工部局年報』,『上海公共租界史稿』, pp.502~503.
16) 앞의 책, p.505.

자치장정』(城鎭鄕地方自治章程)을 반포하고, 각지에 자치공소 설립을
명령하였다. 상해성상내외총공정국(上海城廂內外總工程局)은 따라서
같은해 6월에 명령을 받고 상해성상내외자치공소(上海城廂內外自治公
所)로 이름을 바꾸었다. 그의 기구조직과 총공정국은 기본적으로 같았
다. 청정부의 규정에 따라 자치공소는 일부분의 시정건설, 민정, 지방
세수와 공용사업 등 방면의 관리권 이외에 부분적인 공상, 문교 및 위
생방면의 관리권도 있었으며, 직권 범위는 총공정국을 초과하였다. 상
해성상내외자치공소 성립 후, 관계총국(官契總局) 처리의 관계(官契)사
무 및 성내의 도로 청조, 가로등, 건물 건조의 허가 등의 권력이 모두
그곳으로 넘어갔다. 그러나 실제적으로는 자치공소의 자치권은 총공정
국에 비해 크게 축소된 것이다. 왜냐하면, 총공정국의사회에서 결정된
일은 지방관 권력에서 처리하는 것 외에는 관방의 비준을 얻지 않고
바로 참사회(參事會)가 집행할 수 있었다. 그러나 자치공소 의사회의
어떠한 결정도 모두 지방관이 조사한 후에 비로소 집행기관인 동사회
에서 집행할 수 있었기 때문이다. 1910년 2월, 1,104명이 선민(選民)
투표방식으로 선거하여 49명의 의원으로 의사회(議事會)를 조직하였
으며, 선언푸(沈恩孚)가 의장으로, 우씬(吳馨)이 부회장으로 임명되었
고, 후에 리핑수(李平書)를 총동(總董)으로 하는 동사회(董事會)가 조
직되었다.

 청 정부는 자산계급이 관부(官府)의 엄격한 감시 하에서 지방자치활
동을 하는 것을 윤허하였고, 인심을 회복시키고 인민을 기만하는 소위
"관민공제"(官民共濟)를 실행하여 이로써 봉건전제통치를 유지하려고
하였다. 그러나 신흥의 자산계급은 이러한 참정활동을 통해 자신의 정
치 경험이 풍부해졌고, 본 계급의 역량을 모을 수 있었으며, 민주주의
영향을 확대시킬 수 있었다. 이러한 점에서 볼 때, 지방자치운동은 상
해지구에 혁명세력 형성에 진일보한 발전을 촉진시켰으며, 일정한 의

의를 제공하였다.

상해 자산계급은 또 적극적으로 개량파(改良派)의 입헌발기운동에 참가하였다. 1904년 러일전쟁기간, 국내에는 상해를 중심으로 "입헌구국"(立憲救國)를 고취시키려는 함성이 나타났다. 1906년 9월, 청정은 "예비입헌"(豫備立憲)을 선포하자, 상해 자산계급이 앞장서서 반응을 보였고, 같은 해 12월 중국 최초의 입헌정단(立憲政團) 즉, 예비입헌공회(豫備立憲公會)가 성립되었다. 리핑수(李平書), 리윈수(李雲書), 쪼우진쩐(周金箴), 왕이팅(王一亭) 등 모두는 이 회의 동사(董事)였고, 쑨뚜오썬(孫多森), 쑤빠오성(蘇葆笙), 쉬룬(徐潤), 시아추이팡(夏粹芳), 위치아칭(虞洽卿), 룽쫑징(榮宗敬), 룽더셩(榮德生), 위화이쯔(郁懷智), 주빠오싼(朱葆三) 등 모두는 이 회의 회원이었다. 총공정국 역시 적극적인 협조로 도처의 사람들을 초청하여 법정(法政)에 대한 강연을 하였다. 1907년 가을, 청정부는 중앙에서 자금을 모금하여 자정원(資政院) 설립을 선포하였고, 각성에는 자의국(諮議局)의 설립을 준비하였다. 예비입헌공회(豫備立憲公會), 헌정연구회(憲政硏究會), 강소교육총회(江蘇敎育總會), 상해권학소(上海勸學所), 상해상무총회(上海商務總會), 총공정국 등은 같은 해 9월 15일에 개회하여, 『자의국장정초안』(諮議局章程草案)을 회의하였다. 1909년, 무시앙야오(穆湘瑤), 야오원난(姚文楠), 주쯔샤오(朱志堯), 친시티앤(秦錫田) 등이 피선되어 강소성자의국(江蘇省諮議局)으로 들어갔다.

상해 자산계급의 세력 역시 문화교육영역으로 침투해 들어갔다. 19세기 70년대 이전에, 상해의 신식학교는 기본적으로 모두 외국인에 의해 설립된 것이었다. 이 이후 일부 지방에서 개명한 사신(士紳)과 자산계급 상층 인물들이 신식학교를 창설하기 시작하였다. 1878년 장환룬(張煥綸)이 정몽서원(正蒙書院)을 설립하여, 과목으로는 국문, 여지(輿地), 경사(經史), 시무(時務), 격치(格致), 수학, 시가(詩歌) 등을 가르쳤

고, 1882년에는 이름을 매계학당(梅溪學堂)으로 고치고, 영어와 프랑
스어문과를 증설하였으며, 학생들에게 군사 훈련도 가르쳤다. 1896년
왕웨이타이(王維泰)는 대동문내(大東門內) 왕씨성원(王氏省院)에 육재
학당(育材學堂, 후에는 南洋中學으로 이름을 고침)을 창설하였다.
1899년 섭창(燮昌)성냥공장 자본가인 예청쭝(葉澄衷)이 징충학당(澄衷
學堂, 校址는 현재 제58중학 자리)을 설립하였다. 20세기로 진입한 후,
과거제도가 폐지됨에 따라 상해 자산계급 간에는 신식학교를 창설하
는 풍조가 일어났다. 1902년 우씬(吳馨)이 무본여학(務本女學)을 창설
하였고, 니우용지앤(鈕永建), 친롱꽝(秦榮光) 등이 오회서원(吳會書院)
과 삼림서원(三林書院)을 강서학당(强恕學堂)과 삼림학당(三林學堂)으
로 명칭을 고쳤다. 삼림학당은 관부(官府)로부터 양창(洋槍) 80자루를
받아, 삼림(三林), 양사(楊思), 진행(陳行) 세 곳 향(鄕)의 신상(紳商)
자제를 훈련시켰다. 1904년 쩡쭈(曾鑄)의 사위 쑤번앤(蘇本炎)은 자금
을 모아 민립(民立) 상해중학을 창설하였다. 쓰량차이(史量才)는 상해
여자잠상학당(上海女子蠶桑學堂)을 설립하였는데, 이것은 중국 최초의
여자직업전문학교였다. 1865년 창설된 용문서원(龍門書院) 역시 같은
해 용문사범학당(龍門師範學堂, 현재의 上海中學의 前身)으로 이름을
고쳤고, 리핑수(李平書)와 야오원난(姚文楠)을 교동(校董)에 임명하였
다. 마샹뽀(馬相伯), 예용리우(葉永鎏) 등은 호학회(滬學會)를 조직하
여, 의무소학(義務小學), 체육회, 독서회 및 보충 야간학교(補習夜校)
등을 설립하게 되었다. 1905년 야오원난 등은 학무공소(學務公所, 후
에는 勸學所로 개칭됨)을 조직하여, 장래에 서원(書院), 학숙(學塾)을
계속해서 학교로 고쳐 나갔다. 같은 해, 프랑스 선교사가 진단학원(震
旦學院)[17]을 강제로 점거한데 항의하고, 마샹뽀(馬相伯) 및 학생 샤오

---

17) 1903년 2월, 馬相伯은 徐家滙天文臺의 남아 있는 건물에 震旦學院을 설립하
    고, 스스로 원장에 취임하였으며, 아울러 라틴문 등의 과정을 가르쳤다. 다음
    해 학교의 규모가 확대되었으며, 馬相伯은 천주교 예수회에 사람을 파견해

리즈(邵力子), 위요우런(于右任) 등 20여 명이 이 학교에서 퇴출당하
자, 양강총독 쪼우푸(周馥)가 10,000량의 자금을 내어 놓아 오송(吳淞)
제독(提督) 씽위앤(行轅)이 푸단공학(復旦公學)을 창설하였고, 마샹뽀
(馬相伯)를 교감으로, 리덩후이(李登輝)를 교무담당에 임명하였다.
1906년 얜푸(嚴復)가 교감에 임명되었고, 양강총독 두완팡(端方)은 매
월 은 1,400량을 경비로 지원하자, 이때부터 이 학교의 기초가 다져졌
다. 1906년, 천사(川沙)건축업 자본가인 양쓰셩(楊斯盛)이 포동(浦東)
중학을 창설하였으며, 리핑수(李平書), 친시티앤(秦錫田), 황얜페이(黃
炎培)를 교동에 임명하고, 황은 교감을 겸임하게 하였다.

이 시기, 무시앙야오(穆湘瑤), 위화이쯔(郁懷智), 주따춘(祝大椿), 쩡
쭈(曾鑄), 루원루(陸文麓), 무시룬(莫錫綸) 등 자산계급의 대표적인 인
물과 자치공소 및 일부 공관공소는 학교를 창설하는 것 이외에 또 여
러 종류의 문화단체를 조직, 발기시켰다. 예를 들면 1905년 총공정국
(總工程局) 성립 후, 상계(商界) 인사들은 지방자치연구회(地方自治研
究會)와 지방공익연구회(地方公益研究會) 두 종류의 시정연구단체를
건립하였으며, 위생, 공안, 공무(工務), 교육, 자선 등의 사항을 연구하
였다. 야오원난(姚文楠)과 선언푸(沈恩孚)가 교육연구회를 창립하였고,
황얜페이(黃炎培) 등과 함께 강소성교육회를 조직하고, 장지앤(張謇)을
회장으로 추대하였다. 구화회(救火會), 체육회, 상품협회 등 역시 대부
분은 자산계급이 통제하고 있었다. 자산계급 상층인물은 이러한 광범

_____

협조해 줄 것을 청하였다. 1905년 봄, 이 학교의 總教習을 맡았던 프랑스 선
교사 Perrin(F. Perrin, 南從周)은 교회세력에 의지하여, 馬相伯가 휴가를 신
청한 기회를 틈타 대권을 확보하고, 이에 학교 관리방법을 바꾸었다. 馬相伯
는 분노하면서 사직하였고, 학생 역시 馬相伯를 따라 학교를 떠났으며, 학교
는 수업이 중단되었다. 같은 해 8월, 兩江總督 周馥과 張謇, 李平書, 姚文楠
등 사신(士紳)의 협조아래, 이 학교는 다시 학업이 이어졌고, Perrin은 여전히
총교습에 임명되었으며, 학교의 대권을 장악하였다. 이때부터, 진단학원은 예
수회에서 운영하는 학교가 되었다.

위한 사회활동을 통하여, 자신의 사회적 지위와 사회에 미치는 영향을
제고시켰다.

신해혁명 전날, 상해 자산계급은 또 무장역량인 상단(商團)을 장악
하는데 성공하였다. 1905년 대료공당안(大鬧公堂案) 후, 만국상단(萬
國商團)은 공공조계 내에서 불법을 자행하여, 자주 중국 주민들과의
충돌이 일어났다. 위치아칭(虞洽卿) 등은 중국인상단(華人商團)을 건립
하여 스스로 자위가 필요하다고 생각하고, 상무총회의 지지아래 화상
체조회(華商體操會)를 발기조직시켰다. 화상체조회는 대원이 500여 명
으로 보병 4대(隊), 기병 1대(隊), 군악 1대(隊)로 나뉘었고, 병기를 구
매하였고, 성 요한대학 졸업생인 천지밍(陳旣明), 정쑹성(鄭松生) 등이
훈련을 담당하였다. 1907년 3월, 화상체조회가 만국상단에 가입하였는
데, 사람 수는 83명으로 줄었고, 매 사람은 모두 부유한 상점을 담보
로 하였고, 아울러 외국인이 대장을 맡았고, 복장, 군용 등의 비용은
모두 만국상단 총부에서 제공하였으며, 그 나머지 경비는 상무총회에
서 맡았다. 조계 밖에서는 일부 공상계 인사들이 "백성들의 지식은 막
혀있고, 국세는 병들어 나약하며, 상무(尚武)정신은 진작되지 못하였으
므로, 스스로 자위하고 부강시킬 명분이 없었다."(民智閉塞, 國勢孱弱,
非振作尚武精神, 無以資自衛而謀富强爲名)"18)고 하며, 호남학회체조부
(滬南學會體操部), 상업체조회(商業體操會), 호북상여학회(滬北商余學
會), 호서사상체조회(滬西士商體操會) 등 5개 단체로 나누어 조직되었
는데, 때에 따라서는 "오체육회"(五體育會)라고도 불렀다. 이러한 조직
은 명의상으로는 체육단체였으나, 활동하는 내용은 체육에만 국한되지
않았다. 도수체조(徒手體操), 유연체조(柔軟體操), 목창(木槍), 달리기,
병식체조(兵式體操) 등 훈련 이외에 외국어 학습회를 조직하여, 사회
에서 명망 있는 사람들의 강연을 들어 상무(尚武)정신을 고취하였다.

---

18) 『上海縣續誌』, 卷 13, 『兵防』.

1907년 상반년, 상해 도대 루이청(瑞澂)은 명령을 받들어 아편 연관(烟館)을 금지시키는 것을, 총공정국에 넘겨 처리하게 하였다. 당시, 동, 서, 남 3구(區) 및 성내에는 모두 500여 곳의 연관(烟館)이 있었고, 건달 및 부랑자들이 모두 이러한 곳에 숨어 있었다. 이러한 무리들을 탄압하기 위하여, 리핑수(李平書)는 루이청(瑞澂)의 비준을 받아, 오체육회(五體育會)로 임시 상단(商團)을 조성하고, 각 부대로 나누어 3일 낮과 밤을 순찰하게 하였다. 이후, 오체육회는 정식 연합하여, 이름을 남시상단공회(南市商團公會)라 이름을 정하고, 리핑수(李平書)를 회장에 앉혔다. 도대는 상단(商團)에 79보총[步槍] 120개를 지급하였고, 아울러 상단이 스스로 여러 색깔의 총기류[雜色槍械]를 구입하는 것을 허락하였다. 이후, 각 업종의 종사자들은 여러 방법으로 상단을 도왔다. 1911년 봄까지, 상해에는 이미 각종 상단이 약 20여개가 있었으며, 1,000여 명이 이에 종사하였다. 상단은 자산계급의 민병조직으로, 영도권은 자산계급 상층인물의 수중에 있었으며, 참가한 구성원 대부분은 상인의 자제이며, 점원, 직원과 지식인들도 있었다. 이러한 것의 출현은 상해 자산계급 역량이 진일보 증가되었다는 것을 나타내는 것은 의심할 여지가 없었다.

신해혁명 전날, 상해 자산계급의 역량은 비교적 크게 증강하였으나, 그것의 선천적인 연약성을 바꾸어 놓지는 못하였다. 심지어 영수 지위의 자산계급 상층인사는 대부분이 모두 봉건 관부(官府)와 상당히 밀접한 관계를 갖고 있었다. 예를 들면 장기적으로 총공정국 영수 총동, 자치공소 총동 및 상단공회 회장을 담당하였던 리핑수(李平書)는 광동 육풍(廣東陸豊), 신녕(新寧), 축계(逐溪)의 지현(知縣)과 장쯔퉁(張之洞)의 막료를 역임하였다. 상해로 돌아온 후에는 강남제조국(江南製造局)의 제조(提調)와 윤선초상국(輪船招商局)의 동사(董事)를 역임하였으며, 1905년에는 성슈앤화이(盛宣懷)에 의해 중국통상은행총동(中國通

商銀行總董)을, 1906년에는 화성보험공사(華成保險公司) 사장을 맡았
다. 그는 또 주샤오라이(朱曉籟)와 함께 곤신간목공사(崑新墾牧公司)를
창설하였는데, 그는 관(官)과 상(商)을 넘나들던 사람이었다. 또 총공
정국 의사회 의장을 역임하였던 야오원난(姚文楠)은 미업공소(米業公
所) 동사(董事)로 거인(擧人) 출신이었다. 각 의동(議董) 역시 대부분이
상업자본가였다. 상업 자본을 대표하는 상인이 주요한 영도지위를 점
거하고 있으나, 상해 자산계급이 지니고 있는 보수성과 투기성을 배제
시킬 수는 없었다. 이외에, 그들 중간의 많은 사람들도 제국주의와 밀
접한 관계를 갖고 있었다. 예를 들면, 주빠오싼(朱葆三), 왕이팅(王一
亭), 위치아칭(虞洽卿), 주쯔야오(朱志堯), 주따춘(祝大椿) 등 사람들은
모두 유명한 대 매판(大賣辦) 혹은 매판 출신의 자본가들이었다. 상해
자산계급의 이러한 특징은 도래하는 신해혁명(辛亥革命)중에서 충분히
나타나고 있다.

제8절 자산계급혁명 운동의 발전

20세기에 들어선 후, 개량주의 운동이 파산됨에 따라, 자산계급혁명 운동이 점차 강대한 역사적인 조류를 형성하게 되었다. 상해에서는 큰 활약을 한 자산계급과 조계의 이 특수한 은신처로 자연히 혁명파의 가장 중요한 활동기지의 하나가 되었다. 1904년 겨울, 광복회(光復會)가 상해에 성립되었으나, 그 활동은 그리많지 않았고, 후에 회당(會黨)의 기초가 왕성하였던 절강(浙江)에서 발전하였다. 1905년 8월, 중국 동맹회(同盟會)는 일본 토쿄(東京)에서 성립을 선포하였다. 혁명당원은 한편으로는 개량파와 대 논전을 벌였고, 한편으로는 역량을 집중하여, 조직 건립에 박차를 가하며, 반청무장투장을 전개시켰다. 상해지구의 자산계급 혁명운동 역시 그 고조를 이루게 되었다.

1905년 9월, 동맹회(同盟會) 지도자인 황씽(黃興)은 친히 상해를 근거지로 하고, 차이위앤페이(蔡元培)를 동맹회에 가입시켰고, 아울러 차이(蔡)를 동맹회 상해 분회 회장에 임명하였다. 차이위앤페이는 개별적으로 소개하는 방법을 채택하여, 적지 않은 광복회 회원을 동맹회에 가입시켰다. 그러나 동시에 여전히 광복회 계통의 독립성을 유지시키게 하였으며, 광복회의 조직을 계속 발전시켰다. 1906년 초, 차이위앤페이는 독일로 유학을 준비하였고, 동맹회 총부는 상해 분회가 강소(江蘇)분회에 병입되었고, 까오쉬(高旭, 劍公)를 파견해 회장을 맡게 하였다. 까오(高)는 2월 상해에 도착한 후, 시아윈린(夏允麐) 등과 함께 서문 밖(西門外) 영강리(寧康里)에 분회 기관을 "하우"(夏寓)라 명명하고, 후에는 팔선교(八仙橋) 정길리(鼎吉里) 4호로 이전시켰다. 당

시 일본에 머물던 많은 중국유학생들이 일본정부의 중국 유학생들의
활동을 제한하는 것에 항의하기 위하여 일본에서 상해로 돌아왔고, 오
송(吳淞)에 그들 스스로 중국공학(中國公學)을 설립하였다. 토쿄에서
동맹회에 가입한 치우쩐(秋瑾)도 건교(建校) 업무에 참가하였다. 오래
지 않아, 경비의 부족으로 학교 간사이자 동맹회 회원인 야오홍예(姚
洪業)가 도처에 학교의 사정을 알려, 각계 인사의 동정을 끌어내었다.
군중의 지지아래, 학교의 규모가 보다 확대되었다. 중국공학은 민주자
치의 관리제도가 실행되어, 마쥔우(馬君武), 량챠오샨(梁喬山)이 주관
하던 동맹회 기관이 설립되었고, 학생들은 스스로『경업순간』(竟業旬
刊)을 창간하여, 혁명을 선전하였고, 교내에는 혁명의 분위기가 충만하
였으며, 상해에서 혁명당의 중요한 기지가 되었다. 이와 동시에 까오
위(高旭), 리우야즈(柳亞子), 주샤오핑(朱少屛) 등의 인물이 영강리(寧
康里)에서 건행공학(健行公學)를 창설하였다. 이 학교는『황제혼』(皇
帝魂),『프랑스혁명사』(法國革命史),『탕노총서』(蕩虜叢書) 등 혁명 저
작을 교재로 활용하였고,『민보』(民報),『동정파』(洞庭波),『견성』(鵑
聲),『한치』(漢幟) 등 혁명 간행물의 발행 업무를 담당하였으며, 실제
적으로도 동맹회의 선전기관의 한 곳이었다.

1906년 9월, 치우쩐(秋瑾)과 중국공학 교원인 천뽀핑(陳伯平)이 홍
구(虹口) 상경리(祥慶里)에 방을 임대하여, 비밀리에 폭탄을 제조하였
다. 다음 해 1월, 치우쩐(秋瑾)은『중국여보』(中國女報)를 창간하여,
"2억 명의 대단결이 하나 되면, 전국 여성계의 통일된 목소리가 온 천
하를 뒤덮을 것이고, 여성계의 총기관(總機關)을 위해 우리 여자들은
생기 있고, 활발하며, 정신이 비분하고, 모나지 않고 분방하며, 이로써
대광명의 세계로 나갈 수 있다."[1]고 말하였다. 오래지 않아, 치우쩐이
고향인 소흥(紹興)으로 돌아가 쉬시린(徐錫麟)등의 광복회원과 함께

1)『中國女報』, 第1期『發刊詞』.

적극적인 기의에 착수하게 되었다. 7월 초, 쉬시린(徐錫麟)이 안휘(安徽) 순무(巡撫) 언밍(恩銘)을 사살하고, 앞당겨 거사를 일으킨 결과 실패하게 되었다. 오래지 않아 치우찐 역시 소흥(紹興)에서 체포되어 영웅적인 삶을 마감하였다. 이번 기의 실패 후, 양강총독 두완팡(端方)은 조계당국에 "혁명 당원이 조계에 많이 은닉하고 있으니, 이후에 수색할 것이니 간섭하지 말라"[2]고 조회를 보냈다. 혁명당원은 안팎으로 위험에 처하게 되었고, 까오쉬(高旭)는 압박에 의해 건행공학(健行公學)을 해산시켰고, 정길리(鼎吉里)의 기관도 폐지하고, 혁명 활동은 잠시 정체기에 빠졌다.

1908년 봄, 동맹회 회원 천치메이(陳其美)가 일본에서 상해로 돌아왔고, 마곽로(馬霍路, 현재의 黃陂北路) 덕복리(德福里)에 비밀기관을 설립하였다. 이 곳은 자주 왕래하는 당원을 접대하였으므로, "양산박"(梁山泊)라고 불렀으며, 오래지 않아 내부 간신인 리우쓰페이(劉師培)의 밀고로 파괴되었다. 천치메이는 청화방(淸和坊), 금루별서(琴樓別墅), 월화루(粤華樓) 등 기원(妓院)에도 부속기관을 설립하였다. 근거에 의하면, 천(陳)은 당시, "표면적으로는 노래 부르며 광적으로 술을 마시며 주색에 빠져 있는 것으로 보여 청정(淸廷)의 이목을 피하였고, 6시에서 10시까지 월화(粤華)에서 음식을 먹으며, 혹은 금루(琴樓)에서 연회를 하면서, 주요 인물들과 토론을 하는 시간으로 보냈다."[3]하였다. 이곳에서 소위 주요인물이라는 사람은 왕쩐파(王金發)와 청방(靑帮)의 두목 잉꾸이씬(應桂馨) 등이다.

1910년 봄, 동맹회가 일으킨 광주(廣州) 신군기의(新軍起義)가 실패하였다. 그 중요 간부는 탄런펑(譚人鳳), 쑹쟈오런(宋敎仁), 짜오셩(趙聲) 등으로 쑨쫑샨(孫中山)이 전력으로 경영하던 광동(廣東) 방침을 반

---

2) 馮自由, 『革命逸史』, 第2集, p.81.
3) 『陳英士先生紀念全集』, 上冊, p.42.

대하던 인물들로, 중부동맹회(中部同盟會) 건립을 제기하였다. 그들은
장강(長江)유역에서 혁명을 일으킬 전략을 계획하고 있었다. 이러한
주장은 상해에서 활동하던 천치메이(陳其美) 등의 사람들의 지지를 받
았다. 1년 여의 준비를 거쳐, 1911년 7월 31일, 동맹회 중부총회는 정
식으로 상해 북사천로(北四川路)의 호북 소학(湖北小學)에서 성립회의
를 개최하였으며, 회의 참석자는 29명으로 그중 19명은 상해에 거주하
였다. 회의에서는 공개적으로 천치메이(陳其美)를 서무(庶務)를 맡게
하고, 판주이(潘祖彝)가 재무를 담당하고, 쏭쟈오런(宋教仁)이 문서(文
書)를, 탄런펑(譚人鳳)은 교통을, 양푸성(楊譜笙)은 회계를 담당하였으
며, 쏭쟈오런과 탄런펑이 나누어서 『중국동맹회중부총회장정』(中國同
盟會中部總會章程)과 『선언』(宣言)을 기초하였다. 동맹회 중부총회는
토쿄의 중국동맹회 본부를 주체로 하여, 강(江, 江蘇), 절(浙, 浙江), 환
(皖, 安徽), 감(贛, 江西), 악(鄂, 湖北) 상(湘, 湖南), 천(川, 四川), 섬
(陝, 陝西) 9성과 연락을 하면서 기의에 대한 임무를 맡겼다. 총회 기
관이 상해에 설립된 것은, "교통이 편리하고, 각성에 연락하기 쉬우며,
방법을 전반적으로 계획하기가 쉬었기 때문이다."[4]라고 하였다. 그것
의 비밀 기관은 북절강로(北浙江路) 821호 양푸성(楊譜笙)의 집이었다.
동맹회중부총회의 성립은 장강(長江)유역과 상해지구 혁명세력의 추동
력이 되었다. 4월간, 광복회 영도자인 타오청짱(陶成章), 리시에허(李
燮和) 역시 상해에 도착하였고, 프랑스 조계 평제리로(平濟利路, 현재
의 濟南路) 양선리(良善里) 예진학사(銳進學社)에 기관을 설립하고, 천
치메이(陳其美)와 합작하여, 공동으로 거사를 일으킬 준비를 하였다.
그러나 담판이 성공적이지 못하여, 타오(陶)와 리(李)는 오래지 않아
상해를 떠나, 항쪼우(杭州)로 갔으며, 예진학사(銳進學社)의 기관은 절
강 출신의 여성 혁명당원인 인루이쯔(尹銳志), 인웨이쥔(尹維峻) 자매

---

4) 『辛亥革命在上海史料選輯』, pp.7~8.

가 주관하게 되었다. 이렇게 신해혁명 전날, 상해에는 동맹회(同盟會) 와 광복회(光復會) 두 혁명기관이 존재하였다.

선전업무가 비교적 충분하였던 것은 상해 자산계급 혁명운동의 하나의 특징이었다. 상해는 제국주의가 중국 문화침략의 거점이었고, 또는 자산계급 유신파가 신학(新學)을 제창한 진지로, 교육, 문화, 출판사업이 비교적 발달하였고, 사회 분위기 역시 비교적 깨어 있었다. 심지어는 『소보』(蘇報)안, 러시아 거부운동, 미국 화물제지운동과 대료공당안(大鬧公堂案)의 계속적인 발생으로 애국 민주사상이 나날이 사람들의 마음에 스며들었다. 혁명당원은 이러한 유리한 조건을 충분히 이용하고 조계의 엄호 아래 계속적으로 여러 종류의 신문과 잡지를 발행하였고, 대대적으로 혁명사상을 선전하였으며, 청 왕조의 죄악 폭로와 규탄을 지속하였다. 이 시기를 전후로 상해에는 혁명과 진보 경향을 지닌 신문과 잡지가 출판되었는데, 떵쓰(鄧實)과 장타이앤(章太炎)이 주필로 창간한 『국수학보』(國粹學報, 1906년), 치우쩐(秋瑾)이 창간한 『중국여보』(中國女報, 1906년), 푸링(傅靈), 후쓰(胡適), 떵후이시앤(丁慧仙) 등이 창간한 『경업순보』(竟業旬報, 1906년), 황삔(黃斌) 등이 창간한 『중국신여계잡지』(中國新女界雜誌, 1906년), 위요우런(于右任), 양쑈우런(楊守仁) 등이 창간한 『신주일보』(神州日報, 1907년), 천이이(陳以益) 등이 창간한 『민립보』(民立報, 1909~1910년), 짜오한칭(趙漢卿)이 창간한 『월보』(越報, 1909년), 따이티앤초우(戴天仇 즉, 戴季陶) 등이 창간한 『천탁보』(天鐸報, 1910년)와 떵쓰(鄧實)이 창간한 『민국보』(民國報, 1911년)가 있었다. 그중에서 위요우런(于右任)이 창간한 몇 부의 신문이 가장 영향력이 있었다.

위요우런(于右任)은 『신주일보』(神州日報) 사장으로 있었으며, 1908년 신문사가 불에 타 훼손되자 사직하고, 자금을 모아 신보(新報)를 창간하였다. 반여 년의 노력으로 "백성을 위한 명령, 큰 소리로 질타"라는 의미의 『민호보』(民呼報)를 1909년 3월 26일에 망평가(望平街, 현재의 山東路) 156호에서 그 탄생을 선고하였다. 『소보』(蘇報)의 교훈에 비추어, 『민호보』(民呼報)는 직접적으로 만주(滿洲)를 배척하지 않았으나, 관장(官場)의 부패는 규탄하였다. 당시는 정치적으로 암흑기로써 사람들의 마음이 변해가고 있었으므로, 이 신문의 출간은 사람들로부터 큰 환영을 받았으며, 판매 부수가 신속하게 증가되었고, 『신보』 등의 이름 있는 신문을 압도하는 정도가 되었다. 청 정부는 한이 뼈에 사무쳐, 무고하게 죄를 뒤집어 씌우고, 공부국과 결탁하여 7월에 이 신문사의 발행권을 박탈시켰다. 그러나 20일이 지나, 위요우런(于右任)은 또 프랑스 조계에서 등록하여, 원래의 신문사에서 사용하던 것을 기반으로 『민우보』(民吁報)를 출판하였다. 당시 일본제국주의가 몽골(蒙古)과 동삼성(東三省)을 침략할 듯을 보이고 있었으므로, 사람들은 몹시 가슴 아프게 느끼고 있었다. 그러나 각 신문은 일본제국주의의 세력을 두려워하여, 모두 늦가을 매미처럼 아무 말도 하지 못하고 감히 소리를 밖으로 내지 못하였다. 『민우보』(民吁報)는 이러한 강력한 폭력을 두려워하지 않고, 수차례 일본 침략의 음모를 폭로하였다. 일본 영사는 이 신문을 크게 미워하였고, 도대에게 엄격한 처벌을 요구하였다. 도대 차이나이황(蔡乃煌)은 영수 영사와의 협의를 거쳐, 회심공당(會審公堂)에 명령을 내려, "『민우보』(民吁報)가 게재한 『매일화자간간』(買日貨者看看; 일본 물건을 산 사람은 좀 보시오) 및 논중국위기(論中國危機), 금제철로(錦齊鐵路), 원동화평(遠東和平) 등의 일로, 임의로 일본인을 욕하는 것과 고의로 유언비어를 퍼뜨리고 있으므로 즉각 폐쇄하라."5)는 명령을 하달하였다. 11월 19일, 『민우보』(民吁報)는 폐쇄되었다. 인민군중은 항의 표시를 하였고, 연일 신문사 입구에 향을 피우고 조사(弔辭)를 붙였다. 성내에서는 또 대자보가 출현하였

---

5) 『時報』, 1909년 11월 21일.

고, 이러한 박해의 사건 주동자를 폭로하였다. 1910년 10월, 위요우런
(于右任)은 천치메이(陳其美), 선만원(沈緩雲) 등의 사람들의 도움을
받아, 삼모각교(三茅閣橋)에서 『민립보』(民立報)를 창간하게 되었다.
후에 이 신문의 필체는 더욱 격렬하여졌다. 황화강(黃花崗)에서의 기
의가 실패한 후, 『민립보』는 공개적으로 민족주의를 선전하여 혁명정
신을 고취하였고, 순국 영웅과 열사의 사적을 게재하였다. 위요우런(于
右任)은 전후로 동맹회 중요 간부인 쏭쟈오런(宋敎仁), 쉬시에얼(徐血
兒), 뤼쯔이(呂志伊) 등을 초청하여 이 신문사의 주필을 맡겼다. 그중
쏭쟈오런(宋敎仁)은 "어부"(漁父)라는 필명으로 당시의 폐단을 호되게
꾸짖는 평론은 가장 첨예하고 신랄한 비판으로 독자들의 뜨거운 환영
을 받았다. 『민호』(民呼), 『민우』(民吁), 『민립』(民立) 세 신문은 일맥
상통하여, "수삼민"(竪三民; 三民을 세우다)이라고 불렸다. 1911년 7월
중부동맹회 성립 후, 그 기관은 『민립보』(民立報) 관내(館內)에 설립되
었다. 『민립보』는 실제적으로 그의 기관보(機關報)이었다.

혁명신문의 선전 고취활동으로, 상해지구에서 민주혁명사상이 나날
이 사람들의 마음속에 자리 잡게 되었고, "삼척동자가 공부를 하게 되
어, 저녁에 만주에서 몰아내어 그 부형에게 돌아와 고한다."는 상황이
되었다.[6] 이러한 상황 하에서, 『신보』(申報), 『시보』(時報), 『신문보』
(新聞報)등의 이름 있는 신문은 독자를 모으기 위하여 태도가 조금씩
변하였다. 갑오전쟁 후로는 민족위기가 나날이 심해졌고, 『신보』(申
報)는 여전히 옛 방식을 고수하여, 판로가 나날이 협소해졌고, 광고
수입 역시 나날이 줄어들었다. 1905년, 『신보』(申報)는 개혁을 실행하
여, 원 주필인 황쓰츄앤(黃式權)이 사퇴하고, 진짜오화(金釗花), 레이쥔
야오(雷君曜) 등을 주필로 기용하였으며, 변법자강(變法自强)을 제창하
였다. 다음 날, 『신보』(申報)를 안 보던 사람들도 앞을 다투어 구매하

---

6) 錢振鍠, 『名山文約』.

여 읽었고, 판매량은 크게 늘어났다. 1906년, 이 신문사는 매판(買辦) 시즈페이(席子佩)가 메이저(Major, 美査)의 수중에서 『신보』(申報) 전체 판매권을 구입하였다. 이때부터, 『신보』(申報)와 『시보』(時報)는 함께, 상해 자산계급의 여론 공구가 되었다. 당시 그들은 자주 각 성의 기의한 사건을 중요한 뉴스로 보도하고 있었는데, 어떤 때에는 청정부가 잔혹하게 혁명지사를 살해하고, 혁명을 진압하는 폭행을 기사화시켰다. 예를 들면 치우쩐(秋瑾)이 사망한 후, 각 신문사는 절강(浙江) 관부(官府)의 야만행위에 대하여 질타하였다. 『시보』(時報)는 한 장의 삽화를 게재하였는데, 위의 그림은 작은 배가 비바람을 맞는 것으로, 어둠 컴컴하고 파도가 심한 가운데에서 불안정한 모습이었고, 그 주변에 시 두 구절이 있었다. "비바람이 불고 어두컴컴한데, 배는 어둠 속에서 절강 파도를 맞는구나."(風雨昏昏天欲黑, 張帆暗送浙江潮)[7]라는 내용이었다. 사람들이 이러한 삽화로 알 수 있는 것은 치우쩐(秋瑾)을 살해한 원흉이 절강순무 쟝이양(張易敭, 號가 筱帆이었다)이었음을 말하고 있는 것이다. 이름 있는 신문들의 이러한 표현은 객관적으로도 민주사상의 전파에 일정 정도의 역할을 담당한 것이었다.

동맹회중부총회 성립 전후, 상해의 혁명당원은 또 자산계급 상층인사의 업무를 쟁취해내기 위하여 투쟁하였다. 최초로 이러한 상층인사의 정치태도는 보수적으로 치우쳐져 있었으며, 기본적으로는 모두 입헌파(立憲派)였으며, 열심히 입헌단체를 조직하였으며, "입헌구국"(立憲救國)을 고취하고 있었다. 그러나 청정부가 입헌이라는 이름을 사용하면서, 전제(專制)의 진면목이 나날이 폭로되자, 입헌파는 점점 실망하게 되었다. 1910년, 입헌파는 3차 국회청원활동을 일으켰고, 청정부의 무차별한 진압을 맞게 되었다. 이러한 상황 하에서, 일부 사상이 비

---

7) 嚴獨鶴, 『辛亥革命時期上海新聞界動態』, 『辛亥革命回憶錄』, 文史資料出版社, 1981年版, 第4集.

교적 개명한 자산계급 상층인물인 예를 들면, 선만윈(沈縵雲), 왕이팅(王一亭), 예후이쥔(葉慧鈞), 리호우치(李厚祁, 薇庄), 리호우시(李厚禧) 등은 선후로 혁명으로 전향하였고, 동맹회에 가입하였다. 그중 선만윈(沈縵雲)이 동맹회에 가입하고 상해 자산계급의 쟁취 과정 중에서 중요한 역할을 담당하게 되었다. 선(沈)은 당시 신위은행(信威銀行) 사장으로 자치공소(自治公所) 의동(議董)이었고, 위요우런(于右任)과 개인적인 교류가 있었고, 1909년 전후로 동맹회 가입을 소개받았으나, 입헌파의 관점을 버리지는 못하였다. 1910년, 선(沈)은 상해 상무총회의 대표로 북경(北京)으로 가서 경친왕(慶親王) 이쾅(奕劻)을 알현하여, 조속한 시일에 국회(國會)를 소집할 것을 청하였다. 그러나 말이 끝나기도 전에 이쾅(奕劻)은 이미 차(茶)를 내어 손님을 보냈고, 선(沈)은 크게 실망하였다. 이후 점차 입헌파와는 결렬되었고, 천치메이(陳其美)와 관계를 갖게 되었으며, 동맹회와 상해 상업계의 주요 중개인이 되었으며, 적극적으로 더욱 많은 자산계급 상층인사의 동정과 혁명 지지 업무를 전개시켰다. 위치아칭(虞洽卿), 구씬이(顧馨一) 역시 이 시기 전후로 동맹회에 참가하여 일부 활동을 하게 되었다. 위(虞)는 특히 육마로(六馬路, 현재의 北海路)에 영상총회(寧商總會)를 설립하여 동맹회의 비밀회의 장소로 제공하였다. 아울러 홍콩의 영국 식민당국에 등록하여, 특별통행증을 받아내어, 조계당국이 조사를 할 수 없게 하여, 안전을 보장하였다. 이후, 그는 또 천치메이(陳其美)에게 팔천 원(元)을 주어, 기의 경비로 활용하게 하였다. 선만윈(沈縵雲), 위치아칭(虞洽卿) 등 중요 인물이 혁명파로 전향하자 동맹회의 상해에서의 활동은 더욱 활발해졌다.

1911년에 들어선 이후, 혁명당원은 또 일부 구망(救亡)을 중심으로 하는 군중단체를 조직하였다. 같은 해 3월, 선만윈(沈縵雲), 예후이쥔(葉慧鈞)은 "실력을 갖추고", "광물을 보호하고 도로를 보호한다."는 구실로 보계회(保界會)를 조직발기 시켰다. 같은 달 22일, 쏭쟈오런(宋敎仁), 선만윈(沈縵雲), 예후이쥔(葉慧鈞) 등은 추진아래, 상해 각 상단은 차사교(借斜橋) 서원(西園)에서 대회를 거행하여, 전국 상단연합회를 발기 조직하여, 리핑수(李平書)를 회장에, 선만윈(沈縵雲)을 부회장에, 위치아칭(于虞洽卿)을 명예회장에 추대하였다. 이 연합회는 후에 이름은 있으나 실제 권한이 없었으나, 상해의 상단은 이때부터 하나로 통일되었으며, 이후 혁명당원은 이 역량을 혁명세력의 기초로 활용하였다. 5, 6월 사이, 쏭쟈오런(宋敎仁), 천치메이(陳其美) 등은 상해 일보공회(日報公會), 전국상단연합회, 건국학계연합회 등 단체를 연합하여, 중국국민당 총회 발기를 성립하였고, 아울러 백극로(白克路, 현재의 鳳陽路) 562호에 총부를 설립하고, 회장에는 선만윈(沈縵雲), 주요 간부로는 동맹회회원이 담당하게 되었다. 이것의 실제는 동맹회의 하나의 외곽조직으로 모범체조단(模範體操團)이었으며, 반청무장 건립을 위한 준비였다. 8월 5일, 광복회의 리루이쯔(李銳志) 등도 역시 예진학사(銳進學社)에서 중국여자국민회(中國女子國民會)를 발기 조직하였다. 이외에, 동제덕문의학당(同濟德文醫學堂, 현재의 同濟大學 전신)[8]으로 주지아화(朱家驊)는 쏭쟈오런(宋敎仁), 천치메이(陳其美), 위요우런(于右任) 등의 도움 아래, 영국 침략자에 반대하는 것을 중심으로 호소하여, 중국감사단(中國敢死團)을 발기 조직하였는데, 참가자는 학생, 경관, 하급 군인 등 5백 여 명이나 되었다.

이 시기에 상해 인민군중의 자발적인 투쟁 역시 빈번하게 나타났다.

---

8) 1909년, 독일 의학박사 보륭(寶隆)은 白克路(현재의 鳳陽路)에 동제의원(同濟醫院)을 개설하였고, 아울러 동제덕문의학당(同濟德文醫學堂)을 부설하였다. 과정(課程)으로는 독일어, 불어, 중국어, 생리학, 물리학, 동식물학, 역사 및 의학과 치료법이었다. 1909년, 이 학교는 보창로(寶昌路), 남법화로(南法華路)로 이전하였다. 신해혁명 후, 공과(工科)가 첨설(添設)되었고, 동제덕문의공학교(同濟德文醫工學校)라고 개칭되었다.

1911년 1월, 공공조계와 갑북(閘北)의 각 상점은 방세[房租]의 경감을 무효화 시키기를 요구하며, 문을 닫고 시장을 닫았다. 같은 해 3월, 천사(川沙) 장인향(長人鄉) 농민 백 여 명이 관부의 민방(民房) 강점에 반항하며 진공소(鎭公所)를 훼손시켰고, 꽹과리를 치며 군중을 모아 차역(差役)을 거부하였고, 남회현(南滙縣) 사람들은 이에 반항하며, 4일 동안 자치공소, 학당 및 향동(鄉董) 주택 7, 80여 곳을 불태웠다. 노동자의 파업투쟁 역시 자주 나타났다. 같은 해 8월, 금화(晋華), 금화(錦華), 협화(協和), 장륜(長綸) 4곳의 사창(絲廠) 2천 여 명의 여공들이 연합하여 파업을 거행하였는데, 이는 협화공장 매판이 임의로 노동자들의 급여를 삭감한 것과 여공들을 압박한 것에 대한 항의였다. 9월에는 또 각 선창(船廠) 목공(木工)들이 급여 인상을 위해 파업을 일으켰다.

"산에 비가 오려하니, 바람이 누각에 가득 하구나"(山雨欲來風滿樓)는 자산계급혁명운동과 인민군중의 자발적 투쟁이 서로 도움을 주면서, 상해 지구의 혁명 세력은 나날이 성숙되어갔다.

제8장
신해혁명(辛亥革命)과 상해

제1절 상해의 광복

1911년 초, 사천, 호북, 호남, 광동 4개성에서 보로풍조(保路風潮)[1]
가 폭발하였다. 청 정부는 급히 무한(武漢)의 병력을 사천으로 들어가
게 하였으므로, 호북의 중심지는 군사력에 공백이 생기게 되었다. 10
월 10일, 혁명당원이 무창(武昌)에서 기의를 일으켜 신속하게 무한삼
진(武漢三鎭; 武昌, 漢陽, 漢口)을 점령하였다. 무창에서의 기의로 삼진
이 광복되었고, 이러한 영향은 전국 인민을 고무시켜 각지에서 기의를
불러 일으켜, 호남성, 섬서성, 운남성, 강서성 등지에서 연속적인 독립
을 쟁취하였고, 혁명의 불꽃은 장강남북으로 번져나갔다. 혁명은 자산
계급 혁명 활동의 근거지였던 상해에서 그 반응이 아주 강렬하였고,
혁명당원들은 더욱 신속하게 행동을 하여 상해의 광복을 이루었다.

10월 13일 상해 신문에는 무한기의의 소식을 게재되었다. 『민립보』
에서는 격렬한 어조로 다음과 같이 게재하고 있다. "가을바람이 말을
살찌우고, 병사들의 칼날에 선혈이 날리고, 홀로된 두견새의 피 섞인

---

1) 다른말로 보로운동(保路運動) 또는 철로풍조(鐵路風潮)라고 한다. 1910년
   영·프·독·미 4개 은행단이 청정부를 압박하며 차관으로 철로를 개축하는 것
   에 계약을 체결하게 하였다. 1911년 5월 9일, 청정부는 우전대신(郵傳大臣)
   성슈앤화이(盛宣懷)의 책동하에 "철로국유"(鐵路国有) 정책을 선포하여, 이
   미 상판(商辦)에 속해 있던 천한(川漢), 월한(粤漢)철로를 국유화시켰다. 사
   천(四川)철로를 개축하는 기금은 신사(紳土), 상인, 지주(地主) 뿐만 아니라
   농민들이 산 주식의 비중도 상당하였다. 청정부가 "철로국유" 정책 후 도로
   권을 거둬들이면서 민간투자에 대한 보상이 제대로 이루어지지 않자, 사천
   (四川) 각 계층과 도시의 노동자들의 반대가 확산되면서 강렬하게 보로운동
   이 일어났다. 역자 주.

울음이 귀신을 우울하게 하니, 노란 학이 누(樓) 위에 앉아 혁명의 깃발을 세운다. 아! 7, 8월 사이 장강(長江) 상·하류의 일이 아주 많구나." 오랫동안 민주사상에 물들어 있던 상해 인민의 마음을 움직여 사람들은 길거리의 신문을 다투어 사 보았다. 『민립보』를 판매한 금액은 모두 물건을 사고 거주하는데 이용되었다. 신문사들이 들어선 망평가(望平街)는 새로운 소식을 기다리는 군중들로 만원을 이루었다. 각 신문사에서 신문이 나오면 곧바로 전단을 인쇄하였고, 하루에도 다섯, 여섯 차례 이상 인쇄하였다. 낭보가 전해지면 군중들은 환호하였고, 비보가 전해지면, 애도하고, 원통함을 가라앉히지 못하고, 격노하여 주먹을 휘두르고 어깨를 들썩였다.[2] 『신보』에서는 대 호외로 한구(漢口) 혁명군의 패퇴 소식을 보도하자, 동요된 천 여 명의 군중이 신문사를 포위하여 공격하였다. 이것은 청 정부의 선전을 대신한 것으로 인심이 동요되어, 그 신문사의 큰 유리창을 깨뜨리는 등 인민은 울분을 표시하였다. 그 신문사에서는 "학정에 시달리던 상해의 일반 평민이 혁명군들의 문명에 신이 났고, 거의 모두들 공포적인 세력으로 날뛰고 있다"고 승인하고 있다. 그들의 계산에 의하면, "보통 일반인민은 혁명군의 모든 것을 찬성하지는 않지만, 혁명군에 대해 반대를 하는 사람은 아무도 없었다."[3]고 하였다.

부상(富商)들의 반응은 같지만은 않았다. 그들은 청 정부를 믿지 않았지만, 혁명이 성공되는 것도 바라지 않았다. 더욱이 큰 걱정은 사회질서의 혼란으로 그들의 지위와 재산이 손해를 입지 않을까 걱정하였다. 그래서 종일 불안하였고, 도피할 준비를 갖추고 있었다. 그러므로 그들은 돈을 은으로 바꿔놓았고, 은행에서 돈을 인출하여 금 장식물을 다투어 구입하였으며, 이로 인해 은전에 대한 환율이 높아졌으며, 시

---

2) 楊瑾, 「浦江潮接漢江潮」, 『解放日報』, 1961년 10월 8일.
3) 『申報』, 1911년 10월 24일, 19일.

장경제가 쇠퇴하여 소규모의 시장공황이 발생하였다.

입헌파의 청정부에 대한 비평도 격렬하게 바뀌었다. 『신보』(新報)의 10월 16일 사설에서 "정치의 부패가 오늘날 극에 달하였다. 외교상으로는 국가의 영예는 돌보지 않고, 현재의 안일만을 추구하고 있다. 또 내정을 보면, 부패한 상황을 일일이 열거할 수 없을 정도이다.", "혁명은 오늘날의 정부가 자초한 것이다."라고 청정부에 그 책임을 묻고 있다. 청정부에서는 위앤쓰카이(袁世凱)를 기용하였으나, 신문의 조롱을 받았고, 이러한 처사는 평시에는 부처의 얼굴에 소변을 보다가, 위급 시에는 부처의 발을 끌어안고 있는 것과 같다고 하였다. 위앤쓰카이가 혁명을 진압할 수 있는 역량이 있는지 없는지에 대해서는 공개적으로 회의를 표시하였다.

상해 조계와 청 정부 지방당국은 무창(武昌)기의 소식을 접한 후, 즉각적으로 반혁명을 진압하려는 조치를 취하였다. 공부국에서는 많은 순포들로 하여금, 여관, 여인숙 등에 투숙해 있는 여행객들의 행적을 조사하고, 행적이 의심 가는 사람들을 체포, 구금시켰다. 만국상단(萬國商團)은 경계를 더욱 강화하였고, 사태 발생 시, 즉시 출동할 준비를 하고 있었다. 공부국에서는 포고문을 붙여 민심을 동요하고 유언비어를 유포하는 사람은 즉시 체포한다는 포고문을 게시하였다. 상해 도대는 연속적으로 "개인의 병기운반을 엄격히 조사한다.", "혁명당원에 대해 엄밀한 조사"등의 글귀를 고시하였으며, 조계의 포방이나 성의 자치공소에서 혁명당원을 수사 및 체포할 것을 명령내렸다. 아울러 군사를 이동시켜 군사적 요충지인 강남제조국의 수비를 강화하는데 역점을 두었다. 10월 말까지 제조국의 병력은 천 명 정도에 달하였다.

당시 청 정부는 상해병력을 아래의 몇 개 부분으로 나뉘었다. (1) 5개의 순방영(巡防營)에는 1,200여 명이 있었으며, 일부 제조국(製造局)으로 이동된 것을 제외한 나머지 병력은 각처에 분산되었으며, 량뚠츄오(梁敦綽)의 지휘를 따르고 있었다. (2) 천춘슈앤(岑春煊)은 제군 3영 (濟軍三營) 600명을 사천(四川)으로 인솔하여 들어가려고 준비하고 있었고, 오송(吳淞)은 리티앤차이(黎天才)의 지휘아래에 있었다. (3) 제조국 위병대는 100여 명과 송강(松江) 원병(援兵) 250명 및 포병대영(炮兵隊營)등 모두 제조국(制造局)내에 주둔하였으며, 이러한 병력은 모두 장쓰헝(張士珩)이 통제하였다. (4) 남시(南市), 갑북(閘北)등에는 군경(軍警) 1,000명이 있었다. (5) 순방수사영(巡防水師營, 王楚雄이 관할), 해순염포영(海巡鹽捕營, 統領 朱廷燎) 및 해군함정이 몇 척이 있었다. 청군은 모두 4, 5천명으로 장비 역시 뒤떨어지지 않았다. 그러나 상해 도대 리우앤이(劉燕翼)는 청조가 붕괴의 형세 아래에서는 이러한 병력으로는 지탱할 수 없다는 것과 혁명당이 어느 때든지 상해를 점령할 수 있다는 것을 알고 있었다. 그는 수치스러움도 모른채 남은 목숨을 부지해 나가기 위해서 외국 영사단이 조계 주위의 30에서 50리의 지방을 중립구로 선포하기를 청원하며, 제국주의의 세력으로 상해 기의를 저지시키려고 하였다.

혁명당원들이 『민립보』(民立報), 『해주일보』(神州日報)를 통해 혁명 선전을 더욱 강화하는 한편, 상해 광복에 대한 준비를 더욱 가속화하였다. 중부동맹회에서는 처음에는 먼저 남경에서 혁명을 일으키는 것으로 계획하였으나, 남경의 혁명당원들은 지역의 청군 병력이 상당히 강해 기의의 성공을 점치기 힘들다는 주장을 하였다. 천치메이(陳其美)는 또 항주(杭州)로 가서 책동을 진행시켰고, 항주 방면은 호항(滬杭)교통이 발달하여 상해에서 먼저 광복이 되지 않는다면 절강(浙江)의 독립을 지지할 수 없다고 강조하였다. 이러한 상황아래에서 천치메이는 먼저 상해에서의 기의를 결정하였다. 10월 24일, 쏭쟈오런, 천치메이, 판홍시앤(範鴻仙), 예후이쥔(葉慧鈞), 예추창(葉楚傖), 선만윈(沈縵雲)등 『민립보』신문사에서 회의를 개최하여 상해기의에 대한 연구를 하고 "상단과 연락하고, 사신과의 결탁"을 방침으로 결정내렸다. 방침이 결정되자, 선만원, 예후이쥔, 왕이팅 등 동맹회 회원들은 자치공소의 회장, 상단연합회 회장 리핑수(李平書)등에게 협조를 구하였다. 리핑수는 기타 자산계급의 상층 인물들과 밀담 후, "때는 왔다. 폐관주의를 고수할 수는 없다. 현 정세를 직시하여 때를 기다려야 한다."[4]고 하며 동의하고 혁명당과 제휴를 꾀하였다. 10월 말, 리핑수는 성도로(成都路) 정길리(貞吉里) 집에서 천치메이와 만났다. 그 둘과 선만원, 우쎈(吳馨), 모시룬(莫錫綸)등이 매일 밤 회의를 가져 기의를 모의하였다. 11월 1일 일본에 유학중인 리잉쓰(李英石)이 상단임시총사령에 임명되었고, 혁명당에서 상단에 연락하는 일은 순조롭게 이루어졌다. 같은 시기에 동맹회 회원, 중국공학회(中國公學會) 학생 장청요우(張承槱)가 단신으로 순방영(巡防營) 총령인 장뚠츄오(張敦綽)의 집에 들어가 대의를 밝히고, 량(梁)의 중립을 유도하였다. 장청요우와 리우푸뱌오(劉福標) 조직의 하나인 비밀 감사대(秘密敢死隊) 3,000여명은 원래 호북(湖北)을 지원하고자 하였는데, 당시 천치메이의 청으로 상해에 남아 기의를 준비하고 있었다. 리시에허(李燮和) 역시 이 시기에 오송(吳淞)으로 잠입해 들어왔고, 500여명으로 구성된 감사대(敢死隊)를 조직하였는데 그 중 대부분은 중국체조학사(中國體操學社)의 학생이었다. 인루이쯔(尹銳志) 등은 호남(湖南)동향 관계를 이용하여 오송(吳淞) 순관(巡官)인 황한시앙(黃漢湘), 갑북(閘北)순경총국대관(巡警總局大官) 천한씬(陳漢欽) 등을 자기들의 회원으로 가입하게 하였으며, 아울러 그들을 통해 오송(吳淞)포대(炮臺) 총대관(總臺官)인 쨩꾸오량(姜國梁), 해순염포영총령(海巡鹽捕營統領) 주팅랴오(朱廷燎), 순방수사영관대(巡防水師營管帶) 왕추시웅(王楚雄), 제군독대관(濟軍督隊官) 쉬짠쿠이(徐占魁) 등도 포섭하였다. 제군통령(濟軍統領) 리티앤차이(黎天

---

4) 李鍾珏, 『且頑老人七十自敍』.

才)는 세력이 묘하게 전개되는 것을 보고 피할곳을 찾느라 사태를 직시하지 못하였다. 이렇게 제조국을 제외한 나머지 지역에서 청군은 와해되었다.

리시에허(李燮和)는 원래 11월 6일에 항주와 동시에 기의를 준비하였으나, 당시 청군이 무한(武漢)을 맹공하고 있을 때였다. 11월 1일, 한구(漢口)가 청군에 넘어가자, 쏭쟈오런(宋敎仁)은 연속적으로 편지를 천치메이(陳其美)에게 보내 사태의 위급함을 알렸고, 강소(江蘇)와 안휘(安徽)에서 빠른 시일 내에 기의를 일으켜 청군을 분산시키기를 희망한다고 전했다. 같은 날, 천치메이 역시 청정부가 "책전"(策電)호, "균화"(鈞和)호 등 다섯 척의 병선을 오송(吳淞) 입구에 정박시키고 있고, 무창(武昌)에 군수물자를 보급하기 위해 준비하고 있다는 보고를 받았다. 저녁에 천치메이는 리핑수(李平書)와 니우용지앤(鈕永建) 등을 불러 대책을 상의하고 "상해 기의, 항주 기의"의 방안을 결정하였다. 2일 천치메이와 리시에허가 만나 둘째 날 오후 4시에 상단(商團), 경찰이 동시에 반란을 일으켜 독립을 선포하고, 아울러 리핑수와 우팅팡(伍廷芳)에게 각자 기의의 성공 후 신정권의 민정총장과 외교총장을 맡아 줄 것을 제의하였다.

3일 새벽, 천치메이는 각 부대에 오후 2시에 사교(斜橋) 서원(西園)에 집합하여, 제조국을 공격하라는 명령을 내렸다. 예기치 않게 이날 오전 갑북(閘北) 순경총국의 비밀경찰이 혁명당원들이 기의를 일으키려고 한다는 것을 알고 즉각 국장에게 보고를 하면서 몰래 당원과 내통하던 천한씬(陳漢欽)에게 총격을 가했다. 때마침 그 주위의 일반 백성이 사는 집에서 불이나, 경관은 혁명단이 이미 기의를 시작한 줄로 생각하고, 조계로 황급히 피신을 하였다. 천한씬은 이 기회를 잡아 제조국을 점령하였고, 갑북(閘北)은 전투를 하지 않고 광복되었다. 그 후 각 군영 역시 리시에허의 명령으로 선후로 쉽게 점령되었으며, 이러한 이유로 기의는 앞당겨 폭발하게 되었다.

　오후 4시, 각각의 감사대(敢死隊)와 상단 수 천 명은 구묘(九廟)에서 서사대회(誓師大會; 군대가 출정하기 전에 장병을 모아놓고 훈계하고 맹세하는 대회)를 거행하여, 천치메이, 리펑수, 선만위앤 등이 발표 연설을 하였고, 상해의 반청 독립을 선포하였다. 그 후, 천치메이는 직접 상단 및 감사대(敢死隊) 200여명을 이끌고 제조국(製造局)을 공격하였다. 청군의 완강한 저항으로 감사대는 퇴각을 감수해야했고, 천치메이는 혼전 중에 적의 포로가 되었다.5) 장청요우(張承槱), 리우푸뱌오(劉福標)등이 감사대를 이끌고 도대아문(道臺衙門)을 공격하였고, 도대 리우앤이(劉燕翼)은 일찍이 관방(關防; 군대의 도장)과 은창고의 장부 등을 갖고 공공조계 양무국(洋務局)으로 피신을 하였으므로, 감사대는 도대 아문(衙門)을 불태웠다. 이때, 각 성문 위에는 혁명 승리를 상징하는 백기와 군기가 게양되었고, 큰 도로나 작은 도로는 상해 군정분부(分府)와 중화민국 상해민정총장 리펑수 명의의 발표문이 곳곳에 붙여져 시민을 안정시켰다.

　리펑수는 천치메이가 체포되었다는 것을 알고 즉시 리잉쓰(李英石)와 함께 제조국 총판 장쓰헝(張士珩)을 만나 석방을 요청하였으나, 거절당하였다. 상단을 이동시켜 재차 공격을 준비하였다. 리시에허(李燮和)는 그 휘하의 원조 요청을 들었다. 4일 새벽, 상단과 감사대와 반청 사병 수 천 명이 제조국을 총공격하였다. 국(局)내의 노동자들은 군민이 담을 넘어 들어올 수 있게 도와주었고, 군 무기고를 탈취하였다. 장쓰헝(張士珩)은 대세가 이미 기운 것을 보고, 소수의 사병만을 인솔하여 도주하였고, 제조국을 지키던 대부분의 청군은 투항하였고, 천치메

---

157) 일설에는 陳其美가 스스로 제조국의 청군 진영으로 들어가 권고 항복을 유도하다가 체포되었다고 하나, 이것은 그 일 이후에 만들어진 말이다. 이것의 출처는 李平書 자술 및 『上海商團光復上海紀略』(『辛亥革命在上海史料選輯』, pp.973. 149), 또 광복회방면의 자료 참고.

이도 구출되었다. 6시간동안의 격전을 통해 청 정부 최후의 보루였던 상해가 혁명군에 점령되었고, 상해는 광복되었다. 같은 날, 오송(吳淞)의 군경 역시 분연히 옳은 쪽으로 뜻을 바꾸었고, 복단공학(復旦公學)에 오송군정분부(分府)를 설립시켰고, 황한시앙(黃漢湘)을 총사령으로, 주팅랴오(朱廷燎)는 수군사령(水軍司令)겸 총참모로, 양청푸(楊承溥)는 민정장(民政長)으로 추대되었다. 해군도 혁명군에 투항하였다.

상해 인민은 기쁨에 빠져들었다. 남시로(南市路)에서는 백기가 숲을 이루었다. 1대대 군민은 소리를 높여 "혁명만세"의 구호를 외치며 가두를 행진했고, 노상의 사람들은 그들의 구호에 동참하여 소리를 높였다. 혁명군의 보호로 상해의 경제는 안정적인 질서를 회복하였고, 행인들은 평시와 같이 행동하였으며, 점포도 평소와 같이 개점을 하여 장사를 하였다. 혁명은 상점의 상호도 변하게 하였다. 일부 적극적인 사람들은 상호와 거리에 있는 "만"(滿)자와 "청"(淸)자의 사용을 배제하고, "화"(華)자로 "청"(淸)자를 대신 사용해야 한다고 하여 이로써 만청의 세력이 양립할 수 없음을 나타내 보였다. 성황묘(城隍廟; 도교의 신을 모신 곳)의 주인도 사원 밖으로 축출되었고, 대신 민족의 영웅인 위에페이(岳飛)의 초상이 성황묘의 정전(正殿)에 앉히게 되었다.

상해의 광복은 강소(江蘇)와 절강(浙江)지역의 혁명적 과정에 영향을 주었다. 상해 부근의 각 현에는 관인(官印) 50여개가 몰수되었다. 항주(杭州)와 진강(鎭江)에서는 상해 당원의 책동아래 연쇄적으로 광복되었고, 소주(蘇州) 역시 선언푸(沈恩孚), 위앤시루오(袁希洛) 등에 의해 독립을 선포하였다.

11월 6일 오후, 상해성(城) 자치공소, 상무총회, 상단 등 각계의 지도자 및 동맹회 회원들이 소동문(小東門)안의 해방청(海防廳)에 모여 새 지방정부의 조직에 대한 회의를 개최하였다. 회의는 순리적으로 먼저 문직(文職)관원을 선출하였으나, 군사인선의 확정 때에 갈등이 일

어났다. 어떤 사람은 천치메이를 군정장으로 해야 한다고 하고, 어떤
사람은 리잉쓰(李英石)를 추천하였고, 어떤 사람은 리시에허(李爕和)를
거론하였다. 천치메이와 리핑수는 "상해는 교통의 중심지로 반듯이 호
군도독(滬軍都督)이 있어야 하고, 대대를 소집하여 북진을 해야 하므
로, 이것이 국시(國是)이다. 아울러 나는 동남문호(東南門戶)의 준비를
하겠다."6) 이때 방회(幇會)의 두목 리우푸뱌오(劉福標)가 회의장으로
뛰어 들어와 총으로 탁자를 내리치며 역성을 내면서 말하기를 "상해와
중국 전국(全局)은 유관하고, 무창(武昌) 기의 등으로 도독(都督)을 선
출하기 위해서는 명망이 있는 자를 선출해야하므로 천치메이는 어제
까지 큰 고통을 겪은 사람으로, 그에게 일개 군정장을 수여하는 것은
아주 불공평하다. 이 기의에 상응하지 못하다."7)고 하였다. 모두 침묵
하였고, 천치메이가 이렇게 하여 호군도독(滬軍都督)이 되었다. 상해의
신정권은 이로써 호군도독부(滬軍都督府)라고 불리는 것이다. 그것은
동맹회의 혁명 방략인 "군도독은 군무에 대한 전권을 장악하고, 편의
적으로 행사할 수 있다."는 원칙에 따라 조직되었으며, 인선은 호군도
독 천치메이, 참모로는 리시에허, 천한씬(陳漢欽), 니우용지앤(鈕永建),
리잉쓰, 황푸(黃郛)등이고, 고문관에는 위치아칭(虞洽卿), 선언푸(沈恩
孚), 쟝꾸오량(姜國樑) 등이며, 사령부부장 천치메이(겸임), 참모부부장
황푸, 군무부부장 니우용지앤, 외교총장 우팅팡(伍廷芳), 민정총장 리
핑수, 재정부장 선만원, 교통부장 왕이팅, 해군부장 마오쭝팡(毛仲芳)
이었다.

이러한 명단으로 볼 때, 도독부(都督府)는 리핑수, 마오쭝팡(기의 해
군장령)등 입헌파와 구 관료를 용납하였으나, 주요 지위는 동맹회 회
원이 점유하였다. 호군도독부 성립 후, 갑북(閘北)민정총국을 설치하여

6) 『民立報』, 1911년 11월 7일
7) 『辛亥上海光復前後(座談會記錄)』, 또 『辛亥革命回憶錄』, p.7.

위치아칭을 민정장으로 선출하였다. 아울러 상해현 정부를 설립하고, 우씬(吳馨)이 민정장으로 임명되었다. 원래의 성(城)자치공소는 남시시정청(南市市政廳)으로 이름을 바꾸었고, 모시룬(莫錫綸)이 시장으로 선출되었다. 이러한 모든 것은 도독부의 하부 조직이었다. 리시에허는 배제된 느낌을 받아, 오송(吳淞)의 중국공학(中國公學)에서 병사를 모집하여 광복군(光復軍)을 창설하였으며, 스스로 총사령에 앉았고, 아울러 오송군정분부(吳淞軍政分府)를 통치하고, 강소(江蘇) 도독(都督) 청더츄앤(程德全)의 통할에 있다고 선포하여 호군도독부 외에 또 다른 하나의 기치를 걸게 되었다.

상해와 강남지구 대부분은 광복되었으나, 전국의 형세는 아직도 아주 위급한 상황이었다. 청군은 한구(漢口)를 점령한 후, 한양(漢陽)을 맹렬히 공격하였다. 이때, 무한(武漢)의 혁명군은 분할되었고, 리위앤홍(黎元洪), 탕화룽(湯化龍) 등 구 관료들이 영도권을 찬탈하여 부단히 혁명당원을 배척하였고, 전시 총사령인 황씽(黃興)은 곳곳에서 수난을 받았다. 11월 27일, 한양(漢陽)을 청군에 빼앗겼고, 반동세력이 일취월장하고 있었다. 장강(長江) 하류지구에서는 강남의 중요지역인 남경(南京)은 아직도 청군의 수중에 있었고, 말릉관(秣陵關)에 주둔하고 있던 신군(新軍)이 한차례 가의를 일으키기는 했으나 진압되었다. 그러므로 군대를 조직하여 신속하게 북벌을 하여, 무한(武漢) 방면의 압력을 덜어 주어야 하였으며, 아울러 경비를 모금하여 혁명군과 신정권의 존재를 유지해야하므로, 이것이 호군도독부(滬軍都督府)의 가장 긴박한 두 가지 임무였다.

상해가 광복된 다음날, 혁명당원은 제조국(制造局), 해방청(海防廳), 북하남로(北河南路) 및 오송(吳淞), 홍구(虹口)등에서 군인모집을 홍보하고, 혁명군대를 조직하였다. 오래지 않아 호군도독부에서 정식 모병계획을 고시하였다. 상해 인민이 적극적으로 혁명정부의 모집에 동참

하였고, 지원을 많이 하였으며, 한때는 군중심리가 발동되어 군인을
지원하는 사람들이 폭발적으로 늘게 되었다. 11월 5일 하루에는 약
400여 명이 제조국에 입대하였고, 각 모병소에는 "아침나절에 가지 않
으면 이미 군입대 지원자로 만원이다."[8]라고 하였다. 이는 호군도독이
모병고시를 한 후 3일 만에 모병을 중지한다는 선포를 하게 되었다.
참군자 다수는 빈곤한 계층의 사람들이었고, 학생은 아주 적었다. 이
외에 자발적인 군중 군사(軍事) 단체도 생겨났다. 11월 5일, 병공중학
당(兵工中學堂) 학생 루쓰이(陸史一)가 발기하여 조직한 광복 후의 첫
번째 군중 군사단체는 중화 학생군(中華學生軍)이었다. 계속해서 학생
북벌대(學生北伐隊), 학생수위단(學生守衛團), 중화민국 학생군단(中華
民國學生軍團) 등이 만들어졌다. 학생의 대동단결하여, 상민, 부녀, 각
성에 있던 상해 인사들이 발기한 군사단체 역시 우후죽순 격으로 성립
되었다. 통계에 의하면 당시 군중군사단체는 25개로 개별적인 자산가
의 개인 자산보호 목적 이외에 절대 다수는 모두 비교적 명확한 혁명
목표를 가지고 있었다. 그들의 행동은 도독부(都督府)의 통제를 받았
으며, 어떤 단체는 도독부에서 군향과 무기 및 복장을 공급받았으나,
조직은 일정한 독립성을 유지하고 있었다. 인민군중의 대대적인 지지
로, 혁명당원은 아주 신속하게 4개의 사단 46,000명의 혁명군(상단은
포함시키지 않았음)을 조직하였다. 천치메이는 또 공군을 건립하여, 영
국항공학교를 졸업한 리뉘얜(曆汝燕)의 관리아래, 오스트리아에서 제
조된 "철력서식"(鐵力西式)비행기 두 대를 구매하여, 상해혁명군의 남
경(南京)전투에 지원하였다. 11월 8일, 호군도독부는 신군 제9진(第9
鎭) 통제(統制) 쉬샤오전(徐紹楨)을 강녕(江寧)군대 총사령으로 임명하
였다. 그 후 홍청디앤(洪承典)은 상해군(滬軍) 2천 여 명을 이끌고, 리
티앤차이(黎天才)는 소속부하 3천명을 이끌고 진강(鎭江)일선에 부임

8)『民立報』, 1911년 11월 6일.

하여, 강·절군(江浙軍) 1만 여 명과 결집하였고, 쉬샤오쩐(徐紹楨)의 지휘 하에 12월 2일 남경(南京)을 공격하여 함락시켰다. 이것은 청정부에 큰 타격을 주었을 뿐 아니라, 청정부에 군량을 제공하였던 제국주의 간섭음모를 분쇄하였으며, 아울러 남경(南京)임시정부의 성립에 대한 기초를 만들었다.

군대를 조직하여 남경광복을 지원한 동시에 호군도독부는 경제 개선, 경비 조달이라는 데에 역점을 두고 힘을 쏟고 있었다. 상해 광복 초기 혁명당원은 인민생활의 개선을 위해 상해군정분부의 명의로 다음의 내용을 선포하였다. (1) 소금, 술, 설탕에 대한 세금 이외에 모든 통세 관잡(關卡)을 일률적으로 영원히 철폐한다. (2) 해관을 제외하고 모든 세관을 일률적으로 영원히 폐지한다. (3) 올 해의 정조(丁漕)는 모두 면제한다. 이러한 상민의 어려움을 덜어준 것은 민족공상업의 발전에 유리하였다. 그러나 호군도독부에서는 해관의 주권을 회수할 수 없었으므로 관세수입을 받을 수 없었고, 또 반동 관료인 셩슈앤화이(盛宣懷)의 재산을 몰수하여 공적인 일에 사용할 권한도 없었다. 이러한 세금 징수의 감소 정책은 호군도독부의 재정문란에 도화선이 되었다. 왜냐하면 대대적으로 군대를 확충하였으므로, 매일 군비로 약 3만 원 정도의 거금이 들어갔다. 뿐만 아니라 "강을 방어하는 요새, 해군 함대, 말릉(秣陵, 언덕)의 공격에 대비하는 군대, 연대(煙臺) 지역의 좌우에서 위급함을 알리는 여단, 북을 토벌하고 동으로 정벌을 나가는데, 상해가 군향(軍餉)의 근원이 되어야 한다."[9]고 하며 지출이 상당하였다. 이러한 이유로 재정이 아주 어려운 상태였다. 초기에는 선만 원의 신성은행(信成銀行)에서 대출에 의존하였으나, 오래지 않아 중앙은행의 성질로 새롭게 바뀌어 국가의 조세와 부세 수입 일체를 담당하는 중화은행(中華銀行)이 겸하게 되었고, 이로써 군용표와 공채권을

---

9) 李鍾珏, 『且頑老人七十自敍』.

대량 발행하였다. 그러나 이러한 것은 자금이 준비되어있지 않은 "공수표"로써 계속 해나가기가 어려웠으므로, 도독부에서는 부분적으로 연세(捐稅)를 회복시켜 징수하였고, 대대적인 모금운동을 전개시켜 나갔다.

당시 상해를 지나가던 황씽(黃興), 장타이앤(張太炎) 등은 모두 친히 모금회에서 연설을 하여 각계 인사들의 도움을 청하였다. 많은 노동인민들이 모금운동에 적극적으로 참여하였다. 여자후원회(女子後援會), 문인조향단(文人助餉團) 등 모금단체들이 줄줄이 생겨났고, 노동자, 점원, 고용인, 사생(師生), 의사, 사환 등 모두 자기의 생활이 어려움에도 절약하여 모금한 돈을 정부에 전달하였다. 그중 학생들의 활동이 가장 눈부셨다. 학생유예모향단(學生游藝募餉團)은 판위에챠오(潘月樵), 시아위에샨(夏月珊) 등 유명한 경극배우들의 도움아래, 한 번의 공연으로 수천원이 걷혔다. 군학회(群學會) 부속의 의무소학에서는 전변조향회(剪辮助餉會)를 발기하여, 거리에서 변발을 잘라주고, 한번에 2각(角) 씩의 돈을 거둬들였고, 한편으로는 잘린 변발을 판매한 돈을 합쳐 모두 정부에 전달하였다. 이것은 "봉건의 꼬리"를 없애는 것으로, 또 혁명전쟁을 지원하는 것으로 각계의 주목을 끌었다. 『민립보』에서는 칭찬하는 말을 실었다. "변발을 자르고, 국사(國事)에 동분서주하고, 노고를 마다하지 않는다. 이 어찌 우환을 물리치려하는 것이 아니라고 할 수 있겠는가?"[10] 이외에 쪼우츄앤(鄒銓), 펑핑(馮平), 천뿌레이(陳布雷), 후지천(胡寄塵) 등 남사(南社) 구성원 역시 서화조향회(書畵助餉會)를 발기하여 서예작품과 그림작품의 판매로 군향을 제공하였다. 이렇게 조금씩 모인 것이, 1912년 9월까지 각계에서 모금한 금액이 57만량에 달하였다. 이 시기에 도독부(都督府)의 실제 수입은 5백 만량이었고, 그중 약 4백 만량은 남경 임시정부 성립 때에 도와주었다.

---

10) 『民立報』, 1911년 12월 12일.

이러한 면을 볼 때, 상해인민의 의연금은 호군도독부(滬軍都督府)가 직면해 있던 재정곤란을 해결하는데 아주 중요한 역할을 담당하였다.

호군도독부는 또 진보주의적인 혁명 법령을 반포하였는데, 그 주요 내용은 다음과 같다. (1) 전변(剪辮: 변발을 자르는 것). 변발은 만주 귀족이 각 민족을 압박하는 상징이었으므로, 도독부에서는 군인들에게 필수적으로 변발을 자르도록 규정하였고, 위반자는 벌금을 징수하고, 군적에서 제외시켰다. 그러나 인민에 대해서는 교육을 통한 방법으로 설득하였고, 강압적인 방법을 사용하지는 않았다. (2) 아편 흡연 금지. 개인적인 판매나 아편 흡입자에 대한 규정으로 발견되는 즉시 재산을 몰수하고, 엄하게 처벌한다. (3) 도박금지. 골패(骨牌)도박을 금지하는 것 뿐 아니라, 상민들이 발행하는 복권 역시 "도박과 가깝다"고 하여 금지시켰다. (4) 공장에서 발생하는 유해물질이 있을 경우, 공장의 이전을 명령하였다. 협창초광창(協昌硝磺廠), 협창강수창(協昌鏹水廠)의 폐기 가스, 폐수 등으로 환경을 오염하는 공장은 잠시 작업을 중단시키고 일정 시일 내에 공장의 이전을 명령하였다. (5) 새 군율을 반포하였다. 구 군율에 있었던 귀를 자른다거나, 귀에 화살을 꽂는 방법 등으로 사병을 학대하는 것을 금지시켰고, 군인이 임의로 사람을 체포하는 것을 금지시켰다. (6) 민족자본을 장려시켰다. 상해 광복 후, 양복이 유행하였다. 양복은 비단을 사용하지 않았으므로 비단 업에 종사하는 상인들에게 타격을 주었다. 그래서 국화유지회(國貨維持會)에서는 변발은 자르지만, 옷은 바꿔 입지 말라는 것을 도독부에 건의하여 지지를 얻었다. 천치메이는 이에 대해 "개인이 입는 평상복은, 자국의 상품을 입는 것이 편리하다. 우리나라의 비단이 양복을 만들기에 적합하지 않아, 외국의 물품을 들여오면 이익은 모두 외국 사람들이 챙길 것이다. 본 도독(都督) 역시 걱정이다. 각 비단 종사자들은 개량방법을 강구하여, 신식 의복을 만드는데 노력해서, 중국 내에서만의 유행이 아니라, 외국인이 보았을 때도 구매할 수 있는 의복을 만들어야 한다."[11]
고 강조하였다. 비단 우러뤼(鄔熱廬)는 비단업의 불황으로 제의유한공
사(制衣有限公司)를 창립해 도독부로부터 격려의 상을 받기도 하였다.
(7) 지방사법제도의 건립. 상해 현서(縣署) 내에 상해사법서(上海司法
署)를 설치하고, 그 아래에 남시(南市), 갑북(閘北)등 재판소(후에는 초
급 심판청으로 개칭됨)을 설치하였다. 1912년 1월 사법서는 상해지방
심판청으로 명칭을 바꿨고, 아울러 검찰청도 세웠다. (8) 구 성벽을 철
거하였다.

이러한 후, 혁명당원의 제국주의에 대한 태도는 아주 연약하였다.
11월 3일, 기의가 폭발한 후, 외교총장 우팅팡(伍廷芳)은 곧 각국의 영
사들에게 "본 군 정부는 상해 은시(銀市)의 혼란이 이미 극에 달하였
다. 상무를 유지하고 평화를 기원하는 차원에서 상해를 점령하였으며,
이로써 상해에 안정적인 시장을 형성시키려한다. 귀 영사는 즉각 경호
대를 파견하여 의외의 사건에 대해 방비하기를 바란다."[12]는 통보를
하였다. 아울러 식민지 당국을 향해 다음과 같은 내용을 보장하였다.
"이번 거사는 그 목적이 외국을 배척하는 것이 아니며, 법으로 모든
보호를 한다. 민국을 선포하기 이전의 일체의 조약, 배상금, 차관 등은
모두 본 정부에서 인정하고 책임을 지며, 외국인이 입는 손실에 대해
서는 본 정부에서 손실에 대한 보조금을 지급한다. 이렇게 외국인이
중국에 있는 것은 이전과 비교해 아무런 해가 없다".[13] 천치메이가 호
군 도독을 맡은 후, 민군이 조계로 진입하는 것을 금지시켰고, 조계와

11) 『申報』, 1911년 12월 20일.
12) 『申報』, 1911년 11월 6일. 일설에는 이 조회(照會)를 기의 전에 보냈다고 하
는데, 정확하지 않다. 왜냐하면 起義는 앞당겨서 일어났고, 각 영사들이 조회
를 받았을 때, 혁명군은 이미 상해 縣城과 吳淞 포대를 어렵지 않게 점령하였
기 때문이었다.
13) 『民立報』1911년 11월 5일.

외국선상에서 범인을 체포하는 것을 금지시켰다. 심지어 서가회(徐家滙) 일대는 외국인의 활동이 많은 곳이므로 중국인의 그곳 여행도 금지시켰다. 이러한 일종의 의지박약한 표현들은 제국주의자들이 재차 중국을 침탈하는 기염을 토해내는데 도움이 되었다.

무창기의 후, 조계당국은 조계내에서의 어떠한 난동도 모두 그들에게 재난성적인 결과를 가져올 것으로 생각하였다. 그래서 그들은 한편으로는 상해 도대에게 더욱 철저한 방범을 요구하였고, 한편으로는 공사단에 건의하여 조계주위 30에서 50킬로미터의 지방을 중립지역으로 선포하도록 요청하였다. 북경공사단은 이러한 건의에 대해 찬성을 표시하지는 않았지만, 상해영사단에 "형세의 요구에 따라, 당신들의 생명, 재산과 조계안전을 보호하기 위해 적합한 행동을 세워라"[14]며 자체 방어에 대한 권한을 수여하였다. 11월 3일, 영국의 중국주재 해군 사령관인 와인슬(Winsole, 溫斯樂)이 영국해군부에 전보를 보내, 각국에서 보병 1,500명을 파견시킬 것을 건의하였고, 아울러 약간의 대포를 상해에 함께 보내오기를 건의하였다. 일본과 독일 양국의 중국주재 해군 사령관들도 대동소이한 전보를 자국에 보냈다. 그들의 추측에 의하면, "이러한 조치는 양자강유역에서 보편적으로 행해지고 있는 억압의 영향에 대한 것이다."[15]라고 하였다. 이러한 것은 혁명이 확대되는 것을 방지하기 위해 충분한 것이다. 그러나 와인슬은 전보를 보낸 후, 채 한 두 시간도 되기 전에 상해는 광복을 선포하게 되었다.

공공조계 공부국은 실제상 10월에 이미 혁명이 가까이 왔음을 예감하고 있었다. 경무처(警務處) 총순(總巡) 부르스(C.D.Bruce, 勃羅斯)는 10월 28일 공부국 총동(總董)에게 "어제 아침 반란군이 오늘 오후에 제조국을 공격한다 하였고, 현지에 있는 사람들은 멀리서 총성이 들린

---

14) 『朱爾典呈葛雷文』, 『辛亥革命在上海史料選輯』, p.1129.
15) 『朱爾典呈葛雷文』, 『辛亥革命在上海史料選輯』, p.1130.

다고 하고 있다.”라고 보고하고 있다. 또 31일에는 “반란군이 오늘중 으로 들이 닥친다고 하고, 그들이 일단 들어오면, 제조국, 화약국, 각 포대 등이 모두 아무소리도 내지 않고 투항한다. 어제는 많은 사람들 이 성(城)에서 조계로 이사를 하였다. 도대도 상자를 꾸려 이사하였다. 현지사(縣知事)의 부인도 역시 조계 내에 집을 마련하였다.”16)고 상황 을 말하고 있다. 상해 도대 역시 병력과 군향이 없었으므로 저항을 할 수 없다고 밝혔다. 영국 영사 프레이저(E. Fraser, 法磊斯 또는 法磊士) 등이 북경공사단에 동의를 구하여 11월 2일 “중립”을 선포하고, 어떠 한 영국인도 영국 왕의 허가를 받지 않고 반청 혹은 청조에 도움을 주 는 행동을 금지하는 규정을 정하고, 위반할 경우 5백 프랑의 벌금 혹은 2년의 감금을 하거나 축출한다는 내용을 고시하였다. 이후의 사실은 그 들이 한 쪽을 지지하지 않는다는 주장이 허위라는 사실을 입증한다.

상해가 광복된 당일, 영국 영사 프레겨는 호녕(滬寧)철로는 영국자 본으로 건설되었고 영국인의 감독 하에 경영해야 한다는 구실을 들어 “중립”주장에도 불구하고 만국상단(萬國商團)에 호녕의 기차역을 점령 하도록 명령하여, 민군(民軍)의 사용을 금지시켰다. 호녕철로 전구간이 혁명군에 의해 점령되고, 혁명군이 강경조치를 취하려하자, 영국당국 은 그때서야 이러한 명령을 취소하였다. 리우앤이(劉燕翼)는 조계내의 양무국(洋務局)으로 피신한 후, 공부국의 보호아래 정상적인 업무를 보았다. 또 그는 각국 영사들이 보내온 공적인 문서를 접수했으며, 도 망한 관원들을 소집해서 비밀회의를 개최하였고, 회심공당의 중국법관 을 임명하였다. 리우앤이가 도망할 때 가지고 갔던 국가 채권, 수표, 압류영수증, 저당물 등의 물건들을 영사단은 외국의 채무를 상환하기 위한 것이라는 구실 하에서 그것들을 불법으로 압류하고 있었다. 셩슈 앤화이의 재산도 역시 조계당국의 엄중한 보호를 받고 있었다.

16)『辛亥革命期間上海公共租界工部局警務報告』,『歷史檔案』1981年 第3期.

상해의 광복 후, 해관세무사는 곧 영사단과 밀회를 갖고, "앞으로 상해 해관의 관세수입은 모두 회풍은행에 적립해야 한다."라고 하여, 호군도독부의 재정을 옥죄였다. 그들은 또 은행가배관위원회(銀行家賠款委員會)의 설립을 건의하여, 이것으로 해관세에 대한 압류 목적을 이루려고 하였다. 이러한 방법은 혁명군이 점령하였던 각 성구(城區)의 해관으로 확대되었다. 제국주의 열강은 "중립"이라는 가면을 쓴 채, 중국혁명을 말살하고자 하였다.

신해혁명기간 총순(總巡) 부르스(C. D. Bruce, 勃羅斯)는 매일 상세하게 공부국의 동사회(董事會)에 상세한 보고를 하였다. 처음에는 공부국의 태도가 비교적 신중하였으나, 혁명군이 조계를 통과하여 외국인의 마차를 길옆으로 세우고, 체포와 구금을 하는 등의 행동으로 외국인의 생명이 위협을 받는 행위가 나타나자, 조계 내에서는 "타도 만청정부"라는 현수막이 걸리게 되었고, 그들은 감히 그러한 것을 거둬가지 못하였다. 혁명당원이 조계에서 산발적으로 모금전단을 뿌리고, 신병을 모집하는 등의 활동에도 그들은 간섭을 하지 못하였다. 그러나 형세가 변하자, 식민당국의 태도는 점점 눈 뜨고는 못 볼 행태가 나타나기 시작하였다. 그들은 혁명당원이 조계 내에서 사병을 모집하거나 의연금을 모금하는 행위를 금지시켰을 뿐 아니라, 전단 또한 붙이지 못하게 하였다. 그 원인은 혁명당원이 제국주의에 연약하고 양보적인 형태를 보인 것 이외에, 주된 원인은 제국주의는 혁명당원의 중국 통치를 희망하지 않았기 때문이다. 그것은 청 왕조가 멸망하고 중국인민의 혁명역량의 승리에 의한 발전을 원하지 않았기 때문이다.

제2절 남북담판에서 2차 혁명까지

상해 및 강소와 절강지구의 광복은 혁명파의 실질적인 지위를 강화시켰으나, 혁명진영 중에는 염가로 "승리"를 거래하려는 사람들이 많아졌다. 중부동맹회(中部同盟會)의 주요 책임자인 쑹쟈오런(宋敎仁), 천치메이(陳其美) 등은 위앤쓰카이(袁世凱)에 대한 약간의 환상을 갖고 있었다. 상해 광복 전, 중부동맹회의 대변지인『민립보』에서는 다음과 같은 의문을 제기하였다. "위앤쓰카이는 조정의 의심을 받고 있는 사람이다. 오늘 대권을 받기는 하였으나, 어찌 의연금을 방치하여 이전의 혐의를 묻어 버릴 수 있겠는가?", "오늘의 정부는 위앤쓰카이, 천(岑)을 대신하여 쩡(曾), 후(胡), 주오(佐), 리(李)는 어떤가?"[1] 1911년 11월 3일, 쉬시에얼(徐血兒)은『민립보』에 짧은 논평을 발표하였는데, 그는 "위앤쓰카이는 워싱턴의 귀가 되고자 한다. 곳곳에서 쩡꾸오판(曾國藩), 주오쫑탕(佐宗棠)에게서 물려받은 냄새가 풍긴다."[2] 당연히, 그들은 위앤쓰카이의 청정부에 대한 충성 정도를 근거로 회의를 품고있었으나, 위앤쓰카이가 혁명에 동참할 사람으로 판단하였고, 전제(專制)를 뒤집고, 민주국가를 건립하는데 도움을 줄 것으로 생각하는 환상을 가지고 있었다. 강소, 절강이 광복된 후, 혁명 중심은 동쪽으로 이동되었고, 쑹쟈오런 등은 대총통의 지위로 위앤쓰카이를 유혹해 혁명파와의 합작을 기도하여, 공동으로 청실을 전복시킬 타협을 주장하는 것이 점차 우위를 점하였고, 황씽(黃興) 역시 이러한 의견을 지

---

1)『民立報』1911년 10월 18, 20일.
2)『辛亥革命在上海史料選輯』, p.72.

지하였다. 최후로 위앤쓰카이의 유혹과 위협, 제국주의의 위협을 거치
는 동안, 입헌파와 구 관료의 암중책략에 의해 남방의 혁명 각성과 북
방의 청 정부는 협의를 달성하고 남북회담을 진행시키기 시작하였다.

남북담판의 지점에 대해서는 쌍방이 최초 회의 때에는 한구(漢口)로
정했으나, 장지앤(張謇), 짜오펑창(趙鳳昌) 등 동남(東南) 입헌파는 영
향력을 행사해 상해로 바꾸는 노력을 견지하였다. 이러한 건의는 즉각
담판을 조종하던 제국주의자들의 지지를 얻어 내었다. 12월 2일, 영향
력이 있던 영국 상인 리틀(E. S. Little, 李德立)은 위앤쓰카이에게 전
보를 보내, 전권대표를 상해로 보내 담판을 하도록 청하였다. 10일, 리
틀은 또 호북성의 도독 리위앤홍(黎元洪)에게 서신을 보내 상해에서
남북담판을 개최하는 것이 상호 편의를 도모하는 것이라 주장하였다.
17일, 북방 대표인 탕샤오이(唐紹儀) 등이 상해에 도착하였다. 당일 오
후, 혁명군중은 서문(西門) 문묘(文廟) 명륜당(明倫堂)에서 혁명열사
추도회를 거행하고 있었는데, 거기에는 상단, 사병, 학생 등 천 여 명
이 참가하였고, 추도회장은 엄숙하고 숙연한 분위기였다. 그러나 추도
회 이후의 행동은 도독부에서 회담에 지장을 초래한다는 이유로 취소
시켰다.

1911년 12월 18일 오후, 남북담판이 공공조계의 시정청(市政廳)에
서 열렸다. 남방 수석대표는 우팅팡(伍廷芳)이었고, 참찬(參贊)으로는
왕징웨이(汪精衛), 왕총후이(王寵惠), 니우용지앤(鈕永建) 그리고 호북
(湖北)에서 특파된 대표 왕쩡팅(王正廷)과 후잉(胡瑛)이 있었고, 북방
의 수석대표로는 탕샤오이(唐紹儀)였으며, 참찬(參贊)으로는 양쓰치(楊
士琦), 장쭝시앙(章宗祥), 앤푸(嚴復), 장구오깐(張國淦) 등이었다. 또
영국, 미국, 프랑스, 일본, 독일, 러시아의 영사와 리틀(E. S. Little, 李
德立)이 회의에 참석하였다. 이러한 외국인은 회담에서 절대 간섭을
않기로 하고 참석하였다. 그러나 방청을 하고자 하였던 중국인들은 오

히려 입장을 금지시켰다. 제1차 회의에서 쌍방은 정전 및 정전 범위 등의 사항을 협의하였다. 12월 20일, 제2차 회의가 개최되었는데, 이 때에는 국체(國體)문제를 논의하게 되었다. 우팅팡 대표는 각성의 독립을 제의하였고 만청(晚淸) 전제(專制)의 폐지와 공화정부의 건립을 주장하면서, "공화를 승인하면, 모든 방법을 상의하겠다."고 하였으며, 청제(淸帝)의 퇴위 후 우대를 하겠다고 주장하였다. 탕샤오이는 "오늘 여러분들의 말씀을 기꺼이 들었다. 당신들이 나에게 시간을 준다면, 그들(청 정부를 가리킴-역자 주)을 권유해 보겠다."3)고 표시하였다. 쌍방은 7일간의 정전협의를 달성하였다.

그러나 시정청 내의 담판은 일종의 형식 혹은 표면의 문장이었고, 막후에서 거행되는 비밀담판은 이미 실질적인 진전을 보이고 있었다. 20일 이날 하루, 황씽(黃興)의 대표인 구쭝천(顧忠琛)이 감숙로(甘肅路)의 문명서국(文明書局)의 사장실에서 청군(淸軍) 대표 랴오위춘(廖宇春)과 접촉을 갖고, 그곳에서 다섯 개 조의 협의를 이루어내었다. (1) 공화정체(共和政體)의 확립. (2) 청 황실 우대. (3) 먼저 청 정부를 전복시키는 자를 대총통으로 한다. (4) 만한(滿漢) 쌍방의 장군들에게 전시에 상대방에게 상해를 입힌 책임을 묻지 않는다. (5) 임시 회의를 개최하여 각성의 질서를 회복한다. 랴오위춘은 이 결과를 위앤쓰카이에게 보고하였다. 그중 주의를 요하는 것은 세 번째 조문으로 이것은 혁명당에서 혁명의 과업을 실질상 위앤쓰카이에게 넘겨주는 하나의 명확한 표시였다.

12월 25일, 쑨중산이 "띠판하"(狄凡哈)호의 윤선을 타고 홍콩에서 상해에 도착한 후, 상황이 아주 심각한 것을 알아차리고, 즉각 거대한 힘을 동원해 담판을 저지하였다. 그는 담판을 반대하였고, 혁명무력으로 전국을 통일하는 것과 철저히 북방의 전제(專制)정치의 잔재를 뿌

---

3) 『南北議和史料』, 『辛亥革命』, 제8책, p.78.

리뽑고자하여 다음과 같은 말을 하였다. "혁명의 목적을 달성하지 못하였는데, 담판에서 무슨 말을 하겠는가?"4) 그의 독촉으로 남경의 각성 대표는 회의를 열어 결의하였으며, 각성에 전보를 보내 북벌 작전계획의 계속 진행을 주장하였다. 『민립보』(民立報) 역시 전날의 위앤쓰카이와 타협의 논조를 바꿔 격렬한 사론을 발표하며 다음과 같은 내용으로 지적하였다. "모든 자유를 사랑하는 사람은 자유를 얻기 위해 반듯이 고귀한 대가를 지불해야 한다. 물론 염가로 성공을 바라지 말아야 할 뿐 아니라, 우리가 오류를 범한다면, 만회할 수 없다."5) 12월 26일, 쑨중샨이 보창로(寶昌路; 현재의 滙海中路)의 집에서 동맹회 지도자 회의를 개최하여 정부조직의 형식문제를 토론하였다. 왜냐하면 쑨중샨이 대총통에 당선되는 것은 필연적인 추세이고, 그래서 그는 총통제를 주장하였고, 이로써 권력을 집중하기 위해 혁명성과를 유지시키고, 보호하려하였던 것이다. 그는 "내각제는 평시에는 원수(元首)가 정치에 개입할 수 없기 때문이고, 총리는 국회에 대한 책임과 비상시대를 판단하는 편리함이 있다. 나는 내 개인으로 이러한 법령을 만들 수 없고 또 여러 사람들이 기존해 있던 신성한 혹으로 여기는 부분에 대해 이렇게 생각하는 것은 혁명의 대계에 큰 오류를 범하는 것이다."6) 라고 하였고, 이에 쏭쟈오런이 주장한 내각제는 부결되었다. 12월 29일, 각성 대표들은 남경에서 임시 대총통 선거에 들어갔고, 쑨중샨은 16표를 얻어 임시대총통에 당선되었다.

그러나 공공조계의 시정청의 공개 담판에서는 흥정이 계속되고 있었다. 이것은 왜냐하면 쑨중샨은 혁명진영에서 이미 장악하고 있던 상당권력의 입헌파와 구 관료들이 타협하려는 역류를 막지 못하였다. 뿐만 아니라 위앤쓰카이도 이 회담을 통해, 시간을 벌어 자신의 지위를

---

4) 孫中山, 『建國方略』, 『孫中山選輯』上卷, p.185.
5) 『民立報』1911년 12월 27일.
6) 『胡漢民自傳』, p.302.

공고히 하고자 하였으므로 협의의 목적 달성을 계속 지연시켰던 것이다. 12월 29일에서 31일, 제3, 4, 5차 회담이 개최되었고, 최후에 아래와 같은 협의를 달성하였다. (1) 국민회의를 소집하여, 다수의 의견을 물어 국체(國體)문제를 결정한다. (2)국체(國體)가 정해지기 전에는 청정은 서양의 차관 및 새로운 차관을 받을 수 없다. (3) 12월 30일 오전 8시를 기해, 산서성(晉), 섬서성(陝), 호북성(鄂), 안휘성(皖), 강소성(蘇) 등지의 청군을 3일내에 원래의 주둔지에서 100리 밖으로 후퇴시킨다. 마지막으로 남방대표는 국민회의를 상해에서 개최하는 것을 주장하였는데, 그 이유는 상해는 교통의 요지이고, 회의장을 쉽게 선택할 수 있고, 안전하며, 각국의 소식을 쉽게 접할 수 있기 때문이라는 것이다. 탕샤오이는 동의를 하고 위앤쓰카이 내각에 알리려고 하였으나, 전보를 보내기 전에 위앤쓰카이는 언행이 앞뒤 모순이 되게 행동하였으며, 이미 협의한 내용에 대해 거부를 하고, 성명을 발표하였다. "남북협약은 군주입헌제를 전제로 한 것이다. 그러나 탕(唐)과 우(伍) 두 전권대신들이 공화정체를 주장하며 그 직권을 남용하였다. 뿐만 아니라 협약도 결정되지 않았고, 남쪽에서는 먼저 정부를 조직하고 대총통을 선출하자고 하였는데, 이것은 본 협약의 취지에 어긋나는 것이다."[7]라고 주장하였다. 그는 탕샤오이를 해직시키고, 또 그가 직접 전화로 우팅팡과 협상하였다. 이로써 남북담판은 결렬되었다.

당시, 상해혁명당원은 남북회담에 대해 기본상 두 가지 견해를 지니고 있다. 하나는 위앤쓰카이를 믿지 못하였으므로 회담이 성의껏 열릴 수 있겠는가하는 것이다. 12월 21일, 어떤 사람은 중화공화촉진회(中華共和促進會)의 성립 대회에서 다음과 같은 지적을 하였다. 위앤쓰카이가 탕샤오이를 파견하여 협의를 하였는데, 동시에 산서(山西) 청군에게 정전(停戰)을 명령하지 않았다. 뿐만 아니라 군대를 이동시

---

7) 白蕉, 『袁世凱與中華民國』, 人文月刊社, 1936年版, p.10.

켜 안휘 민군(民軍)을 공격하였고, 장쉰(張勛)에게 명령하여 병력을 포
구로 이동시켰으며, 심양(沈陽)에서는 많은 수의 혁명군이 그들의 계
략에 빠지기도 하였다. 위앤쓰카이가 진정으로 평화를 갈구한다면, 어
찌 이러한 일을 벌일 수 있겠는가? 또 어떤 사람은 폭로하기를 탕샤오
이와 함께 온 양쓰치(楊士琦), 쉬지우샹(許久香)과 앤푸(嚴復)는 모두
청 조정의 간신배들로 그들은 모두 금전으로 해군군관을 매수하여, 그
들이 청조에 투항하도록 기도하였다. 『신보』(申報)에서도 위앤쓰카이
의 담판 목적은 "외국인들을 동원하여 외교단의 세력을 형성하여, 우
리 국민의 눈과 귀를 막으려고 하는 것이다. 겉으로는 어려움을 극복
하려고 하는 것 같으나, 실제로는 종횡의 효과를 얻으려고 하는 것이
다."[8]라는 문장을 발표하였다. 일부의 혁명당원들은 이 회담을 반대하
였다. 12월 16일, 영파로에 있는 공부국에서 한 장의 전단이 발견되었
는데, 그 내용은 다음과 같다. "앞잡이 탕샤오이가 상해로 훼방을 담당
하러 온다. 우리는 그를 때려 죽여야 하고, 그를 죽이지 못하게 하는
사람은 동포가 아니다. 이 전단을 찢는 자는 죽음을 당할 뿐이다."[9]
이상의 사람들은 회담을 의심하는 사람들이었다.

　여론계에서는 주화론자가 우세적이었다. 그들은 이 담판을 통해, 청
실을 뒤집고, 공화를 얻으려고 하였다. 이러한 사람들은 대부분 두 부
류로 나뉜다. 한 부류는 위앤쓰카이에게 강경한 태도로 대처하는 것을
주장하고 있다. 그들은 "적을 믿을 수 없고, 적과 화의로 목적을 달성
할 수 없다", "병력을 유지하면서 화의를 해야 한다."고 지적하고, 이
러한 것은 왜냐하면, "화의(和議)자는 전투를 준비하여야하고, 전쟁을
주장하는 사람은 화의를 전제로 하여야 한다. 병력을 갖추고 있는 사람
은 평화의 이로운 무기를 보장받고 있는 것으로 행복의 원천이다."[10]

---

　8) 『申報』, 1911년 12월 25일.
　9) 『辛亥革命期間上海公共租界工部局警務報告』
　10) 『申報』, 1911년 12월 19일.

라고 강조하였다. 상업계의 공화단(共和團), 공화촉진회(共和促進會), 국민협회(國民協會), 공화건설회(共和建設會) 등 단체는 전단을 뿌렸는데, 그 내용은 "화의가 아직 결의되지 않으면, 힘 있는 자는 힘을, 부유한 자는 자금을 내어, 모든 힘을 다해 화의 결렬 뒤의 북벌을 준비해야 한다." 어떤 사람들은 탕샤오이가 거처하고 있는 곳에 가서 "혁명당원들이 마지막으로 죽여야 하는 한 사람이다. 그들 역시 어떠한 방식의 군주정체(君主正體)도 동의하지 않을 것이다."[11]하고 말하였다. 다른 한 부류는 『민립보』(民立報)가 대표적으로, 위앤쓰카이가 청조에서 맡은 임무를 개도하여 공화제를 승인토록 하는 것이다. 그 신문은 한편의 문장에서 지적하기를 "위앤쓰카이의 책략은 우리나라의 젊은이면 모르는 사람이 없다. 북군이 승리를 하면, 이를 조종하여 제왕이 되려고 하는 것이 위앤 씨의 상책이다.", "선을 가장해 영웅이 되고, 독립을 쟁취한 후, 총통을 차지하려는 것이 위앤쓰카이의 중책이다", "남북양군이 서로 막상 막하의 실력을 갖추고, 분립된 형국을 만드는 것이 위앤 씨의 하책이다"라 하였다. 결론은 "중책이 인도주의를 유지한 것으로 위앤 씨는 조속한 시일 내에 시행하고, 인민은 꿈에서 깨어나 행복을 누려야 한다."이었다. 문장에서 탕샤오이가 위앤쓰카이를 설득시키기를 권고하고 있다. "만주인들이 물러나면 백성들이 모두 건강해지고, 어려움이 없다. 우리 민족의 건아들은 반듯이 만주의 포로들에게 우대를 할 것이고, 총통의 자리는 위앤쓰카이가 당선될 것이다."[12] 또 개인적인 생각으로는 위앤쓰카이가 초기에는 공화제로 마음이 돌았으나, 후에는 "중대한 문제는 모든 사항을 종합해 본 후에 결정하겠다."[13]고 표현을 하였다. 적을 코앞에 둔 상황에서 혁명당원들

---

11) 『辛亥革命期間上海公共租界工部局警務報告』, 『歷史檔案』, 1981年 제4기에 게재.
12) 『民立報』, 1911년 12월 16일.
13) 『申報』, 1911년 12월 24일.

은 이러한 생각을 갖고, 의심 없이 자기들의 역량을 스스로 약화시켰
으며, 심지어는 위앤쓰카이의 농간에 놀아나기까지 하였다.

담판이 결렬된 후, 여론계에서는 모든 책임을 위앤쓰카이로 돌리고,
주전파의 분위기로 전환되었다. 그러나 당시, 쑨중샨이 주화파(主和派)
의 압력 하에서, "먼저 청 정부를 전복시키는 사람이 대총통"이라는
약속을 받아들여, 위앤쓰카이에게 성명을 발표하였다. 위앤쓰카이는
청정을 억누르고, 혁명을 억누르면서 "총통의 직을 모색한다."는 "중
책"을 표명하였다.

1912년 1월 1일, 쑨중샨이 상해를 떠나 남경에 임시대총통으로 취
임하였다. 상해인민들은 오색국기를 게양하고, 남경 임시정부의 성립
을 축하하였다. 그러나 중국 민족자산계급의 연약성으로 이 자산계급
혁명정권은 아무런 작용도 하지 못하였을 뿐 아니라, 그 유지도 오래
가지 못하였다. 승리를 얻고 오래지 않아, 혁명당원의 투지는 아주 쇠
퇴해버렸다. 어떤 이들은 정권과, 이익을 쟁취하려, 곳곳에 경영권을
획득하였고, 어떤 사람은 종횡으로 부패와 타락하였고, 어떤 이는 상
인의 탈을 쓰고, 재물을 긁어모았다. 황씽은 상해에서 과음으로 인해
병을 얻어 3, 4일간 요양을 하였다. 천치메이는 상해군도독이 된 후,
생활이 방탕하여, 매달 2백여 병의 술14)을 소비하였다고 하여 사람들
이 "양매(楊梅)도독(都督)"이라고 불렀다. 천치메이는 정권을 취하고,
이익을 강구하는 수단이 적나라하였다. 그는 광복회가 정적이라고 보
고 그들을 없애야 만이 후일이 안전하다고 하여 없애려 하였다. 리시
에허(李燮和)시는 오송에 군정분부를 설치할 때, 천치메이는 이에 적
합하지 않은 인물이라고 하여, 회당 두목을 파견하여 리(李)를 협박하
여 군정 분부를 취소케 하였다. 1912년 1월 4일, 천치메이는 또 쟝지

---

14) 陳旭麓等編 『辛亥革命前後─盛宣懷檔案資料選輯之一』, 上海人民出版社,
1979年版, p.321.

에쓰(蔣介石)에게 지시하여, 광복회의 영수인 타오청짱(陶成章)을 광자의원(廣慈醫院)에서 살해케 하였다.[15] 타오(陶)가 자객으로 습격 받은후, 동맹회와 광복회 사이에는 모순이 격화되었다. 『소보』(蘇報)에서 대내외적으로 명성을 얻고 있던 장타이앤(章太炎)은 이 시기에 장지앤(張謇), 짜오펑창(趙鳳昌), 리위앤홍(黎元洪), 청더츄앤(程德全) 등 입헌파, 구관료들과 함께 적극 쑨중산을 공격하였고, 남경정부를 무너뜨리고자 하였다.

제국주의의 압력과 봉건세력의 부식아래에서 혁명대오는 신속히 분화되었다. 입헌파와 구관료는 이러한 기회를 틈타 혁명의 열매를 빼앗으려 하였다. 각종 사회정치 역량이 다시 새롭게 조직되고, 형형색색의 정당, 정단(政團)이 남경임시정부 성립을 전후하여 생겨났다. 혁명파, 입헌파, 구관료들이 상해에 모여들었고, 한 때는 정당 활동의 무대가 되었다. 공개 활동의 동맹회 이외에, 광복회,[16] 중화민국연합회(회장 章太炎, 부회장 程德全), 중화공화촉진회(명예회장 張謇, 부회장 伍廷芳, 陳其美), 중화공화헌정회(회장 李平書, 부회장 伍廷芳), 공화통일당(발기인 伍廷芳, 張謇, 陳其美, 汪精衛 등), 여자동맹회(회장 吳木蘭), 중국사회당(江亢虎)이 있었고, 임시정부가 북으로 천도한 후에는 또 소년중국당, 공화당(이사장 黎元洪), 중화국민공진회(발기인 陳其美, 應桂馨, 張紹曾 등)이 출현하였다. 이러한 정당의 공통적인 특징은 엄격한 조직규율이 없다는 것이다. 당원들은 쉽게 당을 떠날 수 있었다. 특정한 정견도 없었고, 당의 강령도 대동소이하였다. 지지 군중의 기

---

15) 이 일에 대해, 쟝가왕조(蔣家王朝)의 관서(官書)인 『民國十五年以前之蔣介石先生』에서는 아래와 같이 말하고 있다. "蔣介石는 공사에 대한 이해가 밝고, 먼저 陶成章을 제거한 후, 혁명의 전국을 안정시켰고, 후에 스스로 그 죄를 인정하였다. 지성으로 마음을 다하였고, 절대로 사람을 나쁘게, 보지 않았다. 이것은 신해혁명의 성패를 가늠하는 관건이며, 公(蔣介石를 지칭 – 편자)은 혁명의 중요한 역사의 하나이다."

16) 1911년 11월, 陶成章이 江西路에서 새롭게 광복회 기관을 설립하였다.

초가 없었다. 기본적으로는 모두 관료정객이 정치에 참여하고자 하였던 기관으로 전락하고 권력 지위를 쟁취하려는 도구로 사용되었다. 정국의 변화에 따라서 그들 가운데에는 흥하거나, 해산되거나, 자체적인 분화 또는 상호 합병 등 모두 연기같이 사라졌다.

1912년 4월 1일, 쑨중샨이 임시대총통의 직무를 이양한다는 선포가 있었다. 따라서 참정원은 임시정부를 북경으로 이동시키는 것을 의결하였고, 남경에는 황씽이 주재하던 유수처만이 남아 남방 혁명군의 정리와 재편 그리고 해산 문제 등을 논의하였다. 위앤쓰카이를 우두머리로 지주, 매판계급이 혁명의 열매를 빼앗았다. 7월 말, 천치메이는 호군도독의 직무가 박탈되었고, 호군도독부를 폐지시키고, 강소도독의 임시 군영으로 개조되었다. 호군(滬軍) 3개사(師)는 대부분 해체되었고, 나머지 부(部)는 축소 개편되어 제3 혼성여(混成旅)로 되었고, 여장(旅長, 여단장급)에는 리잉쓰(李英石)가 임명되었고, 그는 강소도독의 명령을 받았다. 이와 동시에 상해에는 시의회가 설립되어, 야오원난(姚文楠)이 의장으로 추대되었고, 왕인차이(王引才)가 부의장으로, 또 루원루(陸文麓)가 상해시정청의 총동(總董)이 되었다. 쑨중샨은 사직한 후 상해에 와 있었고, 경제건설을 결심하여, "동지들을 규합해 순수 야당을 만들어 교육사업의 확장하고 실업을 진흥시킴으로 이로써 국가의 백년대계의 근본을 확립코자 하였다."[17] 당연히 당시의 사회조건 아래에서 쑨중샨의 이러한 노력은 단지 머리를 다 써 보려고 노력하였던 것이나 힘이 받쳐주지 못하였다. 상해의 자산계급들은 "혁명이 성공하여, 청정 황제가 퇴위를 하고 대국이 점차 안정이 되고, 인심 역시 안정이 되고 있다"[18]라며 앞날에 대해 희망적이라고 생각하였다.

신해혁명이 비록 그 결실을 맺을 수 없었고, 상해의 광복으로도 반

---

17) 『陳英士致黃克强書』, 『總理遺敎全集』, p.319.
18) 『榮家企業史料』上冊, 上海人民出版社, 1965年版, p.28.

식민지의 상황을 바꿀 수는 없었지만, 남경임시정부와 호군도독부는 자본주의 공상업계의 보호를 위해 각종 조치를 실시하였고, 청정부의 소위 "관판"(官辦), "관상합판"(官商合辦)의 봉건적인 질서의 족쇄에서 생산력을 해방시킨 것에 큰 의의가 있다고 할 수 있다. 이러한 것은 상해 민족자본이 경제에 발전에 기초를 제공해 준 것이라고 할 수 있다.

혁명정권의 추진아래에서 상해는 한때 실업구국(實業救國)이라는 풍조가 만연하였다. 그래서 "후리민생"(厚利民生)을 표방하는 단체가 생겨났다. 중화실업연합회(中華實業聯合會), 민생국계회(民生國計會), 중화실업단(中華實業團), 중국사회당실업단(中國社會黨實業團), 중화민국공업건설회(中華民國工業建設會), 동인민생실업회(同仁民生實業會), 중화공학회(中華工學會) 등이 선후로 생겨났다. 공업건설회는 『발기지취』(發起指趣)에서 "산업혁명"의 구호를 내걸었다. 이 기간 동안 공상계는 서로 투자를 다투었고, 각종 공장기업의 창업 신청이 줄을 이었다. 1912년에서 1913년 사이, 기기(機器)공업은 새로 생긴 공장이 22가(家)로 1866년에서 1913년 상해 민족기기공업설창(民族機器工業設廠) 총수의 23%이상을 차지하였다. 1912년, 리핑수(李平書) 등은 남시화상전차공사(南市華商電車公司)의 발기 및 설립하였다. 이때 세워진 삼우실업공사(三又實業公司)는 후에 전국 규모의 대규모 수건제조창이 되었다. 새롭게 세워진 중화실업은행(中華實業銀行)의 자본은 육백만 원에 달하였다. 이전에 전도가 암담하였던 예전의 공장들도 새로운 전기를 마련하게 되었다. 예를 들어 롱 씨 기업(榮氏企業)은 1911년 난관을 거치고, 1912년에는 회복단계에 있었으며, 현재는 새롭게 복신면분창(福新麵粉廠)을 설립하였다. 대륭기기창(大隆機器廠)도 역시 1913년에는 확충하여, 창방(廠房)을 증설하였고, 기기(機器)를 구매하고, 노동자와 기술자등을 모집하였다. 국산알화기(軋化機)의 판매량은 1900년의 2,3백부(百部)에서 1913년에는 2천 여 부(部)로 늘어났다. 1912

년 상해의 한 자료에 기재되어 있는 것을 보면 "현재 상해의 공업발전 중, 사람들의 이목을 끄는 특징은 하루가 다르게 전기 소모가 늘어나고 있다. 현재 간선의 전기선에는 약 2,000필 마력 이상이 흐르고 있으며, 향후에는 3배로 증가할 것이다."[19]라고 말하고 있다. 이러한 이유로 인해 당시 상해공장기업은 맹렬한 추세로 발전하게 되었다. 금년 8월, 상해 공업계는 장원(張園)에서 공업전람회를 개최하였다. 이것은 공업발전의 수요에 적응하기 위한 것으로 남양공학(南洋公學)은 공정계(工程系)를 신설하여, 공업기술 인재를 배양시켰다.

이외에, 위치아칭(虞洽卿) 등 10여 명은 북경화상전차유한공사(北京華商電車有限公司)를 발기하여, 북경내외성의 모든 전차 부설공정을 전담시켰다. 1912년 8월, 대자본가 롱더셩(榮德生)이 북경으로 들어가 전국공상회의에 참가하고, 대규모의 실업계획을 제출하였고, 방직업 육성을 위해 모기창(母機廠)을 설치할 것과 선박제조, 기차, 농기계, 광기계(礦機械), 군계(軍械) 및 각종 모계(母機)를 제조할 공장을 만들 것을 요구하였다. 또 자본이 약 천 만 원 정도 소요되는 120명 정도를 해외로 유학을 보내는 것을 계획하였다. 이러한 계획은 많은 부분이 환상적인 요소가 내재되어 있었지만, 오히려 당시 상해 자산계급은 민족경제의 발전에 적극성을 보이기도 하였다.

민족경제발전과 동시에 상해의 민족문화교육사업 역시 새로운 면모를 보였다. 남경임시정부에서는 교육개혁으로 각항 법령의 제정과 조치를 취하는 동시에, 상해의 교육사업도 진일보한 발전을 보이게 되었다. 1912년에서 1915년까지 상해에는 중국인이 세운 소학교가 40여 곳, 중학과 전과학교(專科學校)가 7개소, 그리고 대학 1곳으로 이곳은 대동학당(大同學堂, 이후 大同大學으로 개칭됨)이었다. 1912년 3월, 북경 청화학당(淸華學堂)의 교수이고 입달학사(立達學社)의 성원인 후뚠

---

19) 汪敬虞, 『中國近代工業史資料』第2輯, 下册, p.848.

푸(胡敦復) 등 11인이, 청화(淸化)의 노예화 교육방침과 많은 학교의
불량 분위기에 대한 불만으로 상해에서 와서 대동학당을 설립하였
다.[20] 이 학교에는 마샹뽀(馬相伯), 차이위앤페이(蔡元培), 후쓰(胡適),
양씽포(楊杏佛)와 쉬신리우(徐新六) 등이 동사(董事)였고, 최초의 교장
으로는 후뚠푸(胡敦復)가 역임하였다. 최초 모집한 신입생은 8, 90명
으로 대부분은 자기 스승을 따라 남쪽으로 내려온 청화학생(淸華學生)
이었다. 이외에 상해가 광복될 때, 휴교하였던 중국공학(中國公學)도
이때 다시 개교하였고, 남경임시정부의 비준으로 원래 상해 도대가 가
지고 있던 압류 재산을 모두 이 학교의 경비로 사용하였다.

이와 동시에, 상해의 신문 출판사업 역시 상당한 규모의 발전을 보
였다. 무창기의 후, 2개월 정도의 시간내에 상해에는 한 순간에 30여
종의 소형 신문이 생겨났다. 비록 그 신문들의 수명이 짧고, 신문사옥
도 없었지만, 대부분은 혁명을 선전하는 것을 그 임무로 생각하였고
형식이나 내용도 비교적 생동적이고 활발하였다. 예로 리우야즈(柳亞
子)가 창간한 『경보』(警報)는 인쇄가 정교하고 내용이 충실해서 이름
을 날렸다. 당연히 투기분자들이 많은 이익을 얻기 위해 조잡한 문체
도 있었으나, 그들은 종종 사람들의 귀를 놀라게 하는 "청의 황태후
목매 죽음", "위앤쓰카이 저택 훼손, 처첩자살" 등의 소식을 전하여 신
임과 칭찬을 받았고, 그 판매 부수를 늘렸다. 1912년, 혁명을 고취하는
신문이 계속 출판되었으며, 그중 "횡삼민"(橫三民)이라고 불렸던 『민
권보』[民權報, (戴季陶主辦)], 『중화민보』[中華民報, (鄧家彦主辦)]과 『민
국신문』[民國新聞, (呂志伊主辦)] 등이 가장 영향력이 있었다. 당시 『민
립보』(民立報) 등의 필체는 온건하였으므로, 중상층의 지식분자들이
선호하였다. 『민권보』(民權報) 등은 오히려 문장이 격렬하였고, 위앤

---

20) 이 학교는 초기에는 南市의 肇周路 南陽里의 건물을 임대하여 사용하였으나
후에는 豊記부두로 이전하였다. 1914년에는 南車站路의 새 校舍로 이전되었
다.(현재의 大同中學 자리임)

쓰카이의 공화를 파괴하려는 음모와 계략을 폭로하여 많은 독자의 호
응을 받았고, 특히 청년학생들의 환영을 받았다. 동년 여름에는, 쑨중
산이 창설한 영문지인 『민국서보』(民國西報)가 발간되었고, 상해의 외
국인과 국제적인 친분을 갖춘 사람들에게 혁명을 선전하는 것으로 국
제적으로 영향력을 갖고 있었다. 1912년 초, 루페이뽀홍(陸費伯鴻, 복
성의 사람 이름, 성의 陸자를 逵자로도 쓴다)이 25,000원으로 중화서
국(中華書局)을 설립하였으며, 동년 가을과 겨울기간에는 10만원을 더
투자하여, 하남로(河南路)로 이전하였다. 2년 후, 자본액은 100만원에
달했다. 설립이 비교적 빨랐던 상무인서관(商務印書官)21)도 이 시기에
새로운 면모를 보이기 시작하였다. 시아추이팡(夏粹方) 등은 장래에
일본의 주식을 회수하고, 진일보 규모를 확대하여, 1914년에는 자본이
200만원에 달하였다.

　이와 같은 시기에 상해의 문화예술계에도 상당한 활약이 있었다. 초
기의 화극(話劇)으로 문명극(文明劇)을 무대 위에 올리고 나날이 호평
을 받았다. 그중 영향을 준 극단으로는 오우양위치앤(歐陽予倩)이 만
든 영춘사(春柳社), 런티앤쯔(任天知)이 만든 춘양사(春陽社)와 진화단
(進化團)이 있다. 그들은 서로 나눠서 『공화만세』(共和萬歲), 『황학루』
(黃鶴樓)등 혁명의 제목을 노래하였다. 시아위에산(夏月珊) 등 경극배
우들은 새로운 무대에서 민족사상을 고취시키는 『명말유한』(明末遺
恨),『궁화부엽』(窮花富葉) 등의 새로운 극을 연출하여, 사람들의 이목
을 새롭게 주목시켰다. 중국 최초의 영화작품은 맹아(萌芽)단계에 있
었다. 1912년 장쓰촨(張石川), 정쩡치우(鄭正秋) 등이 조직한 신민공사
(新民公司)는 외국인이 세운 아세아영화공사[亞細亞影戲公司]의 촬영
기계를 전부 인수하였고, 1913년에는 중국 최초의 『난부난처』(難夫難

---

21) 1897년, 夏粹方(瑞芳), 鮑咸昌등이 4,000원의 주식으로 발기하여 상무인서관
　을 설립하였다. 오래지 않아 일본 자금이 투입되었고, 그 조직은 주식유한공
　사로 바뀌었다.

妻) 영화를 촬영하였다. 이 영화는 정쩡치우가 편극(編劇)하였고, 장쓰
찬, 정쩡치우가 감독을 맡았고, 촬영 장소는 조주(潮州)의 봉건매매혼
인(封建買賣婚姻) 습속에 대한 것으로 한 쌍의 청춘남녀의 혼인 불행
을 통해 봉건혼인제도의 불합리성을 지적, 비판한 것이다. 출연 배우
는 문명극의 남자 배우들이 담당하였고, 1913년 9월 새로운 무대에서
최초로 방영이 되어, 큰 충격을 안겨주었다.

신해혁명은 중국사회에 상당한 변화를 일으켰다. 그러나 자산계급혁
명의 철저하지 못함과 위앤쓰카이의 역행으로 사회변혁의 광채는 나
날이 암담해갔고, 인민군중의 흥분도 점차 사라졌다. 위앤쓰카이는 자
기 손에 떨어진 과실에 만족하지 않고, 갖은 모략으로 혁명당원에 타
격을 줄 방법을 강구하였고, 이로써 반동통치를 공고히 하고자 하였
다. 이러한 것에 대항하여, 쏭쟈오런은 부분 혁명당원의 대표로 그러
한 것을 깨닫고, 의회정치와 정당내각을 무기로 『임시약법』(臨時約法)
에 근거하여 위앤쓰카이의 권력을 제한하고 공화제 성과를 보호하려
힘을 쏟았다. 1912년 8월 25일, 동맹회를 주축으로 연합통일공화당(聯
合統一共和黨), 국민공진회(國民共進會), 국민공당(國民公黨), 공화실진
회(共和實進會) 등 중소 정당을 연합하여 국민당(國民黨)을 조직하고,
북경에서 성립대회를 개최하여, 쑨중산을 이사장으로 추대하고 실질적
으로는 쏭쟈오런이 당무(黨務)를 책임졌다. 1913년 봄, 국민당은 대선
을 통해 참의원의 3분의2를 석권하여, 제1당으로 되었다. 이것은 위앤
쓰카이를 아주 당황하게 하였고, 이에 그는 국민당에 대해 일종의 행
동을 취하기로 결정하고 먼저 쏭쟈오런 암살에 착수하였다.

1913년 3월 20일 밤, 남방에서 경선활동을 하고 있던 쏭쟈오런이
상해로부터 기차를 타고 북상하려 하였고, 황씽(黃興), 야오쭝카이(廖
仲凱), 위요우런(于右任) 등이 그를 전송하기 위해 북역(北站)에 도착
하였다. 쏭쟈오런이 열차에 올라갈 때, 검은색 군 장교복장을 하고 있

던 자객이 그를 향해 총을 한 발을 쏘고 난후 도망쳤다. 쏭쟈오런은 가슴에 총탄이 박혔고, 사람들은 그를 살려내려고 하였지만 효과를 거두지 못하고 호녕(滬寧)철로의원에서 서거하였다. 이 사건은 전국을 진동케 하였다. 3월 23일, 왕아파(王阿發)라고 불리는 골동상이 조계당국에 단서를 제공하기를, 잉꾸이씬(應桂馨)[22]이 천 원에 자기를 매수를 하여 쏭쟈오런을 암살시킬 생각을 하였다고 말하였다. 포방(捕房)에서는 그의 제보를 근거하여, 당일 밤에 호북로(湖北路) 기생집(妓院) 영춘방(迎春坊) 내에서 잉꾸이씬(應桂馨)을 체포하였다. 다음날 잉의 집에서 우쓰잉(武士英)이라는 사람을 체포, 수색하여 다섯 발들이 권총과 편지와 전보, 비밀 문건 등을 발견하였다. 우쓰잉은 쏭쟈오런 암살 지시에 대한 죄행은 자백하였으나, 자객이 누구인지는 모른다고 하였다. 잉 씨 집을 수색하여 나온 문건에서 잉 씨는 위앤쓰카이의 정부 국무총리인 짜오삥쥔(趙秉鈞), 내무부 비서 홍수쭈(洪述祖) 등의 명령으로 이러한 음모와 살해를 계획했다는 것이 드러났다. 3월 21일 쏭쟈오런 살해 사건의 발생 후, 잉 씨는 전보로 홍수쭈에게 "비적의 괴수는 이미 없어졌다. 우리 군은 한명도 다치지 않았다. 마음을 놓으십시오. 위에 보고하여 주시기를 희망합니다."[23]라고 보고하였다. 『민권보』에서는 아주 빠르게 위앤(袁), 짜오(趙) 두 사람의 사진을 싣고 그 아래에 위앤쓰카이가 범인, 짜오빙쥔이 범인"(袁犯世凱, 趙犯秉鈞)이라는 표어를 달아 배포하였다. 4월 26일, 강소도독 청더츄앤(程德全), 민정장(民政長) 잉더홍(應德宏)은 이 일에 대한 모든 죄상을 공포하고 쏭쟈오런 사건의 진상이 명백히 밝혀져야 한다고 하였다. 이때 위앤쓰카이는 이미 병력을 파견하여 무력으로 국민당을 진압하려는 계획을 세웠다. 4월 27일, 그는 국회를 제쳐놓고, 영국, 프랑스, 독일, 러시아,

---

22) 應桂馨은 靑幇의 頭目으로 滬軍道督部에서 諜報과 科長으로 재직하였다.

23) 李劍農, 『戊戌以後三十年中國政治史』, 中華書局, 1965年版, p.173.

일본의 5개국 은행과 2,500만 파운드의 선후대차관(善後大借款)에 서명을 하였고, 이로써 군비 및 남방(南方)의 육해군을 매수할 준비를 하였다.

상해인민과 각지의 인민들 사이에 반위앤(反袁)풍조가 일어나기 시작하였다. 4월 18일, 국민당은 장원(張園)을 빌려서 쑹쟈오런 추도대회를 집회하였고, 3만 여 명과, 우위짱(吳玉章), 쥐쩡(居正), 쉬시에얼(徐血兒) 등 10여 명이 발언하였다. 『중화민보』(中華民報)에서는 『토역』(討逆)이라는 주제의 사설을 발표하여, 위앤쓰카이의 10대 죄목을 열거하였고, 전국인민들에게 역적을 토벌해야 하고, 공화제를 끊이지 않게 해야 한다고 발표하였다. 5월 1일, 사회당(社會黨), 공당(工黨), 자유당(自由黨) 등 단체는 남시(南市) 구무지(九畝地)에서 전국 공민대회를 개최하고, 전국 공민회(全國公民會) 성립을 결정하였고, 위앤쓰카이가 국민당 영수를 죽인 죄상을 선포하고, 병력으로 공화제를 유린하고, 외국으로 부터 차관을 임의대로 결정해 사용하는 3대 죄상을 열거하고, 국회에서 위앤쓰카이, 짜오삥쥔의 탄핵을 요구하였고, 아울러 각 성에서 위앤정부의 군사명령에 대한 거부할 것을 결의하였다. 상해 전보학생회(上海電報學生會)는 상해, 광주, 산두(汕頭) 등지의 신문사 관계자들에게 정치성 연합 파업을 일으킬 것을 약속했으며, 위앤쓰카이의 언론 침해에 대한 불법행위에 대해서도 항의하였다. 상해의 명류(名流) 천춘슈앤(岑春煊), 우팅팡(伍廷芳) 등도 전보를 통하여 전국에 위앤쓰카이를 질책했고, 산동의 독일조계에 있던 홍수쭈(洪述祖)의 인도(引渡)와 대차관을 취소하라고 요구하였다. 반위앤 태도가 가장 격렬하였던 중화민국공당은 한 차례 제조국에 무장습격을 감행하였다. 5월 29일 새벽, 공당(工黨)의 지도자인 쉬치원(徐企文)이 7, 80명을 대동하고 "중화민국 국민군"이라는 기치를 새긴 깃발을 들고, 제조국으로 진공하였다. 제조국내는 이미 방비를 하고 있어 진입에 실패하고,

쉬(徐) 등 두 명이 체포되어 해를 입었다. 6월 22일, 『중화민보』(中華民報)에서는 위앤쓰카이가 발표한 『사공령』(祀孔令)에 대응하는 사론을 발표해, 위앤쓰카이가 말한 공자를 빌어 인민을 복종하게 하는 전제통치를 하려는 "존왕"(尊王)을 비평하였다.

6월에 위앤쓰카이는 명령을 내려 강서(江西) 리리에줜(李烈鈞), 광동(廣東) 후한민(胡漢民), 안휘(安徽) 바이원웨이(柏文蔚)의 도독직무(都督職務)를 파면시키고, 군대를 남하하여 내전을 일으켰다. 그는 제조국이 습격을 받은 것을 구실로 해군 중장인 츠(鄭汝成) 휘하의 해군경위대(警偉隊) 1,200여명을 제조국으로 보냈고, 또 "초태"(楚泰)호, "해주"(海籌)호 군함을 상해로 파견하였다. 계속 위앤쓰카이에 대해 "무력토벌"과 "법률해결"의 사이에서 결정을 찾지 못하던 국민당도 더 이상 참을 수 없어, 마침내 대규모의 군중을 동원해 "2차혁명"의 기치를 올리게 되었다.

7월 12일, 리리에줜(李烈鈞)이 상해에서 강서(江西) 호구(湖口)로 돌아가, 옛 부하들을 소집하고, 토위앤군(討袁軍) 총사령부를 세우고, 강서의 독립을 선포하여, 2차 혁명의 서막을 올렸다. 계속해서 각지에서 토벌군이 일어났다. 18일에 천치메이(陳其美)는 남시(南市)에서 상해토위앤군총사령부를 설립하였고, 스스로 총사령이 되었고, 상해 독립을 선포하였다. 송강(松江), 오송(吳淞) 역시 독립을 선포하였다. 상해토위앤군은 상해지역의 주둔군, 다른 성에서 지원한 부대 및 방회의 회원들이 주축을 이룬 감사대조직으로 약 몇 천 명 정도였다. 이후, 천치메이와 니우용지앤(鈕永建), 리핑수(李平書) 등은 상해각계 대표를 소집하여 시정청에서 회의를 개최하여 위앤쓰카이 토벌에 대한 기의에 대한 상의를 하였다. 그러나 이때, 상해 자산계급은 신해혁명 이래 경제의 순리적인 발전에 도취되어 있었으므로, 새로운 혼란을 원치 않았고, 이로 인해 2차 혁명에 대해서는 냉담한 태도를 보였다. 상해 총

상회에서는 양측 즉 토위앤군(討袁軍) 및 위앤쓰카이 군에 모두 서신
을 보내 제조국에서의 전투를 하지 말라고 당부하였다. "상해는 중국
의 시장이고, 전쟁터가 아니다. 제조국은 민국의 공공재산으로 남북군
이 서로 필요한 곳이지만, 어떤 곳이 점령하고 있던 먼저 공격하는 쪽
을 인민은 적으로 보고, 인민은 난당으로 간주할 것이다."[24] 천치메이
는 두 번 리핑수를 방문하여, 다시 한 번 합작을 희망하였으나, 그는
오히려 "금년의 일은 지방이 찬성하지 않고 있다. 작년과 비교할 수
없다"라고 대답하였다. 그는 천치메이에게 권하기를 "신중하게 경거망
동하지 말고, 덕을 반대하면 원한을 사므로, 후환이 있을 일을 만들지
말라."[25]고 하면서 거절하였다. 상해의 성슈앤화이 역시 그러한 면을
볼 수 있다. "이번의 인심과 이전의 인심을 같지 않다", "이 당시 상민
들은 북군이 계속 존재하기를 희망한다."[26]며 반대의 입장을 나타냈
다. 그러므로 이 당시의 반위앤 투쟁은 개시부터 상해자산계급의 지지
를 받지 못하였다.

7월 19일, 토위앤군(討袁軍)이 남시(南市)와 용화(龍華)일대를 점령
하였다. 천치메이는 리핑수에게 지방 신사의 신분으로 제조국의 독리
(督理)인 천황(陳槐) 및 정루청(鄭汝成)을 권유해 독립을 찬성케 하라
고 하였고, 이로써 전쟁을 피하자고 하였으나 거절되었다. 제조국을
지키던 위앤군(袁軍)은 61단(六十一團)으로 그중 한 영(營)은 호군90
단(滬軍九十團)이 개편된 것으로, 이때의 단장(團長)으로는 푸모쩡(傅
墨正)으로 그의 책동(策動) 아래 쿠데타를 결심하였다. 천치메이와 푸
모쩡은 상황이 좋지 않은 것을 보고, 20일 해주(海籌)호 군함을 피해,
그 군영이 기타 각 부의 위앤(袁)군에 포위 공격을 받으면, 제조국 밖
으로 쫓겨나게 되므로, 사교로(斜橋路) 안휘회관(安徽會館) 부근에 집

---

24) 李劍農, 『戊戌變法以後三十年政治史』, p.185.
25) 姚文楠, 『通敏先生行狀』 轉引自 『辛亥革命史』下冊, p.465.
26) 『辛亥革命前後－盛宣懷檔案資料選輯之一』, p.298 참조.

결하였다. 토위앤군중에 어떤 사람은 먼저 해군을 공격하여 수로(水路)를 통제하고, 그런 연후에 육상으로의 공격을 해야 한다고 제의한 사람도 있었다. 그러나 천치메이의 막료였던 쟝지에쓰(蔣介石)는 오히려 먼저 제조국을 공격해야 한다고 주장하였다. 천치메이는 쟝지에쓰의 건의를 받아들여, 니우용지앤, 리우푸뱌오(劉福標)에게 7월 23일 새벽 부대를 이끌고 제조국을 공격하라고 명령하였다. 그들이 진공할 때, 제조국 수비군의 완강한 저항에 부딪쳤으나, 원래 중립을 지키던 해군이 이때에는 토위앤군에게 포격을 가하였다. 쌍방이 5, 6시간의 격전을 벌인 끝에 토위앤군의 사망자와 중상자가 많았으므로 퇴각하지 않을 수 없었다. 위앤군(袁軍)은 이때를 이용하여 반격을 가하였고, 토위앤군은 제대로 방어를 할 수 없었으며, 적지 않은 대포와 탄약의 손실을 보았다. 천치메이는 사령부를 남시(南市)에서 갑북(閘北)으로 이동시켰다. 이후 며칠이 지난 후, 토위앤군은 매일 밤 제조국에 맹공을 퍼부었으나 진전은 없었고, 사망자와 부상자만이 속출하였다. 이때, 갑북의 시아추이팡(夏粹方) 등 한 무리의 신상(紳商)이 자신의 재산을 보호하기 위해, 수치도 모르고 공부국(工部局)에 보호를 요청하고, 공부국에게 갑북(閘北)을 접수(接收)하라고 요구하였다. 공부국은 이 기회를 틈타『조계, 갑북 및 소주하 엄수 중립선언』(租界, 閘北 및 蘇州河嚴守中立宣言)을 발표하고 중국의 어떠한 군대도 신속히 외곽으로 철병하라고 요구하고, 이행치 않을 때는 엄중히 댓가를 치르게 할 것이라고 협박하였다. 계속해서 순포(巡捕)와 만국상단(萬國商團)이 갑북(閘北)으로 들어와 갑북경찰총청(閘北警察總廳)에 주둔하였다. 천치메이는 후퇴하여 오송(吳淞), 보산(寶山) 일대로 퇴각하였다.

오송으로 후퇴한 토위앤군은 반 개월을 지냈다. 위앤군은 리우푸뱌오를 매수하여, 밖에서 공격하고 안에서 응대하도록 하여, 오송 포대를 점령하고자 하였다. 이러한 일은 사전에 토위앤군에게 탄로가 되어, 리우푸뱌오 부대는 공격을 받고 붕괴하였으며, 이 기회를 틈타 해기호(海圻號)군함을 공격하였다. 갓 임명된 상해진수사(上海鎭守使)인 정루청(鄭汝成)이 북양군을 이끌고 오송(吳淞)을 공격하여, 쌍방은 강만(江灣) 일대에서 격전을 벌였고, 결과는 토위앤군이 패하였으나, 오송포대(吳淞炮臺)는 그래도 토위앤군의 수중에 있었다. 적십자회의 외국 국적 의사가 보산(寶山)에 도착해, 포대를 지키고 있던 니우용지앤을 설득하자, 니우용지앤은 포대를 그에게 돌려주고, 잔여 부대를 이끌고 가정(嘉定)으로 후퇴하였다. 천치메이 역시 조계로 숨어들어갔다. 이로써 상해지구의 2차혁명은 실패로 끝나게 되었다.

이 전투에서 조계당국은 시종 위앤쓰카이를 지지했으며, 그를 도와 나쁜 짓하기를 주저하지 않았다. 일찍이 1912년 5월, 『민권보』(民權報)에서는 위앤정부가 외채를 빌리는 것에 대한 평론을 발표하였을 때, 공공조계의 총순포방(總巡捕房)에서 살인을 고취시키는 것을 지적하였고, 회심공당(會審公堂)에서는 영장을 발부해 신문사의 주필인 따이지타오(戴季陶)를 체포하였고, 질서 방해죄로 벌금 30원을 부과하였다. 오래지 않아, 위앤쓰카이가 황씽, 천치메이, 바이원웨이(柏文蔚) 등의 체포, 구속을 명령하였고, 상해 조계당국에 협조를 요구하였다. 7월 23일, 공부국은 쑨중샨, 황씽, 천치메이, 천춘슈앤(岑春煊), 리핑수, 선만원, 왕이팅(王一亭) 등이 조계에서의 거류권을 취소하였고, 아울러 황씽, 리리에쥔(李烈鈞), 천치메이 등의 체포문서에 서명을 하여 동조를 표시하였다. 토위앤군이 제조국을 공격하였을 때는, 조계당국은 병력을 파견해 갑북(閘北)을 점령하고, 천치메이를 축출하고 쫓는 것 외에도 직접 토위앤군의 무장해제까지 시켰다. 제조국의 공격에 참가하였던 푸모쩡(傅墨正)이 후에 회상을 하는 것을 보면, "당시 제국주의자는 고의로 우리 군대의 교통을 방해하였고, 우리 군을 경계하여, 우리들이 증원부대와의 연락에 막대한 곤란을 초래케 하였다. 이러한 이

유로 우리들은 병력이 우세한 적군의 밀집포화의 압박아래에서 실탄
을 다 소모하고, 증원군은 오지 않았으므로, 어쩔 수 없이 사교(斜橋)
방면으로 후퇴하였다. 조계를 통과할 때, 무장을 해제 당하였다."27)고
말하고 있다. 공부국에서는 조계에 있던 천치메이를 협박하여 조계 밖
으로 쫓아 냈다. "만약 조계 내에 남아 있다면, 즉각 순포(巡捕)를 파
견하여 구속할 것이다."28) 이러한 상황 아래에서 천치메이는 11월에
상해를 떠나 일본으로 갔다.

---

27) 『浙江文史資料選輯』, 第7輯, p.26.
28) 『中華民國資料叢稿大事記』, 第2輯, p.89.

제3절 회심공당(會審公堂)의 개조

신해혁명기간, 혁명을 영도했던 자산계급혁명파의 제국주의에 대한 태도가 연약하였고, 제국주의는 상해를 침략하려는 권리가 축소되지 않았고, 반대로 회심공당(會審公堂)의 개조로 그 이권이 더욱 확대되었다.

1910년, 강소순무 청더츄앤(程德全)이 1차례 계획을 제정한 적이 있었다. 그 내용은 상해를 두 부분으로 나누어 지방 법정을 대신해 회심공당을 준비하는 것이다. 1911년 5월, 상해 도대는 명령을 받고 상해 영사단을 만나, 청 정부는 장래에 상해에 지방법정을 세우려고 하는데, "조계 내 중국인들의 민사, 형사사건은 지방법원의 중국인 법관이 심사를 하게 하는 것이다. …중국인과 서양인 사이에 분규가 생기는 사건에 대해서는 원래의 장정(章程)에 따라 처리한다." 영사단은 즉시 대답하기를, "이러한 종류의 법은 조약과 원래의 장정에 완전히 위배된다. 각 국의 영사들이 이를 부정한다. 영수영사는 이를 찬성할 수 없다."[1]고 하여 해결을 볼 수 없었다.

1911년 11월 3일 상해가 광복된 후, 회심공당의 두 언원(讞員)이 공금을 횡령해 달아났다. 공당은 일시 어려움에 빠졌다. 조계로 몸을 피하기 전에 상해 도대 리우얜이(劉燕翼)은 꽌찌웅쯔(關炯之)을 언원(讞員)으로 임명하여, 회심공당의 집무를 보게 하였다. 초기에는 이 회심공당을 완전히 영사 법정으로 제국주의 열강은 생각하고 있었고, 정국

---

1) Kotenev, Shanghai: Its Mixed Court and Council, p.168.

(政局)이 어지러워진 때를 틈타 공당(公堂)을 통제하려는 결심을 하였다. 11월 7일 미국 배심관인 하들리(F. W. Hadley, 哈德利)가 공부국의 총동, 영수 영사와 영국 총영사에게 회심공당을 접수한다는 건의를 제출하였는데, 그 내용은 다음과 같다. 공부국 순포는 공당의 구치소와 여감방을 담당한다. 한 명의 외국 검찰관을 공당에 주재시켜, 구속영장의 발부를 관장하게 한다. 살해사건을 포함한 모든 안건은 배심원이 언원(讞員)과 함께 심사하고, 모든 판결은 조계 내에서 집행한다. 공당의 언원(讞員) 및 고용원은 영사가 선택 지목하고, 급여는 공부국에서 지급한다. 공당에서는 소송비와 벌금으로 자체 경비를 충당한다. 영국 총영사 프레이저(E. Fraser, 法磊士)는 편지를 영수 영사에게 보내, 하들리의 주장에 완전한 동의를 표시하였다. 11월 11일, 영사단은 북절강로(北浙江路)에 있는 회심공당(會審公堂) 문 앞에 프레이저가 기초한 통고문을 붙이고 발표하기를, "조계의 보호와 평화로운 치안을 위해, 회심공당과 구치소는 예전의 방식대로 처리를 하되 필요할 때에만 가동한다. 그래서 각국 영사들은 조약을 맺어, 그 직위에 대한 권위를 잠시 꽌찌웅쯔(關炯之), 왕지아시(王嘉熙), 니에쫑시(聶宗羲)등 3명에게 공해의원(公廨議員)의 직무를 계속 수행하게 하고, 영사가 파견한 배심서관(陪審西官)과 화의 절충하여 처리한다. 아울러 조계에서 상해(傷害)를 입힌 서양인은 공부국 순포가 공해구치소[公廨押所]를 담당한다. 공해소(公廨所)에서 관할 영사의 서명을 받고, 민사, 형사의 수색 영장을 발부 받은 후, 해당 배심관의 서명을 받고 일을 처리한다."2) 계속해서 프랑스 총영사 역시 스스로 프랑스 조계의 회심공당에 중국의 언원(讞員)을 임명하였다. 공심회당은 명의상은 중국의 사법기관이었으나 언원(讞員) 역시 중국 관리였는데, 외국 영사가 그들 스스로 중국의 언원(讞員)을 임명하여 조계내의 중국의 사법기관을 수탈하

---

2) 『民立報』, 1911년 11월 27일.

였으며, 이것은 극단적인 만행의 침략행위이다. 이러한 후에 연약한 호군도독부는 오히려 어떠한 조치를 취해야 하고, 어떻게 대처해야 하는지를 알지 못하였다. 이렇게 영사단은 한 장의 문서로 쉽게 회심공당의 권력을 전부 탈취하였다.

　이러한 조치는 외국 식민당국이 회심공당제도의 하나의 불법적인 개혁이었다. 영사단은 실제로 회심공당의 업무를 접수한지 얼마 되지 않아, 공부국에서는 또 선포를 하였다. "회심공당에서 발급하는 패표(牌票; 상급기관의 공문)가 타당하지 않을 경우에는 사람을 불러낼 수 없다. 단 본국(本局)의 서포(西捕)가 순회를 하는 것은 제외하고, 회심공당은 앞으로 패표를 발급할 수 없다. 이것은 즉 조계 밖에서는 패표를 발급할 수 있고 정상적인 회심공당의 업무를 볼 수 있다. 이후, 본국(本局)의 서포(西捕)가 이와 같은 일을 담당한다."3) 『양경빈설관회심장정』(洋涇浜設官會審章程)의 규정에 비추어, 조계내의 중국인범죄자는 언원(讞員)이 임의로 체포할 수 있었고, 순포(巡捕)를 필요로 하지 않았다. 이후 해차(廨差, 관직명)가 조계내의 범인을 영수(領袖) 영사의 허가를 얻고, 순포(巡捕)의 협조를 구해 체포 구금하였으나, 범인 체포권은 궁극적으로 공당(公堂)에 있었다. 공부국은 이러한 규정의 일부를 개정하여, 언원(讞員)인 꽌찌웅쯔(關炯之) 등으로부터 강력한 항의를 불러 일으켰다. 그들은 각계의 상동(商董) 50여 명과 법률가를 모집해 영국영사관 앞에서 『제전간장』(提傳簡章)의 제정을 위해 관철시키기 위해 노력하였다. 그 주장 내용은 "해차(廨差)의 범인 체포권을 주장하였고, "각 영사는 문서가 도착되면 체포 영장을 발부해야 한다. 만약 이러한 일을 수행하는 자는 24시간 내에 영장을 발부해야 한다.", "차역(差役)은 수색영장을 발부받은 후, 3일내에 수사를 마무리해야 한다."4) 그러나 식민지당국은 회심공당이 범인 체포 율이 높지

---

3) 『民立報』, 1911년 11월 17일.

않기 때문에 체포권을 박탈한 것뿐 아니라, 회심공당을 완전히 영사법
정의 부속물로 만들려고 한 것이다. 그래서 『제전간장』(提傳簡章)을
만들어 양보하는 것과 범인 체포율을 높이는 것을 보장하는 것 등은
모두 거절되었다. 이로써 포방이 회심공당의 체포 사무와 압수수색 사
무를 담당하게 되었다. 얼마 지나지 않아, 공부국에서는 참당 차역(站
堂差役)이 열심히 하지 않는다는 구실로, 화포(華捕)를 파견해, 공당
(公堂) 자체적으로 고용한 차역(差役)을 대신하게 하였다. 이후, 영사
단은 공당 내에 검찰처(檢察處), 교보간(交保間), 총사자간(總寫字間)
등의 기구를 설치하고, 주관인(主管人)을 전부 공부국이 추천하고 영
사단이 위임한 외국인이 담당하게 되었다.

이와 동시에 식민당국은 공당의 심판권한을 확대시키려고 노력하였
다. 1869년 회심공당 설립 때는 오직 패잔병, 부랑배들의 죄에 대해서
만 그 권한을 사용하였는데, 대료공당안(大鬧公堂案), 정식으로 5년 이
하의 구형을 할 수 있도록 되었다. 이때, 영사단은 오히려 성명을 내고
"이전의 모든 5년 이상의 형사안건에 대해서는 지방관이 심사를 하도
록 하였고, 현재는 안건이 없다. 이후 어떠한 형사안건이라도, 회심공
회에서는 일률적으로 신속하게 판결하고, 사형을 언도할 때에는 회심
공회에서 죄목을 상세히 기록해, 영사공회에 그 시행을 알려야 한다."
고 언급하였다. 이렇게 하였던 이유는 "회심공해에서는 5년 이상의 형
사안건의 심사를 담당하고, 실제로 지방관은 장정에 의한 처벌을 할
수 없기 때문에 많은 문제점이 지적되고 있다."[5]는 것이었다. 이것은
명백한 외국 배심원의 간섭이며, 회심공당은 월권으로 5년 이상의 안
건을 처리하고, 영사관의 입에서는 그것이 바뀌어 "지방관이 법대로
처리를 하지 못한다."는 말로 변했고, 이것은 흑백이 극도로 엇갈린 것

---

4) 『民國上海縣志』, 卷十四.
5) 同上.

을 나타낸다. 이후 조계내 모든 중국인 민사, 형사 피고는 모두 회심공
당에서 처리하였고, 살인사건과 거액의 재산관계의 민사사건도 예외가
될 수 없었다. 1912년 3월에서 1915년 1월까지 회심공당에서는 각종
안건 2,995건을 처리하였다. 그중 천이치(陳益齊)가 수덕공사(樹德公
司)를 고소한 건은 그 금액이 무려 60만량에 달하였고, 불과 두 차례
의 심사로 판결을 내렸다. 원래 회심공당이 먼저 심사한 후, 상해 도대
가 상소기관으로 규정되어 있던 것도 취소시켰다. 이외에 회심공당의
관할 범위를 외국 선박 및 조계 밖의 건축이나 도로에까지 확대하였
다. 종합적으로 조직의 개편을 통한 후 회심공당은 어떠한 안건도 심
의를 하고, 상소기관도 없었으므로 그 권한은 "북경대리원(北京大理
院) 이외에, 이러한 법정은 없었다"[6]고 말하고 있다.

  이 기간에 외국 배심관의 권력 역시 진일보 확대되었다. 『양경빈설
관회심장정』(洋涇浜設官會審章程)중에는 각국 영사관이 중국인 사건에
에 간섭을 하지 않기로 하였던 것이 파괴되었다. 그러나 순수한 중국
인들의 민사사건은 아직도 언관(讞官)이 독자적으로 심사하였다. 이
당시는 오히려 "심판은 모두 회심공해(會審公廨)의 중국언원(中國讞
員)과 외국 배심원이 함께 심사하였다", "순수한 중국인민의 사건의
심사는 외국 배심관의 감시를 받았다"[7] 식민당국은 이러한 조악한 침
략행위로 상해 자산계급의 강렬한 불만을 야기 시켰다. 외국 배심관이
장래에 중국인들의 민사사건에 참여하여 심판을 한다는 소식이 밖으
로 나가자, 그들은 상무총회(商務總會)를 방문하여 그 상황을 묻곤 하
였다. 상무총회에서는 영수영사에게 서신을 보냈고, 벨기에 총영사 시
퍼트(Daniel Siffert, 薛福德)가 "만약 이러한 협의가 있다면, 각 영사
들과 상의해 보겠고, 그 실행을 적극적으로 제지하여, 민중의 근심과

---

  6) 王揖唐, 『上海租界問題』 中篇編, p.9.
  7) 『上海領袖領事1911年12月22日致領袖公使朱爾典函』, 『辛亥革命在上海史料
     選輯』, p.1144.

소란을 없애겠다."8) 1911년 12월 중순, 상무총회 대표 천룬푸(陳潤夫), 쪼우팅삐(周廷弼) 등이 벨기에 영사관에서 미, 영, 독, 벨기에의 배심관과 모여, 이러한 일에 대한 교섭을 하였다. 상무총회의 대표는 외국배심관의 순수한 중국인들의 사건을 심사하는 것은 일반 중국 민중들에게 언원(讞員)은 외국인의 조종을 받는 괴뢰로 낙인이 찍힐 수 있으므로, 그는 각계 각 업에 종사하는 정직하고 지위가 있는 사람으로 배심관을 임명할 것을 건의하였고, 이러한 배심관과 언원(讞員)은 장래에 중국 상인과 외국 영사로 구성된 위원회에서 담당하게 된다. 그러나 이 타협적 방법은 미국 배심관인 하들리 등의 반대로 어려움에 봉착하였다. 1912년 1월초, 영수영사 시퍼트가 공부국에 통지하여, 영사단은 이미 회심공당의 중국인 민사사건에 외국 배심관을 배석시켰고, 하들리 등 3명을 중국인 사건의 배심관으로 임명하였다. 1914년 9월, 제국주의는 또 영국이 중국의 고등법원의 소송 질서를 따라, 중국인 소송절차를 개정하였다.

1911년 12월초, 영사단은 회심공당이 상급기관이 없다는 구실로, 공부국에 언원(讞員)의 급여와 일체의 비용을 지불해주기를 요구하였고, 아울러 공당 내에 공부국 직원이 주지하던 재무과, 벌금수납처 등을 설립하고, 공당의 재정제도에 또 새로운 체계를 세웠다. 상해 상업계 인사들은 이러한 것에 반대를 표시하였고, 이러한 것은 장래에 회심공당의 주권을 상실케 된다고 하고, 꽌찌웅쯔 등에게 거절을 하라고 요구하였고, 아울러 상계의 원의로 잠시 공당의 지출을 담당하게 하였다. 그러나 이러한 것은 많은 효과를 보지 못하였다. 12월말, 영사단은 북경공사단에 보고를 하였다. "공부국이 회심공해의 재무대표에 대해 영사단이 감독하게 그 권한을 수여했고, 받아들이는 회심공해의 벌금과 아울러 언원(讞員)의 급여 이외의 모든 경비와 급여를 감독하였

---

8) 『民國上海縣志』, 第十四.

다.", "언원의 급여는 영사단이 영수영사의 수중에서 중국정부의 경비를 지급하는 것이다."9) 이러한 경비는 마지막 도대였던 리우앤이(劉燕翼)가 가지고 조계로 들여갔던 것으로 조계 당국에서 불법으로 구류를 정해 15만원의 공금을 압류한 것이다. 이렇게 언원(讞員) 및 고용원의 임명부터 회심공당 내부의 일체 행정, 재정대권이 모두 식민당국의 수중으로 전락하였고, 중국정부와의 일체 연관이 단절되었다.

　제국주의는 위와 같은 활동은 통해, 회심공당을 중국의 아문(衙門)에서 각국 영사 공동 관리로 중국 인민의 특수한 영사법정을 만들어 직접 중국 인민들을 압박하였다. 영국공사는 본국 외교대신에게 보고하기를 "회심공당을 이렇게 변경한 것은 아주 깊은 의의가 있다. 그들은 몇 명의 배심관을 포괄하여 몇 년 동안의 주장이 이루어졌고, 회심공해의 심사질서 및 범죄인의 간수 방법 등 개혁이 진행되었다"10)라고 주장하였다.

　자산계급과 혁명당원들은 제국주의가 회심공당의 권력을 박탈한 것에 불만을 품었으나, 반응은 온건적이었다. 1912년 1월 1일, 우팅팡이 임시정부의 외교총장의 명으로 『중화민국이 조계에서 반드시 지켜야 할 규칙』(中華民國對於租界應守之規則)을 반포하였는데, 그중 제4조에서는 "상해 회심공당은 이전에는 청정에서 관리를 파견하였는데, 그 태반이 용원(冗員)으로 부패가 아주 심하였다. 상해가 광복된 후, 공당은 독립을 이루었고, 우리들의 제제를 받지 않았다. 이러한 행동은 반듯이 이루어져야 하는데, 위험에 빠질 수 있다. 외교부에서는 각 영사들과 교섭하여 이러한 것을 되돌려 받고, 그런 후에 임원을 파견하여 개혁을 도모하려고 한다. 그러나 교섭은 아직 타결되기 전이므로, 우

---

9) 『上海領袖領事 1911年12月22日致領袖公使朱爾典函』, 『辛亥革命在上海史料選輯』, p.1144.
10) 『上海領袖領事 1911年12月22日致領袖公使朱爾典函』, 『辛亥革命在上海史料選輯』, p.1144.

리 군민(軍民)은 안정을 찾고, 시기를 기다려야한다"11)고 언급하고 있
다. 당시, 호군도독부는 계속 공당과 문서를 왕래하고, 실제상 회심공
당의 불법적인 개조로 이러한 상황을 묵인하였다. 1913년 겨울, 북경
정부 외교부는 영수공사, 영사 조단(J. N. Jordan, 朱爾典)에게 회심공
당을 돌려달라고 요구하였다. 상해 교섭원인 양성(楊晟)은 상해영사단
과 이러한 일을 교섭하였다. 1914년 6월, 조단은 북경외교부와 회동하
여 공당을 중국에 되돌려 주는 일에 상의를 하였으나 중국정부는
1911년 이후 영사단이 그 조직을 개량한 것을 그대로 보존한다는 조
건을 달았다. 외교부에서는 이러한 조건아래에서는 접수가 불가능하다
고 보았고, 1869년 『양경빈설관회심장정』(洋涇浜設官會審章程)의 규
정을 따르겠다고 하여, 담판은 결론을 맺지 못하였다. 1917년 북경대
리원(北京大理院)이 상해 회심공당의 심판권으로 심판한 288호의 판
례에 대해 항의하였다. 상해의 회심공당은 "신해혁명 이후, 상해 주재
영사단의 대리 관리에 들어갔고, 그 판결 안은 법률과 장정에 의해 심
판하였으나, 이 두 가지가 서로 부합하지 않다. 이 장정의 효력은 사실
상 일시의 장애로 정지되었다. 이러한 장애가 있는 장정을 중국국가에
서 아직 효과가 있다고 볼 수는 없었다. 사실상 이러한 판단의 행위는
중국의 사법아문(司法衙門)의 재판이라고는 할 수 없었다. 그러므로
현재 회심공당에서 판결하는 안은 중국의 국법상 집행하는 아문의 성
격과는 다른 것이었다."12)고 하였다. 그러나 이러한 종류의 방법으로
는 회심공당의 현상을 하나도 바꿀 수 없었다. 왜냐하면 침략자들은
강권을 신봉하고, 법치를 믿지 않기 때문이다.

---

11) 『申報』, 1912년 1월 1일.
12) 梁敬錞, 『在華領事裁判權論』, pp.137~138.

제4절 상해 성벽(城墻)의 철거와 갑북(閘北)의 흥기

20세기에 들어온 후, 강소와 절강 등의 성에서는 많은 농민이 파산을 하여 집을 버리고 상해로 흘러 들어와서, 고용을 원하는 노동자가 홍수를 이루었으므로, 상해의 인구는 폭발적으로 증가하였다. 공상업이 비교적 발달된 공공조계의 인구성장이 가장 빨랐다. 공부국의 통계를 보면, 1895년 공공조례의 거주민 총인구는 240,995명이었고, 1900년에는 355,020명으로 증가되었고(그중 중국인 주민이 345,276명), 1910년에는 501,541명(그중 중국인 주민이 488,035명)으로 1895년과 비교하여 한 배가 넘게 증가하였다. 1910년 프랑스 조계의 총인구는 115,000명이었고, 성 안의 인구는 245,449명이었다. 광복 전날에 상해 시구(市區)의 총인구는 100만 명에 달하였다. 많은 수의 빈민들이 상해로 들어왔고, 자본주의 공업의 발전은 싼 노동력을 제공받았다. 인구의 증가와 공상업의 발전은 상해의 원래 크기를 변화시키지 않을 수 없었으므로, 삼백 여 년의 역사를 지니고 있던 상해현성(上海縣城)은 커다란 충격을 받게 되었다.

19세기 말, 현성(縣城)의 주위는 나날이 개발되고 확장되었다. 외마로(外馬路)는 풀밭과 황무지였으나, 현재는 큰 길이 나있고, 점포가 많이 들어섰고, 상인들이 모여들어 시장경제가 잘 발달되었다. 후에는 남시마로공정선후총국(南市馬路工程善後總局)이 안쪽의 구마로(舊馬路)의 길이 너무 좁아 차량이 너무 붐비고 통행에 불편이 있어, 외마로내(外馬路內)에 이마로(里馬路)를 건설하였고, 프랑스 조계인 외탄(外灘)의 빈강마로(濱江馬路)와 연결시켰다. 이 이외에 동서방향의 육가빈로(陸家濱路), 남북방향의 황가궐로(黃家闕路), 차참로(車站路, 역 전길) 등 교통 간선을 개통시켰다. 1891년 봄, 강남제독(江南提督) 탄 삐리(譚碧理)가 병력을 동원해, 제조국(制造局)에서 용화(龍華)의 용화 로(龍華路)까지의 길을 닦았다. 이러한 도로의 건설 후, 이 일대의 경제 상황은 아주 신속하게 발전하였다. 20세기 초, 외마로에는 대형 운수업 체가 생겨났고, 영소상윤공사부두[寧紹商輪公司馬頭], 내지수도물공사 [內地自來水公司], 내지전등공사(內地電燈公司), 전화국(電話局), 대미행 (大米行, 쌀가게), 대목행(大木行, 목재상), 상해의원 등의 기관이 있었 고, 함과가(咸瓜街)에는 인삼(人蔘), 약자(藥材), 과일, 짠 음식 상점(咸 貨商店, 짠 음식)등이 조계와 견줄만한 상태로 발전하였다. 이전 남시 (南市)의 각 업은 오전에만 거래가 형성되었으나, 후에는 무역의 발전 에 따라 이러한 제한이 없어지고, 하루 종일 개업을 하고 상거래가 형 성되었다.

그러나 상해의 성곽 안팎은 성벽의 장애로 상업이 나날이 쇠퇴하였 다. 성내 인구의 증가로 주택이 부족하게 되어 하천 주변에 살던 사람 들이 하천에 집을 짓고 살았으며, 이로 인해 하천에는 나날이 이러한 사람들이 늘어갔고, 성내의 하변은 나날이 좁아졌다. 또 공공위생 시 설이 부족하여 생활 쓰레기들이 하천으로 흘러들어갔을 뿐만 아니라, 거리로도 쏟아져 나왔고, 하천 물의 색깔은 검은 색으로 썩은 내를 진 동시켰다. 그래서 식수로 사용할 수 없었고, 목욕도 할 수 없게 되었 다. 식용수는 수 백 문전(文錢)을 내고 식용수 한 통을 사야 하였다. 상해 성상내외총공정국(城廂內外總工程局)이 설립된 후, 썩은 내를 풍 기는 곳은 매립을 하여, 복우로(福佑路), 후가로(侯家路), 방빈로(方濱 路) 등 신작로가 생겼다. 이러한 일련의 일들은 성내의 위생조건을 개 선한 것이었으나, 근본적인 문제의 해결은 아니었다. 성내에는 집들이 빼곡히 들어섰고, 한 집에 불이 나면 쉽게 한 지역이 모두 화마(火魔)

에 휩쓸리게 되었다. 범죄사건 역시 나날이 늘어났고, 길옆으로는 빽빽이 화물이 쌓여 있고, 교통은 아주 혼잡하였다. 성문은 이미 낮아져 장애물이 되었고, 성벽은 오랫동안 수리를 하지 않아, 높이가 1장(丈) 4,5척(尺)에 불과하였고, 성곽의 모퉁이에는 쓰레기가 쌓여 모기와 파리들이 들끓었다. 더욱 심각한 것은 상해 현성(縣城) 밖의 동, 서, 북 삼면은 모두 조계와 연접해 있고, 십육포(十六鋪) 이남의 도로인 외빈포강(外濱浦江), 내핍성원(內逼城垣)은 도로를 확장하기가 쉽지 않았다. 도로는 좁고, 인구는 많은 이유로 화물을 많이 쌓을 수 없어, 자본이 있는 상인들은 이곳에서 상품을 매매하기를 원하지 않았다. 그래서 성(城) 안팎의 시장경제는 진일보 발전하였으므로 이미 무용지물이 된 성벽을 허물어야 했다.

1903년, 리핑수(李平書)는 프랑스 조계당국이 청정부에 청원하여 장래 상해현에 민행진(閔行鎭)을 설치하고, 성벽을 철거하고, 장래 프랑스 조계에 편입되고, 하수도를 소독하고, 도로를 정비해 교통이 편리하게 된다는 말을 전해 들었다. 따라서 성벽에 대해 "조기 철거가 지방을 보호한다."는 건의가 제출되었으나, 듣는 사람들은 반신반의하였다.[1] 1906년초, 야오원난(姚文楠) 등이 정식으로 호도(滬道) 위앤수쉰(袁樹勛)에 "성벽 철거, 신축 순환 도로"등을 건의하였다. 위앤수쉰(袁樹勛)은 찬성하였고, 양강총독에게 보고하여 말하기를 "성벽의 철거와 신축도로의 건설은 아무 문제가 없고, 모든 것이 유익하다. 그 성벽에 새 도로를 만드는 것은 동서남북으로 교통이 순환되고, 뿐만 아니라, 외곽으로는 남시(南市)의 연포(沿浦), 안으로는 서문(西門) 일대의 도로와 서로 연결이 된다. 이것이 첫째 이로움이다. 성내(城內)의 하천을 정리하고, 메워 몇 개의 도로를 만드는 것은 일거양득의 효과를 볼 수 있는 것이 두 번째 이로움이다. 하천을 메우고, 큰 하수도를 만드는 데

1) 李鍾珏, 『且頑老人七十自敍』, 卷三.

는 성벽의 벽돌을 이용하면 되고, 그 나머지는 연해에 접해있는 부분
의 보수를 하는데 사용하면 된다. 이것이 세 번째 이로움이다. 주택의
가격이 나날이 올라가고, 시민들이 분투하고 있으므로, 의연금을 받으
면, 이후의 일을 수습할 수 있다. 이것이 네 번째 이로움이다."2)라고
하였다. 그러나 일부 보수적인 상민들은 오히려 성벽을 철거하는 것에
강력히 반대하였고, 그들은 성벽은 "지방을 보존하고, 환난을 완충시
킨다."는 이유를 들어, 성벽 보존회를 조직하여,"사람들을 파견하여 성
벽을 고수하고, 주민들의 서명을 받아, 이로써 철거에 반대한다."3)는 성
명을 발표하고, 양강총독에게 전보를 보내 성벽철거를 금지하라고 청
원하였다. 이렇게 "철거 성벽"과 "성벽 보존" 양파의 분쟁이 발생하게
되었다. 양강총독은 이러한 상황을 점검한 후, 성벽철거에 비준을 하
지 않았다. 다음 해에 도대(道臺) 차이쥔(蔡鈞)은 공자묘(孔子廟) 명륜
당에 신상(紳商)을 소집해 회의를 개최하여, 성벽철거에 대한 문제를
논의하였다. 보성파(保城派)는 할 말을 잃었고, 성벽철거를 주장하는
사람들에게 벽돌을 던지는 등 위협을 하였다. 회의는 결과 없이 끝나
게 되었다. 이 때 어떤 사람이 들어와 말하기를 성벽을 허물면 교통이
더욱 편리해지므로, 성벽철거는 보류하고, 성문을 많이 만들자고 하였
다. 이 절충 방법은 환영을 받았다. 1909년 후, 새롭게 상문문(尙文門;
小西門), 홍진문(拱辰門; 小北門)과 복우문(福佑門; 新東門)이 건설되었
고, 옥대(玉帶), 조양(朝陽), 안해(晏海) 세 곳의 성문을 확장하였다. 이
렇게 성벽을 철거하지 않고, 성문은 10개 정도가 늘어났다.

　1911년 상해 광복 후, 리핑수, 야오원난 등은 혁명세력을 빌어, 다
시 성벽 철거문제를 들고 나왔다. 리핑수는 남북시(南北市) 신상(紳
商), 상단(商團) 및 구화회(求火會) 회원 2천여 명을 소집하여, 구화회

---

2) 『上海縣續志』, 卷二.
3) 徐珂, 『淸稗類抄』, 第1輯, p.98.

(求火會) 연합회 건물에서 회의를 개최하였다. 그는 성벽을 철거하는 것에 대한 이로움을 설명하면서 지적하길, "오늘날은 성벽을 철거하는 적격인 때이다. 이 시기를 놓친다면, 이후에는 영원히 기회가 오지 않는다!"[4]고 한 후, 전체 표결에 붙이자, 성벽을 철거하는 쪽의 찬성이 있었다. 야오원난 등은 서면(書面)으로 호군도독부(滬軍都督府)에 상서(上書)하여, 성벽철거에 대한 비준을 청하였다. 1912년 1월, 호군도독 천치메이, 상해 민정총장 리핑수는 성벽의 철거를 명령했고, 상해 민정장과 상해 시장에게 "성벽을 철거한 후, 큰 하수도를 만들고, 도로를 건설하며, 이로써 교통의 편리함이 있어야 한다는 타협방법"[5]을 요청하였다. 성벽을 철거하는 공사는 아주 대공사이기 때문에 예상 비용만 28만원이 소요되었고, 일시에 이 자금을 조달할 수 없었다. 그래서 리핑수가 6만원의 차관을 들여왔다. 상해현에는 성 도량 사무소가 설립되었고, 우씬(吳馨)이 소장을 담당하였고, 그 아래에 총무(總務), 공정(工程), 지묘(地廟), 교섭(交涉) 등의 과(科)를 만들었고, 평의원(評議員)이 의연금을 담당하였다.

1월 19일, 동성(東城) 즉 원래 도대아문(道臺衙門) 동쪽 일대의 성벽이 우선 철거되었다. 성호(成濠, 성의 도량)를 만들었고, 임차인(城濠租戶)들은 보산공회(保産公會)[6]를 조직하였다. 또 성호(成濠)는 군용지라는 명목 하에 출입을 제한시켰고, 항명을 하면서 이주하지 않기로 하였다. 계속적인 협소한 도로를 확장해야 한다는 요구로 일찍이 임대가격(租價)를 정해 놓았다. 최후에는 각 조호(租戶)를 소집하여 회를 개최하여, 공사를 담당하는 사람이 어려움을 겪게 되었다. 성호사무소

---

4) 李鍾珏, 『且頑老人七十自敍』, 卷三.
5) 『時報』, 1912년 1월 15일.
6) 성의 도랑은 관공서의 재산으로 주둔군이 관리하였고, 백성들에게 임대를 하였다. 이러한 거주지를 빌린 거주자들은 거주지를 잃을 수 있다는 두려움에, 보산공회(保産公會)를 조직하여, 성벽 철거에 반대하였다.

(城濠事務所)는 좋은 방책이 없었고, 오직 소동문(小東門)에 인접해 있
는 곳에서 단봉루(丹鳳樓)의 한 측면까지의 도로가 너무 좁아 확장해
야 한다는 주장만이 있을 뿐, 성벽 철거에 대한 분위기도 가라앉았다.
1912년 7월, 공정은 다시 착수하게 되었다. 북반성(北半城)의 성(城)의
하천 한쪽은 영국사병의 묘지로 공사의 진행이 저지되었다. 영국 영사
는 중국방면에 도로의 노선(路線)을 고치라고 요구하였다. 세 차례의
교섭을 통해, "도로제공에 토지로 보상한다."는 방법으로 문제가 해결
되었다. 즉, 영국은 일푼칠리사(一分七厘四)의 묘지 부분을 중국 측에
제공하는 것으로, 이러한 면적대로 대로가 완공되면 대로 옆의 지역에
중국 측에서 제공한 만큼의 토지를 중국측에 제공한다는 조건으로 허
락하였다. 성의 북쪽은 프랑스 조계와 연접하고 있으므로, 그들은 이
기회를 타서, 상해 시정기관과 프랑스 영사들이 세운 연락방법 7개조
와 유관한 부속 안건을 체결하려고 하였다. 그 내용은 조계선(租界線),
노정관리(路程管理), 경찰권 분리 등 하나하나 규정을 만들었다. 외국
인이 성벽을 철거하는 기회를 통해 성내에 토지 매입, 세력 확장, 성호
사무소에 교섭을 요구하고, 또 성내의 토지 및 부동산을 도계(道契; 상
해에서 발급한 외국 조계지내에서의 영주권과 영업권을 승인한 증명
문서. '海關道'가 발급하여 道契라 함)로 변환하는 것을 금지시켰다.
이러한 노력을 통해 성벽 철거 공정은 방해 없이 순조롭게 진행되었
다. 1913년 6월, 북반단(北半段)이 완성되었고, 노서문(老西門)에서 소
동문(小東門)에까지 이르는 길이 850장(丈, 약 2,830m)의 환성로(環城
路)가 건설되었으며, 이름을 민국로(民國路; 현재의 人民路)라 하였다.
1914년 3월, 위앤쓰카이가 각지 자치(自治)를 중지하도록 명령하였고,
성호사무소(城濠事務所)도 합병 또는 철거를 명령하였고, 새로 세워진
성호관산방장국(城濠官産方丈局)에서 앞으로의 성벽 철거 공정을 담당
하게 하였다. 이 국(局)이 일을 승계 받은 후, 첫 번째 시도하였던 일

은 도로 건설 때에 남아 있는 성호공지(城濠公地)를 지방자치단체에 돈을 받고 넘겨준다는 원래의 안을 취소하고, 잉여 토지의 가격을 조정해 팔아서 대량의 현금을 얻었다.[7] 같은 해 겨울, 남반단(南半段)의 공정 역시 완공되어, 이 노선과 민국로(民國路)가 서로 연결되었고, 길이는 890장(丈, 약 2,963m)이며, 이름을 중화로(中華路)라 하였다. 이렇게 359년의 역사를 가진 구(舊)성벽은 그 역사적인 사명을 마감하게 되었다.[8] 성(城)을 순환하는 중화로(中華路), 민국로(民國路)와 계속해서 몇 개의 도로가 건축되었고, 오래된 상해 성벽의 시정건설(市政建設)은 근대화의 대문이 될 수 있었다.

남시(南市)에서는 성벽의 철거가 진행되는 것과 동시에, 갑북지구(閘北地區)의 면모 역시 새롭게 바뀌었다. 앞에서 본 것과 마찬가지로, 19세기 말에서 20세기 초, 갑북(閘北) 인민은 하나의 시정기관(市政機關)을 조직하여, 자금을 모금하여 공익사업(公益事業)을 벌였다. 먼저 소주하(蘇州河) 양안(兩岸)의 교통이 개선되었다. 1903년 회통교(匯通橋)가 건설된 후, 신대교로(新大橋路), 신갑교로(新閘橋路, 현재의 新橋路), 총국로(總局路), 남천홍구로(南川虹口路), 해창로(海昌路) 등이 계속해서 건설되었다. 1916년에는, 보산로(寶山路), 보흥로(寶興路), 보통로(寶通路), 대통로(大統路), 광복로(光復路), 한중로(漢中路), 화성로(華盛路), 공화로(共和路), 만주로(滿洲路, 현재의 晉源路), 홍강로(虹江路), 신강로(新疆路) 등 20여 곳의 새로운 도로는 모두 상해 인민의 노력으로 건설된 것이다. 1909년 호녕철로(滬寧鐵路)가 개통되고, 기차

---

7) 1916년 1월까지, 모두 銀 120여 만 원, 30만 원의 工程費用을 제외하고, 30만원은 鎭守使 鄭汝成이 가져가고, 나머지는 모두 北洋政府 財政部에 납부되었다.

8) 당시 두 곳의 성벽은 보존되었다. 한 쪽은 關帝廟의 성벽이고, 다른 한 곳은 關帝廟의 북쪽이다. 후자는 1983년 큰 누각의 건축을 위해 철거되어, 현재는 關帝廟 쪽의 성벽만이 남아있다.

역 일대에는 나날이 발전이 되었다.

교통의 개척에 따라, 갑북(閘北)의 공업은 신속한 발전을 보였고, 규모 또한 비교적 커져서, 근대화 공장이 계속적으로 출현하였다. 협화소사창(協和繅絲廠)은 1909년 이미 노동자가 800명이었고, 구성소사창(久成繅絲廠)에는 거의 600명에 달하는 노동자가 있었다. 1904년, 갑북 시장은 나날이 번성하였고, 거주민이 나날이 증가하였고, 수돗물과 전등의 수요가 늘어나, 조계수전공사(租界水電公司)는 기구를 확대하여, 이러한 가운데 이익을 얻었다. 도대는 리핑수에게 갑북수전공사(閘北水電公司)를 세워, 이로써 견제를 하도록 명령하였다. 주식이 한번에 판매되지 않아, 리핑수는 도서(道署)와 은행에서 대출을 받아 항풍로(恒豊路)의 토지를 구입해 기계를 설치하고, 업무를 시작하고, 이후 주식의 판매로 대출금을 갚았다. 이 수전공사(水電公司)는 하루에 수돗물 200만 갤론을 뽑아내어, 10만 명 인구의 식수로 제공하였다. 갑북(閘北)은 초보적 단계의 발전을 거쳐 1916년 각종 공장이 60여개,[9] 소사(繅絲), 알화(軋花), 방직(紡織), 인쇄(印刷), 면분(面粉), 연미(碾米), 유지(油脂), 기기(機器), 연초(煙草), 성냥(火柴), 착유(榨油), 조지(造紙), 유리[玻璃] 등 20여 개의 업종이 초보적인 형태의 공업구(工業區)를 형성하였다.

이 시기의 갑북(閘北)의 상업은 초기적인 규모였다. 상해의 광복 전, 조계 이외의 지구는 두 곳에 큰 야채시장이 있었다. 하나는 현성(縣城) 서문(西門) 밖이었고, 다른 한곳은 갑북(閘北) 보산로(寶山路)였다. 민국 초년, 보산로(寶山路)의 야채시장은 두 곳으로 나뉘었고, 갑북(閘北)의 것과 합쳐 모두 네 곳의 시장이 있었다. 장유(醬油, 장과 기름), 남화(南貨), 차식(茶食), 탕식(糖食), 약재(藥材), 목행(木行) 등 상점이

---

9) 그 중 소사창(繅絲廠)이 22곳으로 당시 시 전체 소사창(繅絲廠)의 3분의1을 점유하였다.

계속 개업하여 영업을 하였다. 그러나 갑북(閘北) 주민들은 대부분이
노동자들이었으므로, 소비 수준이 높지 않았다. 그래서 상업은 그리
신속하게 발전하지 않았다. 당시의 갑북(閘北)은 대형 상점과 여관(旅
館)도 없었고, 포목점(布店)과 비단집(絲綢店) 조차도 보기도 힘들었다.

　문교(文敎), 위생(衛生) 사업의 계획도 의사일정이 잡혔다. 1915년,
갑북(閘北)은 이미 시에서 세운 제1, 제2 소학교(小學校), 남양식상학
교(南洋植商學校), 시북중학(市北中學) 등 30여 중(中), 소학(小學)이
있었고, 그중 8개소는 여자학교였다. 1910년 10월, 공공조계(公共租
界)에서 페스트가 발견되자, 공부국(工部局)에서는 방역(防疫)을 실시
한다고 큰 소리쳤다. 갑북(閘北)의 신상(紳商)은 자진해서 돈을 내어
중국공립의원(中國公立醫院) 설립을 준비하였다. 광동사람인 장즈뱌오
(張子標)는 자기의 사유재산에 보몽원(輔夢園)을 싼 값에 판매한 금액
을 보태 병원 부지를 장만하는데 충당하였다. 의원의 건립 후, 전문적
으로 페스트, 천연두(天花), 성홍열(猩紅熱), 디프테리아(白喉) 등 전염
병을 전문적으로 치료하였고, 중국인민들이 자발적으로 전염병 방지를
위해 세운 의원으로 되었다. 이후, 갑북(閘北)에는 또 한 곳의 의원(醫
院)과 방역소(防疫所)가 세워졌다. 공부국은 오직 선포만 하였고, 중국
인의 방역(防疫), 검사(檢査), 격리(隔離), 진찰과 치료(治療) 등은 모두
중국인 의원에서만 처리하게 하였다.

　상해 광복 후, 순경총국(巡警總局)은 민정총국(民政總局)으로 명칭
을 바꾸고, 리호우치(李厚祁)가 민정총장(民政總長)이 되어 경무(警務)
를 담당하였다. 동시에 갑북(閘北)에는 자치공소(自治公所)가 설립되
어, 돈으로 이자를 받는 것으로, 치앤윈리(錢允利), 선용(沈鏞)이 총동
(總董)이 되었다. 후에 또 공가(龔家)집내에 분소(分所)가 설립되어, 보
산현(寶山縣) 교계(交界)의 지구(地區)를 관리하였다. 1912년 3월, 갑
북자치공소(閘北自治公所)는 강소성의 시향제(市鄕制) 반포를 따라 명

칭을 시정청(市政廳)으로 고쳤고, 남시(南市)의 상해 시정청(市政廳)과 같은 위치로 호군도독부(滬軍都督部)의 관할을 받았으며, 치앤(錢), 선(沈) 두 사람이 정부 시장(正, 副市長)이 되었다. 갑북시정청(閘北市政廳)의 성립 후, 광복로(光復路)의 확장(擴張) 공사와 신갑교(新閘橋)의 보수공사, 또 의총(義塚)을 만들었고, 상단((商團)을 조직하였으며, 소방설비(消防設備)를 증설하여, 갑북(閘北)의 시정(市政) 건설에 많은 도움을 주었다. 1913년 12월, 갑북(閘北)과 남시(南市), 보산현(寶山縣)의 경계가 확정되었다. 공부국(工部局)을 확장하려는 조계(租界)의 음모를 저지하기 위해, 보산현(寶山縣) 강만(江灣), 팽포(彭浦) 두 곳의 일부분을 갑북(閘北)으로 편입시켰다. 1914년 2월 지방자치를 중지시킨 후, 상해 진수사(鎭守使) 정루청(鄭汝成)은 사람을 파견하여 상해시정청(上海市政廳)을 접수하고, 상해공순연총국(上海工巡捐總局)으로 개명하였다. 갑북시정청(閘北市政廳)은 갑북공순연분국(閘北工巡捐分局)으로, 상해공순연총국(上海工巡捐總局)의 아래에 속하게 되었고, 이후 남시(南市)와는 병렬의 위치에 서지 못하게 되었다.

십 수 년의 건설을 거쳐 이전의 썰렁하고 인적이 한산했던 갑북(閘北)은 이때에는 도로가 평탄하고, 점포가 조밀하여 그 번영이 조계와 어깨를 견줄만하였다.

특별히 지적하고자 하는 것은, 갑북(閘北)의 굴기(崛起)는 경제상의 이익뿐 아니라, 공공조계의 확장을 저지하는 수단이 되었다. 신해혁명 폭발 후, 조계는 잠시 그의 확충계획을 중지하였으나, 그들은 이미 조계를 넘어 내지(內地)에 대한 관리권(管理權)의 탈취를 소홀히 하지는 않았다. 이러한 것으로 인해 상해 지방당국(地方當局)은 1912년 수차례 공부국(工部局)에 항의서를 제출하였다. 민국정부(民國政府) 외교부(外交部)도 공부국이 조계 밖에서의 순찰(巡察)과 북사천로(北四川路)에 포방(捕房) 건립에 대한 일들을 공사단(公使團)에 항의를 하였다.

그러나 공부국은 계속 조계확장 계획을 견지하고, 상해영사단에 건의
하기를 "모든 분규의 최종 마무리는 보산현을 조계의 경계내로 편입시
키는 것이다"10)라고 말하였다. 2차 혁명 기간 동안 공부국은 갑북의
어떤 사람이 보호를 요청한다는 구실로, 한편으로는 군대를 파견하여
갑북에 주둔케 하였고, 한편으로는 북경공사단에 청원하여 신속히 조
계 확충 계획을 비준해 줄것을 요청하였다. 당시 들리는 말에는 위앤
쓰카이 정부가 양보를 할 것이라는 소문에 갑북의 인민들은 수차례 집
회를 갖고 아울러 대표를 북경의 참정원에 문서를 지니고 파견하여,
상해 인민 스스로 개발한 갑북은 조계의 탐욕이 저지되어야 한다고 하
고, 아울러 조계당국의 갑북 지구를 통한 확장음모를 폭로하며, 말하
길 "이것을 거절하지 못하고, 오늘 갑북 문제를 해결하지 못하면, 내일
은 더욱 확대되어 남시(南市) 문제가 발생할 것이다"11)라고 지적하며,
상해인민의 강경한 반대 아래에서 이번 조계 확장계획은 목적을 달성
하지 못하였다. 그러나 식민자는 갑북을 빼앗으려는 야심을 버리지 않
았고, 확장과 반확장의 투쟁은 이후에도 계속 진행되었다.

---

10) 『上海公共租界史稿』, p.486.
11) 『時報』, 1914년 11월 19일.

제5절 상해 도시 면모의 변화

　상해는 70년의 발전을 거쳐, 도시구역이 개항 때와 비교하여 10여 배나 넓어졌고, 인구는 이미 160만 명 정도였으며, 정치, 경제, 문화 사회 등의 방면에서 면모가 아주 많이 변화하였다. 이러한 변화의 주요한 특징은 나날이 식민지, 반식민지화가 가속화되었다.

　상해 도시 면모의 식민지, 반식민지화는 먼저 시정건설(市政建設)의 기형적인 발전으로 나타났다.

　아편전쟁 후, 영국, 미국, 프랑스 등의 열강은 계속적으로 상해에 "나라 안에 나라"를 만들려고 하였다. 그들은 근대시정설비(近代市政設備)를 들여오고, 선진과학기술을 이용하여, 조계의 시정건설을 신속하게 발전시켰다. 이러한 침략자는 그들 본국의 도시풍격을 조계에 들여 놓고자 하였다. 먼저 영국, 미국, 프랑스, 독일, 일본, 네덜란드, 그리스, 로마 등 각양각색의 중국적도 아닌 서양적도 아닌 절충형의 건축물이 생겨나게 되었다. 전체 상해 도시의 면모는 "세계 만국 건축박람회"와 같이 되었다.

　외국 식민통치 아래에서, 상해도시의 건물 배치는 모순이 발생되었고, 불합리하였다. 공업구(工業區), 상업구(商業區), 창고, 부두구(倉庫碼頭區), 주택구(住宅區), 시중심구(市中心區)의 형성은 완전히 외국 침략자들이 정치와 경제 약탈을 위한 수요에 맞춰져 있었고, 아무런 목적없이 건설되어졌다. 도시 중심지구(城市中心地區)는 땅값이 비쌌고 토지 투기상의 수중에 있었고, 건축물이 밀집되어져 있었으며, 도로는 곡선이며 좁았다(평균 넓이는 약 7.75m, 남경로는 최초에 15m의 넓이였다). 또 조계가 동, 서 방향으로 확장을 하고 있어, 동서로 향하는 도로가 많았고, 남북으로 향하는 도로는 적었다. 여기에 다시 창고 부두구, 공업구와 공업구간의 유기적인 관계가 결핍되었고, 영미 조계(英美租界)와 프랑스 조계 또 각자 정치를 위해 도로가 통일되지 않았고, 교통은 이상하게 혼잡스러웠다. 많은 지역의 건축 밀도는 정상적인 경우에 비해 약 40%이상 조밀하였고, 일인당(一人當) 거주 면적이 나날이 좁아졌고, 심지어는 1.5m²이하에서도 生活하였다. 이러한 것은 일반시민의 심각한 거주곤란을 조성하였다.

주택 건축은 기형발전에서도 아주 돋보였고, 모순 또한 아주 심하였다. 거주 조건에 있어 두 가지 분화된 현상으로 나타났다. 외국 침략자와 소수 중국의 대관료, 매판, 부상 등은 서로 다투어 화원이 있는 서양식 주택을 건설하였고, 고급 아파트와 별장[예로 하둔(Hardoon, 哈同)의 애려원(愛儷園)[1]과 李鴻章의 정향화원(丁香花園)[2]], 설계가 아

---

1) 愛儷園은 하둔(Silas Aaron Hardoon, 哈同)의 개인 花園이었다. 하둔은 초기 沙遜洋行에 근무하는 동안에는 일반 직원이었으나, 후에는 부지배인으로까지 승진하였다. 1887년 그는 프랑스 조계의 公董局의 董事가 되었고, 1897년에는 공공조계 工部局의 董事가 되었다. 1901년, 그는 沙遜洋行의 합작인 신분을 버리고 독립적으로 哈同洋行을 설립하였다. 1904년 개인 花園을 건립하기 시작하여, 1910년 완공하였는데, 면적이 171畝였다. 하둔은 그의 부인 羅迦陵의 비위를 맞추기 위해, 그 화원의 이름을 愛儷園이라고 명명하였다. 하둔은 園內에 停台樓閣, 假山池塘을 만들어 마치 『紅樓夢』에 나오는 大觀園의 설계를 모방하여 상해에서는 가장 호화로운 개인 화원이었다. 하둔이 원내에 둔 고용인원만 100명에 달하였다. 애려원은 평시에는 개방을 하지 않았으므로, 중국인은 아주 적은 소수만이 원내를 유람할 수 있었다. 30년대, 하둔부부가 연달아 죽자, 화원은 그 빛을 잃었다. 1954년, 상해시 정부는 愛儷園 舊址에 中蘇友好大厦(현재의 上海市 展覽館)을 건축하였다.

2) 丁香花園은 李鴻章이 寵愛하던 첩(妾) 丁香을 즐겁게 하기 위해, 거대한 자본을 들여 건축한 것으로, 園內는 丁香樹가 가득하였다. 이 화원은 약 40무(畝)정도로, 설계는 아주 색다르고, 매우 화려하게 장식되었고, 평시에는 오직 리훙짱 등 소수 관료들의 유희를 위해 제공되었다. 후에 주인이 여러번 바뀌었으나, 현재까지 丁香花園으로 보존되고 있다.

주 특색이 있고, 장식이 화려하였으며, 완전한 설비를 갖추었고, 정원의 내부는 넓었고, 환경 또한 고요하고 운치가 있었으며, 교통 또한 편리하였다. 이러한 것과 상반적인 것은 구식의 주택을 개조하지 않은 민간인들의 방이었다. 상해에는 19세기 50년대에 주택이 출현하였는데, 건축 밀도가 아주 높았고, 구조가 아주 간단하다는 것이 특징이다. 위치 선정은 고려되지 않아, 주택이 어느 쪽을 향하고 있느냐도 문제되지 않았다. 방들은 대부분 혹은 전부 연결되어 있으며, 좁은 곳은 4미터밖에 안되었다. 건축 간격은 3m가 안되었고, 일조권(光照), 통풍성(通風性) 등은 아주 좋지 않다. 뿐만 아니라, 호동(滬東), 호서(滬西), 갑북(閘北) 일대의 조계변(租界邊)과 근교 지대는 판잣집이 출현하였다. 수천 칸의 낡은 판자와 "용이 굴러가듯" 빽빽한 것이 한데 어우러져 있었고, 인공으로 벽돌을 쌓은 도로는 하나도 없었고, 오직 울퉁불퉁한 시멘으로 된 작은 길만이 있었다. 도처에는 쓰레기들이 산재해 있었고, 하수도에는 악취가 풍겼고, 햇볕이 적게 들었으며, 공기도 신선하지 않았고, 병균이 들끓었고, 화재의 위협을 받고 있었다. 이러한 요인으로 판자지구[棚戶區]의 사망률이 아주 높았다. 이러한 상태를 약수농(藥水弄) 주민들의 생활환경을 민요(民謠)로 노래하였다. "길은 평탄치 않고, 먹는 것은 깨끗하지 않고, 전등은 밝지 않고, 문을 나서기가 편안치 않다."

상해 조계내의 도로명은 상해 도시의 식민지화의 하나의 상징이다. 조계 당국은 침략과 약탈의 수요를 위해, 조계 내에 300여개의 작은 도로를 건설하였다. 이러한 도로는 조계당국에 의해 명명(命名)되었고, 이러한 이유로 상해의 도로명은 아주 혼란하였다. 일부 간선도로에는 외국어로 이름이 붙여졌고, 뿐만 아니라 내용 또한 식민통치의 특징을 나타내고 있다. 프랑스 조계의 도로는 대부분이 프랑스 인명을 따라 붙여졌고, 그중 프랑스 중국주재공사의 이름이 붙여져 갈라로(葛羅路,

현재의 嵩山路), 여반로(呂班路, 현재의 重慶南路), 프랑스 상해주재영
사(駐滬總領事)의 이름으로 명명된 민체니음로(敏体尼蔭路, 현재의 西
藏南路), 화격얼로(華格臬路, 현재의 寧海西路), 공동국(公董局) 동사
(董事)의 이름이 붙여진 곳은 백이로(白爾路, 현재의 西門路, 順昌路),
기제로(祁齊路, 현재의 岳陽路) 등등이 있다. 또 어떤 도로는 침략자의
특수한 기념을 의미하는 뜻을 지니고 있는데, 예로 프랑스 조계중의
팔리교로(八里橋路, 현재의 雲南南路) 등이다. 팔리교(八里橋)는 제2차
아편전쟁 때에 영프 연합군(英法聯軍)이 청군을 대파한 곳이다. 또 공
공조계 안에는 남경로(南京路), 북경로(北京路), 영파로(寧波路) 등 역
시 그들의 중국침략에 전승(戰勝)을 기념하기 위해 이러한 이름을 붙
였다. 이후, 조계당국은 서너 차례 도로의 명칭을 고쳤고, 원래 복잡했
던 것이 더욱 복잡해졌다.

상해도시(上海城市)의 식민지(殖民地), 반식민지(半殖民地)의 또 다
른 현상은 중국인과 외국인이 정치, 경제, 생활 등 각 방면에서의 권리
가 평등하지 않았다는 것이다.

중국인이 조계 총인구의 95%를 차지하고는 있으나, 조계의 행정관
리에는 참여할 수 있는 권한이 없었고, 조계의 일체 권력은 모두 극소
수인 외국 식민자의 수중에 있었다. 중국인은 오직 세금을 납부하는
의무만이 있었고, 이렇게 징수하였던 액수는 조계수입의 반 이상이 되
었는데도, 그들의 피와 땀으로 낸 세금을 어디에 사용하는지 물을 수
있는 권리조차 없었고, 이러한 금전의 사용 권리는 더욱 없었다. 포방
(捕房)에 근무하는 외국 총순(外國總巡)의 연(年) 수입은 2만 량 은(銀)
에 달하였던 반면, 중국 순포(巡捕)의 한 달 수입은 고작 17개의 은원
(銀元)이었다.

상해는 구(舊)중국에서 가장 이른 공용사무를 볼 수 있던 도시였다.
빠르기는 1864년, 영미조계에 대영가스집[大英眛火房]을 설립하였다.

상해의 상수도공사(公司)와 상해 전광공사(電光公司)가 계속해서 건설
되었고, 전화, 전보와 우편사업 역시 개시되었다. 교통방면에서는,
1874년 인력거가 상해에 들어왔고, 1901년 상해에는 자동차가 있었다.
4년 후에는 영국인이 상해에 최초로 전차공사(電車公司)를 설립하였
고, 궤도가 있는 전차를 운영하였다. 이후, 프랑스 조계에서도 전차공
사(電車公司)를 설립하였다. 침략자들의 이러한 공용(公用) 사업의 경
영 목적은 조계(租界) 내에 부유한 사람들의 수요에 부응한 것과 아울
러 자신들의 경제적 침략에 충분한 수단과 편리를 제공하고자 하였던
것이었다. 이러한 공용사업은 그들의 침략사업과 떼어내 생각할 수는
없다. 그러나 이와는 대조적으로 노동인민의 거주지는 아주 낙후되어
있었다. 수창(水廠) 부근의 상수도 회사에 근무하는 노동자는 한모금
의 수돗물도 먹을 수 없었고, 오직 더러운 호수의 물이나 혹은 우물물
만을 먹을 수 있었다. 전력회사에 다니는 노동자는 대부분 등잔을 키
고 살았으며, 전화는 사용할 수 없었다.3) 가스를 사용하는 주민들은
상해시 인구의 2%정도에 불과했다. 외국 침략자들은 중국인 노동력,
자원을 이용하여 도로를 신, 개축하고는 오히려 중국인들의 자유로운
통행을 허락하지 않았다. 예를 들면 그들은 정안사로(靜安寺路)에 관
문[關門(卡門)]을 설치하고, 도로세(道路稅)를 받았다. 중국 행인은 은
(銀) 10량(兩)을 내어야 했고, 말을 탄 사람은 20량, 마차는 30량을 내
야 1년 동안 통행을 할 수 있었다. 그들은 교량(橋梁)에 대해서도 같은
형태로 중국인들의 자유로운 왕래를 허락하지 않았다. 예로 웰스교(韋
爾斯橋)4)의 다리 통행료는 중국인들에게 17년간 징수되었다. 조계 내

---

3) 전화기 한 대를 설치하는 데 150元이 소요되었는데, 당시 일반인은 이러한
  액수로 인해 감히 이용할 수 없었다.

4) 웰스(Wales, 韋爾斯橋) 즉 외백도교(外白渡橋)는 1858년 영국 상인 웰스(韋
  爾斯) 등이 만든 다리이다. 그들은 이 다리를 그들의 재산을 불리는 것으로
  하여, 중국인들이 이 다리를 통과할 경우 매번 통행세를 받았다. 1863년 다리

에서 중국인의 마차는 절대로 외국인의 마차를 추월할 수 없고, 위반자는 벌금을 내고, 심지어는 마차를 빼앗기고 구류를 살아야 했다. 일부 황포차(黃包車)를 탄 침략자는 중국인 차부(車夫)를 두고는, 그가 왼쪽으로 돌고 싶을 때는 차부(車夫)의 왼쪽 다리를 차고, 오른쪽으로 돌때에는 오른쪽 다리를 차고, 차가 천천히 갈 때는 차부(車夫)의 엉덩이를 험하게 걷어찼다. 영국과 프랑스 상인이 만든 전차에는 특등 칸과 삼등칸이 있었다. 그들은 중국인과 외국인은 서로 차이가 있으므로 같은 등급에 앉을 수 없었다고 하여, 2등 칸은 만들지 않았다. 외국인은 특등 칸을 타고, 중국인은 오로지 3등 칸만을 타야 했다.5)

중국인은 생활방면에서 이러한 것보다 훨씬 많은 괄시를 받았다. 많은 빌딩의 승강기는 외국인만 전용으로 타고, 중국인에게는 탑승이 허용되지 않았다. 남경로 상의 혜라(惠羅), 복리(福利) 등 외국 백화점[百貨公司]에서는 심지어 중국어를 사용하지 못하게 하였다. 뿐만 아니라 문화오락 방면에서도 중국인들은 역시 극심한 불평등을 겪어야 했다. 일부 교회학교에서는 학생들이 중국어로 말을 하거나 중국 글자를 쓰면 처벌을 받았다. 식민자들은 경마장을 설치하고는 중국인들의 입장을 금지시켰다. 조계내의 대형 연극 극장, 영화관의 입장료가 상당히 비싸, 노동인민들은 가보고는 싶지만 갈 수 없었다. 예총회(夜總會), 술집 등은 더욱 일반 시민들의 출입이 금지되었다. 침략자들은 중국인의 노동력, 자원을 이용하여 중국의 토지위에 화원(花園)을 건립하였다. 예를 들면, 1868년 외탄(外灘)공원이 만들어졌고, 1909년 홍구(虹

의 통행료는 1배가 증가되었고, 1873년에는 이 다리를 철거하여 통행세가 없어지게 되었다.
5) 최초 특등 칸이 설비된 것은 전차의 중간 이후 뒷부분이었고, 3등 칸은 전차의 앞부분이었다. 후에 식민자들이 중국인들 몸에서 나는 냄새를 싫어해, 특등 칸과 3등 칸의 위치를 바꿔서 설비하였다. 오래지 않아 전차의 사고가 났는데, 외국인이 타고 있던 특등 칸에서 부상자가 많이 나오자, 다시 특등 칸을 전차의 뒷부분으로 옮겨 설비하게 되었다.

口)공원과 고가택공원[顧家宅公園(또는 法國公園, 현재는 復興公園)]
이, 1914년에는 조풍공원[兆豊公園(또는 極司非爾公園, 현재의 中山公
園)]등이 세워졌고, 최초에는 중국인들이 공원 내에 들어가는 것이 허
락되지 않았고, 위반자는 엄한 벌을 받았다. 외탄(外灘)공원의 규칙 제
1조에는 "공원에는 외국인만 들어갈 수 있다", 제4조에는 "개와 자전
거는 공원에 들어갈 수 없다"라고 규정되어 있었다. 고가택공원(顧家
宅公園)의 『공원장정』(公園章程)의 제1조는 "중국인은 원내(園內)로
들어갈 수 없다", 제2조에는 "마스크를 한 개는 공원 원내(園內)로 들
어갈 수 있다"라는 규정이 있었다. 침략자들의 눈에는 중국인들은 개
만도 못한 것으로 보였던 것이다.6)

　식민자들은 각종 방법과 수단을 통해, 서방자본계급의 부패와 현란
한 사상 의식과 생활방식이 전파되었고, 중국인민에 대해 정신적인 오
염을 시켰으며, 이러한 것은 상해의 식민지화의 또 다른 모습으로 나
타났다.

　서방 침략자는 중국을 침략한 후, 서방 자산계급사상(資産階級思想)
과 생활방식과 함께 아편, 대포와 상품을 중국으로 가져왔고, 상해시

─────────

6) 상해인민은 종족천시(種族賤視)에 반대하고, 화원에 들어갈 수 있는 권한을
　얻기 위해 장기적인 투쟁을 벌였다. 工部國에서는 소수 고위 중국인들의 화
　원 입장은 허락하였다. 화원 입장을 허가받은 중국인은 극소수였다. 1889년
　에는 49장의 중국인 화원(花園)출입증이 발급되었고, 오래가지 않아 발급이
　정지되었다. 1885년에는 중국 상인 앤용징(顔永京), 탕징씽(唐景星) 등이 연
　명으로 항의를 하였으나, 공부국에서의 처리는 합당치 않았다. 1889년, 탕마
　오쯔(唐茂枝), 우홍위(吳虹玉) 등이 상해도대(上海道臺)와 교섭을 하였으나,
　결실을 볼 수 없었다. 이러한 모순의 완화를 위해, 상해도대(上海道臺)는 현
　재의 사천로(四川路)와 연결되어 있는 소주호반(蘇州湖畔)의 관지(官地)를
　제공하여 화인공원(華人公園)을 만들었다. 그러나 면적이 6.2무(畝)밖에 되지
　않았고, 원내(園內)에는 나무도 많지 않고, 몇 개의 정자만이 있었다. 5·30
　(五卅) 운동이 일어난 후, 조계의 각 공원은 점차 중국인 진입금지 규정이 취
　소되었다.

민의 심리를 변화시켰다. 아편전쟁 전, 청조 관리의 대부분을 청조(淸朝)는 "천하의 대국(大國)"으로 생각하고, 외국인을 멸시하고, 야만인으로 생각하였다. 그러나 계속된 외국과의 전쟁에서의 패배로 많은 관리들은 외국과 교섭을 갖은 모든 것이 외국만 못하다고 생각하였고, 이러한 것은 맹목적으로 외국 것을 선호하는 사상으로 바뀌게 되었다. 그들은 외국의 달이 중국의 그것보다 둥글다고 감탄했으며, 외국에서 들어오는 물건은 모두 "洋"자를 붙여 선호하였고, 심지어는 아편(鴉片)까지 "양약(洋藥)"이라고 하였던 것이다. 이것뿐만이 아니다. "양(洋)"은 좋은 의미를 나타내는 호(好)자와 동의어가 되었고, 중국화물 중의 상품도 그들은 서양 물건으로 생각하게 되었다. 책에는 다음과 같은 글이있다. "루브루 나비(羅浮蝶)의 원래 이름은 선녀나비(仙蝶)로, 선녀의 옷으로 전해져 내려왔는데, 그들은 이 옷을 입고 나들이를 하였고, 현재는 이것을 양첩(洋蝶)이라고 이름하고 있다.", 심지어 "소나무, 국화, 단풍나무, 과일 등은 긴 것이 좋고, 춘국(春菊, 봄국화)은 만년동안 푸르다고 하며 그 색이 아름다우며, 서양의 이름을 붙여 가격을 비싸게 받았고, 개, 고양이, 닭, 오리 등은 작은 것일 수록 좋아하는 것으로 이러한 것에도 서양의 이름을 붙이면 좋은 것으로 인정되었다."[7] 모든 상품을 서양에서 들여온 것으로 하면 값도 비싸지고, 물건도 잘 팔렸다. 일부 상인들은 고객들이 서양물건을 숭상하는 심리를 이용해, 외국 상표를 붙여 고가(高價)로 판매하였다. 예를 들면, 상해에는 유명한 투기상인 황추지우(黃楚久)가 있었는데, 본래는 치과 의원이었던 것을 후에는 서약(西藥)으로 경영을 바꾸고, 중프대약방(中法大藥房)을 세웠다. 그는 외국 약품의 이름 또한 바꾸었다. "애라보뇌즙"(艾羅補腦汁)" 이름의 이 약즙을 판매할 때는 "애라"(艾羅)라고 하여 판매하였다. 이는 자신의 성인 황(黃)의 영문(yellow) 역음이었다.

---

7) 曹晟, 『夷患備嘗記·事略附記』.

한때 이러한 붐이 일어났다. 고위 중국인과 일부시민의 사이에 서양을 숭배하는 마음이 극에 달하였다.

구상해(舊上海)에서는 황금만능주의 사상이 범람하여, 일부 사람들은 금전(金錢)을 얻기 위해 수단과 방법을 가리지 않았다. 매판(買辦), 거간꾼(掮客) 등은 사람들의 선망의 대상인 직업이 되었다. 매점매석(買占賣惜)과 투기, 사기 등은 당시 유행하였던 행위였다. 사치와 매음 또한 나날이 확대되었다. 일부 관료, 귀인(貴人)들은 식민자의 뒤를 따라 윤락가를 경영하였고, 그들도 같은 방식으로 금전을 모아 욕구를 채웠다. 이러한 향락의 수요에 의해, 중국식의 연관[烟館, 아편굴이라고도 함(燕子窩)], 기생집[妓院(書寓, 麼二堂子, 長三堂子라고 불림)], 서양식의 술집, 무도장, 예총회(夜總會) 등 "금을 소비하는 곳"이 생겨났고, 모든 물건이 서양의 것으로 꽉 들어찼었다. 이러한 영향아래에서 사회 풍조는 나날이 사치성이 강하게 되었다. 당시의 기록에 의하면, "부채(負債)가 있는 사람도 돈이 생기면, 바로 이곳으로 달려 갔다."[8] 또 "의복도 그 유행이 자주 바뀌어, 아침에 나갈 때는 다시 수선을 하곤 하였다."[9]라고 말하고 있다. "무거운 옷을 입은 사람은 돈이 많은 사람이 아니다.", "입은 옷이 낡았으면, 집 안에는 저녁 먹을 쌀도 없다.", "집안에 1천(千)이 있으면, 신상(身上)에는 8백이 있다." 라는 속어들이 나돌았고, 이러한 민간의 해학적인 말들은 당시 풍속을 생동적으로 표현한 것이다. 이외에 사회에서의 혼인, 장례 등의 행사 비용도 나날이 늘어났다. "장례를 치를 때에도 아주 풍성하게 하고, 의복도 아주 화려해야 한다.", "신부를 맞이할 때도, 돈을 빌려 신부 집에 필요한 것을 제공하여야, 여자가 비로소 친정집 문을 나선다."[10]는 말이 나돌았다. 이전의 장례에는 비린내 나는 것을 사용하지 않아, "두

---

8) 王韜, 『瀛濡雜誌』.
9) 徐珂, 『淸稗類抄』, 『風俗類』.
10) 黃炎培等編修, 『川沙縣志』, 卷二.

부 밥"이라는 것을 사용하였다. 후에는 장례를 치를 때에는 부상대족(富商大族)들이 경쟁할 수 있는 좋은 기회로 생각하여, 아주 화려하게 옷을 입고, 맛있는 음식과 좋은 술이 있게 되어, "두부"(豆腐)라는 단어가 이러한 의미로 점철(點綴)되었다. 이러한 낭비 풍조는 일반시민들에게 경제 부담과 심리적인 압박을 주었다.

이러한 계급의 사치 낭비적인 사상은 사회의 분위기를 파괴하였고, 이로써 사회의 가장 낮은 계층의 노동인민의 정신생활은 아주 핍폐하게 되었다. 그들은 민족과 계급의 이중 압박을 받았고, 매일 힘든 노동 중에 정신과 힘이 모두 소모되었을 뿐만 아니라, 구사회(舊社會)에서는 그들에게 정당한 향수를 누릴 수 있는 일체를 빼앗았다. 이러한 이유로 그들은 도박과 알콜을 절제하지 못하여 중독되었으며, 이러한 것으로 그들은 유일한 휴식을 취할 수 있었던 것이다. 소주(燒酒)는 사람의 신경계통을 무디게 하고, 잠시 현세의 번뇌를 잊게 해 준다. 그러나 소주는 어느 정도를 마시면 피로를 풀어주는 역할을 하나, 취하면 부인을 때리거나, 아이들에게 욕을 하거나, 마음속에 있던 울분을 토로하거나 하여, 원래 즐거움이 결핍되어 있는 가정에 한층 더 어두움을 가져왔다. 도박은 당시 그들에게 유일한 자극과 희망을 주는 것으로써, 사회에서 투기와 모험의 풍조가 유행하는 것과 발맞추어, 서양인이 만든 향빈(香濱)복권, 부랑배 두목이 개장한 도박장이 그들을 유혹하였다. 많은 사람들이 도박으로 인해 가산을 탕진하고, 강물에 투신하여, 집은 파산하고 사람은 죽는 결과를 초래하였다. "황포강에 뛰어든다"[跳黃浦]라는 자살의 대명사는 이러한 때에 나오게 된 것이다. 엥겔스는 영국 노동자 계급의 상황을 분석하고 지적하기를, "노동자들이 아주 빈곤한 생활을 할 때, 한편으로 그들은 다른 사람들의 생활이 자기들보다는 좋다는 것을 보게 된다. 그들은 돈이 있는 사람들에게 기생(寄生)하여 생활하게 되고, 이렇게 되면 더욱 많은 사람들이 이러한 어려움을 겪게 된다."라고 말하고 있다. "이러한 반항 심리의 가장 빠르고 가장 원시적이며 가장 효과가 없는 방법은 범죄이다".11) 가장 낮은 상해 노동자들도 이렇게 생각하였다. 중외의 반동 통치자들은 그들을 "부랑아", "도적"이라고 욕하였는데, 이러한 불행한 근원은 중외 반동통치자와 그들이 대표되는 사회제도가 만들어 낸 부산물이었다.

왜냐하면 노동자들의 생활은 오직 허무함과 고통 그리고 절망만을 가져다주었고, 그래서 많은 사람들은 정신적인 지주로 신을 믿거나 부처를 숭배하여, 재난을 없애고 복을 기원하고, 평안을 갈구하며 내세에 대한 의탁을 하였다. 남경로변(南京路邊)의 홍묘(虹廟)는 조계당국의 "면조철연"(免照撤捐) 즉 통행증이 필요치 않고, 세금을 거두지 않은 등의 보호아래, 많은 사람들이 그곳을 찾아 분향하였다. 각종 "마의상술"(麻衣相術), "팔봉신산"(八卦神算), "모골산명"(摸骨算命) 등의 점쟁이들이 거리에 많았다. 또 사람들이 "살아있는 신선[活神仙]"이라는 장인(匠人) 우지앤꽝(吳鑒光)은 휴식도 하지 않고 돈을 벌어 사업이 흥성하였다. 식민통치자들은 역시 고의적으로 이러한 미신 활동의 조장으로 상해인민을 마취시켰다.

위에서 서술한 상황은 외국 침략자의 식민통치와 통치를 설명한 것으로, 상해 도시 면모는 식민지, 반식민지의 낙인이 깊이 박히게 되었다. 그러나 상해는 유구한 역사와 광명한 전통을 지니고, 반세기 넘게, 상해 인민들은 외국 침략자와 중국인 고용자들에 대항해 몇 차례의 투쟁을 벌였다. 또 비교적 일찍 또 비교적 많이 서방 민주정치와 과학문화를 접촉해 상해인민은 점차 정치적으로 비교적 민감한 상태가 되었고, 수차례 국내 정치와 문화의 혁신운동에 앞장서거나 주축세력이 되었다. 특별히 자본주의 경제발전에 따라 상해의 노동계급은 신속히 성장하였고, 나날이 발전하였으며, 정치상으로도 점차 성숙되어가고 있

---

11) 엥겔스(恩格斯), 『英國工人階級狀況』, 人民出版社, 1956年版, p.263.

었다. 앞으로의 시간동안에 그들과 상해인민은 함께 철저히 구상해(舊上海)와 구중국(舊中國)의 면모를 개조하여 새로운 역사의 한 장을 만들어야 한다.

부록 1: 대사기(大事記) (− 1913년)

1267년 남송 함순(咸淳) 3년 상해 진(鎭) 설치

1277년 원 지원(至元) 14년 상해 진에 시박사(市舶司) 설치

1292년 29년 상해 현(縣) 설치

1302년 대덕(大德) 6년 상해 현학(縣學) 성립

1524년 명 가정(嘉靖) 3년 가정조『上海縣誌』를 지현(知縣) 정루오수
(鄭洛書)가 감수

1553년 32년 상해 축성(築城), 6개의 문(門) 설치

1559년 38년 판원뚜안(潘允端)이 예원(豫園) 축조

1633년 숭정(崇禎) 6년 쉬꽝치(徐光啓) 서거, 서가회(徐家滙)에 매장

1685년 청 강희(康熙) 24년 강해관서(江海關署) 충궐(漎闕)에서 상해
로 이전

1730년 옹정(雍正) 8년 분순소송병비도(分巡蘇松兵備道) 상해로
이전

1832년 도광(道光) 12년 영국 동인도회사에서 파견한 린싸이(林
賽), 구오쓰리(郭士立) 선박으로 상해에 와
서 간첩활동

1842년 22년 6월 16일, 영국 선박 오송구(吳淞口) 진공,
중영 오송(吳淞)전투 폭발
8월 29일, 중영『南京條約』체결, 상해 통상
항구중의 하나가 됨

1843년 23년 5월, 소주(蘇州) 부독(府督) 양수리동지(粮
水利 同知)를 송강부(松江府) 해방동지(海
防同知)로 이름을 고치고 상해로 이주, 통
상사무를 전관(專管)함
11월 17일, 영국 영사 볼포어(G. Balfour, 巴
富爾)가 상해 개항 선포

		같은 해, 홍콩 이화양행(怡和洋行) 상해 분점 설립
		영국인 상해에 묵해서관(墨海書館) 창설
1845년	25년	11월 29일, 도대(道臺) 궁모지우(宮慕久)『土地章程』공포. 상해에 영국 조계 설립
		같은 해, 사쑨(沙遜)양행 상해 분점 설립
1846년	26년	9월, 영국 조계 서측 경계로 축조.
		12월, 영국조계 도로마두공회(道路碼頭工會)성립
		같은 해, 청정부 외탄(外灘)에 강해북관(江海北關) 설치
		미국 상해에 기창(旗昌)양행 설립
1848년	28년	2월, 영국 동방(東方)은행 상해 지점 개업. 이것은 중국에 성립된 최초의 외국은행
		3월, 청포(靑浦)사건 발생
		11월, 영국 조계 최초확장, 북으로 소주하(蘇州河), 서로는 주경빈(周涇浜)까지로 확장
		같은 해, 미국 선교사 분느(W. J. Boone, 文惠廉)는 홍구(虹口)지구를 강제로 약탈하여 미국조계화 함.
1849년	29년	4월 6일, 도대 린꾸이(麟桂)가 프랑스 조계 범위 확정 공포
		6월, 프랑스 선교사 서가회(徐家滙)에 서가회공학(徐家滙公學) 창설
		8월 3일, 영문『北華捷報』창간
		같은 해, 침략자 최초 경마장 축조
1853년 함풍(咸豊)	3년	3월, 태평군 동진, 道臺 우지앤짱(吳健彰) 영국영사 알콕에게 구원 요청
		4월, 영, 미, 프 3국의 상해地方義勇隊 건립, 후에는 萬國商團으로 개칭

		9월 7일, 小刀會 기의, 상해 縣城 점령
1854년	4년	4월, 이청(泥城)전투 폭발
		7월, 영, 미, 프 등 국가『土地章程』수정, 조계에 工部局 설치
		같은 해, 영조계에 순포방(巡捕房) 설치
1855년	5년	2월 17일, 소도회 기의군 상해 縣城에서 퇴출, 기의실패
1856년	6년	6월, 프랑스 조계에 순포방(巡捕房) 설립
		같은 해, 영상(英商) 웰쓰(韋爾斯) 외백도교(外白渡橋) 건조
1857년	7년	프랑스조계 관리도로위원회 조직
		영국의 스탠다드채털드은행(Standard chatered Bank) 상하이 지점 설립
1859년	9년	프랑스조계에 위경죄재판소(違警罪裁判所) 설립
1860년	10년	8월, 태평군 제1차 상해 진공 실패
		같은 해, 청정부 침략자와 결탁으로 양창대(洋槍隊)건립
1861년	11년	8월, 프랑스 조계 제1차 확장
		같은 해, 공부국 대영서신국(大英書信局) 설립
1862년 동치(同治)	2년	14월, 프랑스 조계 주방공국(籌防公局) 성립, 후에는 공동국(公董局)으로 개칭
		6월, 외국 침략자 "상해 자유시"(上海自由市) 음모 획책
		11월, 태평군 상해에 대한 최후 진공 실패
		동년, 미상(美商) 기창윤선공사(旗昌輪船公司)성립
		영상(英商) 포동(浦東)에 상생선창(祥生船廠)설립

식민자 포마청(跑馬廳; 경마장) 건립, 영조
계 최초 조계밖(越界)도로 축조 - 정안사로
(靜安寺路)

1863년 동치同治   2년 9월 21일, 영, 미 조계 합병-양경빈(洋涇
浜)북쪽 영미조계

같은 해, 프랑스의 프랑스은행 상해에 지
점 설립

1864년   3년 5월, 양경빈 북쪽에 이사아문(理事衙門)
개정(開庭).

8월, 대영(大英) 가스 집 개업, 이것은 중
국 가장 일찍 출현한 가스 회사이다.

1865년   4년 영국은 영미 조계 내에 고등법원 설립

회풍(滙豊)은행 상해에 지점 설립

李鴻章 홍구(虹口)에 강남제조국(江南製造
局) 설립

외국 선교사 서가회(徐家滙) 박물원 건립

1866년   5년 팡쥐짠(方擧贊)이 발창회(發昌號) 창립, 오래
지 않아 발창기기창(發昌機器廠)으로 확장. 이
것은 상해 최초의 민족자본기업

금융파동 발생, 전장(錢庄)과 은행 대량 도산

1868년   7년 9월, 『中國敎會新報』창간, 후에 『萬國公報』
로 개칭

같은 해, 江南製造局에 通譯館 개설

1869년   8년 4월, 『洋涇浜設官會審章程』공포, 會審公堂
성립

9월, 北京公使團은 영미국이 독단적으로
수정한 『土地章程』과 프랑스 조계의 『公
董局章程』비준

같은 해, 외탄(外灘)공원 축성, 외국인에
대해서만 개방

| 1871년 | | 10년 | 대찰전보공사(大扎電報公司) 홍콩에서 상해의 해저 전선 부설, 전선을 조계까지 연결함. |

1871년   10년 대찰전보공사(大扎電報公司) 홍콩에서 상
                    해의 해저 전선 부설, 전선을 조계까지 연
                    결함.

1872년   11년 4월 30일, 영국인 메이저(Major, 美査) 창
                    간 『申報』
                    같은 해, 李鴻章 상해에 윤선초상국(輪船
                    招商局) 시판(試辦)(다음해 정식 성립)

1874년   13년 5월, 제1차 四明公所 사건 발생
                    10월, 영국 선교사 프라이어(J. Fryer, 傅
                    蘭雅)가 격치서원(格致書院)건립
                    같은 해, 상해에 인력거 들어옴

1875년 광서(光緒)   이화양행(怡和洋行)에서 공화상마두공사(公
                    和祥碼頭公司) 창립

1876년   2년 6월, 송호(淞滬)철로 개통. 청 정부는 금액을
                    들여 사들인 이후 파괴함

1877년   3년 5월, 재중국 기독교 선교사 최초 전국회의
                    를 상해에서 거행

1879년   5년 9월, 미국선교사 성 요한서원(書院) 창설
                    후에 성 요한 대학으로 개칭

1881년   7년 상해 수도공사(公司) 영업 개시
                    공화영소사창(公和永繰絲廠) 상해에 설립

1882년   8년 각국 영사 조계에 영사공당(領事公堂) 설립
                    영국인이 설립한 상해 전광공사(電光公司)
                    발전(發電)
                    이것은 중국에 출현한 최초의 전기공사(電
                    氣公司)이다

1884년   10년 중프전쟁 발발, 프랑스조계를 러시아영사
                    가 대리 관리

1889년   15년 독일 13家 銀行 합자하여 상해에 덕화은
                    행(德華銀行)개설

1890년 16년 5월, 재중국 기독교 선교사 제2차 전국회
의 상해에서 거행
같은 해, 상해 기기직포국(機器織布局) 2
년간의 준비로 정식 투자 생산

1893년 19년 11월, 외국 침략자는 상해에서 개항 50주
년 기념활동 거행
같은 해, 공부국(工部局) 전광공사(電光公
司) 매입하여 전기처(電氣處) 설립
영국인 단푸쓰(丹福士) 상해에 『新聞報』창간
횡빈정금은행(橫濱正金銀行) 상해에 지점
설립
미국 조계 확장 진행

1894년 20년 중일 갑오전쟁(甲午戰爭) 폭발, 상해영사
단(上海領事團) 상해 "中立"선포

1895년 21년 남시마로공정국(南市馬路工程局) 성립, 후
에는 남시마로공정선후국(南市馬路工程善
後局)으로 개칭

1896년 22년 1월, 유신파(維新派) 상해强學會 성립,
『强學報』창간
2월, 아화도승(俄華道勝)은행 상해 지점
개설
6월 26일, 『蘇報』 창간
8월, 黃遵憲, 梁啓超, 『時務報』창간

1897년 23년 4월, 盛宣懷가 설립한 南洋公學 학업 시작
영미조계 차연(車捐) 올려 징수, 인력거노
동자 투쟁전개
5월, 중국 자본으로 최초 창립한 은행-중
국통상은행(中國通商銀行) 개업
같은 해, 夏粹方, 鮑咸恩이 상무인서관(商
務印書館) 창립

1898년	24년	7월, 제2차 사명공소(四明公所) 사건발생
		8월, 송호철로(淞滬鐵路) 중건 후 열차 개통
		같은 해, 북경공사단(北京公使團) 새로 수정, 보충된 『土地章程』비준
		오송(吳淞) 항구 개항, 오송공정총국(吳淞工程總局) 성립
		孫多森이 부풍면분창(阜豊面粉廠) 설립
1899년	25년	영미조계 확장, 공공조계(公共租界)로 개칭함
1900년	26년	1월, 프랑스 조계 재차 확장
		7월, 상해 유신인사(維新人士)가 張園을 빌려 중국국회(中國國會) 개최
		같은 해, 의화단운동 폭발, 동남독무(東南督撫)와 열강 동남호보(東南互保) 책동 음모
		상해 갑북공정총국(閘北工程總局) 설립
1901년	27년	3월 15일, 상해 장원(張園)에서 인민집회, 러시아 배제운동 서막
		같은 해, 합동양행(哈同洋行) 개업
1902년	28년	3월, 蔡元培, 章太炎 상해에서 중국교육회(中國敎育會)성립
		11월, 애국학사(愛國學社) 성립
		같은 해, 상해 상업회의공소(商業會議公所) 성립
		상해 최초 두 량의 자동차 수입
1903년	29년	3월, 미국 상해에서 화기은행(花旗銀行) 지점 설립
		馬相伯 진단학원(震旦學院) 창립 발기
		6월, 『蘇報』案 발생. 상무인서관 『東方雜誌』 출판
1904년	30년	6월, 狄楚靑, 『時報』창간

같은 해, 아지프(Ageef, 亞齊夫) 사건 발생,
거아운동(拒我運動)의 새로운 고조 출현
상해에 광복회(光復會) 성립
상해상업회의공소(商業會議公所)가 상해상무
총회(商務總會)로 개칭
張謇형제 대달윤부공사(大達輪埠公司) 설립

1905년 31년 5월, 상해 인민 미국 상품 배제 운동 발기
9월, 馬相伯 등 오송(吳淞)에 복단공학(復旦
公學) 창건
11월, 상해 성상내외총공정국(城廂內外總工
程局) 성립
12월, 대료공당안(大鬧公堂案) 발생
朱志堯 구신제조창(求新製造廠) 설립

1902년 32년 12월, 張謇 등 상해에 예비입헌공회(豫備
立憲公會) 조직 성립
같은 해, 미국은 상해에 재화법정(在華法
庭) 설립
周廷弼가 신성상업저축은행(信成商業儲畜
銀行) 설립
席子佩, 『申報』판권 구입

1903년 33년 만국상단(萬國商團)에 중국인 부대 설립
남시상단공회(南市商團公會) 성립
프랑스인이 상해에 광자의원(廣慈醫院)
설립

1908년 34년 3월, 상해 최초 유한궤도 전차선(西藏路에
서 南京東路 外灘까지) 전차 개통
같은 해, 홍구영극원(虹口影劇院) 건립. 이
것은 중국에 최초로 출현한 영화관이었다.

1909년 宣統 원년 2월, 국제 아편금지 회의 상해에서 개막
6월, 상해성상내외공정총국(上海城廂內外工

程總局)을 상해성상내외자치공소(上海城廂內外自治公所)로 개칭함

같은 해, 虞洽卿이 명소윤선공사(寧紹輪船公司) 설립

호녕철로(滬寧鐵路) 기차 개통

1910년	2년	"고무 파동"발생, 전장(錢庄) 대규모 도산

서가회(徐家滙)천주당 준공

1911년	3년	1월, 상해 최초의 강철철골 시멘트[鋼筋水泥]건축 - 상해총회(上海總會)

7월, 동맹회(同盟會) 중부총회 상해에 성립

11월 4일, 상해 광복

11월 7일, 호군도독부(滬軍都督府) 성립, 호군도독(滬軍都督)에 陳其美 임명

12월, 남북대표 공공조계 시정청에서 담판

같은 해, 陸費伯鴻 복주로(福州路)에서 중화서국(中華書局) 창립

일본 "內外棉" 상해에 분공장 설립 시작

1912년   1월 1일, 중화민국(中華民國) 성립. 孫中山 상해에서 남경(南京)으로 가 임시대총통 취임

같은 달, 陳其美는 陶成章 암살을 蔣介石에게 지시

같은 달, 상해 성장(城墙) 철거 시작

같은 해, 호항철로(滬杭鐵路) 건설 및 개통

榮宗敬 복신면분공사(福新面粉公司) 설립

席子佩, 『申報』를 史良才에게 넘김

1913년   3월 20일, 宋敎仁 호녕(滬寧)터미널에서 피살

7월, 국민당(國民黨) 2차 혁명 발동. 상해 袁世凱 토벌군이 제조국을 진공하였으나, 실패함.

같은 해, 공부국전기처(工部局電氣處) 소속
의 양수포신전기(楊樹浦新電氣)공장 건립
및 발전(發電)
張石川, 鄭正秋가 중국 최초의 故事片『難
夫難妻』영화 촬영

부록 2: 근대 상해 도대(道臺) 연표

취임 시기	성 명	자	비 고
1841년(도광 21년)	巫宜禊	雨 池	
1842년(도광 22년)	顔以燠	敍 五	護理
1843년(도광 23년)	王紹復	伯 陽	署理
1843년(도광 23년)	宮慕久	竹 圃	
1847년(도광 27년)	咸 齡		
1848년(도광 28년)	吳健彰	道 普	代理
1848년(도광 28년)	麟 桂	月 舫	
1851년(함풍 원년)	吳健彰	道 普	先 서리 후 임명
1854년(함풍 4년)	藍蔚雯	子 靑	署理
1855년(함풍 5년)	趙德轍	靜 山	
1855년(함풍 5년)	藍蔚雯	子 靑	護理
1857년(함풍 7년)	薛 煥	覲 唐	
1859년(함풍 9년)	吳 煦	曉 帆	또 字를 曉舫, 曉飈라고도 함
1862년(동치 원년)	黃 芳	荷 汀	
1864년(동치 3년)	應寶時	敏 齋	代理
1864년(동치 3년)	丁日昌	雨 生	禹笙이라고도 함. 署理후 임명
1865년(동치 4년)	應寶時	敏 齋	署理후 임명
1869년(동치 8년)	杜文蘭	小 舫	署理
1869년(동치 8년)	涂宗瀛	閬 軒	閬仙이라고도 함
1872년(동치 11년)	沈秉成	仲 復	
1875년(동치 13년)[1]	馮焌光	竹 儒	
1877년(광서 3년)	劉瑞芬	芝 田	
1878년(광서 4년)	褚蘭生	心 齋	署理

---

1) 馮은 1875년 1월 (동치 13년 11월)에 취임되었다.

취임 시기	성 명	자	비 고
1878년(광서 4년)	劉瑞芬	芝 田	
1882년(광서 8년)	邵友濂	小 村	
1886년(광서 12년)	湯壽銘	小 秋	代理
1886년(광서 12년)	龔照瑗	仰 蘧	
1890년(광서 16년)	聶緝槼	仲 芳	
1894년(광서 20년)	黃祖絡	幼 農	
1894년(광서 20년)	劉麒祥	康 候	署理
1895년(광서 21년)	黃祖絡	幼 農	
1896년(광서 22년)	呂海寰	鏡 宇	
1896년(광서 22년)	劉麒祥	康 候	
1897년(광서 23년)	蔡 鈞	和 甫	
1899년(광서 25년)	李光久	健 齋	
1899년(광서 25년)	曾丙熙	經 郶	代理
1899년(광서 25년)	余聯沅	搢 珊	
1901년(광서 26년)2)	岑春萱	堯 階	
1901년(광서 26년)3)	袁樹勛	海 觀	
1906년(광서 32년)	瑞 澂	莘 儒	
1907년(광서 33년)	王 爕	紹 延	代理
1907년(광서 33년)	梁如浩	孟 亭	
1908년(광서 34년)	蔡乃煌	伯 浩	
1910년(선통 2년)	劉燕翼	襄 孫	

　　資料 來源: 同治朝『上海縣誌』, 民國시기의 『上海縣續誌』職官表. 동
시에 『籌辦夷務始末』, 『工部局年報』 및 기타 일련의 비교적 믿을 만
한 자료에서 그중 일부 자료를 참고하여 잘못을 바로 잡았다.

---

　2) 岑春萱은 1901년 1월 (광서 26년 12월)에 취임하였다.
　3) 袁樹勛은 1901년 1월 (광서 26년 12월) 이후 취임하였다.

부록 3: 공부국 총동 연표(工部局 總董 年表)

年 代	姓 名
1854년	凱威廉(W. Kay)
	費隆(C. A. Fearon)
	白郎(W. S. Brown)
1855년	(총동을 세우지 않기로 결정)
1856-1859년	(총동이 기재되지 않음)
1860년	漢密爾頓(R. Hamilton)
1861년	霍華德(W. Howard)
	戴特(J. P. Tate)
	韋特莫爾(W. S. Wetmore)
1862년	特納(H. Turner)
1863-1864년	登特(H. W. Dent)
1865-1866년	克錫(W. Keswick)
1867년	約翰遜(F. B. Johnson)
1868년	金能亨(E. E. Cunningham)
1869년	金能亨(E. E. Cunningham)
	亞當斯(F.C. Adams)
1870년	迪克斯韋爾(G. B. Dixwell)
1871-1872년	丁·登特(J. Dent)
1873년	費隆(R. I. Fearon)
1874-1875년	珀登(J. G. Purdon)
1876년	克勞斯(A. A. Krauss)
1877-1878년	哈特(J. Hart)
1879-1881년	立德祿(R. W. Little)
1882년	沃德(W. C. Ward)
1883년	邁伯格(A. Myburgh)

1884-1885년	凱瑟克(J. J. Keswick)
1886-1888년	伍德(A. G. Wood)
1889-1890년	麥格雷戈(J. Macgregor)
1891-1892년	珀登(J. G. Purdon)
1893년	麥格雷戈(J. Macgregor)
	斯科特(J. L. Scott)
1894-1896년	斯科特(J. L. Scott)
1897년	普羅布斯特(E. A. Probst)
	伯基爾(A. R. Burkill)
1898년	費隆(J. S. Fearon)
1899년	費隆(J. S. Fearon)
	安徒生(F. Anderson)
1900-1901년	休伊特(E. A. Hewett)
1902-1903년	貝恩(W. G. Bayne)
1904-1905년	安徒生(F. Anderson)
1906년	霍利德(C. Holliday)
	亨利盖西克(H. Keswick)
1907년	亨利盖西克(H. Keswick)
1908-1910년	蘭代爾(D. Landale)
1911-1912년	德格雷(H. de Gray)
1913-1919년	庇亞斯(E. C. Pearce)
1920-1921년	史密斯(A. Brooke Smith)
1922-1923년	西姆斯(H. G. Simms)
1924-1928년	費信惇(S. Fessenden)
1929년	安諾德(H. E. Arnhold)
1930-1931년	麥克諾登(E. B. Macnaghten)
1932-1933년	伯爾(貝爾) (A. D. Bell)
1934년	安諾德(H. E. Arnhold)
1935년	蘭牧(W. P. Lambe)
	安諾德(H. E. Arnhold)

1936년	安諾德(H. E. Arnhold)
1937-1939년	樊克令(佛蘭克林)(C. S. Franklin)
1940년	愷自威(愷士克)(W. J. Keswick)
1941년	李德爾(J. H. Liddell)
1942년	岡琦勝南(Katsuo)

참고자료: Couling, The Hostory of Shanghai, Ⅱ;『工部局年報』.

부록 4: 공동국 총동 연표(公董局 總董 年表)

年　代	姓　名
1862-1864년	皮少耐(Buissonnet)
1865년	皮少耐(Buissonnet)
	摩黎(Morel)
1866년	摩黎(Morel)
1867-1869년	波禮弗(Bonneville)
1870년	糜鹿(Millot)
1871-1872년	摩黎(Morel)
1873-1875년	華成(Voisin)
1876년	雷化(Leroy)
1877년	梁時(Lang)
	安納金(Henneyuin)
1878-1879년	平濟利(Bluntschli)
1880년	維爾蒙(Vouillemond)
1881년	維爾蒙(Vouillemond)
	寶昌(Brunat)
1882년	寶昌(Brunat)
1883년	維爾蒙(Vouillemond)
1884년	奧利和(Oriou)
1885-1886년	維爾蒙(Vouillemond)
1887-1891년	薩坡賽(Chapsal)
1892년	寶昌(Brunat)
1893-1896년	奧利和(Oriou)
1897-1898년	白爾(Burl)
1899년	蒂羅(Tillot)
1900-1902년	寶昌(Brunat)

1903년	薩坡賽(Chapsal)
1904년	寶昌(Brunat)
1905-1906년	亨利奧(Henriot)
1907년	蒂羅(Tillot)
	巨籟達(Ratard)
	白多(Berthoz)
1908년	白多(Berthoz)
1909년	麥地(Madiner)
1910년	亨利奧(Henriot)
1911-1912년	那巴地(La Batic)
1913년	百多(Marthoud)
1914년	麥地(Madiner)
1915-1918년	冰德(Binder)
1919년	(총동 없었음)
1920년	見利(La Bris)
1921-1923년	拉拔1)(La Prade)
1924년	見利(La Bris)
1925년	梅理靄(Meyrier)
1935-1937년	博德士(Baudeg)

資料來源: 梅朋, 弗萊臺, 『上海法租界史』; 章惲虹, 『上海法租界市政槪況』.

---

1) 領事委에서 파견하여 總董 職權 代行.

부록 5: 외국인명역명표[外國人名譯名表(漢語拼音字母排列)]

A

阿查立	C. Alabaster	艾約瑟	Joseph Edkins
阿禮國	R. Alcock	愛棠	B. Edan
阿美士德	W. p. Amherst	安徒生	F. Anderson
埃凡	H. Evans	奧加拉罕	O'Callaghan

B

巴富爾	G. Balfour	見萊絲	Baylies
巴加	W. Parker	比爾	F. C. Beale
巴麥尊	H. J. T. Palmerston	畢谷	Pigou
		畢盛	S. J. M. Pichon
巴德諾	J. Patenôtre	裨治文	E. C. Bridgman
巴夏禮	H. S. Parkes	璧珥	J. Biddle
白郎	W. S. Brown	璧利南	B. Brenan
白來尼	Brenier de Montmorand	勃羅斯	C. D. Bruce
		卜舫濟	F. L. Hawks Pott
白齊文	H. A. Burgevine	卜羅德	A. L. Protet
白藻泰	de Bezaure	卜魯斯	F. W. A. Bruce
寶昌	Brunat	布爾布隆	de Bourboulon
布雷德福	Bradford		

C

| 查頓 | W. Jardine | 賜德齡 | J. Stiring |

D

達拉斯	A. G. Dallas	德爲門	Twyman
戴德生	J. H. Taylor	狄考文	C. W. Mateer
德庇時	J. F. Davis	丁韙良	W. A. P. Martel
德思耶	Texier	杜那普	Dewsnap

德威士　　　J. W. Davis

愷威廉	W. Kay	闊雷明	W. C. Kleiménow
科而	T. J. Falls		

L

剌莩尼	de Lagrene	李鬧登	C. Rivington
辣厄爾	La Guerre	林樂知	Y. J. Allen
蘭格利	Langley	林賽	H. H. Lindsay
雷米	Remi	龍德	Londe
禮士	Rees	陸英	Forth-Rouen
李德立	E. S. Little	羅伯孫	Roberston
李定	Reding	羅伯孫	D. B. Roberston
李梅	V. G. Lemaire	羅類思	Louis de Besi
李泰國	H. N. Lay	羅志思	J. L. Rodgers
李提摩太	T. Richard	雛魏林	W. Lockhart

M

麻西	W. H. Marcy	麥蓮	R. M. Mclane
馬嘎爾尼	MaCartney	梅德爾	M. Lemaitre
馬里開	Maniquet	E·美查	Ernest Major
馬沙利	H. Marshall	F·美查	Frederick Major
馬士	H. B. Morse	米勒	Meynard
瑪高溫	D. J. MacGowan	密迪樂	T. T. Meadows
麥都思	W. H. Medhurst	敏体尼	de Montigny
麥華陀	Sir W. H. Medhurst	摩黎	Morel
		木突生	Gibson
麥克唐納	C. MacDanald	慕維廉	W. Muirhead

N

南格祿	C. Gotteland

P

派金	Parkin	蒲安臣	A. Burlingame
潘國光	F. Brancati	璞鼎查	H. Pottinger
皮少耐	Buissonnet	普羅布斯特	E. A. Probst

Q

祁理蘊	J. N. A. Griswold

R

熱福里	de Geofroy	柔克義	W. W. Rockhill

S

薩爾貝里	Salaburry	斯金訥	J. Skinner
施安博	Otto von Stuebell	斯科特	J. L. Scott
史密斯	J. S. Smith	斯密斯	M. A. Smith
士迪佛立	S. W. D. Staveley	索爾玆伯里	Salisbury
斯嘉玆	J. Scarth		

T

特郎遜	Tronson	田貝	C. Denby

W

威安瑪	T. F. Wade	文恒理	H. W. Boone
韋勃	Webb	文惠廉	W. J. Boone
韋德爾	H. Whittall	文極司脫	C. A. Winchester
偉熱亞力	Q. Wylie	吳禮國	H. G. Wolcott
溫斯樂	Winsloe	伍德	M. L. Wood
文翰	S. G. Bonham		

X

西摩爾	E. H. Seymour	熊三拔	Sabbathin de Ursis[1]
奚安門	H. Shearman	徐密德	Suhmidt
熙華德	G. F. Seward		

Y

亞齊夫	Ageef	易孟士	W. W. Emens
晏瑪太	M. T. Yates		

---

1) 본문에는 deursis라고 되어 있는데, 이는 de Ursis의 잘못된 표기이다. 역
　자 주.

Z

朱爾典　　J. N. Jordan

찾아보기

ㅎ

역자후기

 필자가 번역한 상해 근대사의 특징을 무엇이라고 말할 수 있을까? 번역하면서 많은 시간을 생각해 보았는데, 다음과 같은 몇 가지 말로 대변할 수 있을 것입니다.

 첫째는 상해에 대해 이 책만큼 상세하게 언급하고 있는 단행본은 없습니다. 책명은 상해 근대사로 되어 있으나, 상해의 형성 배경에 대한 역사적 연혁까지를 언급하고 있어 자연스럽게 상해의 전반적인 역사에 대해서도 알 수 있는 책입니다.

 둘째는 중국근대사를 이해하는 첩경이될 수 있습니다. 중국어나 중국역사 또는 중국문화에 관심이 있는 사람은 이런 말을 들어본 적이 있을 것입니다. "2000년 전의 중국 역사를 알고 싶으면 서안(西安)으로 가고, 1000년 전의 역사를 알고 싶으면 북경(北京)으로 가고, 100년 전의 역사를 알고 싶다면 상해(上海)로 가라"고 말하고 있습니다. 상해 근대사는 중국의 근대 역사를 축약해 놓은 축소판으로 상해의 근대역사가 중국 근대역사를 대변할 수 있다는 말입니다. 이는 중국 근대사를 이해하는 바로미터(barometer)라고 할 수 있을 것입니다. 하나의 도시를 중심으로 중국 전체역사를 파악한다는 것은 재미있고 흥미로운 일입니다. 중국 역사 중에서 너무 막연한 광대한 중국 근대사를 이해하는 바로미터로서 상해근대사를 활용한다면 역자는 역자로서의 충분한 역할을 담당했다고 보람을 느낄 것입니다.

 셋째는 역사에 대한 다양한 관점을 독자에게 제공할 것입니다. 대륙에서 발행된 단행본을 번역함으로써 역사에 대한 독자들의 보다 다양한 시각 및 관점을 제공해 주는 역할을 할 것입니다. 현재까지 발행된 개설서나 논문집 형태의 단행본은 거의 대부분이 대만이나 중국 공산화 이전의 책을 번역, 출판한 것이 대부분이었던 관계로 사회주의 국가인 대륙에서 나온 책을 번역 출간한다는 것은 독자들에게 또 다른 시각으로 역사를 비교, 판단할 수 있게 하는 좋은 잣대가 될 것이라고 생각합니다.

넷째는 사건 발생 지역 및 지명에 대한 구체적인 언급이 되어 있다는 것입니다. 기존에 발행된 단행본보다 사건 발생지역에 대한 구체적인 언급으로 현재의 우리가 옛 사건 발생장소를 직접 찾아가 볼 수 있을 정도로 지명에 대한 구체적 주소를 언급하고 있다는 것이 장점입니다.

그러나 이러한 장점에도 불구하고 번역을 함에 있어 어려운 점도 적지 않았습니다. "번역은 또 하나의 창작"라는 말이 있듯이 단행본으로 출간하기 쉽지 않았습니다. 상해근대사 번역본은 분량도 분량이었지만, 용어 및 내용을 통일시킨다는 것은 그리 간단하지 않았습니다. 특히 가장 문제가 되었던 것은 인명, 지명 등의 고유명사에 대한 처리였습니다. 가능하면 모든 부분을 현 중국인들이 사용하는 중국어 발음으로 표기하고 싶었으나, 그럴 경우 독자들이 이해하는데 너무 큰 어려움으로 작용할 것을 고려하여, 인명은 중국어 발음으로 표기하고 괄호 안에 원 글자를 표기하였고, 지명은 한자식 독음으로 표기하고 괄호 안에 원 글자를 부기함으로써 독자들의 혼란을 최소화시키고자 노력하였습니다. 그러나 많은 부분에서 아쉬움이 남습니다. 부분 부분 부족한 면은 독자들의 넓은 아량과 아낌없는 가르침으로 해결하고자 합니다.

이 책을 번역함에 있어 도움을 받은 모든 분들에게 서면을 통해 감사의 말씀을 드립니다. 먼저 항상 옆에서 학문하는 자세에 대한 가르